U0862225

中国古代文学作品选

（下）

王长华　主编

科学出版社
北　京

内 容 简 介

本书是一部普通教材，书中所选作家多为文学史上有影响者，所选作品也多为作家代表作。题材上诗、文、赋、词、戏曲、小说等各体兼备，时间上从先秦直到清代末年。

本书可用于大学中文专业4年制本科和大专中文专业3年制专科的教学，同时由于体例设置的适用而具有中等文化水平的有志青年用于自学自修也十分方便。

图书在版编目 CIP 数据

中国古代文学作品选.(下)/王长华主编.—北京:科学出版社,2010.2

ISBN 978-7-03-026508-1

Ⅰ.①中… Ⅱ.①王… Ⅲ.①古典文学-作品-中国-教材

Ⅳ.①I212.1

中国版本图书馆 CIP 数据核字 (2010) 第 014464 号

责任编辑:王剑虹 / 责任校对:张怡君

责任印制:赵 博 / 封面设计:鑫联必升

科学出版社 出版

北京东黄城根北街16号

邮政编码:100717

http://www.sciencep.com

固安县铭成印刷有限公司印刷

科学出版社发行 各地新华书店经销

*

2010年2月第 一 版 开本:787×1092 1/16

2025年1月第十七次印刷 印张:28

字数:660 000

定价:79.00元

(如有印装质量问题，我社负责调换)

本书编委会

主　　编　王长华

副主编　阎福玲　霍现俊

编　　委　（以姓氏笔画为序）

马琳萍　王长华　田中元　孙云英

李占稳　李英然　朱　燕　杨　栋

陆　红　周新华　耿光华　商隶君

阎福玲　温　斌　霍现俊

前　言

多年来，高等院校汉语言文学专业的中国古代文学课一直都是一门大课。说它大，主要是因为这门课涵盖的时间断线长，课时量大，需要的老师多。20世纪90年代以前，各高校中文系的中国古代文学课一般都开设三个学年，从大学二年级第一学期一直开到四年级结束。此后随着形势的变化，中国古代文学课的课时量不断被压缩。据了解，近年各高校的中国古代文学课开设时间大都在一年半到两学年之间。形势发生了变化，而通行的古代文学作品选教材大多并没有随着形势的变化而变化，总的来看，体量偏大是其通病。过去编一部较大容量的作品选教材多缘于那时出版物少，那时的学生有一套教材在手，既可作课堂学习之用，又可作藏书以供日后研习，而今天有关古代文学方面的出版物多不胜数，古代文学作品选作为教材之外的用途和意义已经基本不存在了。基于这样的现实，我们编写了这套新的体量适中的分上、下两册的《中国古代文学作品选》。上册从先秦到唐五代，下册从宋代到晚清。以期适宜于课时压缩后的大学中文专业古代文学教学之需。

本教材是多年从事古代文学教学老师们集体智慧的结晶，编写过程中先由主编提出编写思路和基本框架，大体拟定选篇篇目，然后分段由学有所长的老师编写，最后由主编通读定稿。编写中我们坚持：选篇尽量选择文学史上有代表性、有定评的作家作品，不趋时不走偏；为更好实现与大学二年级学生原有古文知识的衔接，选篇不排除涵盖中学教材部分文言文篇目；选篇以中华书局、上海古籍出版社等权威出版社出版的校勘排印本为底本；力求简明，文本只列原文、注释、简单提示和历代名家点评。

编写一部方便适用的古代文学作品选教材看似容易，实则不易。也就是说，编出来容易，编好却并不那么容易。本着编好的目标，本书编者作出了努力，至于预期目标在本书中达到了什么程度，那还要使用本教材的老师和同学们说了算。我们诚恳地期待专家、同行和大学生们提出宝贵的意见和建议。

编　者

2010年1月

前言

目　　录

元代部分

明代部分

清代部分

近代部分

宋金部分

王禹偁

村　行

马穿山径菊初黄，信马悠悠野兴长[①]。万壑有声含晚籁[②]，数峰无语立斜阳。棠梨叶落胭脂色[③]，荞麦花开白雪香。何事吟余忽惆怅[④]，村桥原树似吾乡[⑤]。

①信马：任马自由行走，不加约束。　②晚籁：傍晚时山沟里发出的声音。　③棠梨：又名杜梨，一种野生梨树，果可食。胭脂色：指落叶的颜色红如胭脂。　④何事：为什么。吟余：吟诗之后。　⑤原树：原野上的树木。

本诗是作者于宋太宗淳化三年（992）在商州（今陕西商州市）所作。淳化二年九月，王禹偁因论妖尼道安之罪而触犯朝廷，被贬为商州团练副使。本诗运用反衬手法写景抒情，以动衬静，以乐景衬哀情；用拟人化手法写群峰静肃之姿，暗寓诗人自己的孤耿形象，整首诗平淡质朴中含真情。

待漏院记[①]

天道不言，而品物亨、岁功成者[②]，何谓也？四时之吏[③]，五行之佐[④]，宣其气矣[⑤]。圣人不言[⑥]，而百姓亲、万邦宁者，何谓也？三公论道[⑦]，六卿分职[⑧]，张其教矣[⑨]。是知君逸于上，臣劳于下，法乎天也。古之善相天下者，自咎、夔至房、魏[⑩]，可数也。是不独有其德，亦皆务于勤尔。况夙兴夜寐，以事一人[⑪]，卿大夫犹然，况宰相乎！

朝廷自国初因旧制[⑫]，设宰臣待漏院于丹凤门之右[⑬]，示勤政也。乃若北阙向曙[⑭]，东方未明，相君启行，煌煌火城[⑮]。相君至止，哕哕鸾声[⑯]。金门未辟[⑰]，玉漏犹滴[⑱]。彻盖下车[⑲]，于焉以息。

待漏之际，相君其有思乎？

其或兆民未安[⑳]，思所泰之；四夷未附，思所来之；兵革未息，何以弭之；田畴多芜，何以辟之；贤人在野，我将进之；佞臣立朝，我将斥之；六气不和，灾眚荐至[㉑]，愿避位以禳之[㉒]；五刑未措[㉓]，欺诈日生，请修德以厘之[㉔]。忧心忡忡，待旦而入。九门既启[㉕]，四聪甚迩[㉖]。相君言焉，时君纳焉[㉗]。皇风于是乎清夷[㉘]，苍生以之而富庶。若然，总百官，食万钱[㉙]，非幸也，宜也[㉚]。

其或私仇未复，思所逐之；旧恩未报，思所荣之；子女玉帛，何以致之；车马器玩，保以取之；奸人附势，我将陟之[㉛]；直士抗言[㉜]，我将黜之[㉝]；三时告灾[㉞]，上有忧色，构巧词以悦之；群吏弄法[35]，君闻怨言，进谄容以媚之。私心慆慆[36]，假寐而坐。九门既开，重瞳屡回[37]。相君言焉，时君惑焉。政柄于是乎隳哉[38]，帝位以之而危矣！若然，则死下狱，投远方，非不幸也，亦宜也。

是知一国之政，万人之命，悬于宰相，可不慎欤！复有无毁无誉，旅进旅退[39]，窃位而苟禄[40]，备员而全身者[41]，亦无所取焉。

棘寺小吏王某为文[42]，请志院壁，用规于执政者。

①本文当作于宋太宗淳化初年（990～991）作者兼任大理寺判官时。待漏院：古代百官早朝候见皇帝时的休息之地。 ②品物：万物。亨：通达，此指顺利生长之意。岁功：一年农事的收成。 ③四时之吏：上古以四时名官，有春官宗伯、夏官司马、秋官司寇、冬官司空，分掌教育、军事、司法、财政等职。 ④五行之佐：古代掌管金、木、水、火、土的官职。佐，辅助。 ⑤宣其气：疏导阴阳四时之气。 ⑥圣人：此指皇帝。 ⑦三公：周代称太师、太傅、太保，此泛指朝廷要职。论道：讨论治国大计。 ⑧六卿：此指吏、户、礼、兵、刑、工六部长官。 ⑨张其教：推行教化。 ⑩咎、夔：皋陶和后夔，相传为舜时贤相。房、魏：唐初贤臣房玄龄和魏征。 ⑪一人：此指皇帝。 ⑫因旧制：指沿袭唐朝制度。⑬丹凤门：北宋汴京皇城的南门，原名明德门。 ⑭北阙：指皇宫。向曙：迎着曙光，指拂晓。⑮煌煌：光明的样子。火城：百官朝会时的火炬仪仗。⑯哕（huì）哕：形容有节奏的铃声。鸾：此指车铃。 ⑰金门：汉宫有金马门，此指宋朝宫门。 ⑱玉漏犹滴：漏壶里的水仍在下滴，意指天未亮。 ⑲彻：通“撤”。盖：车盖。 ⑳兆民：老百姓。 ㉑灾眚（shěng）：灾祸。眚，眼睛里长的翳（yì），此指祸。荐至：接连而来。 ㉒禳（ráng）：祭祷上天消除灾祸。 ㉓五刑：笞、杖、徒、流、死五种刑罚。措：废止。 ㉔厘：矫正、整治。㉕九门：泛指皇宫众门。 ㉖四聪甚迩：指四面八方的反应都能很快传入国君耳中。 ㉗时君：指国君。纳：采纳，接受。 ㉘皇风：朝廷的政治空气。清夷：清明安定。 ㉙食万钱：享受厚禄。 ㉚宜：应该，理所应当。 ㉛陟：提拔，晋升。 ㉜抗言：尖锐的批评，指摘。㉝黜（chù）：罢斥，贬降。 ㉞三时：春、夏、秋农忙季节。 ㉟弄法：舞弊。 ㊱慆慆：形容放纵无度。 ㊲重瞳：相传舜和项羽有重瞳，此泛指天子。 ㊳隳（huī）：毁坏。 ㊴旅进旅退：随众人进退，毫无建树。旅，共同。 ㊵苟禄：无功受禄。 ㊶备员：虚充职位。㊷棘寺：古代掌刑狱的最高机关大理寺的别称。小吏：作者谦称，当时他兼任大理寺判官。

本文题目是“记”，实际上是一篇议论文，主旨在于劝谏宰相必须修德勤政，保国安民，而不应图谋私利、祸国乱政，或窃位苟禄、庸碌无为。本文构思新颖，脉络分明，通过形象化的描绘和叙事，鲜明地表达了主旨。语言平易质朴，大量使用排比句和对偶句，大大增强了文章的气势。

《宋史·王禹偁传》：“为文著书，多涉规讽。”

清纪昀等《四库全书总目提要》：“宋承五代之后，文体纤丽，禹偁始为古雅简淡之作。”

林　逋

山园小梅①

众芳摇落独暄妍②，占尽风情向小园③。疏影横斜水清浅④，暗香浮动月黄昏⑤。霜禽欲下先偷眼⑥，粉蝶如知合断魂⑦。幸有微吟可相狎，不须檀板共金尊⑧。

①此诗一题作《梅花》。　②众芳：百花。暄妍：绚烂而美丽。“暄”本意为“暖”，此处引申为绚烂热闹。　③占尽风情：独占春光。　④疏影：疏淡的梅枝。横斜：形容梅枝错落有致。　⑤暗香：即幽香，淡淡的香气。　⑥霜禽：羽毛洁白的鸟，或谓寒鸟。偷眼：偷看，不敢正面看。句意说洁白的寒鸟想要飞落下来也先偷偷观望，自惭不如梅花洁白高雅。⑦合：应该，可能会。断魂：销魂神往。　⑧“幸有”二句：意谓梅花品格高雅幽逸，只应与低声吟咏的诗人为伴，无须俗人的饮酒歌唱来凑趣。

这首咏梅名作，借吟咏梅花幽独超逸的品格，寄寓诗人隐逸之幽趣。先以反衬手法，写梅之临寒独开的拔俗品格，之后通过正面描绘写梅花神清音秀的神韵，进而再由实入虚，以侧面烘托法表现梅花之高洁，最后以人之激赏写梅之幽独，寄寓诗人的隐逸情趣。诗中虚实相间，正侧映衬相结合，多角度表现了梅花的气质风韵。尤其“疏影”、“暗香”二句曲尽梅之体态，把梅花超逸的特点写得形神兼备，生动传神，备受赞赏。

宋欧阳修《归田录》：“林逋《梅花》诗云‘疏影横斜水清浅，暗香浮动月黄昏’，评诗者谓：‘前世咏梅者多矣，未有此句也。’”

宋司马光《温公续诗话》：“林逋处士……人称其梅花诗云‘疏影横斜水清浅，暗香浮动月黄昏’，曲尽梅之体态。”

宋许觊《彦周诗话》：“林和靖梅诗云：‘疏影横斜水清浅，暗香浮动月黄昏。’大为欧阳文忠公称赏。大凡《和靖集》中，梅诗最好，梅花诗中此两句尤奇丽。”

宋周紫芝《竹坡诗话》：“林和靖赋梅花诗，有‘疏影横斜水清浅，暗香浮动月黄昏’之语，脍炙天下殆二百年。”

元韦居安《梅磵诗话》：“梅格高韵胜，诗人见之吟咏多矣。自和靖‘香’‘影’一联为古今绝唱，诗家多推崇之。”

明李日华《紫桃轩杂缀》：“江为诗‘竹影横斜水清浅，桂香浮动月黄昏’。林君复改二字为‘疏影’‘暗香’以咏梅，遂成千古绝调。”

范仲淹

渔家傲[①]

塞下秋来风景异[②]，衡阳雁去无留意[③]。四面边声连角起[④]。千嶂里[⑤]，长烟落日孤城闭[⑥]。　　浊酒一杯家万里，燕然未勒归无计[⑦]。羌管悠悠霜满地[⑧]。人不寐，将军白发征夫泪。

①《渔家傲》：词牌名，未见于唐、五代，北宋始流行。宋仁宗康定、庆历年间，范仲淹节镇西北边塞，特地作《渔家傲》词数首，述边镇劳苦，今仅存此一首。　②塞下：边境要塞之地，此指西北边疆。　③衡阳：传雁秋日南飞，至湖南衡阳城南回雁峰而止，班固《西都赋》中有大雁"南翔衡阳"之语。　④边声：指边地胡笳声、马嘶声之类。李陵《答苏武书》："侧耳远听，胡笳互动，牧马悲鸣，吟啸成群，边声四起。"连角起：随着军中号角之声而起。　⑤嶂：如屏障的山峰。　⑥长烟落日：化用王维《使至塞上》"大漠孤烟直，长河落日圆"句。　⑦燕（yān）然句：《后汉书·窦宪传》载窦宪追北单于，"登燕然山，去塞三千余里，刻石勒功"而还。燕然山即今杭爱山，在蒙古人民共和国境内。勒，刻石纪功。　⑧羌管：羌笛。马融《长笛赋》："近世双笛从羌起。"

这首词写一戍边将军，在秋日边塞的所见所闻和所思所感。上片写边塞风光，既富于边地独特的色彩，又具有强烈的主观情感；渲染边塞的凄凉气氛，透出戍边者的心绪。下片写抵御外患、建功立业的决心及对家乡的思念。其中"燕然未勒"的心境，蕴含着词人身为边帅的高度责任感和事业心。结拍三句推己及人，由将军而念及广大战士，可谓情致深长。本词摹边塞风光，抒爱国情思，首开边塞词之先河。其格调苍凉悲壮，感情沉挚抑郁，一扫花间词派嘲风弄月、柔靡无骨的词风，成为宋代豪放派词的先声。

宋魏泰《东轩笔录》："范文正公守边日，作《渔家傲》乐歌数阕，皆以'塞下秋来'为首句，颇述边镇之劳苦。欧阳公尝呼为穷塞主之词。"

清先著、程洪《词洁辑评》："一幅绝塞图，已包括于'长烟落日'十字中。唐人塞下诗最工、最多，不意词中复有此奇境。"

清黄氏《蓼园词评》："至今读之，犹凛凛有生气。"

苏幕遮[①]

碧云天[②]，黄花地[③]。秋色连波，波上寒烟翠。山映斜阳天接水。芳草无情，更在斜阳外[4]。　　黯乡魂[5]，追旅思[6]。夜夜除非，好梦留人睡。明月楼高休独倚。酒入愁肠，化作相思泪。

①《苏幕遮》：唐玄宗时教坊曲名，来自西域，后用为词调。　②碧云天：蓝天白云之意。　③黄花：菊花，一作“黄叶”。　④“芳草”二句：李煜《清平乐》“离恨恰如春草，更行更远还生”，此用其意。　⑤黯乡魂：因思念家乡而黯然销魂。江淹《别赋》：“黯然销魂者，惟别而已矣。”此借用其意。　⑥追旅思（sī）：为漂流在外的愁思所纠缠。

这首词写乡思。上片写秋景，恢宏广阔。尤其起首两句，展现出秋高气爽的碧蓝天空与秋风萧瑟中黄菊盛开的大地，笔力扛鼎，非俗手可至。下片转而抒发思乡之情。结拍说以酒浇愁，愁思难消，反化作相思泪，写出刻骨铭心的愁苦，造意新奇，道人所未道。与大多数写羁旅乡思的词一样，本篇也注重移情入景、因景传情，但在景情表现的广度与深度上，有其独到的成就，故历来为人所称赞。

清黄氏《蓼园词评》：“借秋色苍茫以隐抒其忧国之意。”

清谭献《谭评词辨》：“大笔振迅。”

清邹祇谟《远志斋词衷》：“范希文《苏幕遮》一调，前段多入丽语，后段纯写柔情，遂成绝唱。”

清许昂霄《词综偶评》：“铁石心肠人，亦作此销魂语。”

岳阳楼记[1]

庆历四年春[2]，滕子京谪守巴陵郡[3]。越明年[4]，政通人和[5]，百废具兴[6]。乃重修岳阳楼，增其旧制[7]，刻唐贤、今人诗赋于其上[8]。属予作文以记之[9]。

予观夫巴陵胜状[10]，在洞庭一湖[11]。衔远山[12]，吞长江[13]，浩浩荡荡[14]，横无际涯[15]；朝晖夕阴[16]，气象万千。此则岳阳楼之大观也[17]。前人之述备矣[18]。然则北通巫峡[19]，南极潇湘[20]，迁客骚人[21]，多会于此，览物之情[22]，得无异乎[23]？

若夫霪雨霏霏[24]，连月不开[25]，阴风怒号[26]，浊浪排空[27]，日星隐耀[28]，山岳潜形[29]；商旅不行[30]，樯倾楫摧[31]，薄暮冥冥[32]，虎啸猿啼。登斯楼也[33]，则有去国怀乡[34]，忧谗畏讥[35]，满目萧然[36]，感极而悲者矣[37]。

至若春和景明[38]，波澜不惊[39]，上下天光，一碧万顷[40]；沙鸥翔集[41]，锦鳞游泳[42]；岸芷汀兰[43]，郁郁青青[44]，而或长烟一空[45]，皓月千里[46]，浮光跃金[47]，静影沉璧[48]；渔歌互答，此乐何极[49]！登斯楼也，则有心旷神怡[50]，宠辱偕忘[51]，把酒临风[52]，其喜洋洋者矣。

嗟夫[53]！予尝求古仁人之心[54]，或异二者之为[55]，何哉？不以物喜，不以己悲[56]；居庙堂之高则忧其民[57]，处江湖之远则忧其君[58]。是进亦忧[59]，退亦忧[60]。然则何时而乐耶？其必曰[61]：“先天下之忧而忧，后天下之乐而乐”欤[62]？噫！微斯人[63]，吾谁与归[64]！

时六年九月十五日[65]。

①本文为范仲淹出知邓州（今河南省邓县）时（1045～1048）应友人滕子京要求而作。岳阳楼：建于唐初，在湖南省岳阳市城西，面对洞庭湖，为著名游览胜地。唐开元四年（716）张说做岳州刺史时，常与文人雅士到此游宴赋诗，因负盛名。后杜甫、白居易等又于此题咏，至范文一出，名气更盛。 ②庆历四年：公元1044年。庆历，宋仁宗赵祯的年号。③滕子京：名宗谅，与范仲淹同年中进士。范在抗击西夏入侵时，曾推荐他任一方军职，不久被人诬告，贬为岳州知州。谪：因罪降官。守：州郡长官，此指做岳州知州。巴陵郡：今湖南省岳阳市。 ④越明年：到第二年。越，到。 ⑤政通：政事顺利。人和：百姓和乐。⑥百废具兴：各种废止的事业都兴办起来。具，通“俱”。 ⑦增其旧制：扩大岳阳楼原有规模。 ⑧唐贤：唐代名作家。今人：当今名人。 ⑨属（zhǔ）：通“嘱”，嘱托。 ⑩胜状：优美景致。 ⑪在：在于。 ⑫衔：口含。 ⑬吞：咽下。 ⑭浩浩荡（shāng）荡：水势浩大的样子。 ⑮横无际涯：广阔无边。 ⑯朝辉夕阴：早晨日色晴明，傍晚天气昏暗。⑰大观：雄伟壮丽的景象。 ⑱备：详尽。 ⑲巫峡：长江三峡之一，在四川、湖北两省交界处。 ⑳潇湘：湘水源出于广西境内，流至湖南零陵县与潇水会合，称潇湘，北入洞庭湖。㉑迁客：被贬谪的官员。骚人：诗人。屈原曾作《离骚》，所以称诗人为“骚人”，这里指失意的文人。 ㉒览物之情：浏览景物的心情。 ㉓得无：能不，表示推测语气。 ㉔若夫：与下文的“至若”，都是用于一段开头的连词，相当于“至于”。霪（yín）雨：连绵的雨。霏霏：细雨纷飞的样子。 ㉕不开：不放晴。 ㉖阴风：寒风。 ㉗浊浪：汹涌浑浊的浪涛。排空：冲击天空。 ㉘隐耀：隐没光辉。 ㉙潜形：潜藏起形体。 ㉚商旅：商人旅客。㉛樯（qiáng）倾楫（jī）摧：桅杆歪斜，船桨断折。 ㉜薄暮：傍晚。冥冥：昏暗。 ㉝斯：此。 ㉞去国怀乡：离开国都，怀念家乡。 ㉟忧谗畏讥：担心遭到诽谤，害怕受到讥讽。㊱萧然：凄凉冷落的样子。 ㊲感极：感慨万分。 ㊳春和景明：春日和暖，阳光明媚。景，日光。 ㊴不惊：不起，形容湖面平静。 ㊵“上下”二句：谓上下的天色湖光，一片碧绿，广阔无边。万顷，形容极其宽广。 ㊶翔集：飞翔，栖止。 ㊷锦鳞：鱼的美称。 ㊸岸芷汀兰：岸边的白芷，水中小洲上的香兰。 ㊹郁郁：香气浓郁。青青：同“菁（jīng）菁”，形容草木茂盛。 ㊺“而或”句：或者天空烟云尽散。 ㊻皓月千里：皎洁的月光普照千里。㊼浮光跃金：月光映在水面上如金光闪跃。跃，一作“耀”。 ㊽静影沉璧：湖中静静的月影像沉在水底的璧玉一样。 ㊾何极：哪有穷尽。 ㊿心旷神怡：心胸开阔，精神愉快。(51)宠辱偕忘：荣宠和耻辱一并忘却。偕，一齐。 (52)把酒临风：迎着清风举杯畅饮。把，持、端。 (53)嗟夫：感叹词，犹如现代汉语中的“唉”。 (54)求：探求。古仁人：古时品德高尚的人。 (55)“或异”句：或有别于上述的两种表现（一则以喜、一则以悲之情）。 (56)不以物喜，不以己悲：不因客观环境（好坏）和个人（得失）而或喜或悲。 (57)居庙堂之高：在朝廷里做官。 (58)处江湖之远：处在僻远的地区，指退隐江湖，不在朝做官。 (59)进：进用。(60)退：退隐。 (61)其：大概，表示推测语气。 (62)“先天下”二句：意谓先于天下的人预见国家的忧患，及早考虑对策；待国家消除了内忧外患，天下的人都已安居乐业，自己仍要居安思危，进而策划万全，最后才与天下的人同享安乐。先，在……之前。后，在……之后。(63)微：无，没有。斯人：这种人，即古仁人。 (64)吾谁与归：我归向谁呢。归，归依。(65)六年：庆历六年（1046）。

本文题为《岳阳楼记》，重点却不在记岳阳楼，而是借题发挥，即景抒情，以生动的文学语言和富于形象特征的文学手段，表现出一种忧国爱民、“以天下为己任”

的伟大政治抱负和崇高的道德情操。它之所以能传诵千古、脍炙人口，主要在于文中表现了一种“先天下之忧而忧，后天下之乐而乐”的崇高思想境界。这是我国古代无数仁人志士优秀思想品德的高度体现，而这一崇高思想又是通过生动的艺术描写表现出来的。其主要艺术特点：一是情与景的融合，思想境界与艺术境界的融合。文章写景、抒情、议论相结合，作者的思想汇进他所创造的艺术境界之中。二是中心突出，结构严谨，层次清晰。为了突出中心思想，文章在二、三、四段中作了一系列的布置和铺垫。三是骈散结合的句式，整齐中又有变化，既有明快的节奏、和谐的音调，又表现出一种深婉含蓄、耐人寻味的韵致。

宋欧阳修《范公神道碑铭》：“公少有大节，于富贵贫贱，毁誉欢戚，不一动其心，而慨然有志于天下。常自诵曰：士当先天下之忧而忧，后天下之乐而乐也。”

清吴楚材、吴调侯《古文观止》：“岳阳楼大观，已被前人写尽。先生更不赘述，止将登楼者览物写情写出悲喜二意，只是翻出后文忧乐一段正论。以圣贤忧国忧民心地，发而为文章，非先生其孰能之?”

张先

天　仙　子[①]

时为嘉禾小倅[②]，以病眠，不赴府会。

《水调》数声持酒听[③]，午醉醒来愁未醒。送春春去几时回？临晚镜，伤流景[④]，往事后期空记省[⑤]。　　沙上并禽池上暝[⑥]，云破月来花弄影[⑦]。重重帘幕密遮灯，风不定，人初静，明日落红应满径。

①《天仙子》：唐玄宗时教坊曲名，后用为词调。　②嘉禾：宋时郡名，今浙江省嘉兴市。倅（cuì）：副职小官，张先当时在嘉兴做通判（为知州掌管文书）。　③《水调》：唐朝大曲名，据唐刘悚《隋唐嘉话》，为隋炀帝凿汴河时所作。　④“临晚”二句：化用杜牧《代吴兴妓春初寄薛军事》：“自悲临晓镜，谁与惜流年？”流景，流逝的光阴。　⑤“往事”句：意谓回首过去，往事成空，瞻望未来，后期无定，都只能徒然留在记忆中，言人事之无凭。记省（xǐng），记忆。　⑥并禽：双飞双宿的禽鸟，如鸳鸯之类。　⑦“云破”句：此为张先得意之句，曾为此自建“花月亭”。据《苕溪渔隐丛话》记载，有客谓子野曰：“人皆谓公‘张三中’，即心中事，眼中泪，意中人也。”子野曰：“何不目之为‘张三影’？”客不晓。公曰：“‘云破月来花弄影’，‘娇柔懒起，帘压卷花影’，‘柳径无人，坠飞絮无影’，此余生平所得意也。”

这是一首临老伤春之作，而伤春的核心在于自伤，即感叹流光之易逝、人事之无凭。上片写人之愁闷无聊，由午及晚；下片则专写晚景，寓情于景。“沙上并禽”，用以对照自己的块然独处。“云破”一句，谓云在缓缓飘动，月亮从云中露出，月光投在花上，风儿吹过，花影摇曳。短短七字生动逼真地描绘了繁富的夜景，虽是动态，恰反衬了夜的幽寂，暗点了自己的孤单，心与景会，落笔天然而蕴藉无限。本篇在艺术上的显著特点是，善于将主观移入客观，以拟人化的手法刻绘景物，使景物完满地体现自己的情感。

明杨慎《词品》：“‘云破月来花弄影’，景物如画，画亦不能至此，绝倒，绝倒！”

清沈际飞《草堂诗余正集》：“‘云破月来’句，心与景会，落笔即是，着意即非，故当脍炙。”

近人王国维《人间词话》：“‘云破月来花弄影’，着一‘弄’字，而境界全出矣。”

晏殊

浣溪沙

一曲新词酒一杯，去年天气旧亭台。夕阳西下几时回？　　无可奈何花落去，似曾相识燕归来。小园香径独徘徊①。

①香径：花香弥漫的园中小路。

这首词写词人对自然和人事进行观照之后在内心引发的惋惜遗憾。旧亭唱新词，夕阳西下复东回，花儿开了又落，燕子去后又来，这一切如水般次第涌来，搅动起词人的千思万绪，让他徘徊不已。虽然情中有思，却做到了理致深蕴，只让眼前景透过温润的笔锋一一顺流而出，有珠圆玉润之谐婉流畅。

明杨慎《词品》："'无可奈何'二语工丽，天然奇偶。"

清张宗橚《词林纪事》："细玩'无可奈何'一联，情致缠绵，音词谐婉，的是倚声家语，若作七律，未免软弱矣。"

清沈际飞《草堂诗余正集》："'无可奈何花落去'，律诗隽语也，然自是天成一段词，著诗不得。"

蝶恋花

槛菊愁烟兰泣露①。罗幕轻寒，燕子双飞去。明月不谙离恨苦②，斜光到晓穿朱户。

昨夜西风凋碧树，独上高楼，望尽天涯路。欲寄彩笺兼尺素③，山长水阔知何处！

①槛：栏杆。　②谙：熟悉，知道。　③彩笺：精美的彩色笺纸，可以题诗或写信。尺素：古人常用一尺长的素绢来书写，这里指书信。

这首词写离别相思。在上下片的篇章构撰上很特别——上片意象纤柔，字面轻软，意境幽微，情调缠绵；下片则意象阔大，字面重拙，意境高远，情调悲壮。写相思，由相思之苦到相思不得之痛，感情由凄婉而至于凄绝，上下片情感力度上的巨大落差给读者心灵带来了强烈的冲击。

近人王国维《人间词话》："《诗·蒹葭》一篇，最得风人深致。晏同叔之'昨夜西风凋碧树，独上高楼，望尽天涯路'，意颇近之。但一洒落，一悲壮耳。"

宋祁

玉　楼　春[①]

东城渐觉风光好[②]，縠皱波纹迎客棹[③]。绿杨烟外晓寒轻，红杏枝头春意闹[④]。
浮生长恨欢娱少[⑤]，肯爱千金轻一笑[⑥]？为君持酒劝斜阳，且向花间留晚照[⑦]。

①《玉楼春》：词牌名，顾敻词有“月照玉楼春漏促”句，因取为名，又名《惜春容》、《西湖曲》等。 ②风光：一作“春光”。 ③縠（hú）皱：有细匀皱褶的纱，此形容水波细匀。 ④闹：热闹，喧闹。此指杏花开得浓盛，鲜艳惹眼。 ⑤浮生：短暂的人生。李白《春夜宴桃李园序》：“浮生若梦，为欢几何。” ⑥肯：岂肯，不肯。 ⑦“且向”句：意谓请斜阳暂且在花丛间多停留一会儿。用李商隐《写意》“日向花间留返照”成句。

这首词上片极写春意盎然之景，绿波泛舟，绿杨似烟，红杏绽放，一派生机勃勃的春天景象，令人激动奋发。下片由对春的赞赏，转而感慨人生如梦，春光易逝，欢娱日少，自然流露出北宋承平时期士大夫的消极享乐思想，但其中也不乏“夕阳无限好”这样惜时自责的积极因素。此词在音节、炼字方面卓有成就，尤其是一个“闹”字，十分生动传神，词人也因此获得了“红杏枝头春意闹尚书”的雅号。

清黄氏《蓼园词评》：“通首浓丽，然总以‘春意闹’三字，尤为奇辟也。”
清刘体仁《七颂堂词绎》：“‘红杏枝头春意闹’，一‘闹’字卓绝千古。”
近人王国维《人间词话》：“‘红杏枝头春意闹’，着一‘闹’字，而境界全出。”

柳永

雨霖铃①

寒蝉凄切②，对长亭晚③，骤雨初歇。都门帐饮无绪④，留恋处⑤、兰舟催发⑥。执手相看泪眼，竟无语凝噎⑦。念去去⑧、千里烟波，暮霭沉沉楚天阔⑨。　多情自古伤离别，更那堪、冷落清秋节。今宵酒醒何处？杨柳岸、晓风残月。此去经年⑩，应是良辰好景虚设。便纵有、千种风情⑪，更与何人说⑫？

①《雨霖铃》：唐玄宗时教坊大曲名，后用为词调。　②寒蝉：秋后的蝉。　③长亭：路旁亭舍，供人歇息，亦是送别的地方。庾信《哀江南赋》："十里五里，长亭短亭。"　④都门：原指长安东门，此借指汴京。帐饮：即在郊野设帐幕宴饮。叶廷珪《海录碎事》："野次无宫室，故曰帐饮。"　⑤留恋处：一作"方留恋处"。　⑥兰舟：船的美称。　⑦凝噎：喉咙被阻塞，即悲伤不已。一作"凝咽"。　⑧去去：去了又去，即远去。　⑨暮霭：傍晚时的云气。楚天：南天，古时长江中下游一带属楚国地界，故称。　⑩经年：年复一年。　⑪风情：男女相爱之情。　⑫更：一作"待"。

此词是《乐章集》的压卷之作，抒写词人离开汴京与情人分别时的依依惜别之情。上片叙别情别景，凄切寒蝉，初歇骤雨，伴随着离别的依恋与辛酸。下片写别后相思，杨柳堤岸，晓风残月，伴随着别后的思念与惆怅。从艺术特点看，这首词以秋景写离情，情景交融。通过环境的渲染，衬托出心中千般辛酸，万般离痛。以时间发展为序，虚实相生，层层递进，一气呵成。语言自然明畅，不尚雕琢，以白描取胜，表现出一种"清和朗畅"、"意致绵密"和"秀淡幽艳"的风格。

明李攀龙《草堂诗余隽》："'千里烟波'，惜别之情已骋；'千种风情'，相期之愿又赊。真所谓善传神者。"

清刘熙载《艺概·词概》："词有点、有染。柳耆卿《雨霖铃》云：'多情自古伤离别，更那堪、冷落清秋节。今宵酒醒何处？杨柳岸、晓风残月。'上二句点出离别冷落，'今宵'二句，乃就上二句意染之。点染之间，不得有他语相隔，隔则警句亦成死灰矣。"

清贺裳《皱水轩词筌》："柳屯田'今宵酒醒何处？杨柳岸、晓风残月。'自是古今俊句。或讥为梢公登溷诗，此轻薄儿语，不足听也。"

清黄氏《蓼园词评》："清和朗畅，语不求奇，而意致绵密，自尔稳惬。"

八声甘州①

对潇潇暮雨洒江天②，一番洗清秋。渐霜风凄紧③，关河冷落④，残照当楼。是处红衰翠减⑤，苒苒物华休⑥。惟有长江水，无语东流。　　不忍登高临远，望故乡渺邈⑦，归思难收。叹年来踪迹，何事苦淹留⑧？想佳人、妆楼颙望⑨，误几回、天际识归舟⑩。争知我⑪、倚阑干处，正恁凝愁⑫。

①《八声甘州》：简称《甘州》，因全词八韵，故称“八声”。唐玄宗时为教坊大曲，后用为词调。　②潇潇：形容雨势急骤。　③霜风：深秋的风。凄紧：又作“凄惨”。　④关河：山河。　⑤是处：到处。红衰翠减：红花凋零，绿叶稀少。语出李商隐诗《赠荷花》：“此荷此叶常相映，翠减红衰愁煞人。”翠，又作“绿”。　⑥苒（rǎn）苒：形容时光流逝。物华：美好的景物。　⑦渺邈（miǎo）：遥远。　⑧淹留：久留。　⑨颙（yóng）望：抬头凝望。⑩“误几回”句：用谢朓《之宣城郡出新林浦向板桥》中“天际识归舟”成句。　⑪争：同“怎”。　⑫恁（nèn）：如此。凝愁：愁思郁结。

这是一首思乡怀人之作，通篇紧紧扣住一个“望”字来写。上片是登楼远望，以秋景的萧瑟表明人的伤悲；下片是望中所思，从对面落笔，益见归思之切。“霜风凄紧，关河冷落，残照当楼”，写尽了秋天的寥廓苍凉与自己的悲秋情结，被后人评为“不减唐人高处”。“想佳人”数句，化用谢朓诗及温庭筠《梦江南》词句，由己及彼，委婉传达心曲，梁启超认为其词境颇似温庭筠《菩萨蛮》中的“照花前后镜，花面交相映”。

宋赵令畤《侯鲭录》引苏轼语：“人皆言柳耆卿词俗，如‘霜风凄紧，关河冷落，残照当楼’，唐人佳处，不过如此。”

清陈廷焯《白雨斋词话》：“情景俱到，骨韵俱高。”

近人王国维《人间词话》：“若屯田之《八声甘州》，东坡之《水调歌头》，则伫兴之作，格高千古，不能以常调论也。”

凤　栖　梧①

伫倚危楼风细细②，望极春愁，黯黯生天际③。草色烟光残照里，无言谁会凭阑意④。　　拟把疏狂图一醉⑤，对酒当歌⑥，强乐还无味。衣带渐宽终不悔⑦，为伊消得人憔悴⑧。

①《凤栖梧》：唐教坊曲名，初名《鹊踏枝》，又名《蝶恋花》、《黄金缕》等。　②伫倚：久久地靠着。危楼：高楼。　③黯黯：犹黯然，感伤貌。　④会：理解。　⑤“拟把”句：意谓打算放任自己粗疏狂放的性格，在醉中以求忘怀愁苦。拟把，打算。　⑥对酒当歌：语出曹操《短歌行》：“对酒当歌，人生几何？”　⑦衣带渐宽：衣带宽松，说明人因相思而消

瘦。化用《古诗十九首》中“相去日已远，衣带日已缓”诗意。 ⑧伊：她，指意中人。消得：值得，另解作“消损到”，亦通。

这是一首怀人词。上片通过景物描写，以特定的环境表现伤愁、惆怅与无法排遣的别情。下片自述心情，勉强振作，欲借酒消愁，到底无用，最终痛下决心，去执著地追求他思念中的伊人。全词将漂泊异乡的伤感与怀人的浓情结合在一起，转折委婉，欲语还休，直到最后，直接点出，诚挚感人。

清贺裳《皱水轩词筌》：“小词以含蓄为佳，亦有作决绝语而妙者。”

鹤　冲　天①

黄金榜上②，偶失龙头望③，明代暂遗贤④，如何向⑤？未遂风云便⑥，争不恣狂荡⑦？何须论得丧⑧。才子词人，自是白衣卿相⑨。　烟花巷陌⑩，依约丹青屏障⑪。幸有意中人，堪寻访。且恁偎红翠⑫，风流事、平生畅。青春都一饷⑬。忍把浮名，换了浅斟低唱⑭。

①《鹤冲天》：调始见于柳永，与《喜迁莺》、《春光好》（别名《鹤冲天》）不同。 ②黄金榜：指录取进士的金字题名榜。 ③龙头：状元的别称。 ④明代：政治清明的时代，对本朝的美称。遗贤：遗弃贤才。 ⑤如何向：怎么办。 ⑥风云：即风云际会，喻君臣遇合。⑦争不：怎不。恣：尽意。 ⑧得丧：得与失。 ⑨白衣卿相：没有官职却有卿相之才的贤士。白衣，没有功名的普通百姓，一般指未能考取的读书人。 ⑩烟花巷陌：指妓女住处。⑪依约：隐约。丹青：指图画。 ⑫偎红翠：指狎妓。一作“偎红倚翠”。 ⑬一饷：片刻。⑭浅斟低唱：慢慢饮酒，低声唱歌。

这首词是柳永科举考试落榜后抒发牢骚之作，词中大胆地表示对功名的蔑视，写来恣意闳肆、直露率真。虽貌似达观，实则内含无限的辛酸与哀楚。透过词面探索柳永的真实思想，这首词不过是他一时的发泄，他后来仍然孜孜功名，甚至改名应试，终于“及第已老”。在艺术上，本词一变其缠绵多情的词风，转而以直抒胸臆为主。

宋吴曾《能改斋漫录》：“尝有《鹤冲天》词云：‘忍把浮名，换了浅斟低唱。’及临轩放榜，特落之。（宋仁宗）曰：‘此人风前月下，好去浅斟低唱，何要浮名？且填词去。’三变由此自称‘奉旨填词’。后改名永，方得磨勘转官。”

望　海　潮①

东南形胜②，三吴都会③，钱塘自古繁华④。烟柳画桥，风帘翠幕，参差十万人家⑤。云树绕堤沙⑥，怒涛卷霜雪⑦，天堑无涯⑧。市列珠玑⑨，户盈罗绮⑩，竞豪奢。

重湖叠巘清嘉⑪，有三秋桂子⑫，十里荷花。羌管弄晴⑬，菱歌泛夜⑭，嬉嬉钓叟莲娃⑮。千骑拥高牙⑯，乘醉听箫鼓，吟赏烟霞⑰。异日图将好景，归去凤池夸⑱。

①《望海潮》：首见于柳永《乐章集》，调名取以钱塘作观潮胜地之意。 ②形胜：地理形势优越。 ③三吴：旧称吴兴郡、吴郡（钱塘旧属吴郡）、会稽郡为三吴，相当于今江苏南部和浙江北部地区。三，原作“江”。都会：大都市。 ④钱塘：今杭州市。 ⑤参差（cēn cī）：这里形容依山建造的房屋楼阁高低不齐。《西湖老人繁胜录》：“回头看城内山上，人家层层叠叠，观宇楼台参差如花落仙宫。” ⑥云树：形容树木浓密如云。堤：指钱塘江江堤。 ⑦怒涛句：指钱塘江的潮水卷起霜雪般的白色浪花。 ⑧天堑：言钱塘江江面宽阔，形势雄伟，好像天然的壕沟。 ⑨珠玑（jī）：泛指珍贵的珠宝饰物。 ⑩罗绮：泛指丝绸。 ⑪重湖：西湖上的白堤（唐白居易所筑）将湖面分为里湖和外湖，故云。叠巘（yǎn）：指西湖边重重叠叠的山峰。清嘉：清秀而美丽； ⑫三秋：指阴历九月。桂子：桂花。 ⑬羌管：羌笛，详见范仲淹《渔家傲》注⑧。 ⑭菱歌：采菱人的唱歌声。 ⑮嬉嬉：戏耍笑乐貌。莲娃：采莲的姑娘。 ⑯千骑（jì）句：众多的随从人马簇拥着有高大牙旗开道的地方长官出游。高牙：高高的牙旗，即旗杆上饰有象牙的军旗。 ⑰烟霞：借指山光水色。 ⑱“异日”二句：他日将这美景描画下来，带回京师，向同僚们夸示吧！凤池，凤凰池，本为皇帝禁苑中的池沼名，后因中书省是最高行政机关，掌管机要，接近皇帝，故用以指代中书省及宰相。

据罗大经《鹤林玉露》记载，本词为柳永干谒当时驻节杭州的两浙转运使孙何时所作。词人抓住杭州形胜，用略带夸张的语句杂以白描手法，从各个方面铺写了杭州的繁荣昌盛与西湖的佳丽秀美。“烟柳”数句，极言城市的繁华；“云树”数句，写尽钱塘江的壮观；“重湖”数句，则高度概括了西湖迷人的景物。全词在画面的点染、笔法的灵变、音律的谐美上，都达到了很高的艺术水准，为历代选家所赞赏。

宋罗大经《鹤林玉露》：“孙何帅钱塘，柳耆卿作《望海潮》词赠之云：‘东南形胜’云云。此词流播，金主亮闻歌，欣然有慕于‘三秋桂子，十里荷花’，遂起投鞭渡江之志。近时谢处厚诗云：‘莫把杭州曲子讴，荷花十里桂三秋。岂知草木无情物，牵动长江万里愁。’余谓此词虽牵动长江之愁，然卒为金主送死之媒，未足恨也。至于荷艳桂香，妆点湖山之清丽，使士夫流连于歌舞嬉游之乐，遂忘中原，是则深可恨耳！”

欧阳修

戏答元珍①

春风疑不到天涯，二月山城未见花。残雪压枝犹有桔，冻雷惊笋欲抽芽②。夜闻归雁生乡思，病人新年感物华③。曾是洛阳花下客④，野芳虽晚不须嗟⑤。

①诗题一作《戏答元珍花时久雨之什》，写于宋仁宋景祐三年（1036），当时诗人被贬为峡州夷陵（今湖北宜昌市）县令。当时峡州军事判官丁宝臣（字元珍）与诗人交好，曾有诗相赠。 ②冻雷：寒雷，指春雷。 ③物华：美丽的景物。 ④洛阳花下客：洛阳牡丹最负盛名，诗人又曾任西京（洛阳）留守推官，作有《洛阳牡丹记》、《洛阳牡丹图》等诗文，故称。 ⑤嗟：叹息。

此诗寓乐景于哀景之中，在料峭春寒中显出盎然春意，生机勃郁；寄希望于悲情之中，在寂寞愁闷中满怀昂扬乐观之情，反映了诗人对被贬的抗争精神和对前途的自信。章法跌宕变化、错落相承，语言平易自然。

宋胡仔《苕溪渔隐丛话》引蔡绦语："欧公语人曰：'春风疑不到天涯，二月山城未见花。'若无下句，则上句不见佳处。并读之，便觉精神顿出。"

宋方回《瀛奎律髓》："此夷陵作，欧公自谓得意……第二句云'二月山城未见花'，即先问后答，明言其所谓也。以后句句有味。"

清方东树《昭昧詹言》："欧公情韵幽折，往反咏唱，令人低徊欲绝，一唱三叹而有遗音，如啖橄榄，时有余味。"

画眉鸟①

百啭千声随意移②，山花红紫树高低。始知锁向金笼听，不及林间自在啼。

①此诗为诗人被贬滁州时作，诗题一作《郡斋闻百舌》。 ②啭（zhuàn）：鸟婉转地叫。

此诗托物言志，寄寓诗人厌倦官场、向往自由生活。

踏莎行

候馆梅残①，溪桥柳细，草薰风暖摇征辔②。离愁渐远渐无穷，迢迢不断如春水。　寸寸柔肠，盈盈粉泪[3]，楼高莫近危栏倚[4]。平芜尽处是春山[5]，行人更在春山外[6]。

①候馆：迎候、接待宾客的馆舍。梅残：言冬去春来。　②薰：香气侵袭。江淹《别赋》："闺中风暖，陌上草薰。"摇征辔：指骑马远行。　③盈盈：泪水充溢之状。　④危栏：高楼上的栏杆。　⑤平芜：平坦旷远的草地。　⑥行人：此指游子。

此词似写游子思乡、闺妇怀远的别情，突破前人只从一方着笔的写法，兼从行者和居者两方去写，别情更显浓郁浑厚。以乐景写哀情，先扬后抑，反复渲染。结尾以递进层深之笔将离情写得委婉深细，余味无穷。

明李攀龙《草堂诗余隽》："春水写愁，春山骋望，极切极婉。"

清黄氏《蓼园词评》："按此词特为赠别作耳。前阕，言时物暄妍，征辔之去，自是得意。其如我之离愁不断何。次阕，言不敢远望，愈望愈远也。语语倩丽，韶光情文斐亹。"

清许昂霄《词综偶评》："春山疑当作青山。否则既用春水，又用两春山字，未免稍复矣。"

蝶　恋　花

庭院深深深几许？杨柳堆烟[1]，帘幕无重数。玉勒雕鞍游冶处[2]，楼高不见章台路[3]。　雨横风狂三月暮，门掩黄昏，无计留春住。泪眼问花花不语，乱红飞过秋千去[4]。

①杨柳堆烟：形容杨柳茂密如烟云。　②玉勒雕鞍：镶玉的马笼头和雕花的马鞍，此指华贵的车马。游冶处：供人游乐之处，此指歌楼妓馆。　③章台路：汉代长安有章台，向为京城最繁华处，多居妓女。　④乱红：零乱的落花。

这是一首闺情词，抒发贵族妇女独守深闺的苦闷愁怨。起句与结句颇佳。首句连用三个叠字并用似问非问的语气，渲染了贵妇人生活环境的特点：深邃、封闭、孤寂。结句通过层层渲染，愈转愈深，把少妇的无限愁苦细腻地表达出来。整词对比鲜明，情景融合无痕，语意浑然天成。

清周济《宋四家词选眉批》："数词缠绵忠笃，其文甚明，非欧公不能作。延巳小人，纵欲，伪为君子，以惑其主，岂能有此至性语乎？"

清王又华《古今词论》引毛先舒语："人愈伤心，花愈恼人，语愈浅而意愈入，又绝无刻画费力之迹，谓非层深而浑成耶？"

清黄氏《蓼园词评》："首阕因杨柳烟多，若帘幕之重重者，庭院之深以此。即下句章台不见亦以此。总以见柳絮之迷人。加之雨横风狂，即拟闭门，而春已去矣。不见乱红之尽飞乎，语意如此。通首诋斥，看来必有所指。第词旨浓丽，即不明所指，自是一首好词。”

朋 党 论

臣闻朋党之说，自古有之①，惟幸人君辨其君子人而已②。大凡君子与君子，以同道为朋③；小人与小人，以同利为朋，此自然之理也。

然臣谓小人无朋，惟君子则有之。其故何哉？小人所好者禄利也，所贪者财货也。当其同利之时，暂相党引以为朋者④，伪也。及其见利而争先，或利尽而交疏，则反相贼害⑤，虽其兄弟亲戚，不能相保。故臣谓小人无朋，其暂为朋者，伪也。君子则不然：所守者道义，所行者忠信，所惜者名节。以之修身，则同道而相益；以之事国，则同心而共济⑥。终始如一，此君子之朋也。

故为人君者，但当退小人之伪朋⑦，用君子之真朋，则天下治矣。

尧之时，小人共工、驩兜等四人为一朋⑧，君子八元、八恺十六人为一朋⑨。舜佐尧，退四凶小人之朋，而进元、恺君子之朋，尧之天下大治。及舜自为天子，而皋、夔、稷、契等二十二人并列于朝⑩，更相称美，更相推让，凡二十二人为一朋，而舜皆用之，天下亦大治。

《书》曰⑪：“纣有臣亿万，惟亿万心；周有臣三千，惟一心。”纣之时，亿万人各异心，可谓不为朋矣，然纣以亡国。周武王之臣，三千人为一大朋，而周用以兴⑫。

后汉献帝时，尽取天下名士囚禁之，目为党人⑬。及黄巾贼起⑭，汉室大乱，后方悔悟，尽解党人而释之，然已无救矣。

唐之晚年，渐起朋党之论⑮。及昭宗时，尽杀朝之名士，或投之黄河，曰：“此辈清流，可投浊流⑯。”而唐遂亡矣⑰。

夫前世之主，能使人人异心不为朋，莫如纣；能禁绝善人为朋，莫如汉献帝；能诛戮清流之朋，莫如唐昭宗之世；然皆乱亡其国。更相称美推让而不自疑，莫如舜之二十二臣，舜亦不疑而皆用之；然而后世不诮舜为二十二人朋党所欺⑱，而称舜为聪明之圣者⑲，以能辨君子与小人也。周武之世，举其国之臣三千人共为一朋。自古为朋之多且大，莫如周；然周用此以兴者，善人虽多而不厌也⑳。

夫兴亡治乱之迹㉑，为人君者，可以鉴矣㉒。

①“臣闻”二句：《韩非子·孤愤》：“朋党比周以弊主。”王禹偁《朋党论》：“夫朋党之来远矣，自尧舜时有之。” ②幸：希望。 ③同道：志同道合。 ④党引：勾结，援引。 ⑤贼害：残害。 ⑥共济：共图事功。 ⑦退：废斥。 ⑧共工、驩（huān）兜等四人：指共工、驩兜、鲧和三苗部落首领，传说为尧时逐臣，后人称“四凶”。 ⑨八元、八恺：《左传·文公十八年》：“昔高阳氏有才子八人：苍舒、隤敳、梼戭、大临、龙降、庭坚、仲容、叔达，齐圣广渊，明允笃诚。天下之民，谓之八恺。高辛氏有才子八人：伯奋、仲堪、叔献、

季仲、伯虎、仲熊、叔豹、季貍，忠肃共懿，宣慈惠和。天下之民，谓之八元。” ⑩皋、夔、稷、契（xiè）：传说四人都是舜时贤臣，分别掌管刑法、音乐、农事和教育。 ⑪《书》：指《尚书》。 ⑫用：因此。 ⑬“后汉献帝时”三句：实际上是指东汉桓帝、灵帝时的党锢之祸。当时宦官专权，李膺、范滂等多人被捕、被杀。 ⑭黄巾贼起：指公元184年，张角等聚众起义，皆以黄巾裹头，称“黄巾军”。 ⑮“唐之晚年”二句：唐穆宗至宣宗年间（821～859），以牛僧孺为首的牛党和以李德裕为首的李党展开势不两立的政治斗争，史称“牛李党争”。 ⑯“及昭宗时”六句：唐哀帝天祐二年（905），权臣梁王朱全忠将裴枢等七大臣杀害于白马驿。朱的谋士李振因举进士不第，痛恨朝官，献计说：“此辈常自谓清流，宜投之黄河，使为浊流。”朱笑而从之。本文误记为昭宗时事。 ⑰唐遂亡矣：天祐四年（907），朱全忠取代唐朝，建立后梁。 ⑱诮（qiào）：责备。 ⑲聪明：耳聪目明，指天资高、能力强。 ⑳厌：同“餍”，满足。 ㉑迹：事迹，引申为道理。 ㉒鉴：铜镜，引申为鉴戒。

此文写于宋仁宗庆历三年（1043），当时，由于欧阳修、蔡襄等人的弹劾，宋仁宗罢免了吕夷简、夏竦等守旧派大臣，进用范仲淹、富弼、韩琦等革新派出任中书省、枢密院要职，开始推行“庆历新政”。保守派不甘失败，攻击革新派为“朋党”。身为谏官的欧阳修便写下此文呈给仁宗皇帝，驳斥了保守派的诬蔑。文章开宗明义，指出朋党“自古有之”。论点鲜明，论据充分有力。对比手法和排比句式的运用，也大大增强了文章的说服力。

宋苏洵《上欧阳内翰第一书》：“执事之文，纡余委备，往复百折，而条达疏畅，无所间断；气尽语极，急言竭论，而容与闲易，无艰难劳苦之态。”

明茅坤《唐宋八大家文钞》：“破千古人君之疑。”

清吴楚材、吴调侯《古文观止》：“援古事以证辨，反复曲畅，婉切近人，宜乎仁宗为之感悟也。”

醉翁亭记

环滁皆山也[①]。其西南诸峰，林壑尤美[②]。望之蔚然而深秀者[③]，琅琊也[④]。山行六七里，渐闻水声潺潺而泻出两峰之间者，酿泉也[⑤]。峰回路转，有亭翼然临于泉上者[⑥]，醉翁亭也。作亭者谁？山之僧智仙也。名之者谁？太守自谓也[⑦]。太守与客来饮于此，饮少辄醉，而年又最高，故自号曰醉翁也。醉翁之意不在酒，在乎山水之间也。山水之乐，得之心而寓之酒也[⑧]。

若夫日出而林霏开[⑨]，云归而岩穴暝[⑩]，晦明变化者[⑪]，山间之朝暮也。野芳发而幽香，佳木秀而繁阴[⑫]，风霜高洁，水落而石出者，山间之四时也。朝而往，暮而归，四时之景不同，而乐亦无穷也。

至于负者歌于途，行者休于树，前者呼，后者应，伛偻提携[⑬]，往来而不绝者，滁人游也。临溪而渔，溪深而鱼肥；酿泉为酒，泉香而酒洌[⑭]；山肴野蔌[⑮]，杂然而前陈者，太守宴也。宴酣之乐，非丝非竹[⑯]；射者中[⑰]，弈者胜，觥筹交错[⑱]，坐起而喧哗者，众宾欢也。苍颜白发，颓然乎其间者[19]，太守醉也。

已而夕阳在山，人影散乱，太守归而宾客从也。树林阴翳[20]，鸣声上下，游人去而禽鸟乐也。然而禽鸟知山林之乐，而不知人之乐；人知从太守游而乐，而不知太守之乐其乐也。醉能同其乐，醒能述以文者，太守也。太守谓谁？庐陵欧阳修也[21]。

①环滁皆山：《朱子语类》卷一百三十九："有人买得他《醉翁亭记》稿，初说滁州四面有山，凡数十字。末后改定，只曰'环滁皆山也'五字而已。" ②壑：山沟。 ③蔚然：草木茂盛的样子。 ④琅琊：山名，在今滁州市西南，为著名风景区。 ⑤酿泉：即琅琊泉，又名醴泉，水清纯可酿酒，故名酿泉。 ⑥翼然：鸟展翅飞翔的样子，形容醉翁亭飞檐高翘。 ⑦太守：汉代称一郡最高行政长官为太守，宋时一州的长官称知州，此是沿用旧称。 ⑧寓：寄托。 ⑨霏：雾气。⑩云归：指傍晚时云烟聚拢山间。暝：昏暗。 ⑪晦明：时暗时明。 ⑫繁阴：浓密的树荫。 ⑬伛偻（yǔlǚ）：脊梁弯曲之病，即驼背，此指老年人。提携：搀扶、牵领，此指小孩子。 ⑭洌：清醇。 ⑮蔌（sù）：蔬菜。 ⑯丝：指琴、瑟之类的弦乐器。竹：指箫、笛之类的管乐器。丝、竹在此泛指音乐。 ⑰射：投壶，古代酒席上的一种游戏，以箭投壶，以投中多少决胜负。 ⑱觥（gōng）：用犀牛角做的酒杯。筹：指酒筹，行酒令用的筹码。 ⑲颓然：此指酒后昏昏欲倒的醉态。 ⑳阴翳（yì）：阴影遮蔽。 ㉑庐陵：即宋时吉州（今江西吉安市），欧阳修祖籍。

宋仁宗庆历五年（1045）春，欧阳修因支持"庆历新政"，遭保守派诬陷，被贬至滁州，次年写下此文。文章描绘了醉翁亭周围山水美景及其间的人物活动，从侧面表现了作者治滁的政绩，抒发了"与民同乐"的情怀，同时也隐含着以遨游山水来排遣忧闷的感情。全文结构精巧，脉络分明。以"乐"贯穿全篇，二十一个"也"字形成了自然的层次，大大增强了文章的节奏感。作者将写景、叙事、议论、抒情融为一体，使文章浑然天成而又充满诗情画意。语言概括精练，表现力强。句式上骈散相间，富有节奏感和形式美。

明茅坤《唐宋八大家文钞》："昔人读此文谓如游幽泉邃石，入一层才见一层。路不穷，兴亦不穷。读已，令人神骨翛然长往矣。此是文章中洞天也。"

清林云铭《古文析义》："计自首至尾，共用二十一'也'字，句句是记山水，却句句是记亭，句句是记太守。读之惟见当年雍熙气象，故称绝构。"

五代史伶官传序[1]

呜呼！盛衰之理[2]，虽曰天命，岂非人事哉[3]！原庄宗之所以得天下[4]，与其所以失之者，可以知之矣。

世言晋王之将终也[5]，以三矢赐庄宗而告之曰："梁，吾仇也[6]；燕王，吾所立[7]；契丹与吾约为兄弟，而皆背晋以归梁[8]。此三者，吾遗恨也。与尔三矢，尔其无忘乃父之志！"庄宗受而藏之于庙[9]。其后用兵，则遣从事以一少牢告庙[10]，请其矢[11]，盛以锦囊，负而前驱，及凯旋而纳之[12]。

方其系燕父子以组[13]，函梁君臣之首，入于太庙[14]，还矢先王，而告以成功。其意气之盛，可谓壮哉！及仇雠已灭[15]，天下已定，一夫夜呼，乱者四应[16]，仓皇东出。未及见贼，而士卒离散[17]，君臣相顾，不知所归；至于誓天断发，泣下沾襟[18]，何其衰也！岂得之难而失之易欤？抑本其成败之迹[19]，而皆自于人欤？

《书》曰："满招损，谦受益。"忧劳可以兴国，逸豫可以亡身[20]，自然之理也。故方其盛也，举天下豪杰莫能与之争；及其衰也，数十伶人困之，而身死国灭[21]，为天下笑。夫祸患常积于忽微[22]，而智勇多困于所溺[23]，岂独伶人也哉！作《伶官传》。

①欧阳修晚年撰成《新五代史》，记载后梁、后唐、后晋、后汉、后周五代的历史。伶官：古代的乐官，此指供奉内廷、授有官职的伶人。 ②盛衰之理：一代王朝兴盛衰败的原因。 ③人事：人的作为。这里的"人"指当政者。 ④原：推究。庄宗：李存勖，当时沙陀部族的首领，初袭父封为晋王，公元923年灭后梁称帝，建立后唐。 ⑤晋王：指后唐庄宗李存勖的父亲李克用，本姓朱邪，因镇压黄巢起义，唐朝赐姓李，封晋王。 ⑥梁：指后梁太祖朱温（全忠），原为黄巢部将，后叛变降唐，被封为梁王，后篡唐自立。他曾企图杀害李克用，因而结下仇恨。 ⑦燕王：指刘守光的父亲刘仁恭，原为幽州将，后因兵败投奔李克用，被任命为卢龙军节度使，后来却打败李克用，归附后梁。刘守光囚父篡位自立，后梁封其为燕王。这里以燕王称刘仁恭，是一种笼统说法。 ⑧契丹：耶律阿保机在唐末建立契丹国，后改国号为辽。阿保机曾与李克用结拜为兄弟，后背约与朱全忠通好。 ⑨庙：太庙，帝王供奉祖先神位的庙宇。 ⑩从事：官吏，此泛指一般属吏。少牢：古代祭祀形式，用一猪一羊。 ⑪请：取出的敬语。 ⑫纳之：将箭放回太庙原处。 ⑬"方其"句：公元913年，李存勖攻破幽州，生俘刘仁恭父子，绑赴晋阳（太原）。次年，杀刘守光，将刘仁恭祭献于太庙。组，绳索。 ⑭"函梁"二句：公元923年，李存勖灭梁，梁末帝朱友贞（朱全忠的儿子）及其部将皇甫麟自杀，李砍其头装匣归献太庙。函，用木匣封装。 ⑮仇雠（chóu）：仇敌。 ⑯"一夫"二句："一夫"指皇甫晖。公元926年，贝州（治所在今河北省清河县）军士皇甫晖因赌博不胜，夜间发动兵变，随即占领邺城（今河南安阳市），邢州（今河北邢台市）、沧州驻军也相继响应。 ⑰"仓皇"三句：李存勖闻变，匆忙率军从洛阳向开封进发镇压叛乱，途中听说李嗣源（李克用养子）已叛据开封，于是又匆忙返回洛阳，所率二万多官兵沿途叛逃过半。 ⑱"至于"二句：李存勖率残部返回洛阳到达石桥（洛阳东）时，十分狼狈悲伤，君臣相对哭泣。 ⑲抑：还是。本：探求，考察。 ⑳逸豫：闲散安乐。 ㉑"数十伶人"二句：庄宗即位后，疏远功臣，宠信伶人，甚至任用伶官郭从谦（艺名郭门高）为亲军统帅。郭趁李嗣源反叛之机，率兵作乱，攻入宫中，庄宗被乱兵射死。李嗣源继立为帝，即后唐明宗，国号虽未变，但庄宗血统已断，故曰"国灭"。 ㉒忽微：忽是一寸的十万分之一，微是寸的百万分之一，此指细微的事情。 ㉓所溺：所沉迷的人或事物。

本文从对后唐庄宗得失天下的典型事例的分析，论述了国家盛衰之理不在天命、全在人事的道理，讽谏统治者要引以为戒。

本文是一篇精彩的史论，布局严密，融叙事、议论、抒情于一炉，在鲜明的对比中反复论证，具有很强的说服力。语言自然流畅、凝练明快，骈散、长短交错，既有抑扬顿挫的气势美，又富有节奏铿锵的音乐美。

清沈德潜《唐宋八家古文读本》："抑扬顿挫，得《史记》神髓。《五代史》中第一篇文字。"

清吴调侯、吴楚材《古文观止》："起手一提，已括全篇之意。次一段叙事，中、后只是两扬两抑。低昂反复，感慨淋漓，直可与史迁相为颉颃。"

秋声赋

欧阳子方夜读书，闻有声自西南来者，悚然而听之①，曰："异哉！"初淅沥以萧飒②，忽奔腾而砰湃③，如波涛夜惊，风雨骤至。其触于物也，𪌘𪌘铮铮④，金铁皆鸣，又如赴敌之兵，衔枚疾走⑤，不闻号令，但闻人马之行声。余谓童子："此何声也？汝出视之。"童子曰："星月皎洁，明河在天⑥，四无人声，声在树间。"

余曰："噫嘻，悲哉！此秋声也，胡为而来哉？盖夫秋之为状也，其色惨淡⑦，烟霏云敛⑧；其容清明，天高日晶⑨；其气慄冽⑩，砭人肌骨⑪；其意萧条，山川寂寥。故其为声也，凄凄切切，呼号愤发。丰草绿缛而争茂⑫，佳木葱茏而可悦；草拂之而色变，木遭之而叶脱；其所以摧败零落者，乃其一气之余烈⑬。

夫秋，刑官也⑭，于时为阴⑮；又兵象也⑯，于行用金⑰；是谓天地之义气⑱，常以肃杀而为心。天之于物，春生秋实。故其在乐也，商声主西方之音⑲；夷则为七月之律⑳。商，伤也，物既老而悲伤；夷，戮也，物过盛而当杀。

嗟乎！草木无情，有时飘零。人为动物，惟物之灵，百忧感其心，万事劳其形，有动于中，必摇其精㉑。而况思其力之所不及，忧其智之所不能，宜其渥然丹者为槁木㉒，黟然黑者为星星㉓；奈何以非金石之质，欲与草木而争荣。念谁为之戕贼㉔，亦何恨乎秋声？"

童子莫对，垂头而睡。但闻四壁虫声唧唧，如助余之叹息。

①悚（sǒng）：惊惧的样子。 ②淅沥以萧飒：雨声夹杂着风声。 ③砰湃：同"澎湃"，波涛声。 ④𪌘𪌘铮铮：金属器物相撞击声。 ⑤衔枚：古时行军，令士兵口衔形如筷子的小棒，以保持肃静。 ⑥明河：天河、银河。 ⑦惨淡：阴暗无色。 ⑧烟霏云敛：烟云密聚。 ⑨晶：光亮。 ⑩慄冽：寒冷。 ⑪砭：古代治病用的石针，此为针刺的意思。 ⑫绿缛（rù）：绿草茂盛。 ⑬一气：指秋气。余烈：余威。 ⑭刑官：秋官，古代以天地四时命官，司寇为秋官，掌管刑法。 ⑮于时为阴：古代以阴阳配合四时，春夏属阳，秋冬为阴。 ⑯兵象：古代征战多在秋天，故秋天象征着兵戈战争。 ⑰于行用金：以五行分配四时，秋天属金。 ⑱天地之义气：天地间的严正之气。《礼记·乡饮酒义》："天地严凝之气，始于西南，而盛于西北，此天地之尊严气也，此天地之义气也。" ⑲商声：五声之一，五声配以四时，商属秋。西方：是秋天的方位。 ⑳夷则：古人以十二律（黄钟、大吕、太簇、夹钟、姑洗、中吕、蕤宾、林钟、夷则、南吕、无射、应钟）分配十二月，七月相当于夷则。 ㉑摇其精：消耗他的精力。 ㉒渥然丹者：形容红润的脸色，指年轻人。槁木：枯木，此指衰老。 ㉓黟（yī）然黑者：形容头发乌黑，比喻健壮。星星：比喻白发点点。 ㉔戕贼：残害。

此赋从秋声写到秋景，又由此想到了世事艰难、人生易老，含蓄地抒发了作者在政治上不能有所作为的郁闷心情，但在一定程度上又比传统悲秋之作有所超越，主张人应自珍自重，自足自安，不能超越主、客观条件而有非分之想。很显然，作者的感悟中有道家清静无为的思想成分。

赋作开头即用一系列生动精妙的比喻描摹无形的秋声，使人如闻其声，如见其状。中间一段从声、容、气、意等多角度描绘秋天肃杀情状，把秋气秋景描绘得有形有色、动人心魄。全篇借景抒情，借物喻人，摹秋声、绘秋状、议秋声，都是为后面的抒情作准备。语言骈散兼行，以散为主，用韵自由，易韵频繁，是宋朝文赋的代表作。

明归有光《欧阳文忠公文选》："形容物状，模写变态，末归于人生忧感、与时俱变。使人读之，有悲秋之意。"

《山晓阁选宋大家欧阳庐陵全集》引钟惺语："秋声，无形者也，却写得形色宛然。读之使人悄然而悲，肃然而恐，其可谓绘风乎矣！"

清金圣叹《天下才子必读书》："赋每伤于俳偭。如此又简峭，又精练，又径直，又波折，真是后学作文之点金神丹也。"

清林云铭《古文析义》："是物自飘零者，在目前有声之秋；人之戕贼者，在意中无声之秋也，尤堪悲矣！篇中感慨处带出警悟，自是神品。"

苏洵

六国论[①]

六国破灭，非兵不利[②]、战不善，弊在赂秦；赂秦而力亏，破灭之道也。

或曰：六国互丧[③]，率赂秦耶[④]？曰：不赂者以赂者丧。盖失强援，不能独完[⑤]，故曰，弊在赂秦也。

秦以攻取之外，小则获邑，大则得城。较秦之所得[⑥]，与战胜而得者，其实百倍；诸侯之所亡，与战败而亡者，其实亦百倍。则秦之所大欲，诸侯之所大患，固不在战矣。

思厥先祖父[⑦]，暴霜露[⑧]，斩荆棘，以有尺寸之地。子孙视之不甚惜，举以予人，如弃草芥。今日割五城，明日割十城，然后得一夕安寝。起视四境，而秦兵又至矣。然则诸侯之地有限，暴秦之欲无厌，奉之弥繁[⑨]，侵之愈急，故不战而强弱胜负已判矣。至于颠覆[⑩]，理固宜然。古人云："以地事秦，犹抱薪救火，薪不尽，火不灭。"此言得之[⑪]。

齐人未尝赂秦，终继五国迁灭[⑫]，何哉？与嬴而不助五国也[⑬]。五国既丧，齐亦不免矣。燕、赵之君，始有远略，能守其土，义不赂秦。是故燕虽小国而后亡，斯用兵之效也。至丹以荆卿为计，始速祸焉[⑭]。赵尝五战于秦，二败而三胜，后秦击赵者再，李牧连却之[⑮]。洎牧以谗诛，邯郸为郡[⑯]，惜其用武而不终也。且燕、赵处秦革灭殆尽之际[⑰]，可谓智力孤危，战败而亡，诚不得已。向使三国各爱其地，齐人勿附于秦，刺客不行，良将犹在，则胜负之数[⑱]，存亡之理，当与秦相较，或未易量[⑲]。

呜呼！以赂秦之地，封天下之谋臣；以事秦之心，礼天下之奇才；并力西向，则吾恐秦人食之不得下咽也。悲夫！有如此之势，而为秦人积威之所劫[⑳]，日削月割，以趋于亡。为国者，无使为积威之所劫哉！

夫六国与秦皆诸侯，其势弱于秦，而犹有可以不赂而胜之之势。苟以天下之大，下而从六国破亡之故事[㉑]，是又在六国下矣。

①本文一题为《六国》。 ②兵：武器。 ③互丧：相继灭亡。 ④率：全，都。 ⑤完：保全。 ⑥所得：指秦因六国贿赂而获得的土地。 ⑦厥：其。先祖父：泛指先辈。 ⑧暴（pù）：暴露，此指"冒着"的意思。 ⑨弥：更加、越加。 ⑩颠覆：灭亡。 ⑪得之：得其理。 ⑫迁灭：灭亡。 ⑬与嬴：结交秦国。嬴，秦王的姓，代秦。 ⑭"至丹"二句：公元前227年，燕太子丹派荆轲以献地图为名刺杀秦王嬴政，未成，荆轲被杀。秦于是举兵伐燕，太子丹被杀，燕亡。始，才。速，加速，招致。 ⑮李牧：赵国大将。据《史

记·赵世家》记载，赵幽缪王迁二年、四年，李牧接连战胜秦军。 ⑯“洎（jì）牧以谗诛”二句：公元前229年，秦将王翦攻赵，李牧率兵抵御。秦以金贿赂赵王宠臣郭开，郭诬李牧谋反，赵王中秦反间计，派人代李牧为将。李牧不受命，赵王派人暗杀了他。第二年王翦破赵，秦置邯郸郡。洎，等到。 ⑰革灭：除灭、消灭。殆：差不多。 ⑱数：定数、命运。⑲量：断定、估计。 ⑳积威：积久的威势。劫：胁迫、挟制。 ㉑下：低，指降低地位。故事：旧事，前例。

本文构思新颖巧妙，作者针对北宋政府屈辱求和的现实，以古喻今，借六国灭亡的前例暗讽北宋朝廷买静求安的国策，告诫“为国者”不要为敌人积威所胁迫而重蹈六国覆辙。文章观点鲜明，论证严密，布局谋篇极具匠心。语言气势充沛，抒情性强，体现了老苏散文雄辩滔滔、纵横恣肆的风格。

宋欧阳修《苏明允墓志铭》：“为文能纵横上下，出入驰骋，必造于深微而后止。”

明茅坤《唐宋八大家古文钞》：“一篇议论，由《战国策》纵人之说来，欲能与《战国策》相伯仲。”

《三苏文范》引袁宏道语：“此篇论六国之所以亡，乃六国之成案，其考证处，开阖处，为六国筹画处，皆确然正义。”

近人高步瀛《唐宋文举要》引何景明语：“老泉论六国赂秦，其实借论宋赂契丹之事，而卒以此亡，可谓深得先见之明。”

曾巩

墨池记[①]

临川之城东[②]，有地隐然而高[③]，以临于溪，曰新城。新城之上，有池洼然而方以长[④]，曰王羲之之墨池者[⑤]，荀伯子《临川记》云也[⑥]。羲之尝慕张芝临池学书[⑦]，池水尽黑，此为其故迹，岂信然邪？

方羲之之不可强以仕[⑧]，而尝极东方，出沧海，以娱其意于山水之间[⑨]。岂有徜徉肆恣[⑩]，而又尝自休于此邪？羲之之书，晚乃善[⑪]，则其所能，盖亦以精力自致者[⑫]，非天成也。然后世未有能及者，岂其学不如彼邪？则学固岂可以少哉！况欲深造道德者邪[⑬]？

墨池之上，今为州学舍。教授王君盛恐其不彰也[⑭]，书“晋王右军墨池”之六字于楹间以揭之[⑮]，又告于巩曰：“愿有记！”

惟王君之心，岂爱人之善，虽一能不以废，而因以及乎其迹邪？其亦欲推其事，以勉其学者邪？夫人之有一能，而使后人尚之如此，况仁人庄士之遗风余思[⑯]，被于来世者何如哉[⑰]！庆历八年九月十二日，曾巩记。

①本文是作者应抚州州学教授王盛的邀请而写的。墨池：用毛笔练字后洗涤笔砚的水池。 ②临川：宋代江南西路抚州治所，在今江西抚州市。 ③隐然：微微高起。 ④洼然：低深的样子。 ⑤王羲之：字逸少，东晋人，官至右将军、会稽内史，世称王右军，我国古代著名书法家。 ⑥荀伯子：南朝宋人，曾任临川内史，著《临川记》六卷，其中记载新城山上有王羲之墨池。 ⑦张芝：字伯英，东汉酒泉人，善草书，世称“草圣”。王羲之非常钦佩其草书，曾在致友信中说：“张芝临池学书，池水尽黑，使人耽之若是，未必后之也。” ⑧“方羲之”句：王羲之做会稽内史时，他平时轻视的王述任扬州刺史，管辖会稽，羲之深以为耻，遂称病去职，誓不再仕，从此隐居会稽山阴。 ⑨“尝极东方”三句：羲之辞官后，遍游附近诸郡，穷诸名山，泛沧海，叹曰：“我卒当以乐死。” ⑩徜徉：徘徊，游荡。 ⑪晚乃善：据《晋书》本传载，王羲之早年书法不如当时庾翼、郗愔，到晚年才精妙异常。庾翼看后大加称叹，认为可与张芝媲美。 ⑫致：取得。 ⑬深造道德：在道德修养上造就很高。 ⑭教授：宋朝路学、州学中主管教育的官员。 ⑮楹间：厅堂前部的柱子间。揭：挂起，标出。 ⑯仁人庄士：有道德学问的人。遗风余思：留传下来的典范德行。 ⑰被：影响。

本文通过对传说中与王羲之有关的墨池古迹的记述，说明王羲之在书法艺术上取得卓越成就并非天成，而是“精力自致”、勤学苦练的结果，并进而指出“欲深造道德”，更应加强学习。此文篇短蕴深，结构严密，内容精警。语言精练纯正，笔调委婉纡徐，多用设问句加深文意。

明茅坤《唐宋八大家文钞》："看他小小题，而结构却远而正。"

清爱新觉罗·弘历《唐宋文醇》："寥寥短章，而使人味之隽永。此曾、王之所长也。"

清沈德潜《唐宋八家文读本》："小中见大，可以暗藏，可以说破。此则说破深造道德之意，不以一格拘也。""用意或在题中，或出题外，令人徘徊赏之。"

司马光

训俭示康[1]

吾本寒家，世以清白相承。吾性不喜华靡[2]，自为乳儿，长者加以金银华美之服，辄羞赧弃去之[3]。二十忝科名[4]，闻喜宴独不戴花[5]，同年曰："君赐不可违也。"乃簪一花[6]。平生衣取蔽寒，食取充腹，亦不敢服垢弊以矫俗干名[7]，但顺吾性而已。众人皆以奢靡为荣，吾心独以俭素为美。人皆嗤吾固陋[8]，吾不以为病，应之曰："孔子称'与其不逊也宁固'[9]，又曰'以约失之者鲜矣'[10]，又曰'士志于道而耻恶衣恶食者，未足与议也'[11]，古人以俭为美德，今人乃以俭相诟病[12]，嘻，异哉！"

近岁风俗尤为侈靡，走卒类士服[13]，农夫蹑丝履。吾记天圣中先公为群牧判官[14]，客至未尝不置酒，或三行五行[15]，多不过七行。酒酤于市，果止于梨、栗、枣、柿之类，肴止于脯、醢、菜羹[16]，器用瓷、漆。当时士大夫家皆然，人不相非也。会数而礼勤，物薄而情厚。近日士大夫家，酒非内法[17]，果、肴非远方珍异，食非多品，器皿非满案，不敢会宾友，常数月营聚，然后敢发书。苟或不然，人争非之，以为鄙吝[18]，故不随俗靡者，盖鲜矣[19]。嗟乎！风俗颓弊如是，居位者虽不能禁，忍助之乎？

又闻昔李文靖公为相[20]，治居第于封丘门内，听事前仅容旋马[21]。或言其太隘，公笑曰："居第当传子孙，此为宰相听事诚隘，为太祝、奉礼听事已宽矣[22]。"参政鲁公为谏官[23]，真宗遣使急召之，得于酒家。既入，问其所来，以实对。上曰："卿为清望官[24]，奈何饮于酒肆？"对曰："臣家贫，客至无器皿、肴、果，故就酒家觞之。"上以无隐，益重之。张文节为相[25]，自奉养如为河阳掌书记时[26]，所亲或规之曰："公今受俸不少，而自奉若此，公虽自信清约，外人颇有公孙布被之讥[27]。公宜少从众。"公叹曰："吾今日之俸，虽举家锦衣玉食，何患不能？顾人之常情[28]，由俭入奢易，由奢入俭难。吾今日之俸岂能常有？身岂能常存？一旦异于今日，家人习奢已久，不能顿俭，必致失所[29]。岂若吾居位去位、身在身亡常如一日乎？"呜呼！大贤之深谋远虑，岂庸人所及哉？

御孙曰[30]："俭，德之共也；侈，恶之大也。"共，同也，言有德者皆由俭来也。夫俭则寡欲，君子寡欲则不役于物，可以直道而行，小人寡欲则能谨身节用，远罪丰家，故曰："俭，德之共也。"侈则多欲，君子多欲则贪慕富贵，枉道速祸[31]，小人多欲则多求妄用，败家丧身，是以居官必贿，居乡必盗，故曰："侈，恶之大也。"

昔正考父馔粥以糊口[32]，孟僖子知其后必有达人[33]。季文子相三君[34]，妾不衣帛，马不食粟，君子以为忠。管仲镂簋朱纮[35]，山楶藻棁[36]，孔子鄙其小器[37]。公叔文子享卫灵公，史鰌知其及祸，及戍，果以富得罪出亡[38]。何曾日食万钱，至孙以骄溢倾家[39]。石崇以奢靡夸人，卒以此死东市[40]。近世寇莱公豪侈冠一时[41]，然以功业大，人莫之非，子孙习其家风，今多穷困。其余以俭立名，以侈自败者多矣，不可遍数，聊举数人以训汝。汝非徒身当服行[42]，当以训汝子孙，使知前辈风俗云。

①康：司马光的儿子司马康。 ②华靡：豪华奢侈。 ③赧（nǎn）：因害羞而脸红。 ④忝：谦词，有愧于。科名：科举的名目，此指进士。 ⑤闻喜宴：皇帝赐予新科进士的宴会，明清时称琼林宴。 ⑥簪：插戴。 ⑦垢弊：脏破衣服。矫俗：违背世情。干名：追求名誉。 ⑧固陋：见识浅薄。 ⑨“与其”句：见《论语·述而》。不逊，骄纵。 ⑩“以约”句：见《论语·里仁》。鲜，少。 ⑪“士志于道”二句：见《论语·里仁》。 ⑫诟病：讥议，羞辱。 ⑬类：大都，大多。 ⑭天圣：宋仁宗年号。先公：指已死的父亲。群牧判官：群牧司的判官。 ⑮行（xíng）：行酒，给客人斟酒。 ⑯脯：干肉。醢（hǎi）：肉酱。 ⑰内法：宫廷制作方法。 ⑱鄙吝：没见过世面，小气。 ⑲靡：倒下，指顺从风俗。 ⑳李文靖公：李沆，宋真宗时官至宰相，卒谥文靖。 ㉑旋马：马转身。 ㉒太祝、奉礼：太常寺的两种官，主管祭祀。 ㉓参政鲁公：鲁宗道，宋仁宗时任参知政事。 ㉔清望官：指侍从皇帝、有名望的官职。 ㉕张文节：张知白，宋真宗时为河阳节度判官，仁宗初年为宰相，卒谥文节。 ㉖掌书记：此指节度判官。 ㉗公孙布被：公孙弘，汉武帝时为丞相，俸禄很多，但所用为布被，因而被时人所讥。 ㉘顾：不过。 ㉙失所：失去立身之地。 ㉚御孙：春秋时鲁国大夫。 ㉛枉道：不遵循正道。速：招致。 ㉜正考父：春秋时宋国大夫，孔子的远祖。饘（zhān）粥：稠粥和稀粥。 ㉝孟僖子：鲁国大夫。 ㉞季文子：鲁国大夫季孙行父，辅佐鲁文公、宣公、襄公。 ㉟镂簋（guǐ）：刻有花纹的簋。簋，古代祭礼宴享时用来盛物品的器具，圆口，两耳。朱纮（hóng）：红色的帽带。 ㊱山楶（jié）：雕成山形的斗拱。藻棁（zhuō）：雕画着水藻的梁上短柱。 ㊲鄙：鄙视，看不起。小器：度量狭隘。 ㊳“公叔文子”四句：春秋时卫国大夫公叔发，家富有，曾请卫灵公到家中宴会。文子卒后，卫灵公逐其子公叔戍，戍逃往鲁国。 ㊴“何曾”二句：晋武帝时何曾官至太傅，生活奢华，后代相沿成习，到晋怀帝时，后代灭绝。 ㊵“石崇”二句：石崇是西晋富豪，常与贵戚王恺等人斗富，最终被杀于洛阳东市。 ㊶寇莱公：寇准，宋真宗初年宰相，后封莱国公，生性豪奢。 ㊷身：本身，自己。服行：实行。

这是司马光教诲儿子司马康的一篇家训。他要求儿子崇尚节俭，反对奢靡，并以此作为家风传之子孙。作者先从家风说起，然后现身说法，正面教诲，显得亲切感人。接着又由远及近地列举了许多人和事，充分说明了俭能立名、侈则自败的道理。全文脉络清晰，信笔而书，语言质朴，并不疾言厉色，但作为父亲的威严却从字里行间流露出来。

清浦起龙《古文眉诠》：“家庭语，清真详复如话。朱子摭入小学，不止当文字读。”

孙权劝学[1]

初，权谓吕蒙曰：“卿今当涂掌事[2]，不可不学！”蒙辞以军中多务。权曰：“孤岂欲卿治经为博士邪[3]！但当涉猎，见往事耳。卿言多务，孰若孤？孤常读书，自以为大有所益。”蒙乃始就学。及鲁肃过寻阳[4]，与蒙论议，大惊曰：“卿今者才略，非复吴下阿蒙[5]！”蒙曰：“士别三日，即更刮目相待[6]，大兄何见事之晚乎[7]！”肃遂拜蒙母，结友而别。

①本文选自《资治通鉴》卷六十六。 ②当涂：当道，掌握大权。涂，同“途”。 ③治经：研究儒家经典。博士：古代专掌传授经学的官员。 ④寻阳：地名，在今湖北省黄梅县西南。 ⑤吴下：即吴县，今江苏省苏州市。 ⑥更：重新。刮目相待：另眼相看。刮目：擦眼。 ⑦见事：认清事情。

这篇短文记叙了孙权劝勉吕蒙学习以及吕蒙学后学识大进的故事。文中仅用几句简短的对话，即把孙权劝学时的循循善诱和吕蒙令人惊异的学习效果以及高明的见识、出众的文才表现出来，而吕蒙学习前后的不同表现也形成鲜明对比。文章言简意赅，启人深思。

王安石

明妃曲[①]

明妃初出汉宫时，泪湿春风鬓脚垂[②]。低徊顾影无颜色[③]，尚得君王不自持[④]。归来却怪丹青手[⑤]，入眼平生未曾有。意态由来画不成[⑥]，当时枉杀毛延寿[⑦]。一去心知更不归[⑧]，可怜著尽汉宫衣。寄声欲问塞南事[⑨]，只有年年鸿雁飞。家人万里传消息，好在毡城莫相忆[⑩]。君不见咫尺长门闭阿娇[⑪]，人生失意无南北。

①明妃：王嫱，字昭君。晋时避司马昭讳，改称明君，后人因称明妃。此诗为宋仁宗嘉祐四年（1059）王安石任提点江东刑狱时作，欧阳修、刘敞、司马光等都有和作。原作两首，此是第一首。 ②春风：比喻女子容貌美丽。鬓脚垂：鬓发低垂散乱。 ③低徊顾影：徘徊不尽，顾影自怜。 ④尚得：还能够引得。君王：指汉元帝刘奭。不自持：无法控制自己的感情。 ⑤丹青手：画师，此指毛延寿等人。 ⑥“意态”句：人的神采从来是画不出来的。⑦枉杀毛延寿：据葛洪《西京杂记》载，汉元帝宫妃很多，便让画师把她们的相貌画成图册，以备召幸。宫妃们多以重金贿赂毛延寿等画师，王昭君不肯这样做，画师便故意把她画丑，致使元帝始终未召见她。直到昭君自请和番时，元帝才发现她是后宫第一美人，但后悔已晚。元帝大怒，杀了毛延寿等人。 ⑧更：再。 ⑨寄声：带口信。塞南：指边塞以南汉朝统治区。 ⑩毡城：匈奴人住的帐篷。 ⑪长门：长门宫。阿娇：汉武帝陈皇后的小名，她失宠后被幽闭于长门宫。

历代吟咏王昭君的作品很多，此诗不落前人窠臼，独抒新意，认为酿成昭君悲剧的罪魁是汉元帝而非毛延寿。全诗的重心不仅在于写昭君失意的怨恨，更在于借此抒发诗人自己政治上的失意。

宋葛立方《韵语阳秋》：“古今人咏王昭君多矣。……意各不同，而皆有议论，非若石季伦骆宾王辈徒序事而已也。”

清贺裳《载酒园诗话》：“王介甫《明妃曲》二篇，诗犹可观，然意在翻案。”

清方东树《昭昧詹言》：“此等题各有寄托，借题立论，太白只言其乏黄金，乃自叹也。公此诗言失意不在近君，近君而不为国士之知，犹泥涂也。六一则言天下至妙，非悠悠者能知，以自喻其怀，非俗众可知。”

近人高步瀛《唐宋诗举要》引吴北江语：“矜炼深雅，殆胜欧作。”

泊船瓜洲[①]

京口瓜洲一水间[②]，钟山只隔数重山[③]。春风又绿江南岸[④]，明月何时照我还？

①瓜洲：地名，在今江苏扬州市南长江北岸，隋唐以来一直是重要渡口。 ②京口：即今江苏镇江市。 ③钟山：即紫金山，在南京市东。王安石罢相后，寓居于此。 ④“春风”句：洪迈《容斋续笔》卷八载吴中士人藏有作者的原稿：“初云‘又到江南岸’，圈去‘到’字，注曰‘不好’。改为‘过’，复圈去改为‘入’，旋改为‘满’，凡如是十许字，始定为‘绿’。”

此诗作于宋神宗熙宁八年（1075）春天，王安石变法失败，被迫辞职退居江宁。不久，王安石又第二次拜相，勉强奉诏进京。船泊瓜洲，作者写此诗抒发了变法图强的政治思想与隐居山林的生活理想之间的矛盾。此诗遣词炼句已传为诗坛佳话，语言明白如话，而情思深沉。

宋许顗《彦周诗话》：“东坡海南诗、荆公钟山诗，超然迈伦，能追逐李、杜、陶、谢。”

宋曾季貍《艇斋诗话》：“绝句之妙，唐则杜牧之，本朝则荆公，此二人而已。”

登飞来峰①

飞来山上千寻塔②，闻说鸡鸣见日升③。不畏浮云遮望眼，自缘身在最高层④。

①飞来峰：在杭州灵隐寺前。相传东晋时印度僧人慧理见此山，惊异地说：“此乃中天竺国灵鹫山之小岭，不知何以飞来?”峰因此得名。 ②千寻塔：据考证，灵隐飞来峰无塔，王安石所写实为越州（今浙江绍兴）城南飞来山上的应天塔。皇祐二年（1050），王安石知鄞县秩满而归，路经越州，写下此诗。 ③“鸡鸣”句：用孟浩然《天台》“鸡鸣见日出，常与仙人会”诗意。 ④自缘：只因为。

这是一首借景抒怀诗。全诗隐含着青年诗人不满现状、开拓进取的豪情壮志，后两句蕴含了站得高看得远便无所畏惧的道理，感情奔放，气概豪迈，风格遒动。

书湖阴先生壁①

茅檐长扫静无苔，花木成畦手自栽。一水护田将绿绕②，两山排闼送青来③。

①本题共两首。杨德逢号湖阴先生，是王安石晚年在钟山时的邻居和朋友。 ②护田：围护。 ③排闼：硬推开门。闼（tà）：门，小门。《汉书·樊哙传》：“高帝尝病，恶见人，卧禁中，诏户者无得入群臣，哙乃排闼直入。”

小诗赞美湖阴先生庭院内外环境的优美宜人，视角灵活多变，由内到外，由近到远，由小到大，层层扩展。化静为动的拟人化手法与生动形象的描写融合无间，工巧的对仗与天然的用典自然结合，使后两句成为历来传诵的名句。

宋叶梦得《石林诗话》：“荆公诗用法甚严，尤精于对偶。”“王荆公晚年诗律尤精严，造语用字，间不容发。然意与言会，言随意遣，浑然天成，殆不见有牵率排比处。”

宋严羽《沧浪诗话》：“公绝句最高，其得意处高出苏黄陈之上，而与唐人尚隔一关。”

桂 枝 香[①]

金陵怀古

登临送目[②]，正故国晚秋[③]，天气初肃[④]。千里澄江似练[⑤]，翠峰如簇[⑥]。征帆去棹残阳里[⑦]，背西风、酒旗斜矗[⑧]。彩舟云淡，星河鹭起[⑨]，画图难足。　念往昔，繁华竞逐。叹门外楼头，悲恨相续[⑩]。千古凭高对此，漫嗟荣辱[⑪]。六朝旧事随流水，但寒烟衰草凝绿。至今商女，时时犹唱，《后庭》遗曲[⑫]。

①《桂枝香》，词牌名，又名《疏帘淡月》。　②送目：极目远眺。　③故国：旧都，指金陵。　④初肃：天气开始显得肃爽。　⑤“千里”句：由谢朓《晚登三山还望京邑》“澄江静如练”句化出。　⑥簇：箭头，形容山头峭拔攒聚。　⑦征帆去棹：往来于长江上的船只。⑧酒旗斜矗：酒楼上的幌子斜插着。　⑨星河：银河，此指秦淮河。秦淮河与长江相汇处有白鹭洲。　⑩“叹门外”二句：杜牧《台城曲》：“门外韩擒虎，楼头张丽华。”说的是公元589年，隋朝大将韩擒虎率兵攻入金陵朱雀门，而陈后主同他的宠妃张丽华还在结绮阁寻欢作乐。　⑪漫嗟：空叹。　⑫“至今”三句：杜牧《泊秦淮》：“商女不知亡国恨，隔江犹唱《后庭花》。”

此词写于宋英宗治平年间王安石知江宁府时。这是一首怀古警时之作，通过谴责六朝君臣竞逐繁华、不修政事而导致亡国的行径，暗诫北宋统治者应以史为鉴，不要重蹈六朝覆辙。全词意境壮阔，笔力雄健。词人把壮美景、古今事、忧国情融合起来，从而形成阔大沉雄的意境，一洗五代词之绮靡旧习。用典贴切，化用前人诗句迭出新意。景物描写奇伟壮丽又不失雅素淡洁，极富诗情画意。

宋张炎《词源》：“王荆公金陵《桂枝香》云云，清空中有意趣，无笔力者未易到。”

宋杨湜《古今词话》：“金陵怀古，诸公寄词于《桂枝香》凡三十余首，独介甫最为绝唱。东坡见之，不觉叹息曰：‘此老乃野狐精也！’”

清张惠言《张惠言词选》：“情韵有美成（周邦彦）、耆卿（柳永）所不能到。”

近人梁启超《饮冰室评词》：“李易安谓介甫文章似西汉，然以作歌词，则人必绝倒。但此作却颉颃清真、稼轩，未可谩诋也。”

读孟尝君传①

世皆称孟尝君能得士②，士以故归之。而卒赖其力，以脱于虎豹之秦③。

嗟乎！孟尝君特鸡鸣狗盗之雄耳④，岂足以言得士？不然，擅齐之强⑤，得一士焉，宜可以南面而制秦⑥，尚何取鸡鸣狗盗之力哉！夫鸡鸣狗盗之出其门，此士之所以不至也。

①《孟尝君传》：指《史记·孟尝君传》。孟尝君：战国齐国公族，田氏，名文，号孟尝君，封于薛（今山东省滕县南）。 ②能得士：孟尝君为齐相，招贤纳士，有食客数千人。 ③虎豹之秦：《史记·苏秦传》："夫秦，虎狼之国也。" ④特：只是，不过。鸡鸣狗盗之雄：孟尝君为秦相，遭谗被囚，秦昭王欲杀之。其门客有能为狗盗者，夜入宫中，偷得狐白裘以贿王妃，得王妃之助，连夜逃至函谷关，然鸡未鸣而关未启，其门客又作鸡鸣，群鸡相应，守关人开关，孟尝君等得以逃出秦境，回到齐国。 ⑤擅齐之强：拥有齐国强大的国力。擅，据有，专有。 ⑥宜：应该。南面：面向南坐着，意谓使齐为霸主而制伏秦国。

这篇读后感实是一篇见解卓异的驳论性史论，从中见出政治家的非凡胆识和雄辩家的论辩技巧，推倒了千古以来人们对孟尝君几成定论的看法。文章立意不凡，气势雄健，虽短小精悍，但一波三折，有很强的逻辑性和说服力。

宋李涂《文章精义》："文章有短而转折多气长者，韩退之《送董邵南序》、王介甫《读孟尝君传》是也。"

清金圣叹《天下才子必读书》："凿凿只是四笔，笔笔如一寸之铁，不可得而屈也。读之可以想见先生生平执拗，乃是一段气力。"

清吴楚材、吴调侯《古文观止》："文不满百字，而抑扬吞吐，曲尽其妙。"

清沈德潜《评注唐宋八家古文读本》："语语转，笔笔紧，千秋绝调。"

游褒禅山记①

褒禅山亦谓之华山。唐浮图慧褒始舍于其址②，而卒葬之③；以故其后名之曰褒禅④。今所谓慧空禅院者，褒之庐冢也⑤。距其院东五里，所谓华山洞者，以其乃华山之阳名之也。距洞百余步，有碑仆道，其文漫灭⑥，独其为文犹可识曰"花山"。今言"华"如"华实"之"华"者，盖音谬也。

其下平旷，有泉侧出，而记游者甚众⑦，——所谓"前洞"也。由山以上五六里，有穴窈然⑧，入之甚寒，问其深，则虽好游者不能穷也，——谓之"后洞"。余与四人拥火以入⑨，入之愈深，其进愈难，而其见愈奇。有怠而欲出者，曰："不出，火且尽。"遂与之俱出。盖余所至，比好游者尚不能十一，然视其左右，来而记之者已少。盖其又深，则其至又加少矣⑩。方是时，余之力尚足以入，火尚足以明也。既其出，则或咎其欲出者[11]，而余亦悔其随之，而不得极夫游之乐也[12]。

于是余有叹焉[13]。古人之观于天地、山川、草木、虫鱼、鸟兽，往往有得[14]，以其求思之深而无不在也。夫夷以近，则游者众；险以远，则至者少。而世之奇伟瑰怪[15]，非常之观[16]，常在于险远，而人之所罕至焉，故非有志者不能至也。有志矣，不随以止也；然力不足者，亦不能至也。有志与力，而又不随以怠，至于幽暗昏惑而无物以相之[17]，亦不能至也。然力足以至焉，于人为可讥，而在己为有悔；尽吾志也，而不能至者，可以无悔矣，其孰能讥之乎[18]？此余之所得也。

余于仆碑，又以悲夫古书之不存，后世之谬其传而莫能名者[19]，何可胜道也哉[20]！此所以学者不可以不深思而慎取之也。

四人者：庐陵萧君圭君玉[21]，长乐王回深父[22]，余弟安国平父、安上纯父[23]。至和元年七月某日[24]，临川王某记。

①褒禅山：在今安徽省含山县北。 ②浮图：梵语的音译，包含佛、佛教徒、佛寺、佛塔等不同意义，此指僧人。慧褒：唐贞观时和尚。舍：筑室居住。 ③卒：最终。 ④褒禅：即慧褒禅师。 ⑤庐冢：筑于墓旁的屋子。 ⑥漫灭：磨灭不清。 ⑦记游者：在洞壁上题字留念的人。 ⑧窈然：幽暗深远的样子。 ⑨拥火：举着火把。 ⑩加少：更少。 ⑪咎：埋怨、责怪。 ⑫极：指尽兴。 ⑬叹：感慨。 ⑭得：心得，收获。 ⑮瑰怪：瑰丽奇异。 ⑯非常之观：不寻常的景象。 ⑰幽暗昏惑：幽深昏暗使人迷乱（的地方）。相：帮助。 ⑱其：岂，表反诘。 ⑲谬其传：指以讹传讹。 ⑳胜（shēng）：尽。 ㉑萧君圭：字君玉。 ㉒王回：字深父，北宋理学家。 ㉓“余弟”句：王安石弟弟王安国，字平父；王安上，字纯父。 ㉔至和：宋仁宗年号。

本文题目是游记，实质上是一篇借题发挥的议论文。作者阐明了两点感受：一是要想取得事业上的成功，必须有不畏艰险、百折不挠的精神，并充分发挥主观能动性，善于利用外在的客观条件；二是对任何问题都不能人云亦云，应具有求实精神和严谨的态度。全篇构思巧妙，剪裁精致，以小见大，借游言志。记议、虚实紧密结合，结构严谨，逻辑性强。

明茅坤《唐宋八大家文钞》：“逸兴满眼，而余旨不绝。”

清浦起龙《古文眉诠》：“此游所至殊浅，偏留取无穷深至之思，真乃赠遗不尽。当持此为劝学篇。而洞之窅渺，亦使人神远矣。”

伤仲永

金溪民方仲永[1]，世隶耕。仲永生五年，未尝识书具[2]，忽啼求之。父异焉。借旁近与之，即书诗四句，并自为其名。其诗以养父母、收族为意[3]，传一乡秀才观之。自是指物作诗，立就，其文理皆有可观者。邑人奇之，稍稍宾客其父[4]，或以钱币乞之。父利其然也[5]，日扳仲永环谒于邑人[6]，不使学。

余闻之也久。明道中[⑦]，从先人还家，于舅家见之，十二三矣。令作诗，不能称前时之闻。又七年，还自扬州，复到舅家，问焉。曰："泯然众人矣[⑧]！"

王子曰[⑨]："仲永之通悟[⑩]。受之天也[⑪]。其受之天也，贤于材人远矣[⑫]。卒之为众人，则其受于人者不至也[⑬]。彼其受之天也，如此其贤也；不受之人，且为众人。今夫不受之天，固众人；又不受之人，得为众人而已耶[⑭]？"

①金溪：今江西省金溪县。 ②书具：书写用具。 ③收：收容，团结。 ④宾客其父：以宾客的礼仪对待他的父亲。 ⑤利其然：贪利于此； ⑥扳（pān）：引、领着。环谒：四处拜见。 ⑦明道：宋仁宗年号（1032～1033）。 ⑧泯然：消失的样子。 ⑨王子：王安石的自称。 ⑩通悟：通达聪慧。 ⑪天：指天赋条件。 ⑫材人：指后天培养起来的人才。 ⑬受于人者：指接受教育，向别人学习。 ⑭"得为"句：要做个普通人能行吗？

本文通过对方仲永的忧思、叹惋，说明人的天赋条件不足恃，而后天学习在人的成长过程中起决定作用。文章先叙后议，寓理于事。叙事是基础，议论是生发，是重点。叙事采用了见闻录的方式，有详有略，前后对比，先扬后抑；议论则言简意赅，切中要害。

清爱新觉罗·弘历《唐宋文醇》："劝学之意，婉转切至，为子弟者所宜诵。然学何学乎，宜先辨志矣。"

清沈德潜《唐宋八家古文读本》："劝学之语，婉转切至。伤仲永，不独为仲永也。聪明子弟宜悬为座右箴铭。"

答司马谏议书[①]

某启[②]：昨日蒙教[③]，窃以为与君实游处相好之日久[④]，而议事每不合，所操之术多异故也[⑤]。虽欲强聒[⑥]，终必不蒙见察[⑦]，故略上报[⑧]，不复一一自辨。重念蒙君实视遇厚[⑨]，于反覆不宜卤莽[⑩]，故今具道所以，冀君实或见恕也[⑪]。

盖儒者所争，尤在于名实[⑫]，名实已明，而天下之理得矣。今君实所以见教者[⑬]，以为侵官、生事、征利、拒谏[⑭]，以致天下怨谤也。某则以谓受命于人主[⑮]，议法度而修之于朝廷，以授之于有司[⑯]，不为侵官；举先王之政，以兴利除弊，不为生事；为天下理财，不为征利；辟邪说[⑰]，难壬人[⑱]，不为拒谏。至于怨诽之多，则固前知其如此也。人习于苟且非一日，士大夫多以不恤国事、同俗自媚于众为善[⑲]。上乃欲变此，而某不量敌之众寡，欲出力助上以抗之，则众何为而不汹汹然[⑳]？盘庚之迁[㉑]，胥怨者民也[㉒]，非特朝廷士大夫而已。盘庚不为怨者故改其度[㉓]；度义而后动[㉔]，是而不见可悔故也。如君实责我以在位久，未能助上大有为，以膏泽斯民[㉕]，则某知罪矣；如曰今日当一切不事事[㉖]，守前所为而已，而非某之所敢知[㉗]。

无由会晤，不任区区向往之至[㉘]。

①此文是王安石于宋神宗熙宁三年（1070）给司马光的一封回信。司马谏议：即司马光，当时任右谏议大夫之职。 ②某：写信人在起草稿时用于自称，正式信件上要写本名。启：陈述。 ③蒙教：承蒙教诲，指司马光写给作者的第二封信。 ④君实：司马光字君实。游处：交游相处，作者与司马光早年同官共事，彼此很熟悉。 ⑤所操之术：所持的政治主张。 ⑥强聒（guō）：强作解说。聒，声音嘈杂，此指多话。 ⑦见察：被谅解。 ⑧上报：回信的客气说法。 ⑨视遇厚：看重，厚待。 ⑩反覆：指书信来往。 ⑪冀：希望。见恕：原谅我。 ⑫名实：名称和实际。 ⑬见教：教导我。 ⑭“以为侵官”句：这是司马光在《与王介甫书》中指责新法的四大“罪状”。侵官，侵夺原有官吏的职权，指王安石设立的主持新法的总机构“制置三司条例司”。生事，制造事端。征利，争夺财利。拒谏，拒绝接受反对者的意见。 ⑮人主：皇帝，此指宋神宗。 ⑯有司：专职的官吏。 ⑰辟邪说：排除错误的言论。 ⑱难壬人：反驳花言巧语的坏人。 ⑲恤：顾念，关心。同俗自媚于众：附和世俗，讨好众人。 ⑳汹汹然：大吵大闹的样子。 ㉑盘庚之迁：商代第十代君主盘庚，将都城自奄（今山东曲阜）迁于殷（今河南安阳），遭到一些贵族和百姓的反对。 ㉒胥怨：相怨恨。 ㉓度：计划，法令。 ㉔度（duó）：考虑。义：合理，正确。 ㉕膏泽斯民：施恩惠于人民。 ㉖不事事：不做事情。 ㉗敢知：敢于领教，接受。 ㉘不任：不胜。区区：诚恳的样子。

本文是一篇书信体的驳论文章。针对司马光连篇累牍的攻击、责难，作者抓住对方的要害问题予以有力驳斥，批判了保守派因循守旧、苟且偷安、不恤国事的思想，表达了坚定不移推行新法的决心。本文艺术上的主要特点：首先是观点鲜明，态度坚决，说理透辟，善于抓住对方的要害，予以致命的反击；其次，刚柔兼济、绵里藏针，把书信体与驳论体的特点巧妙结合起来，既义正词严、理足气盛，又情礼兼到、委婉恳切；最后，语言简洁明快，准确有力，体现了短小精悍、严峻峭拔的文风。

明茅坤《唐宋八大家文钞·临川文钞》：“荆公之愎而自用，所以自误。”

清刘熙载《艺概·文概》：“荆公文是能以品格胜者，看其人取我弃，自处地位甚高。”

近人吴闿生《古文范》：“傲岸倔强，荆公天性，而其生平限量政略，亦具见于此。”

王观

卜 算 子

送鲍浩然之浙东[①]

水是眼波横[②]，山是眉峰聚[③]。欲问行人去那边？眉眼盈盈处[④]。　　才始送春归，又送君归去。若到江南赶上春，千万和春住。

①鲍浩然：生平不详。浙东：今浙江东南部，宋时属浙江东路，简称浙东。　②眼波横：形容眼神闪动，状如水波横流。　③眉峰聚：形容双眉蹙皱，状如二峰并峙。　④眉眼盈盈处：喻指山水秀丽的地方。盈盈，美好的样子。

这首词构思新颖、笔调轻快，是一首别具一格的送别之作。上片将山水比做人之眉眼，化无情为有情，妙语双关；下片将“送春”和“送君”一起来写，既为惜春，又为惜君，君去春归，怅恨之情不言自明。

晏几道

临江仙

梦后楼台高锁，酒醒帘幕低垂。去年春恨却来时①，落花人独立，微雨燕双飞。

记得小蘋初见，两重心字罗衣②。琵琶弦上说相思。当时明月在，曾照彩云归③。

①却来：再来。 ②心字罗衣：以心字香熏过的罗衣，或谓女子衣领曲如心字，见杨慎《词品》卷二。“两重心字”，又有“心心相印”之意。 ③彩云：比喻小蘋。

这首词写与歌女小蘋如飞鸿过隙般短暂却刻骨铭心的爱情。与此爱情特质相应，诗人的笔调亦飘忽无定，稍纵即逝，略一点染便落在虚处——刚提“春恨”，便让相思落寞的自己化入微雨迷蒙之境；才说“相思”，便将深情美丽的小蘋如彩云般在月华中飘然隐去。“记得小蘋初见，两重心字罗衣”，絮絮说来，最平淡不经意之处却是最让人痛入骨髓之处。不写足，不道破；腾挪辗转，吞吐回环之中才更让人感到凄美绝伦。

清陈廷焯《白雨斋词话》：“小山词，如：‘去年春恨却来时，落花人独立，微雨燕双飞。’又：‘当时明月在，曾照彩云归。’既闲婉，又沉着，当时更无敌手。”

清谭献《谭评词辨》：“‘落花’两句，名句千古，不能有二。末二句正以见其柔厚。”

近人梁启超《饮冰室评词》：“康南海谓起二句，纯是华严境界。”

鹧鸪天

彩袖殷勤捧玉钟①，当年拚却醉颜红②。舞低杨柳楼心月，歌尽桃花扇底风。

从别后，忆相逢，几回魂梦与君同。今宵剩把银釭照③，犹恐相逢是梦中。

①彩袖：指歌女。玉钟：酒杯的美称。 ②拚：不顾惜。 ③剩：尽，再三。釭(gāng)：灯。

这首词把两次如梦般的相逢写得华美而有韵致。写初逢情深笔墨更浓，把诗人遭遇爱情时生命力极度高扬释放的酣歌曼舞的沉醉情态写得尽态极妍。写再逢则色泽疏淡，情味隽永，把想见而不期然相见的惊喜结在亦真亦幻、相对如梦的定格之中，有语短情长之妙。

宋胡仔《苕溪渔隐丛话》：“雪浪斋日记云：晏叔原工小词，如‘舞低杨柳楼心月，歌尽桃花扇底风’，不愧六朝宫掖体。”

清陈廷焯《白雨斋词话》：“曲折深婉，自有艳词，更不得不让伊独步。”

清黄氏《蓼园词评》：“‘舞低’二句，比白香山‘笙歌归院落，灯火下楼台’更觉浓至。惟愈浓情欲深，今昔之感，更觉凄然。”

沈括

活　　板[1]

板印书籍，唐人尚未盛为之。自冯瀛王始印五经[2]，已后典籍皆为板本。

庆历中[3]，有布衣毕升[4]，又为活板。其法：用胶泥刻字，薄如钱唇[5]，每字为一印，火烧令坚。先设一铁板，其上以松脂、蜡和纸灰之类冒之[6]。欲印，则以一铁范置铁板上[7]，乃密布字印，满铁范为一板，持就火炀之[8]；药稍熔，则以一平板按其面，则字平如砥[9]。若止印三二本，未为简易；若印数十百千本，则极为神速。常作二铁板，一板印刷，一板已自布字[10]，此印者才毕，则第二板已具，更互用之，瞬息可就。每一字皆有数印，如“之”、“也”等字，每字有二十余印，以备一板内有重复者。不用，则以纸帖之[11]，每韵为一帖，木格贮之。有奇字素无备者，旋刻之，以草火烧，瞬息可成。不以木为之者，文理有疏密，沾水则高下不平，兼与药相粘，不可取；不若燔土[12]，用讫再火令药熔，以手拂之，其印自落，殊不沾污。

升死，其印为予群从所得[13]，至今保藏。

①本文选自《梦溪笔谈》卷十八。板：同“版”。沈括：字存中，北宋浙江钱塘（今杭州市）人，我国古代杰出的科学家。　②冯瀛王：冯道，五代时大官僚，死后追封为瀛王。③庆历：宋仁宗年号。　④布衣：平民百姓。　⑤钱唇：铜钱的边缘。　⑥和（huò）：混合。冒：蒙，盖。　⑦铁范：铁框子。　⑧就：靠近。炀（yáng）：烤。　⑨砥：磨刀石。⑩自：另外。布：排列。　⑪帖：用标签标出。　⑫燔（fán）土：火烧过的字印。燔：火烧。⑬群从（zòng）：我的弟侄辈。从：同一宗族次于至亲的人。

这是一篇极其珍贵的古代科技文献，是我国古代唯一记载毕升活字印刷术的文章。外国最早记载的活字印刷术，是德国人戈登堡于1445年发明的金属活字印刷，比毕升的胶泥活字印刷晚了400多年。

作者按照活版印刷的程序介绍说明活字印刷术，没有使用华丽的辞藻进行描绘。全文仅用300多字，就把活字印刷术的发明、用法、效果等介绍清楚了。语言简省纯净，层次分明，条理清晰。

苏轼

饮湖上初晴后雨[①]

水光潋滟晴方好[②]，山色空濛雨亦奇[③]。欲把西湖比西子[④]，淡妆浓抹总相宜[⑤]。

①此诗为熙宁六年（1073）苏轼在杭州时所作。原作两首，此为其二。 ②潋滟：水光闪动的样子。水：又作“湖”，方：又作“偏”。 ③空濛：朦胧迷茫、若隐若现的样子。④西子：即春秋时越国美女西施。 ⑤抹：涂抹脂粉。句意说不管晴天还是雨天，西湖都奇特美好，正像西施不论淡妆浓妆，怎么打扮都美丽漂亮。

这是苏轼被广为传诵的写景名作，表现了西湖湖光山色之美。全诗语言平易自然，选取西湖晴天及雨中之景，信笔写来，毫不着力，完美地展现了西湖的神韵，体现了苏轼写景诗作遗貌写神、善用比喻的特点。

宋陈善《扪虱新话》：“已道尽西湖好处，要识西湖，但看此诗。”

宋武衍《正月二日泛舟湖上》：“除却淡妆浓抹名，更将何语比西湖?”

清王文诰《苏文忠公诗编注集成》：“此是名篇，可谓前无古人，后无来者。公凡西湖诗，皆加意出色，变尽方法，然皆在《钱塘集》中。其后帅杭，劳心灾赈，已无复此种杰构。”

近人陈衍《宋诗精华录》：“后二句遂成为西湖定评。”

和子由渑池怀旧[①]

人生到处知何似，应似飞鸿踏雪泥[②]。泥上偶然留指爪，鸿飞那复计东西。老僧已死成新塔[③]，坏壁无由见旧题[④]。往日崎岖还记否[⑤]，路长人困蹇驴嘶[⑥]。

①子由：苏轼之弟苏辙，字子由。渑池：今属河南。宋仁宗嘉祐六年（1061）苏轼被任为陕西凤翔签判，赴任途中，经过渑池，苏辙作《怀渑池寄子瞻兄》相送，诗云：“相携话别郑原上，共道长途怕雪泥。归骑还寻大梁陌，行人已度古崤西。曾为县吏民知否？旧宿僧房壁共题。遥想独游佳味少，无言骓马但鸣嘶。”苏轼作此诗相和。 ②飞鸿：远飞的鸿雁。③老僧：渑池寺僧，名奉闲。嘉祐元年（1056）苏氏兄弟由蜀中赴汴京应举，途经渑池时，曾投宿寺中，结识奉闲。 ④无由：没有机会。旧题：旧日题写的诗。苏辙原诗自注：“昔与子瞻应举，过宿县中寺舍，题其老僧奉闲之壁。” ⑤崎岖：坎坷难行的应举之路。苏轼兄弟二人由家乡赴京应举时，途中两马累死，骑驴至渑池。 ⑥蹇驴：即驴子。蹇：跛足。作者

自注：“往岁，马死于二陵，骑驴至渑池。”

这首诗前半就苏辙诗中的“雪泥”之词展开议论，表现人生行止不定的悲凉之感，后半追怀当年兄弟应举途经渑池的难忘岁月，在往事如烟的深深叹喟之中，表现了诗人对兄弟手足之情的珍视。诗中议论怀旧相结合，怀旧引出议论，而议论又强化忆旧的感怀。二者相互激发，且议论以比喻形式展开，既含有深刻的哲理性，又形象生动。“雪泥鸿爪”之喻因此成为脍炙人口的警句。

宋魏庆之《诗人玉屑》引陵阳室中语：“子瞻作诗，长于譬喻。如和子由诗云：‘人生到处知何似，应似飞鸿踏雪泥。泥上偶然留指爪，鸿飞那复计东西。’”

清纪昀《纪批苏文忠公诗》：“前四句单行入律，唐人旧格，而意境恣逸，则东坡本色。”

题西林壁①

横看成岭侧成峰，远近高低各不同②。不识庐山真面目，只缘身在此山中③。

①西林：庐山寺名，又称“乾明寺”，在庐山北麓，与东林寺相对。此诗作于宋神宗元丰七年（1084），当时苏轼由黄州贬所改迁汝州（今河南临汝）团练副使，赴任途中经过庐山，题此诗于西林寺墙壁上。 ②此句有“远近高低无一同”、“远近看山总不同”、“到处看山了不同”等不同版本。 ③缘：因为。

这首理趣诗抒写游庐山的观感。诗人突破山水诗写景抒情的写作模式，着笔于游山所获的含有哲理意味的深刻启迪。置身于庐山之中，横看、侧望、远观、近瞧，随着视角的变化，庐山呈现出姿态万千的景象。但庐山到底怎样，似乎又没有一个完整的印象。诗人即景生感，借景说理，寓含了“当局者迷”的生活哲理。诗中形象与哲理高度融合，语言活泼洒脱，意在言外。

宋胡仔《苕溪渔隐丛话》引黄庭坚语：“此老于般若横说竖说，了无剩语，非其笔端有舌，亦安能吐此不传之妙？”

清王文诰《苏文忠公诗编注集成》：“凡此种诗，皆一时性灵所发，若必胸有释典而后炉锤出之，则意味索然矣。”

近人陈衍《宋诗精华录》：“此诗有新思想，似未经人道过。”

惠崇春江晚景①

竹外桃花三两枝，春江水暖鸭先知。蒌蒿满地芦芽短②，正是河豚欲上时③。

①惠崇：北宋前期著名僧人，能诗善画，为宋初“九僧体”代表作家之一。《春江晚景》为其名画，共两幅，一为鸭戏图，一为飞雁图。苏轼作题画诗二首，此为第一首，题《鸭戏图》。 ②蒌蒿：又名白蒿，一种生长在洼地的多年生草本植物，花淡黄色，茎高四五尺，初生时柔嫩香脆，可食。芦芽：芦苇的幼芽，可食。 ③河豚：一种海产鱼，学名“鲀”，肉味鲜美，但卵巢和肝脏有剧毒，经处理可食，产于我国沿海和一些内河。上：指随潮水逆江而上，一说指上市，销售。

这首题画诗，紧扣画作内容，不仅点出了画作中竹林、桃花、春江、戏鸭、蒌蒿、芦芽等画面之景，而且还由此联想开去：由戏鸭想到水暖，由蒌蒿芦芽想到河豚，由实入虚，把一幅静态的画，转换成活泼的诗境，笔意疏淡，趣韵生动，体现了苏轼题画诗想象丰富、虚实相生的特点。

清汪师韩《苏诗选评笺释》：“吹畦风馨，适然相值。”
清纪昀《纪批苏诗》：“此是名篇，兴象实为深妙。”

江　城　子

乙卯正月二十日夜记梦①

十年生死两茫茫②，不思量，自难忘。千里孤坟③，无处话凄凉。纵使相逢应不识，尘满面④，鬓如霜⑤。　　夜来幽梦忽还乡，小轩窗⑥，正梳妆。相顾无言，惟有泪千行。料得年年断肠处⑦，明月夜，短松冈⑧。

①乙卯：为宋神宗熙宁八年（1075）。当时苏轼任密州知州，夜梦亡妻王弗，作此词悼念。 ②十年生死：死别十年。苏轼《亡妻王氏墓志铭》：“治平二年（1065）五月丁亥，赵郡苏轼之妻王氏（名弗）卒于京师。六月甲午，殡于京城之西，其明年六月壬午，葬于眉之东北彭山县安镇乡可龙里先君、先夫人墓之西北八步。”治平二年至熙宁八年正好十年。茫茫：指死生隔绝，茫然不知。 ③千里孤坟：千里之外孤凄的坟茔。 ④尘满面：灰尘满面，寓含词人宦海沉浮、奔走劳顿的自伤之意。 ⑤鬓如霜：鬓发如霜一样白。 ⑥小轩窗：小室的窗前。轩，有窗槛的小室。 ⑦料得：能想象到。肠断处：为相思而断肠的地方。 ⑧松冈：植有小松树的山冈，即坟墓所在的山地，古人墓地多种松柏。仲长统《昌言》卷下：“古之葬，松柏梧桐以识其坟。”

苏轼19岁与王弗结婚。王弗聪明沉静、体贴贤惠，与苏轼恩爱情深，所以一朝永别，十载萦心。词人积思成梦，记梦为词，抒发对爱妻王弗深挚的思念之情。上片写实，以层层转折的笔法，把对妻子的怀念与自身坎坷境遇联系起来，抒发内心凄楚悲凉的感怀，“尘满面，鬓如霜”写得辛酸凄楚。下片记梦，先写梦中相会的温馨与苦涩，然后采用“己思人乃想人亦思己”的手法，由梦境展开联想，抒发绵绵不尽的悼念之情，“明月夜，短松冈”之境凄凉孤寂。全词语言朴素自然，娓娓道来，虚实结合，转折跳跃，既表现了词人对妻子的深切思念之情，也浸含着词人政治失意的凄凉与悲哀。

江 城 子①

密州出猎

老夫聊发少年狂②。左牵黄，右擎苍③。锦帽貂裘④，千骑卷平冈⑤。为报倾城随太守⑥，亲射虎，看孙郎⑦。　　酒酣胸胆尚开张⑧。鬓微霜⑨，又何妨。持节云中⑩，何日遣冯唐⑪？会挽雕弓如满月⑫，西北望，射天狼⑬。

①宋神宗熙宁八年（1075），苏轼任密州知州，曾因天旱去常山祈雨，归途中与同官梅户曹会猎于铁沟，写了这首出猎词。《东坡纪年录》："乙卯科，祭常山回，与同官习射放鹰作。" ②老夫：词人自指。聊：姑且，偶一为之。少年狂：少年的豪情逸兴。 ③"左牵"二句：左手牵黄狗，右手驾苍鹰。 ④锦帽貂裘：本为汉代羽林军军服，此处代指随从将士， ⑤千骑：形容随从众多。宋代州郡长官兼知州军事，故有随从。卷：席卷。 ⑥倾城：全城。太守：宋代知州的职权相当于汉代的太守，故宋代知州也称太守。句意说：请为我通报全城的人，都跟随太守出猎，一说为了报答全城的人跟随太守一起出猎。 ⑦亲射虎，看孙郎：孙郎，孙权。《三国志·吴志·孙权传》："（建安）二十三年十月，权将如吴，亲乘马射虎……马为虎所伤，权投以双戟，虎却废。"这两句说像当年孙权那样亲自射虎。 ⑧酒酣：畅饮至极。胸胆：胸怀胆量。尚：更加。句意说酒酣兴浓使人更加豪情洋溢。 ⑨鬓微霜：鬓发稍稍变白。 ⑩持节：拿着符节。云中：汉代郡名，在今内蒙古自治区托克托县及山西西北部地区。 ⑪冯唐：汉文帝时大臣。《史记·冯唐列传》载：文帝时，魏尚为云中太守，他爱惜士兵，优待军吏，匈奴远避。后匈奴进犯，魏尚亲自率兵阻击，歼敌很多，但因虚报杀敌数字而被撤职。后来冯唐向文帝述说魏尚抗击匈奴之功，代为辩说，文帝于是派冯唐持节符前往云中赦免魏尚，复其原职。苏轼此时因反对王安石变法而处于政治失意期，以魏尚自许，希望朝廷重用自己。这两句意为，朝廷何时能像文帝派冯唐去云中赦免魏尚那样，派人来密州传送重用自己的符节。 ⑫会：定将，定要。雕弓：背上雕有花纹的弓。如满月：弓形如半月，射箭时拉开弓弦，则形如满月。 ⑬天狼：星名，古人以此星主侵掠。《楚辞·东君》："举长矢兮射天狼。"此处用以喻指西夏。

这首记猎词是苏轼最早的一首豪放词，旨在借射猎之举抒发为国效命、安定西北的豪情壮志。上片描绘出猎的盛况，紧扣"狂"字，写出猎的动作、规模、气势，并借孙权射虎之事表现自己的豪情壮志。下片由实入虚，写内在的胸怀，进一步表现词人的少年"狂气"。结句以挽弓射箭的英武造型表达从军西北的愿望，突出了词人英武豪迈、气概非凡的胸怀气度。全词场面热烈，气势宏大，境界壮伟，塑造了意气风发的词人自我形象，一扫北宋词香艳软媚的情调，成为词史上继范仲淹《渔家傲》之后豪放词的典范作品，在词史上占有重要地位。

宋苏轼《与鲜于子骏书》："近却颇作小词，虽无柳七郎风味，亦自是一家。呵呵！数日前，猎于郊外，所获颇多，作得一阕，令东州壮士抵掌顿足而歌之，吹笛

击鼓以为节，颇壮观也。”（《东坡续集》卷五）

水调歌头

丙辰中秋①，欢饮达旦，大醉，作此篇，兼怀子由。

明月几时有？把酒问青天②。不知天上宫阙③，今夕是何年。我欲乘风归去④，又恐琼楼玉宇⑤，高处不胜寒⑥。起舞弄清影⑦，何似在人间⑧。　　转朱阁，低绮户，照无眠⑨。不应有恨，何事长向别时圆⑩？人有悲欢离合，月有阴晴圆缺，此事古难全。但愿人长久⑪，千里共婵娟⑫。

①丙辰：宋神宗熙宁九年（1076），此年苏轼在密州任知州。　②把酒：端起酒杯。此二句由李白《把酒问月》“青天有月来几时，我今停杯一问之”化来。　③宫阙：月亮中的宫殿。　④归去：回归天上。古人以为有才有位之人皆天上星星下落凡间，如李白被称为谪仙，所以称想到天上去为“归去”。　⑤又：亦作“惟”、“只”。恐：唯恐，担心。琼楼玉宇：指月宫中精美的宫殿，化用了神话和民间故事。《大业拾遗记》：“瞿乾祐于江岸玩月，或问此中何有，瞿笑曰：‘可随我观之。’俄见月规半天，琼楼玉宇灿然。”　⑥高处：月亮所在的高空。不胜：即不能胜任，不能承受，担当不起。寒：寒冷。神话传说中，月为“广寒清虚之府”。《淮南子·天文训》：“积阴之寒气为水，水气之精者为月。”又《龙城录》载唐玄宗游月宫，见一大宫府，榜曰“广寒清虚之府”。后人又称之“广寒宫”。《笠翁对韵》：“人间清暑殿，天上广寒宫。”　⑦起舞弄清影：在清幽的月光下翩翩起舞，有清影相伴，不感到孤独。弄：舞弄，做弄。　⑧何似：哪如，哪像。　⑨“转朱阁”三句：月光转过华美的楼阁，又低低地透进雕花的门窗里，照着有心事不能安眠的人。朱阁：红色的楼阁。绮户：指雕花的门窗。　⑩“不应有恨”二句：月光是自然之物，不应对人有怨恨，却又为什么偏偏要在人们离别之时变圆呢？宋石曼卿亦有“月如无恨月长圆”诗句。何事，为什么。长向，又作“偏向”。　⑪但：只、惟。　⑫婵娟：容颜美好的样子，此代指月亮。此句化用谢庄《月赋》中“美人迈兮音尘阙，隔千里兮共明月”之意，意思是说但愿人们能长久平安地生活，虽然远隔千里，还可以共赏明月。

这首中秋词，抒情兼述志，借赏月怀人含蓄委婉地展现了词人出世与关心朝政的思想矛盾。上片写对月饮酒，先由对月发问写起，向往月宫与留恋人间的矛盾心情的展示，含蓄地表现了词人超脱尘世与留恋仕途的思想斗争。由此可见，词人中秋醉饮，含有借酒浇愁、排遣政治冷遇带来的苦闷心情之意。下片写对月怀人，抒发手足离别之情。由时逢佳节、人各异地的矛盾，引出对待生存缺憾的达观态度，表达了词人对人生的思考与领悟。全词语句优美奇逸，意境高雅净洁，风格清新健朗，是一首脍炙人口的中秋词佳作。

宋胡仔《苕溪渔隐丛话》：“中秋词，自东坡《水调歌头》一出，余词尽废。”
宋张炎《词源》：“清空中有意趣，无笔力者未易到。”
清王弈清等《历代词话》：“‘明月几时有’一词，画家大斧皴，书家劈窠体也。”

清黄氏《蓼园词评》："按通首只是咏月耳。前阕，是见月思君，言天上宫阙，高不胜寒，但仿佛神魂归去，几不知身在人间也。次阕，言月何不照人欢洽，何似有恨偏于人离索之时而圆乎。复又自解，人有离合，月有圆缺，皆是常事。惟望长久，共婵娟耳。缠绵惋恻之思，愈转愈曲，愈曲愈深。忠爱之思，令人玩味不尽。"

清王闿运《湘绮楼评词》："通篇妥贴，亦恰到好处。……大开大合，亦他人所不能。""发端从太白仙心脱化，顿成奇逸之笔。"

卜 算 子

黄州定惠院寓居作①

缺月挂疏桐②，漏断人初静③。时见幽人独往来④，缥缈孤鸿影⑤。　惊起却回头，有恨无人省⑥。拣尽寒枝不肯栖⑦，寂寞沙洲冷⑧。

①定惠院：又作"定慧院"，在今湖北省黄冈县东南。苏于宋神宗元丰三年（1080）二月被贬至黄州，最初就住在这里。　②缺月：残月。疏桐：枝叶疏落的梧桐树。　③漏断：漏壶里的水滴尽了，指深夜。漏，古人用以计时的一种滴水铜器，以铜壶盛水，底部穿孔滴水，中置刻有度数的箭杆，靠壶水滴漏后所露出的箭上的刻度来计时。静：又作"定"。　④幽人：《易·履卦》"履道坦坦，幽人贞吉"。幽人为幽囚之人，引申为幽居独处之人。苏轼被贬黄州，常自称楚囚、幽人。《陈州与文郎逸民饮别，携手河堤上，作此诗》："此身聚散何穷已，未忍悲歌学楚囚。"《定惠院寓居月夜偶出》："幽人无事不出门，偶逐东风转良夜。"　⑤缥缈：隐隐约约、若有若无的样子。孤鸿：离群的鸿雁，暗喻词人。苏轼《与子由同游寒溪西山》："我今漂泊等鸿雁，江南江北无常栖。"　⑥省（xǐng）：领悟，理解。　⑦拣尽：广泛挑选。寒枝：凄寒的树枝。栖：居住。此句既实写鸿雁一般栖宿于田野苇丛间，而不栖于树枝之意，又暗含了"良禽择木而栖"之意。陈鸿《耆旧续闻》卷二："盖'拣尽寒枝不肯栖'，取兴鸟择木之意，所以谓之高妙。"　⑧此句又作"枫落吴江冷"。

这首咏物词以孤鸿自喻，一方面，抒写离群孤雁徘徊无助的孤独与凄寂；另一方面，以孤鸿的境遇象喻自己被贬的身世，表现词人高洁自赏、不合流俗的品格和政治失意后的孤寂心情。上片先从人写起，残月疏桐，漏断人静之时，幽人独自往来，孤鸿隐约若现，难分人形鸿影。下片写孤鸿"惊起"、"回头"、"有恨"、"择栖"、"寂寞"等心理与动作，处处说鸿，而处处寓有词人经历"乌台诗案"打击后心有余悸、孤寂无助的身世之感。全词虚实结合，寓意高远，笔调空灵，境界超旷，是一首上乘咏物之作。

宋黄庭坚《山谷题跋》："东坡道人在黄州时作，语意高妙，似非吃烟火食人语。非胸中有万卷书，笔下无一点尘俗气，孰能至是？"

清黄氏《蓼园词评》："此东坡自写在黄州之寂寞耳。初从人说起，言如孤鸿之冷落；下专就鸿说，语语双关，格奇而语隽，斯为超诣神品。"

清刘熙载《艺概·词概》："词之大要，不外厚而清。厚，包诸所有；清，空诸所有也。”

浣溪沙

游蕲水清泉寺[①]。寺临兰溪，溪水西流。

山下兰芽短浸溪[②]，松间沙路净无泥[③]。萧萧暮雨子规啼[④]。　　谁道人生无再少[⑤]，门前流水尚能西[⑥]。休将白发唱黄鸡[⑦]。

①元丰五年作于黄州。《东坡志林》卷一：“闻麻桥人庞安常善医耳聋，遂完往求医……疾愈，与之同游清泉寺，寺在蕲水郭门外二里许，有逸少（王羲之）洗笔泉，水极甘，下临兰溪，溪水西流。予作歌。”蕲水：今湖北浠水县。　②浸：泡于水中。　③“松间”句：化用白居易《三月三日祓禊洛滨》“沙路润无泥”诗句。　④萧萧：同“潇潇”，此指雨声。子规：杜鹃别名。　⑤无再少：古语有云“花有重开日，人无再少年”，言时间之不可逆转。⑥此处序中有说明，当是写实，但亦用事，《旧唐书·方伎传》：“门前水当却西流，弟子亦至。”又晚唐周朴《董岭水》：“湖州安吉县，门与白云齐。禹力不到处，河声流向西。”⑦“休将”句：白居易《醉歌示妓人商玲珑》：“谁道使君不解歌，听唱黄鸡与白日。黄鸡催晓丑时鸣，白日催年酉时没。”此处反用其意，自勉之意显然。

此词作于“乌台诗案”后仕途失意之时。词中描绘清泉寺周边秀丽清幽的春景，抒发了不甘沉沦、奋发向上的豪情，整首词充溢着旷达乐观的情绪，向我们展示了一个才华过人的知识分子，其人生承载的巨大弹性。上片写景，笔墨疏淡，明丽清新；下片抒情议论，引人深思。《易》云：“天行健，君子以自强不息。”坡仙即自强者也。

清先著、程洪《词洁辑评》：“坡公韵高，故浅浅语亦觉不凡。”
清陈廷焯《白雨斋词话》：“（下阕）愈悲郁，愈豪放，愈忠厚。令我神往。”

定风波[①]

三月七日，沙湖道中遇雨[②]。雨具先去，同行皆狼狈[③]，余独不觉。已而遂晴，故作此词。

莫听穿林打叶声，何妨吟啸且徐行[④]。竹杖芒鞋轻胜马[⑤]，谁怕？一蓑烟雨任平生[⑥]。　　料峭春风吹酒醒[⑦]，微冷，山头斜照却相迎[⑧]。回首向来萧瑟处[⑨]，归去，也无风雨也无晴[⑩]。

①此词作于宋神宗元丰五年（1082），时苏轼在黄州（治在今湖北省黄冈）。《定风波》，唐玄宗时教坊曲名，后用为词调。　②沙湖：《东坡志林》卷一《游沙湖》：“黄州东南三十里为沙湖，亦曰螺师店。”　③狼狈：痛苦不堪的样子。　④吟啸：吟诗长啸。意态幽闲，不以

雨淋为意。晋陶渊明《归去来辞》："登东皋以舒啸，临清流而赋诗。" ⑤芒鞋：草鞋。⑥此句说词人对披蓑衣、冒风雨的生活，向来处之泰然。 ⑦料峭：早春微寒的样子。⑧斜照：夕阳返照，喻指好兆头。 ⑨向来：方才，刚才。萧瑟处：遇雨时树叶萧瑟作响的地方。 ⑩此句意思说既不怕风雨，也不因晴而喜。其《独觉》诗中亦有"回首向来萧瑟处，也无风雨也无晴"句，都表示心情平淡闲适，随遇而安，进入无差别之境。

苏轼被贬黄州时期，生活艰难，曾躬耕自给。此词所写就是作者到沙湖去看新买的土地时途中遇雨的情景与感怀。上片写遇雨，面对风穿林、雨打叶的突如其来的风雨，词人吟啸徐行，泰然处之，"一蓑烟雨任平生"，表现了词人履险如夷、不为忧患所动的旷达心理。下片写逢晴，表现词人不以雨凉为忧，不以阳光斜照为喜，进入了忧乐两忘的无差别境界，词中采用双关比兴手法，以自然风雨喻人世坎坷波折，以晴日斜照喻时来运转，以自然之景寓人生哲理，展示词人随缘自适、超脱旷达的处世情怀与人生态度，突出了不为外物所动的词人自我形象。

近人郑文焯《大鹤山人词话》："此足征是翁坦荡之怀，任天而动。琢句亦瘦逸，能道眼前景。以曲笔直写胸臆，倚声能事尽之矣。"

念 奴 娇

赤 壁 怀 古①

大江东去②，浪淘尽、千古风流人物③。故垒西边④，人道是⑤、三国周郎赤壁⑥。乱石穿空⑦，惊涛拍岸⑧，卷起千堆雪⑨。江山如画，一时多少豪杰。 遥想公瑾当年⑩，小乔初嫁了⑪，雄姿英发⑫。羽扇纶巾⑬，谈笑间、强虏灰飞烟灭⑭。故国神游⑮，多情应笑我⑯，早生华发。人生如梦⑰，一尊还酹江月⑱。

①此词作于宋神宗元丰五年（1082）七月，即苏轼被贬为黄州团练副使的第三年。此年词人46岁，深感年华渐老，功业无成，作此词借怀古之思曲折抒发人生慨叹。赤壁：地名，因赤壁之战而著称，所在位置有黄州、嘉鱼、江夏、汉阳、汉川五说，过去文史学家多主嘉鱼（今湖北省蒲圻县西北长江南岸）之说。而题中赤壁指黄州的赤壁矶，朱彧（yù）《萍洲可谈》卷二："（黄州）州治之西，距江名赤鼻矶，俗呼鼻为弼，后人往往以此为赤壁。"此赤壁不是当年吴蜀联军破曹的赤壁。苏轼借赤鼻之名的音近引发对赤壁之战的联想，借景怀古，抒一己之情。 ②大江：指长江，又暗指悠悠的历史长河，有双关意义。 ③淘：洗。风流人物：杰出的人物。 ④故垒：旧时遗存下来的营垒。 ⑤人道是：人们说那里是。苏轼《与范子丰书》："黄州少西，山麓斗入江中，石室如丹，传云曹公败所，所谓赤壁者，或曰非也。"词人心知这里不是吴蜀破曹的赤壁，但人人都说是，词人也就因此而抒怀古之情了。⑥周郎：即周瑜，三国时吴国著名将领，曾指挥著名的赤壁之战，获得胜利。 ⑦穿空：又作"崩云"。 ⑧拍岸：又作"裂岸"。 ⑨千堆雪：比喻浪花洁白如雪。 ⑩公瑾：周瑜，字公瑾，英俊潇洒，有将才，24岁为建威中郎将，江夏太守。 ⑪小乔：周瑜妻，桥玄之小女，乔本作"桥"。《三国志·吴志·周瑜传》载周瑜曾随孙策攻皖，"得桥公两女，皆国色

也。策自纳大桥，瑜纳小桥”。 ⑫雄姿：雄健的姿貌。《三国志·吴志·周瑜传》：“瑜长壮有姿貌。”英发：英才勃发，形容言谈不凡，才华横溢，卓越超群， ⑬羽扇：羽毛大扇。纶巾：青丝带做的头巾。羽扇纶巾是魏晋时儒将的装束，借以表现周瑜风流潇洒的气度，从容自如的不凡举止。 ⑭强虏：又作“樯橹”、“狂虏”，指强大的曹军。此句用赤壁之战盛况，突出周瑜指挥若定、从容不迫的帅才风度与能力。公元208年，34岁的周瑜被孙权任为前部大都督，以3万之师抵御号称80万的曹操大军，用火攻战术，烧其连营，谈笑之间，轻而易举消灭了强大的敌军。 ⑮故国：指赤壁古战场。神游：神魂游览。 ⑯多情应笑我：“应笑我多情”的倒文。 ⑰人生：又作“人间”。 ⑱酹：以酒洒地的祭奠之举。以祭奠江月写词人对月饮酒，排遣内心痛苦。

这首词通过对赤壁壮丽景色的描绘和对古代英雄人物的追怀，表现了词人对功业理想的向往与渴望，流露了理想与现实矛盾而引发的苦闷之情以及自我解脱的达观态度。上片先写登临所见，突破时空的限制，贯通古今，抒发江山依旧而人事已非的感怀，进而具体描绘赤壁雄奇壮伟的景色，令读者感到惊心动魄的写景之笔，为下片怀古作铺垫。下片借缅怀周瑜，表达对建功立业的向往，抒发功业未就的慨叹，流露出政治失意的苦闷情绪，最后化沉郁为达观。全词气势磅礴，奔放豪壮。一方面写景突破时空限制，又善用比喻、夸张、拟人等修辞手法，灵活多变；另一方面又从年龄、风度、气质、才华、功业等多种角度刻画人物，借对周瑜的激赏，于怀古中寄寓理想，有深厚的情感蕴含，是苏轼豪放词代表作。

宋俞文豹《吹剑续录》：“东坡在玉堂，有幕士善讴，因问：‘我词比柳词何如?’对曰：‘柳郎中词，只好十七八女孩儿，执红牙拍板，唱“杨柳岸，晓风残月”，学士词须关西大汉，执铁板，唱“大江东去”。’公为之绝倒。”

清黄氏《蓼园词评》：“题是赤壁，心实为己而发，周郎是宾，自己是主。借宾定主，寓主于宾，是主是宾，离奇变幻，细思方得其主意处，不可但诵其词而不知其命意所在也。”

清许昂霄《词综偶评》：“一起真如太原公子裼裘而来。若乱石数语，则人人知其工矣。(一时多少豪杰)应上应下，(故国神游二句)自叙。(一尊还酹江月)仍收归赤壁。”

清李佳《左庵词话》：“淋漓悲壮，击碎唾壶，洵为千古绝唱。”

清王闿运《湘绮楼评词》：“通首出韵，然自是豪语，不必以格求之。”

水　龙　吟

次韵章质夫杨花词①

似花还似非花②，也无人惜从教坠③。抛家傍路，思量却是，无情有思④。萦损柔肠，困酣娇眼，欲开还闭⑤。梦随风万里，寻郎去处，又还被、莺呼起⑥。　不恨此花飞尽，恨西园、落红难缀⑦。晓来雨过，遗踪何在，一池萍碎⑧。春色三分，二分尘土，一分流水⑨。细看来，不是杨花，点点是离人泪⑩。

①此词旧说作于宋哲宗元祐二年（1087）苏轼在汴京任翰林学士时，一说作于神宗元丰四年（1081）贬黄州时期。次韵：按照原作韵字来写作。章质夫：浦城（今属福建省）人，历官吏部郎中，同知枢密院事，谥庄简，为苏轼好友。其《水龙吟》原作为："燕忙莺懒花残，正堤上柳花飘坠。轻飞乱舞，点画青林，全无才思。闲趁游丝，静临深院，日长门闭。傍珠帘散漫，垂垂欲下，依前被风扶起。兰帐玉人睡觉，怪春衣雪沾琼缀。绣床渐满，香珠无数，才圆却碎。时见蜂儿，仰粘轻粉，鱼吞池水。望章台路杳，金鞍游荡，有盈盈泪。" ②"似花"句：意思是杨花像花但又不像花。 ③惜从教坠：没有人爱惜而任她飘零落地。 ④"抛家"三句：唐韩愈《晚春》："杨花榆荚无才思，惟解漫天作雪飞。"章质夫原作"轻飞乱舞，点画青林，全无才思"即化用此意。苏轼反用其意，以沦落的女子喻杨花。 ⑤"萦损"三句：柔弱的柳枝如女子的柔肠，愁思萦回，使柔肠受损；那细长的柳叶，如女子困倦的娇眼，欲开还闭。此三句由杨花想到柳树，化用白居易《杨柳枝》"人言柳叶似愁眉，更有愁肠如柳丝"诗意。萦，愁思萦回。柔肠，柳枝柔弱，如女子的柔肠。困酣，困倦至极。娇眼，柳叶细长，如女子娇美的眼。 ⑥"梦随"三句：化用唐金昌绪《春怨》诗"打起黄莺儿，莫教枝上啼。啼时惊妾梦，不得到辽西"诗意，意思是说杨花飘荡，随风万里，好似女子飘忽的梦境，正在远寻情郎的去处，却又被啼叫的黄莺唤醒。 ⑦"不恨"三句：从惜春写杨花，意思是说杨花飞尽，还不是最遗恨的，最遗恨的是西园之中百花落尽，难回枝头。缀，连缀，点缀。 ⑧"晓来"三句：早晨的阵雨过后，那飘落的杨花的踪迹在哪儿呢？一定化成了那满池的浮萍了。苏轼自注："杨花落水为浮萍，验之信然。" ⑨"春色"三句：如果春色可以分为三，那么，其中的二分是园花，化成了尘土，一分是杨花，化成了流水。⑩"细看"三句：既然杨花是送春的使者，化成了流水，细细看来，它不是杨花，而是离人的相思之泪。

这首杨花词，避开咏物词"以形写神"的写作模式，将杨花人格化，以花拟人，"即物即人，两不能别"（刘永济《词论》），把咏物词提高到"离形得似"的境界。全词以杨花"似花"、"非花"的特点为立意的基点，上片写杨花非花而有情，通过对柳絮、柳枝、柳叶奇妙的人格化联想，把非花之物写得情思缠绵，气韵生动，杨花不仅似花而且似人。下片以落花为衬托，在与落花的对比中，突出"非花"杨花的似花特性，由杨花飞尽随流水，转出惜春之意。那漫天飘零的柳絮，就如被人冷落满怀愁怨的女子，那春色已去的感伤，就是年华摇落青春不再的自伤。全词在"似花""非花"的离合张力中，展开即花即人、咏花咏人的惜春伤别主题。构思新颖，想象奇妙，情感缠绵，被奉为咏物词中的"神品"。

宋张炎《词源》："东坡和章质夫杨花一首，后段愈出愈奇，压倒今古。"

明李攀龙《草堂诗余隽》："如虢国夫人不施粉黛，而一段天姿，自是倾城。"

清谭莹《论词绝句》："海雨天风极壮观，教坊本色复谁看？杨花点点离人泪，却恐周秦下笔难。"

清沈谦《填词杂说》："幽怨缠绵，直是言情，非复赋物。"

清许昂霄《词综偶评》："与原作均是绝唱，不容妄为轩轻。"

近人王国维《人间词话》："咏物之词，自以东坡《水龙吟》为最工。""和韵而似原唱，章质夫词，原唱而似和韵。”

前赤壁赋[1]

壬戌之秋[2]，七月既望[3]，苏子与客泛舟游于赤壁之下[4]。清风徐来，水波不兴[5]。举酒属客[6]，诵明月之诗[7]，歌窈窕之章[8]。少焉，月出于东山之上，徘徊于斗牛之间[9]。白露横江，水光接天。纵一苇之所如[10]，凌万顷之茫然[11]。浩浩乎如冯虚御风[12]，而不知其所止；飘飘乎如遗世独立[13]，羽化而登仙[14]。

于是饮酒乐甚[15]，扣舷而歌之[16]。歌曰：“桂棹兮兰桨[17]，击空明兮溯流光[18]；渺渺兮予怀[19]，望美人兮天一方[20]。”客有吹洞箫者[21]，倚歌而和之[22]。其声呜呜然，如怨，如慕[23]，如泣，如诉[24]，余音袅袅，不绝如缕[25]。舞幽壑之潜蛟[26]，泣孤舟之嫠妇[27]。

苏子愀然[28]，正襟危坐而问客曰[29]：“何为其然也？”客曰：“‘月明星稀，乌鹊南飞’，此非曹孟德之诗乎[30]？西望夏口[31]，东望武昌[32]，山川相缪[33]，郁乎苍苍[34]，此非曹孟德之困于周郎者乎[35]？方其破荆州[36]，下江陵[37]，顺流而东也，舳舻千里[38]，旌旗蔽空，酾酒临江[39]，横槊赋诗[40]，固一世之雄也，而今安在哉？况吾与子渔樵于江渚之上[41]，侣鱼虾而友麋鹿[42]，驾一叶之扁舟，举匏樽以相属[43]。寄蜉蝣于天地[44]，渺沧海之一粟。哀吾生之须臾，羡长江之无穷。挟飞仙以遨游[45]，抱明月而长终[46]。知不可乎骤得[47]，托遗响于悲风。[48]”

苏子曰：“客亦知夫水与月乎？逝者如斯[49]，而未尝往也[50]；盈虚者如彼[51]，而卒莫消长也[52]。盖将自其变者而观之，则天地曾不能以一瞬；自其不变者而观之，则物与我皆无尽也[53]。而又何羡乎？且夫天地之间，物各有主[54]。苟非吾之所有，虽一毫而莫取。唯江上之清风，与山间之明月，耳得之而为声，目遇之而成色，取之无禁，用之不竭，是造物者之无尽藏也[55]，而吾与子之所共适。[56]”

客喜而笑，洗盏更酌[57]。肴核既尽[58]，杯盘狼藉[59]。相与枕藉乎舟中[60]，不知东方之既白。

①本篇为宋神宗元丰五年（1082），苏轼被贬为黄州团练副使的第三年所作。这年七月和十月，苏轼两次游黄州赤鼻矶，写下两篇游记。前一篇称《前赤壁赋》，后一篇称《后赤壁赋》。　②壬戌：宋神宗元丰五年，即1082年。　③既望：望，阴历每月十五月圆，称望日。既望为十六日。　④泛舟：舟行水上。　⑤不兴：不起。　⑥属客：劝客人饮酒。　⑦诵明月之诗：指《诗经·陈风·月出》第一章：“月出皎兮，佼人僚兮，舒窈纠兮，劳心悄兮。”　⑧歌窈窕之章：指《诗经·周南·关雎》第一章：“关关雎鸠，在河之洲。窈窕淑女，君子好逑。”一说仍用《月出》之意。　⑨斗牛：古人把天上之星分为二十八个星宿，斗即南斗星宿，牛即牛宿，又称牵牛星。　⑩纵：任凭，放纵。一苇：比喻很小的船。如：往。　⑪凌：渡越，越过。茫然：旷远迷茫的样子。　⑫浩浩乎：广大无边、无所滞碍的样子。冯：同“凭”。虚：太虚，太空。御风：腾云驾风。　⑬遗世独立：遗弃了人世，独立于仙境。　⑭羽化：身生羽翼，变化成仙。登仙：飞入仙境。　⑮乐甚：快乐至极。　⑯扣：敲。　⑰桂棹：桂木为棹。兰桨：木兰为桨。　⑱击：用桨划破。空明：月亮映照下的澄明的江水。

流光：月光随水波闪动。 ⑲渺渺：寥廓而悠远的样子。 ⑳美人：心中所思慕的人。天一方：在天的那一边。 ㉑客：按赵翼《陔馀丛考》卷二十四考证，此处客当为杨世昌。杨世昌，字子京，绵竹道士，精音律，善吹箫。洞箫：本指排箫，后指单管直吹的箫。 ㉒倚：随、依。和：应和。 ㉓如慕：像是思慕。 ㉔袅袅：绵延不绝的样子。 ㉕缕：细丝。 ㉖幽壑：深谷。 ㉗嫠妇：孀居之妇。 ㉘愀然：忧愁的样子。 ㉙正襟危坐：整理衣襟严肃地端坐着。 ㉚孟德：曹操字。其《短歌行》："月明星稀，乌鹊南飞，绕树三匝，何枝可依？" ㉛夏口：故城在今湖北武汉市黄蛇山。 ㉜武昌：在今湖北省鄂城县，不是今天武汉三镇之武昌。 ㉝缪：通"缭"，环绕连接。 ㉞郁乎苍苍：树木茂密苍翠。 ㉟"此非"句：汉献帝建安十三年（208），曹操率大军征吴，屯于赤壁，被周瑜以火攻之计击溃。 ㊱荆州：辖南阳、江夏等七郡，治在今湖北省江陵县。 ㊲下：占领。江陵：东汉时县名，今属湖北荆州市。 ㊳舳舻（zhú lú）：战船。舳，船头。舻，船尾。句意说曹操的战船前后相连，千里不绝。 ㊴酾（shī）酒：本意为滤酒，此为斟酒之意。 ㊵横槊赋诗：元稹《唐故工部员外郎杜子美墓係铭》："曹氏父子鞍马间为文，往往横槊赋诗。"横槊：横执长矛。 ㊶渔樵：打鱼砍柴。渚：水中小块陆地。 ㊷麋：鹿的一种。侣、友：用做动词，"以……为侣"、"以……为友"。 ㊸匏樽：用葫芦做的酒杯。 ㊹蜉蝣：朝生暮死的小虫，比喻人生短暂。 ㊺挟：用臂夹住，这里是"同"的意思。飞仙：飞天的仙人。 ㊻"抱明月"句：意思是怀抱明月与它同存长在。 ㊼骤得：突然得到，轻易得到。 ㊽遗响：余音，指箫声。悲风：秋风。 ㊾逝者如斯：《论语·子罕》："子在川上曰：'逝者如斯夫，不舍昼夜。'"斯，指水。 ㊿未尝往：没有消失，言始终还是一江的水。往：通"亡"。 51盈虚者如彼：像月亮那样有圆有缺。 52卒莫消长：最终没有消失或增长。 53以上四句源于《庄子·德充符》："自其异者视之，肝胆楚越也；自其同者视之，万物皆一也。" 54物各有主：世间一切都各有归属，意思是得失、成败皆有定数。 55造物者：指大自然。无尽藏（zàng）：无尽的宝藏。 56共适：共同享用。 57洗盏更酌：清洗酒杯重新斟上酒。 58肴核：荤菜、果品。 59狼藉：杂乱的样子。 60相与枕藉：彼此枕靠着睡觉。

这篇记游文赋，以神来之笔，描绘了赤壁秋夜清幽旷渺的优美景色及夜月泛舟的飘逸兴致。作者采用主客问答的方式，发表了对宇宙人生的见解，特别是通过对明月与江水变与不变的议论，表现了作者面对政治冷遇，能以老庄思想为精神支柱，排解内心的苦闷与悲伤，保持开朗的胸襟和达观的生活态度。文章含有深刻的人生智慧和丰厚的生活底蕴，意味深长，百读不厌。在艺术特点上，骈散结合，清新优美，韵味隽永。融写景、抒情、议论于一炉，精巧典雅却不失自然天真，堪称千古绝唱。

明茅坤《唐宋八大家文钞》："予尝谓东坡文章仙也。读此二赋，令人有遗世之想。"

清储欣《唐宋八大家类选》："出入仙佛，赋一变矣。"

清金圣叹《天下才子必读书》："游赤壁，受用现今无限风月，乃是此老一生本领，却因平平写不出来，故特借洞箫呜咽，忽然从曹公发议，然后接口一句喝倒，痛陈其胸前一片空阔了悟，妙甚。"

清张伯行《唐宋八大家文钞》："以文为赋，藏叶韵于不觉，此坡公工笔也。怎吊江山，恨人生之如寄；流连风月，喜造物之无私。一难一解，悠然旷然。”

记承天寺夜游[①]

元丰六年十月十二日夜，解衣欲睡，月色入户，欣然起行[②]。念无与为乐者[③]，遂至承天寺寻张怀民[④]。怀民亦未寝，相与步于中庭[⑤]。庭下如积水空明，水中藻荇交横，盖竹柏影也[⑥]。何夜无月？何处无竹柏？但少闲人如吾两人耳[⑦]。

①本文选自《东坡志林》，原题作《记承天夜游》。作于元丰六年（1083），即苏轼被贬黄州的第四年。承天寺：在黄冈（今属湖北省）县南。 ②欣然：高兴的样子。起行：起来行走。 ③无与为乐者：没有可以同乐的人。 ④张怀民：字梦得，清河（今属河北省）人，与苏轼交好，此时亦被贬黄州，寄居承天寺中。 ⑤相与：一起。中庭：庭院中。 ⑥“庭下”三句：积水空明，月光如水，照得庭院如清澈的水潭空灵明亮。藻荇交横：水藻和荇菜纵横交错。荇，水生植物，根在水下，而叶浮水面。此三句用比喻手法，先说庭院中月光如水，再说月下竹柏之影像浸在水中的水草一样，纵横交错。 ⑦闲人：闲适之人。

这篇袖珍游记，篇幅虽小，而情景交融，境界高妙。先交代游因：解衣欲睡，月色入户，引发游兴，于是欣然起行。中间曲折顿挫：良辰美景，缺少同乐之人，到承天寺找张怀民，引出寺内夜游。最后写景抒情：18字写景，巧用曲喻手法，把空明的月色，稀疏的竹柏之影，描绘得活灵活现，如在目前，创造出一幅空灵雅洁的月夜闲游图。全文紧扣“夜月”记游，信步由之，信笔书之，而旷达闲适之意出之。无意为文，而文笔自然高妙，体现了苏文有诗境的特点。

清储欣《唐宋十大家全集录·东坡先生全集录》：“仙也。读之觉玉宇琼楼，高寒澄澈。”

石钟山记[①]

“《水经》云[②]：‘彭蠡之口有石钟山焉[③]。’郦元以为下临深潭[④]，微风鼓浪，水石相搏[⑤]，声如洪钟[⑥]。”是说也，人常疑之。今以钟磬置水中[⑦]，虽大风浪不能鸣也，而况石乎！至唐李渤始访其遗踪[⑧]，得双石于潭上，扣而聆之[⑨]，南声函胡[⑩]，北音清越[⑪]，桴止响腾，余韵徐歇[⑫]，自以为得之矣。然是说也，余尤疑之。石之铿然有声者，所在皆是也[⑬]，而此独以钟名，何哉？

元丰七年六月丁丑[⑭]，余自齐安舟行适临汝[⑮]，而长子迈将赴饶之德兴尉[⑯]，送之至湖口，因得观所谓石钟者。寺僧使小童持斧，于乱石间择其一、二扣之，硿硿焉[⑰]，余固笑而不信也。至莫夜月明，独与迈乘小舟至绝壁下。大石侧立千尺，如猛兽奇鬼，森然欲搏人[⑱]。而山上栖鹘[⑲]，闻人声亦惊起，磔磔云霄间[⑳]。又有若老人欬且笑于山谷中者[㉑]，或曰：“此鹳鹤也[㉒]。”余方心动欲还，而大声发于水上，噌吰如钟鼓不绝[23]。舟人大恐。徐而察之，则山下皆石穴罅[24]，不知其浅深，微波入焉，涵澹澎湃而为此也[25]。舟回至两山间，将入港口，有大石当中流[26]，可坐百人，空中而多窍[27]，与风水相吞吐，有窾坎镗鞳之声[28]，与向之噌吰者相应，如乐作焉。因笑谓迈曰："汝识之乎[29]？噌吰者，周景王之无射也[30]，窾坎镗鞳者，魏庄子之歌钟也[31]，古之人不余欺也。"

事不目见耳闻，而臆断其有无，可乎？郦元之所见闻，殆与余同[32]，而言之不详；士大夫终不肯以小舟夜泊绝壁之下[33]，故莫能知；而渔工水师[34]，虽知而不能言，此世所以不传也。而陋者乃以斧斤考击而求之[35]，自以为得其实。余是以记之，盖叹郦元之简，而笑李渤之陋也。

①石钟山：在江西省湖口县鄱阳湖与长江交汇处之东岸。有南北二山，县城南边的叫上钟山，县城北边的称下钟山，各有五六百尺高。元丰三年（1080），苏轼因"乌台诗案"被贬为黄州团练副使。元丰七年（1084）被调赴汝州，途中送长子苏迈至湖口，游览石钟山，写下这篇游记。 ②《水经》：中国古代一部专记河道的地理书，传为西汉桑钦所著，一说晋郭璞著。 ③彭蠡：即鄱阳湖。 ④郦元：即郦道元，北魏人，为《水经》作注，世称《水经注》。深潭：深水泽。 ⑤搏：撞击。 ⑥此段引文出自唐李渤《辨石钟山记》（见《文苑英华》卷八三三）。 ⑦磬：古代一种打击乐器，形如钵盂。 ⑧李渤：中唐人，曾官江州（今江西省九江市）刺史。 ⑨扣：敲打。聆：听。 ⑩南声函胡：南边山石的声音重浊而模糊。函胡，同"含糊"。 ⑪北音清越：北边山石的声音清脆而响亮。越，高扬。 ⑫桴：鼓槌。响腾：声音远播。 ⑬所在：到处。 ⑭元丰七年：1084 年。丁丑：初九。 ⑮齐安：古郡名，即今湖北黄冈市。临汝：汝州临汝，今河南临汝县。 ⑯饶：饶州，治在今江西省波阳县。德兴尉：德兴县县尉。 ⑰硿硿（kōng）焉：敲击石头所发出的响声。 ⑱森然：阴森可怕的样子。搏人：抓人。 ⑲栖鹘：宿巢的老鹰。鹘，鹰的一种。 ⑳磔磔：鹘叫声。 ㉑欬：通"咳"。 ㉒鹳鹤：一种形状像鹤的大水鸟。 ㉓噌吰（chēng hóng）：形容钟声宏亮。 ㉔罅（xià）：裂缝。 ㉕涵澹澎湃：波浪激荡。涵澹，水波动荡。澎湃，波浪相激。 ㉖当中流：阻挡在水流的中心。 ㉗空中：中间是空的。窍：窟窿。 ㉘窾坎（kuǎn kǎn）镗鞳（tāng tà）：窾坎，击物声；镗鞳，钟鼓声。 ㉙识：记住。 ㉚周景王之无射（yì）：《左传·昭公二十一年》载，周景王二十四年（前 521）东周王君姬贵铸钟，其律合于十二律中第十一律，即"无射"，称为"无射"钟。 ㉛魏庄子之歌钟：《左传·襄公十一年》记载，郑人以歌钟和其他乐器献晋悼公，晋悼公分一半赐给晋大夫魏绛。庄子，魏绛的谥号。歌钟，古乐器编钟。 ㉜殆：大概。 ㉝终：总。 ㉞渔工水师：打鱼的人和使船的人。 ㉟陋者：知识浅薄的人。斧斤：斧头，刃纵的叫"斧"，刃横的叫"斤"。

这篇游记，不注重山川形胜的描写，而重在探讨石钟山得名之由来。作者通过身临其境的考察，批驳了李渤的错误观点，弥补了郦道元语焉不详的不足，表现了作者由实践获得真知的自豪与满足。作者巧妙地把记游、辨难和议论三者结合起来，以记游为辨难的根据，以议论来引发辨难，巧妙地阐述了知与践、知与识、知与言的关系。文章不仅生动传神地描绘了石钟山的壮丽风光，而且融理性分析于形象描绘之中，既给人美的享受，又使人得到知识和智慧的启迪。技巧高超，难以企及。

明杨慎《丹铅总录》："通篇讨山水之幽胜，而中较李渤、寺僧、郦元之简陋，又辨出周景王、魏献子之钟音，其转折处，以人之疑起己之疑，至见中流大石，始释己之疑，故此记遂为绝调。"

清吕留良《吕晚村先生文集》："古文奇致，古今绝调。"

留侯论①

古之所谓豪杰之士者，必有过人之节②，人情有所不能忍者。匹夫见辱③，拔剑而起，挺身而斗，此不足为勇也。天下有大勇者，卒然临之而不惊，无故加之而不怒，此其所挟持者甚大④，而其志甚远也。

夫子房受书于圯上老人也⑤，其事甚怪⑥。然亦安知其非秦之世，有隐君子者⑦，出而试之？观其所以微见其意者⑧，皆圣贤相与警戒之义。世人不察，以为鬼物，亦已过矣。且其意不在书⑨。当韩之亡，秦之方盛也，以刀锯鼎镬待天下之士⑩，其平居无罪夷灭者⑪，不可胜数。虽有贲、育⑫，无所复施。夫持法太急者⑬，其锋不可犯，而其势未可乘⑭。子房不忍忿忿之心，以匹夫之力，而逞于一击之间⑮。当此之时，子房之不死者，其间不能容发⑯，盖亦已危矣！千金之子⑰，不死于盗贼，何者？其身可爱，而盗贼之不足以死也⑱。子房以盖世之才，不为伊尹、太公之谋⑲，而特出荆轲、聂政之计⑳，以侥幸于不死，此圯上老人之所为深惜者也。是故倨傲鲜腆而深折之㉑。彼其能有所忍也，然后可以就大事，故曰："孺子可教也。"

楚庄王伐郑，郑伯肉袒牵羊以迎。庄王曰："其君能下人，必能信用其民矣。"遂舍之㉒。勾践之困于会稽，而归臣妾于吴者，三年而不倦㉓。且夫有报人之志㉔，而不能下人者，是匹夫之刚也。夫老人者，以为子房才有余，而忧其度量之不足，故深折其少年刚锐之气，使之忍小忿而就大谋。何则？非有平生之素㉕，卒然相遇于草野之间，而命以仆妾之役㉖，油然而不怪者，此固秦皇之所不能惊㉗，而项籍之所不能怒也㉘。

观夫高祖之所以胜㉙，而项籍之所以败者，在能忍与不能忍之间而已矣。项籍惟不能忍，是以百战百胜，而轻用其锋㉚。高祖忍之，养其全锋，以待其敝㉛，此子房教之也。当淮阴破齐而欲自王，高祖发怒，见于词色㉜。由此观之，犹有刚强不忍之气，非子房其谁全之？

太史公疑子房以为魁梧奇伟㉝，而其状貌乃如妇人女子，不称其志气㉞。呜呼！此其所以为子房欤㉟！

①留侯：汉代张良，字子房，辅佐刘邦建立汉朝有功，被封为留侯。 ②节：品节、大节。 ③匹夫见辱：普通人被侮辱。 ④挟持者甚大：胸怀广阔，志意高远。挟持：指抱负。⑤受书于圯上之老人：事见《史记·留侯世家》。圯，引桥。 ⑥其事甚怪：《史记·留侯世家》："太史公曰：学者多言无鬼神，然言有物。至如留侯所见老父予书，亦可怪矣。" ⑦隐君子：隐居的高士，指圯上老人。 ⑧微见：稍稍可见。 ⑨其意不在书：圯上老人主要的意思不在授张良以书。 ⑩刀锯：金属工具。鼎镬：烹饪之器具，用鼎镬将人煮死是古代酷刑之一。 ⑪平居：平常居处。无事夷灭：没原因而被诛灭。 ⑫贲、育：孟贲、夏育，古

代著名的勇士，此泛指勇士。 ⑬持法太急：以严刑酷法治国，过于极端。 ⑭其中势未可乘：言形势有利于秦，没有可乘之机。 ⑮一击之间：张良先世为韩国人，秦灭韩，张良破家财为韩报仇，得力士，为铁椎，重120斤，于秦始皇巡游途中经过博浪沙时袭击始皇，误中副车。 ⑯间不能容发：当中差不了一根毛发，喻形势十分危急。 ⑰千金之子：指富贵人家的子弟。 ⑱不足以死：不值得因之而死。 ⑲伊尹、太公之谋：指安邦定国之谋略。伊尹曾辅佐汤建立商朝；姜太公吕尚为周武王的开国大臣。 ⑳荆轲、聂政之计：指行刺之下策。荆轲刺秦王、聂政刺韩相两事载《史记·刺客列传》。 ㉑倨傲：摆出傲慢姿态。鲜腆(xiǎn tiǎn)：没有礼貌。鲜，少。腆，厚。折之：教训他，灭其锐气。 ㉒“楚庄王”句：事见《左传·宣公十二年》，楚庄王围攻郑国，从皇门入城，郑伯肉袒牵羊以迎之，曰：“孤不天，不能事君，使君怀怒，以及敝邑，孤之罪也。敢不惟命是听！……”左右建议庄王不受其降，庄王曰：“其君能下人，必能信用其民矣。” ㉓“勾践”三句：见《国语·越语下》：“（勾践）令大夫种守于国，与范蠡入宦于吴，三年而吴人遣之。”类似记载亦见于《左传·哀公元年》。 ㉔报人之志：复仇之志。 ㉕平生之素：即素昧平生，向来不熟悉。 ㉖命以仆妾之役：以仆人妻妾所做之事相命令，指上文的“取履”之事， ㉗秦皇：指秦始皇嬴政。嬴政怀统一六国之志，有临事不惊、加之不怒的大智大勇。 ㉘项籍：项羽，秦后为西楚霸王。 ㉙高祖：汉高祖刘邦。 ㉚“项籍惟不能忍”三句：说项籍迷信武功征伐天下，多方树敌，虽能百战百胜，但兵力消耗太大，终致灭亡。 ㉛“高祖”二句：汉高祖刘邦在强大的楚军面前，善于采取守势，保存实力，待楚军疲敝而攻之。 ㉜“当淮阴破齐”四句：《史记·淮阴侯列传》载淮阴侯韩信攻下齐地，派人告知汉王刘邦想要为齐王。刘邦大怒，骂曰：“吾困于此，旦暮望若来佐我，乃欲自立为王！”张良、陈平劝刘邦接受韩信之请，以防生变，刘邦用二人建议，封韩信为齐王，后降封淮阴侯。张良劝刘邦忍小忿而就大谋，故下文说刘邦“有刚强不忍之气，非子房其谁全之”，刘邦胜利是张良劝辅的结果。 ㉝“太史公”二句：见《史记·留侯世家》：“太史公曰：余以为其人计魁梧奇伟，至见其图，状貌如妇人好女。”魁梧，体格高大。 ㉞不称：不相称。 ㉟“此其”句：句意说张良志气宏伟而深藏不露，貌似柔弱，正是他独特过人之处。

本文为作者应制科考试时所上25篇《进论》之一，文章根据《史记·留侯世家》所记张良圯下受书及辅佐刘邦统一天下的事例，旁征博引，论证了“忍小忿而就大谋”、“养其全锋，以待其敝”的策略的重要性。文笔纵横捭阖，极尽曲折变化之妙，行文雄辩而富有气势，体现了苏轼史论汪洋恣肆的风格。

宋吕祖谦《古文关键》：“先说忍与不忍之规模，方说子房受书之事，其意在不忍。此老人所以深惜，命以仆妾之役，使之忍小耻就大谋，故其后辅佐，亦使忍之有成。”

清沈德潜《唐宋八家文读本》：“议论正大。且‘其意不在书’一语，空际掀翻，如海上潮来，银山蹴起。”“老子教子房以能忍，是正意；子房又教高祖能忍，是余意。作文必如此推论。”

清张伯行《唐宋八大家文钞》：“论子房生平以能忍为高，却从老人授书，桥下取履一节说入，正是无中生有之法，其大旨则本于《老子》柔胜刚、弱胜强意思，非圣贤正经道理。但古来英雄才略之士，多用此术以制人。”

近人高步瀛《唐宋文举要》引刘大櫆语：“忽出忽入，忽主忽宾，忽浅忽深，忽断忽续，而纳履之事，止随文带出，更不正讲，尤为神妙。”

苏辙

黄州快哉亭记①

江出西陵②，始得平地，其流奔放肆大③；南合沅、湘，北合汉、沔④，其势益张⑤；至于赤壁之下⑥，波流浸灌⑦，与海相若。清河张君梦得⑧，谪居齐安⑨，即其庐之西南为亭，以览观江流之胜，而余兄子瞻名之曰“快哉”。

盖亭之所见，南北百里，东西一舍⑩。涛澜汹涌，风云开阖⑪。昼则舟楫出没于其前，夜则鱼龙悲啸于其下。变化倏忽⑫，动心骇目，不可久视。今乃得玩之几席之上⑬，举目而足。西望武昌诸山⑭，冈陵起伏，草木行列，烟消日出，渔夫樵父之舍，皆可指数⑮。此其所以为“快哉”者也。至于长州之滨⑯，故城之墟⑰，曹孟德、孙仲谋之所睥睨⑱，周瑜、陆逊之所骋骛⑲，其流风遗迹，亦足以称快世俗。

昔楚襄王从宋玉、景差于兰台之宫，有风飒然至者，王披襟当之，曰：“快哉此风！寡人所与庶人共者耶?”宋玉曰：“此独大王之雄风耳，庶人安得共之!”玉之言，盖有讽焉⑳。夫风无雌雄之异，而人有遇不遇之变㉑。楚王之所以为乐，与庶人之所以为忧，此则人之变也，而风何与焉㉒？士生于世，使其中不自得㉓，将何往而非病㉔？使其中坦然，不以物伤性㉕，将何适而非快？今张君不以谪为患，窃会计之余功㉖，而自放山水之间，此其中宜有以过人者。将蓬户瓮牖，无所不快㉗，而况乎濯长江之清流，揖西山之白云㉘，穷耳目之胜以自适也哉！不然，连山绝壑，长林古木，振之以清风㉙，照之以明月，此皆骚人思士之所以悲伤憔悴而不能胜者，乌睹其为快也哉！

元丰六年十一月朔日㉚，赵郡苏辙记㉛。

①宋神宗元丰六年（1083），苏辙去黄州探望苏轼及张怀民，写下此文。黄州：治所在今湖北省黄冈市，黄州城南有快哉亭。 ②西陵：西陵峡，长江三峡之一。 ③肆大：水势浩大。 ④沅湘：即沅江、湘江，为湖南省主要河流。汉沔（miǎn）：汉即汉水，汉水上源为沔水，出陕西省西南部，至汉中，称汉水，流经湖北省西北部至武汉市入长江。 ⑤益张：越发盛大。 ⑥赤壁：湖北黄冈市的赤鼻矶。 ⑦浸灌：形容水势浩荡。 ⑧清河：郡名，今属河北省。张君梦得：即张怀民。张怀民于元丰六年被贬黄州，与苏轼兄弟有交往。 ⑨齐安：即黄州，治在今湖北省黄冈县。 ⑩一舍：古时以 30 里为一舍。 ⑪风云开阖：风云变化不定，天气时阴时晴。云雾消散为开，乌云聚拢为阖。 ⑫倏忽：迅疾。 ⑬玩之几席之上：在亭子的几席之上就可以尽情玩赏。几，小桌。 ⑭武昌：在今湖北省鄂城县，而不是今天武汉三镇之武昌。 ⑮指数：一一指点出来。 ⑯长州：泛指长江中的沙洲。 ⑰故城之墟：孙权在武昌旧城留下的故宫遗址。 ⑱睥睨：侧目窥视，引申为傲视。 ⑲陆逊：吴国的将军，字伯言，吴郡（今苏州）人，曾在猇亭（湖北宜都县北）击败刘备伐吴大军，曾

两次驻节在黄州。骋骛：驰骋，奔走。 ⑳昔楚襄王……盖有讽焉：宋玉《风赋》：“楚襄王游于兰台之宫，宋玉、景差侍。有风飒然而至。王乃披襟而当之，曰：‘快哉此风！寡人所与庶人共者邪？’宋玉对曰：‘此独大王之风耳，庶人安得而共之！’”吕向注：“时襄王骄奢，故宋玉作此赋以讽之。”宋玉，楚都郢人，为楚大夫，长于辞赋。景差，楚国大夫，亦以辞赋见长。兰台，楚国宫苑，在今湖北钟祥县东。 ㉑遇与不遇：古代士人以被帝王公卿重用为遇；不受重视为不遇。 ㉒何与焉：有何关系。与，参与。 ㉓使：假使。中：心中。 ㉔病：忧愁，怨恨。 ㉕以物伤性：不因外界环境的影响而伤害自己的心性。 ㉖窃会计之余功：利用公务剩余的时间。会计，掌赋税钱谷等事情。 ㉗将：即使，即令。蓬户瓮牖：贫穷人的住所。蓬户，以蓬草编的门。瓮牖，以破瓮口做的窗。 ㉘揖：相对举手以示敬意的动作，引申为“相对”之意。西山：樊山，在鄂城县西三里。 ㉙振：动 ㉚元丰六年：即1083年。朔日：阴历初一。 ㉛赵郡：古郡名，在今河北省赵县，苏氏祖籍为赵郡栾城（今河北省栾城县）。

此文从观览江山形胜着眼，结合历史遗迹的凭吊与怀想，抒发不以得失为怀的开朗心境。文章以“快哉”二字为线索，先写快哉亭的地理位置及得名由来，次写登亭所见景物，说明命名“快哉”的缘由，最后就“快哉”二字生发开去，发表议论，说明人生之快，既不在身边景物之优劣，亦不在身世际遇之穷达，从而得出了“士生于世，使其中不自得，将何往而非病？使其中坦然，不以物伤性，将何适而非快”的结论，体现了作者旷达洒脱的胸襟。文章雄放而有风致，笔势纡徐而条畅，既起伏变化，又舒卷自如，读之令人痛快淋漓，心胸旷达。

明茅坤《唐宋八大家文钞》卷一六三：“入宋调，而其风旨自佳。”

清储欣《唐宋八大家类选》：“快哉亭记，汪汪若千顷波。”

清吴楚材、吴调侯《古文观止》：“前幅握定‘快哉’二字洗发，后幅俱从谪居中生意，文势汪洋，笔力雄壮，读之令人心胸旷达，宠辱都忘。”

清沈德潜《唐宋八家文读本》：“金玉锦绣，五鼎大烹，焉往非病？中无自得之实也。空室蓬户，蔬实饮水，焉往非乐？不亏天性之真也。子由虽未及此，而见能及之，借题发挥，真觉触处皆是。”

上枢密韩太尉书①

太尉执事②：辙生好为文，思之至深，以为文者气之所形③。然文不可以学而能④，气可以养而致。孟子曰：“我善养吾浩然之气⑤。”今观其文章，宽厚宏博，充乎天地之间，称其气之小大⑥。太史公行天下⑦，周览四海名山大川，与燕、赵间豪俊交游，故其文疏荡⑧，颇有奇气。此二子者，岂尝执笔学为如此之文哉？其气充乎其中而溢乎貌⑨，动乎其言而见乎其文⑩，而不自知也。

辙生十有九年矣。其居家所与游者，不过其邻里乡党之人，所见不过数百里之间，无高山大野，可登览以自广。百氏之书⑪，虽无所不读，然皆古人之陈迹，不足以激发其志气。恐遂汩没⑫，故决然舍去⑬，求天下奇闻壮观，以知天地之广大。过秦汉之故都⑭，恣观终南、嵩、华之高⑮，北顾黄河之奔流，慨然想见古之豪杰。至京师，仰观天子宫阙之壮，与仓廪府库城池苑囿之富且大也⑯，而后知天下之巨丽。见翰林欧阳公⑰，听其议论之宏辩，观其容貌之秀伟，与其门人贤士大夫游，而后知天下之文章聚乎此也。太尉以才略冠天下，天下之所恃以无忧，四夷之所惮以不敢发⑱。入则周公、召公⑲，出则方叔、召虎⑳，而辙也未之见焉。

且夫人之学也，不志其大，虽多而何为？辙之来也，于山见终南、嵩、华之高，于水见黄河之大且深，于人见欧阳公，而犹以为未见太尉也。故愿得观贤人之光耀㉑，闻一言以自壮，然后可以尽天下之大观而无憾者矣。

辙年少，未能通习吏事㉒。向之来㉓，非有取于升斗之禄㉔。偶然得之，非其所乐。然幸得赐待选㉕，使得优游数年之间㉖，将以益治其文㉗，且学为政。太尉苟以为可教而辱教之㉘，又幸矣！

①韩太尉：韩琦，字稚圭，安阳（今属河南省）人，为北宋中前期名臣，时为枢密使，相当于汉唐时的太尉，故称韩太尉。 ②执事：旧时信函中对对方的敬称。 ③气之所形：人的气质心性的显露。形，显露，表现。 ④文不可以学而能：意思说好文章是人的心性气质的外露，如专学为文，便是舍本求末，写不出好文章。 ⑤见《孟子·公孙丑上》。浩然之气：盛大刚正之气。 ⑥称其气之小大：谓孟子的文章与他的浩然之气相称。称，相称，相合。 ⑦太史公：司马迁，曾任太史令，故称太史公。 ⑧疏荡：疏畅洒脱，跌宕多姿。 ⑨气充乎其中：所养之气充满内心，意即心中气盛。溢乎貌：外溢于颜。 ⑩动乎其言：即发于言的意思。见：通“现”。 ⑪百氏之书：诸子百家之书。 ⑫汩（gǔ）没：沉沦，引申为无所成就。 ⑬舍去：离开家乡。 ⑭秦汉之故都：秦都咸阳，在今陕西省西安市西南；汉都长安，在今陕西省西安市；东汉都洛阳，在今河南省洛阳市。 ⑮恣观：尽情地观览。终南：终南山，在今陕西省西安市南，为秦岭的主峰，海拔2000多米。嵩：中岳嵩山，在河南省郑州市西南，主峰太室山在今河南登封县北，海拔1300多米。华：西岳华山，在今陕西省华阴县南，海拔2400多米。 ⑯苑囿：蓄养禽兽的园林。 ⑰翰林欧阳公：欧阳修于宋仁宗至和元年（1054）官翰林学士。 ⑱四夷之所惮以不敢发：韩琦与范仲淹曾守卫陕西，防止西夏赵元昊的入侵。当时民间有“军中有一韩，西贼闻之心胆寒。军中有一范，西贼闻之惊破胆”的谚语。 ⑲周公、召公：周代初年大臣，有辅佐成王、安定周室的功绩。 ⑳方叔、召虎：周宣王时大臣，有征讨荆蛮和淮夷的功绩。这两句形容韩琦出将入相，文武兼备，功勋卓著。 ㉑贤人：指韩琦。光耀：光辉，风采。 ㉒吏事：为官的事务。 ㉓向之来：先前来京城。 ㉔斗升之禄：微薄的俸禄。 ㉕待选：等待朝廷的选拔。 ㉖优游：悠闲自得的样子。 ㉗益治其文：进一步钻研自己的文章。 ㉘辱：谦词，承蒙、屈尊之意。

此文为宋仁宗嘉祐二年（1057）苏辙考取进士后，写给枢密使韩琦的书信。信中以“气”为主线，先提出文与气的关系，认为人的胸襟修养、生活经历制约着文章风格。接着论述增广阅历对修养气质的作用，进而说明求见太尉正是为了扩大交游，丰富阅历以养气。全文结构严谨，层层深入，并巧妙地把对韩琦的仰慕求见之热忱，放在人的胸襟气质修养中来表达，态度不卑不亢，显得十分得体。此外，本篇行文亦疏宕有奇气，显示了苏辙早期散文的风格特点。

明茅坤《唐宋八大家文钞》："胸次博大。"

清金圣叹《天下和子必读书》："上书大人先生，更不作嗬嗬细语，一落笔便纯是一片奇气。此一片奇气最难得，若落笔时写不得着，即此文通篇都无有。"

清吴楚材、吴调侯《古文观止》："注意在此，而立言在彼，绝妙奇文。"

清张伯行《唐宋八大家文钞》："其行文顾盼自喜，英气勃勃，自是令人倾服。"

清沈德潜《唐宋八家文读本》："虽以孟子、司马迁并举，然通篇文字，多从太史公周游天下数语生出，一往疏宕之气，亦如公之评太史公文。"

清余诚《重订古文释义新编》："通体绝无一干求仕进语，而纡徐婉曲中，盛气足以逼人。的是少年新得意文字。"

李之仪

卜算子

我住长江头，君住长江尾。日日思君不见君，共饮长江水。　此水几时休？此恨何时已？只愿君心似我心，定不负相思意。

词人以长江起兴，且以长江水为贯穿始终的感情线索。上片写相隔之远，相思之深，以千里江水寄相思倾诉深婉哀曲。下片承上，江水长流情长在，但愿两情不负。这首词意新语妙，情随景切。上下片结束之句皆振起全词，动人耳目。又词句明白如话、重叠回环，深得民歌风味，歌之吟之，则语浅情深，实“语尽而意不尽，意尽而情不尽”。

明毛晋《姑溪词跋》：“姑溪词多次韵，小令更长于淡语、景语、情语。……至若‘我住长江头，君住长江尾，日日思君不见君，共饮长江水’，真是古乐府俊语矣。”

黄庭坚

登 快 阁[①]

痴儿了却公家事[②]，快阁东西倚晚晴[③]。落木千山天远大[④]，澄江一道月分明[⑤]。朱弦已为佳人绝[⑥]，青眼聊因美酒横[⑦]。万里归船弄长笛[⑧]，此心吾与白鸥盟[⑨]。

①此诗作于宋神宗元丰五年（1082），时黄庭坚知吉州太和县（今江西省泰和）。快阁：太和县名胜，“在太和县治东澄江（赣江）之上，以江山广远、景物清华得名”（《清一统志·吉安府二》）。 ②痴儿：《晋书·傅咸传》载杨济与傅咸书云：“江海之流混混，故能成其深广也。天下大器，非可稍了，而相观每事欲了。生子痴，了官事，官事未易了也。了事正作痴，复为快耳。”此为诗人自指。 ③“快阁”句：快阁掩映在晚晴落照之中。 ④“落木”句：群山之中树叶尽落，因而天空显得格外高远阔大。 ⑤澄江：澄澈的江水，此指登阁所见的赣江。 ⑥朱弦：代指琴。佳人：知音好友。《吕氏春秋·本味》载钟子期为余伯牙的知音好友，后“钟子期死，伯牙破琴绝弦，终身不复鼓琴，以为世无足复为鼓琴者”。此句用伯牙摔琴之典，意思说世无知己，不再弹琴。 ⑦“青眼”句：只有见到美酒时，眼中才现出喜悦的光彩。青眼，对人表示好感的眼色，典出《晋书·阮籍传》：“籍又能为青白眼，见礼俗之士，以白眼对之。及嵇喜来吊，籍作白眼，喜不怿而退。喜弟康闻之，乃赍酒挟琴造焉。籍大悦，乃见青眼。”横，展示，呈现。 ⑧弄长笛：吹奏长笛。 ⑨与白鸥盟：和白鸥订立盟约，共居云水之乡，借此表达归隐江湖之意。

黄庭坚的一生，少年丧父，两次丧妻，饱尝人生无常之苦，而仕途坎坷，因此27岁就已倦意为官，“忽忽不乐，有怀旧之意”（《山谷年谱》），34岁外放太和知县，怀才不遇，心情抑郁，有归隐之心。此诗就是在这种背景下借登阁消闲的所见所感抒发热爱山水、倦意为官的失意情怀。首联借叙事引出应付公事、痴情山水的心怀，接着描绘登阁所见，从远山到近水，动中寓静，静中有动，勾画出浩大爽朗、明净雅洁的境界，面对大好山水，诗人恨无良朋为伴，只能借酒自娱，此情可叹！结句流露出归隐江湖的情志。诗作虽然抒写失意之情，但格调爽朗豪俊，沉着有节，体现了山谷诗超尘不俗的艺术境界和瘦硬峭拔的风格。

清查慎行《初白庵诗评》：“‘澄江一道月分明’极似杜家气象。”

清方东树《昭昧詹言》：“起四句且叙且写，一往浩然。五、六对意流行，收尤豪放。此所谓寓单行之气于排偶之中者。”

今人李庆甲《瀛奎律髓汇评》引清姚鼐语：“豪而有韵，是能移太白歌行于七律内者。”

寄黄几复[①]

我居北海君南海[②]，寄雁传书谢不能[③]。桃李春风一杯酒，江湖夜雨十年灯[④]。持家但有四立壁[⑤]，治病不蕲三折肱[⑥]。想得读书头已白，隔溪猿哭瘴溪藤[⑦]。

①原注："乙丑年德平镇作。"即宋神宗元丰八年（1085），黄庭坚监德州德平镇时。黄几复，名介，与黄庭坚少年交游，时知四会县（今属广东省）。 ②"我居"句：见《左传·僖公四年》："齐侯以诸侯之师侵蔡，蔡溃，遂伐楚。楚子使与师言曰：'君处北海，寡人居南海，唯是风马牛不相及也。……'"诗中以此喻相距之远。 ③"寄雁"句：杜甫《天末怀李白》："凉风起天末，君子意如何？鸿雁几时到，江湖秋水多。" ④"桃李"二句：据黄庭坚《黄几复墓志铭》载，黄庭坚与黄几复于熙宁九年（1076）同科出身，此处谓京师欢聚后，一别即十年。 ⑤四立壁：即家徒四壁。《史记·司马相如列传》："文君夜奔相如，相如驰归成都，家徒四壁立。" ⑥蕲：求。三折肱：喻阅历之多。《左传·定公十三年》："三折肱，知为良医。"这里反用其意，称道黄几复有治世才能，不待阅历丰富，已有良好政绩。 ⑦瘴溪：指四会的溪流。旧传广东一带多瘴气，故云。

这首诗写对友人的关怀慰念之情。首二联极言相隔之远，忆念之深。尤其第二联，虽词语平常，经巧妙属对，竟含蕴丰赡，意境奇妙。往日之快意相聚与今日之流转思念成"乐"与"哀"的对照，感受强烈，令人寻味。诗意随之发生转折，后两联写友人之为人和处境，其品行、才干令人感叹，而不辍苦读的萧瑟凄清又足以令人作不平之鸣。

这首七律以学问为诗，以文为诗，多使事用典，却能化陈熟为生新而未致生涩，典型体现了黄诗"无一字无来处"的特色，加之诗句拗折奇崛，更有简劲古朴之韵味。

宋王直方《王直方诗话》引张耒语："黄九云'桃李春风一杯酒，江湖夜雨十年灯'真奇语。"

宋胡仔《苕溪渔隐丛话》引吕祖谦语："或称鲁直'桃李春风一杯酒，江湖夜雨十年灯'，以为极至，鲁直自以此犹砌合。"

清方东树《昭昧詹言》："一起浩然，一气涌出。五六一顿，结句与前一样笔法。山谷兀傲纵横，一气涌现。然专学之，恐流入空滑，须慎之。"

近人陈衍《宋诗精华录》："次句语妙，化臭腐为神奇也。三四为此老最合时宜语，五六则狂奴故态矣。"

清 平 乐

春归何处？寂寞无行路。若有人知春去处，唤取归来同住。　　春无踪迹谁知？

除非问取黄鹂。百啭无人能解，因风飞过蔷薇。

这首小令虽为传统惜春主题，但下笔巧妙、新奇，几经曲折：寂寞寻春、无人知春、不解黄鹂，可谓情意连环，希冀不断。至词末蔷薇花开，暗点夏已来临。结句之妙在于以景语作情语，无限伤逝。上下片首句直写词人肺腑，其余则迂徐起伏，多有波澜，颇致词意“深深深几许”之韵味。

秦观

踏　莎　行①

雾失楼台②，月迷津渡③，桃源望断无寻处。可堪孤馆闭春寒，杜鹃声里斜阳暮④。　驿寄梅花⑤，鱼传尺素⑥，砌成此恨无重数。郴江幸自绕郴山⑦，为谁流下潇湘去⑧？

①汲古阁本题“郴州旅舍”，宋哲宗绍圣四年（1097）秦观在郴州（今湖南郴县）贬所作此词。　②楼台：此处并非是真的楼台，而是象征心中所向往的一种崇高远大的形象或境界。③津渡：可以指引和济度人生的出路。　④杜鹃声：两重含义，一是指春暮，另一是指其啼声“不如归去”，暗示春归及故乡何时回之意。　⑤驿寄梅花：三国时吴国的陆凯折江南梅花一枝寄与好友范晔，并附诗说：“折梅逢驿使，寄与陇头人，江南无所有，聊赠一枝春。”⑥鱼传尺素：古乐府《饮马长城窟行》：“客从远方来，遗我双鲤鱼。呼儿烹鲤鱼，中有尺素书。”尺素，原指一尺长的白绢，用以写字，此指书信。　⑦幸自：本是。　⑧为谁：为什么。潇湘：湘水在湖南零陵县与潇水合流，称潇湘。

这首词写词人被贬郴州的羁旅哀怨：冤谪飘零之苦、思乡感旧之悲。上片，作者极富想象力，综合运用象征和写实手法，“失”、“迷”、“望断无寻”、“寒”、“暮”颇具感情色彩。下片，词人的愁苦情绪更深一重，化用典故，设以象喻，曲折而委婉地点染无限离恨。全词景中见情，精致高妙，深隐凄迷的词境构建是它的一大特色。

清王士祯《花草蒙拾》：“‘郴江幸自绕郴山，为谁流下潇湘去?’千古绝唱。秦殁后，坡公尝书此于扇云：少游已矣，虽万人何赎。高山流水之悲，千载而下，令人腹痛。”

清黄氏《蓼园词评》：“语意凄切，亦身蕴藉，玩味不尽。雾失月迷，总是被谗写照。”

近人王国维《人间词话》：“少游词最为凄婉，至‘可堪孤馆闭春寒，杜鹃声里斜阳暮’，则变而凄厉矣。”“有有我之境，有无我之境。……‘可堪孤馆闭春寒，杜鹃声里斜阳暮’，有我之境也”。

鹊　桥　仙①

纤云弄巧，飞星传恨，银汉迢迢暗度②。金风玉露一相逢③，便胜却人间无数。

柔情似水，佳期如梦，忍顾鹊桥归路④。两情若是久长时，又岂在朝朝暮暮⑤。

①此词一题作“七夕”。 ②迢迢：形容银河的辽阔，牛郎、织女相距之遥远。银汉：银河，天河。 ③金风：秋风。玉露：白露。此句用李商隐《辛未七夕》“由来碧落银河畔，可要金风玉露时”诗意。 ④“忍顾”句：不忍回望鹊桥归路，即不忍分别离去。 ⑤朝朝暮暮：朝夕相伴。

词人借牛郎织女迢迢相会的美丽神话，歌颂了一种圣洁而理想的永恒爱情，并由他们欢会的恋恋不舍、依依惜别上升至崇高的精神境界——爱情的天长地久不在于朝暮相聚。这首词专主情致，立意高妙，可谓情高意深，天上人间互为绝唱。全词用语纤柔婉约，抒情起伏跌宕，尤其虚实兼融，议论精警，不落俗套。

清沈际飞《草堂诗余正集》：“（世人咏）七夕，往往以双星会少离多为恨，而此词独谓情长不在朝暮，化朽腐为神奇！”

清黄氏《蓼园词评》：“少游以坐党被谪，思君臣际会之难，因托双星以写意。而慕君之念，婉恻缠绵，令人意远矣。”

满 庭 芳

山抹微云，天黏衰草，画角声断谯门①。暂停征棹，聊共引离尊②。多少蓬莱旧事③，空回首、烟霭纷纷。斜阳外，寒鸦数点，流水绕孤村。　销魂。当此际，香囊暗解，罗带轻分。谩赢得青楼，薄幸名存④。此去何时见也，襟袖上、空惹啼痕。伤情处，高城望断⑤，灯火已黄昏。

①画角：号角。谯门：即谯楼，建在城门上的高楼。 ②引：有延长牵连义。引酒即连续地喝酒。 ③蓬莱旧事：元丰二年（1079）春，秦观游越地山水，逗留会稽时居于蓬莱阁，与太守程公辟等人宴游酬唱，留恋不舍，蓬莱旧事泛指从前的欢乐。 ④杜牧《遣怀》：“十年一觉扬州梦，赢得青楼薄幸名。” ⑤高城望断：用欧阳詹《初发太原途中寄太原所思》“高城已不见，况复城中人”诗意。

这首慢词写别情兼寓身世流转之感，缠绵凄婉。上片即景渲染气氛，一切别离怀旧之情尽付迷离萧瑟的烟霭、斜阳、寒鸦、孤村之中，渲染断肠人在天涯之苦况；下片以临行之际的惜别场面起笔，别时容易见时难，以耐人寻味的无限伤情而收束。上下片皆以景语作结，含悠悠情思，极富画意。以柔笔抒情，和婉含蓄，情辞兼胜，使这首词得以久擅词场。

明王世贞《艺苑卮言》：“‘寒鸦千万点，流水绕孤村’，隋炀帝诗也。‘寒鸦数点，流水绕孤村’，少游词也。词虽蹈袭，然入词尤是当家。”

清谭献《谭评词辨》："淮海在北宋，如唐之刘文房。下阕不假雕琢，水到渠成，非平钝所能藉口。"

清周济《宋四家词选》："将身世之感，打并入艳情，又是一法。"

清黄氏《蓼园词评》："沈曰：黏字工，且有出处。赵文鼎'玉兰芳草黏天碧'，刘叔安'暮烟细草黏天远'，叶梦得'浪黏天满桃涨绿'，皆用之。沈曰，人之情，至少游而极，结句'已'字情波几叠。"

贺铸

青玉案[①]

凌波不过横塘路[②]，但目送、芳尘去[③]。锦瑟华年谁与度[④]？月桥花院[⑤]，琐窗朱户[⑥]，只有春知处[⑦]。　　碧云冉冉蘅皋暮[⑧]，彩笔新题断肠句[⑨]。试问闲情都几许[⑩]？一川烟草，满城风絮，梅子黄时雨[⑪]。

①《青玉案》：词调名，取之于张衡《四愁诗》："美人赠我锦绣缎，何以报之青玉案。" ②凌波：形容女子轻盈的脚步。曹植《洛神赋》："凌波微步，罗袜生尘。"横塘：在苏州盘门南十余里。宋龚明之《中吴纪闻》"贺方回"条载："贺铸徙姑苏之醋坊桥。……有小筑在姑苏盘门南十余里，地名横塘，方回往来其间，尝作《青玉案》词。" ③芳尘：芳香的尘土，指所思美人行走时脚下扬起的尘土。 ④锦瑟华年：青春时期美好的年光，出李商隐《无题》："锦瑟无端五十弦，一弦一柱思华年。"谁与度：和谁在一起度过。 ⑤月桥花院：似初月的弯弯的桥，栽满鲜花的院落，一作"月台花榭"。 ⑥琐窗朱户：雕成连琐花纹的窗子，朱红色的门户。 ⑦只有春知处：只有春天知道美人的住处。 ⑧碧云：一作"飞云"。冉冉：慢慢流动的样子。蘅皋：长满香草的水边高地，曹植《洛神赋》："尔乃税驾乎蘅皋。" ⑨彩笔：用江淹故事，见钟嵘《诗品》卷中"齐光禄江淹"条。《南史·江淹传》记述尤详："淹少以文章显，晚节才思微尽。……尝宿于冶亭，梦一丈夫，自称郭璞，谓淹曰：'吾有笔在卿处多年，可以见还。'淹乃探怀中得五色笔以授之。尔后为诗，绝无美句，时人谓之才尽。" ⑩试问：一作"若问"。都几许：共有多少。 ⑪"一川"三句：言闲愁之多，恰如烟草绵绵，柳絮飞扬，梅雨连旬。一川：遍地。梅子黄时雨：江南一带初夏梅熟之时多连绵之雨，俗称"梅雨"。

本篇是贺铸婉约词的代表作。词的上片极写一片痴情，邂逅的佳人已经远去，他还呆呆地站在那里，想象着佳人居处的美妙。下片说他直等到日暮，情犹不已。末三句以夸张手法写离愁之重，世称警句。从字面看，词所写的是相思和离愁，但从作者的遭际和词中形象看，词中当有一定托意。主要是作者退隐横塘，壮志难伸，所以借"锦瑟华年谁与度"的盛年不偶、美人迟暮，来写自己的不为世用。在艺术上，本篇尤以结句著称，以景结情，重笔勾勒，在以实见虚之时，又能推陈出新。

宋罗大经《鹤林玉露》："贺方回云：'试问闲愁都几许？一川烟草，满城风絮，梅子黄时雨。'盖以三者比愁之多也，尤为新奇，兼兴中有比，味更长。"

清先著、程洪《词洁辑评》："工妙之至，无迹可寻，语句思路，亦在目前，而千人万人不能凑泊。"

清黄氏《蓼园词评》："自有一番不得意，难以显言处。言斯所居横塘，断无宓妃到。然波光清幽，亦常目送芳尘，第孤寂自守，无与为欢，惟有春风相慰藉而已。次阕言幽居肠断，不尽情愁。惟见烟草风絮，梅雨如雾，共此旦晚耳。无非写其景之郁勃岑寂也。"

清刘熙载《艺概·词概》："其末句好处，全在'试问'句呼起，及与上'一川'二句并用耳。"

清王闿运《湘绮楼评词》："一句一月，非一时也，不着一字，故妙。"

周邦彦

兰陵王①

柳阴直，烟里丝丝弄碧②。隋堤上③、曾见几番，拂水飘绵送行色④。登临望故国⑤，谁识京华倦客⑥？长亭路，年去岁来⑦，应折柔条过千尺⑧。　闲寻旧踪迹。又酒趁哀弦⑨，灯照离席。梨花榆火催寒食⑩。愁一箭风快⑪，半篙波暖⑫，回头迢递便数驿⑬，望人在天北。　凄恻，恨堆积。渐别浦萦回⑭，津堠岑寂⑮。斜阳冉冉春无极⑯。念月榭携手，露桥闻笛⑰。沉思前事，似梦里，泪暗滴。

①《兰陵王》：词牌名，唐教坊曲。王灼《碧鸡漫志》引《北齐史》及《隋唐嘉话》，谓为北齐歌谣《兰陵王入阵曲》之“遗声”。　②“柳阴”二句：堤上柳树成行，投下的柳荫连成直线，丝丝垂柳在烟雾中摇摆，像搔弄翠绿的姿色。　③隋堤：隋炀帝开通济渠，沿渠筑堤，世称隋堤，《清一统志》称汴河故道有隋堤。　④绵：柳絮。行色：出行的神态。　⑤故国：指故乡。　⑥京华：京城，此指汴京。倦客：作者久客京城，颇有厌倦之意，故云。　⑦年去岁来：年复一年。　⑧“应折”句：古人送行，往往折柳赠别。千尺，言离别之多。　⑨又酒趁哀弦：谓在哀伤的音乐中频频举杯饯别。　⑩“梨花”句：意指春天到了。古时以清明节前一日或二日为寒食节，禁生火煮饭，节后另取新火。唐宋时朝廷于清明日赐百官火烛，为表示依古制，因称为“榆柳火”。　⑪一箭风快：言行船因顺风而如箭一般远去。　⑫波暖：入春水暖，故云。　⑬迢迢：遥远貌。驿：驿亭，供舟车止息之地。　⑭别浦：作别时的水边。萦回：水波回荡。　⑮津堠（hòu）：指渡口和码头上供瞭望、歇宿的处所。　⑯冉冉：缓缓移动貌。春无极：春色无边无际。　⑰“念月榭”二句：回忆往日与伊人在月下之榭携水同游，在结露之桥倾听笛声。

此词一本题作“柳”，实则借柳起兴，写客中送客之苦，前事似梦之痛。词分三片。第一片由咏柳来泛写一般离情，同时结合自己的身世进行抒发。第二片写送别，并设想行人离去后触景所生的依恋之情。第三片写行人离去后自己的所见、所想、所感，尤其是“斜阳冉冉春无极”一句把此种苦味形象化、意象化地表现出来。在艺术上，词人善以收纵之笔来转换时空，使全篇结构在井然有序中出以变化；或顺或逆，或实或虚，翻腾勾勒，情景交融。前人所谓沉郁顿挫者，本篇兼而有之。

清贺裳《皱水轩词筌》：“周清真避道君，匿李师师榻下，作《少年游》以咏其事……及被谪后，师师持酒饯别，复作《兰陵王》，赠之。中云：‘愁一箭风快，半篙波暖，回头迢递便数驿’，酷尽别离之惨，而题作咏柳，不书其事，则意趣索然，不见其妙矣。”

清周济《宋四家词选眉批》：“客中送客，一‘愁’字代行者设想；以下不辨是情是景，但觉烟霭苍茫。‘望’字、‘念’字尤幻。”

近人梁启超《饮冰室评词》：“‘斜阳’七字，绮丽中带悲壮，全首精神提起。”

瑞 龙 吟

章台路[①]。还见褪粉梅梢，试花桃树，愔愔坊陌人家[②]，定巢燕子，归来旧处。

黯凝伫。因念个人痴小，乍窥门户。侵晨浅约宫黄[③]，障风映袖，盈盈笑语。

前度刘郎重到[④]，访邻寻里，同时歌舞，唯有旧家秋娘[⑤]，声价如故。吟笺赋笔，犹记燕台句[⑥]。知谁伴，名园露饮[⑦]，东城闲步？事与孤鸿去[⑧]。探春尽是，伤离意绪。官柳低金缕，归骑晚。纤纤池塘飞雨。断肠院落，一帘风絮。

①章台路：原是汉代长安一条热闹的街道，后多用指娼家聚居的繁荣之地。 ②愔愔：安静无声。 ③浅约宫黄：即浅妆，淡妆。 ④刘郎：用刘晨、阮肇入天台山遇仙女，后寻访二女，踪迹渺然之事，兼用刘禹锡《再游玄都观》“种桃道士归何处，前度刘郎今又来”诗意。以刘郎自喻，恰与前文“桃树”、“人家”暗相关合。 ⑤秋娘：唐代歌妓女伶多以之为名，喻美人。 ⑥燕台：李商隐有《燕台》诗，洛阳女柳枝为之神魂离合，成一段传奇，词人借此典故比喻自己和歌妓的交往。 ⑦露饮：指宴饮时脱帽露顶，不拘形迹。 ⑧事与孤鸿去：杜牧《题安州浮云寺楼寄湖州张郎中》：“恨如春草多，事逐孤鸿去。”

这首词写词人重游旧地，追怀往事，及由此产生的伤离意绪。第一叠记景，梅谢桃开，寻常景致，于词人妙笔化为“褪粉”、“试花”，精巧别致中富有灵动感。燕子行迹，双重意绪：既言词人故地重游，又暗喻自我漂泊无定，笔触曲折细腻。第二叠记人，三字句领起，情意深重。随后跃出五个活泼短句，对忆念中人细致勾勒，亲切生动，呼之欲出。第三叠记事，词人首先以侧笔烘托法写斯人不在，往日之赏心乐事：歌舞、赋诗、露饮、闲步皆杳然而去，“犹记”、“知谁”语浅意深。再由“事与孤鸿去”，抚今追昔，一语顿住，顺势哽咽而出“探春”二句，点明主旨。意绪盘旋，情不能已，遂结以景语。无论“飞雨”、“风絮”，极尽婉约之态，犹扰人情思，寻味不已。

长调最重章法，这首长调以三叠分记景、人、事，绾合以情。以景起，以景结，中间又以今日、往昔相交织。如此层层剥笋、开合有致、萦回曲折、似浅实深，一向被视为《清真词》压卷之作。

清沈义父《乐府指迷》：“结句须要放开，含有余不尽之意，以景结情最好。如清真之‘断肠院落，一帘风絮’，又‘掩重关、遍城钟鼓’之类是也。”

清周济《宋四家词选》：“‘事与孤鸿去’一句，化去町畦。不过‘人面桃花’旧曲翻新耳。看其由无情入、结归无情、层层脱换、笔笔往复处。”

夏敬观评《清真集》：“词中对偶句，最忌堆砌板重。如此词‘褪粉’二句，‘名园’二句，皆极流动，所以妙也。‘愔愔’、‘侵晨’挺接。末段挺接处尤妙，用‘潜气内转’之笔行之。”

西　河

金陵怀古

佳丽地[①]，南朝盛事谁记？山围故国绕清江，髻鬟对起。怒涛寂寞打孤城，风樯遥度天际[②]。　断崖树，犹倒倚，莫愁艇子曾系[③]。空余旧迹郁苍苍，雾沉半垒。夜深月过女墙来，伤心东望淮水[④]。　酒旗戏鼓甚处市。想依稀王谢邻里，燕子不知何世。入寻常、巷陌人家，相对如说兴亡，斜阳里[⑤]。

①佳丽地：由谢朓《入朝曲》“江南佳丽地，金陵帝王州”而来。　②“山围”四句：化用刘禹锡《石头城》“山围故国周遭在，潮打空城寂寞回”诗意。　③“莫愁”句：系从古乐府《莫愁乐》“艇子打两浆，催送莫愁来”化出。　④“夜深”二句：化用刘禹锡《石头城》“淮水东边旧时月，夜深还过女墙来”诗意。　⑤末五句化用刘禹锡《乌衣巷》“旧时王谢堂前燕，飞入寻常百姓家”诗境。

这首金陵怀古，隐括刘禹锡诗意，写景致兴衰，人事代谢。第一片，起言“南朝盛事谁记”，繁华不再，即逗起怀古之情。“山围”四句，疏笔写大景，气象高远，空寂渐起。第二片笔触渐密，写愁、淮水景象，一片萧瑟，触目荒凉。第三片细而密，词人以想象之辞、神来之笔勾勒一幅斜阳归燕小景，说尽古今兴亡之感。全篇时空错综变化，以思力安排取胜。加之词人善于融化前人诗句、诗意、诗境，蓄以深沉感慨，终有疏宕悲壮之色。

清陈廷焯《云韶集》：“此词纯用唐人成句融化入律，气韵沉雄，苍凉悲壮，真是压遍古今。”

清许昂霄《词综偶评》：“隐括唐句，浑然天成。”

近人梁启超《饮冰室评词》：“张玉田谓：‘清真最长处，在善融化诗句，如自己出。’读此词，可见此中三昧。”

岳飞

满 江 红[①]

怒发冲冠[②]，凭栏处、潇潇雨歇[③]。抬望眼，仰天长啸[④]，壮怀激烈。三十功名尘与土，八千里路云和月[⑤]。莫等闲[⑥]、白了少年头，空悲切。　　靖康耻[⑦]，犹未雪。臣子恨，何时灭。驾长车、踏破贺兰山缺[⑧]。壮志饥餐胡虏肉[⑨]，笑谈渴饮匈奴血[⑩]。待从头、收拾旧山河，朝天阙[⑪]。

①《满江红》：词牌名，唐教坊曲。杨升庵《词品》云，唐人小说《冥音录》载曲名《上江红》，后演为《满江红》。　②怒发冲冠：头发直竖，把帽子都顶起来了，形容盛怒情态。③潇潇：雨骤急状。　④长啸：撮口激气发出长而尖厉的声音，古人常以此来宣泄胸中抑郁不平之气。　⑤“三十功名”二句：意谓虽年过三十，但所建功业还如同尘土般微不足道，没有价值；转战八千里，披星戴月，但远征而无功。以上两句系抒发壮志未酬的感慨。⑥“莫等闲”句：言不要轻易地虚度青年时代的大好时光。等闲，轻易。　⑦靖康耻：指北宋钦宗靖康二年（1127），金兵攻陷汴京，徽、钦二帝被掳北上，北宋王朝覆亡的奇耻大辱。⑧贺兰山：在今宁夏回族自治区与内蒙古自治区交界处，宋时属西夏，不为金人所辖。但西汉时系与匈奴交战之地，故借指为金人所在地。也有论者以为贺兰山在今河北磁县，当时是直捣金人巢穴黄龙府（即今北京）的跳板，此说可从。　⑨胡虏：对女真侵略者的蔑称。⑩匈奴：古代北方少数民族之一，秦汉时与汉民族时常对立，这里实指女真贵族统治者。以上两句表示对女真侵略者的极大民族义愤，但也包含狭隘的民族观念。　⑪朝天阙：朝见天子。天阙，天子居住之地。

这是一首忠义奋发、壮志凌云的词作，也是宋代词坛上最能体现豪放风格的代表作之一。词的上片表其壮怀，虽屡建奇功，但中原未复，仍以珍惜年华自勉；下片言其抱负：雪国耻，捣敌巢，收回故土，光复旧京，不仅表现了岳飞强烈的爱国感情和崇高的民族气节，也反映了汉民族坚决反抗民族压迫的历史感情。尽管宋金斗争仍在中华民族内部斗争的范围之内，但我们还是应当承认历史的爱国主义精神。全词直抒胸臆，一气呵成，痛快淋漓。

清陈廷焯《白雨斋词话》：“何等气概！何等志向！千载下读之，凛凛有生气焉。”“‘莫等闲’二句，当为千古箴铭。”

清沈雄《古今词话》：“忠愤可见。其不欲等闲白了少年头，可以明其心事。”

清刘体仁《七颂堂词绎》：“词有与古诗同义者，‘潇潇雨歇’，《易水》之歌也。”

朱敦儒

念奴娇

插天翠柳，被何人，推上一轮明月？照我藤床凉似水，飞上瑶台琼阙[①]。雾冷笙箫，风轻环佩，玉锁无人掣[②]。闲云收尽，海光天影相接。　谁信有药长生，素娥新炼就[③]，飞霜凝雪。打碎珊瑚，争似看、仙桂扶疏横绝。洗尽凡心，满身清露，冷浸萧萧发。明朝尘世，记取休向人说。

①瑶台琼阙：此指月宫。　②掣：抽取。　③素娥：即嫦娥，传说因偷吃西王母的长生不死之药而飞升月宫。

这首词写梦里月中遨游及感想。上片首写月上柳梢，出语奇警；又明似水，导引词人乘风而去，神往月宫。雾冷风轻，玉锁闲挂。尽管笙箫阵阵，环佩声声，难避高处清寒，不禁回首天宇，已是“闲云收尽”，海天一色，交相生辉。下片承上，词人飞天，自然引出嫦娥奔月的美丽传说。“谁信”句点明本无长生之药，嫦娥所炼不过“飞霜凝雪”。月中神游，富贵、长生一切释然，莫如桂影扶疏，脱俗可爱。“洗尽”句写词人沐浴清露，尽洗尘世烦恼。结句更是梦醒时分有深深的感慨和对现实的不满厌倦之情。

词人以飞天游月之举结构全篇，想象奇警，词句清逸，于超凡脱俗的词境中更有含蓄蕴藉之致，呈浪漫风神。

相见欢

金陵城上西楼[①]，倚清秋。万里夕阳垂地、大江流。　中原乱，簪缨散[②]，几时收？试倩悲风吹泪、过扬州[③]。

①金陵：今江苏南京。北宋南渡后，这里和扬州成为宋金隔江对峙的前沿。　②簪缨散：指贵族显要纷纷逃散。簪缨原指达官贵人的帽饰，此处代指北宋旧臣。　③倩（qìng）：托请。

上片，词人登高望远，描绘景象：一幅清秋斜阳大江图，寥寥几言写尽清秋的苍茫雄阔。斯时登高，并非赏景悲秋，并非发思古之幽情，而是思如潮涌，关合时事，悲从中来。下片即写山河破碎、形势复杂、渴望恢复的感慨，三字短句，极见顿挫、郁结。“乱”、“散”、“收”，字字千钧，直逼词人心底。想象清风吹泪，正见词人一腔悲愤难以释怀之致，另有“悲”字冠“风”前，更加重感情色彩。这首小令词即景抒情，言简意丰，景象阔大，感慨深沉，有咫尺千里之势。

李清照

如梦令

昨夜雨疏风骤，浓睡不消残酒。试问卷帘人①，却道“海棠依旧”。“知否？知否？应是绿肥红瘦②。”

①卷帘人：指卷帘的侍女。 ②绿肥红瘦：绿叶丰满茂盛，花朵憔悴凋零。

这首小词写词人对海棠花的殷殷关怀，传达出其内心深处物我合一、悲天悯人的情愫。只33字，却通过颇具情趣的一问、一答、一驳，结构出一幕时空交错，情景相生，有音声，有神情，有动静，有曲折的戏剧化场景。再加之以上去互押，抑扬相间，起伏顿挫的节奏，更觉通体和谐，一派天成。

清黄氏《蓼园词评》：“沈际飞曰：‘知否’二字，叠得可味。‘绿肥红瘦’，创获自妇人，大奇。按一问极有情，答以‘依旧’，答得极澹，跌出‘知否’二句来。而‘绿肥红瘦’，无限凄婉，却又妙在含蓄。短幅中藏无数曲折，自是圣于词者。”

清王士祯《花草蒙拾》：“如‘绿肥红瘦’、‘宠柳娇花’，人工天巧，可称绝唱。”

清冯金伯《词苑萃编》：“李又有春晚如梦令云……极为人所脍炙。”

醉花阴

薄雾浓云愁永昼①，瑞脑消金兽②。佳节又重阳，玉枕纱厨③，半夜凉初透。

东篱把酒黄昏后④，有暗香盈袖。莫道不消魂，帘卷西风，人比黄花瘦。

①永昼：漫长的白天。 ②瑞脑：龙脑，香料。金兽：兽形的铜香炉。 ③纱厨：以木架置以轻纱，内可放置床榻，以防蚊虫侵扰。 ④东篱：泛指菊圃，语出陶渊明《饮酒》（其五）：“采菊东篱下，悠然见南山。”

这首词写词人在丈夫远行后，重阳佳节孤栖独处的感受，妙在含蓄蕴藉。此词忠实而传神地描画出为相思所苦的词人对自己、对周围细腻而入于幽微的种种感觉——难耐天长，难耐夜凉，花有“暗”香，西风由帘“卷”来，最后竟至于觉得自己魂销形瘦可比秋日黄花，无一语道及别情，却无一字不在暗诉别情。

清王闿运《湘绮楼评词》："此语若非出女子自写照，则无意致。"

清许宝善《自怡轩词选》："幽细凄情，声情双韵。"

清陈廷焯《云韶集》："无一字不秀雅，深情苦调。"

一剪梅

红藕香残玉簟秋①，轻解罗裳②，独上兰舟③。云中谁寄锦书来，雁字回时④，月满西楼⑤。　花自飘零水自流，一种相思，两处闲愁。此情无计可消除，才下眉头，却上心头。

①玉簟（diàn）：席子的美称。　②轻解罗裳：轻轻提起裙子。　③兰舟：泛指小船。　④雁字：大雁群飞时常排成"人"字形或"一"字形，故称。　⑤西楼：指闺阁。

这首词写相思。词人选择一连串的动词描画出动态的情感流程，从独上兰舟，锦书谁寄，到两处相思，到无计消除，情的线索一点点显现，一点点浓郁，如茧中抽丝，环环相绕，丝丝不绝。此外，词中气脉如清流般莹澈流转，意象如花般典丽高华。意境时而浓丽，时而疏淡，情思时而含蓄，时而激越，流动着，跳跃着，变化着，参错交汇，斑斓满眼。

明杨慎《词品》："离情欲泪。"

清陈廷焯《白雨斋词话》："易安佳句，如《一剪梅》起七字云：'红藕香残玉簟秋'，精秀特绝，真不食人间烟火者。"

声声慢

寻寻觅觅，冷冷清清，凄凄惨惨戚戚①。乍暖还寒时候，最难将息②。三杯两盏淡酒，怎敌他，晚来风急！雁过也，正伤心，却是旧时相识③。　满地黄花堆积，憔悴损，如今有谁堪摘④！守着窗儿，独自怎生得黑⑤！梧桐更兼细雨，到黄昏，点点滴滴。这次第⑥，怎一个愁字了得！

①戚戚（qī）：忧愁悲哀。　②将息：调理，保养。　③旧时相识：作者流寓江南，见到北方故土飞来的大雁，故有此说。　④有谁堪摘：没有兴致赏花、摘花。　⑤怎生得黑：怎样熬到天黑。　⑥这次第：这一个接一个，一说这情形、这光景。

这首词又题作"秋情"，写词人遭受国破、家亡、夫死种种打击之后难以用言语表达的复杂心理状态。因情无以名状，故皆用景语出之。词人将一股激荡难抑之气注入词中，鼓荡起天上地下、目可见、身可感的一切物事如潮涌来——"乍暖还寒"，"晚来风急"，旧时雁过，"满地黄花"，梧桐细雨，触处皆景，触处皆情，层层铺叙，步步点染，愈转愈深，将悲情的表达推到几乎无以复加的境地。与此相应，在语言上选舌齿音，押入声韵，分布以叠词和反诘句，用低沉的音调，佶屈的语势，顿促的节奏打造出一曲凄绝绵长、欷歔悲咽的哀婉之音。统观全篇，可谓情与声相谐，内容与形式达到了完美的统一。

明杨慎《词品》："《声声慢》一词，最为婉妙。……荃翁张端义《贵耳集》云：此词首下十四个叠字，乃公孙大娘舞剑手。本朝非无能词之士，未曾有下十四个叠字者。乃用文选诸赋格。"

清王闿运《湘绮楼评词》："亦是女郎语，诸家赏其七叠，亦以初见故新，效之则可呕。"

清沈谦《填词杂说》："予少时和唐宋词三百阕，独不敢次寻寻觅觅一篇，恐为妇人所笑。"

清许昂霄《词综偶评》："此词颇带伧气，而昔人极口称之，殆不可解。"

近人梁启超《饮冰室评词》："此词最得咽字诀，清真不及也。"

永遇乐

落日熔金①，暮云合璧②，人在何处？染柳烟浓，吹梅笛怨③，春意知几许？元宵佳节，融和天气，次第岂无风雨④？来相召，香车宝马，谢他酒朋诗侣。　中州盛日⑤，闺门多暇，记得偏重三五⑥。铺翠冠儿⑦，捻金雪柳⑧，簇带争济楚⑨。如今憔悴，风鬟雾鬓⑩，怕见夜间出去。不如向帘儿底下，听人笑语。

①落日熔金：夕阳西下，似被熔化的黄金般灿烂绚丽。　②暮云合璧：暮云朵朵，如片片美玉交相叠合。　③染柳烟浓，吹梅笛怨："烟染柳浓，笛吹梅怨"的倒文。梅，指幽怨的《梅花落》曲调。　④次第：转眼。　⑤中州：河南省为古豫州地，居九州之中，故称中州。此处指北宋都城汴梁（今开封）。　⑥偏重三五：三五，泛指阴历每月十五，此处特指正月十五，即元宵节。宋朝以元宵节为重要节日，故曰"偏重"。　⑦铺翠冠儿：镶有翡翠珠子的女式帽子。　⑧捻金雪柳：用金饰的丝绸或金纸扎的雪柳。雪柳，元宵节时女子插戴在头上的一种装饰物。　⑨簇带：插戴满头。济楚：整齐漂亮。　⑩风鬟雾鬓：头发散乱，两鬓斑白。

这首词写家国之思。南渡后，故国及其与之相关的一切成为词人心中的一方最美、最珍贵的圣土，那是她生命中的春天。当这一切丧失殆尽之后，对她来说世界变得毫无意义。于是她不惜疏离甚至拒绝整个世界，固守着心中的美丽，在众人迷失的沉醉中孤独而执著地醒着，这应该是理解诗人后期词的关键点。上片，她着意渲染着身外这个热闹的世界——暮色辉煌绚烂，浓郁的春意撩人心怀，酒朋诗侣的感情……惟其如此，才正可以突出自己"谢"的决绝。下片，她沉醉而又细细描绘着那个已经逝去的春天，最后落笔在自甘寂寞的自我形象的描画之中。整首词在艺术上具有典重浑成、哀感顽艳的特点。

宋张炎《词源》："若易安《永遇乐》咏元夕云：'不如向帘儿底下，听人笑语。'亦自不恶；如以俚词歌于坐花醉月之下，为真可惜。"

宋刘辰翁《须溪词》："余自乙亥上元，诵李易安《永遇乐》，为之涕下，今三年矣。每闻此词，辄不自堪。"

明杨慎《词品》："晚年自南渡后，怀京洛旧事，赋元宵《永遇乐》词云：'落日熔金，暮云合璧'，已自工致。至于'染柳烟浓，吹梅笛怨，春意知几许'，气象更好。后段云：'于今憔悴，风鬟雾鬓，怕见夜间出去'，皆以寻常言语，度入音律。练句精巧则易，平淡入妙者难。山谷所谓以故为新，以俗为雅者，易安先得之矣。"

武陵春

风住尘香花已尽，日晚倦梳头。物是人非事事休，欲语泪先流。　　闻说双溪春尚好[①]，也拟泛轻舟。只恐双溪舴艋舟[②]，载不动、许多愁。

①双溪：水名。浙江金华城南有东港、南港两条河水汇流而过，人称双溪。　②舴艋（zé měng）舟：又作"蚱蜢舟"，指小船。

这首词以第一人称的口吻，诉说作者失去亲人之后内心深处的凄苦和悲凉，塑出形神兼备的自我形象。结构上开合转折，婉曲幽深。上下片之间，句与句之间，一转一深，一深一妙；语言上将日常生活中的寻常语言度入音律，以浅近之语发清新之思。"只恐双溪舴艋舟，载不动、许多愁"，比喻更妥帖新颖，浑然天成。

清吴衡照《莲子居词话》："易安《武陵春》，其作于祭湖州以后欤。悲深婉笃，犹令人感伉俪之重。"

清陈廷焯《白雨斋词话》："易安《武陵春》后半阕云：'闻说双溪春尚好，也拟泛轻舟。只恐双溪舴艋舟，载不动、许多愁。'又凄绝，又劲直。"

张元干

贺新郎[①]

送胡邦衡待制赴新州[②]

梦绕神州路[③]。怅秋风、连营画角[④]，故宫离黍[⑤]。底事昆仑倾砥柱[⑥]，九地黄流乱注[⑦]，聚万落千村狐兔[⑧]，天意从来高难问，况人情、老易悲难诉[⑨]。更南浦，送君去[⑩]！　凉生岸柳摧残暑[⑪]。耿斜河[⑫]，疏星淡月，断云微度[⑬]。万里江山知何处[⑭]？回首对床夜语[⑮]。雁不到，书成谁与[⑯]？目尽青天怀今古[⑰]，肯儿曹、恩怨相尔汝[⑱]！举大白[⑲]，听《金缕》[⑳]。

①《贺新郎》：词牌名，又名《金缕曲》、《乳燕飞》、《风敲竹》等。　②胡邦衡：胡铨，字邦衡，庐陵（今江西省吉安市）人，高宗时进士，为枢密院编修官，上书反对与金议和，忤秦桧，除名编管新州（治所在今广东省新兴县）。待制，宋代典守文物之官。按，胡铨任待制在秦桧死后，此疑为后人所加。　③神州：古代称中国为“赤县神州”，此指沦入金人之手的中原地区。　④画角：即号角，号角以彩绘，故称。　⑤故宫离黍：指汴京沦陷，故都的宫殿荒凉不堪，用《诗经·王风·黍离》“彼黍离离”句意。　⑥底事：何事，为什么。昆仑倾砥柱：昆仑山中的砥柱山倾倒了。砥柱山在黄河中流，旧说是昆仑山的支柱；砥柱一倒，黄河之水就会泛滥成灾。此句意谓北宋王朝覆灭。　⑦九地：九州之地，意即遍地。黄流乱注：黄河之水到处泛滥。　⑧“聚万落”句：意谓遍地都是入侵的敌人。狐兔，喻指入侵的金兵。范云《渡黄河》诗：“不睹人行迹，但见狐兔兴。”另解为无数村庄的居民非死即逃，原来的村庄都变成了狐兔聚集的荒野，亦通。　⑨“天意”二句：用杜甫《暮春江陵送马大卿公恩命追赴阙下》“天意高难问，人情老易悲”句意。　⑩“更南浦”二句：屈原《九歌·河伯》：“送美人兮南浦。”又江淹《别赋》：“送君南浦，伤如之何！”后南浦泛指送别之地。⑪残暑：残余的暑气。　⑫耿：明亮。斜河：斜转的银河。银河斜转，表示夜深。　⑬断云：云片。微度：缓慢地飘动。　⑭“万里”句：言江山万里，别后不知胡铨到何处去了。⑮“回首”句：意谓我还记得过去我俩对床夜话的情景。白居易《招司业》：“能来同宿否？听雨对床眠。”　⑯“雁不到”二句：言大雁飞不到新州，我即使写成书信也无由通过大雁寄达。相传北雁南飞，止于衡阳。新州地处衡阳之南，故云。　⑰“目尽”句：意谓放眼天下，感怀古往今来的国家大事。　⑱“肯儿曹”句：言怎肯像小儿女们那样专讲些恩怨私情呢？肯，岂肯，不肯。儿曹，小儿女辈。尔汝，至友间不讲客套，径以你我相称，叫做“尔汝交”，这里表示亲昵。韩愈《听颖师弹琴》“昵昵儿女语，恩怨相尔汝”。　⑲大白：酒盏名。举大白，谓饮酒壮行。　⑳《金缕》：《金缕曲》，即指此词。

《四库全书总目提要》以这首词和另一首送李纲的《贺新郎》为《芦川词》的压卷之作。高宗绍兴十二年（1142），胡铨因前此上书言事而被编管新州。“一时士大夫畏罪箝舌，莫敢与立谈”（岳珂《桯史》卷十二），而作者却将个人安危置之度外，毅然率先作此词来为其送行。虽是一篇送行之作，但是涉政治大题材，送别时的离愁别恨中寄寓着深沉的爱国精神，在南宋初期爱国词中可称是独树一帜。本篇结构较直，但并非一发无余：作者采用了浪漫主义与使事用典、比喻象征相结合的手法，风格豪放而又苍凉、悲壮。

明杨慎《词品》：“此词虽不工，亦当传。况工致悲愤如此，宜表出之。”

清纪昀等《四库全书总目提要》称张元干的两首《贺新郎》：“慷慨悲凉，数百年后，尚想其抑塞磊落之气。”

陆 游

游山西村[①]

莫笑农家腊酒浑[②]，丰年留客足鸡豚[③]。山重水复疑无路，柳暗花明又一村[④]。箫鼓追随春社近[⑤]，衣冠简朴古风存[⑥]。从今若许闲乘月[⑦]，拄杖无时夜叩门[⑧]。

①此诗约写于宋孝宗乾道三年（1167）。②腊酒：上一年腊月酿制的酒。浑：浑浊，意味酒质不优，不够清醇。③丰年：丰收的年景。豚：小猪。④柳暗花明：柳叶暗绿，花光明艳。⑤追随：指人来人往。春社：古代以立春后第五个戊日为春社日，于此日祭祀土神以祈丰年。社：土地神。⑥古风存：保存着古老的风习。⑦"从今"句：如果今后不再为官，就可以趁着月明之夜去闲游了。⑧无时：无定时，随时。叩门：敲门。

陆游对传统文化有着无比的热爱之情，他向往淳朴的民风，与普通百姓有着密切友好的往来，这首诗就表现了他与农家人亲和切近的融洽关系。诗人选取江南农村生活中最具特征性的风物，通过游览做客时的所见、所思、所感来表现淳朴的农村生活，构成一幅乡村风俗画卷，不仅写出了诗人对淳朴生活的热爱、与百姓关系的融洽，也暗含了诗人对污浊官场的厌恶。其第二联，既描绘了江南农村明丽的自然风光，更写出一种深刻的哲理意味，成为世代传颂的佳句。

清爱新觉罗·弘历《唐宋诗醇》："有如弹丸脱手，不独善写难状之景。"

清方东树《昭昧詹言》："以游春情事作起，徐言境地之幽，风俗之美，愿为频来之约。"

今人吴熊和《唐宋诗词探胜》："三四两句写境地之幽，山重水复，柳暗花明，确是浙东丘陵、水网、平原交叉地区特有的景色。"

书 愤[①]

早岁那知世事艰[②]，中原北望气如山[③]。楼船夜雪瓜洲渡[④]，铁马秋风大散关[⑤]。塞上长城空自许[⑥]，镜中衰鬓已先斑[⑦]。出师一表真名世[⑧]，千载谁堪伯仲间[⑨]！

①此诗写于宋孝宗淳熙十三年（1186），此时陆游已62岁，在山阴老家闲居了6年，正准备以朝奉大夫身份，权知严州军州事。书愤：抒发内心的愤慨、忧愤之情。②早岁：早年，指年轻之时。世事：指抗金救国的事业屡遭阻挠破坏，自身备受排挤打击的境况。③"中原"句：北望中原，收复失地统一国家的壮志，浩气如山。④楼船：高大的战船。瓜洲渡：

长江北岸渡口，在今江苏省邗江县南长江边，与镇江隔江斜对，是当时重要的江防要地。此句追忆自己早年参与的抗金活动。隆兴元年（1163）张浚北伐，失利后，继续在江淮各地招募军队，督练兵马，修缮城堡，增置战舰，准备再次北伐。当时陆游任镇江通判，积极支持张浚北伐大业，“力说张浚用兵”，张曾到镇江与陆游谋划再次北伐之事，造成一股浓厚的抗金氛围。一说指 1161 年，金主完颜亮大举南侵，刘锜、虞允文等人奋力抗击，加之金人内讧而退兵，宋人常以此事为自豪。 ⑤铁马秋风：形容军容壮盛，兼有失去恢复良机的感慨。铁马，披着铠甲的战马。大散关：在今陕西省宝鸡市西南，是南宋与金的西部边界。此句追写自己在王炎幕府任职时的抗金之事。乾道八年（1172），陆游入四川宣抚使王炎军幕，积极参与筹划进兵关中、收复中原的军事部署，其《岁暮风雨》诗记夜间骑马渡渭水说：“念昔少年时，从戎何壮哉！独骑洮河马，涉渭夜衔枚。”也曾亲临大散关前线，《江北庄取米到作饭香甚有感》：“我曾从戎清渭侧，散关嵯峨下临贼。铁衣上马蹴坚冰，有时三日不火食。”即此时生活。 ⑥塞上长城：《南史·檀道济传》记载南朝刘宋名将檀道济，深得文帝赏识，后被敌人用反间计离间，被杀前，曾投帻怒叱道：“乃坏汝万里长城！”诗人用此典，以保家卫国扬威边地的名将自许。 ⑦“镜中”句：化用杜甫“勋业频照镜”之意，写功业未就、壮志未酬而白发已生的沉痛心情。 ⑧出师一表：蜀汉建兴五年（227），诸葛亮率军北伐曹魏前，向后主刘禅所上《出师表》。真名世：传名后世。 ⑨堪：能。伯仲：古代兄弟间长幼次序之称，此引申为相提并论。

此诗抒发诗人饱经忧患的激愤之情。前四句追怀往事，先以直抒胸臆的手法，追忆早年抗金救国的豪情壮志，无限感慨之中包含着诗人无数的辛酸与坎坷。接着用意象并置手法，选取两幅青壮年时抗金救国的活动剪影，刻画出横戈跃马、登高长啸的雄豪奇伟的自我形象，落实了首联抒发的豪情壮志，形象具体。颈联通过自伤迟暮转写壮志未酬的愤激之情，悲慨沉郁，令人痛心。最后借助对诸葛亮的激赏，感慨朝中无人抗战，并表达自己人虽年迈仍有为国尽忠的决心。全诗用对比手法组织诗意，前后部分构成今与昔、理想与现实的鲜明对比，无限激愤，自不待言。而出师表典故的运用又构成古人与今人、诗人与当权者的暗中对比，深化了诗情。对比中展现昂扬激愤、跌宕起伏的抒情效果。全诗对仗工整，结构浑成，堪称律诗佳作。

清方东树《昭昧詹言》：“志在立功，而有才不遇，奄忽就衰，故思之而有愤也。妙在三四句兼写景象，声色动人，否则近于枯竭。”

清李慈铭《越缦堂诗话》：“全首浑成，风格高健，置之老杜集中，直无愧色。”

今人李庆甲《瀛奎律髓汇评》引纪昀语：“此种诗是放翁不可磨处，集中有此，如屋有柱，如人有骨。如全集皆‘石砚不容留宿墨，瓦瓶随意插新花’句，则放翁不足重矣。何选放翁诗者，所取乃在彼也？”

临安春雨初霁①

世味年来薄似纱②，谁令骑马客京华③？小楼一夜听春雨，深巷明朝卖杏花④。

矮纸斜行闲作草⑤，晴窗细乳戏分茶⑥。素衣莫起风尘叹⑦，犹及清明可到家⑧。

①此诗作于宋孝宗淳熙十三年（1186），时陆游62岁。临安：南宋都城，今浙江省杭州市。霁：雨止。 ②世味：世间生活的情趣。年来：近些年。 ③谁令：谁让。客京华：到京城来客居。京华，京城。此句意思说怎么又骑马来到京城客居呢？ ④“小楼”二句：化用陈与义《怀天经智老因访之》“杏花消息雨声中”之意，写临安城一夜春雨过后，朝来卖花声声的都市风景。 ⑤矮纸：短纸，非正式场合的书写用纸。斜行：歪斜不正的字行。闲作草：闲居无事写写草体字。 ⑥细乳：指沏茶时水面泛起的白色泡沫。分茶：品茶。分，区分，鉴别。 ⑦“素衣”句：化用陆机《为顾彦先赠妇》“京洛多风尘，素衣化为缁”诗意，意思是说不必像陆机那样，感叹京城风尘染黑了白衣，同时暗含不为京城恶浊“风尘”所污之意。 ⑧犹及：还赶得上。

淳熙十三年（1186）春，罢官闲居六年的陆游奉命知严州事，被召入京，在京期间作此诗，抒发客中春感。诗人先写本已厌倦仕宦生活却又奉命入京的心情，次写小楼听雨，深巷卖花，闲来写字，无事品茶的旅况，把淡薄仕宦的心情与萧散自适的态度结合起来。诗中不仅描绘了临安春雨过后的优美景致，渗透着诗人孤寂的心绪，更写出诗人萧散淡泊的精神气质和无所事事、急切思归的羁旅况味。全诗语言清新朴直，流转自然，又委婉含蓄，是陆游律诗名作。

明瞿佑《归田诗话》：“陈简斋诗云：‘客子光阴诗卷里，杏花消息雨声中。’陆放翁诗云：‘小楼一夜听春雨，深巷明朝卖杏花。’皆佳句也，惜全篇不称。叶靖逸诗：‘春色满园关不住，一枝红杏出墙来。’戴石屏诗：‘一冬天气如春暖，昨日街头卖杏花。’句意亦佳，可以追及之。”

清爱新觉罗·弘历《唐宋诗醇》：“颔联团转，脱口而出，一涉凑泊，失此语妙。”

清舒位《书剑南诗集后》：“小楼深巷卖花声，七字春愁隔夜生。”

今人吴熊和《唐宋诗探胜》：“这首诗中的‘小楼’一联，向为名句，典型地表现了江南二月的都市之春。小楼听雨，是一诗境；春雨如丝，杏花繁丽，是一诗境；深巷卖花，又是一诗境。”

十一月四日风雨大作①

僵卧孤村不自哀②，尚思为国戍轮台③。夜阑卧听风吹雨④，铁马冰河入梦来⑤。

①此诗作于宋光宗绍熙三年（1192），时陆游68岁，闲居山阴家乡。 ②僵卧：躺着不动，此指年老卧病。 ③轮台：在今新疆维吾尔自治区轮台县，汉唐时代都曾在此驻兵屯田，为西北边防重镇，此代指边疆。 ④夜阑：夜深。 ⑤铁马冰河：战马踏过冰封的河面，形容激烈艰苦的战斗生活。铁马，披着铁甲的战马。陆游的爱国诗常由生活琐事联想到战地场景，表达念念不忘北伐大业的情怀。《秋雨渐凉有怀兴元》之三：“忽闻雨掠蓬窗过，犹作当

时铁马声。”又如：“夜听簌簌窗纸鸣，恰似铁马相磨声。”

此诗表现诗人在处境凄凉的晚年仍念念不忘抗金救国事业的执著情怀，艺术上有两个鲜明的特点：一是构思奇特。诗人“僵卧孤村”，本应引出嗟卑叹老之意，却出人意料地说“不自哀”，此第一奇；不仅“不自哀”，而且不顾衰老，引出“戍轮台”的豪情壮志，此第二奇；由风雨之声引出铁马冰河的联想，此第三奇。三次奇特的转折不仅使诗情跌宕起伏，更见出诗人凄凉境况中的伟岸精神。二是手法奇特。全诗紧扣一“思”字构思立意，因思成梦，以梦写思，通过生活中平凡的小事的联想，自然真切地写出了诗人执著入痴的爱国情怀。

示　　儿①

死去元知万事空②，但悲不见九州同③。王师北定中原日④，家祭无忘告乃翁⑤。

①此诗写于宋宁宗嘉定三年（1210），是陆游的绝笔诗。示儿：将心事告知儿子。　②元知：本来知道。元，本来，原来。　③但：只。九州同：全国统一。九州，古人分中国为九州，九州之说各典籍所记不一，《尔雅》释为“冀州、豫州、雍州、荆州、扬州、兖州、徐州、幽州、营州”。　④王师：王朝的军队。　⑤家祭：同族人对其先人的祭祀活动。无：通“毋”，不要。乃翁：你的父亲，此陆游自指。

这首绝笔诗抒发了诗人执著乃至超生死的爱国至情，前两句以进退转折的概括笔法写临终的悲憾。起句以退为进，说诗人以抗金救国收复中原为己任，奔走呼号，奋斗一生，临终之时，才明白世事空幻的道理，一切都可以放弃不想了。起句似乎消极，然紧接着以“但”字一转，说没能看到祖国统一成了此生无法释却的悲恨。这一退一进的转折，不仅写出了诗人志意追求落空的深挚悲憾，也包含了诗人对投降派的无限痛恨之情。后两句既表达了诗人对收复中原统一全国的坚定信念，又把对国家兴亡的关注提升到超越生死的高度，是一首千古不朽的遗嘱诗。

明胡应麟《诗薮》：“忠愤之气，落落二十八字间。林景熙收宋二帝遗骨，树以冬青，为诗记之，复有歌题放翁卷后云：‘青山一发愁蒙蒙，干戈况满天南东。来孙却见九州同，家祭如何告乃翁？’每读此，未尝不为滴泪也。”

明徐伯龄《蟫精隽》：“矍铄哉此老！可谓没齿不忘朝廷者矣，较之宗泽三跃渡河之心，何以异哉！”

清贺贻孙《诗筏》：“忠孝之诗，不必问工拙也。二诗（指《示儿》和《题放翁卷后》）率意直书，悲壮沉痛，孤独至性，可泣鬼神，何得以宋元减价耶？”

钗　头　凤①

红酥手②，黄縢酒③，满城春色宫墙柳④。东风恶⑤，欢情薄⑥，一怀愁绪，几年离索[7]。错！错！错！　　春如旧，人空瘦，泪痕红浥鲛绡透[8]。桃花落，闲池阁[9]，山盟虽在[10]，锦书难托[11]。莫！莫！莫[12]！

①钗头凤：词牌名，原名《撷芳词》，因词中有“可怜孤似钗头凤”句，陆游遂以《钗头凤》名之。　②红酥手：红润白嫩的手。一说，是一种食品名称。　③黄滕酒：即黄封酒，为当时官酒。滕，封。　④宫墙柳：宫墙边的柳树，亦暗喻离异之妻已适他人，如宫墙之柳可望而不可即。春秋时越王宫殿在绍兴，宋高宗也曾以绍兴为行都，故称宫墙。　⑤东风恶：以东风暗喻迫使夫妻离异的家长制威势。　⑥欢情薄：欢爱之情短暂。　⑦离索：离散。⑧浥：湿。鲛绡：传说中海里鲛人所织的丝绢，后代指手帕。　⑨闲池阁：园中池水亭阁清静冷落。　⑩山盟：如山一样不可动摇的盟誓。　⑪锦书：表达情意的书信。因离异之妻已另适他人，不能再与之通书信。　⑫莫莫莫：无可奈何，只得作罢的意思，为绝望之词。

此词伤叹词人与唐琬的爱情悲剧，其本事最早见于宋人陈鹄《耆旧续闻》卷十：“余弱冠客会稽，游许氏园，见壁间有陆放翁题词，笔势飘逸，书于沈氏园，辛未(1151)三月题。放翁先室内琴瑟甚和，然不当母夫人意，因出之，夫妇之情，实不忍离，后适南班士名某，家有园馆之胜。务观一日至园中，去女闻之，遣遗黄封酒果馔，通殷勤。公感其情，为赋此词。其妇见而和之，有‘世情薄，人情恶’之句，惜不得其全阙。未几，怏怏而卒，闻之者怆然。此园后更许氏。”又周密《齐东野语》卷一：“陆务观初娶唐氏，闳之女也，于其母夫人为姑侄，伉俪相得，而弗获于其姑。既出，而未忍出之，则为别馆时时往焉，姑知而掩之，虽先知挈去，然事不得隐，竟绝之。亦人伦之变也。唐后改适同郡宗子士程。尝以春日出游，相遇于(绍兴)禹迹寺南之沈氏园。唐以语赵，遣致酒馔。翁怅然久之，为赋《钗头凤》一词，题园壁间，实绍兴乙亥岁(1155)也……未久，唐氏死。”依此本事，词之上片写词人与唐氏沈园相逢引发的对夫妻离异的怨愤与悔恨，下片抒发难叙情缘的痛心与无奈。结构上，上下两片都先写唐氏形象，再写自己心情，前后感发，既表现出彼此刻骨铭心的眷恋之情，又增强了美好婚姻被摧残的悲剧意味。词中写景，既渲染氛围，情景相融，又富有比兴象征意味。“宫墙柳”象喻离异之妻可望而不可即，亦写出唐氏的柔情姿质。词中还善用对比手法，一句“春如旧”，对照写出昔日欢情与今时痛苦的两种境况。全词句式整齐和谐又错落变化，声情相辅，相得益彰，而结句的三叠句式，更是一字重于一字，一声深于一声，表现出血泪交迸的声情。

清陈廷焯《白雨斋词话》：“不免于怨，而情自可哀。”

卜算子

咏梅

驿外断桥边[1]，寂寞开无主[2]。已是黄昏独自愁，更著风和雨[3]。　　无意苦争春[4]，一任群芳妒[5]。零落成泥碾作尘[6]，只有香如故。

①驿：驿站，古代设在路上供传送公文的人或来往官员歇息换马的处所。 ②无主：指无人欣赏，无人过问。 ③著：同“着”，附，增添，“加之以”的意思。 ④“无意”句：意思说梅花本来无心和百花争芳斗艳。苦，竭力。争春，争显春光，争芳斗艳。 ⑤一任：完全任凭。一，全。任，任凭。群芳：百花，群花。 ⑥零落成泥：花谢落地，和入泥土。

陆游一生力主抗金收复中原，经常遭到投降派的排挤打击，但他始终保持自身的高洁品格。此词以梅自喻，借咏梅而述志。上片写梅花生长的外部环境，以梅花处境的孤寂与严酷突出梅花的孤高志洁，象征词人屡遭打击的处境。下片歌颂梅花赤诚报春、奉献幽香的高洁品格，象喻词人只为报国不为显达的品格。词人有意选取梅花身上能体现人的特定品格追求的自然质性，遗貌取神，加以咏叹，赋予梅花人格化色彩，以梅喻人，咏物而有寄托，不失为一篇咏梅佳作。

明卓人月《古今词统》：“末句想见劲节。”

范成大

四时田园杂兴（二首）

其　一

梅子金黄杏子肥，麦花雪白菜花稀。日长篱落无人过，惟有蜻蜓蛱蝶飞。

其　二

昼出耘田夜绩麻，村庄儿女各当家。童孙未解供耕织，也傍桑阴学种瓜。

范成大《四时田园杂兴》分春日、晚春、夏日、秋日、冬日五组，每组十二首。这组大型的田园诗是诗人晚年闲居石湖期间所作。他以清新圆熟之笔，生动真实地写出农家的艰辛劳作及农家生活，描绘出一幅幅农村田园风光及风俗人物的动人画面。其一，写初夏江南农村的优美景致。“日长”句侧笔写人们忙于劳作，其余三句写景。用语简洁形象，色彩鲜明，画面感强，极富生趣。其二，正面写劳动及生活景象，诗人以概括之笔、朴素文字言及农事忙碌，又撷取生活细节，以白描手法写尽儿童“学种瓜”的情态和趣味，宛若田家诗语。这些诗篇极富独创性，走出了陶渊明、王维、孟浩然等人借田园多写个人闲情逸致的窠臼，拓展了田园诗的艺术表现范围，七绝的形式更显示了范成大田园诗的独特魅力。

清翁方纲《石洲诗话》：“石湖于桑麻洲渚，一一有情，而其神不远。”

清潘德舆《养一斋诗话》：“《四时田园杂兴六十首》，予独爱其一首云：‘梅子金黄杏子肥，麦花雪白菜花稀。日长篱落无人过，惟有蜻蜓蛱蝶飞。’可与坡公‘溶溶晴港’一绝相配也。”

杨万里

初入淮河

船离洪泽岸头沙[①]，人到淮河意不佳[②]。何必桑乾方是远[③]，中流以北即天涯[④]！

①洪泽：湖名，在今江苏省，诗人曾由此北行入淮河。 ②意不佳：心情不好。 ③桑乾：即桑干河，在河北省西北部和山西省北部，北宋时为宋辽界河，过桑干河往北即为辽地。方是远：才算是遥远的边塞之地。 ④“中流”句：意思说淮河中流以北即为金人占领区，内地河流竟成了往昔遥远的边境之地。

宋孝宗淳熙十六年（1189）十二月，杨万里奉命北行至淮河边境接伴前来贺正旦的金国使者，途中写一组四首诗，此为其一，抒发诗人对金人长期占据北方造成山河割裂的沉痛心情。诗中巧妙运用淮河与桑乾河这两条历史上不同时期界河的地理空间的悬殊反差，委婉地批判了南宋王朝的妥协政策，并通过“意不佳”表现了诗人对边境南移的无限感慨与无奈心情。全诗语言朴素流畅，又耐人寻味。

清潘定桂《楚庭耆旧遗集·读杨诚斋诗》：“一官一集记分题，两度朝天卷自携。老眼时时望河北，梦魂夜夜绕江西。连篇尔雅珍禽疏，三月长安杜宇啼。试读渡河诸健句，何曾一饭忘金堤。”

近人陈衍《宋诗精华录》：“淮以北久陆沉矣。”

晚出净慈寺送林子方[①]

毕竟西湖六月中[②]，风光不与四时同[③]。接天莲叶无穷碧，映日荷花别样红。

①净慈寺：即净慈报恩兄孝禅寺，在杭州西湖南山区。林子方：即林枅，莆田人，曾以直阁秘书漕闽部。 ②西湖：即今杭州市西湖。 ③四时：指春夏秋冬四季。

此诗描写西湖夏景，抓住杭州西湖荷花盛开时莲叶接天碧绿满眼、映日荷花格外红艳这一特点，写出了西湖夏景“十里荷花”的迷人魅力。艺术上，不以结构安排取胜而以取景角度新颖见长，通过“无穷碧”、“别样红”突出表现六月西湖荷花的别致色调与壮丽规模，写出了西湖优美之景中壮美的一面。

清恒仁《月山诗话》：“‘毕竟西湖六月中，风光不与四时同。接天莲叶无穷碧，映日荷花别样红。’此杨诚斋《晚出净慈寺送林子方》诗。亦犹东坡《赠刘景文》‘一年好景君须记，正是橙黄桔绿时’之意。”

周敦颐

爱莲说

水陆草木之花，可爱者甚蕃[①]。晋陶渊明独爱菊[②]；自李唐来，世人甚爱牡丹[③]；予独爱莲之出淤泥而不染，濯清涟而不妖[④]，中通外直，不蔓不枝[⑤]，香远益清，亭亭净植[⑥]，可远观而不可亵玩焉[⑦]。

予谓菊，花之隐逸者也；牡丹，花之富贵者也；莲，花之君子者也。噫！菊之爱，陶后鲜有闻[⑧]；莲之爱，同予者何人？牡丹之爱，宜乎众矣[⑨]！

①水陆：指在水里和陆地上。蕃：众多。 ②陶渊明：东晋后期诗人，一生酷爱菊花，留下“采菊东篱下，悠然见南山”等传世名句。 ③李唐：指李渊开创的唐朝。唐代崇尚丰腴之美，牡丹花典雅富丽，深得唐人喜爱。 ④濯：洗，浸之意。涟：水纹。妖：浓艳，过分艳丽。 ⑤中通外直，不蔓不枝：莲梗中空而外表挺直向上，既不蔓延也不分枝。 ⑥植：树立。 ⑦亵玩：亲昵地玩赏。 ⑧鲜：少。 ⑨宜：应该。

周敦颐为北宋著名理学家，哲学家。理学家观赏自然外物时，提倡“玩物为道”、“格物致知”，用外物来证合自己的性理，借外物来进行哲学思索。本文典型地体现了理学家观照自然外物以获得人生事理的思维方式，是理学家的自然观与人生观的艺术化呈现。文中通过对菊花、牡丹花和莲花三种花的不同态度，象喻人的胸襟品格与精神境界，以儒家的人生观为标准，通过对不同花的褒贬抑扬，表达作者对“出淤泥而不染”的莲花所象喻的忠直进取、不阿世俗的理想人格的肯定与推重。艺术上，文章虽以议论为主，却生动形象，警策有味。一是作者巧用博喻手法，用三种花喻三种人，贴切恰当，形象生动。二是行文简洁，“不蔓不枝”，点到即止，耐人寻味。

朱熹

春日

胜日寻芳泗水滨①，无边光景一时新。等闲识得东风面②，万紫千红总是春。

①胜日：指节日或亲朋聚会的好日子，此指春日。泗水：在今山东省，为先秦孔孟儒学的发祥地，孔子葬于鲁城北之泗上，后世多以“泗上”为儒学代称。 ②等闲：等闲之间，无意之中。

南宋绍熙五年（1194），朱熹出任湖南安抚使，并在岳麓书院讲学，此诗概当时为勉励后学而作的治学心得之诗。诗中以“泗水”喻孔门，“寻芳”喻求圣人之道，“万紫千红”谓悟道的佳境，意思说治学求道就如春日观景，一旦闻道，则满目皆春。只要锐意进取，努力探索圣人之道，就能进入风光无限、春意盎然的治学佳境。艺术上，此诗通过描绘百花盛开、生机勃勃的美好春景，以游春喻治学，活泼自然，既是一首上乘的理趣诗，也可视为一首记游诗。

近人刘衍文《雕虫诗话》：“文公又有《春日》诗云：‘胜日寻芳泗水滨，无边光景一时新。等闲识得东风面，万紫千红总是春。’……以阐‘万物皆备于我之旨’，亦深沉精妙。”

观书有感

半亩方塘一鉴开①，天光云影共徘徊。问渠那得清如许②，为有源头活水来。

①鉴：镜，言方塘水面如镜。 ②渠：它，代指水塘。清如许：如此清澈。

这首理趣诗写读书而有所领悟的愉悦。全诗以方塘为喻：半亩方塘之所以明镜般清澈透明，天光云影相映，是因为有源头活水不断补充而来，治学也必须讲究方法，不断积累进取，才能融会贯通，进入洞透真理的境界。全诗赋物明理，形象生动而哲理深刻，是一首理趣诗名作。

近人刘衍文《雕虫诗话》：“文公有《观书有感》二首，其一云：‘半亩方塘一鉴开，天光云影共徘徊。问渠那得清如许，为有源头活水来。’是乃《易》‘天行健，君子以自强不息’之妙解，且较《易》语更明澈醒豁，包孕亦广，故千古流传，洵可取也。”

张孝祥

六州歌头[①]

长淮望断[②]，关塞莽然平[③]。征尘暗，霜风劲，悄边声[④]。黯销凝[⑤]。追想当年事[⑥]，殆天数[⑦]，非人力。洙泗上[⑧]，弦歌地[⑨]，亦膻腥[⑩]。隔水毡乡[⑪]，落日牛羊下[⑫]，区脱纵横[⑬]。看名王宵猎[⑭]，骑火一川明[⑮]，笳鼓悲鸣，遣人惊[⑯]。　念腰间箭，匣中剑，空埃蠹[⑰]，竟何成？时易失，心徒壮，岁将零[⑱]，渺神京[⑲]。干羽方怀远[⑳]，静烽燧[㉑]，且休兵。冠盖使[㉒]，纷驰骛[㉓]，若为情[㉔]？闻道中原遗老，常南望、羽葆霓旌[㉕]。使行人到此[㉖]，忠愤气填膺，有泪如倾。

①《六州歌头》：本为鼓吹曲名，后用为词调，音调悲壮。　②长淮：指淮河。高宗绍兴十一年（1141），宋金签订“绍兴和议”，东以淮河、西以大散关为两国分界线。　③莽然平：言草木茂盛，齐及关塞，边备松弛可见。　④悄：沉寂。边声：见范仲淹《渔家傲》注④。以上三句意谓绍兴和议后，宋金双方暂时停止了战争，暗示宋廷撤掉两淮边备，不思进取以收复中原失地。　⑤黯销凝：神情感伤的样子。　⑥当年事：指中原沦陷、二帝被掳等惨痛的史事。　⑦殆天数：大概是天命吧。　⑧洙泗上：流经山东曲阜的洙水、泗水一带地区，春秋时属鲁国，孔子曾在此讲学。　⑨弦歌地：指孔子当时以弦歌教化人民的地方。《论语·阳货》：“子之武城，闻弦歌之声。”邢昺疏：“时子游为武城宰，意欲以礼乐化导于民，故弦歌。”后泛指有礼乐文教的地方。　⑩亦膻（shān）腥：也受到金人腥臊之气的玷污。膻腥，牛羊的腥臊之气。北方少数民族喜食牛羊肉，身上带有膻腥的气味，故云。　⑪隔水：隔河，此指淮河北岸。毡乡：金人居住在毡帐里，故称其聚居之地为毡乡。　⑫落日牛羊下：黄昏日落时放牧的牛羊回来了。《诗经·王风·君子于役》：“日之夕矣，羊牛下来。”　⑬区（ōu）脱：汉时匈奴筑以守边的土室，这里借指金兵建在边境用以瞭望戍守的土堡。纵横：状区脱之多。　⑭名王：此处指金兵统帅。宵猎：夜间打猎，这里言金兵夜里还在操练。　⑮骑（jì）火：骑兵的火把。　⑯遣人惊：使人为之心惊。　⑰埃蠹（dù）：尘封虫蛀。　⑱岁将零：一年将尽。　⑲渺神京：指汴京还很杳远，意谓收复遥遥无期。　⑳干羽方怀远：指宋廷正在执行以礼乐文化来怀柔远方（指金人）的政策，而不考虑战备。此句讽刺宋廷对金统治者空讲礼乐文化，继续推行绥靖妥协的错误政策。《尚书·大禹谟》：“帝乃诞敷文德，舞干羽于两阶。七旬，有苗格。”干，盾。羽，兵器上所饰的野鸡尾毛。　㉑静烽燧（suì）：停止战火。烽燧，古时边防用以报警的两种信号。《后汉书·光武帝纪下》：“修烽燧。”李贤注：“有寇则燃之，举之以相告，曰烽。……寇至即燔之，望其烟，曰燧。昼则燔燧，夜乃举烽。”　㉒冠盖使：指身着冠服、乘坐车马前往敌方讲和的宋廷使臣。　㉓纷驰骛（wù）：不断地往来奔走。　㉔若为情：何以为情，多么难为情。　㉕羽葆霓旌：原指天子车驾，此指宋廷北伐大军。羽葆，饰以翠鸟羽毛的车盖。羽，一作“翠”。霓旌，天子出行时的一种仪仗。　㉖行人：作者自指，宋人作《六州歌头》词时的一种写作习惯。

这是南宋前期最有代表性的爱国词作之一，由于词中抒发的感情极其悲愤激切，当作者在一次宴席上赋此歌阕后，主战将领张浚竟“为之罢席而入”（明陶宗仪《说郛》引宋无名氏《朝野遗记》）。词的上片写在淮河南岸向北遥望时的所见所感，将淮北失地未复、敌方时刻虎视眈眈而宋廷却一味麻痹懈怠的愤懑一并流于笔端。下片自伤壮志难酬，报国无路，更进一步抨击了朝廷苟安求和的政策。全词抒写爱国伤时的感慨，运用繁音促节，激越壮烈，使声情文情得到了完美统一。在语言上，本篇颇见“以故为新”的特点。

清刘熙载《艺概·词概》：“词之兴观群怨，岂下于诗哉?”

清陈廷焯《白雨斋词话》：“淋漓痛快，笔饱墨酣，读之令人起舞。”

清沈雄《古今词话·词评》：“安国（张孝祥字）在建康留守魏公席上，赋《六州歌头》，感慨淋漓。魏公为之罢饮而入，则其词之足以动人者也。”

辛弃疾

水　龙　吟[①]

登建康赏心亭[②]

楚天千里清秋[③]，水随天去秋无际。遥岑远目[④]，献愁供恨[⑤]，玉簪螺髻[⑥]。落日楼头，断鸿声里[⑦]，江南游子[⑧]，把吴钩看了[⑨]，栏干拍遍[⑩]，无人会、登临意[⑪]。

休说鲈鱼堪脍，尽西风、季鹰归未[⑫]？求田问舍，怕应羞见，刘郎才气[⑬]。可惜流年，忧愁风雨[⑭]，树犹如此[⑮]！倩何人[⑯]、唤取盈盈翠袖[⑰]，揾英雄泪[⑱]？

①《水龙吟》：词调名，又名《龙吟曲》、《庄椿岁》、《小楼连苑》等，得名于唐李白诗句“笛奏龙吟水”，或唐李贺诗句“雌龙怨吟寒水光”。　②建康：今江苏省南京市。赏心亭：见《景定建康志》：“赏心亭在下水门之城上，下临秦淮，尽观览之胜。丁晋公（谓）所建。”　③楚天：泛指南方的天空。　④遥岑（cén）：远山。　⑤献愁供恨：好像面露愁恨之色。　⑥玉簪螺髻：比喻山峰。韩愈《送桂林严大夫》：“江作青罗带，山如碧玉簪。”　⑦断鸿：离群的孤雁。　⑧江南游子：作者以北方人客居南方，故称。　⑨吴钩：古代吴地制造的一种弯形兵器，形与剑相似而实为刀（见沈括《梦溪笔谈》），传系吴王阖闾命国人所造（见《吴越春秋·阖闾内传》）。杜甫《后出塞五首》其一：“少年别有赠，含笑看吴钩。”　⑩栏干拍遍：王阐之《渑水燕谈录·高逸门》载，刘孟节先生概逸事云：“少时多寓居龙兴僧舍之西轩，往往凭栏静立，怀想世事，吁唏独语，或以手拍栏杆。尝有诗曰：‘读书误我四十年，几回醉把栏干拍。’司马温公《诗话》所载者是也。”　⑪登临意：此指登临赏心亭时忧国、思乡以及壮志难酬等复杂的思想感情。　⑫“休说”二句：用西晋张翰事慨叹有家难归。《世说新语·识鉴》载，张翰（字季鹰）在洛阳齐王幕下做属官，因见秋风起，于是想到家乡吴中的美味菰菜、莼羹和鲈鱼脍，便道：“人生贵得适意尔，何能羁官数千里以要名爵？”遂命驾而归。脍（kuài），将鱼或肉切细做菜。　⑬“求田”三句：用刘备批评许汜事表达不愿在南方安享富裕安适的生活。《三国志·魏志·陈登传》：“许汜与刘备并在荆州牧刘表坐，表与备共论天下人。汜曰：‘陈元龙（登）湖海之士，豪气不除。’……备问汜：‘君言豪，宁有事耶？’汜曰：‘昔遭乱过下邳，见元龙；元龙无客主之意，久不相与语，自上大床卧，使客卧下床。’备曰：‘君有国士之名，今天下大乱，帝王失所，望君忧国忘家，有救世之意；而君求田问舍，言无可采，是元龙所讳也，何缘当与君语？如小人，欲卧百尺楼上，卧君于地，何但上下床之间耶！’”求田问舍，购置土地房屋。应（yīng），料想之辞。刘郎，指刘备。才气，才能气概。　⑭“可惜”二句：可惜岁月在忧风愁雨中流逝。　⑮树犹如此：意谓连树木都长得这般高大了，人怎能经得起岁月的消磨而不衰老呢！《世说新语·言语》：“桓公（温）北伐，经金城，见前为琅玡时种柳皆十围，慨然曰：‘木犹如此，人何以堪！’攀枝执条，泫然流泪。”　⑯倩（qìng）：借助，请托。　⑰盈盈翠袖：代指美好的歌女。宋代宴席上多以歌妓劝酒，故云。盈盈，美好的样子，一作“红巾”。　⑱揾（wèn）：揩拭。

这首词是辛弃疾爱国词篇的代表作之一，作于建康任上（邓广铭确认为1174年），抒写登临赏心亭时的家国之恨和身世之感。上片以一系列哀景来烘托自己的愁恨，并以“江南游子”看吴钩、拍栏干等动作进行形象的传达；下片承上片词意，着重抒写那“无人会”的“登临意”，将长期郁结于胸的家国、身世之恨含蓄曲折地表现出来。全词感情炽热，英雄之气弥蕴笔端。笔势浩荡，却又并非一览无余，而是以潜气内转之法委曲言志，婉转传情，托意深远，意境含蓄。

清陈廷焯《白雨斋词话》：“落落数语，不数王粲《登楼赋》。”
清谭献《复堂词话》：“裂竹之声，何尝不潜气内转。”

菩萨蛮

书江西造口壁①

郁孤台下清江水②，中间多少行人泪③。西北望长安④，可怜无数山⑤。　青山遮不住，毕竟东流去。江晚正愁余⑥，山深闻鹧鸪⑦。

①造口：又名皂口，在今江西万安县西南60里处有皂口溪，水自此流入赣江。　②郁孤台：在今江西赣县西南，因“隆阜郁然孤峙，故名”（《赣州府志》）。清江：赣江与袁江合流处，一名清江，此处指赣江。　③行人：见罗大经《鹤林玉露》：“盖南渡之初，虏人追隆祐太后御舟至造口，不及而还，幼安自此起兴。”后人多从此说，故释“行人”为太后一行或难民。邓广铭谓诸史书未言金人追至造口之事，罗说当属传闻之误。然高宗建康三年（1129）金兵分两路南下，企图消灭南宋小朝廷却是令人难以忘怀的痛史。作者路经造口，触景生情，忧国伤时，故“行人”当释为作者自指，亦包括众多的古代“行人”。　④长安：此借指北宋京城汴京。　⑤“可怜”句：宋刘攽《九日》：“可怜西北望，白日远长安。”　⑥愁余：使我愁苦。屈原《九歌·湘夫人》：“帝子降兮北渚，目眇眇兮愁余。”　⑦“山深”句：古人认为鹧鸪（zhè gū）的啼声悲切，好像是在声唤“行不得也哥哥”，此暗寓故乡难归之情。唐李涉《鹧鸪词》：“惟有鹧鸪啼，独伤行客心。”

孝宗淳熙三年（1176），作者任江西提点刑狱，曾在造口壁上写此词以抒怀。以字数少、篇幅短的小令来写政治题材，寄寓忧国忧民的大感慨，是稼轩词的一个特长。词的上片写登临郁孤台时，回忆金人南侵史事，遥望故都汴京而不可见，故国之思、中原陆沉之恨油然而生。下片慨叹岁月流逝，暗合作者（时三十六七岁）年近不惑、壮志未酬的身世之感。眼前衰景的描述，烘托出作者此时故乡难归的抑郁之情。晚唐以来，《菩萨蛮》一调多写男女恋情，而辛弃疾却入以对现实的感慨，实属难能可贵。此词悲壮苍凉，风格沉郁顿挫，艺术感染力极大。词人的艺术创造气魄，令人叹服。

清陈廷焯《白雨斋词话》："用意用笔，洗脱温、韦殆尽，然大旨正见吻合。"

清周济《宋四家词选》："借水怨山。"

近人梁启超《饮冰室评词》："《菩萨蛮》如此大声镗鞳，未曾有也。"

摸　鱼　儿[①]

淳熙己亥[②]，自湖北漕移湖南[③]，同官王正之置酒小山亭[④]，为赋。

更能消、几番风雨[⑤]，匆匆春又归去。惜春长恨花开早[⑥]，何况落红无数。春且住，见说道、天涯芳草迷归路[⑦]。怨春不语[⑧]，算只有殷勤，画檐蛛网，尽日惹飞絮[⑨]。　　长门事，准拟佳期又误。蛾眉曾有人妒[⑩]。千金纵买相如赋，脉脉此情谁诉[⑪]？君莫舞，君不见、玉环飞燕皆尘土[⑫]。闲愁最苦。休去倚危楼[⑬]，斜阳正在，烟柳断肠处。

①《摸鱼儿》：一名《摸鱼子》，又名《买陂塘》、《迈陂塘》、《双蕖怨》，唐玄宗时教坊曲名，后用为词调。　②淳熙己亥：孝宗淳熙六年为己亥年，即 1179 年。　③"自湖北"句：由湖北（荆湖北路）转运副使调任湖南（荆湖南路）转运副使。漕，水道运粮。宋称转运使为漕司，掌一路财赋。　④王正之：王正己，字正之，曾任右司郎官、太府卿等职，为作者旧交，此次接替作者的职务，故称"同官"。小山亭：在湖北漕署官衙内。　⑤消：经得起，经受。　⑥恨：一作"怕"。　⑦"见说道"句：意谓听说天涯处处都长满芳草，春的归路已经迷失了，含有留春之意。迷，一作"无"。　⑧怨春不语：埋怨春天默不作声，竟自走了。另解作埋怨春去而无法挽留，只得默默无语，亦通。　⑨"算只有"三句：意谓数来数去，只有热情的蜘蛛还在檐下整天结网，努力粘住一些飞舞的柳絮，留下少许春色。　⑩"长门事"三句：用陈皇后失宠后被汉武帝送到长门宫中幽囚之事。准拟佳期又误，约定了好日子相会却又耽误了。蛾眉，借指美人。屈原《离骚》："众女嫉余之蛾眉兮，谣诼谓余以善淫。"　⑪"千金"二句：传为司马相如所写的《长门赋序》云："孝武皇帝陈皇后，时得幸，颇妒。别在长门宫，愁闷悲思。闻蜀郡成都司马相如，天下工为文，奉黄金百斤，为相如、文君取酒，因于解悲愁之辞；而相如为文，以悟主上，陈皇后复得亲幸。"按，此序非出于司马相如之手，陈皇后复得亲幸事亦不见史传。作者不过是借以自喻，抒怀而已。脉脉，含情貌。　⑫玉环飞燕：玉环，即杨贵妃，唐玄宗宠妃，后被赐死马嵬坡。飞燕，汉武帝宠幸的皇后赵飞燕，后被废为庶人，自杀。二人皆为专宠好妒之人，都未得善终。　⑬危楼：高楼。楼，一作"阑"。

这是稼轩词中寓激情于婉约的一首名作。上片以春去隐喻、象征国势的危殆，警告昏庸的当权者不能再加以摧残，再以多情的蜘蛛结网隐喻爱国志士的力挽颓势。下片借用典故，传达作者因受排挤而见疏于君王的苦闷心情，并对因妒谄蛾眉而受到君王宠幸的群小提出指斥和警告。结句复以哀景衬托对国事无可奈何的悲愤，绾合全篇，极尽哀怨凄婉之致。通篇采用屈原《离骚》美人香草的比兴手法，家国之痛与身世之感并入笔端，在含蓄、委婉中透露出一种真气、至情。

清黄氏《蓼园词评》："辞意似过于激切。第南渡之初，危如累卵。'斜阳'句，亦危言耸听之意耳。持重者多危词，赤心人少甘语，亦可以谅其志哉!”

清陈廷焯《白雨斋词话》：“词意殊怨。然姿态飞动，极沉郁顿挫之致。起处‘更能消’三字，是从千回万转后倒折出来，真是有力如虎。”

清王闿运《湘绮楼评词》：“是张俊、秦桧一班人。亡国之音，不为讽刺。”

清周济《宋四家词选》：“敛雄心，抗高调，变温婉，成悲凉。”

近人梁启超《饮冰室评词》：“回肠荡气，至于此极，前无古人，后无来者。”

丑　奴　儿①

书博山道中壁②

少年不识愁滋味，爱上层楼③，爱上层楼，为赋新词强说愁④。　　而今识尽愁滋味，欲说还休，欲说还休，却道天凉好个秋。

①《丑奴儿》：词牌名，通称《采桑子》。　②博山：《大清一统志·江西广信府》载：“博山在广丰县西南三十余里，南临溪流，远望如庐山之香炉峰。”　③层楼：高楼。　④强(qiǎng)说愁：即无病呻吟之意。

这是辛弃疾闲居带湖时期，往来博山道上的一首题壁词。全词以少年时代无愁而作有愁之态，对比映衬而今有愁竟不能诉所愁为何，徒以天气为托词，抒发作者饱经沧桑，怅己投闲置散，痛恢复之事难行的无限悲凉之情。值得注意的是，词上下片中“愁”字的内涵不同。上片是作者年少时不谙世事，强说的春花秋月、无病呻吟的闲愁；下片是作者关怀国事、壮志难申的哀愁。全词文字虽明白如话，寓意却十分丰富、深沉，给读者留下了充分想象和回味的余地。此词亦为辛词中化刚为柔的代表作之一，其柔中带刚、旷达中见倔强之处，读者仔细体味，便可得之。

青　玉　案

元　夕

东风夜放花千树，更吹落、星如雨①。宝马雕车香满路②。凤箫声动③，玉壶光转④，一夜鱼龙舞⑤。　　蛾儿雪柳黄金缕⑥，笑语盈盈暗香去⑦。众里寻他千百度⑧。蓦然回首⑨，那人却在，灯火阑珊处⑩。

①“东风”二句：写元宵节放灯盛况。星，喻灯。　②宝马雕车：装饰华美的车马。③凤箫：《尚书·夏书·益稷》：“箫韶九成，凤凰来仪。”又《神仙传》卷四载有箫史、弄玉吹箫引凤故事。“凤箫”之名本此，后来便用作箫的美称。　④玉壶：如皓月般的灯。周密《武林旧事·元夕》：“灯之品极多，每以苏灯为最。……其后福建所进，则纯用白玉，晃耀夺目，如清冰玉壶，爽彻心目。”一说比喻月亮，亦通。　⑤鱼龙舞：鱼形和龙形的彩灯在舞

动。 ⑥“蛾儿”句：当时妇女在元宵节所佩的饰物。《武林旧事·元夕》：“元夕节物，妇女皆戴珠翠、闹娥、玉梅、雪柳……”此处代指观灯妇女。 ⑦盈盈：仪态美好貌。《古诗十九首》其二：“盈盈楼上女，皎皎当窗牖。”暗香：此指妇女身上散发出来的幽香。 ⑧众里：在人丛之中。千百度：千百次，指很多次。 ⑨蓦（mò）然：不经心地，猛然。 ⑩阑珊处：指灯火稀少、零落的地方。

此词描写了元宵节的灯市盛况，但通观全词，可知作者虽用大部分篇幅写灯火游乐之盛，重点却在表现灯节里活动的人，尤其是表现作为观灯者一员的作者的某种思想情趣。上片极写元夕热闹喧阗的景象，从光、色、声、味等方面突现了一幅闹元宵的繁华图景。下片先以重笔描写元夕浓妆笑语的游女，接写在如云好女之中，作者属意的与众不同的一位。从字面看，这只是一首艳词，类似一见钟情的追求，但由于词中这位奇特女子偏爱幽独冷清，其形象与杜甫描绘的“幽居在空谷”、“日暮倚修竹”（《佳人》）的绝代佳人相似，故论者常以为这位女子就是虽遭政治打击被迫退居，却不肯同流合污的作者的自我画像。作者这种宁愿幽居，甘受冷落，也不肯同流合污的高士境界是那样含蕴丰富，同时又具有古往今来高洁文人的普通象征性，以至于王国维《人间词话》还加以引申，认定为古今“成大事业、大学问者”的“第三种境界”。

清彭孙遹《金粟词话》：“稼轩‘蓦然回首，那人却在，灯火阑珊处’，秦、周之佳境也。”

近人梁启超《饮冰室评词》：“自怜幽独，伤心人别有怀抱。”

永 遇 乐

京口北固亭怀古①

千古江山，英雄无觅、孙仲谋处②。舞榭歌台，风流总被、雨打风吹去③。斜阳草树，寻常巷陌，人道寄奴曾住④。想当年，金戈铁马，气吞万里如虎⑤。 元嘉草草，封狼居胥，赢得仓皇北顾⑥。四十三年，望中犹记，烽火扬州路⑦。可堪回首，佛狸祠下⑧，一片神鸦社鼓⑨。凭谁问，廉颇老矣⑩，尚能饭否⑪？

①京口：今江苏省镇江市。北固亭：又称北固楼，在京口北固山上，晋蔡谟所建，梁武帝大同十年（544）改名“北顾”。 ②“千古”三句：意谓登临北固楼，眺望江山，缅怀千古，虽江山无改，但像孙权那样的英雄人物却无处寻觅了。 ③“舞榭”三句：意谓当年一切繁华景象和英雄事业，都随着时间的流逝，在风吹雨打中消失了。 ④“斜阳”三句：意谓夕阳照着的那条长满草树的普通街巷，人们说宋武帝刘裕曾在那里住过。寄奴，南朝宋开国之君刘裕的小名。 ⑤气吞万里如虎：刘裕在东晋末年曾两次率兵北伐，先后消灭了鲜卑贵族统治者建立的南燕、后燕、后秦等割据政权，并一度收复了洛阳、长安等地，故云。 ⑥“元嘉”三句：意谓元嘉二十七年（450），宋文帝刘义隆轻率出兵攻打北魏，想要建立像

汉代霍去病击败匈奴、封狼居胥山以庆贺胜利那样的丰功伟绩，终于落得失败的结局，事见《宋书·王玄谟传》。狼居胥，山名，在今内蒙古自治区五原县西北黄河北岸，又名狼山。汉武帝元狩四年（前119），霍去病击败匈奴，在此筑坛祭天，庆祝胜利。 ⑦“四十三年”三句：意谓我南归已经43年了，如今骋目远望，还记得当时完颜亮率部南侵，扬州一路战火遍地的景况。 ⑧佛狸：北魏太武帝拓跋焘的小名。他在打败王玄谟军队后，追至长江北岸，在瓜步山（今江苏省六合县东南）上建立行宫，后称佛狸祠。 ⑨神鸦：祭祀之后，乌鸦飞来啄食祭品，被人们视为神鸦。社鼓：社日祭祀土地神的鼓声。 ⑩廉颇：战国时赵国名将。⑪尚能饭否：据《史记·廉颇蔺相如列传》载，廉颇于赵惠文王时为上卿，在与齐、魏等国的战斗中曾屡建战功。赵悼襄王时，他不被重用，闲居大梁。后因赵国多次被秦国所围困，赵王想重新起用他，便派使者去大梁了解他能否作战。“赵使者既见廉颇，廉颇为之一饭斗米，肉十斤，被甲上马，以示尚可用。”但由于使者已得了奸臣郭开的贿赂，便还报赵王说：“廉将军虽老，尚善饭；然与臣坐，顷之，三遗矢矣。”“赵王以为老，遂不召。”这里作者隐以廉颇自比。

此词作于宋宁宗开禧元年（1205）辛弃疾知镇江府任上，题为“怀古”，实则借咏史而言现实。上片追怀与京口有关的历史人物，取孙权、刘裕兴业江东，一能守城抗敌，一能进取破胡，以传达作者关于北伐的战略思想。下片继续用事，以宋文帝之败提醒当国者北伐前必须作好充分准备，因佛狸祠之祭而担忧汉族百姓忘记国仇，得结论于将北伐大计属之廉颇式的“元老大臣”，而作者正是希望能承担此项重任。全篇借古言今，亦史亦论；虽然用典较多，但关合时事，自然贴切；风格沉郁顿挫，苍凉悲壮。明杨慎以为稼轩词中压卷之作非此词莫属，亦可见其对后世影响之大。

清冯金伯《词苑萃编》引杨慎语：“辛词当以京口北固亭怀古《永遇乐》为第一。”

清李佳《左庵词话》：“此阕悲壮苍凉，极咏古能事。”

清陈廷焯《白雨斋词话》：“句句有金石声音，吾怖其神力。”

清先著、程洪《词洁辑评》：“升庵云：‘稼轩词中第一。’发端便欲涕落，后段一气奔注，笔不得遏。廉颇自拟，慷慨壮怀，如闻其声。”

清周济《宋四家词选》：“有英主见，可以隆中兴，此是正说。英主，必起于草泽，此是反说。继世图功，前车如此。”

清平乐[①]

茅檐低小[②]，溪上青青草。醉里吴音相媚好[③]，白发谁家翁媪[④]？ 大儿锄豆溪东，中儿正织鸡笼。最喜小儿亡赖[⑤]，溪头卧剥莲蓬。

①《清平乐》：唐教坊曲名，后用为词调，又名《醉东风》、《忆梦月》等。 ②茅檐低小：杜甫《绝句漫兴》：“熟知茅斋绝低小，江上燕子故来频。” ③吴音：吴侬软语。吴，一作“蛮”。 ④翁媪（ǎo）：老公公，老婆婆。 ⑤亡（wú）赖：同“无赖”，调皮可爱。

这首词是辛弃疾往来于吴中、湖州（均属吴语地区）期间，所写的优秀田园词之一。通篇以白描手法写农村一片和平景象，重点是一户农家老老少少日常生活、劳动的情形，用笔清新自然，毫无斧凿痕迹；下片大儿、中儿、小儿排比描述，在形式上模拟汉乐府《相逢行》："大妇织绮罗，中妇织流黄，小妇无所为，挟瑟上高堂。"但作者师古却能变化运用，切合当时场景，浑化无迹。本篇短短几十字，写了一户农家，五个人物，这些人物的容貌、情态、动作等无不切合他们各自的年龄、身份和性格特征。其中尤以酒醉的老人和最小的儿子写得最为生动逼真，足见词人白描水平之高。其实词中亦有词人的影子，从场面描写之闲适从容，可以窥见稼轩精神世界中纯真朴野和追求恬淡自然之趣的另一面。

西　江　月[①]

遣　　兴[②]

醉里且贪欢笑，要愁那得工夫。近来始觉古人书，信着全无是处[③]。　　昨夜松边醉倒，问松我醉何如？只疑松动要来扶，以手推松曰去[④]。

①《西江月》：唐教坊曲，又名《步虚词》，有敦煌发现的唐代手抄谱流传。　②遣兴：抒发意兴。　③"近来"二句：《孟子·尽心下》："尽信书，则不如无书。"　④"以手"句：仿《汉书·龚胜传》："胜以手推（夏侯）常，曰：'去！'"

此词大约作于辛弃疾闲居期间，通篇写醉态、狂态，却颇值得玩味。上片说酒能解愁，古书全无是处，内含无限惆怅，隐含对南宋朝廷中颠倒是非状况的强烈不满。下片写他醉后将岁寒之松视为知己，问醉醒嗔扶持，显露倔强之态。本篇虽为消遣戏谑之作，笔调貌似轻松，实则化庄为谐，借以宣泄作者胸中的一腔郁郁之气，表现手法可谓新颖奇崛，别有一番风味。

破　阵　子[①]

为陈同甫赋壮语以寄[②]

醉里挑灯看剑[③]，梦回吹角连营[④]。八百里分麾下炙[⑤]，五十弦翻塞外声[⑥]。沙场秋点兵[⑦]。　　马作的卢飞快[⑧]，弓如霹雳弦惊[⑨]。了却君王天下事[⑩]，赢得生前身后名。可怜白发生。

①《破阵子》：唐教坊曲，以此调为一遍十拍，故又名《十拍子》。　②陈同甫：陈亮（1143～1194），字同甫（亦作"同父"）。刘熙载《艺概·词概》："陈同甫与稼轩为友，其人才相若，词亦相似。"今传《龙川词》。壮语：一作"壮词"。　③看剑：杜甫《夜宴左氏庄》："检书烧烛短，看剑引杯长。"　④吹角连营：号角之声响遍一座接一座的军营。　⑤"八百里"句：意谓以烤牛肉犒赏部下。八百里，代指牛。《世说新语·汰侈》："王君夫（恺）有

牛，名八百里驳……王武子（济）语君夫：'我射不如卿，今指赌卿牛，以千万对之。'君夫既恃手快，且谓骏物无有杀理，便相然可，令武子先射。武子一起便破的，却据胡床，叱左右速探牛心来。须臾，炙至，一脔便去。"麾（huī）下，指部下。 ⑥"五十弦"句：言乐器奏出雄壮的军乐。五十弦，指瑟，此当泛指各种乐器。翻，演奏。塞外声，边塞雄壮的军乐。 ⑦点兵：检阅军队。 ⑧的卢：名马，三国时刘备所用，此借指军中骏马。 ⑨"弓如"句：射箭时的弓弦声像打雷般响亮。 ⑩君王天下事：指收复中原、恢复赵宋王朝一统天下的大事。

此词为陈亮而作，以"壮语"表心怀。淳熙十五年（1188）冬，辛弃疾在铅山瓢泉家居，其间与陈亮曾有传为美谈的"鹅湖之会"。这首词当写于此次相会唱和以后，追忆当年抗金义军的军旅生活，抒发今日投闲置散、壮志未酬的悲愤之情。词中麾下分炙、营中鼓瑟、骏马急驰、强弓力开，真有气壮山河之气概，以此劲旅讨伐寇虏，自可成千秋之功，享百世之名。然"可怜白发生"，最后一句反衬出壮志难酬的强烈悲愤。此词艺术上最突出的特点，是成功运用欲抑先扬的反衬手法，将今日壮志难酬的悲愤心情写得无比充分。

近人梁启超《饮冰室评词》："无限感慨，哀同甫，亦自哀也。"

陈亮

水调歌头

送章德茂大卿使虏①

不见南师久②，谩说北群空③。当场只手④，毕竟还我万夫雄。自笑堂堂汉使，得似洋洋河水，依旧只流东。且复穹庐拜⑤，会向藁街逢⑥。　尧之都，舜之壤，禹之封，于中应有，一个半个耻臣戎。万里腥膻如许⑦，千古英灵安在，磅礴几时通⑧？胡运何须问，赫日自当中⑨。

①《金史·交聘表》："金世宗大定二十六年（1186）三月己卯朔，宋试户部尚书章森、容州观察使吴曦等贺万春节。"章森，字德茂，生平不详。大卿：唐宋对各寺卿之称。　②不见南师久：陈亮《上孝宗皇帝第一书》载："南师之不出，于今几年已。河洛腥膻，而天地之正气抑郁而不得伸。"　③北群空：指没有良马，借喻无良才。韩愈《送温处士赴河阳军序》："伯乐一过冀北之野，而马群遂空。夫冀北马多天下，伯乐虽善知马，安能空其群耶？解之者曰：事所谓空，非无马也，无良马也。"　④当场只手：犹言独当一面。　⑤穹庐：指北方少数民族居住的圆形帐篷，此借指金廷。　⑥藁街：在长安城内，汉时是外国使臣所居住的地区。《汉书·陈汤传》载陈汤出使西域，假托朝廷之命发兵斩郅支单于，奏请"悬头藁街蛮夷邸间，以示万里，明犯强汉者，虽远必诛"。　⑦腥膻：同"膻腥"，牛羊的腥臊气。　⑧磅礴：指浩然之正气。　⑨"赫日"句：是说南宋之国运如赤日在中天。赫，火赤貌。

陈亮的爱国词，在内容上多与政事结合，此词便是代表。在当时的历史背景下，章德茂使金，本非扬显国威之事，而具有强烈爱国激情的词人却借这首送行之作，不仅表现出对时局的看法，更加表达了不甘屈辱的正气和誓雪国耻的豪情。上片，起两句感慨遥深，破空而来，令人精神一振。随即借章森其人，刻画心目中的民族英雄，借机指斥投降派，蕴含着对朋友的真诚期许。下片，词锋直指辽阔的中原沦陷区，呼唤英雄奋起，激发爱国精神，充满胜利信心。在前途难测，不免令人沮丧的场合，词人以酣畅淋漓的笔墨写出这样一首壮词，似惊雷掠空，似金石掷地。

清陈廷焯《白雨斋词话》："精警奇肆，几乎握拳透爪，可作中兴露布读，就词论，则非高调。"

清冯煦《蒿庵论词》："忠愤之气，随笔涌出，并足唤醒当时聋聩，正不必论词之工拙也。"

刘过

沁　园　春①

寄辛承旨。时承旨招，不赴②。

斗酒彘肩③，风雨渡江④，岂不快哉？被香山居士⑤，约林和靖⑥，与坡仙老⑦，驾勒吾回⑧。坡谓："西湖，正如西子，浓抹淡妆临照台⑨。"二公者，皆调头不顾，只管传杯。　　白言："天竺去来，图画里峥嵘楼阁开。爱纵横二涧，东西水绕，两峰南北，高下云堆⑩。"逋曰："不然，暗香浮动⑪，不若孤山先访梅⑫。须晴去⑬，访稼轩未晚，且此徘徊⑭。"

①宋宁宗嘉泰三年（1203），朝廷起用辛弃疾知绍兴府兼浙东安抚使，刘过在杭州作此词相寄。　②"寄辛承旨"三句：《宋六十名家词·龙洲词》又题作："风雨中欲诣稼轩，久寓湖上，未能一往，因赋此词以自解。"按，辛弃疾进枢密都承旨是他68岁事，时刘过已死，此小序或为后人所加。　③斗酒彘肩：《史记·项羽本纪》载樊哙见项王，项王赐以斗酒彘肩。　④渡江：指由杭州渡过钱塘江至绍兴。　⑤香山居士：白居易晚年自号为香山居士，曾任杭州刺史。　⑥林和靖：林逋（967～1028），字和靖，曾长期隐居西湖孤山而不仕。⑦坡仙老：苏轼自号东坡居士，后人称为坡仙，曾任杭州通判，并知杭州。　⑧驾勒吾回：强拉我回去。　⑨"坡谓"三句：苏轼《饮湖上初晴后雨》："水光潋滟晴方好，山色空濛雨亦奇。欲把西湖比西子，淡妆浓抹总相宜。"　⑩"天竺"六句：白居易在杭州时，很欣赏灵隐、天竺（寺）一带的景色，曾作《寄韬光禅师》："东涧水流西涧水，南山云起北山云。"⑪暗香浮动：林逋《山园小梅》："疏影横斜水清浅，暗香浮动月黄昏。"　⑫孤山：是位于里、外西湖之间的界山，林逋隐居于此，种梅养鹤，人称"梅妻鹤子"。　⑬须：待。　⑭徘徊：流连。

词人别出心裁，通篇运用散文化的语言，完全摆脱格律的束缚，将三位著名诗人的咏西湖诗句引入词中，且以对话的形式联为一个整体，虽跨越古今，却生动自然。与东坡等人之交往虽是虚幻，但正表现了词人与古人相近的情怀。词作不仅体现了辛派词自由放肆的特点，而且想象奇特、诙谐风趣，饶有人文情趣。

清刘熙载《艺概》："刘改之词，狂逸之中，自饶俊致，虽沉着不及稼轩，足以自成一家。其有意效稼轩体者，如《沁园春·斗酒彘肩》等阕，又当别论。"

姜夔

扬州慢①

淳熙丙申至日②，予过维扬③。夜雪初霁④，荠麦弥望⑤。入其城，则四顾萧条，寒水自碧，暮色渐起，戍角悲吟⑥。予怀怆然，感慨今昔，因自度此曲⑦。千岩老人以为有黍离之悲也⑧。

淮左名都⑨，竹西佳处⑩，解鞍少驻初程⑪。过春风十里⑫，尽荠麦青青。自胡马窥江去后⑬，废池乔木，犹厌言兵⑭。渐黄昏，清角吹寒，都在空城。　杜郎俊赏⑮，算而今、重到须惊。纵豆蔻词工⑯，青楼梦好⑰，难赋深情。二十四桥仍在⑱，波心荡、冷月无声。念桥边红药，年年知为谁生⑲？

①《扬州慢》：姜夔自度曲。　②淳熙丙申：孝宗淳熙三年（1176）。至日：冬至日。　③维扬：即江苏扬州。　④霁（jì）：雨雪停止，天气转晴。　⑤荠麦：荠菜和野麦。弥望：满眼。　⑥戍角：军营中的号角声。　⑦自度：自己创作。　⑧千岩老人：萧德藻的号，因居湖州弁山之千岩，故以为号。黍离之悲：怀念故国的悲思。《诗经·王风》有《黍离》一篇，写东周大夫目睹西周故都镐京的宫殿里长满了禾黍，悼念周室的衰微，彷徨不忍离去，因作此篇以抒悲怀。　⑨淮左：淮扬一带。宋代设置淮南路，后分淮南东路和淮南西路，淮南东路称"淮左"，治扬州。名都：指维扬，唐代大都会有"扬一益二"之称。　⑩竹西：亭名，在扬州城东禅智寺侧。杜牧《题扬州禅智寺》："谁知竹西路，歌吹是扬州。"　⑪初程：第一次的行程。按，作者系首次来维扬，故云。　⑫过春风十里：杜牧《赠别》："春风十里扬州路，卷上珠帘总不如。"　⑬胡马窥江：指金兵渡江南侵。按，金兵曾于高宗建炎三年（1129）和绍兴三十一年（1161）先后两次侵占扬州，渡江南下，其中第二次南侵大军由完颜亮亲自统率，扬州受祸尤烈。　⑭犹厌言兵：还是厌恶谈起战争。　⑮杜郎：指杜牧。按，杜牧在扬州冶游时间较长，写下不少赞美扬州繁华景象的诗篇。俊赏：卓越的鉴赏力。　⑯豆蔻词工：杜牧《赠别》："娉娉袅袅十三余，豆蔻梢头二月初。"　⑰青楼梦好：杜牧《遣怀》："十年一觉扬州梦，赢得青楼薄幸名。"青楼，妓院。　⑱二十四桥：杜牧《寄扬州韩绰判官》："二十四桥明月夜，玉人何处教吹箫。"据北宋沈括《梦溪笔谈》记载，唐时扬州"可纪者有二十四桥"。　⑲"念桥边"二句：言花开而无人欣赏。吴曾《能改斋漫录》卷十五"芍药谱"条引孔武仲《芍药谱》："扬州芍药，名于天下，非特以多为夸也，其敷腴盛大而纤丽巧密，皆他州所不及。"二句盖夺胎于杜甫《哀江头》："江头宫殿锁千门，细柳新蒲为谁绿。"

此词是姜夔感叹国事、抒发"黍离之悲"的名作。上片，起首三句点明往昔繁华。接二句，"过春风十里"，承上。"荠麦青青"，语意突转，"尽"字透露强烈哀伤之情。两句虚实并用，盛衰同现，沧桑之感深寓其中。紧接三句，交代原因：两度遭劫，往昔繁华荡然无存，“废池乔木，犹厌言兵”，以拟人手法形容劫掠之惨烈，亦反映出对侵略战争的深恶痛绝。歇拍三句强化氛围：“黄昏”，色之昏暗；“清角吹寒”，声之悲凉。此色此声，充塞“空城”，怎不令人怆然至极？“空城”，回应“荠麦”句。下片志感抒情。纵杜牧重来，也会惊骇变异之巨，难以赋写深沉哀伤之情了。“算”、“纵”先退，“重到须惊”、“难赋深情”，后进。以“杜郎”衬托自己，更见变之巨，哀之深。接二句，“桥仍在”，而所见只是“波心”摇荡着一弯“冷月”，更不闻歌咏之“声”。“仍”字勾连往昔，构成强烈对比，寄无穷之慨。结拍以问句出之，借问“红药”，喻境况寥落荒凉，以花之无情反衬人之“深情”。至此，作者虽在小序中点明“黍离之悲”，但全词曲折见意，或不直言悲慨，而是以景见情；或尽意描摹，于今昔对照中流露题旨，从而使序与词各擅胜意，达到了互相映带、意蕴和谐的效果。

词人处于国势日非之朝，目击心伤，每于字里行间透露家国之忧思。其词作独树一格，“每于伊郁中饶蕴藉”（陈廷焯《白雨斋词话》），既有家国之忧而又清虚疏淡，《扬州慢》即是其代表作。

宋张炎《词源》：“白石词如《疏影》、《暗香》、《扬州慢》、《一萼红》、《琵琶仙》、《探春慢》、《淡黄柳》等，不惟清空，且又骚雅，读之使人神观飞越。”

清先著、程洪《词洁辑评》：“‘二十四桥仍在，波心荡，冷月无声’，是荡字着力。所谓一字得力，通首光彩，非炼字不能然，炼亦未易到。”

清陈廷焯《白雨斋词话》：“白石《扬州慢》云：‘自胡马窥江去后，……都在空城。’数语写兵燹后情景逼真；‘犹厌言兵’四字，包括无限伤乱语，他人累千百言，亦无此韵味。”

点　绛　唇①

丁未冬过吴松作②

燕雁无心③，太湖西畔随云去。数峰清苦④，商略黄昏雨⑤。　第四桥边⑥，拟共天随住⑦。今何许⑧？凭栏怀古，残柳参差舞⑨。

①《点绛唇》：词牌名，又名《南浦月》、《点樱桃》等。　②丁未：孝宗淳熙十四年(1187)。吴松：今江苏省吴江市。　③燕（yàn）雁：北方飞来的大雁。无心：没有机心。④清苦：荒凉寂寥貌。　⑤商略：商量，引申为“酝酿”之意。　⑥第四桥：在苏州境内。《苏州府志》卷三十四：“甘泉桥一名第四桥，以泉品居第四也。”　⑦天随：晚唐诗人陆龟蒙自号天随子，晚年隐居松江上甫里。辛文房《唐才子传》卷八：“（陆）时放扁舟，挂蓬席，赍束书、茶灶、笔床、钓具，鼓棹鸣榔，太湖三万六千顷，水天一色，直入空明。”　⑧今何许：如今（陆龟蒙）在哪里？　⑨参差：不齐貌，此形容柳枝在风中上下左右摇摆。

这是一首小令，作于孝宗淳熙十四年（1187）冬。词人以布衣终生，时有退隐之意，当途经唐代诗人陆龟蒙隐居之地时，艳羡之心又起，不禁见诸吟哦，在怀古之中流露隐居之念。上片写景，初冬黄昏，群峰清冷，雨意正浓。燕雁无视太湖胜景，随云而去。燕雁本无所谓有心无心，而以“无心”为说；山峰纯属无知，而以“商略”为言。词人笔下，二者已深具人的情致。诚所谓融情于景，“一切景语皆情语也”（王国维《人间词话》）。写景更重达情，颇见出神入化之工。尤“数峰”二句，更见白石本色。下片直入胸臆，表达归隐心迹。结拍又回到眼前景：柳枝本纤柔，而“柳”上着“残”字，“舞”由“参差”形之，便觉烟中苍凉之境与今昔盛衰之感交织，境界清远而情思伤感凄苦，“无穷哀感，都在虚处，令读者吊古伤今，不能自止，洵推绝调”（见陈廷焯《白雨斋词话》）。全词由空灵中见沉郁，是评可谓知言。

清陈廷焯《白雨斋词话》：“通篇只写眼前景物，至结处云：‘今何许？凭阑怀古，残柳参差舞。’感时伤事，只用‘今何许’三字提唱；‘凭阑怀古’以下，仅以‘残柳’五字咏叹了之；无穷哀感，都在虚处，令读者吊古伤今，不能自止，洵推绝调。”

暗　香

辛亥之冬，予载雪诣石湖①。止既月，授简索句，且征新声，作此两曲。石湖把玩不已，使工妓隶习之②，音节谐婉，乃名之曰暗香、疏影③。

旧时月色，算几番照我，梅边吹笛？唤起玉人，不管清寒与攀摘。何逊而今渐老，都忘却、春风词笔④。但怪得、竹外疏花⑤，香冷入瑶席⑥。　江国，正岑寂。叹寄与路遥⑦，夜雪初积。翠尊易泣，红萼无言耿相忆。长记曾携手处，千树压、西湖寒碧。又片片、吹尽也，几时见得？

①石湖：在江苏省苏州市西南，诗人范成大晚年隐居于此，自号石湖居士。　②工妓：乐工歌妓。隶习：演习。　③暗香、疏影：两调名从林逋《山园小梅》“疏影横斜水清浅，暗香浮动月黄昏”而来。白石词咏梅，故取之为题。　④何逊：梁诗人，曾任扬州法曹。官署梅开，作《早梅诗》（又名《过扬州法曹梅花盛开》），后杜甫《和裴迪登蜀州东亭送客逢早梅相忆见寄》以此诗为典，谓“东阁官梅动诗兴，还如何逊在扬州”。“何逊”二句，以何逊自比，说自己年老才尽。　⑤竹外疏花：用苏轼《和秦太虚梅花》“江头千树春欲暗，竹外一枝斜更好”诗意。疏花，指疏落的梅花。　⑥瑶席：坐席的美称，此指与范成大席上赏梅事。　⑦“叹寄与”二句：南朝陆凯与范晔友善，自江南寄梅于晔，并赠诗：“折梅逢驿使，寄与陇头人。江南无所有，聊赠一枝春。”

上片，“旧时月色”，即渲染情感基调，起笔峭拔。月下梅边，笛声悠悠，复有美人迎寒摘梅。此种情致，使得人与境偕，皆有清空之色。月色笛声、花光人影，且做成了回忆。“而今”启开一层，念及自身多年漂转，岁月无情，当年春风不再。“但怪得”笔锋陡转，此情无计可消除。竹外疏花、入席冷香，偏又惹人幽思，曾不能已。下片承上，念及相思，折梅寄远，但路遥雪积、欲寄不成，徒有寂寞惆怅。注目眼前景象，翠尊易泣斟满恨，红萼无言更凝愁。词新语精，凄艳无比。隔绝归于回忆，由哀及乐。“长记”一句，白描一幅携手赏梅图景，语浅情深，引人作无限遐想。结束之句，片片梅尽，故旧难寻。回忆之丝丝甜蜜终随风而去，千回万转，哽咽而出“几时见得”，复跌入无限低徊之情。

此首咏梅，折梅、赠梅、赏梅、落梅，以梅寄情，萦绕全词。今昔之感，哀乐之叹，丝丝入扣。其词意宛转回环，词境清幽深致，令人难以释怀。

宋张炎《词源》：“暗香、疏影两曲，前无古人，后无来者，自立新意，真为绝唱。李白云：‘眼前有景道不得，崔颢题诗在上头。’令作梅词者，不能为怀。”

清许昂霄《词综偶评》：“二词如绛云在霄，舒卷自如；又如琪树玲珑，金芝布护。”

清周济《宋四家词选》：“前半阕言盛时如此，衰时如此。后半阕想其盛时，想其衰时。”

清刘体仁《七颂堂词绎》：“落笔得‘旧时月色’四字，便欲使千古作者，皆出其下。”

疏　影

苔枝缀玉，有翠禽小小，枝上同宿①。客里相逢，篱角黄昏，无言自倚修竹②。昭君不惯胡沙远，但暗忆，江南江北③。想佩环，月夜归来，化作此花幽独④。
犹记深宫旧事，那人正睡里，飞近蛾绿⑤。莫似春风，不管盈盈⑥，早与安排金屋⑦。还教一片随波去，又却怨、玉龙哀曲⑧。等恁时、重觅幽香，已入小窗横幅。

①“苔枝”三句：《异人录》载隋赵师雄游罗浮山，于梅树下见梅花女神与绿衣童子笑歌戏舞，醒见枝上有翠禽（绿衣童子所化）相顾。　②“无言”句：暗用杜甫《佳人》“天寒翠袖薄，日暮倚修竹”诗意。　③“昭君”二句：王建《塞上咏梅》：“天山路边一株梅，年年花发黄云下。昭君已没汉使回，前后征人谁系马？”　④“想佩环”二句：翻用杜甫《咏怀古迹五首》其三“环佩空归月夜魂”诗意。　⑤“犹记”三句：《太平御览》引《杂五行书》云：“宋武帝女寿阳公主，人日卧于含章殿檐下，梅花落公主额上，成五出花，拂之不去。皇后留之，看得几时，径三日，洗之乃落。宫女奇其异，意效之，今‘梅花妆’是也。”那人，指寿阳公主，蛾绿，指眉。　⑥盈盈：仪态美好。《古诗》：“盈盈楼上女，皎皎当窗牖。”这里指梅花。　⑦金屋：《汉武故事》载，武帝年少时，姑母指其女问曰：“阿娇好否？”武帝答道：“若得阿娇，当作金屋贮之也。”　⑧玉龙：喻指质地华美的笛子。笛曲有《梅花落》，其声哀婉。

上片起始六句写梅之形容神韵，无论姿态描写及环境渲染，暗含词人情趣，极尽梅之清幽孤洁、超乎尘世。冷落、迟暮之际，幽怨昭君入词。词人浓墨重彩，既以直接写实之笔言及不惯胡沙、暗忆故土之情，又以描绘抒情之调翻转出佩环夜归、魂化梅花之志。词人对梅，深入骨髓，冥思不已。“犹记”开启下片，首用寿阳公主事转换情调，以富梅趣。“莫似”三句，见花落，更生惜花、护花之情。意犹未足，“还教”二句，再写若令“一片随波去”，又会因梅落闻笛，而生哀怨。哀怨之余，收束词句陡以平静之语虚拟画幅——小窗疏影，实难觅幽香。“已入”貌似沉静，实则遗恨无限。

这首词兼顾形神之美，是为梅花传神写照。尤其多使事用典，中多奇思妙想：咏物词往往托物喻人，此处却以人衬物。词句上下看似不相连属，正是以意贯串，其精髓正是词人于梅之依依深情，可谓腾挪跌宕，浑化无迹。加之层次繁复，境界清空，情致蕴藉，有余意不尽之妙。

清张惠言《词选》：“此章更以二帝之愤发之，故有昭君之句。”

清周济《宋四家词选》：“此词以‘相逢’、‘化作’、‘莫似’六字作骨。‘莫似’五句，言其不能挽留，听其自为盛衰也。”

近人郑文焯《郑校白石道人歌曲》：“此盖伤心二帝蒙尘，诸后妃相从北辕，沦落故地。故以昭君托喻，发言哀断。”

赵师秀

约　客

黄梅时节家家雨[1]，青草池塘处处蛙。有约不来过夜半，闲敲棋子落灯花。

①“黄梅”句：江南地区旧历四五月间多雨，正值梅子黄熟，俗称梅雨。

此诗抒写诗人约客不至的孤寂无聊情绪。全诗围绕“闲”字来写，前两句描绘了江南雨夜之景，家家梅雨，处处蛙声，既点明了农村景致的“闲”意，也侧面暗示了友人失约之因。后两句以“闲敲棋子”和“落灯花”两个细节动作表现诗人期客不至、夜深无聊的闲寂情怀。全诗通过户外室内情境的对比，把约客不至闲得无奈、等得失望这一人人皆有的平常感受，写得含蓄有味，别具情致，体现了诗人雕琢有度、清逸自然的诗境特点。

宋魏庆之《诗人玉屑》引《柳溪诗话》：“天乐诗：‘黄梅时节家家雨，青草池塘处处蛙。约客不来过夜半，闲敲棋子落灯花。’意虽腐而语新。”

今人钱钟书《宋诗选注》：“陈与义《夜雨》‘棋局可观浮世理，灯花应为好诗开’就见得拉扯做作，没有这样干净完整。”

今人程千帆《古今诗选》：“这是一篇把期待的心情描写得细致入微的小诗。屋外雨声、蛙声的喧闹与屋内的静寂形成强烈的对照。”

叶绍翁

游园不值[1]

应怜屐齿印苍苔[2]，小扣柴扉久不开[3]。春色满园关不住，一枝红杏出墙来。

①不值：不遇，没有遇到。 ②应：应该，此处为猜测语气，意为“大概是”。怜：爱惜。屐齿：木底鞋下的两道高齿，鞋底凹凸便于踏泥。 ③小扣：轻轻地敲。

此诗通过伸至墙外的一枝红杏来表现满园春色的美景。构思新颖，耐人寻味。前两句紧扣题意，写诗人扣门游园，而园门未开，没能进入园内。诗中不说主人不在，而猜测主人担心游人踏坏园中青苔，破坏园中景色，侧面写出园中苍苔之美，突出了环境的幽静。后两句由一枝出墙的红杏引发联想，以少总多，表现了园中万紫千红的春色美景。前虚后实，虚实结合，写足了浓郁的春意。同时，透过满园春色和出墙“红杏”的象喻，既表现了闭门隐居的主人淡泊处世的美好品格，也寓含了深刻的哲理，说明具有生命力的美好事物是关不住、压抑不住的。

今人钱钟书《宋诗选注》：“这是古今传诵的诗，其实脱胎于陆游《剑南诗稿》卷十八《马上作》：‘平桥小陌雨初收，淡日穿云翠霭浮。杨柳不遮春色断，一枝红杏出墙头。’不过第三句写得比陆游的新警。……这种景色，唐人也曾描写……吴融《途中见杏花》：‘一枝红杏出墙头，墙外行人正独愁’……都不及宋人写得这样醒豁。”

林　升

题临安邸①

山外青山楼外楼②，西湖歌舞几时休？暖风熏得游人醉，直把杭州作汴州③。

①临安：南宋京城，今浙江省杭州市。邸：旅店。　②“山外”句：杭州为名胜之地，西湖美景，山外有山，同时又有楼外楼这样的享乐处所。　③汴州：北宋京城，今河南省开封市。

林升，字梦屏，南宋平阳（今属浙江省）人，有感于南宋统治者忘却国难醉生梦死的生活作此诗，诗中讽刺南宋统治者忘却旧京，偏安江左，沉溺于游山玩水、歌舞升平的荒唐生活，以委婉而尖锐的笔触，表达了诗人内心的沉痛心情。“杭州”、“汴州”之比，嘲讽之中激起人们恢复中原的爱国热情和对统治者的愤恨与不满，表现了诗人对现实的清醒认识。

明蒋一葵《尧山堂外纪》：“绍兴、淳熙之间，颇称康裕，君相纵逸，耽乐湖山，无复新亭之泪。士人林升者题一绝于旅邸云：‘山外青山楼外楼，西湖歌舞几时休？暖风薰得游人醉，便把杭州作汴州。’又湖南有白塔桥，印卖《朝京路经》，士大夫往临安者，必买以披阅。有人题一绝云：‘白塔桥边卖地经，长亭短驿甚分明。如何只说临安路，不数中原有几程？’”

今人倪其心、许逸民《宋人绝句选》：“全诗以景语入，以情语出，结束最为警策。”

史达祖

双双燕①

咏燕

过春社了②，度帘幕中间③，去年尘冷④。差池欲住⑤，试入旧巢相并。还相雕梁藻井⑥。又软语、商量不定⑦。飘然快拂花梢⑧，翠尾分开红影⑨。　芳径⑩。芹泥雨润⑪。爱贴地争飞，竞夸轻俊⑫。红楼归晚⑬，看足柳昏花暝⑭。应自栖香正稳⑮。便忘了、天涯芳信⑯。愁损翠黛双蛾⑰，日日画阑独凭。

①《双双燕》：史达祖自度曲。　②春社：春天农民祭祀土地神以求丰收的节日，在立春后，清明前。相传春社燕来，秋社燕去。　③度：飞过，穿越。帘幕：古时富贵人家多于院宇张挂。《青箱杂记》卷五引晏殊断句："楼台侧畔杨花过，帘幕中间燕子飞。"　④去年尘冷：言去年所筑的巢已布满尘土，显得十分冷落。　⑤差（cī）池：燕子飞翔时张翼展尾貌。《诗经·邶风·燕燕》："燕燕于飞，差池其羽。"　⑥相（xiàng）：打量，仔细观察。藻井：天花板上的装饰，状如井栏，上绘菱藻荷花之类的彩画，亦有龙凤花草类图案。　⑦软语：软柔交谈，形容雌雄双燕的呢喃之声。　⑧"飘然"句：言快捷地掠过花梢飞去。　⑨红影：花影。　⑩芳径：长满花草的小径。　⑪芹泥：长着芹草的泥土。雨润：言雨后泥土湿润，燕子可以衔泥以筑巢。杜甫《徐行》："芹泥随燕嘴。"　⑫轻俊：轻盈俊俏。　⑬红楼：指富家妇女所居之楼。　⑭"看足"句：意谓双燕在外面饱览春色直到黄昏才归巢。柳昏花暝，一作"柳暗花暝"，柳色转暗，花影迷蒙，写春天黄昏时景色。　⑮栖香正稳：指燕子在香巢中睡得正甜。　⑯"便忘了"二句：意谓却忘记了为闺中思妇传递写给远方行人的情书。古人认为燕子能替人传递书信，江淹《杂体诗·拟李都尉陵从军》："袖中有短书，愿寄双飞燕。"　⑰愁损：张相《诗词曲语辞汇释》卷三："损，犹坏也，煞也。愁损犹云愁煞。"翠黛：古代妇女用以画眉的青绿色颜料。双蛾：双眉。

本篇是史达祖咏物词的代表作之一。咏燕却通篇不着一"燕"字，以"过春社了"点明燕归时间，以"帘幕"、"雕梁藻井"、"芳径"、"芹泥"、"红楼"、"柳昏花暝"等描述燕飞环境，以"软语商量"、"飘然快拂"、"翠尾分开红影"、"贴地争飞"、"栖香正稳"等刻画燕侣择居徘徊之状、定居双栖之乐，将双燕的形、神写得栩栩如生，出神入化，如在目前。末尾笔锋陡转，由燕子的双飞双栖反衬闺中思妇的孤独寂寞，一切物语皆着人情，燕归而人未归的怅恨之情尽在结拍揭出。全词体物精工，描写细腻，采取拟人化和刻画心理活动等手法描摹、展衍，讲究字词的选择和造句，形神兼至，"能尽物性"。

清王士祯《花草蒙拾》："咏物至此，人巧极天工矣。"

清黄氏《蓼园词评》："'栖香正稳'以下至末，似有所指。或于朋友间有不能践言者乎。借燕以见意，亦未可定。而词旨清丽，句句熨贴，匠心独运，不愧清新之目。"

清谭献《谭评词辨》："起处藏过一番感叹，为'还'字、'又'字张本。'还相'二句，挑暗见指法，再搓弄便薄。'红楼'句换笔，'应自'句换意，'愁损'二句收足，然无余味。"

近人王国维《人间词话》："贺黄公谓：姜论史词，不称其'软语商量'，而称其'柳昏花暝'，固知不免项羽学兵法之恨。然'柳昏花暝'，自是欧、秦辈以属为胜。吾从白石，不能附和黄公矣。"

刘克庄

贺新郎

送陈真州子华①

北望神州路②。试平章③、这场公事④，怎生分付⑤？记得太行山百万⑥，曾入宗爷驾驭⑦。今把作、握蛇骑虎⑧。君去京东豪杰喜⑨，想投戈、下拜真吾父⑩。谈笑里，定齐鲁⑪。　两河萧瑟惟狐兔⑫。问当年、祖生去后，有人来否⑬？多少新亭挥泪客，谁梦中原块土⑭？算事业、须由人做。应笑书生心胆怯，向车中、闭置如新妇⑮。空目送，塞鸿去⑯。

①陈真州子华：陈韡，字子华，作者的福建同乡，懂军事，当时受命知真州兼淮南东路提点刑狱。真州，今江苏仪征市，是当时的国防前线。　②神州：古称中国为“赤县神州”，此指中原沦陷地区。　③平章：评论，筹划。　④公事：指卫国抗金、收复中原的大事。　⑤怎生分付：怎样处置。　⑥太行山百万：指金人侵占中原后，北方人民纷纷组成义军结集太行山一带抗击金兵。据《宋史·宗泽传》载，有王善、杨进、王再兴等部，后来他们都归顺北宋末年抗金名将宗泽。陆游《老学庵笔记》：“建炎初，宗汝霖（泽）留守东京，群‘盗’降附百余万，皆谓汝霖曰宗爷爷，愿效死力。”此句一作“太行兵百万”。　⑦宗爷：宗泽。其担任东京留守时，统率宋军和义军联合作战，威震敌胆，金人尊呼他为“宗爷爷”。驾驭：统率。　⑧“今把作”句：如今朝廷对待义军，好像是握着蛇不敢放手，骑在虎背上左右为难，意思是不信任，不敢使用。　⑨君去京东豪杰喜：意谓陈（韡）去任职，汴京以东的义军都会感到高兴。陈韡曾建议山东、河北遗民归耕其土，对收复失地态度积极，故有此说。京东，京东路，辖今山东、河南东部、江苏北部。　⑩想投戈、下拜真吾父：意谓料想义军一定会放下武器，向陈韡下拜，服其统领。真吾父，《宋史·岳飞传》：“张用寇江西。用亦相人。飞以书谕之。……用得书曰：‘真吾父也！’遂降。”　⑪“谈笑”二句：预言陈韡能毫不费力地收复山东。　⑫两河：黄河两岸地区，一说指河北东路和河北西路（今河北和黄河以北的河南地区）。狐兔：借指金兵。　⑬“问当年”二句：意谓南宋久已无人组织北伐中原、收复失地了。祖生，指东晋名将祖逖，他曾统兵北伐中原，收复黄河以南地区，这里借指宗泽、岳飞等曾在中原抗击金兵的名将。　⑭“多少”二句：讽刺当时士大夫对国事只会痛哭感叹，口头上讲讲爱国，实际上谁也没有真正关心中原那块沦陷的国土。南朝宋刘义庆《世说新语·言语》：“过江诸人，每至美日，辄相邀新亭，籍卉饮宴。周侯（顗）中坐而叹曰：‘风景不殊，正自有河山之异！’皆相视流泪。唯王丞相愀然变色曰：‘当共戮力王室，克复神州，何至作楚囚相对！’”新亭，一名劳劳亭，三国时吴国所建，旧址在今南京市南。谁梦，谁思念。　⑮“应笑”二句：自嘲不能到前线抗敌，如关在车中的新嫁娘一样，亦兼含讽刺士大夫之意。书生，作者自称。《梁书·曹景宗传》：“今来扬州作贵人，动转不得。……闭置

车中，如三日新妇。” ⑯塞鸿去：喻陈韡北行。鸿雁生长在北方边塞之地，故称塞鸿。

这首意气风发的送别词，是刘克庄的代表作。虽写送别，但不落窠臼，一扫临歧有泪俗态，力陈自己的政治与军事见解，尽抒一腔拳拳报国之情。对友人陈子华出镇真州，词人先以名将宗泽相期望，希望他团结义军，扫清尘障，收复中原；后再用南宋文恬武嬉、唯求苟且、不思进取的现实相提醒，将一番劝勉绾合于“算事业、须由人做”一句之中。全词立意高远，大气磅礴，一气流注，虽抒政见、发议论较多，但在感慨、沉痛之中，“其壮语足以立懦”。

明杨慎《词品》：“其壮语足以立懦。”

清冯煦《六十一家词选例言》：“后村词与放翁、稼轩犹鼎三足。其生丁南渡，拳拳君国，似放翁；志在有为，不欲以词人自域，似稼轩。”

吴文英

莺 啼 序①

残寒正欺病酒②，掩沉香绣户③。燕来晚，飞入西城④，似说春事迟暮。画船载、清明过却，晴烟冉冉吴宫树⑤。念羁情游荡⑥，随风化为轻絮。　十载西湖，傍柳系马，趁娇尘软雾⑦。溯红渐、招入仙溪⑧，锦儿偷寄幽素⑨。倚银屏、春宽梦窄⑩，断红湿、歌纨金缕⑪。暝堤空，轻把斜阳，总还鸥鹭⑫。　幽兰旋老，杜若还生⑬，水乡尚寄旅⑭。别后访、六桥无信⑮，事往花委⑯，瘗玉埋香，几番风雨⑰？长波妒盼，遥山羞黛⑱，渔灯分影春江宿⑲。记当时、短楫桃根渡⑳。青楼仿佛㉑，临分败壁题诗㉒，泪墨惨淡尘土㉓。　危亭望极，草色天涯，叹鬓侵半苎㉔。暗点检、离痕欢唾㉕，尚染鲛绡㉖，亸凤迷归㉗，破鸾慵舞㉘。殷勤待写，书中长恨，蓝霞辽海沉过雁㉙，漫相思、弹入哀筝柱㉚。伤心千里江南，怨曲重招，断魂在否㉛？

①《莺啼序》：又名《丰乐楼》，为吴文英自度曲。共分四片，计 240 字，为词中最长调。　②病酒：饮酒沉醉如病。　③沉香绣户：用沉香木做成的华美门户。　④西城：指京城临安（今浙江省杭州市）。　⑤吴宫：指临安的宫苑。临安旧属吴地，五代时吴越王亦建都于此。　⑥羁情：离情，旅思。　⑦趁：追随。娇尘软雾：形容娇柔、美丽的西湖风光，亦指游春仕女车马扬起的尘土。　⑧“溯红”句：意谓沿着桃溪水道逐渐走进仙境，暗用陶渊明《桃花源记》渔人沿溪进入桃花源，及刘义庆《幽明录》刘晨、阮肇入天台山遇仙女事。　⑨锦儿：洪遂《侍儿小名录》载钱塘名妓杨爱爱有侍女名锦儿，此借指伊人身边的侍女。偷寄幽素：伊人的侍女为二人偷偷地传递倾诉深情的书信。　⑩春宽梦窄：春长梦短，意谓两情欢聚时间短促。⑪“断红”句：言惜别的红泪沾湿了歌扇与舞衣。歌纨，歌女手执纨扇。金缕，绣有金线的舞衣。　⑫“轻把”二句：言黄昏时游人离去，轻易地将斜阳下的湖上景色都还给了鸥鹭来享受，暗示自己与伊人终于人水永隔。　⑬“幽兰”二句：以花开花落、草衰草长，表示岁月匆匆流逝。　⑭水乡尚寄旅：言自己还客居水乡临安，漂泊不定。　⑮六桥：西湖外湖之映波、锁澜、望山、压堤、东浦、跨虹六桥，均为苏轼所筑。　⑯花委：言爱姬像花一般凋谢。委，通“萎”。　⑰“瘗（yì）玉”二句：言爱姬香消玉殒已过了很长时间。瘗，埋葬。　⑱“长波”二句：形容佳人眼波动人，甚至连水波也妒忌；佳人黛眉清丽，远山看了也自愧弗如。　⑲渔灯分影：言江上夜间渔火点点，帆影绰绰。春江宿：言自己与爱姬在春江上的船中定情并双栖双宿。　⑳短楫桃根渡：写渡口送别爱姬。用王献之送妾事，《桃叶歌》：“桃叶复桃叶，渡江不用楫。但渡无所苦，我自迎接汝。”又：“桃叶复桃叶，桃树连桃根。相怜两乐事，独使我殷勤。”桃根与桃叶两姐妹同为王献之爱妾。　㉑青楼仿佛：这里指爱姬住过的妆楼依稀如故，暗示人亡楼空。　㉒败壁题诗：周邦彦《绮寮怨》：“当时曾题败壁，蛛丝罩、淡墨苔晕青。”此用其意。　㉓“泪墨”句：言当时和泪研墨所题的诗句如今已暗淡无光，蒙上灰尘。　㉔鬓侵半苎：头发渐成半白。苎，白色的麻苎。　㉕离痕：离别时

的泪痕。欢唾：欢乐时的唾痕。李煜《一斛珠》："烂嚼红茸，笑向檀郎唾。" ㉖鲛绡：南海鲛人所织之绡，此指薄纱手帕。 ㉗亸（duǒ）凤迷归：言凤鸟找不到归路，失意地垂下翅膀。亸，下垂。 ㉘破鸾慵舞：言失掉伴侣的鸾鸟，欲舞无心。南朝宋范泰《鸾鸟诗序》："昔罽宾王结罝峻祁之山，获一鸾鸟。王甚爱之，欲其鸣而不致也。乃饰以金樊，飨以珍馐。对之愈戚，三年不鸣。其夫人曰：'尝闻鸟见其类而后鸣，何不悬镜以映之？'王从其意。鸾睹形感契，慨然悲鸣，哀响冲宵，一奋而绝。"以上两句均写失去爱姬后精神无所依托和无心事事的悲痛之情。 ㉙蓝霞辽海沉过雁：言布满云霞的蓝天和辽阔无际的大海之上，都不见可以传书的大雁的踪影，意谓写信也无从寄达给死去的伊人。 ㉚哀筝：筝的音调凄清哀怨，故前人往往称之为哀筝。柱：筝上用以系弦的柱状物，代指弦。 ㉛"伤心"三句：化用《楚辞·招魂》："目极千里兮伤春心，魂兮归来哀江南"诗意。

这是一首春晚悼念亡姬之作。作者客居杭州十年，曾与一位歌妓相恋，后其人不幸身亡，本篇内容即追述与其人的生死恋情。全词分四片，第一片叹息春残，感慨羁役，词情迷离缥缈，引出刻骨铭心的回忆；第二片追写旧游，怀缅幽欢，把湖边遇艳、尾随香车、侍女传书、良宵苦短、泪湿金缕的定情经过，写得富有传奇色彩；第三片别后怀人，无限伤心，在死别的巨大哀痛中追忆其人其事，给人以如梦如烟之感；第四片悼亡，悲不自胜。全篇依循情感发展的脉络，采取"意识流"手法，将今昔情景事的发展变化巧妙勾连，回环往复，曲折有致。在意象的创造、事典的化用和辞语的丰缛等方面，也无不精雕细琢，读之余香满口。吴文英"密丽"的词风，在本篇中得到了淋漓尽致的展现。

清陈廷焯《白雨斋词话》："全章精粹，空绝千古。追叙昔日欢畅，写得踌躇满志。言离别，泪痕血点惨淡淋漓之极。抚今追昔，悼叹无穷，结笔尤写来呜咽。"

清陈洵《海绡说词》："通体离合变幻，一片凄迷。细绎之，正字字有脉络，然得其门者寡矣。"

蒋捷

虞 美 人

听 雨

少年听雨歌楼上，红烛昏罗帐。壮年听雨客舟中，江阔云低、断雁叫西风①。
而今听雨僧庐下，鬓已星星也②。悲欢离合总无情，一任阶前点滴到天明。

①断雁：失群的孤雁。 ②星星：形容鬓发花白。

作者是南宋末年进士，宋亡后隐居江湖。这首词抒写家国之痛和身世之感以及由此引发的人生体验：繁华历尽、青春永逝的冷落与孤独，流露了浓厚的生命悲剧意识。构思十分奇特，剪切半生中在不同时地“听雨”的三个生活片断，结构成篇，如同电影的蒙太奇画面，简练深涵，交相暗示，传达着难以言说的情感内容。

清王闿运《湘绮楼评词》：“此是小曲，情亦作凭，较胜。”

清刘熙载《艺概·词曲概》：“蒋竹山词未极流动自然，然洗练缜密，语多创获。其志视梅溪较贞，其思视梦窗较清。刘文房为五言长城，竹山其亦长短句之长城与！”

文天祥

过零丁洋[①]

辛苦遭逢起一经[②]，干戈寥落四周星[③]。山河破碎风飘絮，身世浮沉雨打萍。惶恐滩头说惶恐[④]，零丁洋里叹零丁。人生自古谁无死，留取丹心照汗青[⑤]。

①零丁洋：又称伶仃洋，在广东省珠江口外。文天祥于景炎三年（1278）被俘后，元军统帅张弘范胁迫他写信招降在海上坚持抗元的张世杰等人，被严词拒绝。次年二月文天祥被押往大都，途经零丁洋作此诗。 ②遭逢：遭际。起一经：依靠精通一种儒家经术而出仕为官。起：起家，得官。 ③寥落：稀疏，稀少。四周星：四年。文天祥自1275年在赣起兵抗元，至1278年被俘，历时四年。 ④惶恐滩：原名黄公滩，在今江西省万安县赣江中，为赣江上十八险滩之一，滩险流急，行船惊恐，故又称“惶恐滩”。文天祥曾兵败于此。 ⑤留取：留得，留下。汗青：中国古代发明纸张之前，人们把字写在竹简上，为了书写方便和防蛀，书写前先用火烘烤竹简，蒸发其水分，形似出汗，故称此过程为“汗青”，后用以泛指书籍或史册。

这首自传性诗作，通过回顾诗人的经历表达与国家、民族存亡与共的爱国精神和视死如归的民族气节。前三联概写自身遭遇，寓家国之恨于往事回顾中，后一联既抒发舍生取义、甘愿为国捐躯的豪情壮志，又概括了千百年来志士仁人为正义、为理想、为事业英勇献身的民族传统美德，成为流芳百世的千古名言。

《宋诗鉴赏辞典》苏者聪评：“由于结尾高妙，致使全篇由悲而壮，由郁而扬，形成一曲千古不朽的壮歌。”

正　气　歌

余囚北庭[①]，坐一土室，室广八尺，深可四寻[②]，单扉低小，白间短窄[③]，汙下而幽暗[④]。当此夏日，诸气萃然[⑤]：雨潦四集，浮动床几，时则为水气[⑥]；涂泥半朝[⑦]，蒸沤历澜[⑧]，时则为土气；乍晴暴热，风道四塞，时则为日气；檐阴薪爨[⑨]，助长炎虐，时则为火气；仓腐寄顿[⑩]，陈陈逼人，时则为米气；骈肩杂遝[⑪]，腥臊汗垢，时则为人气；或圊溷[⑫]、或毁尸[⑬]、或腐鼠，恶气杂出，时则为秽气。叠是数气，当之者鲜不为厉[⑭]。而予以孱弱，俯仰其间，于兹二年矣，幸而无恙，是殆有养致然[⑮]。然亦安知所养何哉？孟子曰：“吾善养吾浩然之气。”[⑯]彼气有七，吾气有一，以一敌七，吾何患焉！况浩然者，乃天地之正气也，作《正气歌》一首。

天地有正气，杂然赋流形[17]：下则为河岳，上则为日星，于人曰浩然，沛乎塞苍冥[18]。皇路当清夷，含和吐明庭[19]；时穷节乃见[20]，一一垂丹青[21]：在齐太史简[22]，在晋董狐笔[23]，在秦张良椎[24]，在汉苏武节[25]；为严将军头[26]，为嵇侍中血[27]，为张睢阳齿[28]，为颜常山舌[29]；或为辽东帽[30]，清操厉冰雪[31]；或为出师表[32]，鬼神泣壮烈，或为渡江楫[33]，慷慨吞胡羯；或为击贼笏，逆竖头破裂[34]。是气所磅礴[35]，凛烈万古存[36]。当其贯日月，生死安足论，地维赖以立，天柱赖以尊[37]。三纲实系命，道义为之根[38]。嗟予遘阳九，隶也实不力[39]。楚囚缨其冠，传车送穷北[40]。鼎镬甘如饴[41]，求之不可得。阴房阒鬼火，春院閟天黑[42]。牛骥同一皂，鸡栖凤凰食[43]。一朝蒙雾露，分作沟中瘠[44]。如此再寒暑，百沴自辟易[45]。哀哉沮洳场[46]，为我安乐国！岂有他缪巧[47]，阴阳不能贼。顾此耿耿存，仰视浮云白[48]，悠悠我心悲，苍天曷有极[49]！哲人日已远[50]，典型在夙昔，风檐展书读，古道照颜色[51]。

①北庭：汉代以匈奴所居之地为北庭，此指元朝燕京（今北京市），文天祥于南宋祥兴元年（1278）十月被俘，于次年十月被解至燕京。此诗写于被囚第二年，即1281年。 ②寻：古代八尺为寻。 ③白间：壁上涂白之处。何晏《景福殿赋》：“皎皎白间。”李善注：“白间，青琐之侧，以白涂之，今犹谓之白间。” ④汙下：低下。 ⑤萃然：丛集充盈的样子。 ⑥时：这，此。 ⑦涂泥半朝（cháo）：泥泞半屋。朝，宫室，古代对房屋的通称。 ⑧蒸沤：东西久泡水中发出的恶臭气味。历澜：风行水上形成的波纹称澜，历澜有翻腾翻涌之意。句意说湿泥浸沤糜烂，潮湿臭气蒸腾。 ⑨檐阴薪爨（cuàn）：屋檐下烧柴煮饭。爨，烧火做饭。 ⑩仓腐：陈腐的粮米。《史记·平准书》：“太仓之粟，陈陈相因，充溢露积于外，至腐败不可食。”寄顿：寄放，储藏。 ⑪骈肩：肩并肩。骈：两物相并之意。杂遝（tà）：纷乱堆集。 ⑫圊溷（qīng hùn）：厕所。圊、溷都是厕所的意思。 ⑬毁尸：腐烂的尸体。 ⑭鲜：少。厉：疾病。 ⑮“是殆”句：这大概是有修养所使然。 ⑯见《孟子·公孙丑上》。 ⑰杂然：纷杂的样子。赋：赋予。流形：各种形体。句意说万物各有不同的禀受，形成不同的形体。 ⑱沛乎：充沛的样子。苍冥：天空。句意说充沛地洋溢在苍天之中。 ⑲“皇路”二句：内心所包蕴的浩然之气就在圣明的时代和谐地吐露出来，为朝廷所用。皇路，国运，国家的政治局面。清夷，清平。明庭，圣明的王庭。 ⑳时穷：指国家遇到危难。节乃见：气节才表现出来。 ㉑垂：留下。丹青：画像，此泛指为后人画图纪念。 ㉒太史：史官。简：竹片。古代无纸时代，以竹简书写记事，此句颂齐国太史之秉笔直书事。《左传·襄公二十五年》载齐大夫崔杼杀齐庄公后，“太史书曰：‘崔杼弑其君。’崔子杀之。其弟嗣书而死者二人，其弟又书，乃舍之。南史氏闻太史尽死，执简以往。闻既书矣，乃还”。 ㉓董狐：春秋时赵国良史。春秋时，晋灵公拟杀大夫赵盾，赵盾出奔，后赵盾族侄赵穿杀灵公，而赵盾返国后并未加惩处，太史董狐遂在史册上记其弑君之过。《左传·宣公二年》：“太史（董狐）书曰：‘赵盾弑其君。’以示于朝，宣子（赵盾）曰：‘不然！’对曰：‘子为正卿，亡不越境，返不讨贼，非子而谁？’……孔子曰：‘董狐，古之良史也，书法不隐。’” ㉔张良：张良先世为韩国人，秦灭韩，张良破家财为韩报仇，得力士，为铁椎，重120斤，于秦始皇巡游途中经过博浪沙时袭击始皇，误中副车，始皇大怒，下令搜国中，但始终未拿获张良。椎，同“锤”。 ㉕苏武：汉代苏武出使匈奴，被匈奴扣留，匈奴屡次逼他投降，均遭拒绝，遂将他流放到北海边牧羊。苏武为表示不忘汉朝，终日手持汉节，在海上牧羊，前后达19年，节毛尽脱，表现出崇高的爱国至诚。节：旄节，古代使臣出使的凭信。 ㉖严将军：指汉末益州

牧刘璋的部将巴郡太守严颜。刘备入蜀，严颜为张飞所俘。飞曰："大军至，何以不降，而取拒战?"颜答曰："卿等无状，侵夺我州，我州但有断头将军，无有降将军也。" ㉗嵇侍中：即晋代嵇绍，官侍中。惠帝时皇室内讧，嵇绍为保卫惠帝被乱箭射死，血溅惠帝衣上。事后，有人要洗惠帝血衣，帝曰："此嵇侍中血，勿洗。" ㉘张睢阳：即唐代张巡。安史之乱中，张巡坚守睢阳（今河南商丘市），《旧唐书·张巡传》："巡神气慷慨，每与贼战，大呼誓师，眥裂血流，齿牙皆碎……及城陷，尹子奇谓巡曰：'闻君每战，眥裂，嚼齿皆碎，何至此耶?'巡曰：'吾欲气吞逆贼，但力不遂耳。'子奇以大刀剔巡口，视其齿，存者不过三数。" ㉙为颜常山舌：唐玄宗天宝十四年（755)，安禄山反于范阳，辖内常山太守颜杲卿起兵讨贼，城破被俘。《新唐书·颜杲卿传》载："杲卿至洛阳，禄山怒曰：'吾擢尔太守，何所负而反?'杲卿瞋目骂曰：'汝营州牧羊羯奴耳，窃荷恩宠，天子负汝何事，而乃反乎？我世唐臣，守忠义，恨不斩汝以谢上，乃从尔反耶?'禄山不胜忿，缚之天津桥柱，节解，以肉啖之。詈不绝。贼钩断其舌，曰：'能复詈否?'杲卿含糊而绝。" ㉚辽东帽：东汉末年管宁有高节，避乱辽东，"常著皂帽，布襦袴"，拒绝征聘，终身不仕。辽东帽即指此。 ㉛厉：胜过。㉜出师表：三国时蜀相诸葛亮，曾上表北伐曹魏，誓言："鞠躬尽瘁，死而后已。"其表文称《出师表》。 ㉝渡江楫：东晋元帝时，北方为少数民族所占，祖逖力主北伐，率军渡江，中流击楫而誓曰："祖逖不能清中原而复济者，有如大江!"渡江后，他征讨石勒，收复黄河以南失地。 ㉞"或为击贼笏"二句：唐德宗时，朱泚谋反，看重段秀实的威望，想引为同谋，召段秀实议事，段知悉朱泚反意，大骂曰："狂贼，吾恨不斩汝万段！我岂逐汝反耶?"用笏板猛击朱泚头，后为凶党所害。笏，古代朝见时所持的手板。逆竖，叛逆之徒，指朱泚。㉟磅礴：广大无边之意。 ㊱凛烈：尊严而壮烈。 ㊲"地维"二句：意谓天地皆赖正气而存在。地维，古人相信地是方的，四角为地维。天柱，古人相传，天有八山为柱。 ㊳三纲：封建社会赖以维持社会家庭等级秩序的三种权力，即君为臣纲，父为子纲，夫为妻纲。"三纲"二句意谓维系人伦秩序的三纲道义都以正气为根本。 ㊴"嗟予"二句：感叹我赶上灾年，不能为朝廷尽力。遘阳九，犹言遭逢厄运。阳九，即百六阳九，道书以天厄为阳九，地亏为百六。古代迷信，认为百六阳九是不吉利的灾年。隶，隶徒，这里为作者自指。不力，不尽力。 ㊵楚囚：俘虏的代称。缨其冠：系上其帽带。穷北：指元朝燕京。"楚囚"二句述自身兵败被俘、北送燕京之事。 ㊶鼎镬：烹饪之器具，用鼎镬将人煮死是古代酷刑之一。饴：糖浆。 ㊷"阴房"二句：意谓囚室阴暗死寂，鬼火出没。春院大门紧闭，天色昏暗。阴房，指囚室。阒，寂静，幽暗。闷，闭门。 ㊸"牛骥"二句：落在牢狱之中与囚徒杂处，如同牛马同槽，凤凰与鸡同栖共食。骥，骏马。皂，马槽。 ㊹瘠：瘦骨。 ㊺百沴：即上文所说的各种恶气。辟易：退避。 ㊻沮洳（jù rù）场：指卑下阴湿的地方。 ㊼谬巧：智谋诈术。 ㊽耿耿：光明貌，代指赤诚忠心。浮云白：用《论语·述而》"不义而富且贵，于我如浮云"之意。 ㊾"苍天"句：化用《诗经·唐风·鸨羽》"悠悠苍天，曷其有极"句意，痛苦呼天之语，意谓苍天无极，自己的悲痛亦无尽。 ㊿哲人：明智之人，指前述先贤。 51古道：古代传统美德。照颜色：美德的光辉照耀在自己面前。

此诗是诗人死前一年所作，诗中首先说明浩然正气在天地和人身上的体现，之后列举12位前代忠臣义士可歌可泣的事迹，热情歌颂了古代先贤慷慨壮烈的凛然正气，表现了诗人经受考验、视死如归、为国尽忠的高尚气节。全诗叙事、议论、抒情相结合，结构谨严，前后照应，层层转深，情感激荡，悲壮动人，是一篇流芳百世的天地正气之歌。

近人王文濡《宋元明诗评注读本》：“人间正气，天地中声，可泣鬼神，可开金石。”

指南录后序①

德祐二年二月十九日②，予除右丞相兼枢密使③，都督诸路军马④。时北兵已迫修门外⑤，战、守、迁皆不及施⑥。缙绅、大夫、士萃于左丞相府⑦，莫知计所出。会使辙交驰⑧，北邀当国者相见⑨，众谓予一行为可以纾祸⑩。国事至此，予不得爱身；意北亦尚可以口舌动也。初，奉使往来，无留北者，予更欲一觇北⑪，归而求救国之策。于是辞相印不拜⑫，翌日，以资政殿学士行⑬。初至北营，抗辞慷慨，上下颇惊动，北亦未敢遽轻吾国⑭。不幸吕师孟构恶于前⑮，贾余庆献谄于后⑯，予羁縻不得还⑰，国事遂不可收拾。予自度不得脱，则直前诟虏帅失信，数吕师孟叔侄为逆。但欲求死，不复顾利害。北虽貌敬，实则愤怒。二贵酋名曰馆伴⑱，夜则以兵围所寓舍，而予不得归矣。未几，贾余庆等以祈请使诣北⑲；北驱予并往，而不在使者之目⑳。予分当引决㉑，然而隐忍以行㉒。昔人云：“将以有为也。㉓”

至京口㉔，得间奔真州㉕，即具以北虚实告东西二阃㉖，约以连兵大举。中兴机会，庶几在此。留二日，维扬帅下逐客之令㉗。不得已，变姓名，诡踪迹㉘，草行露宿，日与北骑相出没于长淮间㉙。穷饿无聊㉚，追购又急㉛，天高地迥，号呼靡及㉜。已而得舟，避渚洲，出北海㉝，然后渡扬子江，入苏州洋㉞，展转四明天台㉟，以至于永嘉㊱。

呜呼！予之及于死者不知其几矣㊲！诋大酋当死㊳；骂逆贼当死㊴；与贵酋处二十日，争曲直，屡当死；去京口，挟匕首以备不测，几自刭死；经北舰十余里㊵，为巡船所物色㊶，几从鱼腹死㊷；真州逐之城门外，几彷徨死；如扬州，过瓜洲扬子桥㊸，竟使遇哨㊹，无不死；扬州城下，进退不由㊺，殆例送死；坐桂公塘土围中㊻，骑数千过其门，几落贼手死；贾家庄几为巡徼所陵迫死㊼；夜趋高邮㊽，迷失道，几陷死㊾；质明㊿，避哨竹林中，逻者数十骑，几无所逃死；至高邮，制府檄下[51]，几以捕系死[52]；行城子河[53]，出入乱尸中，舟与哨相后先，几邂逅死[54]；至海陵[55]，如高沙[56]，常恐无辜死；道海安、如皋[57]，凡三百里，北与寇往来其间，无日而非可死；至通州[58]，几以不纳死[59]；以小舟涉鲸波[60]，出无可奈何，而死固付之度外矣！呜呼！死生，昼夜事也，死而死矣；而境界危恶[61]，层见错出[62]，非人世所堪。痛定思痛[63]，痛何如哉！

予在患难中，间以诗记所遭，今存其本不忍废，道中手自钞录：使北营，留北关外[64]，为一卷；发北关外，历吴门、毗陵[65]，渡瓜洲，复还京口，为一卷；脱京口，趋真州、扬州、高邮、泰州、通州，为一卷；自海道至永嘉，来三山[66]，为一卷。将藏之于家，使来者读之，悲予志焉。

呜呼！予之生也幸，而幸生也何所为[67]？求乎为臣，主辱臣死，有余僇[68]；所求乎为子，以父母之遗体行殆而死[69]，有余责[70]。将请罪于君，君不许；请罪于母，母不许；请罪于先人之墓，生无以救国难，死犹为厉鬼以击贼，义也。赖天之灵，宗庙之福，修我戈矛，从王于师，以为前驱[71]，雪九庙之耻[72]，复高祖之业[73]。所谓“誓不与贼俱生”，所谓“鞠躬尽力，死而后已”[74]，亦义也。嗟夫！若予者，将无往而不得死所矣[75]。向也使予委骨于草莽[76]，予虽浩然无所愧怍[77]，然微以自文于君亲[78]，君亲其谓予何！诚不自意，返吾衣冠，重见日月[79]，使旦夕得正丘首[80]，复何憾哉！复何憾哉！

是年夏五[81]，改元景炎[82]，庐陵文天祥自序其诗[83]，名曰《指南录》。

①《指南录后序》：文天祥自编诗集《指南录》的序文，因卷首有《自序》，故本文称后序。 ②德祐二年：即1276年。 ③除：授予官职。枢密使：宋代最高军事长官，执掌全国军事。 ④都督：统帅。路：宋代设置的地方区域单位，类似后世所谓的省。 ⑤修门：国都城门。 ⑥迁：迁都。施：实施。 ⑦缙绅：朝廷高级官员。左丞相府：左丞相的官署。当时吴坚任左丞相，后来降元。 ⑧会使辙交驰：正赶上使者往来频繁。 ⑨北：指元军。当国者：执政的人。 ⑩纾（shū）祸：解除祸患。纾，缓和，解除。 ⑪觇北：察看北方的情况。觇（chān）：观测，窥视。 ⑫不拜：不接受委任。 ⑬资政殿学士：荣誉官衔，其职能近似于皇帝的顾问。行：出使。 ⑭遽轻吾国：随便轻视吾国。 ⑮吕师孟构恶：吕师孟为南宋襄阳太守吕文焕侄子，吕文焕后叛降元军。德祐元年（1275），元军兵逼临安，吕师孟被任命为兵部侍郎，出使元军，提出纳币称臣等条件。文天祥曾上疏请求将吕师孟斩首，因此结怨。构恶，结下冤仇。 ⑯贾余庆献谄：文天祥辞相位后，贾余庆继右丞相，德祐二年二月以右丞相身份出使元军，讨好元人，乞求和好。 ⑰羁縻：拘留。 ⑱二贵酋：两位地位高贵的元军将领。馆伴：来宾馆充招待。 ⑲祈请使：奉表请降的使节。诣北：前往元京大都。 ⑳使者之目：使者之列。 ㉑分当引决：理当自杀。 ㉒隐忍：隐痛忍辱，忍气吞声。 ㉓将以有为也：韩愈《张中丞传后叙》：“巡呼云曰：‘南八，男儿死耳，不可为不义屈。’云笑曰：‘欲将以有为也。公有言，云敢不死！” ㉔京口：今江苏省镇江市。 ㉕间：间隙，机会。真州：治在今江苏省仪征市。 ㉖东西二阃：指淮南东路和淮南西路两制置使（负责边防的军事长官）。淮东为李庭芝，驻扬州；淮西为夏贵，驻庐州（今安徽合肥）。阃（kǔn），驻守边地的将帅。 ㉗维扬帅：指李庭芝。下逐客令：文天祥到真州后，联合各路抗元力量，准备中兴大举，李庭芝被元军反间计挑唆，误以为文天祥要骗取扬州，于是命真州守将苗再成杀文天祥。苗不忍，放走了他。 ㉘诡踪迹：诡秘行动，防人发现。 ㉙长淮间：指淮河、江南水网地区。 ㉚无聊：无所依靠。 ㉛追购：悬赏追捕。 ㉜号呼靡及：呼号无应。 ㉝北海：长江口以北的海面。 ㉞苏州洋：上海市附近的海面。 ㉟四明：今浙江省宁波市。天台：今属浙江省。 ㊱永嘉：郡名，治所在今浙江省温州市。 ㊲及于死：到了死亡的边缘。 ㊳诋大酋：怒骂元军统帅伯颜。 ㊴逆贼：指吕文焕、吕师孟之徒。 ㊵北舰：元军船队。 ㊶物色：搜寻。 ㊷从鱼腹死：投海葬身鱼腹死。 ㊸瓜洲：在今江苏省邗江县南长江边上。扬子桥：扬子津。 ㊹竟使：假使。 ㊺进退不由：进退不能自己把握。 ㊻桂公塘：扬州城外的一座土山。土围：只有残墙的民宅。 ㊼贾家庄：在扬州城北。巡徼：南宋的巡逻兵。陵迫：欺凌迫害。陵，同“凌”。 ㊽趋高邮：奔向高邮（今江苏省）。 ㊾陷死：陷入迷途死。 ㊿质明：天刚亮的时候。 [51]制府檄下：淮东制置使下发的通缉令。 [52]捕系：捉拿囚禁。 [53]城子河：在江苏高邮县东南。 [54]邂逅：不期而遇。 [55]海陵：今江苏省泰州市。 [56]高沙：今江苏省高邮县。 [57]道海安、如皋：取道海安、如皋。海安、如皋，皆江苏省属县。 [58]通州：治在今江苏省南通市。 [59]不纳：不接纳，不

让进城。 ⑥涉鲸波：渡越海上的巨浪。 ⑥境界危恶：处境危险。 ⑥层见错出：一层连一层交错出现。 ⑥痛定思痛：事后回想遭受痛苦时的情景。 ⑥北关外：南宋国都临安城北门外。 ⑥吴门：吴县别称，即今江苏省苏州市。毗陵：在今江苏省常州市。 ⑥三山：今福建省福州市，市内有闽山、越王山、九仙山，故称三山。 ⑥幸：侥幸。何所为：有何作为。 ⑥"主辱臣死"二句：谓主上遭难受辱，臣子理应效死，今不死，则有余罪。僇：同"戮"，罪过，罪孽。 ⑥"以父母"句：以父母传给自己的身体去冒险受死。 ⑦有余责：是要受到指责的。 ⑦"修我戈矛"三句：出自《诗经·秦风·无衣》："王于兴师，修我戈矛，与子同仇。"从王于师，跟随国君去打仗。 ⑦九庙：即祖庙。古代帝王立九庙，祭祀九代祖先。 ⑦高祖之业：指宋太祖赵匡胤开创的大宋基业。 ⑦"鞠躬"二句出自诸葛亮《后出师表》，借以表现作者舍生取义的决心。 ⑦无往而不得死所：谓无论死于何处，都死得其所，没有遗憾。 ⑦委骨于草莽：丢弃尸骨于荒郊草野。 ⑦浩然：高大的样子。愧怍：惭愧。 ⑦微：无。自文于君亲：自掩罪责于国君和父母双亲。文，掩饰。 ⑦"诚不自意"三句：实在没想到，自己还能逃出元营，返回南宋，穿上宋朝的朝服，为宋臣子。日月，代指皇帝。 ⑧旦夕：早晚。正丘首：指死后归葬故国。传说狐狸死时，头总是朝向旧巢的土丘，引申为归葬故山。 ⑧是年夏五：指德祐二年（1276）夏季五月。 ⑧改元景炎：宋端宗继位，改年号景炎。 ⑧庐陵：今江西省吉安市。

这篇书序，以饱含爱国赤诚的笔墨，追叙作者抗辞犯敌、九死一生的历险经过，抒发作者守义不屈、艰苦奋斗的爱国情怀和不能完成救亡大业的悲恨之情。文章以叙写自身经历为线索，融叙事、抒情于一体，字字凝血，句句含泪，真切动人。叙事中又善用典型细节概括重大事件，以少总多，不仅增大了叙事容量，也强化了抒情力度。其简洁的叙述和明快的节奏，把人带入惊心动魄的历险过程中，使人体会到作者置生死于度外的赤胆忠心。这种在书序中叙经历抒至情介绍卷目的写法，是对古代书序写作的一种创新。

周密

观 潮

浙江之潮，天下之伟观也。自既望以至十八日为最盛①。方其远出海门，仅如银线；既而渐近，则玉城雪岭，际天而来，大声如雷霆，震撼激射，吞天沃日，势极雄豪。杨诚斋诗云“海涌银为郭，江横玉系腰”者②，是也。

每岁，京尹出浙江亭教阅水军③，艨艟数百④，分列两岸；既而尽奔腾分合五阵之势⑤，并有乘骑、弄旗、标枪、舞刀于水面者，如履平地。倏尔黄烟四起，人物略不相睹，水爆轰震⑥，声如崩山；烟消波静，则一舸无迹，仅有“敌船”为火所焚，随波而逝。

吴儿善泅者数百，皆披发文身，手持十幅大彩旗，争先鼓勇，溯迎而上，出没于鲸波万仞中⑦，腾身百变，而旗尾略不沾湿，以此夸能。而豪民贵宦，争赏银钱。

江干上下十余里间⑧，珠翠罗绮溢目，车马塞途。饮食百物，皆倍穹常时⑨，而僦赁看幕⑩，虽席地不容闲也。禁中例观潮于天开图画⑪，高台下瞰，如在指掌。都民遥瞻黄伞雉扇于九霄之上⑫，真若箫台蓬岛也⑬。

①既望：农历十六日，即“望”日（十五）的第二天。 ②“海涌”二句：出自杨万里《诚斋集·江湖集》。 ③京尹：首都所在地的地方长官，这里指临安知府。教阅：操练。 ④艨艟（méng chōng）：战船。 ⑤五阵：指战舰按前后左中右编队列阵。 ⑥水爆：指于江面上施放的烟炮。 ⑦鲸：巨涛大浪。 ⑧江干：江边。 ⑨倍穹常时：物价比平时加倍得高。穹：高。 ⑩僦赁：租赁。看幕：指临时用帐篷搭起的看台。 ⑪天开图画：南宋皇宫中的台名。 ⑫黄伞雉扇：皇帝仪仗所用的黄罗御伞和雉尾羽扇。 ⑬箫台：比喻仙境。传说秦穆公为萧史、弄玉筑凤台，让他们吹箫引凤，后两人俱成仙。

本文选自《武林旧事》卷三，作者以洗练生动的笔墨，描写钱塘江潮之壮观和观潮活动之盛大，展现了一幅鲜明浓郁的历史风情画卷。文章前半部分写观潮所见，巨潮、水军、勇士构成气势磅礴惊心动魄的壮阔图景。后半部分描写观潮之人，展现了从宫廷到民间观潮活动的狂热踊跃之景：人流如潮，车马塞途，江边人群密集，大有全城百姓倾城空巷来观潮的盛况。又兼宫中旧例，高台俯观，把观潮之举写成了举国同欢、一派升平的景象。

无名氏

错斩崔宁[1]

聪明伶俐自天生，懵懂痴呆未必真[2]。
嫉妒每因眉睫浅，戈矛时起笑谈深。
九曲黄河心较险，十重铁甲面堪憎。
时因酒色亡家国，几见诗书误好人！

这首诗，单表为人难处。只因世路窄狭，人心叵测。大道既远，人情万端。熙熙攘攘，都为利来；蚩蚩蠢蠢[3]，皆纳祸去。持身保家，万千反覆。所以古人云：颦有为颦，笑有为笑[4]。颦笑之间，最宜谨慎。这回书，单说一个官人，只因酒后一时戏笑之言，遂至杀身破家，陷了几条性命。且先引下一个故事来，权做个德胜头回[5]。

却说故宋朝中，有一个少年举子，姓魏，名鹏举，字冲霄，年方一十八岁，娶得一个如花似玉的浑家。未及一月，只因春榜动，选场开[6]，魏生别了妻子，收拾行囊，上京取应。临别时，浑家分付丈夫："得官不得官，蚤蚤回来，休抛闪了恩爱夫妻！"魏生答道："功名二字，是俺本领前程，不索贤卿忧虑。"别后登程到京，果然一举成名，除授一甲第二名榜眼及第，在京甚是华艳动人。少不得修了一封家书，差人接取家眷入京。书上先叙了寒温及得官的事，后却写下一行，道是："我在京中早晚无人照管，已讨了一个小老婆，专候夫人到京，同享荣华。"家人收拾书程[7]，一径到家，见了夫人，称说贺喜，因取家书呈上。夫人拆开看了，见是如此如此，这般这般，便对家人道："官人直恁负恩[8]！甫能得官[9]，便娶了二夫人。"家人便道："小人在京，并没见有此事，想是官人戏谑之言。夫人到京，便知端的，休得忧虑。"夫人道："恁地说，我也罢了！"却因人舟未便，一面收拾起身，一面寻觅便人，先寄封平安家书到京中去。那寄书人到了京中，寻问新科魏榜眼寓所，下了家书，管待酒饭自回，不题。

却说魏生接书拆开来看了，并无一句闲言闲语，只说道："你在京中娶了一个小老婆，我在家中也嫁了一个小老公，早晚同赴京师也！"魏生见了，也只道是夫人取笑的说话，全不在意。未及收好，外面报说："有个同年相访[10]！"京邸寓中，不比在家宽转，那人又是相厚的同年，又晓得魏生并无家眷在内，直到里面坐下，叙了些寒温。魏生起身去解手，那同年偶翻桌上书帖，看见了这封家书，写得好笑，故意朗诵起来，魏生措手不及，通红了脸，说道："这是没理的事！因是小弟戏谑了他，他便取笑写来的。"那同年呵呵大笑道："这节事却是取笑不得的！"别了就去。那人也是一个少年，喜谈乐道，把这封家书一节，顷刻间遍传京邸。也有一班妒忌魏生少年登高科的，将这桩事只当做风闻言事的一个小小新闻[11]，奏上一本，说这魏生年少不检，不宜居清要之职[12]，降处外任。魏生懊恨无及。后来毕竟做官蹭蹬不起[13]，把锦片也似一段美前程，等闲放过去了。这便是一句戏言，撒漫了一个美官[14]。今日再说一个官人，也只为酒后一时戏言，断送了堂堂七尺之躯，连累三个人，枉屈害了性命。却是为着甚的？有诗为证：

世路崎岖实可哀，傍人笑口等闲开。
白云本是无心物，又被狂风引出来。

却说南宋时，建都临安，繁华富贵，不减那汴京故国。去那城中箭桥左侧，有个官人姓刘，名贵，字君荐。祖上原是有根基的人家，到得君荐手中，却是时乖运蹇[15]。先前读书，后来看看不济，却去改业做生意，便是半路上出家的一般。买卖行中，一发不是本等伎俩，又把本钱消折去了。渐渐大房改换小房，赁得两三间房子，与同浑家王氏，年少齐眉。后因没有子嗣，娶下一个小娘子，姓陈，是陈卖糕的女儿，家中都呼为二姐。这也是先前不十分穷薄的时做下的勾当。至亲三口，并无闲杂人在家。那刘君荐，极是为人和气，乡里见爱，都称他刘官人。"你是一时运限不好[16]，如此落莫，再过几时，定时有个亨通的日子！"说便是这般说，那得有些些好处？只是在家纳闷，无可奈何！

却说一日闲坐家中，只见丈人家里的老王，年近七旬，走来对刘官人说道："家间老员外生日，特令老汉接取官人娘子，去走一遭。"刘官人便道："便是我日逐愁闷过日子，连那泰山的寿诞，也都忘了。"便同浑家王氏，收拾随身衣服，打叠个包儿，交与老王背了，分付二姐："看守家中，今日晚了，不能转回，明晚须索来家[17]。"说了就去。离城二十馀里，到了丈人王员外家，叙了寒温。当日坐间客众，丈人女婿，不好十分叙述许多穷相。到得客散，留在客房里宿歇。直到天明，丈人却来与女婿攀话，说道："姐夫，你须不是这般算计，坐吃山空，立吃地陷。咽喉深似海，日月快如梭。你须计较一个常便！我女儿嫁了你，一生也指望丰衣足食，不成只是这等就罢了。"刘官人叹了一口气道："是！泰山在上，道不得个上山擒虎易，开口告人难。如今的时势，再有谁似泰山这般怜念我的。只索守困，若去求人，便是劳而无功。"丈人便道："这也难怪你说。老汉却是看你们不过，今日赍助你些少本钱[18]，胡乱去开个柴米店，撰得些利息来过日子，却不好么？"刘官人道："感蒙泰山恩顾，可知是好。"当下吃了午饭，丈人取出十五贯钱来，付与刘官人道："姐夫，且将这些钱去，收拾起店面，开张有日，我便再应付你十贯。你妻子且留在此过几日，待有了开店日子，老汉亲送女儿到你家，就来与你作贺，意下如何？"刘官人谢了又谢，驮了钱一径出门。到得城中，天色却早晚了，却撞着个相识，顺路在他家门首经过。那人也要做经纪的人，就与他商量一会，可知是好。便去敲那人门时，里面有人应喏，出来相揖，便问："老兄下顾，有何见教？"刘官人一一说知就里。那人便道："小弟闲在家中，老兄用得着时，便来相帮。"刘官人道："如此甚好！"当下说了些生意的勾当。那人便留刘官人在家，现成杯盘，吃了三杯两盏。刘官人酒量不济，便觉有些朦胧起来，抽身作别，便道："今日相扰，明早就烦老兄过寒家，计议生理。”那人又送刘官人至路口，作别回家，不在话下。若是说话的同年生，并肩长，拦腰抱住，把臂拖回，也不见得受这般灾悔！却教刘官人死得不如：

《五代史》李存孝[19]，《汉书》中彭越[20]。

却说刘官人驮了钱，一步一步捱到家中。敲门已是点灯时分，小娘子二姐独自在家，没一些事做，守得天黑，闭了门，在灯下打瞌睡，刘官人打门，他那里便听见。敲了半晌，方才知觉，答应一声：“来了！”起身开了门。刘官人进去，到了房中，二姐替刘官人接了钱，放在桌上，便问：“官人何处挪移这项钱来，却是甚用?”那刘官人一来有了几分酒，二来怪他开得门迟了，且戏言吓他一吓，便道：“说出来，又恐你见怪；不说时，又须通你得知。只是我一时无奈，没计可施，只得把你典与一个客人，又因舍不得你，只典得十五贯钱。若是我有些好处，加利赎你回来；若是照前这般不顺溜，只索罢了！”那小娘子听了，欲待不信，又见十五贯钱堆在面前；欲待信来，他平白与我没半句言语，大娘子又过得好，怎么便下得这等狠心辣手！疑狐不决。只得再问道：“虽然如此，也须通知我爹娘一声。”刘官人道：“若是通知你爹娘，此事断然不成。你明日且到了人家，我慢慢央人与你爹娘说通，他也须怪我不得。”小娘子又问：“官人今日在何处吃酒来?”刘官人道：“便是把你典与人，写了文书，吃他的酒才来的。”小娘子又问：“大姐姐如何不来?”刘官人道：“他因不忍见你分离，待得你明日出了门才来。这也是我没计奈何，一言为定。”说罢，暗地忍不住笑。不脱衣裳，睡在床上，不觉睡去了。那小娘子好生摆脱不下：“不知他卖我与甚色样人家？我须先去爹娘家里说知。就是他明日有人来要我，寻到我家，也须有个下落。”沉吟了一会，却把这十五贯钱，一垛儿堆在刘官人脚后边。趁他酒醉，轻轻的收拾了随身衣服，款款的开了门出去[21]，拽上了门。却去左边一个相熟的邻舍，叫做朱三老儿家里，与朱三妈宿了一夜，说道：“丈夫今日无端卖我，我须先去与爹娘说知。烦你明日对他说一声，既有了主顾，可同我丈夫到爹娘家中来，讨个分晓，也须有个下落。”那邻舍道：“小娘子说得有理，你只顾自去，我便与刘官人说知就理。”过了一宵，小娘子作别去了，不题。正是：

鳌鱼脱却金钩去，摆尾摇头再不回。

放下一头。却说这里刘官人一觉直至三更方醒，见桌上灯犹未灭，小娘子不在身边。只道他还在厨下收拾家火，便唤二姐讨茶吃。叫了一回，没人答应，却待挣扎起来，酒尚未醒，不觉又睡了去。不想却有一个做不是的，日间赌输了钱，没处出豁[22]，夜间出来掏摸些东西。却好到刘官人门首，因是小娘子出去了，门儿拽上不关，那贼略推一推，豁地开了。捏手捏脚，直到房中，并无一人知觉。到得床前，灯火尚明。周围看时，并无一物可取。摸到床上，见一人朝着里床睡去，脚后却有一堆青钱，便去取了几贯。不想惊觉了刘官人，起来喝道：“你须不近道理！我从丈人家借办得几贯钱来，养身活命，不争你偷了我的去，却是怎的计结[23]！”那人也不回话，照面一拳，刘官人侧身躲过，便起身与这人相持。那人见刘官人手脚活动，便拔步出房。刘官人不舍，抢出门来，一径赶到厨房里。恰待声张邻舍起来捉贼，那人急了，正好没出豁，却见明晃晃一把劈柴斧头，正在手边，也是人急计生，被他绰起一斧[24]，正中刘官人面门，扑地倒了，又复一斧，斫倒一边。眼见得刘官人不活了，呜呼哀哉，伏惟尚飨[25]！那人便道："一不做，二不休，却是你来赶我，不是我来寻你。"索性翻身入房，取了十五贯钱，扯条单被，包裹得停当，拽扎得爽俐，出门，拽上了门就走。不题。

次早邻舍起来，见刘官人家门也不开，并无人声息，叫道："刘官人，失晓了[26]。"里面没人答应。捱将进去，只见门也不关。直到里面，见刘官人劈死在地。"他家大娘子两日前已自往娘家去了，小娘子如何不见？"免不得声张起来。却有昨夜小娘子借宿的邻家朱三老儿说道："小娘子昨夜黄昏时，到我家宿歇，说道刘官人无端卖了他，他一径先到爹娘家里去了。教我对刘官人说，既有了主顾，可同到他爹娘家中，也讨得个分晓。今一面着人去追他转来，便有下落。一面着人去报他大娘子到来，再作区处。"众人都道："说得是！"先着人去到王老员外家报了凶信。老员外与女儿大哭起来，对那人道："昨日好端端出门，老汉赠他十五贯钱，教他将来作本，如何便恁的被人杀了？"那去的人道："好教老员外、大娘子得知，昨日刘官人归时，已自昏黑，吃得半酣，我们都不晓得他有钱没钱，归迟归早。只是今早刘官人家门儿半开，众人推将进去，只见刘官人杀死在地，十五贯钱一文也不见，小娘子也不见踪迹。声张起来，却有左邻朱三老儿出来，说道：'他家小娘子昨夜黄昏时分，借宿他家。小娘子说道：刘官人无端把他典与人了，小娘子要对爹娘说一声。住了一宵，今日径自去了。'如今众人计议，一面来报大娘子与老员外，一面着人去追小娘子。若是半路里追不着的时节，直到他爹娘家中，好歹追他转来，问个明白。老员外与大娘子，须索去走一遭，与刘官人执命[27]。"老员外与大娘子急急收拾起身，管待来人酒饭，三步做一步，赶入城中。不题。

却说那小娘子清早出了邻舍人家，挨上路去，行不上一二里，早是脚疼走不动，坐在路旁。却见一个后生，头带万字头巾，身穿直缝宽衫，背上驮了一个搭膊[28]，里面却是铜钱，脚下丝鞋净袜，一直走上前来。到了小娘子面前，看了一看，虽然没有十二分颜色，却也明眉皓齿，莲脸生春，秋波送媚，好生动人。正是：

野花偏艳目，村酒醉人多。

那后生放下搭膊，向前深深作揖："小娘子独行无伴，却是往那里去的？"小娘子还了万福，道："是奴家要往爹娘家去，因走不上，权歇在此。"因问："哥哥是何处来？今要往何方去？"那后生叉手不离方寸："小人是村里人，因往城中卖了丝帐，讨得些钱，要往褚家堂那边去的。"小娘子道："告哥哥则个[29]，奴家爹娘也在褚家堂左侧。若得哥哥带挈奴家[30]，同走一程，可知是好。"那后生道："有何不可！既如此说，小人情愿伏侍小娘子前去。"两个厮赶着，一路正行，行不到二三里田地，只见后面两个人脚不点地赶上前来，赶得汗流气喘，衣襟敞开。连叫："前面小娘子慢走！我却有话说知。"小娘子与那后生看见赶得蹊跷，都立住了脚。后边两个赶到跟前，见了小娘子与那后生，不容分说，一家扯了一个，说道："你们干得好事！却走往那里去？"小娘子吃了一惊，举眼看时，却是两家邻舍，一个就是小娘子昨夜借宿的主人。小娘子便道："昨夜也须告过公公得知，丈夫无端卖我，我自去对爹娘说知。今日赶来，却有何说？”朱三老道：“我不管闲帐，只是你家里有杀人公事，你须回去对理。”小娘子道：“丈夫卖我，昨日钱已驮在家中，有甚杀人公事？我只是不去。”朱三老道：“好自在性儿，你若真个不去，叫起地方有杀人贼在此，烦为一捉。不然，须要连累我们，你这里地方也不得清净。”那个后生见不是话头，便对小娘子道：“既如此说，小娘子只索回去，小人自家去休[31]！”那两个赶来的邻舍，齐叫起来说道：“若是没有你在此便罢，既然你与小娘子同行同止，你须也去不得！”那后生道：“却也作怪，我自半路遇见小娘子，偶然伴他行一程路儿，却有甚皂丝麻线[32]，要勒掯我同去[33]？”朱三老道：“他家有了杀人公事，不争放你去了，却打没对头官司！”当下不容小娘子和那后生做主。看的人渐渐立满，都道：“后生，你去不得！你日间不作亏心事，半夜敲门不吃惊。便去何妨！”那赶来的邻舍道：“你若不去，便是心虚，我们却和你罢休不得！”四个人只得厮挽着一路转来。

到得刘官人门首，好一场热闹！小娘子入去看时，只见刘官人斧劈倒在地死了，床上十五贯钱分文也不见。开了口合不得，伸了舌缩不上去。那后生也慌了，便道：“我恁的晦气！没来由和那小娘子同走一程，却做了干连人。”众人都和哄着。正在那里分豁不开，只见王老员外和女儿一步一攧走回家来，见了女婿身尸，哭了一声，便对小娘子道：“你却如何杀了丈夫，劫了十五贯钱，逃走出去？今日天理昭然，有何理说！”小娘子道：“十五贯钱委是有的。只是丈夫昨晚回来，说是无计奈何，将奴家典与他人，典得十五贯身价在此，说过今日便要奴家到他家去。奴家因不知他典与甚色样人家，先去与爹娘说知，故此趁他睡了，将这十五贯钱一垛儿堆在他脚后边，拽上门，到朱三老家住了一宵，今早自去爹娘家里说知。临去之时，也曾央朱三老对我丈夫说，既然有了主顾，可同到我爹娘家里来交割[34]。却不知因甚杀死在此？”那大娘子道：“可又来！我的父亲昨日明明把十五贯钱与他驮来作本，养赡妻小，他岂有哄你说是典来身价之理？这是你两日因独自在家，勾搭上了人；又见家中好生不济，无心守耐；又见了十五贯钱，一时见财起意，杀死丈夫，劫了钱。又使见识，往邻舍家借宿一夜，却与汉子通同计较，一处逃走。现今你跟着一个男子同走，却有何理说，抵赖得过！”众人齐声道：“大娘子之言，甚是有理。”又对那后生道：“后生，你却如何与小娘子谋杀亲夫？却暗暗约定在僻静处等候，一同去逃奔他方，却是如何计结？”那人道：“小人自姓崔，名宁，与那小娘子无半面之识。小人昨晚入城，卖得几贯丝钱在这里，因路上遇见小娘子，小人偶然问起往哪里去的，却独自一个行走。小娘子说起是与小人同路，以此作伴同行，却不知前后因依[35]。”众人那里肯听他分说，搜索他搭膊中，恰好是十五贯钱，一文也不多，一文也不少。众人齐发起喊来道：“是天网恢恢，疏而不漏。你却与小娘子杀了人，拐了钱财，盗了妇女，同往他乡，却连累我地方邻里打没头官司！”

当下大娘子结扭了小娘子，王老员外结扭了崔宁，四邻舍都是证见，一哄都入临安府中来。那府尹听得有杀人公事，即便升堂。便叫一干人犯，逐一从头说来。先是王老员外上去，告说：“相公在上，小人是本府村庄人氏，年近六旬，只生一女，先年嫁与本府城中刘贵为妻。后因无子，取了陈氏为妾，呼为二姐。一向三口在家过活，并无片言。只因前日是老汉生日，差人接取女儿、女婿到家，住了一夜。次日，因见女婿家中全无活计，养赡不起，把十五贯钱与女婿作本，开店养身。却有二姐在家看守。到得昨夜，女婿到家时分，不知因甚缘故，将女婿斧劈死了！二姐却与一个后生，名唤崔宁，一同逃走，被人追捉到来。望相公可怜见老汉的女婿，身死不明；奸夫淫妇，赃证现在，伏乞相公明断！”府尹听得如此如此，便叫陈氏上来：“你却如何通同奸夫，杀死了亲夫，劫了钱，与人一同逃走，是何理说？”二姐告道：“小妇人嫁与刘贵，虽是个小老婆，却也得他看承得好，大娘子又贤慧，却如何肯起这片歹心？只是昨晚丈夫回来，吃得半酣，驮了十五贯钱进门。小妇人问他来历，丈夫说道：为因养赡不周，将小妇人典与他人，典得十五贯身价在此。又不通我爹娘得知，明日就要小妇人到他家去。小妇人慌了，连夜出门，走到邻舍家里，借宿一宵。今早一径先往爹娘家去，教他对丈夫说，既然卖我有了主顾，可到我爹妈家里来交割。才走得到半路，却见昨夜借宿的邻家赶来，捉住小妇人回来，却不知丈夫杀死的根由。”那府尹喝道：“胡说！这十五贯钱分明是他丈人与女婿的，你却说是典你的身价，眼见的没巴臂的说话了[36]。况且妇人家如何黑夜行走？定是脱身之计。这桩事须不是你一个妇人家做的，一定有奸夫帮你谋财害命，你却从实说来。”那小娘子正待分说，只见几家邻舍一齐跪上去告道：“相公的言语，委是青天。他家小娘子昨夜果然借宿在左邻第二家的，今早他自去了。小的们见他丈夫杀死，一面着人去赶，赶到半路，却见小娘子和那一个后生同走，苦死不肯回来。小的们勉强捉他转来，却又一面着人去接他大娘子与他丈人，到时，说昨日有十五贯钱付与女婿做生理的。今者女婿已死，这钱不知从何而去。再三问那小娘子时，说道：他出门时，将这钱一堆儿堆在床上。却去搜那后生身边，十五贯钱分文不少。却不是小娘子与那后生通同作奸？赃证分明，却如何赖得过？”府尹听他们言之有理，就唤那后生上来道：“帝辇之下[37]，怎容你这等胡行？你却如何谋了他小老婆，劫了十五贯钱，杀死了他亲夫？今日同往何处？从实招来！”那后生道：“小人姓崔，名宁，是乡村人氏。昨日往城中卖了丝，卖得这十五贯钱。今早偶然路上撞着这小娘子，并不知他姓甚名谁，那里晓得他家杀人公事？”府尹大怒，喝道：“胡说！世间不信有这等巧事！他家失去了十五贯钱，你却卖的丝恰好也是十五贯钱，这分明是支吾的说话了[38]。况且他妻莫爱，他马莫骑，你既与那妇人没甚首尾，却如何与他同行共宿？你这等顽皮赖骨，不打如何肯招？”当下众人将那崔宁与小娘子，死去活来拷打一顿。那边王老员外与女儿并一干邻佑人等，口口声声，咬他二人。府尹也巴不得结了这段公案。拷讯一回，可怜崔宁和小娘子受刑不过，只得屈招了，说是一时见财起意，杀死亲夫，劫了十五贯钱，同奸夫逃走是实。左邻右舍都指画了十字，将两人大枷枷了，送入死囚牢里。将这十五贯钱给还原主，也只好奉与衙门中人做使用，也还不够哩。府尹叠成文案，奏过朝廷，部覆申详，倒下圣旨，说：“崔宁不合奸骗人妻，谋财害命，依律处斩。陈氏不合通同奸夫，杀死亲夫，大逆不道，凌迟示众。”当下读了招状，大牢内取出二人来，当厅判一个斩字，一个剐字，押赴市曹，行刑示众。两人浑身是口，也难分说。正是：

哑子谩尝黄檗味[39]，难将苦口对人言。

看官听说，这段公事，果然是小娘子与那崔宁谋财害命的时节，他两人须连夜逃走他方，怎的又去邻舍人家借宿一宵？明早又走到爹娘家去，却被人捉住了？这段冤枉，仔细可以推详出来。谁想问官糊涂，只图了事，不想捶楚之下，何求不得。冥冥之中，积了阴骘[40]，远在儿孙近在身。他两个冤魂，也须放你不过。所以做官的，切不可率意断狱，任情用刑，也要求个公平明允。道不得个死者不可复生，断者不可复续，可胜叹哉！

闲话休题。却说那刘大娘子到得家中，设个灵位，守孝过日。父亲王老员外劝他转身[41]，大娘子说道："不要说起三年之久，也须到小祥之后[42]。"父亲应允自去。光阴迅速，大娘子在家巴巴结结，将近一年。父亲见他守不过，便叫家里老王去接他来，说："叫大娘子收拾回家，与刘官人做了周年，转了身去罢！"大娘子没计奈何，细思："父言亦是有理。"收拾了包裹，与老王背了，与邻舍家作别，暂去再来。一路出城，正值秋天，一阵乌风猛雨，只得落路，往一所林子去躲，不想走错了路。正是：

猪羊走屠宰之家，一脚脚来寻死路。

走入林子里去，只听他林子背后，大喝一声："我乃静山大王在此！行人住脚，须把买路钱与我。"大娘子和那老王吃那一惊不小，只见跳出一个人来：头带乾红凹面巾，身穿一领旧战袍，腰间红绢搭膊裹肚，脚下蹬一双乌皮皂靴，手执一把朴刀，舞刀前来。那老王该死，便道："你这剪径的毛团[43]！我须是认得你，做这老性命着与你兑了罢！"一头撞去，被他闪过空。老人家用力猛了，扑地便倒。那人大怒道："这牛子好生无礼！"连搠一两刀，血流在地，眼见得老王养不大了。那刘大娘子见他凶猛，料道脱身不得，心生一计，叫做脱空计。拍手叫道："杀得好！"那人便住了手，睁圆怪眼，喝道："这是你甚么人？"那大娘子虚心假气的答道："奴家不幸丧了丈夫，却被媒人哄诱，嫁了这个老儿，只会吃饭。今日却得大王杀了，也替奴家除了一害！"那人见大娘子如此小心，又生得有几分颜色，便问道："你肯跟我做个压寨夫人么？"大娘子寻思，无计可施，便道："情愿伏侍大王。"那人回嗔作喜，收拾了刀杖，将老王尸首撺入涧中。领了刘大娘子到一所庄院前来，甚是委曲。只见大王向那地上，拾些土块，抛向屋上去，里面便有人出来开门。到得草堂之上，分付杀羊备酒，与刘大娘子成亲。两口儿且是说得着。正是：

明知不是伴，事急且相随。

不想那大王自得了刘大娘子之后，不上半年，连起了几主大财，家间也丰富了。大娘子甚是有识见，早晚用好言语劝他："自古道：'瓦罐不离井上破，将军难免阵中亡。'你我两人下半世也够吃用了，只管做这没天理的勾当，终须不是个好结果！却不道是梁园虽好，不是久恋之家。不若改行从善，做个小小经纪，也得过养身活命。"那大王早晚被他劝转，果然回心转意，把这门道路撇了。却去城市间赁下一处房屋，开了一个杂货店。遇闲暇的日子，也时常去寺院中，念佛持斋。忽一日在家闲坐，对那大娘子道："我虽是个剪径的出身，却也晓得冤各有头，债各有主。每日间只是吓骗人东西，将来过日子。后来得有了你，一向买卖顺溜。今已改行从善，闲来追思既往，止曾枉杀了两个人，又冤陷了两个人，时常挂念，思欲做些功德，超度他们，一向未曾对你说知。”大娘子便道：“如何是枉杀了两个人?”那大王道：“一个是你的丈夫，前日在林子里的时节，他来撞我，我却杀了他。他须是个老人家，与我往日无仇，如今又谋了他老婆，他死也是不甘心的。”大娘子道：“不恁地时，我却那得与你厮守？这也是往事，休题了!”又问：“杀那一个，又是甚人?”那大王道：“说起来这个人，一发天理上放不过去，且又带累了两个人，无辜偿命。是一年前，也是赌输了，身边并无一文，夜间便去掏摸些东西。不想到一家门首，见他门也不闩，推进去时，里面并无一人。摸到门里，只见一人醉倒在床，脚后却有一堆铜钱，便去摸他几贯。正待要走，却惊醒了。那人起来说道：这是我丈人家与我做本钱的，不争你偷去了，一家人口都是饿死。起身抢出房门，正待声张起来。是我一时见他不是话头，却好一把劈柴斧头在我脚边，这叫做人急计生，绰起斧来，喝一声道：‘不是我，便是你。’两斧劈倒。却去房中将十五贯钱，尽数取了。后来打听得他，却连累了他家小老婆，与那一个后生，唤做崔宁，说他两人谋财害命，双双受了国家刑法。我虽是做了一世强人，只有这两桩人命，是天理人心打不过去的！早晚还要超度他，也是该的。”那大娘子听说，暗暗地叫苦：“原来我的丈夫也吃这厮杀了，又连累我家二姐与那个后生无辜被戮。思量起来，是我不合当初执证他两人偿命。料他两人阴司中，也须放我不过。”当下权且欢天喜地，并无他说。明日捉个空，便一径到临安府前，叫起屈来。那时换了一个新任府尹，才得半月。正值升厅，左右捉将那叫屈的妇人进来。刘大娘子到于阶下，放声大哭。哭罢，将那大王前后所为：怎的杀了我丈夫刘贵，问官不肯推详，含糊了事，却将二姐与那崔宁，朦胧偿命。后来又怎的杀了老王，奸骗了奴家。今日天理昭然，一一是他亲口招承。伏乞相公高抬明镜，昭雪前冤！说罢又哭。府尹见他情词可悯，即着人去捉那静山大王到来，用刑拷讯，与大娘子口词一些不差。即时问成死罪，奏过官里。待六十日限满，倒下圣旨来：“勘得静山大王谋财害命，连累无辜。准律：杀一家非死罪三人者，斩加等，决不待时。原问官断狱失情，削职为民。崔宁与陈氏枉死可怜，有司访其家，谅行优恤。王氏既系强徒威逼成亲，又有伸雪夫冤，着将贼人家产，一半没入官，一半给与王氏养赡终身。”刘大娘子当日往法场上，看决了静山大王，又取其头去祭献亡夫，并小娘子及崔宁，大哭一场。将这一半家私，舍入尼姑庵中，自己朝夕看经念佛，追荐亡魂，尽老百年而终。有诗为证：

善恶无分总丧躯，只因戏语酿殃危。劝君出话须诚实，口舌从来是祸基。

①本篇选自冯梦龙《醒世恒言》第33卷，原题《十五贯戏言成巧祸》，题下作者注曰：“宋本作《错斩崔宁》。” ②懵懂（méng dǒng）：糊涂，昏昧。 ③蚩蚩蠢蠢：愚昧。 ④颦有为颦，笑有为笑：愁眉苦脸有它的原因，笑有笑的原因。 ⑤德胜头回：即话本小说的入话。又名“得胜利市头回”，因听众多为军人市民，故冠以吉语。头回，当即冒头的一回之意（鲁迅语）。 ⑥选场：考场。 ⑦书程：书是信函，程是行李。 ⑧直恁（nèn）：竟然如此。⑨甫能：刚刚。 ⑩同年：科举时同在一榜考上进士的人。 ⑪风闻：传闻。言事：向皇帝

奏文。 ⑫清要之职：指地位高，职务重要的官职。 ⑬蹭蹬（cèng dēng）：比喻失意潦倒。 ⑭撒满：挥霍阔绰。 ⑮时乖运蹇（jiǎn）：时运不济。 ⑯运限：运气。 ⑰须索：一定。 ⑱赉（lài）助：赠送，帮助。 ⑲李存孝：唐末李克用部将，后遭车裂而死。 ⑳彭越：汉初诸侯王为刘邦所杀。 ㉑款款：慢慢的。 ㉒出豁：找出解决问题的办法。 ㉓计结：结局。 ㉔绰（chāo）起：抓起、抄起。 ㉕呜呼哀哉，伏惟尚飨：旧时祭文，末尾多用这两句话作结，这里借指刘贵死了。 ㉖失晓：天亮了。 ㉗执命：偿命。 ㉘搭膊：挂在肩上的袋子。 ㉙则个：句后加强语气的助词。 ㉚带挈：带领。 ㉛休：罢了。 ㉜皂丝麻线：比喻纠葛，牵连。 ㉝勒揹（kèn）：强迫。 ㉞交割：移交，这里指处理买卖关系。 ㉟因依：原因。 ㊱巴臂：依据、凭据。 ㊲帝辇之下：指京城。 ㊳支吾：搪塞。 ㊴黄檗（bò）：亦称黄柏，树皮可入药，味苦。 ㊵阴骘（zhì）：阴德。 ㊶转身：改嫁。 ㊷小祥：服丧满一周年叫小祥。 ㊸剪径：盗匪打劫。

这篇小说主要用了巧与错的技巧。

“巧”，是宋元话本注重趣味性，通过虚构离奇的情节以吸引读者的噱头。一巧：刘贵从丈人处得来十五贯；二巧：崔宁亦有十五贯；三巧：陈二娘偏在刘贵死后遇见崔宁并与之同路；四巧：刘大娘恰好与杀夫贼人成亲。一系列偶然性情节的设置，把故事推向高潮。

“错”，临安府尹不问青红皂白，刑讯逼供，使涉嫌杀人的陈二娘、崔宁屈打成招，酿成冤案，揭露了官府的苛暴与草菅人命。

小说故事情节曲折动人，结构线索单纯，语言朴实，并穿插说书艺人的议论等，具有浓厚的民间文学色彩。

元好问

摸鱼儿

太和五年乙丑岁①，赴试并州②，道逢捕雁者云："今日获一雁，杀之矣。其脱网者悲鸣不能去，竟自投于地而死。"予因买得之，葬之汾水之上，累石为识，号曰"雁丘"。时同行多为赋诗，予亦有雁丘词。旧所作无宫商，今改定之。

问世间、情为何物，直教生死相许？天南地北双飞客，老翅几回寒暑。欢乐趣，离别苦，就中更有痴儿女。君应有语，渺万里层云，千山暮景，只影向谁去？

横汾路，寂寞当年箫鼓③。荒烟依旧平楚④。招魂楚些何嗟及⑤，山鬼暗啼风雨⑥。天也妒，未信与，莺儿燕子俱黄土。千秋万古，为留待骚人，狂歌痛饮，来访雁丘处。

①太和五年乙丑岁：即1205年，时作者16岁。太和，金章宗年号。 ②并州：今山西太原。 ③"横汾路"二句：汉武帝刘彻于元鼎四年（前113）秋巡幸河东祭祀后土，著有《秋风辞》，中有"泛楼船兮济汾河，横中流兮扬素波，箫鼓鸣兮发棹歌"等语。 ④平楚：平林。楚，丛生的灌木。明杨慎《升庵诗话》："登高望远，见杪如平地，故云平楚。" ⑤招魂：《楚辞》篇名。王逸以为宋玉所作，以招屈原魂魄。楚些：《招魂》中句尾多用"些"字，为楚人咒语用字，故称。 ⑥"山鬼"句：化用《楚辞·九歌·山鬼》"东风飘兮神灵雨"诗意。

本词为金词中的名篇，古今诗歌中讴歌爱情的佳作可谓多矣，本篇独特之处在于通过殉情的大雁去描写爱情，从而写出了情在天地间的普遍和深刻。语言极富特色，上阕为精练之极的口语，下阕多用典故而不滞，将读者引入愈加深刻的审美层次。开篇"问世间、情为何物，直教生死相许"可谓吟诵爱情的不朽名句。

宋张炎《词源》："妙在模写情态，立意高远。"

清许昂霄《词综偶评》："绵至之思，一往而深，读之令人低徊欲绝。"

董解元

西厢记诸宫调

小亭送别[①]

后数日，生行。夫人及莺送于道，法聪与焉。经于蒲西十里小亭置酒。悲欢离合一尊酒，南北东西十里程。

【大石调】［玉翼蝉］蟾宫客[②]，赴帝阙[③]，相送临郊野。恰俺与莺莺，鸳帏暂相守，被功名使人离缺。好缘业[④]，空悒怏[⑤]，频嗟叹，不忍轻离别。早是恁凄凄凉凉[⑥]，受烦恼，那堪值暮秋时节！雨儿乍歇，向晚风如漂洌[⑦]，那闻得衰柳蝉鸣凄切！未知今日别后，何时重见也。衫袖上盈盈，揾泪不绝[⑧]。幽恨眉峰暗结，好难割舍，纵有千种风情，何处说？

【尾】莫道男儿心如铁，君不见满川红叶，尽是离人眼中血！

【越调】［上平西缠令］景萧萧，风淅淅，雨霏霏，对此景怎忍分离？仆人催促，雨停风息日平西。断肠何处唱《阳关》[⑨]，执手临歧[⑩]。蝉声切，蛩声细[⑪]，角声韵，雁声悲，望去程依约天涯。且休上马，苦无多泪与君垂。此际情绪，你争知，更说甚湘妃[⑫]！

【斗鹌鹑】嘱付情郎："若到帝里[⑬]，帝里酒酽花秾[⑭]，万般景媚。休取次共别人[⑮]，便学连理[⑯]。少饮酒，省游戏，记取奴言语，必登高第。专听着伊家[⑰]，好消好息；专等着伊家，宝冠霞帔[⑱]。妾守空闺，把门儿紧闭。不拈丝管，罢了梳洗。你咱是必把音书频寄[⑲]。"

【雪里梅】"莫烦恼，莫烦恼！放心地，放心地！是必是必，休恁做病做气[⑳]。""俺也不似别的，你情性俺都识。临去也，临去也！且休去，听俺劝伊。"

【错煞】"我郎休怪强牵衣，问你西行几日归？着路里小心呵，且须在意。省可里晚眠早起[㉑]，冷茶饭莫吃，好将息[㉒]，我倚着门儿专望你。"

生与莺莺难别。夫人劝曰："送君千里，终有一别。"

【仙吕调】［恋香衾］冉冉征尘动行陌，杯盘取次安排。三口儿连法聪外，更无别客。鱼水似夫妻正美满，被功名等闲离拆。然终须相见[㉓]，奈时下难捱。君瑞啼痕污了衫袖，莺莺粉泪盈腮。一个止不定长吁，一个顿不开眉黛。君瑞道："闺房里保重。"莺莺道："途路上宁耐[㉔]。"两边的心绪，一样的愁怀。

【尾】仆人催促怕晚了天色，柳堤儿上把瘦马儿连忙解。夫人好毒害，道："孩儿每回取个坐车儿来[㉕]。"

生辞。夫人及聪皆曰："好行！"夫人登车，生与莺别。

【大石调】［蓦山溪］离筵已散，再留恋应无计。烦恼的是莺莺，受苦的是清河君瑞。头西下控着马，东向驭坐车儿[26]。辞了法聪，别了夫人。把樽俎收拾起[27]，临上马，还把征鞍倚。低语使红娘，更告一盏以为别礼[28]。莺莺君瑞，彼此不胜愁，厮觑者[29]，总无言，未饮心先醉。

【尾】满斟离杯，长出口儿气，比及道得个"我儿将息"[30]，一盏酒里，白泠泠的滴彀半盏儿泪。

夫人道："教郎上路，日色晚矣！"莺啼哭，又赋诗一首赠郎。诗曰："弃置今何道，当时且自亲，还将旧来意，怜取眼前人[31]。"

【黄钟宫】［出队子］最苦是离别，彼此心头难弃舍。莺莺哭得似痴呆，脸上啼痕都是血，有千种恩情何处说？

夫人道："天晚教郎疾去。"怎耐红娘心似铁，把莺莺扶上七香车[32]。君瑞攀鞍空自攧，道得个"冤家宁耐些"。

【尾】马儿登程，坐车儿归舍；马儿往西行，坐车儿往东拽；两口儿一步儿离得远如一步也。

【仙吕调】［点绛唇缠令］美满生离，据鞍兀兀离肠断[33]。旧欢新宠，变作高唐梦[34]。回首孤城，依约青山拥。西山送，戍楼寒重，初品梅花弄[35]。

【瑞莲儿】衰草萋萋一径通，丹枫索索满林红。平生踪迹无定着，如断蓬。听塞鸿，哑哑的飞过暮云重。

【风吹荷叶】忆得枕鸳衾凤，今宵管半壁儿没用[36]。触目凄凉千万种。见滴流流的红叶，淅零零的微雨，率剌剌的西风[37]。

【尾】驴鞭半袅[38]，吟肩双耸，休问离愁轻重，向个马儿上驼也驼不动。离蒲西行三十里，日色晚矣，野景堪画。

【仙吕调】［赏花时］落日平林噪晚鸦，风袖翩翩催瘦马，一径入天涯。荒凉古岸，衰草带霜滑。瞥见个孤林端入画[39]，篱落萧疏带浅沙，一个老大伯捕鱼虾。横桥流水，茅舍映荻花[40]。

【尾】驼腰的柳树上有渔槎[41]，一竿风旆茅檐上挂[42]。淡烟潇洒，横锁着两三家。

①小亭送别：节选自《董西厢》卷六，白马解围后，崔母赖婚。在红娘的热心帮助下，张生和莺莺得以在西厢幽会，后被崔母识破。但木已成舟，崔母只得允婚，但同时又迫张生入京赴考，于是情节激转为小亭送别，成为作品的高潮。　②蟾宫客：指张生。科举时代把科考得中比为"蟾宫折桂"，蟾宫即月宫。　③帝阙：宫门，代指京城。　④缘业：佛教用语，意指前生注定的姻缘。　⑤悒（yì）快：郁闷不愉。　⑥早是：已是。恁：如此，那样。　⑦"向晚风"句：是说傍晚的风吹得很寒凉。漂，同"飘"，指风吹。　⑧揾泪：拭泪。　⑨《阳关》：唐王维《送元二使安西》诗，入乐为送别曲，末句"西出阳关无故人"，反复诵唱谓之《阳关三叠》。　⑩临歧：面对旁出的路，指分别。　⑪蛩（qióng）：蟋蟀。　⑫湘妃：传说帝尧二女娥皇、女英同为舜妃，舜死于苍梧之野。二女溺于湘水，为湘水之神，称湘妃。二妃当时所泣，化为竹上斑痕。此处以湘妃的离愁自喻。　⑬帝里：指京城。　⑭酒酽花秾：酒味醇厚，花儿艳丽。秾，同"浓"。　⑮取次：随便，胡乱。　⑯连理：两树根不同而枝叶

相连，常用以喻恩爱夫妻。白居易《长恨歌》："在天愿作比翼鸟，在地愿为连理枝。" ⑰伊家：你家。家，语助词。 ⑱宝冠霞帔：古代有品级的妇女所穿用的衣服。 ⑲你咱：你。咱，语助词。 ⑳休恁做病做气：不要这样找病惹气。 ㉑省可里：休要。里，语助词。㉒将息：保养。 ㉓然终须相见：虽然终究能够相见。 ㉔宁耐：忍耐。 ㉕孩儿每：孩儿们。 ㉖"头西下控着马"二句：意为马夫拉着张生的马朝西站立，车夫套着莺莺的车向东停着。 ㉗樽俎（zǔ）：古代盛酒肉的器皿。 ㉘更告一盏以为别礼：请再敬一杯以表离别的敬意。 ㉙厮觑者：彼此注视着。 ㉚比及：等到。 ㉛"弃置今何道"四句：在元稹《莺莺传》中是莺莺为谢绝张生而作。 ㉜七香车：古代的一种华丽车子，用多种香料涂饰。卢照邻《长安古意》："青牛白马七香车。" ㉝兀兀：形容因伤离而六神无主的样子。 ㉞高唐梦：男女欢会的梦，典出宋玉《高唐赋》。 ㉟梅花弄：唐代著名笛曲。 ㊱半壁儿：半儿，大半儿。 ㊲率剌剌：形容风声。 ㊳袅：摇动，摇曳。 ㊴端："端的"的省词，真的，确实。 ㊵荻：一种类似芦苇的水生植物，秋季开白色絮花。 ㊶渔槎（chá）：渔筏子。槎，木筏。 ㊷风旆（pèi）：指在风中悬挂的酒旗。

在《西厢记》故事发展的历程中，《西厢记诸宫调》是一个重要的里程碑，是王实甫杂剧《西厢记》产生的直接基础。而且，二者孰优孰劣一直是明清曲论家争论的一个话题，成就之高可见一斑。《小亭送别》详尽细致地描述了莺莺与张生难分难舍的恋情和别离的痛苦，并进一步揭示出了他们被迫分离的原因。"鱼水似夫妻正美满，被功名等闲离折"，问题不仅在于老夫人，而且在于整个社会的功名思想和等级观念。作者充分渲染了暮秋各种凄凉的景色，鲜明如画，进一步丰富了传统文学中悲秋和伤别的意绪。心理刻画细腻丰富，语言雅而不滞，俚而不俗。与王实甫《西厢记》相区别的是，本篇为说唱文学的叙述体，不同于杂剧从莺莺视角出发的代言体。

明胡应麟《少室山房笔丛》："《西厢记》虽出唐人《莺莺传》，实本董解元。董曲今尚行世，精工巧丽，备极才情，而字字本色，言言古意，当是古今传奇鼻祖。金人一代文献尽此矣！"

部分

元代

刘秉忠

〔南吕·干荷叶〕

干荷叶，色苍苍[1]，老柄风摇荡[2]。减了清香，越添黄。都因昨夜一场霜，寂寞在秋江上。

①苍苍：灰褐色。 ②老柄：指败荷的干枯的枝柄。

这首小令因题起意，即物取喻，描写了秋江干荷叶在风霜摧残下的萧条冷落，表达了生命经历繁华之后，临近枯萎的悲凉意绪与寂寥心境。元人习语以“干荷叶”喻男女失偶，则此曲犹有民歌余意，而笔调深沉，意境苍凉，显示了元代早期文人曲质朴天然的美学风貌。

杨慎《词品》卷一《干荷叶》论刘秉忠语：“其曲凄恻感慨，千古寡合也。”

关汉卿

〔南吕·一枝花〕不伏老

攀出墙朵朵花，折临路枝枝柳[①]；花攀红蕊嫩，柳折翠条柔，浪子风流[②]。凭着我折柳攀花手，直煞得花残柳败休。半生来折柳攀花，一世里眠花卧柳[③]。

【梁州】我是个普天下郎君领袖[④]，盖世界浪子班头[⑤]。愿朱颜不改常依旧。花中消遣，酒内忘忧。分茶攧竹[⑥]，打马藏阄[⑦]，通五音六律滑熟[⑧]，甚闲愁到我心头？伴的是银筝女、银台前理银筝、笑倚银屏[⑨]，伴的是玉天仙、携玉手并玉肩、同登玉楼[⑩]，伴的是金钗客、歌《金缕》捧金樽、满泛金瓯[⑪]。你道我老也，暂休；占排场风月功名首[⑫]，更玲珑又剔透[⑬]。我是个锦阵花营都帅头[⑭]，曾玩府游州。

【隔尾】子弟每是个茅草冈、沙土窝初生的兔羔儿、乍向围场上走[⑮]；我是个经笼罩、受索网、苍翎毛老野鸡、蹅踏的阵马儿熟[⑯]。经了些窝弓冷箭蜡枪头[⑰]，不曾落人后。恰不道人到中年万事休[⑱]，我怎肯虚度了春秋。

【尾】我是个蒸不烂、煮不熟、捶不匾、炒不爆、响珰珰一粒铜豌豆[⑲]，恁子弟每谁教你钻入他锄不断、斫不下、解不开、顿不脱、慢腾腾千层锦套头[⑳]。我玩的是梁园月[㉑]，饮的是东京酒[㉒]，赏的是洛阳花[㉓]，攀的是章台柳[㉔]，我也会围棋、会蹴踘[㉕]、会打围[㉖]、会插科[㉗]、会歌舞、会吹弹、会咽作[㉘]、会吟诗、会双陆[㉙]。你便是落了我牙、歪了我嘴、瘸了我腿、折了我手，天赐与我这几般儿歹症候[㉚]，尚兀自不肯休[㉛]。则除是阎王亲自唤，神鬼自来勾，三魂归地府，七魄丧冥幽[㉜]；天哪，那其间才不向烟花路儿上走。

①出墙花、临路柳：均指娼妓。 ②浪子风流：指有才气、不拘礼法的文人士子行为放荡不检。 ③一世里：一辈子。眠花卧柳：指整日沉溺声色的生活。 ④郎君：原指贵家子弟，元曲中往往指嫖客。 ⑤班头：头目，首领。 ⑥分茶：古代茶道，把茶均匀地分注在小杯里待客，带有某种游戏娱乐的性质。攧（dié）竹：画竹。 ⑦打马：古代博戏，略似弹棋，用铜、象牙等圆牌，共54枚，上刻良马名字，以骰子掷打决胜负。藏阄（jiū）：游戏名，始于汉代，以是否能猜中对方手中所握物品的名称或数目定输赢。 ⑧五音六律：泛指音乐。 ⑨银筝女：擅长弹奏古筝的艺妓。银台：指梳妆镜台。银屏：屏风。这句都用“银”字嵌入词中修饰，除了强调洁白如玉的意思外，主要是为了和下句都用“玉”、“金”字对应。 ⑩玉天仙：与银筝女、金钗客同，指妓女。 ⑪《金缕》：即《金缕曲》，唐代曲子名。金樽、金瓯：均指名贵酒器。 ⑫占排场风月功名首：在风月排场中占居首位。 ⑬更玲珑又剔透：形容既聪明又灵活。 ⑭锦阵花营：指倡妓优伶队伍。都帅头：总头领。 ⑮兔羔儿：比喻有经验的年轻嫖客。围场：打猎场所。 ⑯阵马儿熟：指熟悉情况，有对付的经验。 ⑰窝弓冷箭：伏弩、暗箭，这里指暗算。蜡枪头：光亮而不锋利的枪头，喻中看不中用。 ⑱恰

不道：犹“常言道”。 ⑲铜豌豆：元代妓院中称老嫖客为“铜豌豆”或“铁豌豆”。 ⑳锦套头：软手段，圈套。 ㉑梁园：原为汉代梁孝王所建，在今河南商丘东。这里泛指名园。 ㉒东京：指开封，又称汴京，北宋国都。 ㉓洛阳花：洛阳多花，尤以牡丹著名。这里用来比喻妓女。 ㉔章台柳：泛指妓女，典出唐传奇《柳氏传》 ㉕蹴踘：古代踢球游戏。 ㉖打围：打猎。 ㉗插科：插科打诨，说笑话逗趣。 ㉘咽作：唱歌。 ㉙双陆：古代一种类似下棋的游戏。 ㉚歹症候：坏毛病。 ㉛兀自：还，仍旧。 ㉜冥幽：地府，阴间。

本篇是关汉卿用散曲的形式所作的自画像。作者总结和概括了自己半生书会才人的生活经历，以夸张的手法塑造了一个风流浪子同时也是封建礼教叛逆者的形象。作者毫不讳言自己性好眠花卧柳，反而公然以“普天下郎君领袖，盖世界浪子班头”自豪，并且斩钉截铁地向世人宣布，这些坏毛病自己死不改悔。这是一种对传统和世俗的公然挑战和彻底叛逆，是对修身、齐家、治国、平天下这一中国古代知识分子准则的根本反叛，反映了作者明为玩世不恭、实则愤世嫉俗的精神风貌，同时也反映了在元代特定历史条件下，传统文人世俗化倾向的加剧。此曲语言上多用排比句和长句式，极富表现力。无论从思想上还是从艺术上，本篇都是中国诗歌史上前所未有的杰作，也是探讨元代文人心态的极其宝贵的资料。

明朱权《太和正音谱》：“关汉卿之词，如琼筵醉客。”

窦娥冤

第三折

（外扮监斩官上[①]，云）下官监斩官是也。今日处决犯人，着做公的把住巷口，休放往来人闲走。（净扮公人，鼓三通、锣三下科）（刽子磨旗[②]、提刀，押正旦带枷上）（刽子云）行动些，行动些，监斩官去法场上多时了。（正旦唱）

【正宫端正好】没来由犯王法，不提防遭刑宪，叫声屈动地惊天！顷刻间游魂先赴森罗殿，怎不将天地也生埋怨。

【滚绣球】有日月朝暮悬，有鬼神掌着生死权。天地也只合把清浊分辨，可怎生糊突了盗跖颜渊：为善的受贫穷更命短，造恶的享富贵又寿延。天地也，做得个怕硬欺软，却原来也这般顺水推船。地也，你不分好歹何为地？天也，你错勘贤愚枉做天[③]！哎，只落得两泪涟涟。

（刽子云）快行动些，误了时辰也。（正旦唱）

【倘秀才】则被这枷纽的我左侧右偏，人拥的我前合后偃，我窦娥向哥哥行有句言[④]。（刽子云）你有甚么话说？（正旦唱）前街里去心怀恨，后街里去死无冤，休推辞路远。

（刽子云）你如今到法场上面，有甚么亲眷要见的，可教他过来，见你一面也好。（正旦唱）

【叨叨令】可怜我孤身只影无亲眷，则落得吞声忍气空嗟怨。（刽子云）难道你爷娘家也没的？（正旦云）止有个爹爹，十三年前上朝取应去了，至今杳无音信。（唱）蚤已是十年多不睹爹爹面。（刽子云）你适才要我往后街里去，是什么主意？（正旦唱）怕则怕前街里被我婆婆见。（刽子云）你的性命也顾不得，怕他见怎的？（正旦云）俺婆婆若见我披枷带锁赴法场餐刀去呵，（唱）枉将他气杀也么哥，枉将他气杀也么哥[5]。告哥哥，临危好与人行方便！

（卜儿哭上科，云）天那，兀的不是我媳妇儿！（刽子云）婆子靠后。（正旦云）既是俺婆婆来了，叫他来，待我嘱付他几句话咱。（刽子云）那婆子，近前来，你媳妇要嘱付你话哩。（卜儿云）孩儿，痛杀我也！（正旦云）婆婆，那张驴儿把毒药放在羊肚儿汤里，实指望药死了你，要霸占我为妻。不想婆婆让与他老子吃，倒把他老子药死了。我怕连累婆婆，屈招了药死公公，今日赴法场典刑。婆婆，此后遇着冬时年节，月一十五，有瀽不了的浆水饭[6]，瀽半碗儿与我吃；烧不了的纸钱，与窦娥烧一陌儿[7]。则是看你死的孩儿面上！（唱）

【快活三】念窦娥葫芦提当罪愆，念窦娥身首不完全，念窦娥从前已往干家缘；婆婆也，你只看窦娥少爷无娘面。

【鲍老儿】念窦娥伏侍婆婆这几年，遇时节将碗凉浆奠；你去那受刑法尸骸上烈些纸钱[8]，只当把你亡化的孩儿荐。（卜儿哭科，云）孩儿放心，这个老身都记得。天那，兀的不痛杀我也！（正旦唱）婆婆也，再也不要啼啼哭哭，烦烦恼恼，怨气冲天。这都是我做窦娥的没时没运，不明不暗，负屈衔冤。

（刽子做喝科，云）兀那婆子靠后，时辰到了也。（正旦跪科）（刽子开枷科）（正旦云）窦娥告监斩大人，有一事肯依窦娥，便死而无怨。（监斩官云）你有甚么事？你说。（正旦云）要一领净席，等我窦娥站立；又要丈二白练，挂在旗枪上：若是我窦娥委实冤枉，刀过处头落，一腔热血休半点儿沾在地下，都飞在白练上者。（监斩者云）这个就依你，打甚么不紧。（刽子做取席站科，又取白练挂旗上科）（正旦唱）

【耍孩儿】不是我窦娥罚下这等无头愿，委实的冤情不浅。若没些儿灵圣与世人传，也不见得湛湛青天。我不要半星热血红尘洒，都只在八尺旗枪素练悬。等他四下里皆瞧见，这就是咱苌弘化碧[9]，望帝啼鹃[10]。

（刽子云）你还有甚的说话，此时不对监斩大人说，几时说那？（正旦再跪科，云）大人，如今是三伏天道，若窦娥委实冤枉，身死之后，天降三尺瑞雪，遮掩了窦娥尸首。（监斩官云）这等三伏天道，你便有冲天的怨气，也召不得一片雪来，可不胡说！（正旦唱）

【二煞】你道是暑气暄，不是那下雪天；岂不闻飞霜六月因邹衍[11]？若果有一腔怨气喷如火，定要感的六出冰花滚似绵，免着我尸骸现；要甚么素车白马，断送出古陌荒阡！

（正旦再跪科，云）大人，我窦娥死的委实冤枉，从今以后，着这楚州亢旱三年[12]！（监斩官云）打嘴！那有这等说话！（正旦唱）

【一煞】你道是天公不可期，人心不可怜，不知皇天也肯从人愿。做甚么三年不见甘霖降？也只为东海曾经孝妇冤[13]。如今轮到你山阳县。这都是官吏每无心正法，使百姓有口难言。

（刽子做磨旗科，云）怎么这一会儿天色阴了也？（内做风科，刽子云）好冷风也！（正旦唱）

【煞尾】浮云为我阴，悲风为我旋，三桩儿誓愿明题遍。（做哭科，云）婆婆也，直等待雪飞六月，亢旱三年呵，（唱）那其间才把你个屈死的冤魂这窦娥显。

（刽子做开刀，正旦倒科）（监斩官惊云）呀，真个下雪了，有这等异事！（刽子云）我也道平日杀人，满地都是鲜血，这个窦娥的血都飞在那丈二白练上，并无半点落地，委实奇怪。（监斩官云）这死罪必有冤枉。早两桩儿应验了，不知亢旱三年的说话，准也不准？且看后来如何。左右，也不必等待雪晴，便与我抬他尸首，还了那蔡婆婆去罢。（众应科，抬尸下）

①外：外末的省称，指正末以外的次要角色。 ②磨旗：挥动旗子开路。 ③错勘：错判。 ④行（háng）：表处所的语助词，一般用在人称代词后面。 ⑤也么哥：语尾助词，无义。 ⑥瀽（jiǎn）：倾，倒。 ⑦一陌儿：一百张或一串。陌，通“百”。 ⑧烈：焚烧。 ⑨苌弘化碧：苌弘，传说中周朝的忠臣。碧，青绿色的美石。《庄子·外物》：“苌弘死于蜀。藏其血，三年而化为碧。” ⑩望帝啼鹃：望帝是传说中的蜀王，他在被逼传位给臣子后化成杜鹃，日夜悲啼，事见《华阳国志·蜀志》。 ⑪飞霜六月因邹衍：传说燕惠王时邹衍蒙冤，夏五月而天降霜，事见《太平御览》卷十四引《淮南子》。 ⑫亢旱：大旱，久旱。 ⑬东海曾经孝妇冤：相传汉代东海郡寡妇周青，事婆婆甚孝。婆婆为不拖累媳妇，自缢而死。小姑诬告其杀死婆婆。郡守不察，判其死刑。周青死后，东海郡连续三年大旱。后任郡守查明冤案，天方降雨。事见《汉书·于定国传》。

第三折是全剧的高潮，写窦娥临刑前与婆婆的泣别和对官吏贪赃枉法的控诉。面对孤苦的婆婆，善良质朴的窦娥给予了无微不至的关怀；面对死亡，这个负屈衔冤的弱女子迸发出了最为惊心动魄的生命光彩。她叱天责地，鸣冤设誓，这是一个弱女子对命运的不屈抗争，对黑暗社会的奋勇反击。剧中充溢于字里行间的凄惨、悲壮的艺术美，给人的心灵以强烈的震撼与洗涤。

明孟称舜《古今名剧合选·酹江集·窦娥冤批语》：“《窦娥冤》剧词调快爽，神情悲吊，尤关之铮铮者也。”

王国维《宋元戏曲史》：“其最有悲剧之性质者，则如关汉卿之《窦娥冤》、纪君祥之《赵氏孤儿》，剧中虽有恶人交构其间，而其赴汤蹈火者，仍出于其主人翁之意志，即列之于世界大悲剧中，亦无愧色也。”

单 刀 会

第 四 折

（鲁肃上，云）欢来不似今朝，喜来那逢今日。小官鲁子敬是也。我使黄文持书去请关公，欣喜许今日赴会，荆襄地合归还俺江东。英雄甲士已暗藏壁衣之后，令人江上相候，见船到便来报我知道。（正末关公引周仓上，云）周仓，将到那里也？（周云）来到大江中流也。（正末云）看了这大江，是一派好水也呵！（唱）

【双调新水令】大江东去浪千叠，引着这数十人驾着这小舟一叶。又不比九重龙凤阙，可正是千丈虎狼穴。大丈夫心别，我觑这单刀会似赛村社。

（云）好一派江景也呵！（唱）

【驻马听】水涌山叠，年少周郎何处也？不觉的灰飞烟灭，可怜黄盖转伤嗟。破曹的樯橹一时绝，鏖兵的江水犹然热，好教我情惨切！（云）这也不是江水，（唱）二十年流不尽的英雄血！

（云）却早来到也，报复去。（卒报科）（做相见科）（鲁云）江下小会，酒非洞里之长春[①]，乐乃尘中之菲艺[②]，猥劳君侯屈高就下[③]，降尊临卑，实乃鲁肃之万幸也。（正云）量某有何德能，着大夫置酒张筵，既请必至。（鲁云）黄文，将酒来。二公子满饮一杯。（正云）大夫饮此杯。（把盏科）（正云）想古今咱这人过日月好疾也呵！（鲁云）过日月是好疾也。光阴似骏马加鞭，浮世似落花流水。（正唱）

【胡十八】想古今立勋业，那里也舜五人、汉三杰？两朝相隔数年别，不付能见者，却又早老也。开怀的饮数杯，（云）将酒来。（唱）尽心儿待醉一夜。

（把盏科）（正末云）你知"以德报德，以直报怨"么？（鲁云）既然将军言"以德报德，以直报怨"，借物不还者谓之怨。想君侯文武全才，通练兵书，习《春秋》、《左传》，济拔颠危，匡扶社稷，可不谓之仁乎？待玄德如骨肉，觑曹操若仇雠，可不谓之义乎？辞曹归汉，弃印封金，可不谓之礼乎？坐服于禁，水淹七军，可不谓之智乎？且将军仁义礼智俱足，惜乎止少个信字，欠缺未完。再若得全个信字，无出君侯之右也。（正末云）我怎生失信？（鲁云）非将军失信，皆因令兄玄德公失信。（正末云）我哥哥怎生失信来？（鲁云）想昔日玄德公败于当阳之上，身无所归，因鲁肃之故，屯军三江夏口。鲁肃又与孔明同见我主公，即日兴师拜将，破曹兵于赤壁之间。江东所费巨万，又折了首将黄盖。因将军贤昆玉无尺寸地[④]，暂借荆州以为养军之资；数年不还。今日鲁肃低情曲意，暂取荆州，以为救民之急；待仓廪丰盈，然后再献与将军掌领。鲁肃不敢自专，君侯台鉴不错[⑤]。（正末云）你请我吃筵席来那，是索荆州来？（鲁云）没、没、没，我则这般道。孙、刘结亲，以为唇齿，两国正好和谐。（正末唱）

【庆东原】你把我真心儿待，将筵宴设，你这般攀今览古，分甚枝叶？我根前使不着你"之乎者也"、"诗云子曰"，早该豁口截舌[⑥]！有意说孙刘，你休目下翻成吴越！

（鲁云）将军原来傲物轻信[⑦]！（正末云）我怎么傲物轻信？（鲁云）当日孔明亲言：破曹之后，荆州即还江东。鲁肃亲为代保。不思旧日之恩，今日恩变为仇，犹自说"以德报德，以直报怨"。圣人道："信近于义，言可复也。"去食去兵，不可去信[⑧]。"大车无輗，小车无軏，其何以行之哉[⑨]？"今将军全无仁义之心，枉作英雄之辈。荆州久借不还，却不道"人无信不立！"（正末云）鲁子敬，你听的这剑界么[⑩]？（鲁云）剑界怎么？（正末云）我这剑界，头一遭诛了文丑，第二遭斩了蔡阳，鲁肃呵，莫不第三遭到你也？（鲁云）没、没，我则这般道来。（正末云）这荆州是谁的？（鲁云）这荆州是俺的。（正末云）你不知，听我说。（唱）

【沉醉东风】想着俺汉高皇图王霸业，汉光武秉正除邪，汉王允将董卓诛，汉皇叔把温侯灭，俺哥哥合情受汉家基业。则你这东吴国的孙权，和俺刘家却是甚枝叶？请你个不克己先生自说！

（鲁云）那里甚么响？（正末云）这剑界二次也。（鲁云）却怎么说？（正末云）这剑按天地之灵，金火之精，阴阳之气，日月之形；藏之则鬼神遁迹，出之则魑魅潜踪；喜则恋鞘沉沉而不动，怒则跃匣铮铮而有声。今朝席上，倘有争锋，恐君不信，拔剑施呈。吾当摄剑，鲁肃休惊。这剑果有神威不可当，庙堂之器岂寻常；今朝索取荆州事，一剑先

交鲁肃亡。（唱）

【雁儿落】则为你三寸不烂舌，恼犯我三尺无情铁。这剑饥餐上将头，渴饮仇人血。

【得胜令】则是条龙向鞘中蛰[11]，虎在坐间揠今日故友每才相见，休着俺弟兄每相间别。鲁子敬听者，你内心休乔怯[12]，畅好是随邪[13]，休怪我十分酒醉也。

（鲁云）臧宫动乐。（臧宫上，云）天有五星，地攒五岳，人有五德，乐按五音。五星者：金、木、水、火、土。五岳者：常、恒、泰、华、嵩。五德者：温、良、恭、俭、让。五音者：宫、商、角、徵、羽。（甲士拥上科）（鲁云）埋伏了者。（正末击案，怒云）有埋伏也无埋伏？（鲁云）并无埋伏。（正云）若有埋伏，一剑挥之两段！（做击案科）（鲁云）你击碎菱花。（正末云）我特来破镜！（唱）

【搅筝琶】却怎生闹炒炒军兵列，上来的休遮当，莫拦截！（云）当着我的，呵呵！（唱）我着他剑下身亡，目前流血。便有那张仪口、蒯通舌，休那里躲闪藏遮。好生的送我到船上者，我和你慢慢的相别。

（鲁云）你去了倒是一场伶俐[14]。（黄文云）将军，有埋伏哩。（鲁云）迟了我的也。（关平领众将上，云）请父亲上船，孩儿每来迎接哩。（正末云）鲁肃，休惜殿后[15]。（唱）

【离亭宴带歇指煞】我则见紫袍银带公人列，晚天凉风冷芦花谢，我心中喜悦。昏惨惨晚霞收，冷飕飕江风起，急飐飐云帆扯。承管待、承管待，多承谢、多承谢。唤梢公慢者，缆解开岸边龙，船分开波中浪，棹搅碎江心月。正欢娱有甚进退，且谈笑不分明夜[16]。说与你两件事先生记者：百忙里称不了老兄心，急切里倒不了俺汉家节。（并下）

题目　孙仲谋独占江东地　请乔公言定三条计
正名　鲁子敬设宴索荆州　关大王独赴单刀会

①洞里之长春：仙酒。　②菲艺：不像样的技艺。　③猥劳：委屈劳驾，谦辞。　④贤昆玉：对别人弟兄的美称。　⑤台鉴：台，尊敬对方的称呼。鉴，观察。　⑥豁口截舌：豁开口，割掉舌，这里是关羽怪鲁肃多嘴。　⑦傲物轻信：对人傲慢，不守信用。　⑧“去食去兵”二句：语出《论语·颜渊》，意思是宁可没有军粮，没有武器，也不可没有信用。⑨“大车无輗”三句：语出《论语，为政》，古代的牛车叫大车，马车叫小车，车前均有驾牲口的横木，横木上有活塞，大车叫輗，小车叫軏，没有它们就不能套牲口，车就不能前行。⑩剑界：剑响。　⑪蛰：隐匿，藏伏。　⑫乔怯：假装害怕。　⑬畅好是：真个是，正是。随邪：歪斜，不正经。　⑭伶俐：干净，了结。　⑮殿后：走在最后，意为相送一阵。⑯明夜：白天夜晚。

《单刀会》是数百年来一直活跃在舞台上的历史剧，讲述了三国时鲁肃设圈套索取荆州、关云长单刀赴会的故事。第四折是全剧的高潮，作者用浓笔重墨塑造了关云长英勇神武的形象。主人公上场时所唱的两支曲历来最为人所称赏，比之苏轼的《念奴娇·赤壁怀古》词更觉声情激越，荡人心怀。

明祁彪佳《远山堂剧品》：“其意致与常调迥别，此必元人所作。‘大江东’一折，可以证今日歌者之讹。”

王季烈《孤本元明杂剧提要》：“就曲文论之，第四折之［新水令］、［驻马听］二支，感慨苍凉，洵为绝唱。而‘是二十年流不尽的英雄血’一句，尤为神来之笔。”

白朴

〔仙吕·寄生草〕饮

长醉后方何碍，不醒时有甚思。糟腌两个功名字①，醅淹千古兴亡事②，曲埋万丈虹霓志③。不达时皆笑屈原非④，但知音尽说陶潜是。

①糟：酒糟。全句说把“功名”两字用酒糟浸渍起来。 ②醅（pēi）：未经过滤的浊酒。淹：覆盖。全句说宁愿醉酒，不虑兴亡之事。 ③曲：同“麯”，制酒用的发酵物。 ④不达时：不达时务。

这支小令以“饮”为题，表面看来是表现作者颓废消极的思想，实则是抒发其愤世嫉俗、“强为旷达”（郑振铎语）的情绪。本篇深讥屈原，盛赞陶潜，极似其前辈元好问的词句：“醒复醉，醉还醒。灵均憔悴可怜生。《离骚》读杀浑无味，好个诗家阮步兵。”实际并不意味着他否定屈原，只是一种憎恶现实的愤极之语。小令句句不离“饮”意，其中鼎足对之句尤为工整。

元周德清《中原音韵》：“寄生草《饮》云云，命意、造语，下字俱好。”

梧　桐　雨

第　四　折

（高力士上，云）自家高力士是也。自幼供奉内宫，蒙主上抬举，加为六宫提督太监。往年主上悦杨氏容貌，命某取入宫中，宠爱无比，封为贵妃，赐号太真，后来逆胡称兵，伪诛杨国忠为名，逼的主上幸蜀。行至中途，六军不进，右龙武将军陈玄礼奏过杀了国忠，祸连贵妃。无可奈何，只得从之，缢死马嵬驿中。今日贼平无事，主上还国，太子做了皇帝；主上养老，退居西宫，昼夜只是想贵妃娘娘。今日教某挂起真容，朝夕哭奠，不免收拾停当，在此伺候咱。（正末上，云）寡人自幸蜀还京，太子破了逆贼，即了帝位，寡人退居西宫养老，每日只是思量妃子，教画工画了一轴真容供养着，每日相对，越增烦恼也呵！（做哭科）（唱）

【正宫端正好】自从幸西川，还京兆，甚的是月夜花朝。这半年来白发添多少？怎打迭愁容貌①？

【幺篇】瘦岩岩不避群臣笑，玉叉儿将画轴高挑；荔枝花果香檀桌，目觑了伤怀抱。

（做看真容科）（唱）

【滚绣球】险些把我气冲倒，身谩靠，把太真妃放声高叫，叫不应雨泪嚎咷。这待诏[②]，手段高，画的来没半星儿差错。虽然是快染能描，画不出沉香亭畔回鸾舞，花萼楼前上马娇，一段儿妖娆。

【倘秀才】妃子呵，常记得千秋节华清宫宴乐，七夕会长生殿乞巧，誓愿学连理枝比翼鸟；谁想你乘彩凤，返丹霄，命夭。

（带云）寡人越看越添伤感，怎生是好？（唱）

【呆骨朵】寡人有心待盖一座杨妃庙，争奈无权柄谢位辞朝！则俺这孤辰限难熬[③]，更打着离恨天最高。在生时同衾枕，不能勾死后也同棺椁。谁承望马嵬坡尘土中，可惜把一朵海棠花零落了。

（带云）一会儿身子困乏。且下这亭子，去闲行一会咱。（唱）

【白鹤子】挪身离殿宇，信步下亭皋，见杨柳袅翠蓝丝，芙蓉拆胭脂萼。

【幺】见芙蓉怀媚脸，遇杨柳忆纤腰。依旧的两般儿点缀上阳宫，他管一灵儿潇洒长安道[④]。

【幺】常记得碧梧桐阴下立，红牙箸手中敲；他笑整缕金衣，舞按霓裳乐。

【幺】到如今翠盘中荒草满[⑤]，芳树下暗香消。空对井梧阴，不见倾城貌。

（做叹科，云）寡人也怕闲行，不如回去来。（唱）

【倘秀才】本待闲散心追欢取乐，倒惹的感旧恨天荒地老。怏怏归来凤帏悄，甚法儿，捱今宵，懊恼！

（带云）回到这寝殿中，一弄儿助人愁也[⑥]。（唱）

【芙蓉花】淡氤氲串烟袅，昏惨剌银灯照[⑦]；玉漏迢迢，才是初更报。暗觑清霄，盼梦里他来到。却不道口是心苗[⑧]，不住的频频叫。

（带云）不觉一阵昏迷上来，寡人试睡些儿。（唱）

【伴读书】一会家心焦躁，四壁厢秋虫闹。忽见掀帘西风恶，遥观满地阴云罩。俺这里披衣闷把帏屏靠，业眼难交[⑨]。

【笑和尚】原来是滴溜溜飐闲阶败叶飘，疏剌剌刷落叶被西风扫，忽鲁鲁风闪得银灯爆，厮琅琅鸣殿铎，扑簌簌动朱箔，吉丁当玉马儿向檐间闹[⑩]。

（做睡科，唱）

【倘秀才】闷打颏和衣卧倒[⑪]，软兀剌方才睡着[⑫]。（旦上云）妾身贵妃是也，今日殿中设宴，宫娥，请主上赴席咱。（正末唱）忽见青衣走来报，道太真妃将寡人邀、宴乐。

（正末见旦科，云）妃子，你在那里来？（旦云）今日长生殿排宴，请主上赴席。（正末云）吩咐梨园子弟齐备着。（旦下）（正末做惊醒科，云）呀，原来是一梦，分明梦见妃子，却又不见了。（唱）

【双鸳鸯】斜亸翠鸾翘[⑬]，浑一似出浴的旧风标，映着云屏，一半儿娇。好梦将成还惊觉，半襟情泪湿鲛绡。

【蛮姑儿】懊恼，窨约[⑭]。惊我来的又不是楼头过雁，砌下寒蛩，檐前玉马，架上金鸡，是兀那窗儿外梧桐上雨潇潇。一声声洒残叶，一点点滴寒梢，会把愁人定虐[⑮]。

【滚绣球】这雨呵，又不是救旱苗，润枯草，洒开花萼，谁望道秋雨如膏。向青翠条，碧玉梢，碎声儿必剥，增百十倍歇和芭蕉⑯。子管里珠连玉散飘千颗⑰，平白地瀽瓮翻盆下一宵⑱，惹的人心焦。

【叨叨令】一会价紧呵，似玉盘中万颗珍珠落；一会价响呵，似玳筵前几簇笙歌闹；一会价清呵，似翠岩头一派寒泉瀑；一会价猛呵，似绣旗下数面征鼙操。兀的不恼杀人也么哥！兀的不恼杀人也么哥！则被他诸般儿雨声相聒噪。

【倘秀才】这雨一阵阵打梧桐叶凋，一点点滴人心碎了。枉着金井银床紧围绕⑲，只好把泼枝叶做柴烧⑳，锯倒。

（带云）当初妃子舞翠盘时，在此树下；寡人与妃子盟誓时，亦对此树。今日梦境相寻，又被他惊觉了。（唱）

【滚绣球】长生殿那一宵，转回廊说誓约。不合对梧桐并肩斜靠，尽言词絮絮叨叨。沉香亭那一朝，按霓裳舞六么，红牙箸击成腔调、乱宫商闹闹吵吵。是兀那当时欢会栽排下，今日凄凉厮凑着，暗地量度。

（高力士云）主上，这诸样草木，皆有两声，岂独梧桐？（正末云）你那里知道！我说与你听者。（唱）

【三煞】润濛濛杨柳雨，凄凄院宇侵帘幕；细丝丝梅子雨，装点江干满楼阁；杏花雨红湿阑干，梨花雨玉容寂寞；荷花雨翠盖翩翻，豆花雨绿叶萧条。都不似你惊魂破梦，助恨添愁，彻夜连宵。莫不是水仙弄娇㉑，蘸杨柳洒风飘。

【二煞】味味似喷泉瑞兽临双沼㉒，刷刷似食叶春蚕散满箔。乱洒琼阶，水传宫漏，飞上雕檐，酒滴新槽。直下的更残漏断，枕冷衾寒，烛灭香消。可知道夏天不觉，把高凤麦来漂㉓。

【黄钟煞】顺西风低把纱窗哨，送寒气频将绣户敲。莫不是天故将人愁闷搅，度铃声响栈道㉔。似花奴羯鼓调㉕，如伯牙水仙操㉖。洗黄花，润篱落；渍苍苔，倒墙角；渲湖山，漱石窍；浸枯荷，溢池沼；沾残蝶粉渐消，洒流萤焰不着，绿窗前促织叫，声相近雁影高，催邻砧处处捣，助新凉分外早。斟量来这一宵，雨和人紧厮熬，伴铜壶点点敲，雨更多泪不少。雨湿寒梢，泪染龙袍，不肯相饶，共隔着一树梧桐直滴到晓。（下）

题目　安禄山反叛兵戈举　陈玄礼拆散鸾凤侣
正名　杨贵妃晓日荔枝香　唐明皇秋夜梧桐雨

①打迭：收拾，整理。　②待诏：唐代翰林院官职，此指画师。　③孤辰限：旧时星命家认为不吉的日子，此指孤寂有限的日子。　④一灵儿：灵魂。　⑤翠盘：舞具。本剧第二折写杨贵妃登盘跳舞。　⑥一弄儿：一派，一股脑。　⑦昏惨剌：昏惨惨。　⑧口是心苗：即言为心声。　⑨业眼难交：难以入睡。　⑩“厮琅琅鸣殿铎”三句：厮琅琅，象声词。殿铎，殿铃。朱箔，珠帘。玉马儿，古代屋檐悬挂的铁片。　⑪闷打颏：闷闷不乐。　⑫软兀剌：无精打采。　⑬亸（duǒ）：下垂。　⑭窨（yìn）约：思量，忖度。　⑮定虐：打搅，扰乱。　⑯增百十倍歇和芭蕉：意指雨打树梢、芭蕉的声音交织在一起，分外急骤响亮。歇和，附和，相和。　⑰子管里：只管，一味。　⑱瀽（jiǎn）：泼，冒倒。　⑲金井银床：宫中园林内的井与井栏。　⑳泼：詈词。　㉑水仙：此指观音。观音变相中有持杨枝洒甘露一相。

㉒咮（chuáng）咮：象声词。 ㉓把高凤麦来漂：东汉人高凤因专心读书，所晒之麦被大雨漂走而浑不自觉。 ㉔度铃声响栈道：《杨太真外传》载，玄宗避难蜀中时，在栈道雨中听到铃声，因悼念杨妃，采其声为《雨霖铃》曲。 ㉕花奴：唐汝阳王李琎小名，擅长击羯鼓，玄宗与贵妃曾共赏之。 ㉖水仙操：琴曲名。

本折写玄宗回师长安后，对杨妃的思念之情。通过对画哭妃、见景怀妃、梦中见妃、醒后听雨几个镜头，尽现了唐明皇的痴情与无奈。作者巧妙地把秋雨与唐玄宗的愁苦相结合，即景生情，从意境、声响等各方面抒发感受，描写生动细腻，词句优雅华美，情感曲折委婉，犹如一首抒情长诗。整折使用连珠玉式的比喻，描绘出梧桐夜雨的凄清意境，与玄宗的无限愁苦融为一体，增强了全剧的悲剧色彩与诗意韵味。

纪君祥

赵氏孤儿

第　三　折

（屠岸贾领卒子上，云）兀的不走了赵氏孤儿也！某已曾张挂榜文，限三日之内，不将孤儿出首，即将晋国内小儿但是半岁以下，一月以上，都拘刷到我帅府中，尽行诛戮。令人，门首觑者，若有首告之人，报复某家知道。（程婴上，云）自家程婴是也，昨日将我的孩儿送与公孙杵臼去了；我今日到屠岸贾跟前首告去来。令人，报复去，道有了赵氏孤儿也。（卒子云）你则在这里，等我报复去。（报科，云）报的元帅得知，有人来报赵氏孤儿有了也。（屠岸贾云）在那里？（卒子云）现在门首哩。（屠岸贾云）着他过来。（卒子云）着过来。（做见科，屠岸贾云）兀那厮，你是何人？（程婴云）小人是个草泽医士程婴。（屠岸贾云）赵氏孤儿今在何处？（程婴云）在吕吕太平庄上，公孙杵臼家藏着哩。（屠岸贾云）你怎生知道来？（程婴云）小人与公孙杵臼曾有一面之交，我去探望他，谁想卧房中锦绷绣褥上躺着一个小孩儿。我想公孙杵臼年纪七十，从来没儿没女，这个是那里来的？我说道：这小的莫非是赵氏孤儿么？只见他登时变色，不能答应。以此知孤儿在公孙杵臼家里。（屠岸贾云）咄！你这匹夫，你怎瞒的过我。你和公孙杵臼往日无仇，近日无冤，你因何告他藏着赵氏孤儿？你敢是知情么？说的是，万事全休；说的不是，令人，磨的剑快，先杀了这个匹夫者。（程婴云）告元帅暂息雷霆之怒，略罢虎狼之威，听小人诉说一遍咱。我小人与公孙杵臼原无仇隙，只因元帅传下榜文，要将晋国内小儿拘刷到帅府，尽行杀坏。我一来为救晋国内小儿之命；二来小人四旬有五，近生一子，尚未满月。元帅军令，不敢不献出来，可不小人也绝后了？我想有了赵氏孤儿，便不损坏一国生灵，连小人的孩儿也得无事，所以出首。（诗云）告大人暂停嗔怒，这便是首告缘故；虽然救晋国生灵，其实怕程家绝户。（屠岸贾笑科，云）哦！是了。公孙杵臼原与赵盾一殿之臣，可知有这事来。令人，则今日点就本部下人马，同程婴到太平庄上，拿公孙杵臼走一遭去。（同下）（正末公孙杵臼上，云）老夫公孙杵臼是也。想昨日与程婴商议救赵氏孤儿一事，今日他到屠岸贾府中首告去了。这早晚屠岸贾这厮必然来也呵！（唱）

【双调新水令】我则见荡尘飞过小溪桥，多管是损忠良贼徒来到，齐臻臻摆着士卒，明晃晃列着枪刀。眼见的我死在今朝，更避甚痛笞掠。

（屠岸贾同程婴领卒子上，云）来到这吕吕太平庄上也。令人，与我围了太平庄者。程婴，那里是公孙杵臼宅院？（程婴云）则这个便是。（屠岸贾云）拿过那老匹夫来。公孙杵臼，你知罪么？（正末云）我不知罪。（屠岸贾云）我知你个老匹夫和赵盾是一殿之臣。你怎敢掩藏着赵氏孤儿！（正末云）老元帅，我有熊心豹胆？怎敢掩藏着赵氏孤儿！（屠岸贾云）不打不招。令人，与我拣大棒子着实打者。（卒子做打科）（正末唱）

【驻马听】想着我罢职辞朝，曾与赵盾名为刎颈交。（云）这事是谁见来？（屠岸贾云）现有程婴首告着你哩。（正末唱）是那个埋情出告[①]，原来这程婴舌是斩身刀。（云）

你杀了赵家满门良贱三百余口，则剩下这孩儿，你又要伤他性命。（唱）你正是狂风偏纵扑天雕，严霜故打枯根草。不争把孤儿又杀坏了。可着他三百口冤仇甚人来报。

（屠岸贾云）老匹夫，你把孤儿藏在那里？快招出来，免受刑法。（正末云）我有甚么孤儿藏在那里？谁见来？（屠岸贾云）你不招？令人，与我采下去，着实打者。（做打科）（屠岸贾云）这老匹夫赖肉顽皮不肯招承，可恼，可恼。程婴，这原是你出首的，就着你替我行杖者。（程婴云）元帅，小人是个草泽医士，撮药尚然腕弱，怎生行的杖？（屠岸贾云）程婴，你不行杖，敢怕指攀出你么？（程婴云）元帅，小人行杖便了。（做拿杖子科）（屠岸贾云）程婴，我见你把棍子拣了又拣，只拣着那细棍子，敢怕打的他疼了，要指攀下你来。（程婴云）我就拿大棍子打者。（屠岸贾云）住者。你头里只拣着那细棍子打，如今你却拿起大棍子来，三两下打死了呵，你就做的个死无招对。（程婴云）着我拿细棍子又不是，拿大棍子又不是，好着我两下做人难也。（屠岸贾云）程婴，你只拿着那中等棍子打。公孙杵臼老匹夫，你可知道行杖的就是程婴么？（程婴行杖科，云）快招了者！（三科了）（正末云）哎哟！打了这一日，不似这儿棍子打的我疼，是谁打我来？（屠岸贾云）是程婴打你来。（正末云）程婴，你划的打我那？（程婴云）元帅，打的这老儿兀的不胡说哩。（正末唱）

【雁儿落】是那一个实丕丕将着粗棍敲？打的来痛杀杀精皮掉。我和你狠程婴有甚的仇？却教我老公孙受这般虐。

（程婴云）快招了者。（正末云）我招，我招。（唱）

【得胜令】打的我无缝可能逃，有口屈成招。莫不是那孤儿他知道，故意的把咱家指定了。（程婴做慌科）（正末唱）我委实的难熬，尚兀自强着牙根儿闹；暗地里偷瞧，只见他早諕的腿脡儿摇②。

（程婴云）你快招吧，省得打杀你。（正末云）有，有，有。（唱）

【水仙子】俺二人商议要救这小儿曹。（屠岸贾云）可知道指攀下来也。你说二人，一个是你了，那一个是谁？你实说将出来，我饶你的性命。（正末云）你要我说那一个，我说，我说。（唱）哎！一句话来到我舌尖上却咽了。（屠岸贾云）程婴，这桩事敢有你么？（程婴云）兀那老头儿，你休妄指平人。（正末云）程婴，你慌怎么？（唱）我怎生把你程婴道，似这般有上梢无下梢③。（屠岸贾云）你头里说两个，你怎生这一会儿可说无了？（正末唱）只被你打的来不知一个颠倒。（屠岸贾云）你还不说，我就打死你个老匹夫。（正末唱）遮莫便打的我皮都绽，肉尽销，休想我有半个字儿攀着。

（卒子抱倈儿上科，云）元帅爷贺喜，土洞中搜出个赵氏孤儿来了也。（屠岸贾笑科，云）将那小的拿近前来，我亲自下手，剁做三段。兀那老匹夫，你道无有赵氏孤儿，这个是谁？（正末唱）

【川拨掉】你当日演神獒，把忠臣来扑咬。逼的他走死荒郊，刎死钢刀，缢死裙腰，将三百口全家老小尽行诛剿。并没那半个儿剩落，还不厌你心苗。

（屠岸贾云）我见了这孤儿，就不由我不恼也。（正末唱）

【七弟兄】我只见他左瞧、右瞧、怒咆哮，火不腾改变了狰狞貌④，按狮蛮拽札起锦征袍，把龙泉扯离出沙鱼鞘。

（屠岸贾怒云）我拔出这剑来。一剑，两剑，三剑。（程婴做惊疼科，屠岸贾云）把这一个小业种剁了三剑，兀的不称了我平生所愿也。（正末唱）

【梅花酒】呀！见孩儿卧血泊，那一个哭哭号号，这一个怨怨焦焦，连我也战战摇摇。直恁般歹做作，只除是没天道。呀！想孩儿离褥草[5]，到今日恰十朝，刀下处怎耽饶，空生长枉劬劳，还说甚要防老。

【收江南】呀！兀的不是家富小儿娇。（程婴掩泪科）（正末唱）见程婴心似热油浇，泪珠儿不敢对人抛，背地里揾了。没来由割舍的亲生骨肉吃三刀。

（云）屠岸贾那贼，你试觑者。上有天哩，怎肯饶过的你，我死打甚么不紧！（唱）

【鸳鸯煞】我七旬死后偏何老，这孩儿一岁死后偏何小。俺两个一处身亡，落的个万代名标。我嘱付你个后死的程婴，休别了横亡的赵朔[6]。畅道是光明过去的疾，冤仇报复的早。将那厮万剐千刀，切莫要轻轻的素放了。

（正末撞科，云）我撞阶基，觅个死处。（下）（卒子报科，云）公孙杵臼撞阶基身死了也。（屠岸贾笑科，云）那老匹夫既然撞死，可也罢了。（做笑科，云）程婴，这一桩里多亏了你；若不是你呵，如何杀的赵氏孤儿？（程婴云）元帅，小人原与赵氏无仇，一来救晋国内众生；二来小人跟前也有个孩儿，未曾满月。若不搜的那赵氏孤儿出来，我这孩儿也无活的人也。（屠岸贾云）程婴，你是我心腹的人，不如只在我家中做个门客，抬举你那孩儿成人长大。在你跟前习文，送在我跟前演武。我也年近五旬，尚无子嗣，就将你的孩儿与我做个义儿。我偌大年纪了，后来我的官位，也等你的孩儿讨个应袭，你意下如何？（程婴云）多谢元帅抬举。（屠岸贾诗云）则为朝纲中独显赵盾，不由我心中生忿；如今削除了这点萌芽，方才是永无后衅。（同下）

①埋情：即卖情，出卖友情。 ②腿脡（tǐng）儿：腿肚子。 ③有上梢无下梢：有头无尾的意思。 ④火不腾：形容突然脸红。 ⑤褥草：产妇的垫褥垫席。 ⑥休别了：休撇了。

《赵氏孤儿》写晋国忠良赵盾受奸臣屠岸贾的谗陷而遭满门抄斩，而其新生下来的孙儿在其好友公孙杵臼和赵家门客程婴的保护下得以幸免。公孙杵臼为此献出了生命，程婴牺牲了亲生儿子。后孤儿长大，在新君及魏绛支持下报仇雪恨。这里选的是第三折。作者以严肃的态度、悲愤的笔触，刻画了几位仗义勇为、忠肝烈胆的悲剧英雄形象。情节波澜起伏、环环紧扣，气势恢弘磅礴、高昂壮烈，令人惊心动魄。

明朱权《太和正音谱》："纪君祥之词，如雪里梅花。"

明孟称舜《酹江集》："此是千古最痛快之事，应有一篇极痛快文发之。读此觉太史公传犹为寂寥，非大作手，不易办也。"

马致远

〔越调·天净沙〕秋思[①]

枯藤老树昏鸦[②]，小桥流水人家。古道西风瘦马，夕阳西下，断肠人在天涯[③]。

①这道小令首见于盛如梓《庶斋老学丛谈》所言“沙漠小词三阕”之一，略有异文，而未言题目、作者。《秋思》之题或系后人所加。明末蒋一葵《尧山堂外记》始谓马致远所作。
②昏鸦：黄昏中的乌鸦。 ③断肠人：指漂泊天涯、极度忧思的游子。

这首小令极似一副元人写意画，其成功之处不仅在于音韵的和谐优美与画面的浑成幽远，更在于通过特定的语言传达出主人公迷惘无助而又疲倦至极的游子心绪。头三句是鼎足对，叠用九种富有意象特征的秋日景物，创造出一个完整而又苍凉凄迷的境界和氛围。小令既写出了“今夜不知落谁家”的悲哀，也表现了作者由人生沦落而产生的孤独感和无归宿感，意象丰富沉厚，韵味深长，富于哲理意蕴，被当时及以后的曲论家公认为“秋思之祖”，是名作中的名作。

元周德清《中原音韵》：“〔天净沙〕秋思云云，前三对，更‘瘦马’二字去上，妙极。秋思之祖也。”

王国维《人间词话》：“此元人马东篱天净沙小令也。寥寥数语，深得唐人绝句妙境。有元一代词家，皆不能办此也。”

〔双调·夜行船〕秋思

【夜行船】百岁光阴一梦蝶[①]，重回首往事堪嗟[②]。今日春来，明朝花谢，急罚盏夜阑灯灭[③]。

【乔木查】想秦宫汉阙[④]，都做了衰草牛羊野，不恁么渔樵没话说[⑤]。纵荒坟横断碑，不辨龙蛇[⑥]。

【庆宣和】投至狐踪与兔穴[⑦]，多少豪杰！鼎足虽坚半腰里折，魏耶？晋耶[⑧]？

【落梅风】天教你富，莫太奢，没多时好天良夜，看钱奴硬将心似铁，空辜负锦堂风月[⑨]。

【风入松】眼前红日又西斜，疾似下坡车。不争镜里添白雪[⑩]，上床与鞋履相别[⑪]。休笑巢鸠计拙[⑫]，葫芦提一向装呆[⑬]。

【拨不断】利名竭，是非绝，红尘不向门前惹[⑭]。绿树偏宜屋角遮，青山正补墙头缺。更那堪行篱茅舍。

【离亭宴煞】蛩吟罢一觉才宁贴[15]，鸡鸣时万事无休歇，争名利何年是彻[16]！看密匝匝蚁排兵，乱纷纷蜂酿蜜，急攘攘蝇争血。裴公绿野堂[17]，陶令白莲社[18]。爱秋来那些？和露摘黄花，带霜烹紫蟹，煮酒烧红叶。想人生有限杯，浑几个重阳节[19]？人问我顽童记者[20]：便北海探吾来，道东篱醉了也[21]。

①百岁光阴一梦蝶：犹言人生如梦。梦蝶，见《庄子·齐物论》。 ②堪嗟：可嗟，可叹。 ③夜阑：夜深。 ④秦宫汉阙：秦朝和汉朝所建造的宫殿，此处泛指帝王宫殿。 ⑤不恁么：不如此。 ⑥龙蛇：指石碑上所刻的文字，古人常用龙蛇赞美笔势的矫健灵动。 ⑦投至：及至。 ⑧“鼎足虽坚半腰里折”三句：意为鼎足而分的三国时间不长就都灭亡了，魏与晋哪个能算得上最终的胜利者？ ⑨锦堂风月：指富贵人家雅致而富有情趣的生活。锦堂，北宋韩琦退休曾筑昼锦堂而居。 ⑩不争：不只，及至。 ⑪上床与鞋履相别：俗语有“昨夜脱下鞋和袜，不知今日穿不穿”，言其生死无常。 ⑫巢鸠计拙：相传斑鸠性拙，不会做巢，常占据喜鹊的巢居住。 ⑬葫芦提：糊涂之意，曲中常用语。 ⑭红尘：指尘世的繁俗与牵缠，语出班固《西都赋》。 ⑮蛩：蟋蟀。宁帖：安稳。 ⑯彻：到头，终了。 ⑰裴公绿野堂：唐裴度晚年退居洛阳时筑别墅“绿野草堂”，寄情山水，不问世事。 ⑱陶令白莲社：晋高僧慧远在庐山建白莲社，研讨佛理，相传陶渊明曾应邀加入。陶渊明曾做彭泽县令，故称陶令。 ⑲浑：总共，一共。 ⑳记者：记着。 ㉑“便北海探吾来”二句：意谓不管谁来看我，都一律谢绝说我醉了不能会客。北海，指东汉孔融，他在献帝时曾做北海相，性好客，曾有诗“座中客常满，樽中酒不空”。东篱，既为马致远自号，又暗以晋陶渊明自喻，陶有诗“采菊东篱下，悠然见南山”。

本篇是元散曲的压卷之作，是中国诗歌史上不朽的奇珍，既是元代社会政治黑暗压抑的曲折反映，同时也是中国传统文人避世全真思想的艺术发挥。全篇曲辞精练而极富文采，“急罚盏夜阑灯灭”诸句语简而内涵丰富。三组鼎足对尤为点睛之笔，音韵和谐流畅，险韵频出而一气呵成，在元散曲中堪称仅见。

元周德清《中原音韵》：“此调乃东篱马致远先生所作也，此方是乐府，不重韵，无衬字，韵险语俊。谚云百中无一，余曰万中无一。”

明王世贞《艺苑卮言》：“马致远‘百岁光阴’，放逸宏丽，而不离本色，押韵尤妙。”

汉 宫 秋

第 三 折

（番使拥旦上，奏胡乐科，旦云）妾身王昭君，自从选入宫中，被毛延寿将美人图点破，送入冷宫。甫能得蒙恩幸，又被他献与番王形像。今拥兵来索，待不去，又怕江山有失；没奈何将妾身出塞和番。这一去，胡地风霜，怎生消受也！自古道：“红颜胜人多薄命，莫怨春风当自嗟。”（驾引文武内官上，云）今日灞桥饯送明妃，却早来到也。（唱）

【双调新水令】锦貂裘生改尽汉宫妆，我则索看昭君画图模样。旧恩金勒短，新恨玉鞭长。本是对金殿鸳鸯；分飞翼，怎承望！

（云）您文武百官计议，怎生退了番兵，免明妃和番者。（唱）

【驻马听】宰相每商量，大国使还朝多赐赏。早是俺夫妻悒怏，小家儿出外也摇装[①]。尚兀自渭城衰柳助凄凉，共那灞桥流水添惆怅。偏您不断肠，想娘娘那一天愁都撮在琵琶上。

（做下马科）（与旦打悲科）（驾云）左右慢慢唱者，我与明妃饯一杯酒。（唱）

【步步娇】您将那一曲阳关休轻放，俺咫尺如天样，慢慢的捧玉觞。朕本意待尊前捱些时光，且休问劣了宫商，您则与我半句儿俄延着唱。

（番使云）请娘娘早行，天色晚了也。（驾唱）

【落梅风】可怜俺别离重，你好是归去的忙。寡人心先到他李陵台上，回头儿却才魂梦里想，便休题贵人多忘。

（旦云）妾这一去，再何时得见陛下？把我汉家衣服都留下者。（诗云）正是：今日汉宫人，明朝胡地妾；忍着主衣裳，为人作春色！（留衣服科）（驾唱）

【殿前欢】则甚么留下舞衣裳，被西风吹散旧时香。我委实怕宫车再过青苔巷，猛到椒房，那一会想菱花镜里妆，风流相，兜的又横心上[②]。看今日昭君出塞，几时似苏武还乡？

（番使云）请娘娘行罢，臣等来多时了也。（驾云）罢罢罢！明妃你这一去，休怨朕躬也。（做别科，驾云）我那里是大汉皇帝！（唱）

【雁儿落】我做了别虞姬楚霸王，全不见守玉关征西将。那里取保亲的李左车，送女客的萧丞相？

（尚书云）陛下不必挂念。（驾唱）

【得胜令】那里也架海紫金梁[③]？枉养着那边庭上铁衣郎。您也要左右人扶侍，俺可甚糟糠妻下堂？您但提起刀枪，却早小鹿儿心头撞。今日央及煞娘娘，怎做的男儿当自强！

（尚书云）陛下，咱回朝去罢。（驾唱）

【川拨掉】怕不待放丝缰，咱可甚鞭敲金镫响[④]？你管燮理阴阳，掌握朝纲，治国安邦，展土开疆；假若俺高皇，差你个梅香，背井离乡，卧雪眠霜，若是他不恋恁春风画堂，我便官封你一字王[⑤]。

（尚书云）陛下不必苦死留他，着他去了罢。（驾唱）

【七弟兄】说甚么大王、不当、恋王嫱，兀良[⑥]，怎禁他临去也回头望！那堪这散风雪旌节影悠扬，动关山鼓角声悲壮。

【梅花酒】呀！俺向着这迥野悲凉，草已添黄，兔早迎霜。犬褪得毛苍，人搠起缨枪，马负着行装，车运着粮粮[⑦]，打猎起围场。他他他，伤心辞汉主；我我我，携手上河梁。他部从入穷荒，我銮舆返咸阳。返咸阳，过宫墙；过宫墙，绕回廊；绕回廊，近椒房；近椒房，月昏黄；月昏黄，夜生凉；夜生凉，泣寒螀；泣寒螀，绿纱窗；绿纱窗，不思量！

【收江南】呀！不思量除是铁心肠！铁心肠也愁泪滴千行。美人图今夜挂昭阳，我那里供养，便是我高烧银烛照红妆。

（尚书云）陛下回銮罢，娘娘去远了也。（驾唱）

【鸳鸯煞】我只索大臣行说一个推辞谎，又则怕笔尖儿那火编修讲。不见他花朵儿精神，怎趁那草地里风光？唱道伫立多时⑧，徘徊半晌，猛听的塞雁南翔，呀呀的声嘹亮，却原来满目牛羊，是兀那载离恨的毡车半坡里响。（下）

（番王引部落拥昭君上，云）今日汉朝不弃旧盟，将王昭君与俺番家和亲。我将昭君封为宁胡阏氏，坐我正宫。两国息兵，多少是好。众将士，传下号令，大众起行，望北而去。（做行科）（旦问云）这里甚地面了？（番使云）这是黑龙江，番汉交界去处；南边属汉家，北边属我番国。（旦云）大王，借一杯酒，望南浇奠，辞了汉家，长行去罢。（做奠酒科，云）汉朝皇帝，妾身今生已矣，尚待来生也。（做跳江科）（番王惊救不及，叹科，云）嗨！可惜，可惜！昭君不肯入番，投江而死。罢罢罢！就葬在此江边，号为青冢者。我想来，人也死了，枉与汉朝结下这般仇隙，都是毛延寿那厮搬弄出来的。把都儿⑨，将毛延寿拿下，解送汉朝处治。我依旧与汉朝结和，永为甥舅，却不是好？（诗云）则为他丹青画误了昭君，背汉主暗地私奔；将美人图又来哄我，要索取出塞和亲。岂知道投江而死，空落的一见消魂。似这等奸邪逆贼，留着他终是祸根；不如送他去汉朝哈喇⑩，依还的甥舅礼，两国长存。（下）

①摇装：古代送行的一种习俗。远行者离家前，选吉日出门，亲友送至江边，被送者上船后即刻又折回来，另日再正式出发。 ②兜的：即陡的，突然之意。 ③架海紫金梁：元人杂剧常以"擎天白玉柱，架海紫金梁"比喻得力的将相。 ④鞭敲金镫响：元人杂剧常以"鞭敲金镫响，人唱凯旋回"形容胜利归来的气概。 ⑤一字王：最高的爵位。 ⑥兀良：曲中衬词，无义，用以调节音节、加重语气。一说兀良是蒙古语的译音，是"天哪"之类的惊诧词。 ⑦糇粮：干粮。 ⑧唱道：畅道，即"真是"、"诚然是"的意思。 ⑨把都儿：蒙古语译音，意为勇士。 ⑩哈喇：或作阿阑，蒙古语的译音，意为杀死。

这里所选第三折是全剧最精彩的部分。元帝忍痛割爱，送昭君于灞桥，归来后依旧梦牵魂绕。昭君只身赴边塞，投河自尽。马致远杂剧以曲词优美、富有文采见称，本折写得缠绵悱恻、诚挚感人，关河冷雁、雨凄鸟鸣，充满了浓重的感伤色彩。【梅花酒】中元帝愁肠百转、无法释怀的感伤用一长串回环萦绕的三字顶真句表达得淋漓尽致，历来为人们击节赞赏。

明贾仲明《凌波仙》吊词："万花丛里马神仙，百世集中说致远，四方海内皆谈羡。战文场，曲状元，姓名香，贯满梨园。《汉宫秋》、《青衫泪》、《戚夫人》、《孟浩然》。共庾白关老齐肩。"

明朱权《太和正音谱》："马东篱之词，如朝阳鸣凤。其词典雅清丽，可与《灵花》、《景福》两相颉颃，有振鬣长鸣，万马皆瘖之意。又若神凤飞鸣于九宵，岂可与凡鸟共语哉！宜列群英之上。"

王实甫

西　厢　记

第　三　本

第二折

（旦上，云）红娘伏侍老夫人不得空便，偌早晚敢待来也[①]。起得早了些儿，困思上来，我再睡些儿咱。（睡科）（红上，云）奉小姐言语去看张生，因伏侍老夫人，未曾回小姐话去。不听得声音，敢又睡哩！我入去看一遭。（红唱）

【中吕粉蝶儿】风静帘闲，透纱窗麝兰香散，启朱扉摇响双环。绛台高[②]，金荷小[③]，银釭犹灿。比及将暖帐轻弹，先揭起这梅红罗，软帘偷看。

【醉春风】则见他钗亸玉斜横[④]，髻偏云乱挽。日高犹自不明眸，畅好是懒、懒。（旦做起身长叹科）（红唱）半晌抬身，几回搔耳，一声长叹。

（红云）我待便将简帖与他，恐俺小姐有多少假处哩。我则将这简帖儿放在妆盒儿上，看他见了说什么。（旦做对镜科，见帖看科）（红唱）

【普天乐】晚妆残，乌云亸，轻匀了粉脸，乱挽起云鬟。将简帖儿拈，把妆盒儿按，开拆封皮孜孜看，颠来倒去不害心烦。（旦怒叫）红娘！（红做意云）呀！决撒了也[⑤]！（红唱）厌的早扢皱了黛眉。（旦云）小贱人，不来怎么！（红唱）忽的波低垂了粉颈，氲的呵改变了朱颜[⑥]。

（旦云）小贱人，这东西那里将来的？我是相国的小姐，谁敢将这简帖来戏弄我？我几曾惯看这等东西？告过夫人，打下你小贱人下截来。（红云）小姐使将我去，他着我将来。我不识字，知他写着什么？（红唱）

【快活三】分明是你过犯，没来由把我摧残；使别人颠倒恶心烦。你不“惯”，谁曾“惯”？

（红云）姐姐休闹，比及你对夫人说呵，我将这简帖儿去夫人行出首去来。（旦做揪住红科，云）我逗你耍来。（红云）放手，看打下下截来！（旦云）张生近日如何？（红云）我则不说。（旦云）好姐姐，你说与我听咱！（红唱）

【朝天子】张生近间、面颜，瘦得来实难看。不思量茶饭，怕见动弹；晓夜将佳期盼，废寝忘餐。黄昏清旦，望东墙淹泪眼。（旦云）请个好太医看他症候咱。（红云）他症候吃药不济。（红唱）病患、要安，则除是出几点风流汗。

（旦云）红娘，不看你面呵，我将与老夫人，看他有何面目见夫人？虽然我家亏他，只是兄妹之情，焉有外事。红娘，早是你口稳哩；若别人知呵，什么模样。（红云）你哄着谁哩！你把这个饿鬼弄的他七死八活，却要怎么？（红唱）

【四边静】怕人家调犯[⑦]，“早共晚夫人见些破绽，你我何安”。问什么他遭危难？撺断得上竿，掇了梯儿看。

（旦云）将描笔儿过来，我写将去回他，着他下次休是这般。（旦做写科，起身科，云）红娘，你将去说："小姐看望先生，相待兄妹之礼如此，非有他意。再一遭儿是这般呵，必告夫人知道。"和你个小贱人都有说话。（旦掷书，下）（红唱）

【脱布衫】小孩儿家口没遮拦，一迷的将言语摧残。把似你使性子，休思量秀才[8]，做多少好人家风范。（红做拾书科，唱）

【小梁州】他为你梦里成双觉后单，废寝忘餐。罗衣不奈五更寒，愁无限，寂寞泪阑干。

【幺篇】似这等辰勾空把佳期盼[9]，我将这角门儿世不曾牢拴[10]，则愿你做夫妻无危难。你向这筵席头上整扮，我做一个缝了口的撮合山[11]。

（红云）我若不去来，道我违拗他，那生又等我回报；我须索走一遭。（下）（末上，云）那书倩红娘将去，未见回话。我这封书去，必定成事。这早晚敢待来也。（红上，云）须索回张生话去。小姐，你性儿太惯得娇了；有前日的心，那得今日的心来？（唱）

【石榴花】当日个晚妆楼上杏花残，犹自怯衣单，那一片听琴心清露月明间。昨日个向晚，不怕春寒，几乎险被先生馔[12]，那其间岂不胡颜[13]。为一个不酸不醋风魔汉，隔墙儿险化做了望夫山。

【斗鹌鹑】你用心儿拨雨撩云，我好意儿传书寄简。不肯搜自己狂为，则待要觅别人破绽。受艾焙权时忍这番[14]，畅好是奸。（云）"张生是兄妹之礼，焉敢如此！"（唱）对人前巧语花言；（云）没人处便想张生，（唱）背地里愁眉泪眼。

（红见末科）（末起云）小娘子来了。擎天柱，大事如何了也？（红云）不济事了，先生休傻。（末云）小生简帖儿是一道会亲的符箓，则是小娘子不用心，故意如此。（红云）我不用心？有天哩！你那简帖儿好听！（唱）

【上小楼】这的是先生命慳，须不是红娘违慢。那简帖儿倒做了你的招伏，他的勾头[15]，我的公案。若不是觑面颜，厮顾盼，担饶轻慢。（云）先生受罪，礼之当然。贱妾何辜？（唱）争些儿把你娘拖犯。（末云）小姐几时能相会一面？（红唱）

【幺篇】从今后相会少，见面难。月暗西厢，凤去秦楼，云敛巫山，你也赸[16]，我也赸，请先生休讪[17]，早寻个酒阑人散。

（红云）只此，再不必申诉足下肺腑。怕夫人寻，我回去也。（末云）小娘子此一遭去，再着谁与小生分剖；必索做一个道理，方可救得小生一命。（末跪下，揪住红科）（红云）张先生是读书人，岂不知此意，其事可知矣。（唱）

【满庭芳】你休要呆里撒奸；你待要恩情美满，却教我骨肉摧残[18]。老夫人手执着棍儿摩娑看，粗麻线怎透得针关。直待我拄着拐帮闲钻懒[19]，缝合唇送暖偷寒。（云）待去呵，小姐性儿撮盐入火[20]。（唱）消息儿踏着泛；（云）待不去呵——（末跪，哭云）小生这一个性命，都在小娘子身上。（红唱）禁不得你甜话儿热趱[21]，好着我两下里做人难。

（红云）我没来由分说！小姐回与你的书，你自看者。（末接科，开读科，云）呀，有这场喜事！撮土焚香，三拜礼毕。早知小姐简至，理合远接，接待不及，勿令见罪！小娘子，和你也欢喜。（红云）怎么？（末云）小姐骂我都是假。书中之意，着我今夜花园里来，和他"哩也波，哩也罗"哩[22]。（红云）你读书我听。（末云）是四句诗：待月西厢下，迎风户半开。隔墙花影动，疑是玉人来。（红云）怎见得他着你来？你解与我听咱。

（末云）“待月西厢下”，着我月上来。“迎风户半开”，他开门待我。“隔墙花影动，疑是玉人来”，着我跳过墙来。（红笑云）他着你跳过墙来，你做下来。端的有此说么？（末云）俺是个猜诗谜的社家，风流隋何，浪子陆贾，我那里有差的勾当。（红云）你看我姐姐，在我行也使这般道儿。（唱）

【耍孩儿】几曾见寄书的颠倒瞒着鱼雁，小则小心肠儿转关。写着道“西厢待月”等得更阑，着你跳东墙“女”字边“干”。原来那诗句儿里包笼着三更枣，简帖儿里埋伏着九里山㉓。他着紧处将人慢，您会云雨闹中取静，我寄音书忙里偷闲。

【四煞】纸光明玉板㉔，字香喷麝兰，行儿边湮透非春汗？一缄情泪红犹湿，满纸春愁墨未干。从今后休疑难，放心波玉堂学士，稳情取金雀鸦鬟。

【三煞】他人行别样的亲，俺跟前取次看㉕，更做道孟光接了梁鸿案㉖。别人行甜言美语三冬暖，我跟前恶语伤人六月寒。我为头儿看：看你个离魂倩女，怎发付掷果潘安。

（末云）小生读书人，怎跳得那花园过也？（红唱）

【二煞】隔墙花又低，迎风户半拴，偷香手段今番按。怕墙高怎把龙门跳，嫌花密难将仙桂攀。放心去，休辞惮；（云）你若不去呵，（唱）望穿他盈盈秋水，蹙损他淡淡春山。

（末云）小生曾到那花园里，已经两遭，不见那好处；这一遭知他又怎么？（红云）如今不比往常。（唱）

【煞尾】你虽是去了两遭，我敢道不如这番。你那隔墙酬和都胡侃，证果的是今番这一简。（红下）

（末云）万事自有分定，谁想小姐有此一场好处。小生是猜诗迷的社家，风流隋何，浪子陆贾，到那里扢扎帮便倒地㉗。今日颓天百般的难得晚㉘。天！你有万物于人，何故争此一日？疾下去波！“读书继晷怕黄昏，不觉西沉强掩门；欲赴海棠花下约，太阳何苦又生根？”（看天云）呀，才晌午也！再等一等。（又看科）今日万般的难得下去也呵。碧天万里无云，空劳倦客身心，恨杀鲁阳贪战㉙，不教红日西沉！呀，却早倒西也，再等一等咱。无端三足乌，团团光烁烁；安得后羿弓，射此一轮落！谢天地，却早日下去也！……呀，却早发擂也㉚！呀，却早撞钟也！拽上书房门，到得那里，手挽着垂杨滴流扑跳过墙去㉛。（下）

①偌早晚：这时候。 ②绛台：红色的烛台。 ③金荷：烛台承烛泪的铜碟，形似荷叶。 ④亸（duǒ）：下垂。 ⑤决撒：败露，坏了事。 ⑥氲的：脸上起了红晕。 ⑦调犯：嘲讽，作弄。 ⑧把似……休：类似现代汉语表示取舍的“与其……不如”的句式。 ⑨辰勾：水星，古人认为它很不容易看见。 ⑩世不曾：从来不曾。 ⑪撮合山：媒人。 ⑫几乎险被先生馔：《论语·为政篇》：“有酒食，先生馔。”原指有酒食，供奉年长的人吃喝。这里带有调笑性质，是说莺莺几乎被张生吞下去。 ⑬胡颜：丢脸。 ⑭受艾焙：艾焙，针灸术之一，用艾灸烧病人，这里比喻吃了苦头。 ⑮勾头：逮捕人的拘票。 ⑯赸（shàn）：走开。 ⑰讪：怨。 ⑱骨肉摧残：摧残身体，挨打。 ⑲帮闲钻懒：管别人的闲事，这里指为男女传情。下句“送暖偷寒”意同。 ⑳撮盐入火：盐入火即爆，用以形容脾气火爆。 ㉑热趱（zǎn）：紧紧地催逼。 ㉒哩也波，哩也罗：犹如“如此这般”之类。 ㉓“原来”二句：意指原来书信里藏着秘密。三更枣，据说佛家禅宗五祖给六祖传法时，交给他粳米三颗，枣子一枚，六祖便知道叫他在“三更”时“早”来。九里山，传说韩信在此设下十面埋伏，大败

项羽。 ㉔玉板：一种光洁匀厚的白绵纸。 ㉕取次：随便。 ㉖更做道孟光接了梁鸿案：反用举案齐眉的故事，讥笑莺莺主动约会。 ㉗挖扎帮：形容动作快捷。 ㉘颓：骂人的话。 ㉙鲁阳贪战：传说鲁阳公与韩国人酣战到日暮，用戈一挥，太阳倒回90里，事见《淮南子·览冥训》。 ㉚发擂：打鼓起更。 ㉛滴流扑：形容跳墙动作利落。

老夫人赖婚，拆散鸳鸯，但崔、张二人的爱情仍在发展。由于大家闺秀的矜持，莺莺总是采用试探的方式来表达真情。本折“闹简”即是如此，在真真假假中表现出莺莺、张生、红娘之间的微妙关系和各自的鲜明性格。莺莺的动机与行动的悖反，红娘的机灵谐趣，张生的痴情洒脱和迂腐可笑，构成了鲜明的喜剧色彩。戏剧“突转”手法的运用，使剧情波澜起伏。

西 厢 记

第 四 本

第 三 折

（夫人长老上，云）今日送张生赴京，就十里长亭，安排下筵席。我和长老先行，不见张生小姐来到。（旦末红同上）（旦云）今日送张生上朝取应。早是离人伤感，况值那暮秋天气，好烦恼人也呵！悲欢聚散一杯酒，南北东西万里程。（唱）

【正宫端正好】碧云天，黄花地，西风紧，北雁南飞。晓来谁染霜林醉？总是离人泪。

【滚绣球】恨相见得迟，怨归去得疾。柳丝长玉骢难系，恨不得倩疏林挂住斜晖。马儿迍迍的行①，车儿快快的随。却告了相思回避，破题儿又早别离②。听得道一声“去也”，松了金钏；遥望见十里长亭，减了玉肌。此恨谁知！

（红云）姐姐今日怎么不打扮？（旦云）你那知我的心哩！（唱）

【叨叨令】见安排着车儿、马儿，不由人熬熬煎煎的气。有甚么心情将花儿、靥儿，打扮的娇娇滴滴的媚。准备着被儿、枕儿，则索昏昏沉沉的睡③。从今后衫儿、袖儿，都揾湿做重重叠叠的泪。兀的不闷杀人也么哥，兀的不闷杀人也么哥！久已后书儿、信儿，索与我恓恓惶惶的寄。

（做到了科，见夫人了）（夫人云）张生和长老坐，小姐这壁坐，红娘将酒来。张生，你向前来，是自家亲眷，不要回避。俺今日将莺莺与你，到京师休辱没了俺孩儿，挣揣一个状元回来者。（末云）小生托夫人余荫，凭着胸中之才，视得官如拾芥耳。（洁云）夫人主张不差，张生不是落后的人。（把酒了，坐）（旦长吁科）（唱）

【脱布衫】下西风黄叶纷飞，染寒烟衰草萋迷。酒席上斜签着坐的④，蹙愁眉死临侵地⑤。

【小梁州】我见他阁泪汪汪不敢垂，恐怕人知。猛然见了把头低，长吁气，推整素罗衣。

【幺篇】虽然久后成佳配，奈时间怎不悲啼⑥。意似痴，心如醉，昨宵今日，清减了小腰围。

（夫人云）小姐把盏者！（红递酒了，旦把盏长吁科，云）请吃酒！（唱）

【上小楼】合欢未已，离愁相继。想着俺前暮私情，昨夜成亲，今日别离。我谂知这几日相思滋味⑦，却原来比别离情更增十倍。

【幺篇】年少呵轻远别，情薄呵易弃掷。全不想腿儿相压，脸儿相偎，手儿相携。你与俺崔相国做女婿，妻荣夫贵，但得个并头莲，煞强如状元及第。

（红云）姐姐不曾吃早饭，饮一口儿汤水。（旦云）红娘，什么汤水咽得下！（唱）

【满庭芳】供食太急，须臾对面，顷刻别离。若不是酒席间子母每当回避，有心待与他举案齐眉。虽然是厮守得一时半刻，也合着俺夫妻每共桌而食。眼底空留意，寻思起就里，险化做望夫石。

（夫人云）红娘把盏者！（红把酒科）（旦唱）

【快活三】将来的酒共食，尝着似土和泥；假若便是土和泥，也有些土气息，泥滋味。

【朝天子】暖溶溶玉醅，白泠泠似水，多半是相思泪。眼面前茶饭怕不待要吃⑧，恨塞满愁肠胃。"蜗角虚名，蝇头微利"，拆鸳鸯在两下里。一个这壁，一个那壁，一递一声长吁气。

（夫人云）辆起车儿，俺先回去，小姐随后和红娘来。（下）（末辞洁科）（洁云）此一行别无话说，贫僧准备买登科录看，做亲的茶饭少不得贫僧的。先生在意，鞍马上保重者！"从今经忏无心礼，专听春雷第一声。"（下）（旦唱）

【四边静】霎时间杯盘狼藉，车儿投东，马儿向西。两意徘徊，落日山横翠。知他今宵宿在那里？有梦也难寻觅。

（旦云）张生，此一行得官不得官，疾早便回来。（末云）小生这一去，白夺一个状元⑨。正是："青霄有路终须到，金榜无名誓不归。"（旦云）君行别无所赠，口占一绝，为君送行："弃掷今何道，当时且自亲。还将旧来意，怜取眼前人。"（末云）小姐之意差矣，张珙更敢怜谁？谨赓一绝⑩，以剖寸心："人生长远别，孰与最关亲？不遇知音者，谁怜长叹人？"（旦唱）

【耍孩儿】淋漓襟袖啼红泪，比司马青衫更湿。伯劳东去燕西飞，未登程先问归期。虽然眼底人千里，且尽樽前酒一杯。未饮心先醉，眼中流血，心内成灰。

【五煞】到京师服水土，趁程途节饮食，顺时自保揣身体。荒村雨露宜眠早，野店风霜要起迟！鞍马秋风里，最难调护，最要扶持。

【四煞】这忧愁诉与谁？相思只自知，老天不管人憔悴。泪添九曲黄河溢，恨压三峰华岳低⑪。到晚来闷把西楼倚，见了些夕阳古道，衰柳长堤。

【三煞】笑吟吟一处来，哭啼啼独自归。归家若到罗帏里，昨宵个绣衾香暖留春住，今夜个翠被生寒有梦知。留恋你应无计，见据鞍上马，阁不住泪眼愁眉。

（末云）有什么言语嘱咐小生咱？（旦唱）

【二煞】你休忧"文齐福不齐"，我则怕你"停妻再娶妻"。你休要"一春鱼雁无消息"！我这里青鸾有信频须寄，你却休"金榜无名誓不归"。此一节君须记：若见了那异乡花草，再休似此处栖迟。

（末云）再谁似小姐？小生又生此念。小姐放心，小生就此拜辞。（旦唱）

【一煞】青山隔送行，疏林不做美，淡烟暮霭相遮蔽。夕阳古道无人语，禾黍秋风听马嘶。我为甚么懒上车儿内，来时甚急，去后何迟？

（红云）夫人去好一会，姐姐，咱家去！（旦唱）

【收尾】四围山色中，一鞭残照里。遍人间烦恼填胸臆，量这些大小车儿如何载得起？

（旦红下）（末云）仆童赶早行一程儿，早寻个宿处。泪随流水急，愁逐野云飞。（下）

①迍迍（tún）：行动迟缓的样子。 ②破题儿：古时称诗赋的起首为“破题”，这里指事情的开始。 ③则索：只须，只得。 ④斜签着坐的：侧身斜坐的，指张生。 ⑤死临侵：死气沉沉的样子。 ⑥时间：目前。 ⑦谂（shěn）知：深知。 ⑧怕不待：岂不，难道不。 ⑨白：不费力气，轻而易举。 ⑩赓：续。 ⑪三峰：指华山的莲花峰、毛女峰、松桧峰。

本折即是脍炙人口的“长亭送别”。老夫人逼张生上京应试，有情人面临分别，戏剧冲突以人物内心独白的形式得到了强化发展。词中细腻刻画了莺莺既有百般依恋又有无限悲戚，既有强烈不满又有深深忧虑的复杂心情。唱词具有抒情诗的特色；以景写情，情景交融，构成凄清哀婉的意境；融前人佳句与白描性口语于一炉，精练优美。

明朱权《太和正音谱》：“王实甫之词，如花间美人。铺叙委婉，深得骚人之趣。极有佳句，若玉环之出浴华清，绿珠之采莲洛浦。”

徐士范《重刻元本题评音释西厢记》第四本第三折批语：“此折叙离合情绪，客路景物，可称辞曲中赋。”

卢挚

〔双调·沉醉东风〕闲居

恰离了绿水青山那答[①]，早来到竹篱茅舍人家。野花路畔开，村酒糟头榨，直吃的欠欠答答[②]。醉了山童不劝咱[③]，白发上黄花乱插[④]。

①那答：口语，那边，那块儿。 ②欠欠答答：酣醉的情态。 ③山童：山野之童，指跟随自己的僮仆。 ④白发上黄花乱插：形容自己的醉态和雅趣。古人有秋日菊花插头的习俗。

这支小令写郊游野饮，作者在绿水青山中尽情游赏，信步走进一户山庄人家。竹篱围绕着茅舍，野花盛开于路旁，村酒刚刚酿好。他开怀畅饮，直至醉得大失常态，手舞足蹈。小童不去管他，只将菊花乱往他头上插。曲子情调朴野、洒脱，艺术化了的口语亲切而有韵味，尤其每句一个动词，使我们同作者一道身临其境，把人在自然怀抱中的那种惬意和畅快表现得极为充分。

〔双调·蟾宫曲〕（二首）

其　一

沙三伴哥来嗏[①]，两腿青泥，只为捞虾。太公庄上，杨柳阴中，磕破西瓜。小二哥昔涎剌塔[②]，碌上淹着个琵琶[③]，看荞麦开花[④]，绿豆生芽。无是无非，快活煞庄家。

①沙三、伴哥：农村青年的代名，犹言张三、李四。嗏（chā）：语助词，无义。 ②昔涎剌塔：犹今言“邋里邋遢”，不整洁之意。昔涎，同“吸涎”，流口水的样子。 ③碌（liù）碡上淹着个琵琶：形容小二哥伸脚仰头靠在碌碡上，像搭了个曲颈琵琶的样子。碌轴，农具中的石滚子，今写作碌碡。 ④荞麦：北方高寒地区的一种粮食作物，紫茎白花。

这支小令用非常朴实的口语，描写了夏日农家生活特别生动的一幕。几个农村青年的形象栩栩如生，小二哥天真质朴的样子，尤其令人叫绝。

其　二

想人生七十犹稀。百岁光阴，先过了三十。七十年间，十岁顽童，十载尫羸[①]。

五十岁除分昼黑[2]，刚分得一半儿白日。风雨相摧，兔走乌飞[3]。仔细沉吟，都不如快活了便宜。

①尪（wāng）羸：年老病弱的样子。尪，鸡胸罗锅类的骨骼弯曲病。羸，羸弱，瘦弱。②除分：一分为二。 ③兔走乌飞：言昼夜更替，时光飞逝。兔代指月，乌代指日。古代相传月中有玉兔，日中有金乌，故称。

“人生苦短”、“秉烛夜游”是古代诗歌中的常调。将有效的人生加以计算，唐白居易的《狂歌词》便已始之。然而也许是曲子体裁的缘故，本篇计算得更为详细明白，人生只有短短的25年时间可以充分利用，无异于当头棒喝，使人从昏沉中猛然醒来。作者因此得出的“及时行乐”的观点虽不足取，但本篇揭示出的人生如此短暂的问题却值得我们深思。

睢景臣

〔般涉调·哨遍〕高祖还乡

社长排门告示，但有的差使无推故。这差使不寻俗，一壁厢纳草除根①，一边又要差夫，索应付。又言是车驾，都说是銮舆②，今日还乡故。王乡老执定瓦台盘③，赵忙郎抱着酒葫芦。新刷来的头巾④，恰糨来的绸衫⑤，畅好是装幺大户⑥。

【耍孩儿】瞎王留引定火乔男女⑦，胡踢腾吹笛擂鼓⑧。见一彪人马到庄门⑨，匹头里几面旗舒⑩。一面旗白胡阑套住个迎霜兔⑪，一面旗红曲连打着个毕月乌⑫，一面旗鸡学舞⑬，一面旗狗生双翅⑭，一面旗蛇缠葫芦⑮。

【五煞】红漆了叉⑯，银铮了斧，甜瓜苦瓜黄金镀⑰。明晃晃马镫枪尖上挑⑱，白雪雪鹅毛扇上铺⑲。这几个乔人物，拿着些不曾见的器仗，穿着些大做怪衣服。

【四】辕条上都是马，套顶上不见驴⑳，黄罗伞柄天生曲㉑。车前八个天曹判㉒，车后若干递送夫㉓。更几个多娇女，一般穿着，一样妆梳。

【三】那大汉下得车，众人施礼数，那大汉觑得人如无物。众乡老展脚舒腰拜㉔，那大汉挪身着手扶。猛可里抬头觑，觑多时认得，险气破我胸脯。

【二】你须身姓刘，您妻须姓吕㉕，把你两家根脚从头数㉖。你本身做亭长耽几盏酒㉗，你丈人教村学读几卷书。曾在俺庄东住，也曾与我喂牛切草，拽坝扶锄㉘。

【一】春采了桑，冬借了俺粟，零支了米麦无重数。换田契强秤了麻三秤㉙，还酒债偷量了豆几斛。有甚糊涂处？明标着册历㉚，见放着文书。

【尾】少我的钱，差发内旋拔还㉛。欠我的粟，税粮中私准除㉜。只道刘三谁肯把你揪捽住㉝，白甚么改了姓更了名唤作汉高祖㉞。

①一壁厢：一边，一面。纳草除根：交纳草料，必须除却草根。 ②銮舆：本为皇帝乘坐的车轿，这里指代皇帝。 ③乡老：乡里德高望重的头面人物。《汉书·高帝纪》："举民年五十以上，有修行，能率众为善，置以为乡老，乡一人。" ④刷：同"涮"，洗涤。 ⑤糨：古代用米汤浆洗衣布，以使其平挺。 ⑥畅好：正好。装幺：装模作样。 ⑦王留：元曲中对乡村青年的通称。火：同"伙"。乔男女：装腔作势的家伙。 ⑧胡踢腾：胡乱折腾。 ⑨一彪（diū）：一队。周密《癸辛杂识》："虏中一聚马为彪，或三百匹，或五百匹。" ⑩匹头里：当头。匹，同"劈"。 ⑪胡阑：是"环"字的切音。迎霜兔：白兔。古人认为月中有玉兔，故常以兔代月。这句说白环中套着一只玉兔，指皇帝仪仗的月旗图案。 ⑫曲连："圈"字的切音。古人认为太阳中有三足乌，故常以代日。这句指皇帝的日旗图案。 ⑬鸡学舞：指凤凰旗。 ⑭狗生双翅：指飞虎旗。 ⑮蛇缠葫芦：指龙戏珠旗。 ⑯叉：这里指戈戟类的仪仗。 ⑰"甜瓜苦瓜"句：指金瓜锤。 ⑱"明晃晃"句：指皇帝仪仗的朝天镫。 ⑲"白雪雪"句：指鹅毛宫扇。 ⑳套顶：套头。 ㉑"黄罗伞"句：指皇帝仪仗的遮阳伞，

曲柄，以黄缎子制作。 ㉒天曹判：天宫里的判官，此指导驾的侍臣。 ㉓递送夫：此指为皇帝传送物品的侍从。 ㉔展脚舒腰：抬脚伸腰。 ㉕“您妻”句：指刘邦的妻子吕雉，史称吕后。您，同“你”，宋元时北方口语代词，并无敬意。 ㉖根脚：根底，身世。 ㉗亭长：秦代10里为一亭，10亭为一乡。刘邦早年曾做过泗水亭长。 ㉘坝：同“耙”，是一种靠畜力或人力牵引来平地碎土的农具。 ㉙“换田契”句：谓刘邦借重立田地契约之机，强行勒索过乡民三秤麻。 ㉚册历：指账簿。 ㉛差发：官差徭役之类。旋：就着，立刻。 ㉜私准除：私下折兑扣除。 ㉝刘三：刘邦排行老三，史称刘季，曲用白话，故称刘三。 ㉞白甚么：平白无故地为什么。

刘邦称帝后衣锦还乡，史有其事，《史记·高祖本纪》有详细记述。这篇套曲借题发挥，极尽想象之能事，嬉笑怒骂，成为一出绝妙的讽刺喜剧，鞭挞和嘲弄了那些政治暴发户们“一阔脸就变”的丑恶嘴脸。首先采用了戏剧代言体的叙述视角，将刘邦还乡的一切场面由一个无知无识、天真憨直的乡民眼中体现，从他的口中说出，于是皇帝的神圣庄严和不可一世全变得滑稽可笑。其次是欲抑先扬手法的使用，造成神圣与无价值的强烈对比，“露出麒麟皮下的马脚来”，增强了喜剧效果。

元钟嗣成《录鬼簿》：“维扬诸公俱作《高祖还乡》套数，惟公〔哨遍〕制作新奇，皆出其下。”

郑光祖

倩女离魂

第二折

（夫人慌上，云）欢喜未尽，烦恼又来。自从倩女孩儿在折柳亭与王秀才送路，辞别回家，得其疾病，一卧不起。请的医人看治，不得痊可，十分沉重，如之奈何？则怕孩儿思想汤水吃，老身亲自去绣房中探望一遭去来。（下）（正末上，云）小生王文举，自与小姐在折柳亭相别，使小生切切于怀，放心不下。今舣舟江岸[①]，小生横琴于膝，操一曲以适闷咱[②]。（做抚琴科）（正旦别扮离魂上，云）妾身倩女，自与王生相别，思想的无奈，不如跟他同去；背着母亲，一径的赶来。王生也，你只管去了，争知我如何过遣也呵！（唱）

【越调斗鹌鹑】人去阳台，云归楚峡。不争他江渚停舟，几时得门庭过马？悄悄冥冥，潇潇洒洒。我这里踏岸沙，步月华；我觑这万水千山，都只在一时半霎。

【紫花儿序】想倩女心间离恨，赶王生柳外兰舟，似盼张骞天上浮槎[③]。汗溶溶琼珠莹脸，乱松松云髻堆鸦，走的我筋力疲乏。你莫不夜泊秦淮卖酒家。向断桥西下，疏剌剌秋水菰蒲，冷清清明月芦花。

（云）走了半日，来到江边，听的人语喧闹，我试觑咱。（唱）

【小桃红】我蓦听得马嘶人语喧哗，掩映在垂杨下，唬的我心头丕丕那惊怕[④]，原来是响珰珰鸣榔板捕鱼虾[⑤]。我这里顺西风悄悄听沉罢，趁着这厌厌露华[⑥]，对着这澄澄月下，惊的那呀呀呀寒雁起平沙。

【调笑令】向沙堤款踏，莎草带霜滑；掠湿湘裙翡翠纱，抵多少苍苔露冷凌波袜。看江上晚来堪画，玩冰壶潋滟天上下[⑦]，似一片碧玉无瑕。

【秃厮儿】你觑远浦孤鹜落霞，枯藤老树昏鸦，听长笛一声何处发，歌欸乃，橹咿哑。

（云）兀那船头上琴声响，敢是王生？我试听咱。（唱）

【圣药王】近蓼洼，缆钓槎，有折蒲衰柳老蒹葭；近水凹，傍短槎，见烟笼寒水月笼沙，茅舍两三家。

（正末云）这等夜深，只听得岸上女人音声，好似我倩女小姐，我试问一声波。（做问科，云）那壁不是倩女小姐么？这早晚来此怎的？（魂旦相见科，云）王生也，我背着母亲，一径的赶将你来，咱同上京去罢。（正末云）小姐，你怎生赶到这里来？（魂旦唱）

【麻郎儿】你好是舒心的伯牙，我做了没路的浑家。你道我为甚么私离绣榻，待和伊同走天涯。

（正末云）小姐是车儿来，是马儿来？（魂旦唱）

【幺】险把、咱家、走乏。比及你远赴京华，薄命妾为伊牵挂，思量心儿时撇下。

【络丝娘】你抛闪咱，比及见咱，我不瘦杀，多应害杀。（正末云）若老夫人知道怎了也？（魂旦唱）他若是赶上咱，待怎么？常言道：做着不怕。

（正末做怒科，云）古人云：聘则为妻，奔则为妾。老夫人许了亲事，待小生得官回来，谐两姓之好，却不名正言顺！你今私自赶来，有玷风化，是何道理？（魂旦云）王生，（唱）

【雪里梅】你振色怒增加，我凝睇不归家；我本真情非为相吓，已主定心猿意马[8]。

（正末云）小姐，你快回去罢。（魂旦唱）

【紫花儿序】只道你急煎煎趱登程路，元来是闷沉沉困倚琴书，怎不教我痛煞煞泪湿琵琶。有甚心着雾鬓轻笼蝉翅，双眉淡扫宫鸦。情愿似落絮飞花，谁更问出外争如只在家。更无多话，愿秋风驾百尺高帆，尽春光付一树铅华[9]。

（云）王秀才，赶你不为别，我只防你一件。（正末云）小姐防我那一件来？（魂旦唱）

【东原乐】你若是赴御宴琼林罢，媒人每拦住马，高挑起染渲佳人丹青画，卖弄他生长在王侯宰相家。你恋着那奢华，你敢新婚燕尔在他门下。

（正末云）小生此行，一举及第，怎敢忘了小姐。（魂旦云）你若得登第呵，（唱）

【绵搭絮】你做了贵门娇客，一样矜夸；那相府荣华，锦绣堆压。你还想飞入寻常百姓家？那时节似鱼跃龙门播海涯，饮御酒插宫花，那其间占鳌头占鳌头登上甲。

（正末云）小生倘不中呵，却是怎生？（魂旦云）你若不中呵，妾身荆钗裙布，愿同甘苦。（唱）

【拙鲁速】你若是似贾谊困在长沙，我敢似孟光般显贤达。休想我半星儿意差，一分儿抹搭[10]。我情愿举案齐眉傍书榻，任粗粝淡薄生涯；遮莫戴荆钗，穿布麻。

（正末云）小姐既如此真诚志意，就与小生同上京去如何？（魂旦云）秀才肯带妾身去呵，（唱）

【幺篇】把梢公快唤咱，恐家中厮捉拿。只见远树寒鸦，岸草汀沙，满目黄花，几缕残霞。快先把云帆高挂，月明直下；便东风刮，莫消停，疾进发。

（正末云）小姐，则今日同我上京应举去来。我若得了官，你便是夫人县君也。（魂旦唱）

【收尾】各剌剌向长安道上把车儿驾[11]，但愿得文苑客当时奋发；则我这临邛市沽酒卓文君，甘伏侍你濯锦江题桥汉司马[12]。（同下）

①舣舟：泊船。　②适闷：解闷。　③张骞天上浮槎（chá）：相传西汉张骞出使大夏，寻河源，乘木筏上天到达天河。槎，木筏。　④丕丕：即扑扑，形容心慌。　⑤鸣榔板：用木板敲船舷以惊鱼入网。　⑥厌厌：浓重。　⑦“玩冰壶”句：意为看月在水中，天光水色交相辉映。　⑧主定心猿意马：打定主意。　⑨“愿秋风”二句：愿与王生结伴而去，把青春全付此行。　⑩抹搭：怠慢或变心。⑪各剌剌：车轮滚动的声音。⑫濯锦江题桥汉司马：《华阳国志》载：“城北十里有仙桥，有送客观。司马相如初入长安，题市门曰：不乘高车驷马，不过汝下也。”

本折以朦胧、凄清的秋江月夜为背景，融情入景，借景抒情，细致传神地描摹出闺中少女夜追爱人时的慌急情态和胆怯心理，反衬出她反抗封建礼法、追求爱情自由的胆量和勇气。语辞清新俊丽，极富音韵节奏之美。

明何良俊《四友斋丛说》："郑德辉《倩女离魂》【越调·圣药王】'近蓼洼，缆钓槎，有折蒲衰柳老蒹葭；近水凹，傍短槎，见烟笼寒水月笼沙，茅舍两三家。'如此等语，清丽流便，语入本色，然殊不秾郁，宜不谐于俗耳也。"

明孟称舜《柳枝集》："酸楚哀怨，令人断肠。昔时《西厢记》，近日《牡丹亭》皆为传情绝调，兼之者此剧乎。《牡丹亭》格调原祖此，读者当自见也。"

张养浩

〔中吕·山坡羊〕潼关怀古

峰峦如聚，波涛如怒，山河表里潼关路[①]。望西都[②]，意踌躇。伤心秦汉经行处[③]，宫阙万间都做了土。兴，百姓苦；亡，百姓苦！

①山河表里：指潼关一带地势险要，外有黄河，内有华山。 ②西都：指长安。 ③伤心秦汉经行处：意为路经秦汉故地，内心感伤不已。

本篇为作者于元文宗天历二年（1329）出任陕西行台中丞，前赴赈灾路经潼关时所作。全曲意境开阔，风格苍凉雄劲，深沉感人，并以空前的胆识明白地揭示出了历史的真相：无论谁家兴谁家亡，倒霉的总是老百姓。作者借此曲，一针见血地揭示了统治者与人民的矛盾，因此具有极其深刻的社会意义，可谓言人所未能言，言人所未敢言。

张可久

〔正宫·醉太平〕

人皆嫌命窘①，谁不见钱亲？水晶环入面糊盆，才沾粘便滚②。文章糊了盛钱囤③，门庭改作迷魂阵④，清廉贬入睡馄饨⑤。葫芦提倒稳⑥。

①命窘：命运不好。窘，穷困。 ②“水晶环入面糊盆”二句：意为本性纯洁清白之人一旦进入富贵场中就会异化，与世俗同流合污。 ③文章糊了盛钱囤：指用文章作为升官发财的手段。囤，用苇篾编成的盛粮食的器物。 ④门庭改作迷魂阵：意指为了钱甚至把家门也变成了坑害人的地方。迷魂阵，元人常用来指妓院。 ⑤清廉贬入睡馄饨：廉洁清白之人被贬斥为懵懂无知。馄饨，同“浑沌”。 ⑥葫芦提：糊里糊涂之意，元曲习用语。

本篇为讥讽世风之作。元代商品经济已经有了一定的萌芽，具有近代意义的“拜金教”相应地也开始产生，官本位的社会中因而便渗入了钱本位的因素。本篇以愤世的形式反映了这种现实，因而具有一定的认识价值。曲子用俗语写作，一反作者平日典雅清丽的作风。鼎足对三句比喻生动形象，讽刺老辣尖刻，为《小山乐府》中的别调。

刘时中

〔正宫·端正好〕上高监司（前套）[1]

【端正好】众生灵遭磨障[2]，正值着时岁饥荒。谢恩光拯济皆无恙[3]，编做本词儿唱。

【滚绣球】去年时正插秧，天反常，那里取若时雨降[4]，旱魃生四野灾伤[5]。谷不登，麦不长，因此万民失望。一日日物价高涨，十分料钞加三倒[6]，一斗粗粮折四量[7]，煞是凄凉。

【倘秀才】殷实户欺心不良，停塌户瞒天不当[8]。吞象心肠歹伎俩[9]。谷中添秕屑，米内插粗糠，怎指望他儿孙久长！

【滚绣球】甑生尘老弱饥[10]，米如珠少壮荒[11]。有金银那里每典当[12]？尽枵腹高卧斜阳[13]。剥榆树餐，挑野菜尝。吃黄不老胜如熊掌[14]，蕨根粉以代糇粮[15]。鹅肠苦菜连根煮[16]。荻笋芦莴带叶哇[17]，则留下杞柳株樟[18]。

【倘秀才】或是捶麻柘稠调豆浆[19]，或是煮麦麸稀和细糠。他每早合掌擎拳谢上苍。一个个黄如经纸[20]，一个个瘦似豺狼，填街卧巷。

【滚绣球】偷宰了些阔角牛，盗斫了些大叶桑[21]。遭时疫无棺活葬[22]，贱卖了些家业田庄。嫡亲儿共女，等闲参与商[23]。痛分离是何情况？乳哺儿没人要撇入长江。那里取厨中剩饭杯中酒，看了些河里孩儿岸上娘，不由我不哽咽悲伤。

【倘秀才】私牙子船湾外港[24]，行过河中宵月朗[25]，则发迹了些无徒米麦行[26]。牙钱加倍解[27]，卖面处两般装[28]，昏钞早先除了四两[29]。

【滚绣球】江乡相[30]，有义仓[31]，积年系税户掌[32]。借贷数补答得十分停当[33]，都侵用过将官府行唐[34]。那近日劝粜到江乡[35]，按户口给月粮。富户都用钱买放[36]，无实惠尽是虚桩。充饥画饼诚堪笑，印信凭由却是谎，快活了些社长知房[37]。

【伴读书】磨灭尽诸豪壮[38]，断送了些闲浮浪[39]。抱子携男扶筇杖[40]，尪羸伛偻如虾样[41]。一丝好气沿途创[42]，阁泪汪汪。

【货郎】见饿莩成行街上[43]，乞出拦门斗抢。便财主每也怀金鹄立待其亡[44]。感谢这监司主张，似汲黯开仓[45]。披星带月热中肠，济与粜亲临发放[46]。见孤孀疾病无皈向[47]，差医煮粥分厢巷[48]，更把赃输钱分例米多般儿区处的最优长[49]。众饥民共仰，似枯木逢春，萌芽再长。

【叨叨令】有钱的贩米谷置田庄添生放[50]，无钱的少过活分骨肉无承望；有钱的纳宠妾买人口偏兴旺，无钱的受饥馁填沟壑遭灾障。小民好苦也么哥[51]，小民好苦也么歌，便秋收鬻妻卖子家私丧。

【三煞】这相公爱民忧国无偏党[52]，发政施仁有激昂。恤老怜贫，视民如子，起死回生，扶弱摧强。万万人感恩知德，刻骨铭心，恨不得展草垂缰[53]。覆盆之下[54]，同受太阳光。

【二】天生社稷真卿相，才称朝廷作栋梁。这相公主见宏深，秉心仁恕，治政公平，莅事慈祥[55]。可与萧曹比并[56]，伊傅齐肩[57]，周召班行[58]。紫泥宣诏[59]，花衬马蹄忙[60]。

【一】愿得早居玉笋朝班上[61]，伫看金瓯姓字香[62]。入阙朝京，攀龙附凤[63]，和鼎调羹[64]，论道兴邦。受用取貂蝉济楚[65]。衮绣峥嵘[66]，珂珮丁当[67]。普天下万民乐业，都知是前任绣衣郎[68]。

【尾声】相门出相前人奖[69]，官上加官后代昌。活被生灵恩不忘[70]，粒我烝民德怎偿[71]。父老儿童细较量，樵叟渔夫曾论讲，共说东湖柳岸旁，那里清幽更舒畅，靠着云卿苏圃场[72]，与徐孺子流芳挹清况[73]。盖一座祠堂人供养，立一统碑碣字数行[74]，将德政因由都载上，使万万代官民见时节想。

①《上高监司》套数共两篇，此选录前套。监司：监察州县长官的通称。曲题所云高监司，今人看法分歧。或云高纳麟，或云高昉。前者曾任江西道廉访使，后者曾任江南行御史台侍御史，都曾有在江西赈灾的德政。当以后者为是。 ②磨障：同“魔障”，佛家指修道的障碍，这里是磨难的意思。 ③恩光：恩惠。 ④若：同“偌”，那，那样的。时雨：及时雨。 ⑤旱魃（bá）：传说中的旱神。 ⑥十分料钞加三倒：意为物价飞涨，纸币贬值。料钞，元代的一种纸币，以丝料做本，故名。加三倒，用料钞买东西，必须按原价再加三成才行。 ⑦一斗粗粮折四量：粮商出售粮食，一斗要扣去四升。 ⑧停塌户：指囤粮户。 ⑨吞象心肠：谓贪得无厌。俗谚云：“人心不足蛇吞象。” ⑩甑（zèng）：古代蒸饭用的炊具。 ⑪少壮荒：年轻力壮的感到饥饿。 ⑫那里每：何处。每，语助词。 ⑬枵（xiāo）腹：空肚子。枵，空，空虚。 ⑭黄不老：一种可食的野菜。一说为黄柏，也作“黄檗”，果实和树皮内层入药，可食，但味极苦。 ⑮蕨根粉：蕨，多年生草本植物，地下根茎多淀粉，可食用。糇粮：干粮。 ⑯鹅肠：野菜的一种，即蘩缕，可食用。苦菜：荼或荠的俗称，均可食用。 ⑰荻笋芦莴：荻和芦均为生长在水边的野草。笋指嫩芽，莴指嫩茎。哇（zhuāng）：大口吞咽。 ⑱杞柳：一种生长在水边的植物，枝条可编器具。株樟：指樟树。二者均不可食用。 ⑲麻柘：指麻籽和柘实，可食用。 ⑳黄如经纸：古代抄印佛经的纸为黄色，这里用来形容人面黄肌瘦。 ㉑斫：砍伐。元代有禁杀耕牛和禁止纵畜犯桑枣禾稼的法令，故称“偷宰”、“盗斫”。 ㉒时疫：瘟病。 ㉓参、商：二星名，两星出没互不相见。 ㉔私牙子：为投机倒把走私商说合的经纪人。 ㉕行过河中宵月朗：指贩私船只半夜才过河活动。 ㉖无徒：无赖之徒。 ㉗牙钱：指买卖双方成交后给牙子的佣金。解，付给。 ㉘两般装：指卖面过秤时作弊。 ㉙昏钞：指破烂陈旧的钞票。 ㉚江乡：江边的乡村。相：同“厢”，那边。 ㉛义仓：旧时地方设立备荒的粮仓。 ㉜积年：历年。税户：纳税的富户。 ㉝借贷数补答得十分停当：借贷收支的假账做得相当好，贪污侵占的谷物数量被掩盖起来，看不出任何破绽。 ㉞都侵用过将官府行唐：管理义仓的税户都侵用过义仓的粮食，却利用假账将官府搪塞。 ㉟劝粜：官府督促富户出卖余粮。 ㊱买放：用钱贿赂，以逃避粜米济灾之责。 ㊲知房：旧时县衙门内管事的书办。 ㊳豪壮：身体强壮的人。 ㊴闲浮浪：不事生产，游荡街头的人。 ㊵筇（qióng）杖：竹手杖。 ㊶尫羸（wāng léi）：身体瘦弱。伛偻（yǔ lǚ）：驼背，形容人饿得直不起腰的样子。 ㊷刨：同“闯”。 ㊸饿莩（piǎo）：饿死的人。 ㊹鹄立：像天鹅般伸长脖子站立。 ㊺汲黯开仓：汲黯为西汉时有名的

清官。汉武帝曾派他视察火灾，路经河南，看到当地水灾严重，他不等请示批准就私自开仓放粮，见《史记·汲郑列传》。 ㊻济与粜：赈济救灾，卖粮食。 ㊼无皈向：无所归依。皈，同“归”。 ㊽厢巷：指大街两旁以及胡同里的百姓。 ㊾赃输钱：贪官污吏受贿的赃款。分例米：指被贪官污吏侵吞的灾民应得的救济粮。区处：分别处理。 ㊿添生放：增加了放债生息的本钱。南宋洪迈《容斋随笔》：“今人出本以规利，谓之放债，又名生放。” (51)也么哥：语尾助词，无意。 (52)偏党：偏袒营私。 (53)展草垂缰：即三国时李信宠犬展草救主和前秦苻坚马垂缰救主的故事，分别见《搜神记》和《异苑》。 (54)覆盆：倒扣的盆子，喻无法洗雪的冤屈。 (55)莅事：亲自主持事务。 (56)萧曹：萧何、曹参，均为汉代名相。 (57)伊傅：伊尹、傅说，均为商代名相。 (58)周召：周公旦，召公奭，均周初名臣。班行：班列行次。 (59)紫泥宣诏：古代皇帝的诏书均用紫泥封印，故称。 (60)花衬马蹄忙：前人有“春风得意马蹄疾”和“踏花归去马蹄香”的诗句，这里把它缀合起来，形容春风得意，以歌颂高昉的升官。 (61)玉笋朝班：玉笋，比喻朝廷人才济济，如笋并立。朝班，即朝廷众臣的班列行次。 (62)金瓯：这里指全国。 (63)攀龙附凤：此指依附贤君建功立业。 (64)和鼎调羹：比喻大臣辅佐贤君治理国家。 (65)貂蝉：汉代高官所戴帽子，上面饰有貂尾、蝉纹。济楚：整齐。 (66)衮绣：指绣有龙蟒的官服。峥嵘：原为山势高峻的样子，这里形容衮服上的花非同寻常。 (67)珂佩：官服上佩带的饰玉。 (68)绣衣郎：汉代侍御史有绣衣直指，这里指高昉。 (69)相门出相：高昉的祖上有人在金时曾以战功封太师，相当于宰相，故称。 (70)活被生灵：给百姓以活路。被，当为“彼”之形误。 (71)粒我烝民：把粮食送给百姓吃。 (72)云卿：即苏云卿，南宋隐士，曾隐居于豫章（今江西南昌），以种菜织履为业。 (73)徐孺子：东汉徐稺，字孺子，豫章人。家贫而品格清高，不肯做官，常亲自耕种。挹：舀取。 (74)一统：一座，一块。

元仁宗延佑元年（1314）秋到延佑二年（1315）春，江西等地大旱。江南行台御史高昉以宣抚使身份主持救灾，“爱民忧国”，“发政施仁”，减轻了人民的痛苦。翌年高昉奉诏调中书省任职，作者写了这篇套曲上呈给他。本篇真实地再现了江西人民在天灾人祸中痛苦挣扎的悲惨情景，揭露了贪官污吏和富户奸商趁火打劫、大发国难财的罪恶行径，称颂了高昉爱民忧国、积极救灾的德政。在通常以个人穷通出处和山水田园为表现对象的元散曲中，这是一篇不可多得的现实主义力作。

刘咸炘《文学述林》：“元人散曲，其内容较剧曲尤狭。（曲略）刘时中之《上监司》，甚为罕见。”

郑振铎《中国俗文学史》：“这是元代散曲里的白氏《新乐府》。”

刘因

白　　沟①

宝符藏山自可攻，儿孙谁是出群雄②。幽燕不照中天月③，丰沛空歌海内风④。赵普元无四方志⑤，澶渊堪笑百年功⑥。白沟移向江淮去⑦，止罪宣和恐未公⑧。

①白沟：河名，在今河北省新城、霸县至天津市境内。北宋时宋辽分界于此，故亦称界河。　②“宝符”二句：宋太祖赵匡胤曾图谋收取幽燕，但其儿孙并无出类拔萃的人物能实现这个遗愿。宝符，谓代表天命的符节。《史记·赵世家》载，春秋末晋卿赵简子考察诸子才能，假称在常山藏了宝符。诸子未获，独庶生子毋邺说已得宝符，“从常山上临代，代可取也”。赵简子遂改立毋邺为太子。　③幽燕：古地名，在今河北北部及辽宁一带。五代时晋石敬瑭割让给契丹，北宋时先后为辽、金所有。不照中天月：意指不在宋朝统治之下。④“丰沛”句：谓赵匡胤未能收复幽燕，不能像汉高祖刘邦那样统一全国，抵御外侮。⑤赵普：宋太祖、宋太宗两朝宰相，主张消极防御，曾谏阻宋太祖北伐取燕，故承前句言其原无四方之志。元：同“原”。　⑥澶（chán）渊句：澶渊，古湖泊名，在今河南省濮阳西南。宋真宗景德元年，辽国萧太后与圣宗率大军南侵。宰相寇准力劝真宗亲征，战于澶渊，取得小胜。但真宗畏敌，反与辽讲和，订立澶渊之盟，每年给辽银10万两，绢20万匹，澶渊和议维持了100多年。　⑦“白沟”句：金灭辽后，于1127年破汴京，灭掉北宋，宋室南渡后，长江、淮河就成了宋金的国界。　⑧“止罪”句：宣和，宋徽宗赵佶的年号，此指代宋徽宗。这句是说把北宋灭亡的罪责只归于宋徽宗恐怕是不公允的。

这首七律是作者路过白沟一带有感而发所作，诗中回顾历史，深刻揭示了北宋王朝由于对外一贯妥协退让、苟且求安，终至丧国的沉痛教训。全诗即景抒情，因事生议，咏史论理，见解精辟。再加上恰切用典，使全诗蕴含丰富，意味深长。

赵孟頫

岳鄂王墓①

鄂王坟上草离离②，秋日荒凉石兽危③。南渡君臣轻社稷，中原父老望旌旗④。英雄已死嗟何及，天下中分遂不支⑤。莫向西湖歌此曲，水光山色不胜悲。

①岳鄂王：即南宋民族英雄岳飞。宋高宗绍兴十一年（1142）被奸臣秦桧所害，宋宁宗时追封为鄂王。 ②离离：繁茂的样子。 ③石兽：墓前石马、石象等各种兽形的石雕。危：高。 ④“南渡”二句：南宋君臣苟且偷安，根本没把恢复大业放在心上，而沦陷区人民却始终盼望收复中原的军队到来。旌旗，代指南宋北伐军队。 ⑤“英雄”二句：岳飞一死，南北对峙的局面未能支持多久，南宋最终灭亡了。不支，支撑不下去。

这首七律是作者瞻仰岳飞墓时所作的，诗中通过描写岳飞墓前的荒凉景象，追怀历史，不仅抒发了作者对民族英雄岳飞蒙冤屈死的伤痛之情，而且对南宋朝廷不思恢复、苟且偷安的做法表示了强烈的愤慨，对岳飞屈死及由此而带来的恶果表示了极为沉痛的哀悼之情。全诗由写景起，以写景终，语言平易，感情强烈，对英雄屈死和南宋灭亡有愤慨，有谴责，有伤痛，有哀悼。诗中打破怀古诗作多用典故的写法，写景抒情，巧用对比手法，以墓地的荒凉衬托人们对英雄的淡忘，以中原父老衬南渡君臣，由人悲到山水之悲，含蓄曲折地表达了诗人登临岳墓的复杂心绪与感怀。

明李东阳《麓堂诗话》：“赵子昂书画绝出，诗律亦清丽。其《岳武穆墓》曰：‘南渡君臣轻社稷，中原父老望旌旗。’句虽佳而意已涉秦越……其深厚简切，诚莫有过之者，不可废也。”

近人陈衍《元诗纪事》：“《辍耕录》：‘岳王墓诗，不下数百篇，其脍炙人口者，莫如赵魏公作。’”

虞集

至正改元辛巳寒食日示弟及诸子侄①

江山信美非吾土，飘泊栖迟近百年②。山舍墓田同水曲③，不堪梦觉听啼鹃④。

①此诗是作者在元顺帝至正元年（1341）寒食节祭扫祖墓时写给其弟及子侄的。原作两首，选录一首。 ②“江山”两句：有两层含义。第一层：由作者写此诗之时上推其父由蜀迁赣之时，历时将近百年，仍未返回原籍，故有“飘泊栖迟”之叹；第二层：作者祖先虞允文在宋高宗绍兴三十一年（1161）曾大破金兵于采石一带，暂时缓解了一下南北对峙的局势，但到1279年南宋还是灭亡了，如今是江山易姓，异族一统天下，故有“江山信美非吾土”之感。江山信美非吾土：语出王粲《登楼赋》，这里是化用其意。 ③“山舍”句：是说诗人祖墓在四川，而现在的庐舍墓田都在江西。同水曲：同在滨临江边之地。 ④啼鹃：悲鸣的杜鹃。传说杜鹃鸟为古蜀王望帝之魂所化，啼声甚悲，杜鹃悲啼往往寄托国家兴亡之恨或飘泊之苦。此处梦觉鹃啼，正有双关之意。

从南宋灭亡到作者写作此诗，历时已62年。此时元朝的统治局势已经稳定，但诗人对蒙元统治一直耿耿于怀，对南宋故国仍有殷切的怀恋之情。诗中以寒食祭扫祖墓为契机，通过对故乡的深切怀念，曲折表达兴亡之叹和飘零之感。结构上，此诗打破了先写景后抒情的常规，先入为主，直抒胸臆，再运用联想和双关手法，把眼前景与心中事结合在一起，借思乡之情表达世事兴亡之感，诗意含蓄婉转，惆怅而不哀痛。

王冕

劲 草 行

中原地古多劲草，节如箭竹花如稻。白露洒叶珠离离①，十月霜风吹不到。萋萋不到王孙门②，青青不盖谗佞坟。游根直下土百尺，枯荣暗抱忠臣魂。我问忠臣为何死？元是汉家不降士。白骨沉埋战血深，翠光潋滟腥风起③。山南雨晴蝴蝶飞，山北雨冷麒麟悲④。寸心摇摇为谁道，道旁可许愁人知？昨夜东风鸣羯鼓⑤，髑髅起作摇头舞。寸田尺宅且勿论，金马铜驼泪如雨⑥。

①离离：这里指露珠滚动的情景。 ②萋萋：青草茂盛的样子。《楚辞·招隐士》："王孙游兮不归，春草生兮萋萋。"宋李重元（一作秦观）《忆王孙》词云："萋萋芳草忆王孙，柳外楼高空断魂。杜宇声声不忍闻。欲黄昏，雨打梨花深闭门。"此句反用芳草喻别之意，意思说坚贞有节的劲草不生在王孙贵要之门。 ③潋滟（liàn yàn）：水光闪动的样子。 ④麒麟：墓前石雕的麒麟。 ⑤羯鼓：古代打击乐器，又名两杖鼓，南北朝时由西域传入，盛行于唐，这里指战鼓。 ⑥金马铜驼：汉朝未央宫门前铸有铜马之像，故称金马门。《晋书·索靖传》："靖有先识远量，知天下将乱，指洛阳宫门铜驼叹曰：'会见汝在荆棘中耳！'"这里形容金马铜驼都为战乱后的惨象而落泪。

这首咏物诗通过歌咏忠贞有节的劲草来赞美"汉家不降士"的民族气节，表达了诗人的崇敬之情。前8句赞扬劲草顽强忠贞的高节品格，后12句以虚幻的变形手法，描绘"汉家不降士"为国死节后的悲凉气氛，渲染忠臣节士感天动地、可歌可泣的悲壮精神，从诗行叙事看，诗中"汉家不降士"可能是有具体所指的。但诗中没有具体直言，而是以咏劲草的咏物形式展现，劲草构成全诗的主线，以劲草起兴，以劲草喻人，题为咏物，实则咏人。结尾的"髑髅起作摇头舞"、"金马铜驼泪如雨"又以李贺诗歌虚幻变形的手法，夸饰渲染悲壮的氛围，体现一种超现实的浪漫精神。

萨都剌

满　江　红

金陵怀古

六代豪华[①]，春去也，更无消息。空怅望[②]，山川形胜，已非畴昔[③]。王谢堂前双燕子，乌衣巷口曾相识[④]。听夜深寂寞打孤城，春潮急[⑤]。　思往事，愁如织；怀故国，空陈迹。但荒烟衰草，乱鸦斜日。玉树歌残秋露冷[⑥]，胭脂井坏寒螀泣[⑦]。到如今只有蒋山青[⑧]，秦淮碧。

①六代：指东吴、东晋和南朝的宋、齐、梁、陈等六个建都于金陵（今南京市）的朝代，又称六朝。　②怅：伤神失意貌。　③畴昔：过去，以前。　④“王谢堂前”二句：化用刘禹锡《乌衣巷》诗意。王谢，指六朝时代的江东豪族王氏、谢氏。乌衣巷，在今南京市东南，为六朝时王、谢两族聚居的地方。　⑤“听夜深”二句：化用刘禹锡《石头城》“山围故国周遭在，潮打空城寂寞回”诗意。　⑥玉树：即《玉树后庭花》曲，属乐府《吴声歌曲》，南朝后主陈叔宝作，内容是赞美宫内妃嫔姿色。陈朝不久为隋所灭，此曲即被后人目为亡国之音。⑦胭脂井：在南京市内鸡鸣山上。隋兵进南京，陈后主与张丽华、孔贵嫔躲入其中，后为隋兵所执。旧时传说井栏石脉，拭之，有胭脂痕，故名。寒螀（jiāng）：即寒蝉，似蝉而小，青赤。　⑧蒋山：即钟山，在南京市东北。三国时，吴主孙权因避祖父孙钟讳，以东汉末年秣陵尉蒋子文“逐贼有功”死葬于此而改称蒋山。

本词是作者游览南京后的怀古之作。上片写金陵的衰败，慨叹豪华去而不返，形胜远非畴昔，并化用刘禹锡两首绝句，形象刻画出金陵的沧桑变迁。下片即景抒情，面对凄凉之景，抚今追昔，愁思如织。全词寓情于景，感情真挚，化用前人诗句，妥帖自然，浑无痕迹。

清王弈清等《历代词话》引《词苑》语：“其金陵怀古词尤多感慨，有‘一江南北，消磨多少豪杰’之句。”

杨维桢

题苏武牧羊图

未入麒麟阁①，时时望帝乡。寄书元有雁②，食雪不离羊③。旄尽风霜节④，心悬日月光。李陵何以别？涕泪满河梁⑤。

①麒麟阁：汉宣帝甘露三年（前51），画功臣11人像于麒麟阁，以表彰他们的功绩，苏武列在第十一。　②“寄书”句：《汉书·苏武传》载：“昭帝即位，数年，匈奴与汉和亲，汉求武等，匈奴诡言武死。后，汉使复至匈奴，常惠请其守者与俱，得夜见汉使，具自陈道。教使者谓单于，言：‘天子射上林中，得雁，足有系帛书，言武等在某泽中。’使者大喜，如惠语以让单于。单于视左右而惊，谢汉使曰：‘武等实在。’”元：通“原”。　③“食雪”句：《汉书·苏武传》载：“（卫）律知武终不可胁，白单于。单于愈益欲降之。乃幽武，置大窖中，绝不饮食。天雨雪，武卧啮雪与旃毛并咽之，数日不死。匈奴以为神。乃徙武北海上无人处，使牧羝，羝乳乃得归。”羝为公羊，乳指产子。　④旄尽：《汉书·苏武传》载：“武既至海上，廪食不至，掘野鼠去草实而食之。杖汉节牧羊，卧起操持，节旄尽落。”　⑤“李陵”两句：李陵于武帝天汉二年（前99）投降匈奴，后曾奉命以老友身份，劝降苏武，遭苏武严词拒绝。至汉昭帝时，匈奴与汉和亲修好，苏武以不辱使命，得以持节归汉，临行前，李陵置酒送别，对苏武曰：“今足下还归，扬名于匈奴，功显于汉室，虽古竹帛所载，丹青所画，何以过子卿！”李陵因降匈奴而不得归汉，起舞而歌，泣下数行。《文选》李陵诗有“携手上河梁，游子暮何之”句，此二句融合李陵送别之事与诗而来。

这首题画诗，歌颂了苏武坚贞不屈的民族气节。首二句推本溯源，点明苏武之所以不降匈奴，并不是矫情邀功，而是出于忠于汉朝的爱国本性。中四句通过叙写苏武在匈奴期间茹毛餐雪执节牧羊的行为，表现其“心悬日月光”的执著，寄托了作者对苏武的敬意。末二句用李陵劝降不遂后的举止表情映衬苏武的坚贞节烈，使之形象显得格外高大。

高明

琵琶记

第二十一出　糟糠自厌

（旦上，唱）

【山坡羊】乱荒荒不丰稔的年岁，远迢迢不回来的夫婿，急煎煎不耐烦的二亲，软怯怯不济事的孤身己。苦！衣尽典，寸丝不挂体。几番要卖了奴身己，争奈没主公婆，教谁看取。（合）思之，虚飘飘命怎期？难捱，实丕丕灾共危[①]。

【前腔】滴溜溜难穷尽的珠泪，乱纷纷难宽解的愁绪，骨崖崖难扶持的病体，战钦钦难捱过的时和岁。这糠，我待不吃你呵，教奴怎忍饥？我待吃你呵，教奴怎么吃？思量起来，不如奴先死，图得不知他亲死时。（合前）思之，虚飘飘命怎期？难捱，实丕丕灾共危。

（白）奴家早上安排些饭与公婆，非不欲买些鲑菜[②]，争奈无钱可买。不想婆婆抵死埋怨，只道奴家背地自吃了什么东西，不知奴家吃的是米膜糠秕。又不敢教他知道，只得回避。便做他埋怨杀我，我也不分说。苦！这糠秕怎的吃得下？（吃吐介）（唱）

【孝顺歌】呕得我肝肠痛，珠泪垂，喉咙尚兀自牢嘎住[③]。糠那！你遭砻被舂杵[④]，筛你簸扬你，吃尽控持[⑤]。好似奴家身狼狈，千辛万苦皆经历。苦人吃着苦味，两苦相逢，可知道欲吞不去。

（外、净潜上，探觑介）（旦唱）

【前腔】糠和米本是相倚依，被簸扬作两处飞。一贱与一贵，好似奴家与夫婿。终无见期。丈夫，你便是米呵，米在他方没寻处。奴家恰便似糠呵，怎的把糠来救得人饥馁？好似儿夫出去，怎的教奴供给得公婆甘旨？

（外、净潜下介）（旦唱）

【前腔】思量我生无益，死又值甚的！不如忍饥死了为怨鬼。只一件，公婆年纪老，靠奴家相依倚，只得苟活片时。片时苟活虽容易，到底日久也难相聚。漫把糠来相比，这糠呵，尚兀自有人吃，奴家的骨头，知他埋在何处？

（外、净上）（净）媳妇。你在这里吃什么？（旦）奴家不曾吃什么。（净搜夺介）（旦）婆婆，你吃不得。（外）咳！这是什么东西？（旦唱）

【前腔】这是谷中膜，米上皮。（外）呀！这便是糠，要他何用？（旦唱）将来哔饠堪疗饥[⑥]。（净）咦！这糠只好将去喂猪狗，如何把来自吃？（旦唱）尝闻古贤书，狗彘食人食，也强如草根树皮。

（外、净）恁的苦涩东西，怕不噎坏了你！（旦唱）啮雪吞毡，苏卿犹健；餐松食柏倒做得神仙侣。这糠呵，纵然吃些何虑？（净）阿公，你休听他说谎，糠秕如何吃得！（旦唱）爹妈休疑，奴须是你孩儿的糟糠妻室。

（外、净看哭介）媳妇，我原来错埋冤了你。兀的不痛杀我也！（闷倒，旦叫哭介，唱）

【雁过沙】苦！他沉沉向冥途，空教我耳边呼。公公婆婆！我不能够尽心相奉事，反教你为我归黄土，教人道你死缘何故？公公婆婆，怎生割舍得抛弃了奴！

（外醒介，旦）谢天谢地，公公醒了。公公你挣扎。（外唱）

【前腔】媳妇，你担饥事姑舅，媳妇，你担饥怎生度？（旦）公公且自宽心，不要烦恼。（外唱）媳妇，我错埋冤了你，你也不推辞，到如今始信有糟糠妇。媳妇，料应我不久归阴府，也省得为我死，累你生的受苦。

（旦扶外起介）公公且在床上安息，待我看婆婆如何？（叫不醒介）呀，婆婆不济事了，如何是好？（唱）

【前腔】婆婆气全无，教奴怎支吾？咳，丈夫呵，我千辛万苦，为你相看顾，如今到此难回护⑦。我只愁母死难留父，况衣衫尽解，囊箧又无。

（外）媳妇，婆婆还好么？（旦）婆婆不好了。（外唱）

【前腔】天那！我当初不寻思，教孩儿往帝都，把媳妇闪得苦又孤，把婆婆送入黄泉路。算来我相耽误，不如我死，免把你再辜负。

（旦）公公休说这话，请自将息。（外）媳妇，婆婆死了，衣衾棺椁，是件皆无，如何是好？（旦）公公宽心，待奴家区处。（末上）福无双降犹难信，祸不单行却是真。老夫为何道此两句？为邻家蔡伯喈妻房赵氏五娘，他嫁得伯喈，方才两月，伯喈便出去赴选。自去之后，连遭饥荒，公婆年纪皆在八十之上，家里更没个相扶持的。甘旨之奉，亏杀这五娘子，把些衣服首饰之类，尽皆典卖，办些粮米，供给公婆。却背地里把糠粃铧锣充饥。这般荒年饥岁，少什么有三五个孩儿的人家，供膳不得爹娘。这个小娘子，真个今人中少有，古人中难得。那婆婆不知道，颠倒把他埋冤。适来听得他公婆知道，却又痛心，都害了病。如今不免到他家里探望则个。呀！五娘子，你为甚的慌慌张张。（旦）公公，天有不测风云，人有旦夕祸福。奴家婆婆死了。（末）咳，你婆婆既死了，你公公如今那里？（旦）在床上睡着。（末）待我看一看。（外）太公休怪，我起来不得了。（末）老员外快不要劳动。（旦）太公，我婆婆衣衾棺椁，是件皆无，如何是好？（末）五娘子，你不要愁烦，我自有区处。（旦唱）

【玉包肚】千般生受⑧，教奴家如何措手？终不然把他骸骨⑨，没棺材送在荒丘。（合）相看到此，不由人不泪珠流，正是不是冤家不聚头。（末唱）

【前腔】五娘子不必多忧，资送婆婆，在我身上有。但你小心承值公公⑩。莫教他又成不救。（合前）（外唱）

【前腔】张公护救，我媳妇实难启口。孩儿去后，又遇饥荒，把衣衫典卖无留。

（合前）（末）老员外，你请进里面去歇息，待我一霎时叫家僮讨棺木来，把老安人殡敛了，选个吉日，送在南山安葬去。（旦）如此，多谢太公周济。

（旦）只为无钱送老娘，（末）须知此事有商量；

（合）归家不敢高声哭，惟恐猿闻也断肠。

（并下）

①实丕丕：实实在在。 ②鲑（xié）：泛指鱼菜。鲑，鱼类菜肴。 ③嗄（shà）住：咔住。 ④砻（lóng）：磨碾。 ⑤控持：折磨。 ⑥铧锣：一种面食，即饽饽，此处用作动词。

⑦回护：辩护，袒护。 ⑧生受：为难。 ⑨终不然：难道。 ⑩承值：侍奉。

本出写赵五娘在连年灾荒、丈夫不归、公婆不济、自身难支的情况下自食糟糠的悲凄场面。曲辞紧扣主人公的处境与心境，触景生情，生动地展示了人物的心理活动。曲调质朴，语言清新自然。赵五娘命如糟糠的苦难与辛酸，善良坚韧、自我牺牲的悲剧精神，催人泪下，婆婆身死、公公病重的更大不幸使悲剧情节进入高潮。

明徐渭《南词叙录》："或言：《琵琶》高处在'庆寿'、'成婚'、'弹琴'、'赏月'诸大套。此犹有规模可寻。唯'食糠'、'尝药'、'筑坟'、'写真'诸作，从人心流出，严沧浪言'水中之月，空中之影'，最不可到。"

无名氏

陈州粜米

第三折

（小衙内同杨金吾上）（小衙内诗云）日间不做亏心事，半夜敲门不吃惊。自家刘衙内孩儿。俺二人自从到陈州开仓粜米，依着父亲改了价钱，插上糠土，克落了许多钱钞，到家怎用得了？这几日只是吃酒耍子。听知圣人差包待制来了，兄弟，这老儿不好惹，动不动先斩后闻。这一来，则怕我们露出马脚来了。我们如今去十里长亭接老包走一遭去。老包姓儿㑳[①]，荡他活的少[②]；若是不容咱，我每则一跑。（同下）（张千背剑上）（正末骑马做听科）（张千云）自家张千的便是。我跟着这包待制大人，上五南路采访回来，如今又与了势剑金牌，往陈州粜米去。他在这后面，我可在前面，离的较远。你不知道这个大人清廉正直，不爱民财。虽然钱物不要，你可吃些东西也好；他但是到的府州县道，下马升厅，那官人里老安排的东西，他看也不看。一日三顿，则吃那落解粥[③]。你便老了吃不得，我是个后生家。我两只脚伴着四个马蹄子走，马走五十里，我也跟着走五十里，马走一百里，我也走一百里。我这一顿落解粥，走不到五里地面，早肚里饥了。我如今先在前面，到的那人家里，我则说："我是跟包待制大人的，如今往陈州粜米去，我背着的是势剑金牌，先斩后闻，你快些安排下马饭我吃。"肥草鸡儿，茶浑酒儿；我吃了那酒，吃了那肉，饱饱儿的了，休说五十里，我咬着牙直走二百里则有多哩。嗨！我也是个傻弟子孩儿！又不曾吃个，怎么两片口劈溜扑剌的；猛可里包待制大人后面听见，可怎了也！（正末云）张千，你说甚么哩？（张千做怕科，云）孩儿每不曾说甚么。（正末云）是甚么"肥草鸡儿"？（张千云）爷，孩儿每不曾说甚么"肥草鸡儿"。我才则走哩，遇着个人，我问他："陈州有多少路？"他说道："还早哩。"几曾说甚么"肥草鸡儿"？（正末云）是甚么"茶浑酒儿"？（张千云）爷，孩儿每不曾说甚么"茶浑酒儿"。我走着哩，见一个人，问他："陈州那里去？"他说道："线也似一条直路，你则故走[④]。"孩儿每不曾说甚么"茶浑酒儿。"（正末云）张千，是我老了，都差听了也。我老人家也吃不的茶饭，则吃些稀粥汤儿。如今在前头有的尽你吃，尽你用，我与你那一件厌饫的东西[⑤]。（张千云）爷，可是甚么厌饫的东西？（正末云）你试猜咱。（张千云）爷说道："前头有的尽你吃，尽你用。"又与我一件厌饫的东西，敢是苦茶儿？（正末云）不是。（张千云）罗卜简子儿？（正末云）不是。（张千云）哦！敢是落解粥儿？（正末云）也不是。（张千云）爷，都不是，可是甚么？（正末云）你脊梁上背着的是甚么？（张千云）背着的是剑。（正末云）我着你吃那一口剑。（张千怕科，云）爷，孩儿则吃些落解粥儿倒好。（正末云）张千，如今那普天下有司官吏，军民百姓，听的老夫私行，也有那欢喜的，也有那烦恼的。（张千云）爷不问，孩儿也不敢说；如今百姓每听的包待制大人到陈州粜米去，那个不顶礼，都说："俺有做主的来了！"这般欢喜可是为何？（正末云）张千也，你那里知道，听我说与你咱。（唱）

【南吕一枝花】如今那当差的民户喜，也有那干请俸的官人每怨。急切里称不了包某的心，百般的纳不下帝王宣；我如今暮景衰年，鞍马上实劳倦。如今那普天下人尽言道：“一个包龙图暗暗的私行，吓得些官吏每兢兢打战。”

【梁州第七】请俸禄五六的这万贯，杀人到三二十年，随京随府随州县。自从俺仁君治世，老汉当权，经了这几番刷卷，备细的究出根原。都只是庄农每争竞桑田，弟兄每分另家缘。俺俺俺，宋朝中大小官员；他他他，剩与你财主每追征了些利钱；您您您，怎知道穷百姓苦恹恹叫屈声冤！如今的离陈州不远，便有人将咱相凌贱，你也则诈眼儿不看见；骑着马，揣着牌，自向前，休得要捋袖揎拳。

（云）张千，离陈州近也，你骑着马，揣着牌，先进城去，不要作践人家。（张千云）理会的。爷，我骑着马去也。（正末云）张千，你转来，我再分付你。我在后面，如有人欺负我打我，你也不要来劝，紧记者。（张千云）理会的。（张千做去科）（正末云）张千，你转来。（张千云）爷，有的说，就马上说了罢。（正末云）我分付的紧记者。（张千云）爷，我先进城去也。（下）（搽旦王粉莲赶驴上，云）自家王粉莲的便是。在这南关里狗腿湾儿住，不会别的营生买卖，全凭着卖笑求食。俺这此处有上司差两个开仓粜米官人来，一个是杨金吾，一个是刘小衙内。他两个在俺家里使钱，我要一奉十，好生撒镘。他是权豪势要，一应闲杂人等，再也不敢上门来。俺家尽意的奉承他，他的金银钱钞可也都使尽俺家里。数日前，将一个紫金锤当在俺家，若是他没钱取赎，等我打些钗儿戒指儿，可不受用。恰才几个姊妹请我吃了几杯酒，他两个差人牵着个驴子来取我。三不知我骑上那驴子，忽然的叫了一声，丢了个撅子，把我直跌下来，伤了我这杨柳细，好不疼哩。又没个人扶我，自家挣得起来，驴子又走了。我赶不上，怎么得人来替我拿一拿住也好那？（正末云）这个妇人，不象个良人家的妇女；我如今且替他笼住那头口儿，问他个详细，看是怎么？（旦儿做见正末科，云）兀那个老儿，你与我拿住那驴儿者。（正末做拿住驴子科）（旦儿做谢科，云）多生受你老人家也。（正末云）姐姐，你是那里人家？（旦儿云）正是个庄家老儿，他还不认的我哩。我在狗腿湾儿里住。（正末云）你家里做甚么买卖？（旦儿云）老儿，你试猜咱。（正末云）我是猜咱。（旦儿云）你猜。（正末云）莫不是油磨房？（旦儿云）不是。（正末云）解典库？（旦儿云）不是。（正末云）卖布绢段匹？（旦儿云）也不是。（正末云）都不是，可是甚么买卖？（旦儿云）俺家里卖皮鹌鹑儿[8]。老儿，你在那里住？（正末云）姐姐，老汉只有一个婆婆，早已亡过，孩儿又没，随处讨些饭儿吃。（旦儿云）老儿，你跟我去，我也用的你着。你只在我家里，有的好酒好肉，尽你吃哩。（正末云）好波，好波！跟你姐姐去，那里使唤老汉？（旦儿云）好老儿，你跟我家去，我打扮你起来：与你做一领硬挣挣的上盖，再与你做一顶新帽儿，一条茶褐绦儿，一对干净凉皮靴儿。一张凳儿，你坐着在门首，与我家照管门户，好不自在哩。（正末云）姐姐，如今你跟前可有什么人走动？姐姐，你是说与老汉听咱。（旦儿云）老儿，别的郎君子弟，经商客旅，都不打紧。我有两个人，都是仓官，又有权势，又有钱钞，他老子在京师现做着大大的官。他在这里粜米，是十两一石的好价钱，斗又是八升的小斗，秤是加三大秤，尽有东西，我并不曾要他的。（正末云）姐姐不曾要他钱，也曾要他些东西么？（旦儿云）：老儿，他不曾与我甚么钱，他则与了我个紫金锤，你若见了就吓杀你。（正末云）老汉活偌大年纪，几曾看见什么紫金锤。姐姐，若与我见一见儿，消灾灭罪，可也好么？（旦儿云）老儿，你若见了，好消灾灭罪。你跟我家去来，我与你看。（正末云）我跟姐姐去。（旦儿云）老儿，你吃饭也不曾？（正末云）我不曾吃饭哩。（旦儿云）老儿，你跟将我去来，只在那前面，他两个安排酒席等我哩。到的那里，酒肉尽你吃。扶我上驴儿去。（正末做扶旦儿上驴子科）（正末背云）普天下谁不知个包待制正授南衙开封府尹之职；今日到这陈州，倒与这妇人笼驴，也可笑

哩。（唱）

【牧羊关】当日离豹尾班多时分，今在狗腿湾行近远，避甚的马后驴前？我则怕按察司迎着，御史台撞见。本是个显要龙图职，怎伴着烟月鬼狐缠；可不先犯了个风流罪，落的价葫芦提罢俸钱。

（旦儿云）老儿，你跟将我去来，我把那紫金锤与你看者。（正末云）好好，我跟将姐姐去，则与老汉紫金锤看一看，消灾灭罪咱。（唱）

【隔尾】听说罢，气的我心头颤，好着我半晌家气堵住口内言。直将那仓库里皇粮痛作践，他便也不怜，我须为百姓每可怜。似肥汉相博，我着他只落的一声儿喘。（同旦儿下）

（小衙内、杨金吾领斗子上）（小衙内诗云）两眼梭梭跳，必定悔气到；若有清官来，一准屋梁吊。俺两个在此接待老包，不知怎么，则是眼跳。才则喝了几碗投脑酒，压一压胆，慢慢的等他。（正末同旦儿上，正末云）姐姐，兀的不是接官厅？我这里等着姐姐。（旦儿云）来到这接官厅，老儿，你扶下我这驴儿来。你则在这里等着我，我如今到了里面，我将些酒肉来与你吃；你则与我带着这驴儿者。（做见小衙内、杨金吾科）（小衙内笑科，云）姐姐，你来了也。（杨金吾云）我的乖，你偌远的到这里来。（旦儿云）该杀的短命！你怎么不来接我？一路上把我掉下驴来，险不跌杀了我。那驴子又走了，早是撞见个老儿，与我笼着驴子。嗨！我争些儿可忘了那老儿；他还不曾吃饭，先与他些酒肉吃咱。（杨金吾云）兀那斗子，与我拿些酒肉与那牵驴的老儿吃。（大斗子做拿酒肉与正末科，云）兀那牵驴的老儿，你来，与你些酒肉吃。（正末云）说与你那仓官去，这酒肉我不吃，都与这驴子吃了，（大斗子做怒科，云）嗯！这个村老子好无礼！（做见小衙内科，云）官人，恰才拿将酒肉，赏那牵驴的老儿，那老儿一些不吃，都请了这驴儿也。（小衙内云）斗子，你与我将那老儿吊在那槐树上，等我接了老包，慢慢的打他。（大斗子云）理会的。（做吊起正末科）（正末唱）

【哭皇天】那刘衙内把孩儿荐，范学士怎也就将敕命宣？只今个贼仓官享富贵，全不管穷百姓受熬煎，一划的在青楼缠恋。那厮每不依钦定，私自加添，盗粜了仓米，干没了官钱，都送与泼烟花、泼烟花王粉莲。早被俺亲身儿撞见，可便肯将他来轻轻的放免。

【乌夜啼】为头儿先吃俺开荒剑⑦，则他那性命不在皇天，刘衙内也，可怎生着我行方便？这公事体察完全，不是流传；那怕你天章学士有夤缘⑧，就待乞天恩走上金銮殿；只我个包龙图原铁面，也少不得着您名登紫禁，身丧黄泉。

（张千云）受人之托，必当终人之事。大人的分付，着我先进城去，寻那杨金吾刘衙内。直到仓里寻他，寻不着一个。如今大人也不知在那里？我且到这接官厅试看咱。（做看见小衙内、杨金吾科，云）我正要寻他两个，原来都在这里吃酒。我过去吓他一吓，吃他几钟酒，讨些草鞋钱儿。（见科，云）好也！你还在这里吃酒哩。如今包待制爷要来拿你两个，有的话都在我肚里。（小衙内云）哥，你怎生方便，救我一救，我打酒请你。（张千云）你两个真傻厮、岂不晓得求灶头不如求灶尾？（小衙内云）哥说的是。（张千云）你家的事，我满耳朵儿都打听着，你则放心，我与你周旋便了。包待制是坐的包待制，我是立的包待制；都在我身上。（正末云）你好个“立的包待制”，张千也！（唱）

【牧羊关】这厮马头前无多说，今日在驿亭中夸大言。信人生不可无权！哎！则你个祗候王乔诈仙也那得仙⑨？（张千奠酒科，云）我若不救你两个呵，这酒就是我的命。

（做见正末怕科，云）兀的不吓杀我也！（正末唱）吓的来面色如金纸，手脚似风颠。老鼠终无胆，猕猴怎坐禅。

（张千云）您两个傻厮，到陈州来粜米，本是钦定的五两官价，怎么改做十两？那张懒古道了几句，怎么就将他打死了？又要买酒请张千吃，又擅吊了牵驴子的老儿。如今包待制私行，从东门进城也，你还不去迎接哩（小衙内云）怎了！怎了！既是包待制进了城，咱两个便迎接去来。（同杨金吾、斗子下）（张千做解正末科）（旦儿云）他两个都走了也，我也家去。兀那老儿，你将我那驴儿来。（张千骂旦儿科，云）贼弟子，你死也！还要老爷替你牵驴儿哩。（正末云）嗯！休言语。姐姐，我扶上你驴儿去。（正末做扶旦儿上驴科）（旦儿云）老儿，生受你。你若忙便罢，你若得那闲时，到我家来看紫金锤咱。（下）（正末云）这害民贼好大胆也呵。（唱）

【黄钟煞尾】不忧君怨和民怨，只爱花钱共酒钱。今日个家破人亡立时见，我将你这害民的贼鹰鹯，一个个拿到前，势剑上性命捐。莫怪咱不矜怜，你只问王家的那泼贱，也不该着我笼驴儿步行了偌地远。（同张千下）

①姓儿㑇（chōu）：性格固执。姓，疑为“性”。㑇，同“㤘”，执拗，偏狭。 ②荡：碰上。 ③落解：稀薄意。 ④则故：只顾，只管。 ⑤厌饫：吃饱。厌，即餍。 ⑥卖皮鹌鹑儿：卖淫的隐语。 ⑦开荒剑：首次杀人的剑。 ⑧夤缘：本意为草藤沿着山坡生长，引申为攀接。 ⑨则你个祗候王乔诈仙也那得仙：意谓你叫王乔的随从冒充仙人王子乔，但哪里能够成为真仙呢？

这折戏通过包拯微服私访的过程，表现了贪官污吏奢侈荒淫的生活和色厉内荏的虚弱本质。王粉莲和张千两个人物活动的穿插，不仅使戏剧矛盾的组织更加生动紧凑，而且机趣横生，于严肃主题中体现出一种诙谐幽默的格调。

部分

明代

罗贯中

三江口曹操折兵　群英会蒋干中计[1]

却说周瑜闻诸葛瑾之言，转恨孔明，存心欲谋杀之。次日，点齐军将，入辞孙权。权曰："卿先行，孤即起兵继后。"瑜辞出，与程普、鲁肃领兵起行，便邀孔明同往。孔明欣然从之。一同登舟，驾起帆樯[2]，迤逦望夏口而进。离三江口五六十里，船依次第歇定。周瑜在中央下寨，岸上依西山结营，周围屯住。孔明只在一叶小舟内安身。

周瑜分拨已定，使人请孔明议事。孔明至中军帐，叙礼毕，瑜曰："昔曹操兵少，袁绍兵多，而操反胜绍者，因用许攸之谋，先断乌巢之粮也。今操兵八十三万，我兵只五六万，安能拒之？亦必须先断操之粮，然后可破。我已探知操军粮草，俱屯于聚铁山。先生久居汉上，熟知地理。敢烦先生与关、张、子龙辈——吾亦助兵千人——星夜往聚铁山断操粮道，彼此各为主人之事，幸勿推调。"孔明暗思："此因说我不动，设计害我。我若推调，必为所笑。不如应之，别有计议。"乃欣然领诺。瑜大喜。孔明辞出。鲁肃密谓瑜曰："公使孔明劫粮，是何意见？"瑜曰："吾欲杀孔明，恐惹人笑，故借曹操之手杀之，以绝后患耳。"肃闻言，乃往见孔明，看他知也不知。只见孔明略无难色，整点军马要行。肃不忍，以言挑之曰："先生此去可成功否？"孔明笑曰："吾水战、步战、马战、车战，各尽其妙，何愁功绩不成，非比江东公与周郎辈止一能也。"肃曰："吾与公瑾何谓一能？"孔明曰："吾闻江南小儿谣云：'伏路把关饶子敬，临江水战有周郎。'公等于陆地但能伏路把关；周公瑾但堪水战，不能陆战耳。"

肃以此言告知周瑜。瑜怒曰："何欺我不能陆战耶！不用他去！我自引一万马军，往聚铁山断操粮道。"肃又将此言告孔明。孔明笑曰："公瑾令吾断粮者，实欲使曹操杀吾耳。吾故以片言戏之，公瑾便容纳不下。目今用人之际，只愿吴侯与刘使君同心，则功可成；如各相谋害，大事休矣。操贼多谋，他平生惯断人粮道，今如何不以重兵提备？公瑾若去，必为所擒。今只当先决水战，挫动北军锐气，别寻妙计破之。望子敬善言以告公瑾为幸。"鲁肃遂连夜回见周瑜，备述孔明之言。瑜摇首顿足曰："此人见识胜吾十倍，今不除之，后必为我国之祸！"肃曰："今用人之际，望以国家为重。且待破曹之后，图之未晚。"瑜然其说。

却说玄德分付刘琦守江夏，自领众将引兵往夏口。遥望江南岸旗旛隐隐，戈戟重重，料是东吴已动兵矣，乃尽移江夏之兵，至樊口屯扎。玄德聚众曰："孔明一去东吴，杳无音信，不知事体如何。谁人可去探听虚实回报？"糜竺曰："竺愿往。"玄德乃备羊酒礼物，令糜竺至东吴，以犒军为名，探听虚实。竺领命，驾小舟顺流而下，径至周瑜大寨前。军士入报周瑜，瑜召入。竺再拜，致玄德相敬之意，献上酒礼。瑜受讫，设宴款待糜竺。竺曰："孔明在此已久，今愿与同回。"瑜曰："孔明方与我同谋破曹，岂可便去？吾亦欲见刘豫州，共议良策；奈身统大军，不可暂离。若豫州肯枉驾来临，深慰所望。"竺应诺，拜辞而回。肃问瑜曰："公欲见玄德，有何计议？"瑜曰："玄德世之枭雄，不可不除。吾今乘机诱至杀之，实为国家除一后患。"鲁肃再三劝谏，瑜只不听，遂传密令："如玄德至，先埋伏刀斧手五十人于壁衣中，看吾掷杯为号，便出下手。"

却说糜竺回见玄德，具言周瑜欲请主公到彼面会，别有商议。玄德便教收拾快船一只，只今便行。云长谏曰："周瑜多谋之士，又无孔明书信，恐其中有诈，不可轻去。"玄德曰："我今结东吴以共破曹操，周郎欲见我，我若不往，非同盟之意。两相猜忌，事不谐矣。"云长曰："兄长若坚意要去，弟愿同往。"张飞曰："我也跟去。"玄德曰："只云长随我去。翼德与子龙守寨。简雍固守鄂县。我去便回。"分付毕，即与云长乘小舟，并从者二十余人，飞棹赴江东。玄德观看江东艨艟战舰[③]、旌旗甲兵，左右分布整齐，心中甚喜。军士飞报周瑜："刘豫州来了。"瑜问："带多少船只来？"军士答曰："只有一只船，二十余从人。"瑜笑曰："此人命合休矣！"乃命刀斧手先埋伏定，然后出寨迎接。玄德引云长等二十余人，直到中军帐，叙礼毕，瑜请玄德上坐。玄德曰："将军名传天下，备不才，何烦将军重礼？"乃分宾主而坐。周瑜设宴相待。

且说孔明偶来江边，闻说玄德来此与都督相会，吃了一惊，急入中军帐窃看动静。只见周瑜面有杀气，两边壁衣中密排刀斧手。孔明大惊曰："似此如之奈何！"回视玄德，谈笑自若；却见玄德背后一人，按剑而立，乃云长也。孔明喜曰："吾主无危矣。"遂不复入，仍回身至江边等候。

周瑜与玄德饮宴，酒行数巡，瑜起身把盏，猛见云长按剑立于玄德背后，忙问何人。玄德曰："吾弟关云长也。"瑜惊曰："非向日斩颜良、文丑者乎？"玄德曰："然也。"瑜大惊，汗流满背，便斟酒与云长把盏。少顷，鲁肃入。玄德曰："孔明何在？烦子敬请来一会。"瑜曰："且待破了曹操，与孔明相会未迟。"玄德不敢再言。云长以目视玄德。玄德会意，即起身辞瑜曰："备暂告别。即日破敌收功之后，专当叩贺。"瑜亦不留，送出辕门。玄德别了周瑜，与云长等来至江边，只见孔明已在舟中。玄德大喜。孔明曰："主公知今日之危乎？"玄德愕然曰："不知也。"孔明曰："若无云长，主公几为周郎所害矣。"玄德方才省悟，便请孔明同回樊口。孔明曰："亮虽居虎口，安如泰山。今主公但收拾船只军马候用。以十一月二十甲子日后为期，可令子龙驾小舟来南岸等候，切勿有误。"玄德问其意。孔明曰："但看东南风起，亮必还矣。"玄德再欲问时，孔明催促玄德作速开船。言讫自回。玄德与云长及从人开船，行不数里，忽见上流头放下五六十只船来。船头上一员大将，横矛而立；乃张飞也。——因恐玄德有失，云长独力难支，特来接应。于是三人一同回寨，不在话下。

却说周瑜送了玄德，回至寨中，鲁肃入问曰："公既诱玄德至此，为何又不下手？"瑜曰："关云长，世之虎将也，与玄德行坐相随，吾若下手，他必来害我。"肃愕然。忽报曹操遣使送书至。瑜唤入。使者呈上书看时，封面上判云："汉大丞相付周都督开拆。"瑜大怒，更不开看，将书扯碎，掷于地上，喝斩来使。肃曰："两国相争，不斩来使。"瑜曰："斩使以示威！"遂斩使者，将首级付从人持回。随令甘宁为先锋，韩当为左翼，蒋钦为右翼。瑜自部领诸将接应。来日四更造饭，五更开船，鸣鼓呐喊而进。

却说曹操知周瑜毁书斩使，大怒，便唤蔡瑁、张允等一班荆州降将为前部，操自为后军，催督战船，到三江口。早见东吴船只，蔽江而来。为首一员大将，坐在船头大呼曰："吾乃甘宁也！谁敢来与吾决战？"蔡瑁令弟蔡壎前进。两船将近，甘宁拈弓搭箭，望蔡壎射来，应弦而倒。宁驱船大进，万弩齐发，曹军不能抵当。右边蒋钦，左边韩当，直冲入曹军队中。曹军大半是青、徐之兵[④]，素不习水战，大江面上，战船一摆，早立脚不住。甘宁等三路战船，纵横水面。周瑜又催船助战。曹军中箭着炮者，不计其数。从巳时直杀到未时[⑤]，周瑜虽得利，只恐寡不敌众，遂下令鸣金，收住船只。曹军败回。操登旱寨，再整军士，唤蔡瑁、张允责之曰："东吴兵少，反为所败，是汝等不用心耳！"蔡瑁曰："荆州水军，久不操练；青、徐之军，又素不习水战，故尔致败。今当先立水寨，令青、徐军在中，荆州军在外，每日教习精熟，方可用之。"操曰："汝既为水军都督，可以便宜从事，何必禀我！"于是张、蔡二人，自去训练水军。沿江一带分二十四座水门，以大船居于外为城郭，小船居于内，可通往来。至晚点上灯火，照得天心水面通红。旱寨三百余里，烟火不绝。

却说周瑜得胜回寨，犒赏三军，一面差人到吴侯处报捷。当夜瑜登高观望，只见西边火光接天。左右告之曰："此皆北军灯火之光也。"瑜亦心惊。次日，瑜欲亲往探看曹军水寨，乃命收拾楼船一只[⑥]，带着鼓乐，随行健将数员，各带强弓硬弩，一齐上船迤逦前进。至操寨边，瑜命下了碇石[⑦]，楼船上鼓乐齐奏。瑜暗窥他水寨，大惊曰："此深得水军之妙也！"问："水军都督是谁？"左右曰："蔡瑁、张允。"瑜思曰："二人久居江东，谙习水战，吾必设计先除此二人，然后可以破曹。"正窥看间，早有曹军飞报曹操，说："周瑜偷看吾寨。"操命纵船擒捉。瑜见水寨中旗号动，急教收起碇石，两边四下一齐轮转橹棹，望江面上如飞而去。比及曹寨中船出时，周瑜的楼船已离开了十数里远，追之不及，回报曹操。

操问众将曰："昨日输了一阵，挫动锐气；今又被他深窥吾寨。吾当作何计破之？"言未毕，忽帐下一人出曰："某自幼与周郎同窗交契，愿凭三寸不烂之舌，往江东说此人来降。"曹操大喜，视之，乃九江人，姓蒋，名干，字子翼，现为帐下幕宾。操问曰："子翼与周公瑾相厚乎？"干曰："丞相放心。干到江左[⑧]，必要成功。"操问："你将何物去？"干曰："只消一童随往，二仆驾舟，其余不用。"操甚喜，置酒与蒋干送行。干葛巾布袍，驾一小舟，径到周瑜寨中，命传报："故人蒋干相访。"周瑜正在帐中议事，闻干至，笑谓诸将曰："说客至矣！"遂与众将附耳低言，如此如此。众皆应命而去。

瑜整衣冠，引从者数百，皆锦衣花帽，前后簇拥而出。蒋干引一青衣小童，昂然而来。瑜拜迎之。干曰："公瑾别来无恙!"瑜曰："子翼良苦，远涉江湖，为曹氏作说客耶?"干愕然曰："吾久别足下，特来叙旧，奈何疑我作说客也?"瑜笑曰："吾虽不及师旷之聪[9]，闻弦歌而知雅意。"干曰："足下待故人如此，便请告退。"瑜笑而挽其臂曰："吾但恐兄为曹氏作说客耳。既无此心，何速去也?"遂同入帐。叙礼毕，坐定，即传令悉召江左英杰与子翼相见。

须臾，文官武将，各穿锦衣；帐下偏裨将校，都披银铠，分两行而入。瑜都教相见毕，就列于两傍而坐。大张筵席，奏军中得胜之乐，轮换行酒。瑜告众官曰："此吾同窗契友也。虽从江北到此，却不是曹家说客。——公等勿疑。"遂解佩剑付太史慈曰："公可佩我剑作监酒：今日宴饮，但叙朋友交情；如有提起曹操与东吴军旅之事者，即斩之!"太史慈应诺，按剑坐于席上。蒋干惊愕，不敢多言。周瑜曰："吾自领将以来，滴酒不饮；今日见了故人，又无疑忌，当饮一醉。"说罢，大笑畅饮。座上觥筹交错。饮至半酣，瑜携干手，同步出帐外。左右军士，皆全装惯带，持戈执戟而立。瑜曰："吾之军士，颇雄壮否?"干曰："真熊虎之士也。"瑜又引干到帐后一望，粮草堆如山积。瑜曰："吾之粮草，颇足备否?"干曰："兵精粮足，名不虚传。"瑜佯醉大笑曰："想周瑜与子翼同学业时，不曾望有今日。"干曰："以吾兄高才，实不为过。"瑜执干手曰："大丈夫处世，遇知己之主，外托君臣之义，内结骨肉之恩，言必行，计必从，祸福共之。假使苏秦、张仪、陆贾、郦生复出[10]，口似悬河，舌如利刃，安能动我心哉!"言罢大笑。蒋干面如土色。瑜复携干入帐，会诸将再饮；因指诸将曰："此皆江东之英杰。今日此会，可名'群英会'。"饮至天晚，点上灯烛，瑜自起舞作歌。歌曰：

丈夫处世兮立功名；立功名兮慰平生。
慰平生兮吾将醉，吾将醉兮发狂吟!

歌罢，满座欢笑。至夜深，干辞曰："不胜酒力矣。"瑜命撤席，诸将辞出。瑜曰："久不与子翼同榻，今宵抵足而眠。"于是佯装大醉之状，携干手入帐共寝。瑜和衣卧倒，呕吐狼藉。蒋干如何睡得着?伏枕听时，军中鼓打二更，起视残灯尚明。看周瑜时，鼻息如雷。干见帐内桌上，堆着一卷文书，乃起床偷视之，却都是往来书信。内有一封，上写"蔡瑁张允谨封"。干大惊，暗读之。书略曰：

某等降曹，非图仕禄，迫于势耳。今已赚北军困于寨中，但得其便，即将操贼之首，献于麾下[11]。早晚人到，便有关报，幸勿见疑。先此敬覆。

干思曰："原来蔡瑁、张允结连东吴!"遂将书暗藏于衣内。再欲检看他书时，床上周瑜翻身，干急灭灯就寝。瑜口内含糊曰："子翼，我数日之内，教你看操贼之首!"干勉强应之。瑜又曰："子翼，且住!……教你看操贼之首!……"及干问之，瑜又睡着。干伏于床上，将近四更，只听得有人入帐唤曰："都督醒否?"周瑜梦中做忽觉之状，故问那人曰："床上睡着何人?"答曰："都督请子翼同寝，何故忘却?"瑜懊悔曰："吾平日未尝饮醉；昨日酒后失事，不知可曾说甚言语?"那人曰："江北有人到此。”瑜喝：“低声！”便唤：“子翼。”蒋干只妆睡着⑫。瑜潜出帐。干窃听之，只闻有人在外曰：“张、蔡二都督道：‘急切不得下手。’”后面言语颇低，听不真实。少顷，瑜入帐，又唤：“子翼。”蒋干只是不应，蒙头假睡。瑜亦解衣就寝。干寻思：“周瑜是个精细人，天明寻书不见，必然害我。”睡至五更，干起唤周瑜；瑜却睡着。干戴上巾帻⑬，潜步出帐，唤了小童，径出辕门。军士问：“先生那里去？”干曰：“吾在此恐误都督事，权且告别。”军士亦不阻当。

干下船，飞棹回见曹操。操问：“子翼干事若何？”干曰：“周瑜雅量高致，非言词所能动也。”操怒曰：“事又不济，反为所笑！”干曰：“虽不能说周瑜，却与丞相打听得一件事。乞退左右。”干取出书信，将上项事逐一说与曹操。操大怒曰：“二贼如此无礼耶！”即便唤蔡瑁、张允到帐下。操曰：“我欲使汝二人进兵。”瑁曰：“军尚未曾练熟，不可轻进。”操怒曰：“军若练熟，吾首级献于周郎矣！”蔡、张二人不知其意，惊慌不能回答。操喝武士推出斩之。须臾，献头帐下，操方省悟曰：“吾中计矣！”后人有诗叹曰：

曹操奸雄不可当，一时诡计中周郎。
蔡张卖主求生计，谁料今朝剑下亡！

众将见杀了张、蔡二人，入问其故。操虽心知中计，却不肯认错，乃谓众将曰：“二人怠慢军法，吾故斩之。”众皆嗟呀不已。操于众将内选毛玠、于禁为水军都督，以代蔡、张二人之职。

细作探知，报过江东。周瑜大喜曰：“吾所患者，此二人耳。今既剿除，吾无忧矣。”肃曰：“都督用兵如此，何愁曹贼不破乎！”瑜曰：“吾料诸将不知此计，独有诸葛亮识见胜我，想此谋亦不能瞒也。子敬试以言挑之，看他知也不知，便当回报。”正是：还将反间成功事，去试从旁冷眼人。未知肃去问孔明还是如何，且看下文分解。

①本文为《三国演义》第四十五回。曹操消灭袁绍后，乘胜南下，取得荆州后又准备顺江东下。局势迫使孙刘联合，双方在赤壁摆开了战场，上演了一幕幕威武壮观的历史话剧。本篇即是赤壁之战故事中的一个片段。 ②樯：船上的桅杆。③艨艟（méng chōng）：古时战船。 ④青、徐之兵：指从青州（今属山东）、徐州招募来的士兵。 ⑤巳时：指上午九点到十一点。未时：指下午一点到三点。 ⑥楼船：古时高大有楼的战船。 ⑦碇石：系船的石墩，停船时用来固定船身的位置。 ⑧江左：即江东。古人叙地理方位以西为右，以东为左，故江东亦称江左。 ⑨师旷之聪：师旷是春秋时晋国的乐师，生而目盲，善辨声乐。 ⑩苏秦：战国时善辩之士，初以连横说秦，不纳，转而主张合纵抗秦。张仪：战国时纵横家。以连横之策说六国，使六国背纵约而共同事秦。陆贾、郦生：皆汉初辩士。郦生，指郦食其。 ⑪麾下：将旗之下。麾，指挥用的旌旗。⑫妆：同“装”。 ⑬巾帻（zé）：包头巾。

曹操大军南下，孙刘被迫联合抗敌，但两家联合中又有斗争。因众寡悬殊，破曹只宜水战。周瑜所患者，乃现任曹军水军都督的荆州降将蔡瑁、张允，欲破曹军，必先除此二人。但大江之上难通消息，恰曹操帐下蒋干过江游说周瑜，为周瑜使用反间计创造了条件。小说一步步描写了周瑜定计、用计，蒋干中计的过程，突出刻画了周瑜的足智多谋，反衬了蒋干的愚不可及偏又自作聪明。故事对曹操着墨不多，但传神地展示了曹操接信后怒而杀、杀后悟、将错就错的不同心理层次，突出了曹操素性多疑偏又自以为是的性格特征。

清毛宗岗《读三国志法》："周瑜诈睡，是骗蒋干；蒋干诈睡，又骗周瑜。周瑜假呼蒋干，是明知其诈睡；蒋干不应周瑜，是不知其诈呼。周瑜之醉，醉却是醒；蒋干之醒，醒却是梦。妙在先说破他是说客，使他开口不得；又妙在说他不是说客，一发使他开口不得。妙在梦中呼子翼、骂操贼，使他十分疑惑；又妙在醒来忘却呼子翼，益发使他十分疑惑。周瑜假做极疏，却步步是密，蒋干自道极乖，却步步是呆。写来真是好看。"

施耐庵

林教头风雪山神庙　陆虞候火烧草料场[1]

诗曰：

天理昭昭不可诬，莫将奸恶作良图。
若非风雪沽村酒，定被焚烧化朽枯。
自谓冥中施计毒，谁知暗里有神扶。
最怜万死逃生地，真是瑰奇伟丈夫。

话说当日林冲正闲走间，忽然背后人叫。回头看时，却认得是酒生儿李小二。当初在东京时，多得林冲看顾。这李小二先前在东京时，不合偷了店主人家财，被捉住了，要送官司问罪。却得林冲主张陪话，救了他免送官司。又与他陪了些钱财，方得脱免。京中安不得身，又亏林冲赍发他盘缠，于路投奔人。不想今日却在这里撞见。林冲道："小二哥，你如何也在这里?"李小二便拜道："自从得恩人救济，赍发小人，一地里投奔人不着。迤逦不想来到沧州[2]，投托一个酒店里，姓王，留小人在店中做过卖。因见小人勤谨，安排的好菜蔬，调和的好汁水，来吃的人都喝采，以此买卖顺当。主人家有个女儿，就招了小人做女婿。如今丈人丈母都死了，只剩得小人夫妻两个，权在营前开了个茶酒店。因讨钱过来，遇见恩人。恩人不知为何事在这里?"林冲指着脸上道："我因恶了高太尉，生事陷害，受了一场官司，刺配到这里。如今叫我管天王堂，未知久后如何。不想今日到此遇见。"李小二就请林冲到家里面坐定，叫妻子出来拜了恩人。两口儿欢喜道："我夫妻二人正没个亲眷，今日得恩人到来，便是从天降下。"林冲道："我是罪囚，恐怕玷辱你夫妻两个。"李小二道："谁不知恩人大名，休恁地说。但有衣服，便拿来家里浆洗缝补。"当时管待林冲酒食，至晚送回天王堂。次日，又来相请。因此林冲得李小二家来往，不时间送汤送水，来营里与林冲吃。林冲因见他两口儿恭勤孝顺，常把些银两与他做本钱。不在话下。有诗为证：

才离寂寞神堂路，又守萧条草料场。
李二夫妻能爱客，供茶送酒意偏长。

且把闲话休题，只说正话。迅速光阴，却早冬来。林冲的绵衣裙袄，都是李小二浑家整治缝补。忽一日，李小二正在门前安排菜蔬下饭，只见一个人闪将进来，酒店里坐下，随后又一人入来。看时，前面那个人是军官打扮，后面这个走卒模样，跟着也来坐下。李小二入来问道："要吃酒?"只见那个人将出一两银子与小二道："且收放柜上，取三四瓶好酒来。客到时，果品酒馔只顾将来，不必要问。"李小二道："官人请甚客?"那人道："烦你与我去营里请管营、差拨两个来说话。问时，你只说有个官人请说话，商议些事务。专等，专等。"李小二应承了，来到牢城里，先请了差拨，同到管营家里，请了管营，都到酒店里。只见那个官人和管营、差拨两个讲了礼。管营道："素不相识，动问官人高姓大名。"那人道："有书在此，少刻便知。且取酒来。"李小二连忙开了酒，一面铺下菜蔬果品酒馔。那人叫讨副劝盘来，把了盏，相让坐了。小二独自一个撺梭也似扶侍不暇。那跟来的人，讨了汤桶，自行荡酒。约计吃过十数杯，再讨了按酒，铺放桌上。只见那人说道："我自有伴当荡酒。不叫你休来。我等自要说话。"

李小二应了，自来门首叫老婆道："大姐，这两个人来的不尴尬[③]。"老婆道："怎么的不尴尬?"小二道："这两个人语言声音是东京人。初时又不认得管营，向后我将按酒入去，只听得差拨口里讷出一句高太尉三个字来。这人莫不与林教头身上有些干碍?我自在门前理会。你且去阁子背后，听说甚么。"老婆道："你去营中寻林教头来认他一认。"李小二道："你不省得。林教头是个性急的人。摸不着便要杀人放火。倘或叫的他来看了，正是前日说的甚么陆虞候，他肯便罢?做出事来，须连累了我和你。你只去听一听再理会。"老婆道："说的是。"便入去听了一个时辰，出来说道："他那三四个交头接耳说话，正不听得说甚么。只见那一个军官模样的人，去伴当怀里取出一帕子物事，递与管营和差拨。帕子里面的莫不是金银?只听差拨口里说道：'都在我身上，好歹要结果了他性命。'"正说之间，阁子里叫："将汤来。"李小二急去里面换汤时，看见管营手里拿着一封书。小二换了汤，添些下饭。又吃了半个时辰，算还了酒钱。管营、差拨先去了。次后，那两个低着头也去了。转背没多时，只见林冲走将入店里来，说道："小二哥，连日好买卖。"李小二慌忙道："恩人请坐。小人却待正要寻恩人，有些要紧话说。"有诗为证：

潜为奸计害英雄，一线天教把信通。
亏杀有情贤李二，暗中回护有奇功。

当下林冲问道："甚么要紧的事?"小二哥请林冲到里面坐下，说道："却才有个东京来的尴尬人，在我这里请管营、差拨吃了半日酒。差拨口里讷出高太尉三个字来。小人心下疑，又着浑家听了一个时辰。他却交头接耳说话，都不听得。临了，只见差拨口里应道：'都在我两个身上，好歹要结果了他。'那两个把一包金银递与管营、差拨。又吃一回酒，各自散了。不知甚么样人。小人心下疑，只怕恩人身上有些妨碍。"林冲道："那人生得甚么模样?"李小二道："五短身材，白净面皮，没什髭须。约有三十余岁。那跟的也不长大，紫棠色面皮。"林冲听了，大惊道："这三十岁的正是陆虞候。那泼贱贼也敢来这里害我!休要撞着我，只教他骨肉为泥!"李小二道："只要提防他便了。岂不闻古人言：'吃饭防噎，走路防跌。'"林冲大怒，离了李小二家，先去街上买把解腕尖刀，带在身上。前街后巷，一地里去寻。李小二夫妻两个，捏着两把汗。

当晚无事。次日天明起来，早洗漱罢，带了刀又去沧州城里城外，小街夹巷，团团寻了一日。牢城营里都没动静。林冲又来对李小二道："今日又无事。"小二道：

"恩人，只愿如此。只是自放仔细便了。"林冲自回天王堂，过了一夜。街上寻了三五日，不见消耗，林冲也自心下慢了。到第六日，只见管营叫唤林冲到点视厅上，说道："你来这里许多时，柴大官人面皮不曾抬举的你。此间东门外十五里，有座大军草场，每月但是纳草纳料的，有些常例钱取觅。原是一个老军看管。如今我抬举你去替那老军来守天王堂。你在那里闸几贯盘缠[④]。你可和差拨便去那里交割。"林冲应道："小人便去。"当时离了营中，径到李小二家，对他夫妻两个说道："今日管营拨我去大军草场管事，却如何？"李小二道："这个差使又好似天王堂那里，收草料时，有些常例钱钞。往常不使钱时，不能勾这差使。"林冲道："却不害我，倒与我好差使，正不知何意？"李小二道："恩人休要疑心。只要没事便好了。只是小人家离得远了，过几时那工夫来望恩人。"就时家里安排几杯酒，请林冲吃了。话不絮烦，两个相别了。林冲自来天王堂取了包裹，带了尖刀，拿了条花枪，与差拨一同辞了管营。两个取路投草料场来。正是严冬天气，彤云密布，朔风渐起，却早纷纷扬扬卷下一天大雪来。那雪早下得密了。怎见得好雪？有临江仙词为证：

作阵成团空里下，这回忒杀堪怜，剡溪冻住子猷船[⑤]。玉龙鳞甲舞[⑥]，江海尽平填，宇宙楼台都压倒，长空飘絮飞绵。三千世界玉相连[⑦]，冰交河北岸，冻了十余年。

大雪下的正紧，林冲和差拨两个在路上又没买酒吃处，早来到草料场外。看时，一周遭有些黄土墙，两扇大门，推开看里面时，七八间草房做着仓廒[⑧]，四下里都是马草堆，中间两座草厅。到那厅里，只见那老军在里面向火。差拨说道："管营差这个林冲来替你回天王堂看守。你可即便交割。"老军拿了钥匙，引着林冲，分付道："仓廒内自有官司封记。这几堆草一堆堆都有数目。"老军都点见了堆数，又引林冲到草厅上。老军收拾行李，临了说道："火盆锅子碗碟，都借与你。"林冲道："天王堂内，我也有在那里。你要便拿了去。"老军指壁上挂一个大葫芦说道："你若买酒吃时，只出草场，投东大路去三二里，便有市井。"老军自和差拨回营里来。只说林冲就床上放了包裹被卧，就坐下生些焰火起来。屋边有一堆柴炭，拿几块来，生在地炉里。仰面看那草屋时，四下里崩坏了，又被朔风吹撼，摇振得动。林冲道："这屋如何过得一冬？待雪晴了，去城中唤个泥水匠来修理。"向了一回火，觉得身上寒冷。寻思："却才老军所说，五里路外有那市井，何不去沽些酒来吃？"便去包里取些碎银子，把花枪挑了酒葫芦，将火炭盖了，取毡笠子戴上，拿了钥匙，出来把草厅门拽上。出到大门首，把两扇草场门反拽上锁了。带了钥匙，信步投东。雪地里踏着碎琼乱玉，迤逦背着北风而行。那雪正下得紧。行不上半里多路，看见一所古庙。林冲顶礼道："神明庇佑，改日来烧钱纸。"又行了一回，望见一簇人家。林冲住脚看时，见篱笆中挑着一个草帚儿在露天里。林冲径到店里。主人道："客人那里来？"林冲道："你认得这个葫芦么？"主人看了道："这葫芦是草料场老军的。"林冲道："如何便认的？"店主道："既是草料场看守大哥，且请少坐。天气寒冷，且酌三杯，权当接风。"店家切一盘熟牛肉，烫一壶热酒，请林冲吃。又自买了些牛肉，又吃了数杯，就又买了一葫芦酒，包了那两块牛肉，留下碎银子，把花枪挑了酒葫芦，怀内揣了牛肉，叫声相扰，便出篱笆门，依旧迎着朔风回来。看那雪到晚越下的紧了。古时有个书生，做了一个词，单题那贫苦的恨雪：

广莫严风刮地[9]，这雪儿下的正好。扯絮挦绵，裁几片大如栲栳[10]。见林间竹屋茅茨，争些儿被他压倒。富室豪家，却言道压瘴犹嫌少。向的是兽炭红炉[11]，穿的是绵衣絮袄。手捻梅花[12]，唱道国家祥瑞，不念贫民些小。高卧有幽人，吟咏多诗草。

再说林冲踏着那瑞雪，迎着北风，飞也似奔到草场门口，开了锁，入内看时，只叫得苦。原来天理昭然，佑护善人义士。因这场大雪，救了林冲的性命。那两间草厅已被雪压倒了。林冲寻思："怎地好?"放下花枪、葫芦在雪里，恐怕火盆内有火炭延烧起来。搬开破壁子，探半身入去摸时，火盆内火种都被雪水浸灭了。林冲把手床上摸时，只拽的一条絮被。林冲钻将出来，见天色黑了。寻思："又没打火处，怎生安排?"想起："离了这半里路上，有个古庙，可以安身。我且去那里宿一夜。等到天明，却做理会。"把被卷了，花枪挑着酒葫芦，依旧把门拽上锁了，望那庙里来。入的庙门，再把门掩上，傍边止有一块大石头，掇将过来靠了门。入的里面看时，殿上做着一尊金甲山神。两边一个判官，一个小鬼。侧边堆着一堆纸。团团看来，又没邻舍，又无庙主。林冲把枪和酒葫芦放在纸堆上，将那条絮被放开，先取下毡笠子，把身上雪都抖了，把上盖白布衫脱将下来。早有五分湿了。和毡笠放在供桌上。把被扯来盖了半截下身。却把葫芦冷酒提来便吃。就将怀中牛肉下酒。正吃时，只听得外面必必剥剥地爆响。林冲跳起身来，就壁缝里看时，只见草料场里火起，刮刮杂杂烧着。看那火时，但见：

一点灵台[13]，五行造化，丙丁在世传流[14]。无明心内，灾祸起沧州。烹铁鼎能成万物，铸金丹还与重楼[15]。思今古，南方离位[16]，荧惑最为头[17]。绿窗归焰烬；隔花深处，掩映钓鱼舟。鏖兵赤壁，公瑾喜成谋[18]。李晋王醉存馆驿[19]，田单在即墨驱牛[20]。周褒姒骊山一笑，因此戏诸侯[21]。

当时张见草场内火起，四下里烧着，林冲便拿枪，却待开门来救火，只听得前面有人说将话来。林冲就伏在庙听时，是三个人脚步声，且奔庙里来。用手推门，却被林冲靠住了，推也推不开。三人在庙檐下立地看火。数内一个道："这条计好么?"一个应道："端的亏管营、差拨两位用心。回到京师，禀过太尉，都保你二位做大官。这番张教头没的推故。"那人道："林冲今番直吃我们对付了，高衙内这病必然好了。"又一个道："张教头那厮，三回五次托人情去说：'你的女婿殁了。'张教头越不肯应承。因此衙内病患看看重了。太尉特使俺两个央浼二位干这件事。不想而今完备了。"又一个道："小人直爬入墙里去，四下草堆上点了十来个火把，待走那里去?"那一个道："这早晚烧个八分过了。"又听一个道："便逃得性命时，烧了大军草料场，也得个死罪。"又一个道："我们回城里去罢。"一个道："再看一看，拾得他一两块骨头回京，府里见太尉和衙内时，也道我们也能会干事。"林冲听那三个人时，一个是差拨，一个是陆虞候，一个是富安。林冲道："天可怜见林冲，若不是倒了草厅，我准定被这厮们烧死了!"轻轻把石头掇开，挺着花枪，一手拽开庙门，大喝一声："泼贼那里去！"三个人急要走时，惊得呆了，正走不动。林冲举手，肐察的一枪[22]，先戳倒差拨。陆虞候叫声"饶命"，吓的慌了手脚，走不动。那富安走不到十来步，被林冲赶上，后心只一枪，又戳倒了。翻身回来，陆虞候却才行的三四步。林冲喝声道："奸贼！你待那里去？"批胸只一提，丢翻在雪地上，把枪搠在地里，用脚踏住胸脯，身边取出那口刀来，便去陆谦脸上阁着，喝道："泼贼！我自来又和你无甚么冤仇，你如何这等害我！正是'杀人可恕，情理难容。'"陆虞候告道："不干小人事，太尉差遣，不敢不来。"林冲骂道："奸贼，我与你自幼相交，今日倒来害我，怎不干你事！且吃我一刀。"把陆谦上身衣服扯开，把尖刀向心窝里只一剜，七窍迸出血来。将心肝提在手里。回头看时，差拨正爬将起来要走。林冲按住喝道："你这厮原来也恁的歹，且吃我一刀。"又早把头割下来，挑在枪上。回来把富安、陆谦头都割下来。把尖刀插了，将三个人头发结做一处，提入庙里来，都摆在山神面前供桌上，再穿了白布衫，系了搭膊，把毡笠子带上，将葫芦里冷酒都吃尽了。被与葫芦都丢了不要。提了枪，便出庙门投东去。走不到三五里，早见近村人家，都拿着水桶钩子来救火。林冲道："你们快去救应，我去报官了来。"提着枪只顾走。那雪越下的猛。但见：

凛凛严凝雾气昏，空中祥瑞降纷纷。须臾四野难分路，顷刻千山不见痕。银世界，玉乾坤，望中隐隐接昆仑。若还下到三更后，彷佛填平玉帝门。

林冲投东去了两个更次，身上单寒，当不过那冷。在雪地里看时，离的草场远了。只见前面疏林深处，树木交杂，远远地数间草屋，被雪压着。破壁缝里透出火光来。林冲径投那草屋来。推开门，只见那中间坐着一个老庄家，周围坐着四五个小庄家向火。地炉里面焰焰地烧着柴火。林冲走到面前，叫道："众位拜揖。小人是牢城营差使人，被雪打湿了衣裳，借此火烘一烘，望乞方便。"庄客道："你自烘便了，何妨得。"林冲烘着身上湿衣服，略有些干，只见火炭边煨着一个瓮儿，里面透出酒香。林冲便道："小人身边有些碎银子，望烦回些酒吃。"老庄客道："我们每夜轮流看米囤，如今四更，天气正冷，我们这几个吃尚且不勾，那得回与你。休要指望。"林冲又道："胡乱只回三五碗与小人盪寒。"老庄家道："你那人休缠，休缠！"林冲闻得酒香，越要吃，说道："没奈何回些罢。"众庄客道："好意着你烘衣裳向火，便来要酒吃。去便去，不去时，将来吊在这里。"林冲怒道："这厮们好无道理！"把手中枪看着块焰焰着的火柴头，望老庄家脸上只一挑将起来，又把枪去火炉里只一搅，那老庄家的髭须焰焰的烧着。众庄客都跳将起来。林冲把枪杆乱打。老庄家先走了，庄家们都动掸不得，被林冲赶打一顿，都走了。林冲道："都走了，老爷快活吃酒。"土坑上却有两个椰瓢，取一个下来，倾那瓮酒来吃了一会。剩了一半，提了枪出门便走。一步高，一步低，踉踉跄跄，捉脚不住。走不过一里路，被朔风一掉，随着那山涧边倒了，那里挣得起来。凡醉人一倒，便起不得。醉倒在雪地上。

却说众庄客引了二十余人，拖枪拽棒，都奔草屋下看时，不见了林冲。却寻着踪迹赶将来。只见倒在雪地里。庄客齐道："你却倒在这里。"花枪丢在一边。众庄客一发上手，就地拿起林冲来，将一条索缚了。趁五更时分，把林冲解投那个去处来。不是别处，有分教：蓼儿洼内，前后摆数千只战舰艨艟㉓，水浒寨中，左右列百十个英雄好汉。搅扰得道君皇帝㉔，盘龙椅上魂惊，丹凤楼中胆裂。正是：说时杀气侵人冷，讲处悲风透骨寒。毕竟看林冲被庄客解投甚处来？且听下回分解。

①本文为《水浒传》第十回。 ②迤逦即"迤逦"。 ③不尴尬：不正派，鬼鬼祟祟。 ④搋（chuài）：挣，取。 ⑤"剡溪"句：用王子猷雪夜乘船访戴安道的典故，见《世说新语·任诞》。 ⑥玉龙鳞甲：代指雪片。 ⑦三千世界：佛教用语，此指整个世界。 ⑧仓廒（áo）：仓库。 ⑨广莫：同"广漠"。 ⑩栲栳（kǎo lǎo）：编织器物名，约比普通盘子大。 ⑪兽炭红炉：兽形火炉中燃着红炭取暖。⑫捻：同"拈"，执。 ⑬灵台：天上的星名，主灾变。 ⑭丙丁：指火，因干支配五行时，丙丁代表火。 ⑮"烹铁鼎"二句：意思是火有熔炼万物的作用，所炼金丹还可让人服食后成仙。 ⑯南方离位：也是火的意思。在方位中南方属火，在八卦中"离卦"代表火。 ⑰荧惑：火星的别名。 ⑱"公瑾"句：指在赤壁之战时，周瑜使用了火攻的计谋取得胜利。公瑾，周瑜字。 ⑲李晋王：唐高祖李渊曾任晋王。 ⑳田单：齐国人，在燕昭王占齐70余城，齐只剩莒和即墨时，曾用火牛阵败敌。 ㉑"周褒姒"句：褒姒为周幽王妃，在骊山见周幽王点燃烽火而笑，但并无敌情，因此诸侯被戏弄了。 ㉒肐察：象声词，即"咔嚓"。 ㉓艨艟（méng chōng）：战船名。 ㉔道君皇帝：即宋徽宗，崇信道教，自号"道君皇帝"。

本回突出了《水浒传》"逼上梁山"的主题，林冲在生死抉择中被"逼"走上反抗之路。在写法上，最值得注意的有两点：一是用自然环境来烘托气氛，并处处与情节发展相配合；二是情节的发展多用巧合，并在巧合情节的安排中突出林冲被动的、无意反抗的心理。

叶昼《水浒传一百回文字优劣》："世上先有《水浒传》一部，然后施耐庵、罗贯中借笔墨拈出。…… 若管营，若差拨，若董超，若薛霸，若富安，若陆谦，情状逼真，笑语欲活，非世上先有是事，即令文人面壁九年，呕血十石，亦何能至此哉！亦何能至此哉！此《水浒传》之所以与天地相终始也与！"

清金圣叹《水浒传》第九回回评："以一个人（林冲）杀三个人（差拨、陆谦、富安），凡三四个回身，有节次，有间架，有方法，有波折，不慌不忙，不疏不密，不缺不漏，不一片，不烦琐，真鬼于文、圣于文也。"

宋濂

送东阳马生序①

余幼时即嗜学，家贫无从致书以观，每假借于藏书之家，手自笔录，计日以还②。天大寒，砚冰坚，手指不可屈伸，弗之怠③。录毕，走送之，不敢稍逾约。以是人多以书假余，余因得遍观群书。既加冠④，益慕圣贤之道，又患无硕师、名人与游⑤，尝趋百里外，从乡之先达执经叩问⑥。先达德隆望尊，门人弟子填其室，未尝稍降辞色⑦。余立侍左右，援疑质理⑧，俯身倾耳以请；或遇其叱咄，色愈恭，礼愈至，不敢出一言以复；俟其忻悦，则又请焉。故余虽愚，卒获有所闻。

当余之从师也，负箧曳屣⑨，行深山巨谷中。穷冬烈风，大雪深数尺，足肤皲裂而不知。至舍⑩，四支僵劲不能动⑪，媵人持汤沃灌⑫，以衾拥覆，久而乃和。寓逆旅⑬，主人日再食，无鲜肥滋味之享。同舍生皆被绮绣，戴朱缨宝饰之帽，腰白玉之环，左佩刀，右佩容臭⑭，烨然若神人。余则缊袍敝衣处其间⑮，略无慕艳意，以中有足乐者，不知口体之奉不若人也。盖余之勤且艰若此。今虽耄老，未有所成，犹幸预君子之列，而承天子之宠光，缀公卿之后，日侍坐备顾问，四海亦谬称其氏名，况才之过于余者乎？

今诸生学于太学，县官日有廪稍之供⑯，父母岁有裘葛之遗，无冻馁之患矣；坐大厦之下而诵诗书，无奔走之劳矣；有司业、博士为之师，未有问而不告、求而不得者也。凡所宜有之书，皆集于此，不必若余之手录、假诸人而后见也。其业有不精、德有不成者，非天质之卑，则心不若余之专耳，岂他人之过哉！

东阳马生君则，在太学已二年，流辈甚称其贤。余朝京师，生以乡人子谒余，撰长书以为贽⑰，辞甚畅达；与之论辩，言和而色夷⑱。自谓少时用心于学甚劳，是可谓善学者矣。其将归见其亲也，余故道为学之难以告之。谓余勉乡人以学者，余之志也；诋我夸际遇之盛而骄乡人者，岂知余者哉！

①东阳：县名，属浙江省。马生：马君则，与宋濂同乡，当时正就读于太学，在回乡探亲时拜谒宋濂，宋濂作这篇赠序以示勉励。 ②计日：按照约定的日期。 ③弗之怠：不肯松懈。 ④ 加冠：到了成年。 ⑤硕师：学识渊博的老师。 ⑥乡之先达：同乡中有品德、才学的先辈。 ⑦稍降辞色：把言辞、面容放和气些。 ⑧援疑质理：提出疑问，请教义理。援，引，提出。质，询问。⑨负箧曳屣：背着书箱，拖着鞋子。⑩舍：指学舍，书馆。 ⑪支：通“肢”。 ⑫媵（yìng）人：此指丫环。 ⑬寓逆旅：

寄住旅店里。逆，迎接。 ⑭容臭：香袋。《礼记》："皆佩容臭。" ⑮缊袍：以乱麻为絮的袍子。 ⑯县官：此指朝廷。廪稍（shào）之供：官家的米粮供应。 ⑰贽：进见时所献的礼物。 ⑱夷：平和。

这是一篇赠序体说理文，叙议结合，以勉励学习为主旨，结构严谨，尤其是对比的运用关合巧妙，意味深长。全篇不尚辞采，于朴素之中寓有恳挚之情。

清李慈铭《越缦堂读书记》评宋濂文："文气从容而博大，故有明推为一代之冠。然颇乏精采，少含警策。"

刘基

卖柑者言

杭有卖果者，善藏柑，涉寒暑不溃。出之烨然，玉质而金色[①]。置于市，贾十倍，人争鬻之[②]。予贸得其一[③]。剖之，如有烟扑口鼻。视其中，则干若败絮。予怪而问之曰："若所市于人者，将以实笾豆[④]、奉祭祀、供宾客乎？将炫外以惑愚瞽也[⑤]？甚矣哉为欺也！"

卖者笑曰："吾业是有年矣[⑥]。吾赖是以食吾躯。吾售之，人取之，未尝有言，而独不足子所乎？世之为欺者不寡矣，而独我也乎？吾子未之思也。今夫佩虎符、坐皋比者[⑦]，洸洸乎干城之具也[⑧]，果能授孙吴之略耶？峨大冠、拖长绅者[⑨]，昂昂乎庙堂之器也[⑩]，果能建伊皋之业耶[⑪]？盗起而不知御，民困而不知救，吏奸而不知禁，法斁而不知理[⑫]，坐糜廪粟而不知耻[⑬]。观其坐高堂，骑大马，醉醇醴而饫肥鲜者[⑭]，孰不巍巍乎可畏，赫赫乎可象也[⑮]？又何往而不金玉其外、败絮其中也哉！今子是之不察，而以察吾柑！"

予默然无以应。退而思其言，类东方生滑稽之流[⑯]，岂其愤世嫉邪者耶？而托于柑以讽耶[⑰]？

①玉质：质地如润泽之玉。金色：色彩如烂然之金。 ② 鬻：买。 ③贸：买卖，此指买。④实：充实，填满。笾（biān）豆：古代盛祭品所用的礼器。笾为竹制，豆为木、陶、铜制。 ⑤惑愚瞽：欺骗傻子和瞎子。 ⑥业是：业于是，以此为职业。 ⑦虎符：古代朝廷征调兵将的凭证。皋比（pí）：虎皮的坐具。 ⑧洸洸（guāng）：威武的样子。干城之具：保卫国家的将才。 ⑨峨大冠、拖长绅：古代士大夫的形象，戴着高帽子，拖着长衣带。⑩庙堂之器：指朝廷的重臣。庙堂，指朝廷。 ⑪伊皋：代指朝廷的栋梁之才。伊，辅佐商汤的贤相伊尹。皋，辅佐舜的掌刑大臣皋陶。 ⑫法斁（dù）：法纪败坏。斁，败坏。⑬坐糜廪粟：白白地吃掉国家的粮食。糜，消耗。 ⑭醇醴：味厚的酒，指美酒。饫（yù）：饱食。 ⑮赫赫乎：气势壮盛的样子。象：效法。 ⑯东方生：东方朔，汉武帝时为中大夫，性诙谐，善讽谏。 ⑰托：假托。

这篇小品以设辞问答的形式，巧妙地借卖柑者之口，尖锐地批判了当时朝中文臣武将徒有虚名而不恤国事的腐朽风气。文章构思新奇，借物寄兴，表现出作者的嫉世之情。在写法上句法多变，尤其是反问句的运用灵活有力。用比则一对比（柑之内外）一类比（柑与朝臣）相映成趣，发人深思。

清吴楚材、吴调侯《古文观止》："青田此言为世人盗名者发，而借卖柑影喻。满腔愤世之心，而以痛哭流涕出之。士之金玉其外而败絮其中者，闻卖柑之言，亦可以少愧矣。"

清过商侯《详订古文评注全集》："刘学士盖有慨于缙绅先生，无不金玉其外，败絮其中，故设为卖柑之说，以抒写其意。玩其文，识见俊卓，调度闲雅，且浑厚深沉，不露骨，不伤痕，可垂不朽。"

于谦

石灰吟

千锤万击出深山，烈火焚烧若等闲。粉骨碎身浑不怕，要留清白在人间。

这首咏物诗在内容上写石灰的生成过程，旨在歌颂历尽磨难而气节不改的伟大人格，所咏之物与所言之志结合巧妙而又贴切。更可贵的是作者以自身的行动证明了自己的铮铮誓言：关注民生，以国家利益为重，鞠躬尽瘁，死而无悔。

《四库全书总目提要》评于谦诗："其诗风格遒上，兴象深远，虽志存开济，未尝于吟咏求工，而品格乃转出文士上，亦足见其才之无施不可矣。"

王磐

〔中吕·朝天子〕咏喇叭

喇叭，锁哪[1]，曲儿小腔儿大[2]。官船来往乱如麻，全仗你抬声价。军听了军愁，民听了民怕，那里去辨什么真和假[3]？眼见的吹翻了这家，吹伤了那家，只吹的水尽鹅飞罢[4]！

①锁哪：同“唢呐”。民族吹管乐器的一种，形似喇叭。 ②曲儿小腔儿大：说喇叭、锁哪这样的乐器只能吹奏简单的小曲，但发出的音响很大，隐喻宦官地位低下，却倚仗皇帝宠信装腔作势，气焰嚣张。 ③“那里”句：哪里去辨别真是奉皇帝的圣旨，还是宦官们弄虚作假。④水尽鹅飞罢：比喻把百姓搜刮得倾家荡产。

明蒋一葵《尧山堂外纪》称：“正德间，阉寺当权，往来河下者无虚日。每到，辄吹号头，齐丁夫，民不堪命，西楼（即王磐）乃作《咏喇叭》以嘲之。”可见本篇反映的是明中叶宦官专权给人民带来的深重灾难。曲子借官船喇叭为题，用嘲讽和夸张的手法尽情发挥，“兴发于此而义归于彼”，把所咏之物和所咏之人关合得相当巧妙。

王九思

杜子美沽酒游春

第　一　折

（正末扮杜子美上）天门日射黄金榜，春殿晴薰赤羽旗。宫草霏霏承委佩，炉烟细细驻游丝。云近蓬莱常五色，雪残鳷鹊已多时。侍臣缓步归青琐[①]，退食从容出每迟。小官姓杜名甫，字子美，本贯杜陵人也。方今大唐御世，肃宗即位，改元至德二载，蒙主人圣恩，拜我为右拾遗之职，喜得三月初间，官闲无事，正好饮酒作诗，不知何处可以游玩也呵。

【仙吕赏花时】这的是一代中兴千载难，四海讴歌百姓欢。为官职清闲，清春较晚，也不知谁家数去酒杯宽。

小官自幼读书，要与朝廷出力，端的要致君尧舜上，再使风俗淳。不料举进士不第，天宝十三年，明皇主人在御曾献大礼三赋，明皇主人甚是称赏，使我待制集贤院，后除我参军之职。只想与朝廷建立大功业，不幸天下有事，蹭蹬到今日[②]，莫非是命也。

【点绛唇】奋志乾坤，致君尧舜。闲评论，稷契何人，要与他相攀引。

【混江龙】想着我少年时分，读书万卷笔通神。那时节，李邕识面[③]，王翰为邻[④]，两手要扶唐社稷，一心思画汉麒麟[⑤]。谁承望天边黄阁隔千峰，不觉得镜中白雪盈双鬓，辜负了两朝帝王主，空忧了万国黎民。

想着那开元年间，明皇主人用了那些好宰相，致得海内太平。真个是紫气临关天地阔，黄金台贮俊贤多，我略说一遍咱。

【油葫芦】四海安危系宰臣，恰不曾错用了人。想着那凤凰鸦鹊不同群，有一个姚元之扶得朝廷稳。有一个宋文贞拨得天心顺。那时节风雨又调，日月又新，边尘不动，蛮夷又顺，端的是四海一般春。

【天下乐】张相国从来德望尊，但有个条陈，似驴医扁鹊真。那时节立朝堂，有几个人？韩相公的谏诤又频，太上皇的依随又紧，因此上得从容过又几春。

明皇主人，后来用了那李林甫做宰相，他是个奸邪小人，专一嫉贤妒能，坏了朝政。他虽是死了，后来祸乱都是他留下的，我也略说一遍。

【哪吒令】后来用了那小人，蒙蔽了主君，害了那细民，养活他己身。惹了那叛臣，翻腾做祸本。想着那安禄山排着兵阵，攘起那风尘。

【鹊踏枝】唬杀俺大唐君，走出这未央门。林甫奸邪，你原来是廊庙尊臣，着紧遗下这病疢[⑥]，那些个是二十年台阁丝纶。

【寄生草】他空皮袋无学问，恶心肠忒忌狠。笑吟吟掌定三台印[⑦]，慢腾腾送了千人俊，乱纷纷造下孤辰运。吃紧的是把太真妃送在马嵬坡，唐明皇走入益门镇。

自从明皇主人往成都去了，我曾到曲江池上。则见那胡尘满眼，宫殿萧条，春光依旧，物是人非，真个好伤感人也呵！

【村里迓鼓】遥望见九重宫殿，都做了一天愁闷。你看那帝子王孙，一个个有家难奔。这的是日月昏霾[8]，江山破缺，凭谁整顿。我见了这细柳新蒲，想起那蜀门剑阁，看了那江树野云。天那，你便是铁石人也心酸泪滚。

【元和令】我要哭也却又吞，待住呵恐难存，满城中胡马似云屯。这些个羊犬们，东奔西掠各成群，谁知帝主尊。

【上马娇】你看那百姓们逃贤士隐，十户九空门。那贼呵心肠毒狠，偏生分残害些好忠臣。

【胜葫芦】凝碧池头弦管纷[9]，憔悴不堪闻，弟子梨园容貌损。霓裳调寝，羽衣谁问，思量杀太平君。

【幺】花落空宫春闭门，风雨锁黄昏。我伫立江头还自忖，这场危困，几回评论，李林甫也是根因。

这场祸场，赖功臣郭子仪等，以次平定。肃宗主人，在灵武即位，复了宫阙。将明皇主人，迎入大内，端的是乾坤再造，日月重明。周宣汉武今主是，孝子忠臣后代看。

【后庭花】假若是显中兴千载勋，也须索刻磨崖一代文。若不是洗兵马银河净，怎能够望宫闱白玉辇尘，我则见瑞氤氲。喜则喜天开景运，避风雷胡气寝，抚乾坤龙座稳。蓬莱殿五彩紫，宸朝万国臣。赏名园，桃李芬，买长安[illegible]米春。

【青哥儿】呀，我是个是个文林豪俊，常与那帝王帝王亲近，怎做得富贵粗豪那样人。玉斝银盆[10]，翠袖红裙，列鼎重裀[11]，炙凤炮麟，他们一个个是没伎俩的空皮囤[12]。

自家思量年纪四旬有余，每日家随众趋朝，因人成事。上无益于朝廷，下无功于百姓，这的是衮职全无一字补[13]，许身丑比双南金[14]。平日的志气几时能够遂心也呵！

【寄生草】我呵，日宴归青琐，平明上紫宸。衣冠染惹天香润，云霄咫尺天颜近，笙簧潇洒天风顺。这的是凤凰池上侍臣朝，怎能够麒麟阁内功臣分。

今日天色已晚，明日往城南游玩一遭，兀的长安城中一段好晚景也呵。这正是秦城楼阁烟花里，汉主山河锦绣中。

【赚煞】花片御沟红，树色琼楼近。使碎了浓烟淡粉，我只见万点杨花风外滚，恰便是半空中瑞雪缤纷。近黄昏，画阁朱门，想着那芍药栏边翡翠裙。爱梨花酒醇，又只怕海棠春褪，他把那锦长安风月巧温存。（下）

①青琐：宫门上镂刻的青色图纹，后借指宫门。 ②蹭蹬：遭受挫折。 ③李邕（yōng）：唐代韵文家、书法家，后被奸相李林甫杀害。 ④王翰：唐睿宗景云年间进士，因刚直任性，两次遭贬。 ⑤“一心”句：麒麟，指麒麟阁，汉武帝时所建。汉宣帝时画功臣11人图像于阁内。此句指杜甫期待自己能有所建树。 ⑥疢（chèn）：疾病。 ⑦三台：官名。唐置，尚书为中台，御史为宪台，谒者为外台，合称三台。 ⑧昏霾（mái）：混浊黑暗。 ⑨凝碧池：唐禁苑中池名。安禄山兵入西京，在此宴其部属。 ⑩斝（jiǎ）：盛酒器具，圆口，三足。 ⑪重裀（yīn）：层层叠叠的褥子，极言奢华。 ⑫空皮囤：表面排场，内在空虚的窝囊货。 ⑬衮（gǔn）职：显赫的官位。 ⑭南金：

比喻南方优秀杰出的人才。

本折以杜甫眼中的曲江池春景为载体，情景交融，传达出诗人对权奸误国的愤恨，对开元盛世的追念以及对现实无奈的伤感，抒情色彩较浓。

明沈泰《盛明杂剧》："険陂高才废处，作此以嘲时相，悲愤唏嘘，如怨如诉。"

康海

中 山 狼

第 四 折

（冲末拄杖上）则俺杖藜老子的是也。俺逃名晦迹，在这深山里隐居，真个无是无非，每日间到那溪边林下闲步逍遥。只今暮秋天气，景致煞是佳也。只索倚杖散步一回者。（末同狼上）天那，着谁人救俺东郭先生也。呀，远远望见的小桥流水、茅舍疏篱，敢是人家的村落。俺只索向前去者。

【双调新水令】看半林黄叶暮云低，碧澄澄小桥流水。柴门无犬吠，古树有乌啼。茅舍疏篱，这是个上八洞闲天地[①]。

呀，那林子里有个老儿扶杖走来，求他救俺者。（做拜科）丈人早些儿救俺咱。（老）兀那先生为着甚来？（末）这中山狼被赵卿所射，带箭走了，他赶的来上天无路、入地无门，向俺求救。想起俺墨者以兼爱为道，只得把书囊救他一命。才出囊来，反要吃俺，苦苦求他，不肯相饶。俺和他说问个三老，可道是该吃不该吃。打头来遇着株老杏，那无知的朽木道是该吃俺；再来遇着个老牸，那个泼禽兽又道是该吃。俺险些断送了性命也。今来遇着丈人，这是俺命儿里该有救星。天幸得遇丈人，望赐一言，救俺则个。

【驻马听】枉然心痴，向猛虎丛中来救你。无端负义，这鬼门关上诉凭谁？遇着顽禽蠢木总无知，道是屠牛伐树都差异。这搭儿难回避。丈人呵俺不道救星儿恰撞你。

（老举杖打狼科）哎，世上有你这般负恩的！他好意儿救得你，便要吃他，那有你这没天理的畜生。你快走，迟呵，俺便杖杀你也。（狼）丈人不可听信他，这都是虚言。他见俺被箭射伤，把俺缚了足，蜷曲在囊中受了多少苦楚。他又支吾赵卿，说俺恁贪狠，延捱了这一会。他假意儿救俺，却是要囊中谋害了，自己独受其利。这般欺心的，道是该吃那不该吃？（老）这般说来，先生你也有些不是处。（末）哎哟，丈人不知，俺只因救他，险被赵卿看出破绽来，几乎送了一命。这是俺的热心儿，图他甚么来。

【雁儿落】俺为他冲寒忍肚饥，俺为他胆颤心惊碎。把他来无情认有情，博得个冷气淘热气。

（狼）丈人莫信他，俺被缚在囊里，好不苦也。（老）你两个说来都难凭信。如今依旧缚在囊中，把那受苦的模样使俺亲见一番。若是果然受苦呵，先生，你也说不得，只索与老狼吃了者。（狼）恁的说得有理。俺肚里饿的慌了，快些缚起来，看可是苦也那不苦么。丈人，俺定是要吃那先生的，你莫哄俺来。（末缚狼置囊中科）（老）先生，你可有佩刀么？（末）俺带得有佩刀也。（出刀科）（老）如今怎的还不下手么？（末）虽然是他负俺，俺却不忍杀了他也。

【得胜令】光灿灿匕首雪花吹，软咍咍力怯手难提。俺笑他今日里真狼狈，悔从前怎噬脐[②]。须知，跳不出丈人行牢笼计。还疑，也是俺先生的命运低。

丈人，这都是俺的晦气，那中山狼且放他去罢。（老拍掌笑科）这般负恩的禽兽还不忍杀害他，虽然是你一念的仁心，却不做了个愚人么？（末）丈人，那世上负恩的尽多，何止这一个中山狼么！

【沽美酒】休道是这贪狼反面皮，俺只怕尽世里把心亏，少什么短箭难防暗里随。把恩情番成仇敌，只落得自伤悲。

（老）先生说的是，那世上负恩的好不多也。那负君的受了朝廷大俸大禄，不干得一些儿事，使着他的奸邪贪佞，误国殃民，把铁桶般的江山，败坏不可收拾。那负亲的受了爹娘抚养，不能报答。只道爹娘没些挣扎，便待拆骨还父，割肉还母。才得亨通，又道爹娘亏他抬举，却不思身从何来。那负师的大模大样，把个师父做陌路人相看，不思做蒙童时节教你读书识字，那师父费他多少心来。那负朋友的受他的周济，亏他的游扬，真是如胶似漆，刎颈之交，稍觉冷落，却便别处去趋炎赶热，把那穷交故友，撇在脑后。那负亲戚的傍他吃，靠他穿，贫穷与你资助，患难与你扶持，才竖得起脊梁，便颠番面皮③，转眼无情，却又自怕穷、忧人富、刬地的妒忌④，暗里所算他。你看世上那些负恩的，却不个个是这中山狼么。（末唱）

【太平令】怪不得那私恩小惠，却教人便唱叫扬疾。若没有个天公算计，险些儿被么么得意⑤。俺只索舍悲忍气，从今后见机、莫痴，呀，把这负心的中山狼做傍州例。

（杀狼科）业畜这回死了，你如今还想吃俺么？把他撇在路上罢。多幸遇着丈人救俺，索谢了你去也。（同下）

①上八洞：上界神仙洞府。　②噬脐：用口咬脐，喻不可能办到的事。　③颠番面皮：翻脸不认人。　④刬（chǎn）地的：平白地，无端地。　⑤么么：细小的事物，此指中山狼。

这是一部以“忘恩兽”为题材的讽刺喜剧，用寓言形式批判了现实中背义忘恩的现象。全剧构思巧妙，情节曲折。此折是戏剧冲突的高潮，杖藜老人的冷静机智、中山狼的凶残忘恩、东郭先生的迂腐懦弱三者形成鲜明对比，产生喜剧效果，在笑声中给人以思考。

明祁彪佳《远山堂剧品》：“中山狼一事，而对山、禺阳、昌朝三演之，良由世上负心者多耳。曲有浑灏之气，白多醒豁之语，位置于元剧，在《硃砂担》、《乔踏碓》间。三剧中，以此为最。”

清姚燮《今乐考证》：“陈眉公云：‘读《中山狼》剧，真救世仙丹，使无义男见之不觉毛骨颤战。’”

李开先

宝 剑 记

第三十七出 夜 奔

（生上，唱）

【点绛唇】数尽更筹，听残银漏。逃秦寇[①]，好教我有国难投，那搭儿相求救？

（白）欲送登高千里目，愁云低锁衡阳路。鱼书不至雁无凭，几番欲作悲秋赋。回首西山日又斜，天涯孤客真难度。丈夫有泪不轻弹，只因未到伤心处。念我一时忿怒，杀死奸细，幸得深夜无人知觉，密投柴大官人庄上隐藏。昨闻故人公孙胜使人报知：今遣指挥徐宁领兵沧州地界捉拿。亏承柴大官人怜我孤穷，写书荐达，径往梁山逃命。日里不敢前行，今夜路经济州地界，恰才天明月朗，霎时雾暗云迷，况山路崎岖，高低不辨，教我怎生行蓦！那前边黑洞洞的，想是村店，只得紧行几步。呀，原来是一座禅林。夜深无人，我向伽蓝殿前暂憩片时[②]。（生作睡介）（净扮神上，白）生前能护国，没世号伽蓝。眼观十万里，日赴九千坛。吾乃本庙护法之神。今有上界武曲星受难，官兵追急，恐伤他性命。兀那林冲，休推睡梦，今有官兵过了黄河，咫尺赶上，急急起来逃命去罢！吾神去也。凡人心不昧，处处有灵神。但愿人行早，神天不负人。（生醒白）諕死我也！刚才合眼，忽见神像指着道："林冲急急起来，官兵到了！"想是伽蓝神圣指引迷途。我林冲若得一步之地[③]，重修宝殿，再塑金身。撒开脚步去也！（唱）

【双调新水令】按龙泉血泪洒征袍[④]，恨天涯一身流落。专心投水浒，回首望天朝。急走忙逃，顾不的忠和孝。

【驻马听】良夜迢迢，投宿休将门户敲。遥瞻残月，暗度重关，急步荒郊。身轻不惮路迢遥，心忙只恐人惊觉。魄散魂消，魄散魂消，红尘误了武陵年少[⑤]。

【水仙子】一朝谏诤触权豪，百战勋名做草茅，半生勤苦无功效。名不将青史标，为家国总是徒劳。再不得倒金樽杯盘欢笑，再不得歌金缕筝琶络索[⑥]，再不得谒金门环佩逍遥[⑦]。

【折桂令】封侯万里班超，生逼做叛国的红巾，背主的黄巢。恰便似脱扣苍鹰，离笼狡兔，摘网腾蛟。救急难谁诛正卯[⑧]？掌刑罚难得皋陶[⑨]！鬓发萧骚，行李萧条。这一去，博得个斗转天回，须教他海沸山摇。

【雁儿落】望家乡去路遥，想妻母将谁靠？我这里吉凶未可知，他那里生死应难料。

【得胜令】呀！諕的我汗浸浸身上似汤浇，急煎煎心内类油调。幼妻室今何在？老尊堂恐丧了！劬劳[⑩]，父母恩难报；悲嚎，英雄气怎消。

【沽美酒】[⑪]怀揣着雪刃刀，行一步哭号咷。拽长裾急急蓦羊肠路过遥，且喜这灿灿明星下照。忽然间昏惨惨云迷雾罩，疏喇喇风吹叶落，振山林声声虎啸，适溪涧哀哀猿叫。吓的我魂飘、胆消，百忙里走不出山前古庙。

【收江南】呀！又只见乌鸦阵阵起松梢，数声残角断渔樵。忙投村店伴寂寥。想亲帏梦杳，空随风雨度良宵！

故国徒劳梦，思归未得归。
此身无所托，空有泪沾衣。
（下）

①秦寇：这里指高俅的官兵。 ②伽（qié）蓝：佛教中护法的神。 ③得一步之地：指稍有发达的时候。 ④龙泉：宝剑名，借指宝剑。 ⑤武陵年少：意即五陵少年。五陵地近长安，为豪族聚居之地。武陵疑为五陵之误。 ⑥再不得歌金缕筝琶络索：意谓再不能享受那轻歌曼舞的生活。金缕，曲调名。 ⑦金门：汉代宫门名，泛指朝廷。 ⑧正卯：少正卯。据史载，他“心逆而险，行僻而坚……”而为孔子所诛。 ⑨皋陶（gāo yáo）：传说中虞舜时的正直法官。 ⑩劬（qú）劳：指父母养育子女的劳苦。 ⑪沽美酒：按，“忽然间昏惨惨云迷雾罩”以下，应为【太平令】。

《宝剑记》是根据林冲被逼上梁山的故事改编而成的，为明中叶“三大传奇”之一。这里选录的《夜奔》一出，通过悲壮沉郁的词曲，情景交融的手法，刻画林冲上梁山时那种紧张、悲愤、痛苦、矛盾的心情，异常生动。

明吕天成《曲品·具品》：“传林冲事，亦有佳处。自撰曲名，亦奇。此公熟于北曲。”

吴承恩

乱蟠桃大圣偷丹　反天宫诸神捉怪①

话表齐天大圣到底是个妖猴，更不知官衔品从，也不较俸禄高低，但只注名便了。那齐天府下二司仙吏，早晚优侍，只知日食三餐，夜眠一榻，无事牵萦，自由自在。闲时节会友游宫，交朋结义。见三清，称个“老”字；逢四帝，道个“陛下”。与那九曜星、五方将、二十八宿、四大天王、十二元辰、五方五老、普天星相、河汉群神，俱只以弟兄相待，彼此称呼。今日东游，明日西荡，云去云来，行踪不定。

一日，玉帝早朝，班部中闪出许旌阳真人，頫囟启奏道②：“今有齐天大圣，无事闲游，结交天上众星宿，不论高低，俱称朋友。恐后闲中生事，不若与他一件事管，庶免别生事端。”玉帝闻言，即时宣诏。那猴王欣欣然而至，道：“陛下，诏老孙有何升赏?”玉帝道：“朕见你身闲无事，与你件执事。你且权管那蟠桃园，早晚好生在意。”大圣欢喜谢恩，朝上唱喏而退。

他等不得穷忙，即入蟠桃园内查勘。本园中有个土地拦住，问道：“大圣何往?”大圣道：“吾奉玉帝点差，代管蟠桃园，今来查勘也。”那土地连忙施礼，即呼那一班锄树力士、运水力士、修桃力士、打扫力士都来见大圣磕头，引他进去。但见那：

> 夭夭灼灼，颗颗株株。夭夭灼灼花盈树，颗颗株株果压枝。果压枝头垂锦弹，花盈树上簇胭脂。时开时结千年熟，无夏无冬万载迟。先熟的，酡颜醉脸③；还生的，带蒂青皮。凝烟肌带绿，映日显丹姿。树下奇葩并异卉，四时不谢色齐齐。左右楼台并馆舍，盘空常见罩云霓。不是玄都凡俗种，瑶池王母自栽培。

大圣看玩多时，问土地道：“此树有多少株数?”土地道：“有三千六百株：前面一千二百株，花微果小，三千年一熟，人吃了成仙了道，体健身轻。中间一千二百株，层花甘实，六千年一熟，人吃了霞举飞升，长生不老。后面一千二百株，紫纹缃核④，九千年一熟，人吃了与天地齐寿，日月同庚。”大圣闻言，欢喜无任，当日查明了株数，点看了亭阁，回府。自此后，三五日一次赏玩，也不交友，也不他游。

一日，见那老树枝头，桃熟大半，他心里要吃个尝新。奈何本园土地、力士并齐天府仙吏紧随不便。忽设一计道：“汝等且出门外伺候，让我在这亭上少憩片时。”那众仙果退。只见那猴王脱了冠服，爬上大树，拣那熟透的大桃，摘了许多，就在树枝上自在受用。吃了一饱，却才跳下树来，簪冠着服，唤众等仪从回府。迟三二日，又去设法偷桃，尽他享用。

一朝，王母娘娘设宴，大开宝阁，瑶池中做“蟠桃胜会”，即着那红衣仙女、青衣仙女、素衣仙女、皂衣仙女、紫衣仙女、黄衣仙女、绿衣仙女，各顶花篮，去蟠桃园摘桃建会。七衣仙女直至园门首，只见蟠桃园土地、力士同齐天府二司仙吏，都在那里把门。仙女近前道："我等奉王母懿旨，到此摘桃设宴。"土地道："仙娥且住。今岁不比往年了，玉帝点差齐天大圣在此督理，须是报大圣得知，方敢开园。"仙女道："大圣何在？"土地道："大圣在园内，因困倦，自家在亭子上睡哩。"仙女道："既如此，寻他去来，不可迟误。"土地即与同进。寻至花亭不见，只有衣冠在亭，不知何往。四下里都没寻处。原来大圣耍了一会，吃了几个桃子，变做二寸长的个人儿，在那大树梢头浓叶之下睡着了。七衣仙女道："我等奉旨前来，寻不见大圣，怎敢空回？"旁有仙使道："仙娥既奉旨来，不必迟疑。我大圣闲游惯了，想是出园会友去了。汝等且去摘桃，我们替你回话便是。"那仙女依言，入树林之下摘桃。先在前树摘了二篮，又在中树摘了三篮；到后树上摘取，只见那树上花果稀疏，止有几个毛蒂青皮的。原来熟的都是猴王吃了。七仙女张望东西，只见向南枝上止有一个半红半白的桃子。青衣女用手扯下枝来，红衣女摘了，却将枝子望上一放。原来那大圣变化了，正睡在此枝，被他惊醒。大圣即现本相，耳朵里掣出金箍棒，幌一幌，碗来粗细，咄的一声道："你是那方怪物，敢大胆偷摘我桃！"慌得那七仙女一齐跪下道："大圣息怒。我等不是妖怪，乃王母娘娘差来的七衣仙女，摘取仙桃，大开宝阁，做'蟠桃胜会'。适至此间，先见了本园土地等神，寻大圣不见。我等恐迟了王母懿旨，是以等不得大圣，故先在此摘桃，万望恕罪。"大圣闻言，回嗔作喜道："仙娥请起。王母开阁设宴，请的是谁？"仙女道："上会自有旧规。请的是西天佛老、菩萨、圣僧、罗汉，南方南极观音，东方崇恩圣帝，十洲三岛仙翁，北方北极玄灵，中央黄极黄角大仙，这个是五方五老。还有五斗星君，上八洞三清、四帝、太乙天仙等众，中八洞玉皇、九垒、海岳神仙，下八洞幽冥教主、注世地仙。各宫各殿大小尊神，俱一齐赴蟠桃嘉会。"大圣笑道："可请我么？"仙女说："不曾听得说。"大圣道："我乃齐天大圣，就请我老孙做个席尊，有何不可？"仙女道："此是上会旧规，今会不知如何。"大圣道："此言也是，难怪汝等。你且立下，待老孙先去打听个消息，看可请老孙不请。"

好大圣，捻着诀，念声咒语，对众仙女道："住！住！住！"这原来是个定身法，把那七衣仙女一个个睖睖睁睁[5]，白着眼，都站在桃树之下。大圣纵朵祥云，跳出园内，竟奔瑶池路上而去。正行时，只见那壁厢：

一天瑞霭光摇曳，五色祥云飞不绝。
白鹤声鸣振九皋，紫芝色秀分千叶。
中间现出一尊仙，相貌昂然丰采别。
神舞虹霓幌汉霄，腰悬宝箓无生灭。
名称赤脚大罗仙，特赴蟠桃添寿节。

那赤脚大仙觌面撞见大圣[6]，大圣低头定计，赚哄真仙，他要暗去赴会，却问："老道何往？"大仙道："蒙王母见招，去赴蟠桃嘉会。"大圣道："老道不知。玉帝因老孙筋斗云疾，着老孙五路邀请列位，先至通明殿下演礼，后方去赴宴。"大仙是个光明正大之人，就以他的诳语作真。道："常年就在瑶池演礼谢恩，如何先去通明殿演礼，方去瑶池赴会？"无奈，只得拨转祥云，径往通明殿去了。

大圣驾着云，念声咒语，摇身一变，就变做赤脚大仙模样，前奔瑶池。不多时，直至宝阁，按住云头，轻轻移步，走入里面。只见那里：

琼香缭绕，瑞霭缤纷，瑶台铺彩结，宝阁散氤氲。凤翥鸾翔形缥缈，金花玉萼影浮沉。上排着九凤丹霞扆[⑦]，八宝紫霓墩。五彩描金桌，千花碧玉盆。桌上有龙肝和凤髓，熊掌与猩唇。珍馐百味般般美，异果嘉肴色色新。

那里铺设得齐齐整整，却还未有仙来。这大圣点看不尽，忽闻得一阵酒香扑鼻；忽转头，见右壁厢长廊之下，有几个造酒的仙官，盘糟的力士，领几个运水的道人，烧火的童子，在那里洗缸刷瓮，已造成了玉液琼浆，香醪佳酿。大圣止不住口角流涎，就要去吃，奈何那些人都在这里。他就弄个神通，把毫毛拔下几根，丢入口中嚼碎，喷将出去，念声咒语，叫"变！"即变做几个瞌睡虫，奔在众人脸上。你看那伙人，手软头低，闭眉合眼，丢了执事，都去盹睡。大圣却拿了些百味八珍，佳肴异品，走入长廊里面，就着缸，挨着瓮，放开量，痛饮一番。吃勾了多时，酕醄醉了[⑧]。自揣自摸道："不好！不好！再过会，请的客来，却不怪我？一时拿住，怎生是好？不如早回府中睡去也。"

好大圣：摇摇摆摆，仗着酒，任情乱撞，一会把路差了；不是齐天府，却是兜率天宫。一见了，顿然醒悟道："兜率宫是三十三天之上，乃离恨天太上老君之处，如何错到此间？——也罢！也罢！一向要来望此老，不曾得来，今趁此残步[⑨]，就望他一望也好。"即整衣撞进去，那里不见老君，四无人迹。原来那老君与燃灯古佛在三层高阁朱陵丹台上讲道，众仙童、仙将、仙官、仙吏，都侍立左右听讲。这大圣直至丹房里面，寻访不遇，但见丹灶之旁，炉中有火。炉左右安放着五个葫芦，葫芦里都是炼就的金丹。大圣喜道："此物乃仙家之至宝，老孙自了道以来，识破了内外相同之理，也要炼些金丹济人，不期到家无暇；今日有缘，却又撞着此物，趁老子不在，等我吃他几丸尝新。"他就把那葫芦都倾出来，就都吃了，如吃炒豆相似。

一时间丹满酒醒，又自己揣度道："不好！不好！这场祸，比天还大；若惊动玉帝，性命难存。走！走！走！不如下界为王去也！"他就跑出兜率宫，不行旧路，从西天门，使个隐身法逃去。即按云头，回至花果山界。但见那旌旗闪灼，戈戟光辉，原来是四健将与七十二洞妖王，在那里演习武艺。大圣高叫道："小的们！我来也！"众怪丢了器械，跪倒道："大圣好宽心！丢下我等许久，不来相顾！"大圣道："没多时！没多时！"且说且行，径入洞天深处。四健将打扫安歇，叩头礼拜毕。俱道："大圣在天这百十年，实受何职？"大圣笑道："我记得才半年光景，怎么就说百十年话？"健将道："在天一日，即在下方一年也。"大圣道："且喜这番玉帝相爱，果封做'齐天大圣'，起一座齐天府，又设安静、宁神二司，司设仙吏侍卫。向后见我无事，着我代管蟠桃园。近因王母娘娘设'蟠桃大会'，未曾请我，是我不待他请，先赴瑶池，把他那仙品、仙酒，都是我偷吃了。走出瑶池，踉踉蹡蹡误入老君宫阙，又把他五个葫芦金丹也偷吃了。但恐玉帝见罪，方才走出天门来也。"

众怪闻言大喜。即安排酒果接风，将椰酒满斟一石碗奉上，大圣喝了一口，即咨牙咧嘴道[10]："不好吃！不好吃！"崩、巴二将道："大圣在天宫，吃了仙酒、仙肴，是以椰酒不甚美口。常言道：'美不美，乡中水。'"大圣道："你们就是'亲不亲，故乡人'。我今早在瑶池中受用时，见那长廊之下，有许多瓶罐，都是那玉液琼浆。你们都不曾尝着。待我再去偷他几瓶回来，你们各饮半杯，一个个也长生不老。"众猴欢喜不胜。大圣即出洞门，又翻一筋斗，使个隐身法，径至蟠桃会上。进瑶池宫阙，只见那几个造酒、盘糟、运水、烧火的，还鼾睡未醒。他将大的从左右胁下挟了两个，两手提了两个，即拨转云头回来，会众猴在于洞中，就做个"仙酒会"，各饮了几杯，快乐不题。

却说那七衣仙女自受了大圣的定身法术，一周天方能解脱。各提花篮，回奏王母，说道："齐天大圣使术法困住我等，故此来迟。"王母问道："汝等摘了多少蟠桃？"仙女道："只有两篮小桃，三篮中桃。至后面，大桃半个也无，想都是大圣偷吃了。及正寻间，不期大圣走将出来，行凶拷打，又问设宴请谁。我等把上会事说了一遍，他就定住我等，不知去向。只到如今，才得醒解回来。"

王母闻言，即去见玉帝，备陈前事。说不了，又见那造酒的一班人，同仙官等来奏："不知甚么人，搅乱了'蟠桃大会'，偷吃了玉液琼浆，其八珍百味，亦俱偷吃了。"又有四个大天师来奏上："太上道祖来了。"玉帝即同王母出迎。老君朝礼毕，道："老道宫中，炼了些'九转金丹'，伺候陛下做'丹元大会'，不期被贼偷去，特启陛下知之。"玉帝见奏，悚惧。少时，又有齐天府仙吏叩头道："孙大圣不守执事，自昨日出游，至今未转，更不知去向。"玉帝又添疑思。只见那赤脚大仙又頫囟上奏道："臣蒙王母诏昨日赴会，偶遇齐天大圣，对臣言万岁有旨，着他邀臣等先赴通明殿演礼，方去赴会。臣依他言语，即返至通明殿外，不见万岁龙车凤辇，又急来此俟候。"玉帝越发大惊道："这厮假传旨意，赚哄贤卿，快着纠察灵官缉访这厮踪迹！"

灵官领旨，即出殿遍访，尽得其详细。回奏道："搅乱天宫者，乃齐天大圣也。"又将前事尽诉一番。玉帝大恼。即差四大天王，协同李天王并哪吒太子，点二十八宿、九曜星官、十二元辰、五方揭谛、四值功曹、东西星斗、南北二神、五岳四渎[11]、普天星相，共十万天兵，布一十八架天罗地网下界，去花果山围困，定捉获那厮处治。众神即时兴师，离了天宫。这一去，但见那：

> 黄风滚滚遮天暗，紫雾腾腾罩地昏。只为妖猴欺上帝，致令众圣降凡尘。四大天王，五方揭谛：四大天王权总制，五方揭谛调多兵。李托塔中军掌号，恶哪吒前部先锋。罗睺星为头检点，计都星随后峥嵘。太阴星精神抖擞，太阳星照耀分明。五行星偏能豪杰，九曜星最喜相争。元辰星子午卯酉，一个个都是大力天丁。五瘟五岳东西摆，六丁六甲左右行。四渎龙神分上下，二十八宿密层层。角亢氐房为总领，奎娄胃昴惯翻腾。斗牛

女虚危室壁，心尾箕星个个能，井鬼柳星张翼轸，轮枪舞剑显威灵。停云降雾临凡世，花果山前扎下营。

诗曰：

天产猴王变化多，偷丹偷酒乐山窝。
只因搅乱蟠桃会，十万天兵布网罗。

当时李天王传了令，着众天兵扎了营，把那花果山围得水泄不通。上下布了十八架天罗地网，先差九曜恶星出战。九曜即提兵径至洞外，只见那洞外大小群猴跳跃顽耍。星官厉声高叫道："那小妖！你那大圣在那里？我等乃上界差调的天神，到此降你这造反的大圣。教他快快来归降；若道半个'不'字，教汝等一概遭诛！"那小妖慌忙传入道："大圣，祸事了！祸事了！外面有九个凶神，口称上界差来的天神，收降大圣。"

那大圣正与七十二洞妖王，并四健将分饮仙酒，一闻此报，公然不理道："今朝有酒今朝醉，莫管门前是与非！"说不了，一起小妖又跳来道："那九个凶神，恶言泼语，在门前骂战哩！"大圣笑道："莫采他。'诗酒且图今日乐，功名休问几时成。'"说犹未了，又一起小妖来报："爷爷！那九个凶神已把门打破，杀进来也！"大圣怒道："这泼毛神，老大无礼！本待不与他计较，如何上门来欺我？"即命独角鬼王，领帅七十二洞妖王出阵，老孙领四健将随后。那鬼王疾帅妖兵，出门迎敌，却被九曜恶星一齐掩杀，抵住在铁板桥头，莫能得出。

正嚷间，大圣到了。叫一声"开路"！掣开铁棒，幌一幌，碗来粗细，丈二长短，丢开架子，打将出来。九曜星那个敢抵，一时打退。那九曜星立住阵势道："你这不知死活的弼马温！你犯了十恶之罪，先偷桃，后偷酒，搅乱了蟠桃大会，又窃了老君仙丹，又将御酒偷来此处享乐。你罪上加罪，岂不知之？"大圣笑道："这几桩事，实有！实有！但如今你怎么？"九曜星道："吾奉玉帝金旨，帅众到此收降你，快早皈依！免教这些生灵纳命。不然，就蹭平了此山，掀翻了此洞也！"大圣大怒道："量你这些毛神，有何法力，敢出浪言，不要走，请吃老孙一棒！"这九曜星一齐踊跃。那美猴王不惧分毫，轮起金箍棒，左遮右挡，把那九曜星战得筋疲力软，一个个倒拖器械，败阵而走，急入中军帐下，对托塔天王道："那猴王果十分骁勇！我等战他不过，败阵来了。"李天王即调四大天王与二十八宿，一路出师来斗。大圣也公然不惧，调出独角鬼王、七十二洞妖王与四个健将，于洞门外列成阵势。你看这场混战，好惊人也：

寒风飒飒，怪雾阴阴。那壁厢旌旗飞彩，这壁厢戈戟生辉。滚滚盔明，层层甲亮。滚滚盔明映太阳，如撞天的银磬；层层甲亮砌岩崖，似压地的冰山。大捍刀，飞云掣电，楮白枪，度雾穿云。方天戟，虎眼鞭，麻林摆列；青铜剑，四明铲，密树排阵。弯弓硬弩雕翎箭，短棍蛇矛挟了魂。大圣一条如意棒，翻来复去战天神。杀得那空中无鸟过，山内虎狼奔。扬砂走石乾坤黑，播土飞尘宇宙昏。只听兵兵扑扑惊天地，煞煞威威振鬼神。

这一场自辰时布阵，混杀到日落西山。那独角鬼王与七十二洞妖怪，尽被众天神捉拿去了，止走了四健将与那群猴，深藏在水帘洞底。这大圣一条棒，抵住了四大天神与李托塔、哪吒太子，俱在半空中——杀勾多时，大圣见天色将晚，即拔毫毛一把，丢在口中，嚼碎了，喷将出去，叫声“变!”就变了千百个大圣，都使的是金箍棒，打退了哪吒太子，战败了五个天王。

大圣得胜，收了毫毛，急转身回洞，早又见铁板桥头，四个健将，领众叩迎那大圣，哽哽咽咽大哭三声，又唏唏哈哈大笑三声。大圣道：“汝等见了我，又哭又笑，何也?”四健将道：“今早帅众将与天王交战，把七十二洞妖王与独角鬼王，尽被众神捉了，我等逃生，故此该哭。这见大圣得胜回来，未曾伤损，故此该笑。”大圣道：“胜负乃兵家之常。古人云：‘杀人一万，自损三千。’况捉了去的头目乃是虎豹、狼虫、獾獐、狐狢之类，我同类者未伤一个，何须烦恼？他虽被我使个分身法杀退，他还要安营在我山脚下。我等且紧紧防守，饱食一顿，安心睡觉，养养精神。天明看我使个大神通，拿这些天将，与众报仇。”四将与众猴将椰酒吃了几碗，安心睡觉不题。

那四大天王收兵罢战，众各报功：有拿住虎豹的，有拿住狮象的，有拿住狼虫狐狢的，更不曾捉着一个猴精。当时果又安辕营，下大寨，赏犒了得功之将，吩咐了天罗地网之兵，各各提铃喝号，围困了花果山，专待明早大战。各人得令，一处处谨守。此正是：

妖猴作乱惊天地，布网张罗昼夜看。毕竟天晓后如何处治，且听下回分解。

①本文为《西游记》第五回。 ②頫（fǔ）囟：磕头。頫，同“俯”。 ③酡（tuó）：因喝酒而脸红。 ④缃核：浅黄色的核。 ⑤睖睖（lèng）睁睁：眼睛发呆、发直。 ⑥觌（dí）：相见，面见。 ⑦扆（yǐ）：户牖间画有斧形的屏风。 ⑧酕醄（máo táo）：大醉的醉态。⑨残步：顺路。 ⑩咨牙俫嘴：犹“龇牙咧嘴”。 ⑪渎（dú）：沟渠。

大闹天宫是神话小说《西游记》中最精彩的篇章，歌颂了孙悟空蔑视封建等级和统治权威、张扬个性自由的斗争精神。森严的天宫秩序不过是人间封建制度的倒影，闹天宫其实是广大人民群众的反封建呼声的神话表达。本篇选录小说第五回，接上回孙悟空被天庭欺骗“招安”，封为“有职无禄”的齐天大圣，写他管理蟠桃园，恼怒王母做蟠桃会宴请众神独不请他，于是搅乱了蟠桃会，又偷吃了太上老君的金丹，并公然与前来捉拿的天兵天将对阵相抗，充分展示了孙悟空与天庭不可调合的矛盾冲突。小说极力表现孙悟空高傲放纵而又乐观风趣的性格，化严肃沉重为幽默诙谐，充满喜剧色彩。

归有光

项脊轩志

项脊轩[①]，旧南阁子也。室仅方丈，可容一人居。百年老屋，尘泥渗漉[②]，雨泽下注；每移案，顾视无可置者。又北向不能得日，日过午已昏。余稍为修葺，使不上漏。前辟四窗，垣墙周庭，以当南日。日影反照，室始洞然。又杂植兰桂竹木于庭，旧时栏楯[③]，亦遂增胜。积书满架，偃仰啸歌[④]，冥然兀坐[⑤]，万籁有声，而庭阶寂寂，小鸟时来啄食，人至不去。三五之夜，明月半墙，桂影斑驳，风移影动，珊珊可爱。

然予居于此，多可喜，亦多可悲。

先是，庭中通南北为一，迨诸父异爨[⑥]，内外多置小门墙，往往而是。东犬西吠，客逾庖而宴[⑦]，鸡栖于厅。庭中始为篱，已为墙[⑧]，凡再变矣。家有老妪，尝居于此。妪，先大母婢也[⑨]。乳二世。先妣抚之甚厚[⑩]。室西连于中闺，先妣尝一至。妪每谓予曰："某所，而母立于兹[⑪]。"妪又曰："汝姊在吾怀，呱呱而泣；娘以指扣门扉，曰：'儿寒乎？欲食乎？'吾从板外相为应答。"语未毕，余泣，妪亦泣。

余自束发，读书轩中。一日，大母过余曰[⑫]："吾儿，久不见若影，何竟日默默在此，大类女郎也？"比去，以手阖门，自语曰："吾家读书久不效[⑬]，儿之成，则可待乎？"顷之，持一象笏至[⑭]，曰："此吾祖太常公宣德间执此以朝[⑮]，他日汝当用之。"瞻顾遗迹，如在昨日，令人长号不自禁。

轩东故尝为厨；人往，从轩前过。余扃牖而居[⑯]，久之，能以足音辨人。

轩凡四遭火，得不焚，殆有神护者。

项脊生曰："蜀清守丹穴，利甲天下，其后秦皇帝筑女怀清台[⑰]。刘玄德与曹操争天下，诸葛孔明起陇中。方二人之昧昧于一隅也，世何足以知之？余区区处败屋中，方扬眉瞬目，谓有奇景，人知之者，其谓与坎井之蛙何异？"

余既为此志，后五年，吾妻来归。时至轩中，从余问古事，或凭几学书。吾妻归宁[⑱]，述诸小妹语曰："闻姊家有阁子，且何谓阁子也？"

其后六年，吾妻死，室坏不修。其后二年，余久卧病无聊，乃使人复葺南阁子，其制稍异于前。然自后余多在外，不常居。

庭有枇杷树，吾妻死之年所手植也，今已亭亭如盖矣[⑲]。

①项脊轩：归有光的远祖归隆道，曾在太仓县之项脊泾居住，所以作者以项脊为书房名。②漉（lù）：渗，滤。③栏楯（shǔn）：栏杆。④偃仰：指安居，休息。⑤冥然兀坐：独自静默端坐。⑥迨（dài）：及，到。诸父：与父亲平辈的兄弟们。异爨（cuàn）：分灶

做饭，指分家。 ⑦逾庖：越过厨房。 ⑧已：然后。 ⑨先大母：去世的祖母。 ⑩先妣：死去的母亲。 ⑪而：通“尔”。 ⑫过余：来看我。 ⑬不效：没结果，指科考无名。⑭象笏（hù）：上朝用的手板，用于记事。 ⑮祖：指归有光祖母的祖父。太常公：夏昶，字仲昭，昆山人，永乐进士，官至太常寺卿。 ⑯扃牖（jiōng yǒu）：关闭窗户。 ⑰蜀清三句：《史记·货殖列传》载：“巴蜀寡妇清，其先得丹（丹砂）穴（矿穴），而擅其利数世，家亦不訾。清，寡妇也，能守其业，用财自卫，不见侵犯。秦皇帝以为贞妇而客之，为筑女怀清台。” ⑱归宁：回家探视父母。 ⑲亭亭如盖：像车盖一样耸立。古代车上的篷子形圆如伞，称“盖”。

本文以项脊轩的几度兴废为线，串起一幕幕真切的生活场景，表达了物是人非、世事变迁的悲喜之情。全文随事曲折，文风清新自然。记人时，三言两语在不经意间使其形象突显，令人印象深刻。

明王世贞《归太仆赞序》：“不事雕饰而自有风味。”

王鸣盛《钝翁类稿》：“以妙远不测之旨，发其淡宕不收之意，扫台阁之肤庸，斥伪体之恶浊，而于唐宋七大家及浙东道学体，又不相沿袭，盖文之超绝者也。”

张士元《震川文钞序》：“其叙事诸文，虽世俗琐事，皆古雅可观。”

清姚鼐《古文辞类纂》：“此太仆最胜之文，然亦苦太多。”

冯惟敏

〔南吕·一枝花〕对驴弹琴

知音自古稀，感物非容易。名琴偏爱抚，大耳不曾习①。思忆颜回，怎入驴肝肺？难通草肚皮②！俺这里勾打吟猱③，他那里前跑后踢。

【梁州】他支蒙着两耳朵长勾一尺④，俺摩弄着七条弦弹了三回。只见他仰天大叫乔声气⑤，吓的宫商错乱，聒的音律差池⑥。忽的难调玉轸⑦，兀的怎按金徽⑧。张果老赴不的瑶池佳会⑨，孟浩然顾不的踏雪寻梅⑩。他也懂不的崔莺莺待月眠迟⑪，他也省不的卓文君飞凰求匹⑫，他也晓不的牧犊子晚累无妻⑬。看伊，所为，秋风灌耳空淘气，不知音不达意。这的是世间能走不能飞，草券一张皮⑭。

【尾】看了他粗愚痴蠢村沙势⑮，似不的禾黍秋风听马嘶，怎怪他不解其中无限意。不遇着子期，谁知道品题⑯？俺索把三尺丝桐收拾起⑰。

①大耳不曾习：指驴不曾听琴。大耳，代指驴。 ②“思忆颜回”三句：意谓情思深远的琴曲，驴子根本不能听懂。古琴曲中有《思贤操》一曲，内容为孔子悼念弟子颜回之意。近人有相同内容的琴曲，名为《泣颜回》。 ③勾打吟猱：琴的四种弹奏手法。猱，疑当作“揉”。④支蒙：支楞，竖着。 ⑤乔声气：指声音难听。乔，宋元时骂人的话，有恶劣之意。 ⑥“吓的宫商错乱”二句：指因驴叫声的干扰弹错了音调。宫商，古代五音中的前两音，代指音律。聒（guō），声音嘈杂，使人厌烦。 ⑦玉轸：弦乐器上拉紧弦线的轴叫“轸”，琴轸多镶以玉或贝壳，故称玉轸。 ⑧金徽：琴面上标志音阶的圆点叫“徽”，多用贝壳或金属制成，故称金徽。 ⑨张果老：传说中的八仙之一，他骑的是一头毛驴。瑶池：传说中西王母的居处，她常在此宴请群仙。 ⑩孟浩然顾不的踏雪寻梅：据说唐诗人孟浩然曾在风雪天骑着驴子到灞桥寻梅。 ⑪崔莺莺待月眠迟：王实甫《西厢记》中有崔莺莺听琴的情节。此用其义。 ⑫卓文君飞凰求匹：西汉司马相如曾弹奏《凤求凰》琴曲向寡居的卓文君表达爱情，文君夜奔相如，同归成都。 ⑬牧犊子晚累无妻：战国齐宣王时人牧犊子，年五十无妻，作《雉朝飞》曲以自伤。 ⑭草券一张皮：相传有秀才卖驴，起草一张卖券，写满了三张纸，还不见一驴字。意谓驴是大而无当的废物。 ⑮村沙势：粗野、恶劣的样子。 ⑯“不遇着子期”二句：传说俞伯牙善琴，唯有钟子期能领会他的曲意。 ⑰三尺丝桐：指琴。古代琴长大约三尺，多为桐木所造，而张以丝弦，故称。

对驴弹琴本非雅事，作者却借此迸发出一段愤世嫉俗的绝妙文字，别开生面，令人耳目一新。全篇句句切题，典故运用尤为精当，愤世之意因而显得愈加深刻。

徐渭

狂鼓史渔阳三弄

（外扮判官引鬼上）咱这里算子忒明白，善恶到头来撒不得赖。就如那少债的会躲也躲不得几多时，却从来没有不还的债。咱家姓察名幽，字能平，别号火珠道人。平生以善断持公，在第五殿阎罗天子殿下，做一个明白洒落的好判官。当日祢正平先生与曹操老瞒对讦那一宗案卷[①]，是咱家所掌。俺殿主向来以祢先生气概超群，才华出众，凡一应文字，皆属他起草，待以上宾。昨日晚衙，殿主对咱家说：上帝旧用一伙修文郎，并皆迁次别用。今拟召劫满应补之人，祢生亦在数中，汝可预备装送之资，万一来召不得，有误时刻。我想起来，当时曹瞒召客，令祢生奏鼓为欢；却被他横睛裸体，掉板掀槌，翻古调作《渔阳三弄》，借狂发愤，推哑装聋，数落得他一个有地皮没躲闪。此乃岂不是踢弄乾坤、提大傀儡的一场奇观[②]！他如今不久要上天去了，俺待要请将他来，一并放出曹瞒，把旧日骂座的情状，两下里演述一番，留在阴司中做个千古的话靶。又见得善恶到头，就是少债还债一般，有何不可？手下，与我请过祢先生，就一面放出曹操，并他旧使唤的一两个人，在左壁厢伺候指挥。（鬼）领台旨。（下）（引生扮祢，净扮曹，从二人上）（曹、从留左边）（鬼）禀上爷，祢先生请到了。（相见介，祢上座，判下陪云）先生当日借打鼓骂曹操，此乃天下大奇。下官虽从鞫问时左证得闻一二[③]，终以未曾亲睹为歉。（判立云）又一件，而今恭喜先生为上帝所知，有请召修闻的消息，不久当行，而此事缺然，终为一生耿耿。这一件尚是小事。阴司僚属并那些诸鬼众，传流激劝，更是少此一桩不可。下官斗胆敢请先生权做旧日行径，把曹操也扮做旧日规模，演述那旧日骂座的光景，了此夙愿。先生意下如何？（祢）这个有何不可。只是一件，小生骂座之时，那曹瞒罪恶尚未如此之多，骂将来冷淡寂寥，不甚好听。今日要骂呵，须直捣到铜雀台分香卖履，方痛快人心。（判）更妙，更妙。手下，带曹操与他的从人过来。曹操，今日要你仍旧扮做丞相，与祢先生演述旧日打鼓骂座那一桩事。你若是乔做那等小心畏惧，藏过了那狠恶的模样，手下就与他一百铁鞭，再从头做起。（曹众扮介）（祢）判翁大人，你一向谦厚，必不肯坐观，就不成一场戏耍。当日骂座，原有宾客在座，今日就权屈大人为曹瞒之宾，坐以观之，方成一个体面。（判）这也见教得是。（揖云）先生告罪，却斗胆了也。（判左曹右举酒坐，祢以常衣进前将鼓）（曹喝云）野生，你为鼓史，自有本等服色，怎么不穿？快换！（校喝云）还不快换！（祢脱旧衣，裸体向曹立）（校喝云）禽兽，丞相跟前可是你裸体赤身的所在？却不道驴膫子朝东，马膫子朝西[④]？（祢）你那颓丞相膫子朝南，我的膫子朝北。（校喝云）还不换上衣服，买什么嘴！（祢换锦巾、绣服、扁绦介）（唱）

【点绛唇】俺本是避乱辞家，遨游许下。登楼罢[⑤]，回首天涯，不想道屈身躯扒出他们胯。

【混江龙】他那里开筵下榻，教俺操槌按板把鼓来挝[⑥]。正好俺借槌来打落，又合着鸣鼓攻他。俺这骂一句句锋铓飞剑戟，俺这鼓一声声霹雳卷风沙。曹操，这皮是你身儿上躯壳，这槌是你肘儿下肋巴，这钉孔儿是你心窝里毛窍，这板杖儿是你嘴儿上獠牙。两头蒙总打得你泼皮穿，一时间也酬不尽你亏心大。且从头数起，洗耳听咱。（鼓一通）

（曹）狂生，我教你打鼓，你怎么指东话西，将人比畜？我这里铜槌铁刃，好不厉害！你仔细你那舌头和那牙齿！（判）这生果是无礼。（祢唱）

【油葫芦】第一来逼献帝迁都又将伏后来杀，使郗虑去拿。唉，可怜那九重天子救不得一浑家！帝道："后，少不得你先行，咱也只在目下。"更有那两个儿，又不是别树上花，都总是姓刘的亲骨血，在宫中长大，却怎生把龙雏凤种，做一瓮鲊鱼虾[7]。（鼓一通）（曹）说着我那一桩事了？（祢唱）

【天下乐】有一个董贵人，是汉天子第二位美娇娃，他该什么刑罚，你差也不差。他肚子里又怀着两三月小娃娃，既杀了他的娘，又连着胞一搭，把娘儿们两口砍做血虾蟆。（鼓一通）

（曹）狂生，自古道风来树动，人害虎，虎也要害人。伏后与董承等阴谋害俺，我故有此举。终不然是俺先怀歹意害他？（判）丞相说得是。（祢）你也想着他们要害你，为着什么来？你把汉天子逼迁来许昌，禁得就是这里的鬼一般，要穿没有，要吃没有，要使用的没有；要传三指大一块纸条儿，鬼也没得理他。你又先杀了董贵人，他们急了，不谋你待几时！你且说，就是天子无故要杀一个臣下，那臣下可好就去当面一把手采将他妈妈过来，一刀就砍做两段？世上可有这等事么？（判）这又是狂生说得有理，且请一杯解嘲。（祢唱）

【那吒令】他若讨吃么，你与他几块歪刺[8]。他若讨穿么，你与他一匹莽麻[9]。他有时传旨么，教鬼来与拿。是石人也动心，总痴人也害怕，羊也咬人家。（鼓一通）

（判）丞相，这却说他不过。（曹）说得他过，我倒不到这田地了。（祢唱）

【鹊踏枝】袁公那两家，不留他片甲。刘琮那一答，又逼他来献纳。那孙权呵，几遍几乎[10]。玄德呵，两遍价抢他妈妈。是处儿城空战马，递年来尸满啼鸦。（鼓一通）

（曹）大人，那时节乱纷纷，非只我曹操一人如此。（判）这个俺阴司各衙门也都有案卷。（祢唱）

【寄生草】仗威风只自假，进官爵不由他。一个女孩儿竟坐中宫驾，骑中郎直做了侯王霸，铜雀台直把那云烟架，僭车旗直按例朝廷胯[11]。在当时险夺了玉皇尊，到如今还使得阎罗怕。（鼓一通）（判低声吩付小鬼，令扮女乐鼓吹介）（判）丞相，女儿嫁做皇后，造房子大了些，这还较不妨。打鼓的，且停了鼓，俺闻得丞相有好女乐，请出来劳一劳。（曹）这是往事，如今那里讨？（判）你莫管，叫就有。只要你好生纵放着使用他。（曹）领台命，分付手下叫我那女乐出来。（二女持乌悲词乐器上[12]）（曹）你两人今日却要自造一个小令，好生弹唱着，劝俺们三杯酒。（祢对曹踢地坐介）（女唱）那里一个大鹈鹕，呀一个低都，呀一个低都。变一个花猪低打都，打低都，唱鹧鸪。呀一个低都，呀一个低都。唱得好时犹自可，呀一个低都，呀一个低都。不好之时低打都，打低都，唤王屠。呀一个低都，呀一个低都。（曹）怎说唤王屠？（女）王屠杀猪。（进判酒）（又一女唱）丞相做事太心欺，呀一个跷蹊，呀一个跷蹊。引惹得旁人跷打蹊，打跷蹊，说是非。呀一个跷蹊，呀一个跷蹊。雪隐鹭鸶飞始见，呀一个跷蹊，呀一个跷蹊。柳藏鹦鹉跷打蹊，打跷蹊，语方知。呀一个跷蹊，呀一个跷蹊。（曹）这两句是旧话。（女）虽是旧话却贴题。（曹）这妮子朝外叫。（女）也是道其实，我先首免罪。（进曹酒）（一女又唱）抹粉搽脂只一会儿红，呀一个冬烘，呀一个冬烘。（又一女唱）报恩结怨烘打冬，打冬烘，落花的风。呀一个冬烘，呀一个冬烘。（二女合唱）万事不由人计较，呀一个冬烘，呀一个冬烘。算来都是烘打冬，打冬烘，一场空。呀一个冬烘，呀一个冬烘。

（二女各进酒）（判）这一曲才妙。合着咱们天机。（曹）女乐且退，我倦了。（判笑介，祢起立云）你倦了，我的鼓儿骂儿可还不了。（唱）

【六幺序】哄他人口似蜜，害贤良只当要。把一个杨德祖立断在辕门下，磅可可血唬零喇[13]。孔先生是丹鼎灵砂，月邸金蟆，仙观琼花。《易》奇而法，《诗》正而葩。他两人嫌隙于你只有针尖大，不过是口唠噪有甚争差。一个为忒聪明参透了“鸡肋”话，一个则是一言不洽，都双双命掩黄沙。（鼓一通）

（判）丞相，这一桩却去不得。（曹）俺醉了，要睡了。（打盹介）（判）手下采将下去，与他一百铁鞭，再从头做起。（曹慌介，云）我醒我醒。（判）你才省得哩。（祢唱）

【幺】哎，我的根儿也没大兜搭[14]，都则为文字儿奇拔，气概儿豪达，拜帖儿长拿，没处儿投纳。绣斧金挝，东阁西华[15]，世不曾挂齿沾牙。唉，那孔北海没来由也！说有些缘法，送在他家。井底虾蟆，也一言不洽，怒气相加。早难道投机少话，因此上暗藏刀，把我送与黄江夏。又逢着鹦鹉撩咱，彩毫端满纸高声价。竞躬身持觞劝酒，俺掷笔还未了杯茶。（鼓一通）

（判）这祸从这上头起，咳，仔细《鹦鹉赋》害事！（祢唱）

【青哥儿】日影移窗棂，窗棂一罅[16]，赋草掷金声[17]，金声一下。黄祖的心肠太狠辣，陡起鳞甲[18]，放出槎枒。香怕风刮，粉怪娼搽，士忌才华，女妒娇娃，昨日菩萨，顷刻罗刹[19]。哎，可怜俺祢衡的头呵！似秋尽壶瓜，断藤无计再生发，霜檐挂。（鼓一通）

（判）这贼原来这么巧弄了这生。（曹）大人，这也听他不得，俺前日也是屈招的。（判）这般说，这生的头也是自家掉下来的。（曹）祢的爷，饶了罢么！（判）还要这等虚小心，手下铁鞭在那里？（曹慌作怒介）狂生，俺也有好处来。俺下令求贤，让还三州县，也埋没了俺。（祢唱）

【寄生草】你狠求贤为自家，让三州值什么。大缸中去几粒芝麻吧，馋猫哭一会慈悲诈，饥鹰饶半截肝肠挂，凶屠放片刻猪羊假。你如今还要哄谁人，就还魂改不过精油滑。（鼓一通）

（判）痛快，痛快，大杯来一杯，先生尽着说。（祢唱）

【葫芦草混】你害生灵呵，有百万来的还添上七八。杀公卿呵，那里查？借廒仓的大斗来斛芝麻[20]。恶心肝生就在刀枪上挂，狠规模描不出丹青的画，狡机关我也拈不尽仓猝里骂。曹操，你怎生不再来牵犬上东门[21]，闲听唳鹤华亭坝[22]？却出乖弄丑，带锁披枷。（鼓一通）

（判）老瞒，就教你自家处此，也饶自家不过了。先生尽着说。（祢唱）

【赚煞】你造铜雀要锁二乔，谁想道梦巫峡羞杀，靠赤壁那火烧一把。你临死时和那些歪刺们话离别[23]，又卖履分香待怎么？亏你不害羞，初一十五教望着西陵月月的哭他。不想这些歪剌们呵，带衣麻就搂别家。曹操，你自说么，且休提你一世的贤达，只临了这一桩呵，也该几管笔题跋。咳，俺且饶你吧，争奈我《渔阳三弄》的鼓槌儿乏。

（末扮阎罗、鬼使上）手下，快把曹操等收监。（鬼）禀上老爹，玉帝差人召祢先生。殿主爷说刻限甚急，教老爹这里径自厚赀远饯，记在殿主爷的支应簿上。爷呵会勘事忙，不得亲送，教老爹爹上复先生，他日朝天，自当谢过。（判）知道了，你自去回话。（鬼应下）（判）叫掌簿的，快备第一号的金帛，与饯送果酒伺候。（内应介）（小生扮童，旦扮女，捧书节上云）汉阳江草摇春日，天帝亲闻鹦鹉笔；可知昨夜玉楼成，不用陇西李长吉。咱两人奉玉帝符命，到此召请祢衡，不免径入宣旨。那一个是第五殿判官？（判跪介）（二使）玉帝有旨，召祢衡先生，你请他过来，待俺好宣旨。（祢同判跪，二使付书介）祢先生，上帝有旨召你，你可受了这符册自看，临到却要拜还。就此起行，不得有违时刻。（童唱）

【耍孩儿】文章自古真无价，动天廷玉皇亲迓。飞凫降鹤踏红霞，请先生即便登遐[24]。修葺了旧衔螭首黄金阁，准办着新鲊麟羔白玉叉，倒琼浆三奏钧天罢。校书郎侍玉京香案，支机女倚银汉仙槎。（内作细乐）（女唱）

【三煞】祢先生，你挟鸿名懒去投，赋鹦哥点不加，文光直透俺三台下。奇禽瑞兽虽嘉兆，倚马雕龙却祸芽。祢先生，谁似你这般前凶后吉？这好花样谁能揭，待枣儿甜口，已橄榄酸牙。（祢唱）

【二煞】向天门渐不遥，辞地主痛愈加，几时再得陪清话？叹风波满狱君为主，已后呵。倘裘马朝天我即家。小生有一句说话。（判）愿闻。（祢）大包容饶了曹瞒吧。（判）这个可凭下官不得。（祢）我想眼前业景[25]，尽雨后春花。（判唱）

【一煞】谅先生本泰山[26]，如电目一似瞎。俺此后呵，扫清斋图一幅尊容挂。你那里飞仙作队游春圃，俺这里押鬼成群闹晚衙。怎再得邀文驾，又一件，倘三彭诬枉[27]，望一笔涂抹。

这里已到阴阳交界之处，下官不敢越境再送。（祢）就请回。（判）俺殿主有薄贶[28]，令下官奉上，伏望俯纳。下官自有一个小果酒，也要仰屈三杯，表一向侍教的薄意。（祢）小生叨向天廷[29]，要贶物何用？仰烦带回。多多拜上殿主，携榼该领[30]，却不敢稽留天使。（判）这等就此拜别了。（各磕头共唱）

【尾】自古道胜读十年书，与君一席话，提醒人多因指驴说马。方信道曼倩诙谐不是耍[31]。（祢下）（判白）

看了这祢正平渔阳三弄，
笑得我察判官眼睛一缝。
若没有狠阎罗刑法千条，
都只道曹丞相神仙八洞。
（下）

①对讦（jié）：对质，对证。 ②踢弄乾坤，提大傀儡：意谓如同玩木偶一般随意摆弄。③鞫（jū）问：审问犯人。 ④“驴膘子朝东”二句：浙东民谚，表示各人要守本分，下面祢衡答语，表示要与曹操对抗之意。 ⑤登楼罢：意谓避乱与怀才不遇。暗用王粲登楼的典故。⑥挝（zhuā）：敲打。 ⑦鲊（zhǎ）：腌鱼。 ⑧歪剌：不能食的臭东西。 ⑨苘（qǐng）麻：

一种粗麻布。 ⑩几乎：这里是几乎遭毒手的意思。 ⑪胯：革带上的饰物，依品级不同而有别。 ⑫乌悲词：即火不思，一种类似琵琶的乐器。 ⑬碜（chěn）可可：实在在。血唬零喇：血肉模糊。 ⑭兜搭：难对付，纠缠。 ⑮绣斧金挝，东阁西华：代指达官权要。 ⑯“白影”二句:写自己作赋敏捷，时间很短。 ⑰赋草掷金声：指祢衡称自己所作的《鹦鹉赋》极为精美。 ⑱鳞甲：与下句中的“槎枒”都指恶狠心肠。 ⑲罗刹：恶鬼。源自梵语。 ⑳廒（áo）仓：国家粮库。 ㉑牵犬上东门：《史记·李斯传》载，李斯临刑时对儿子说：“吾与若复牵黄犬，出上蔡东门逐狡兔，岂可得乎?” ㉒唳鹤华亭：《晋书·陆机传》载，陆机遇害前，感叹：“华亭鹤唳，岂可复闻乎?” ㉓歪剌：不正经的女人。 ㉔登遐：上天，成仙。 ㉕业景：即“业影”，指恶业、善业随身如影，为佛教语。 ㉖谅先生本泰山：称赞祢衡宽宏大量。 ㉗三彭：即三尸，道家谓人体内作祟的神。 ㉘赆（jìn）：临别时赠送的礼物。 ㉙叨向天庭：意指无足够的本事而被擢升。 ㉚榼（kē）：盛酒的器皿。 ㉛曼倩：东方朔，字曼倩，汉武帝时人，性诙谐。

《狂鼓史渔阳三弄》是徐渭《四声猿》中的四个短剧之一，写三国时的祢衡在阴间应判官之请，重摄曹操亡魂，再现生前击鼓骂曹的场面，揭示出权奸的狠毒伪善、狡诈阴险，对当权人物扼杀人才、滥杀无辜表示强烈的不满。全剧仅一折，想象翻空出奇，有浪漫主义色彩。曲调流畅自如，唱词本色当行，粗犷激越。有人认为本剧是他为好友沈炼被严嵩迫害至死而作，可备一说。

明祁彪佳《远山堂剧品》：“此千古快谈，吾不知其何以入妙，第觉纸上渊渊有金石声。”

明徐复祚《三家村老委谈》：“余尝读《四声猿》杂剧，其《渔阳三挝》，有为之作也。意气豪侠，如其为人，诚然杰作，然尚在元人藩篱间。”

清姚燮《今乐考证》：“袁中郎宏道云：‘《渔阳三弄》剧语气激越，击壶和筑，同此悲歌。’”

高濂

玉　簪　记

第十六出　弦里传情

（生扮潘必正上，唱）

【懒画眉】月明云淡露华浓，倚枕愁听四壁蛩。伤秋宋玉赋西风。落叶惊残梦，闲步芳尘数落红。

小生看此溶溶夜月，悄悄闲庭。背井离乡，孤衾独枕。好生烦闷。只得在此闲玩片时。不免到白云楼下，散步一番。多少是好。（下）（旦上唱）

【前腔】粉墙花影自重重，帘卷残荷水殿风，抱琴弹向月明中。香袅金猊动，人在蓬莱第几宫。

妙常连日冗冗俗事，未得整此冰弦。今夜月明风静，水殿凉生。不免弹《潇湘水云》一曲[①]，少寄幽情，有何不可。（作弹科）（生上听琴科）（唱）

【前腔】步虚声度许飞琼[②]，乍听还疑别院风。凄凄楚楚那声中。谁家夜月琴三弄，细数离情曲未终。

此是陈姑弹琴，不免到他堂中，细听一番。（旦唱）

【前腔】朱弦声杳恨溶溶，长叹空随几阵风。（生）仙姑弹得好琴！（旦惊科）仙郎何处入帘栊，早是人惊恐。（生）小生得罪了！（旦）莫不是为听云水声寒一曲中。

（生）小生孤枕无眠，步月闲吟。忽听花下琴声嘹呖，清响绝伦，不觉步入到此。（旦）小道亦见月明如洗，夜色新凉，故尔操弄丝桐，少寄岑寂。欲乘此兴，请教一曲如何？（生）小生略知一二，弄斧班门，休笑休笑。（生弹科，吟曰）雉朝雊兮清霜，惨孤飞兮无双，念寡阴兮少阳，怨鳏居兮彷徨。（旦）此曲乃《雉朝飞》也[③]。君方盛年，何故弹此无妻之曲？（生）小生实未有妻。（旦）也不干我事。（生）敢请仙姑，面教一曲。（旦）既听佳音，以清俗耳。何必初学，又乱芳声。（生）休得太谦。（旦）污耳，污耳。（作弹科，吟曰）烟淡淡兮轻云，香靄靄兮桂阴，喜长宵兮孤冷，抱玉琴兮自温。（生）此《广寒游》也。正是仙姑所弹[④]。争奈终朝孤冷，难消遣些儿。（旦）相公，你听我道，（唱）

【朝元歌】《长清短清》[⑤]，那管人离恨？云心水心，有甚闲愁闷？一度春来，一番花褪，怎生上我眉痕。云掩柴门，钟儿磬儿枕上听。柏子坐中焚[⑥]，梅花帐绝尘。果然是冰清玉润。长长短短，有谁评论，怕谁评论？（生唱）

【前腔】更深漏深，独坐谁相问。琴声怨声，两下无凭准。翡翠衾寒，芙蓉月印，三星照人如有心。露冷霜凝，衾儿枕儿谁共温。（旦作怒科）先生出言太狂，屡屡讥讪，莫非春心飘荡，尘念顿起。我就对你姑娘说来[⑦]，看你如何分解！（作背立科）（生）小生信口相嘲，出言颠倒，伏乞海涵！（作跪科）（旦扶科）（生）巫峡恨云深，桃源羞自寻。你是个慈悲方寸，望恕却少年心性、少年心性。

小生就此告辞。肯把心肠铁石坚，（旦背立科）岂无春意恋尘凡。（生）今朝两下轻离别，一夜相思枕上看。（生作下科）（旦）潘相公，花阴深处，仔细行走。（生回转科）借一灯行如何？（旦急闭门科）（生暗云）陈姑十分有情，不免躲在此间，听他说些甚么，便知分晓。（旦）潘郎，（唱）

【前腔】你是个天生后生，曾占风流性。无情有情，只看你笑脸来相问。我也心里聪明，脸儿假狠，口儿里装做硬。待要应承，这羞惭、怎应他那一声。我见了他假惺惺，别了他常挂心。我看这些花阴月影，凄凄冷冷，照他孤另，照奴孤另。

夜深人静，不免抱琴进去安宿则个。此情空满怀，未许人知道。明月照孤帏，泪落知多少。（下）（生）小生在此听了半晌，虽不甚明白，（唱）

【前腔】我想他一声两声，句句含愁恨。我看他人情道情，多是尘凡性。妙常，你一曲琴声，凄清风韵，怎教你断送青春。那更玉软香温，情儿意儿，那些儿不动人。他独自理瑶琴，我独立苍苔冷，分别是西厢形境。（揖科）老天老天！早成就少年秦晋、少年秦晋！（诗）

闲庭看明月，有话和谁说。
榴花解相思，瓣瓣飞红血。
（下）

①潇湘水云：琴曲名，宋末郭沔制，抒写故国之痛和身世之感。 ②“步虚声”句：意谓乐声像仙人许飞琼演奏《步虚词》一样悠扬、缥缈。《乐府解题》：“《步虚词》，道家曲也，备言众仙缥渺轻举之美。” ③雉朝飞：琴曲名，相传战国处士犊沐子，年五十而无妻，因感于野雉双飞而作成此曲。 ④正是：正适合。 ⑤长清短清：琴曲名，见《琴历》。 ⑥柏子：一种香料。 ⑦姑娘：姑母。

此出通过道姑妙常对书生潘必正的若迎若拒之语，生动描摹了妙常对爱情的向往及畏怯害羞的心理。曲辞朴素优美，富于戏剧性和喜剧色彩。

明吕天成《曲品》：“《玉簪》：词多清俊。”

明祁彪佳《远山堂曲品》：“幽欢在女贞观中，境无足取，惟着意填词，摘其字句，可以唾玉生香；而意不能贯词，便如徐文长所云‘锦糊灯笼，玉镶刀口’，讨一毫明快不得矣。”

梁辰鱼

浣　纱　记

第三十出　采　　莲

【丑奴儿令】（净、丑上[①]）（净）秋来胜事知多少，别殿风凉，夹岸荷香，拚取今朝醉一场[②]。（丑）姑苏自古繁华地，臣服遐方，贡献相将[③]，谁似江东国势强。

（净、丑相见介）（丑）臣遭圣恩，略无一报，今进薄物，少伸寸心，见在宫门，未敢擅入。（净）老太宰，怎么生受你[④]，是什么东西？（丑）文笥一百枚[⑤]。（净）怎么要许多？（丑）狐皮五十双。（净）一发多了。（丑）还有自织的葛布十万匹。（净）太宰调谎[⑥]，你家里有多少人，织得许多。（丑）臣有一礼帖，求主公一看。（净）谨具文笥一百枚，狐五十双，葛布十万匹。东海寡君勾践遣下大夫泄庸敬进上吴国大王引意，伏乞鉴纳。（净）太宰，我道你没有，平日悭吝，怎么肯？（丑）伯嚭为主公后宫甚多，夏间腥臊，特遣人与越王说，他令合国妇女连夜织就送来的，这就是我送的一般。我若不说，他怎么有。（净）你常把别人的东西作自己的人事。（丑）主公平日晓得伯嚭做人，的是这等风自己之流，慷他人之慨的。（净）休取笑。越王如此孝顺，要作一书增他封地，东至勾甬，西至槜李，南至姑末，北至平原，聊伸谢意，你道何如？（丑）极好，极好。我出去对泄庸说，教他再拿东西进贡。（下）（净）自从西施入宫，妙舞清歌，朝欢暮乐，不多日，算不得尽了上千遭云雨之情，记不起吃了上万钟合欢之酒。不但姿容娇媚，更兼性格温柔，我这几根老骨头，必定断送在他手里，两日魂灵不知飞在那里去了。昨日分付诸女侍到湖上采莲，想是我的魂灵走在湖上，待我今日去寻了他回来。内侍们，后宫请娘娘出来，到湖上采莲去。（众应介）（旦上）

【念奴娇】丹枫叶染，乍湖光清浅，凉生商素[⑦]。（拜净介）（净）西帝宸游飞翠盖，拥出三千宫女。（众）绛彩娇春，铅华炫昼，占断鸳鸯浦。（旦）若耶缥缈[⑧]，浣纱溪在何处？

（净）美人，你方才梳洗。（旦）大王爷，晚来乘凉困倦，不觉起来迟了。

（净）美人，你记得夜来乘凉的景象么？（旦）记得。

【洞仙歌】冰肌玉骨，自清凉无汗。水殿风来暗香满。一点明月窥人，人未寝，欹枕钗横鬓乱。（净）起来庭户悄无声，时见疏星渡河汉。试问夜如何，夜已三更，金波渡玉绳低转[⑨]。（众）但屈指西风几时来，又不道流年暗中偷换。

（净）美人，昨已分付画船箫鼓，同往湖上采莲去。（众）画船准备多时，专待大王爷、娘娘登舟。（众起鼓发舟介）（旦）妾家越溪有采莲二曲，试为大王歌之。（净）美人生受你。（旦唱）

【古歌一】秋江岸边莲子多，采莲妇儿棹船歌。花房莲实齐戢戢[⑩]，争前竞折歌绿波。恨逢长茎不得藕，断处丝多刺伤手。何时寻伴归去来，水远山长莫回首。

（净）绝妙！拿酒来，我饮一大觥。

【古歌二】（旦）采莲采莲芙蓉衣，秋风起浪凫雁飞。桂棹兰桡下极浦，罗裙玉腕轻摇橹。叶屿花潭一望平，吴歌越吹相思苦。相思苦，不可攀，江南采莲今已暮，海上征夫犹未还。

（净）更妙更妙，我再饮一大觥。

【念奴娇序】（净）澄湖万顷，见花攒锦绣，平铺十里红妆。夹岸风来宛转处，微度衣袂生凉。摇扬，百队兰舟，千群画桨，中流争放采莲舫。（合）惟愿取双双缱绻，长学鸳鸯。

【前腔】（旦）堪赏，波平似掌，见深处缭绕歌声，隐隐齐唱。秀面罗裙认不出，绿叶红花一样。空想，藕断难联，珠圆却碎，无端新刺故牵裳。（合前）

（净）美人，我把荷花比你容貌，那花怎么到得你。

【前腔】相傍，较玉论香，将花方貌，恐花儿惭愧欲深藏。身共影，身共影，谁似根共心双。想像，娇面偎霞，芳心吸露，清波溅处湿裙裆。（合前）

（净作醉介）

【前腔】（旦）堪伤，斜日衔山，寒鸦归渡，淹留犹滞水云乡。风露冷，风露冷，怎耐摧颓莲房。凄凉，共簇心多，分开丝挂，浣纱溪伴在何方。（合前）

（净）我为你又醉了。（旦）大王，浦口风回，山头日落，回船去罢。（净）内侍们传令，去教各船宫女，尽执莲花，送娘娘归馆娃宫去。（众宫女执花行介）

【古轮台】（众）日苍黄，兰桡归去遍船香，秋风吹急寒潮涨。莲歌争唱，况十里回塘，正值月儿初上。（净对旦介）冷眼端相，可憎模样⑪，红裙宜嫁绿衣郎。顿然心痒，恨不得就上牙床。（净作醉介）（旦背净介）颠鸾倒凤，随蜂趁蝶，怎生拦挡。（众）归路暮云长，听空中响，馆娃高处奏笙簧。已到娃宫了，请大王爷、娘娘入宫。

（净）内侍们，连忙引花烛，到洞房中去。（众应介）

【前腔】（众）千行，宛转灯烛辉煌。夹道里罗绮盘旋，笙歌嘹亮，香雾氤氲，处处麝兰飘荡。（净）今夜欢娱，忙投罗帐，看双双被底效鸾凰。肯教轻放，趁良宵恣意颠狂。（做醉众扶介）（旦）残香破玉，蹂红践翠，只得支吾免强。（众）鸳瓦散飞霜，银河朗，娟娟残月下回廊。

【尾声】（净）昏沉醉入洞房，（旦）听野外数声鸡唱，（众）但愿万岁千秋乐未央⑫。

（净）银箭铜壶漏水多。（旦）试看凉月堕红波。

（众）吴歌楚舞欢未毕。（合）东方渐高奈乐何。

①净、丑：净扮吴王夫差，丑扮吴国奸臣伯嚭。 ②拚取：极力求取。 ③相将：相随，接连。 ④生受：劳累，麻烦。 ⑤文笥（sì）：饰有花纹的竹器。 ⑥调谎：说谎。 ⑦商素：秋天。五音中的商属金，色白，配四时为秋，故称秋天为“商素”。 ⑧若耶：若耶溪，在今浙江诸暨。西施为若耶溪边苎罗村人。 ⑨金波：月光。玉绳：星名，玉衡北两星为玉绳。 ⑩戢戢（jí jí）：整齐貌。 ⑪可憎：可爱。 ⑫未央：未尽，无穷。

《浣纱记》以吴越争战为背景，写范蠡与西施的爱情经历。作者着眼于揭示历史

教训，从历史的、政治的高度来探索吴越盛衰，开创了清初如《长生殿》、《桃花扇》等以“借离合之情写兴亡之感”为创作主旨的先河。

《采莲》一出，突出表现西施对故国亲人的眷恋和为迷惑夫差不得不“支吾勉强”的痛苦心情。曲辞清丽婉转，凄楚感人，自然流畅。

浣　纱　记

第四十五出　泛　　湖

（净、丑扮渔翁唱渔歌上）我两人都是太湖中的渔翁，昨日范老爷分付要几个渔船，泊在胥口[①]，想要到湖上去耍子，怎么这时候还不见到来？只得在此伺候。（生上）功成不受上将军，一艇归来笠泽云[②]。载去西施岂无意，恐留倾国更迷君。自家范蠡，辅我弱越，破彼强吴，名遂功成，国安民乐，平生志愿于此毕矣！正当见机祸福之先，脱屣尘埃之外，若少留滞，焉知今日之范蠡，不为昔日之伍胥也。向已告过主公，今当远遁。昨日分付渔船，泊在湖口，专等西施美人到来，即便同行。（旦上）双眉颦处恨匆匆，转眼兴亡一鬘中。若泛扁舟湖上去，不宜重过馆娃宫。相公万福！（生）美人少礼。美人，我本楚人，久作越客，昔遇倾城于溪路，常遭患难于邻邦。自分宿世难逢，谁料今生复合。兹具舟中之花烛，聊结湖上之姻盟。事出匆匆，莫嫌草草。（旦）妾乃白屋寒娥，黄茅下妾。惟冀德配君子，不意苟合吴王。摧残风雨，已破荳蔻之梢；断送韶华，遂折芙蓉之蒂。不堪奉尔中馈[③]，未可充君下陈。（生）我实霄殿金童，卿乃天宫玉女，双遭微谴，两谪人间。故鄙人为奴石室[④]，本是夙缘；芳卿作妾吴宫，实由尘劫。今续百世已断之契，要结三生未了之姻。始离迷途，方归正道。（旦）既蒙恩谊，敢不祗承。但旧家姊妹，久缺音书，晚景椿萱，杳无消耗。欲暂返山中之驾，方相从湖上之舟。未知尊意何如？（生）我已差人前往诸暨[⑤]，令尊令堂，同载舟航，东施北威，并赐金帛。（旦）相公，你既无仇不雪，无恩不报，但有一故人，尚未相酬，君何忘之也？（生）卿但言之。（旦）当初若无溪纱，我与你那有今日。（生）你那纱在何处？（旦）妾朝夕爱护，佩在心胸，君试观之。（生）我的纱也在此。千丛万结乱如堆，曾系吴宫合卺杯；今日两归溪水上，方知一缕是良媒。美人，我和你早早登舟去罢。渔翁那里？（丑、净）相公有何分付？（生）我要下船，过湖口往海上去。（丑、净）不知相公海上要到那一方？若出了海，北风往广东，西风往日本，南风往齐国。今日恰是南风。（生）既是南风，就往齐国去罢！（丑、净）请相公夫人登舟。（生唱）

【北新水令】问扁舟何处恰才归？叹飘流常在万重波里。当日个浪翻千丈急，今日个风息一帆迟。烟景迷离，望不断太湖水。（旦唱）

【南步步娇】忆昔持纱溪边洗，正遇春初霁，芳心不自持。谁料多才，忽然相值。伫立不多时，急忙里便许成佳配。（生唱）

【北雁儿落】谢娘行能谐子女姻，羞杀我未有儿夫气。乱丛丛邦家多苦辛，急攘攘军旅常留滞。（旦唱）

【南沉醉东风】为君家寥寥旦夕，为君家淹淹憔悴。奈彻夜患心疼，奈彻夜患心疼，日高未起，空留下数行珠泪。山深地僻，花飞鸟啼，伤心过处，双双蹙着翠眉。（生唱）

【北得胜令】呀，非是我冷淡了相识，非是我奚落了新知。祇为那国主新遭辱，祇为那夫人尽被羁。奔驰，千里价难相会。栖迟，三年犹未回。（旦唱）

【南忒忒令】你流落他乡未回，我寂寞深山无倚。莺儿燕子，眼望亲成对。谁知道命飘蓬，谁知道命飘蓬，君恰归，妾又行，做浮花浪蕊！（生唱）

【北沽美酒】为邦家轻别离，为邦家轻别离。为国主撇夫妻，割爱分恩送与谁？负娘行心痛悲，望姑苏泪沾臆，望姑苏泪沾臆。（旦唱）

【南好姐姐】路岐，城郭半非。去故国云山千里，残香破玉，颜厚有忸怩。藏深计，迷花恋酒拚沉醉。断送苏台只废基。（生唱）

【北川拨棹】古和今此会稽，古和今此会稽，旧和新一范蠡。谁知道戈挽斜晖⑥，龙起春雷，风卷潮回，地转天随。霎时间驱戎破敌，因此上喜卿卿北归矣。（旦唱）

【南园林好】谢君王将前姻再提，谢伊家把初心不移，谢一缕溪纱相系。谐匹配作良媒，谐匹配作良媒。（生唱）

【北太平令】早离了尘凡浊世，空回首骇弩危机。伴浮鸥溪头沙嘴，学冥鸿寻双逐对。我呵，从今后车儿马儿，好一回辞伊谢伊⑦。呀！趁风帆海天无际。（旦唱）

【南川拨棹】烟波里，傍汀蘋，依岸苇，任飘飘海北天西，任飘飘海北天西！趁人间贤愚是非，跨鲸游，驾鹤飞，跨鲸游，驾鹤飞！（生唱）

【北梅花酒】笑燕秦楚共齐，笑燕秦楚共齐。耀干戈整旌旗，军共马露水泥，兵和将釜中食。酒席间森剑戟，庙堂中坐刀笔⑧，一霎时见凶吉。（旦唱）

【南锦衣香】你看馆娃宫荆榛蔽，响屧廊莓苔翳。可惜剩水残山，断崖高寺，百花深处一僧归。空遗旧迹，走狗斗鸡，想当年僭祭⑨。望郊台凄凉云树⑩，香水鸳鸯去⑪，酒城倾坠⑫。茫茫练渎⑬，无边秋水！（生唱）

【北收江南】呀！看满目兴亡真惨凄，笑吴是何人越是谁？功名到手未嫌迟。从今号子皮⑭，从今号子皮，今来古往，不许外人知。（旦唱）

【南浆水令】采莲泾红芳尽死⑮，越来溪吴歌惨凄⑯。宫中鹿走草萋萋，黍离故墟，过客伤悲。离宫废，谁避暑？琼姬墓冷苍烟蔽⑰。空园滴，空园滴，梧桐夜雨。台城上⑱，台城上，夜乌啼！（生唱）

【北清江引】人生聚散皆如此，莫论兴和废。富贵似浮云，世事如儿戏。唯愿普天下做夫妻，都是咱共你。（合）

尽道梁郎识见无，反编勾践破姑苏。
大明今日归一统，安问当年越与吴。
（同下）

①胥口：太湖靠胥山处。胥山，在江苏吴县西南。 ②笠泽：太湖的别名。 ③中馈：原指妇女在家主持饮食等事，引申为妻室。 ④为奴石室：范蠡曾随越王勾践入吴为奴，在石室养马。 ⑤诸暨：县名。传为西施故乡。 ⑥戈挽斜晖：即鲁阳挥戈。这里指力挽狂澜，改天换地。 ⑦“从今后”二句：意指告别了车马奔波的生活。 ⑧刀笔：这里指刀笔吏。 ⑨僭祭：超越本分的祭祀。 ⑩郊台：天子祭天之台。 ⑪香水溪：在吴宫中，相传是西施洗浴的地方。 ⑫酒城：在鱼城之西，原属吴郡。 ⑬练渎：水名，在江苏吴县西南。⑭子

皮：范蠡归隐后，变姓名，自号鸱夷子皮。 ⑮采莲泾：在今江苏吴县城内。 ⑯越来溪：在今江苏吴县西南，相传越兵由此溪入吴。 ⑰琼姬：吴王之女。 ⑱台城：三国吴的后苑城，在江苏江宁县治北玄武湖侧。

《浣纱记》以范蠡西施泛舟五湖作为结局，既反映了文人功成身退、归隐江湖的浪漫生活理想，又从艺术上打破明戏文传奇大团圆的俗套，令人有耳目一新之感。

本出的十七支曲子生旦轮唱，南北曲相得益彰，叙事、抒情水乳交融，既回顾了吴越兴亡的历程，又抒发了伤今吊古的感慨，意境寥廓悠远，意味深长，引人深思。

明吕天成《曲品》卷上：“《浣纱》罗织富丽，局面甚大，第恨不能谨严。”

无名氏

鸣凤记

第十四出 写 本

【缑山月】（老生扮杨继盛上）天步有乘除[1]，仕路如反掌。豺狼盈帝里，笔剑须诛攘。

【诉衷情】三年宦兴落风尘，事业晓云轻。昨将旧冠重整，义气满乾坤。悲凄楚，羡温生[2]，笑阳城[3]。万言时事，千古高风，一片丹心。

我杨继盛向为谏阻马市，谪贬万里边城，今因仇贼奸谋败露，钦升孤臣为兵部武选司员外郎之职。窃喜不死逆鸾之手，以为万幸。而又转迁如此之速，则自今以往之年，皆圣上再生之身。自今以往之官，皆圣上特赐之恩也。既已感激天恩，敢不舍身图报？且今蜥蜴虽除，虎狼入室。严嵩父子秉政弄权，妒贤嫉能，诛戮上千首相，卖官翻爵，取利下尽锱铢。以刑余为腹心，招群奸为子弟。若不早除贼党，必至大害忠良。向日王宗茂、徐学诗、沈炼等虽尝劾奏，不过止言其贪污而已。若其大逆无道，圣明尚在未知。下官目睹其奸，岂容坐视？今晚就此灯下，草成奏章，明早上渎天听。倘蒙见准，朝野肃清，在此一本也！叫直书屋的，取文房四宝过来。（末持笔砚上）太平无以报，愿上万言书。老爷，四宝在此。点明了灯，你自去罢，不必在此伺候！（生执笔看本介）唉！这贼臣僭窃多端，正所谓："罄南山之竹，书罪无穷；决东海之波，流毒难尽。"这一幅有限奏章，教我如何写得尽吓！

【解三酲】（写介）恨权臣协谋树党，专朝政颠覆乾纲。我写不出他滔天的深罪样，我写不出他欺罔的暗衷肠。（云）他罪恶显著的，那个不晓得？（接唱）我只写他一门六贵同生乱，更兼他四海交通货利场[4]。还思想，毕竟是衷情剀切[5]，面诉君王。（停笔看指介）我这手指，前日已被拶折[6]，终不免有些伤损，才写得数行，就疼痛起来。哎！莫说疼痛，就死也何辞？

【前腔】叹孤臣沟渠誓丧[7]，只为那元恶猖狂。（又写介）我杨继盛虽非谏官，我若不言，更无人言矣。（叹介）（接唱）怪当朝无肯攀庭槛[8]，又谁个敢牵裳[9]。（云）又写得两行，这手指就流血了。且由他！（接唱）我只是一心要展擎天手，管不得十指淋漓血染章。还思想，只须这泪痕血迹，感动君王。（副净扮小鬼上，隐灯下作叫介）（生听介）（云）四面绝无人迹，敢是个鬼儿？（唱）

【太师引】细推详，这是谁作响？（云）我晓得了，是我祖宗的亡灵，恐有祸临，教我不要上这本了。（接唱）心中自忖量，敢是我亡亲垂念？（云）咳！我那祖宗，你只愿子孙做得个忠臣义士！（接唱）须教你万古称扬。（云）大抵覆宗绝嗣，也是一个大数。（接唱）何虑着宗支沦丧？（鬼又叫介）（生）你不要叫了！（接唱）纵然恁哀鸣千状，（云）我此心断不易转！（接唱）怎能阻我笔底锋芒？（云）我就拼得一死！（接唱）也强如李斯夷族赵高亡。（灯下鬼现形介）（生）呀！不惟闻其声，抑且见其形。

【前腔】这是幽冥谁劣像？

（生）你在此现形呵，似叫我封章勿上。（生）你虽然如此！怎当我戆言方壮[10]。（鬼作悲介）（生）你自去罢！休得要在此凄惶！（生）我晓得了，你也不是什么鬼，想是我忠魂游荡？（生）我就死呵！也须做厉鬼颠狂！（生）人生在世，左右一死；生如寄、死谁曰难？须知安金藏剖腹屠肠[11]。（鬼灭灯，下）（生）可恶那鬼儿竟把灯儿打灭了！此际已将三更时分，小厮们俱已睡去，（叫介）小丫鬟，点灯来！（旦扮杨继盛夫人，秉烛上）

【生查子】良人素秉忠，封事频频上[12]。清夜谩涝神，幽闽添悲怆[13]。

（生见介）呀，缘何夫人自家秉烛？（旦）此际已将半夜，丫鬟们俱已睡熟，妾闻相公在此喧嚷，故特秉烛而来。（点灯在台介）（生）呀，夫人！好奇怪！下官方才在此写本，忽听得四面潜作鬼声，少顷，灯下现出一鬼，披发赤身，满面流血，似有悲切之状，竟把灯儿打灭去了。（旦）此事奇怪，恐非吉兆。请问相公，在此写何奏章？（生）此乃国家大事，你问他怎么。（旦）妾闻皋、夔、稷、契，优游无事，谓之良臣。龙逢、比干，因谏而死，谓之忠臣。妾愿相公为良臣，不愿相公为忠臣。（生）夫人，忠良本无二，顾身之遇与不遇耳。皋、夔、稷、契，遭逢尧舜，故得吁咈一堂[14]。设使当龙逢比干之时，敢不竭忠尽谏。（旦）妾闻君子见儿，达人知命。陈平不为王陵之戆，卒至安刘。仁杰不为遂良之直，终能祚唐[15]。王章杀身，忤王凤也。邺侯寄馆，避元载也。况相公职非谏官，事在得已，纵然要做忠臣，养其身以有待，何如？（生）夫人，苟利社稷，死生以之。吕奉先为国而杀董卓，郑虎臣率民而诛似道。匹夫尚然有志，臣子岂容无为。我自草茅韦布之时[16]，常恨不能见用。今见用矣，犹曰彼非吾职而不言，是终无可言之日也。况今言路诸臣，不过杜钦、谷永者流，摭拾浮词以塞责耳[17]。若我坐视，元奸大恶岂能剪除！（旦）呀，察言观色，洞见其衷。相公此本，莫非要劾严老了？（生）然也。（旦）呀，相公吓：妾闻投鼠必忌其器，毁椟恐伤其珠。严老宠固君心，贿通内监，夏太师且受其殃，曾御史并遭其毒。今上既信他大诈若忠，必罪你居下讪上，倘触犯天颜，恐祸有不测。相公请自思省！（生）夫人，难道你还不知我平生心迹么。贪生害义既非烈丈夫，杀身成仁才是奇男子。今日之本，我非侥幸不死，沽名干誉。多将颈血溅地，感悟君心。倘能剪除逆贼，得与夏曾二公报仇，我杨继盛就丧九泉，亦瞑目矣。夫人何必苦口相劝。（旦）相公坚执如此，恐我夫妇死无葬身之地矣。（旦悲介）

【啄木儿】听哀告，说审详，自古道从容就死难。念曾公忠义遭伤，痛夏老元宰受殃。看满朝密张罗雉网，前辈已覆须明鉴，相公，你休得要无益轻生绝大纲。

【前腔】（生唱）夫人，你何须泣，不用伤。论臣道须当扶纲植常。我骂贼舌不愧常山[18]，杀贼鬼何怯睢阳[19]。事君致身当死难，夫人，你休将儿女情萦绊。（生）我大丈夫在世呵，（接唱）也须烈烈轰轰做一场。（旦唱）

【三段子】相公，你此心何壮，砣睁睁铜肝铁肠[20]。我这苦怎当，哭哀哀儿啼女伤。（生接唱）夫人，你譬如杞梁战死沙场上，其妻哀泣长城丧。却不道千载贤愚总归黄壤。（旦唱）

【归朝欢】儿夫的，儿夫的节重义刚，顿忘了终身依仰。今朝后，今朝后未卜存亡，是伊家自贻祸殃，倩谁祈禳。（生接唱）

【尾声】我明朝碎首君前抗。夫人，我死之后——（接唱）将我尸骸暴露休埋葬。（旦）那是为何？（生）古人自以为不能进贤退不肖，既死犹以尸谏。我杨继盛呀！（接唱）须把我义骨忠魂渎上苍。（生）赤心为国进忠言。（旦）相公！你休触天威犯御颜！（生）此去好凭三寸舌，（旦扯介）相公，还是不要上的好！（生）放手！吓，再来不值半文钱。（生下）（旦）阿呀，相公吓！

【哭相思】今宵不听妻言语，来朝只恐祸临身！（旦下）

①天步：天道，暗指朝廷政权。 ②温生：温峤，东晋时人。曾遭王敦忌恨，被贬，后因奏敦谋反，准奏，重新被启用。 ③阳城：唐德宗时谏议大夫。因谏裴延龄奸位而遭贬。 ④四海交通货利场：指四处行贿，唯利是图。 ⑤剀（kǎi）切：切实。 ⑥拶（zǎn）：古代酷刑。用绳穿五根小木棍，套进手指后用力紧收。 ⑦沟渠誓丧：即丧没沟渠也不以为苦。 ⑧攀庭槛：汉成帝时朱云上谏不纳，被推出问斩。朱云紧攀殿上的栏杆不走，成帝因其诚而赦免了他。 ⑨牵裳：三国时曹丕打算迁冀州十万户百姓到河南，侍中劝止不听，便抓住曹丕的衣服再三谏奏，终于劝止。 ⑩戆（zhuàng）言：直言。 ⑪安金藏：唐长安人。曾拿佩刀自剖心胸以明志。 ⑫封事：密封的奏章。 ⑬幽阃（kǔn）：指妻室。 ⑭吁咈一堂：比喻君臣相得。 ⑮祚：延续。 ⑯草茅韦布：住草屋，穿布衣。 ⑰摭拾浮词：找些无关紧要的事说说。 ⑱常山：指唐玄宗时常山太守颜杲卿。他讨伐安禄山被擒，肢解其体犹大骂不止，后被割断舌头而死。 ⑲睢阳：张巡守睢阳时被安禄山所擒，不肯降而被杀。 ⑳矻（kū）睁睁：坚强不屈的样子。

本剧以明代反抗严嵩奸党的政治斗争为主要内容，表现了八位谏臣前赴后继、弘扬正义的感人事迹。本出为杨继盛的个人专传，独白和对白富有表现力。本剧不只是明代第一部全景式展示当代政治斗争的纪实剧，而且在结构上也打破传统的生旦离合模式，代之以一种板块式组合的独特结构，富于创新。

宗臣

报刘一丈书[①]

数千里外，得长者时赐一书，以慰长想[②]，即亦甚幸矣。何至更辱馈遗[③]，则不才益将何以报焉[④]！书中情意甚殷[⑤]，即长者之不忘老父，知老父之念长者深也。

至以“上下相孚，才德称位”语不才[⑥]，则不才有深感焉。夫才德不称，固自知之矣；至于不孚之病，则尤不才为甚。

且今之所谓孚者何哉？日夕策马候权者之门[⑦]，门者故不入[⑧]，则甘言媚词作妇人状[⑨]，袖金以私之[⑩]。即门者持刺入[⑪]，而主者又不即出见。立厩中仆马之间[⑫]，恶气袭衣裾，即饥寒毒热不可忍，不去也。抵暮，则前所受赠金者出，报客曰：“相公倦，谢客矣，客请明日来。”即明日又不敢不来。夜披衣坐，闻鸡鸣即起盥栉[⑬]，走马抵门[⑭]。门者怒曰：“为谁？”则曰：“昨日之客来。”则又怒曰：“何客之勤也？岂有相公此时出见客乎？”客心耻之，强忍而与言曰：“亡奈何矣！姑容我入！”门者又得所赠金，则起而入之。又立向所立厩中。幸主者出，南面召见[⑮]，则惊走匍匐阶下[⑯]。主者曰：“进”，则再拜，故迟不起，起则上所上寿金[⑰]。主者故不受，则固请；主者故固不受，则又固请，然后命吏纳之。则又再拜，又故迟不起。起则五六揖，始出。

出，揖门者曰：“官人幸顾我[⑱]，他日来，幸亡阻我也[⑲]！”门者答揖[⑳]。大喜，奔出。马上遇所交识[㉑]，即扬鞭语曰：“适自相公家来，相公厚我[㉒]，厚我！”且虚言状。即所交识，亦心畏相公厚之矣。相公又稍稍语人曰[㉓]：“某也贤，某也贤！”闻者亦心计交赞之[㉔]。此世所谓上下相孚也，长者谓仆能之乎？

前所谓权门者，自岁时伏腊一刺之外[㉕]，即经年不往也[㉖]。间道经其门，则亦掩耳闭目，跃马疾走过之，若有所追逐者。斯则仆之褊衷哉[㉗]，以此常不见悦于长吏[㉘]，仆则愈益不顾也。每大言曰：“人生有命，吾惟守分而已！”长者闻之，得无厌其为迂乎[㉙]？

乡园多故[㉚]，不能不动客子之愁。至于长者之抱才而困[㉛]，则又令我怆然有感。天之与先生者甚厚，亡论长者不欲轻弃之，即天意亦不欲长者之轻弃之也，幸宁心哉[㉜]！

①选自《宗子相集》。报：答。刘一丈：刘玠，号墀石，是作者之父宗周的至交，排行第一，故称一丈。丈，对长辈的尊称。 ②长想：长久的思念。 ③辱：谦词，犹言承蒙。馈遗（kuì wèi）：赠送礼物。 ④不才：没有才能。用为自称的谦词。 ⑤殷：盛，厚。 ⑥上下相孚，才德称位：言上下级互相信任，才能和品德都适合自己的职位。孚，信任。称

(chèn)，符合，适合。 ⑦策马：驰马。策，鞭打。 ⑧门者：守门的仆人。故不入：故意不进去通报。 ⑨甘言媚词：甜言蜜语，谄媚奉承的话。 ⑩袖金：将银钱藏在袖中。私之：偷偷送给他。 ⑪刺：名帖，谒见的名片。 ⑫厩(jiù)：马棚。 ⑬盥栉(guàn zhì)：洗脸和梳头。 ⑭走马：打马快跑。 ⑮南面：古代以面南而坐为尊位。 ⑯惊走：惶恐地小步快跑。匍匐：手足并用爬行。 ⑰寿金：礼金。古称以金帛奉献于人为寿。这里指贿赂。⑱官人：这里是对守门人的奉承之称。幸顾我：多亏看得起我。 ⑲幸：希望、请求之词。⑳答揖：作揖答礼。 ㉑所交织：交结和认识的人。 ㉒厚我：厚待我，看重我。 ㉓稍稍：偶或，偶尔。 ㉔心计：心里打算。交赞：交口称赞。 ㉕岁时：一年四季。伏腊：夏天的伏日和冬天的腊日，是古代两种祭祀的名称。这里泛指年节时令。 ㉖经年：终年。 ㉗斯则：这便是。褊(biǎn)衷：狭隘的心胸。这里是作者自云性格孤傲、不屑逢迎权贵的反语。㉘长吏：上级官吏。 ㉙得无句：恐怕要讨厌我太迂腐拘泥了吧？得无，恐怕，或许。迂，迂腐，拘泥。 ㉚乡园多故：家乡多变故。 ㉛抱才而困：谓怀才不遇。 ㉜宁心：安心。

这是一篇书信体散文。作者用犀利的笔锋，极其辛辣地讽刺了当时上层社会的污浊与丑恶，揭露和抨击了下谄上骄、贿赂贪赃、腐败透顶的社会风气，像一幅讽刺漫画，具有强烈的讽刺性与批判性。文中出色地运用了哈哈镜式的讽刺漫画笔法，使人物神情逼真，精彩绝伦。

清过商侯《详订古文评注全集》：“写伺候之苦，献媚之劳，得意之状，字字写照传神，直令人不忍见，并不忍闻。看此辈何处生活！”

清吴楚材、吴调侯《古文观止》：“是时严介溪揽权，俱是乞哀昏暮、骄人白日一辈人，摹写其丑形恶态，可为尽情。末说出自己之气骨，两两相较，薰莸不同，清浊异质。有关世教之文。”

近人钱基博《明代文学》：“淋漓喷薄，无复摹秦仿汉之习；而感慨中出诙诡，乃极似太史公《游侠列传叙》、杨恽《报孙会宗书》。”

朱载堉

〔中吕 · 山坡羊〕十不足

逐日奔忙只为饥，才得有食又思衣。置下绫罗身上穿，抬头又嫌房屋低。盖下高楼并大厦，床前缺少美貌妻。娇妻美妾都娶下，又虑出门没马骑。将钱买下高头马，马前马后少跟随。家人招下十数个，有钱没势被人欺。一铨铨到知县位①，又说官小势位卑。一攀攀到阁老位②，每日思想要登基。一日南面坐天下，又想神仙下象棋。洞宾与他把棋下，又问那是上天梯。上天梯子未做下，阎王发牌鬼业催。若非此人大限到③，上到天上还嫌低！

①铨（quán）：封建时代量才授官曰铨。明时吏部有铨选司。 ②阁老：明代以来有大学士，以其入阁办事，尊称阁老，职位相当于丞相。 ③大限：寿数，亦指死期。

这支小令揭露了人性欲壑难填的可笑可憎复又可悲，以反讽的笔调层层递进，语言通俗冷峻，充满了民间智慧。

汤显祖

牡丹亭

第十出 惊 梦

（旦上，唱）

【遶地游】梦回莺啭，乱煞年光遍，人立小庭深院。（贴）炷尽沉烟，抛残绣线，恁今春关情似去年。

【乌夜啼】（旦）晓来望断梅关，宿妆残。（贴）你侧着宜春髻子，恰凭阑。（旦）翦不断，理还乱，闷无端。（贴）已分咐催花莺燕，借春看。（旦）春香，可曾叫人扫除花径？（贴）分付了。（旦）取镜台衣服来。（贴取镜台衣服上）云髻罢梳还对镜，罗衣欲换更添香。镜台衣服在此。（旦唱）

【步步娇】袅晴丝吹来闲庭院，摇漾春如线。停半晌整花钿，没揣菱花[1]，偷人半面，迤逗的彩云偏。（行介）步香闺怎便把全身现？（贴）今日穿插的好。（旦唱）

【醉扶归】你道翠生生出落的裙衫儿茜，艳晶晶花簪八宝填，可知我常一生儿爱好是天然，恰三春好处无人见。不提防沉鱼落雁鸟惊喧，则怕的羞花闭月花愁颤。

（贴）早茶时了，请行。（行介）你看：画廊金粉半零星，池馆苍苔一片青。踏草怕泥新绣袜，惜花疼煞小金铃[2]。（旦）不到园林，怎知春色如许？（唱）

【皂罗袍】原来姹紫嫣红开遍，似这般都付与断井颓垣。良辰美景奈何天，赏心乐事谁家院。恁般景致，我老爷和奶奶再不提起。（合）朝飞暮卷，云霞翠轩；雨丝风片，烟波画船。锦屏人忒看的这韶光贱。

（贴）是花都放了，那牡丹还早。（旦唱）

【好姐姐】遍青山啼红了杜鹃，荼蘼外烟丝醉软。春香呵，牡丹虽好，他春归怎占的先？（贴）成对儿莺燕呵。（合）闲凝眄，生生燕语明如剪，呖呖莺歌溜的圆。

（旦）去罢。（贴）这园子委是观之不足也。（旦）提他怎的？（行介，唱）

【隔尾】观之不足由他缱，便赏遍了十二亭台是枉然，到不如兴尽回家闲过遣。

（作到介）（贴）开我西阁门，展我东阁床。瓶插映山紫，炉添沉水香。小姐，你歇息片时，俺瞧老夫人去也。（下）（旦叹介）默地游春转，小试宜春面。春呵，得和你两留连，春去如何遣？咳！恁般天气，好困人也。春香那里？（左右瞧介）（又低首沉吟介）天呵！春色恼人，信有之乎？常观诗词乐府，古之女子，因春感情，遇秋成恨，诚不谬矣。吾今年已二八，未逢折桂之夫；忽慕春情，怎得蟾宫之客？昔日韩夫人得遇于郎，张生偶逢崔氏，曾有《题红记》、《崔徽传》二书[3]。此佳人才子，前以密约偷期，后皆得成秦晋。（长叹介）吾生于宦族，长在名门，年已及笄，不得早成佳配，诚为虚度青春。光阴如过隙耳，（泪介）可惜妾身颜色如花，岂料命如一叶乎！（唱）

【山坡羊】没乱里春情难遣，蓦地里怀人幽怨。则为俺生小婵娟，拣名门一例一例里神仙眷，甚良缘把青春抛的远！俺的睡情谁见？则索因循腼腆[4]，想幽梦谁边，和春光暗流转。迁延[5]、这衷怀那处言？淹煎，泼残生除问天。

身子困乏了，且自隐几而眠[6]。（睡介）（梦生介）（生持柳枝上）莺逢日暖歌声滑，人遇风情笑口开。一径落花随水入，今朝阮肇到天台。小生顺路儿跟着杜小姐回来，怎生不见？（回看介）呀！小姐，小姐。（旦作惊起相见介）（生）小生那一处不寻访小姐来，却在这里。（旦作斜视不语介）（生）恰好花园内折取垂柳半枝，姐姐，你既淹通书史，可作诗以赏此柳枝乎？（旦作惊喜，欲言又止介）（背云）这生素昧平生，何因到此？（生笑介）小姐，咱爱杀你哩。（唱）

【山桃红】则为你如花美眷，似水流年。是答儿闲寻遍[7]，在幽闺自怜。小姐，和你那答儿讲话去。（旦作含笑不行）（生作牵衣介）（旦低问介）那边去？（生）转过这芍药栏前，紧靠着湖山石边。（旦低问）秀才，去怎的？（生低答）和你把领扣松，衣带宽，袖梢儿揾着牙儿苫也，则待你忍耐温存一晌眠。（旦作羞）（生前抱）（旦推介）（合）是那处曾相见，相看俨然，早难道这好处相逢无一言。

（生强抱旦下）

（末扮花神束发冠、红衣插花上）催花御史惜花天，检点春工又一年。蘸客伤心红雨下，勾人悬梦彩云边。吾乃掌管南安府后花园花神是也。因杜知府小姐丽娘，与柳梦梅秀才，后日有姻缘之分。杜小姐游春感伤，致使柳秀才入梦。咱花神专掌惜玉怜香，竟来保护他，要他云雨十分欢幸也。（唱）

【鲍老催】单则是混阳蒸变，看他似虫儿般蠢动把风情搧，一般儿娇凝翠绽魂儿颤[8]。这是景上缘，想内成，因中见[9]。呀！淫邪展污了花台殿。咱待拈片落花儿惊醒他。（向鬼门丢花介[10]）他梦酣春透了怎留连？拈花闪碎的红如片。

秀才，才到得半梦儿，梦毕之时，好送杜小姐仍归香阁。吾神去也。（下）

（生旦携手上）（生唱）

【山桃红】这一霎天留人便，草藉花眠。（白）小姐可好？（旦低头介）（生）则把云鬟点，红松翠偏。小姐，休忘了呵，见了你紧相偎，慢厮连，恨不得肉儿般团成片也。逗的个日下胭脂雨上鲜。（旦）秀才，你可去呵？（合）是那处曾相见，相看俨然，早难道这好处相逢无一言。

（生）姐姐，你身子乏了，将息将息。（送旦依前作睡介）（轻拍旦介）姐姐，俺去了。（作回顾介）姐姐，你可十分将息，我再来瞧你那。行来春色三分雨，睡去巫山一片云。（下）（旦作惊醒，低叫介）秀才，秀才，你去了也。（又作痴睡介）（老旦上）夫婿坐黄堂，娇娃立绣窗。怪他裙衩上，花鸟绣双双。孩儿，孩儿，你为甚瞌睡在此？（旦作醒，叫秀才介）咳也！（老旦）孩儿怎的来？（旦作惊起介）奶奶到此。（老旦）我儿何不做些针指，或观玩书史，舒展情怀？因何昼寝于此？（旦）孩儿适花园中闲玩，忽值春暄恼人，故此回房。无可消遣，不觉困倦少息。有失迎接，望母亲恕儿之罪！（老旦）孩儿，这后花园中冷静，少去闲行。（旦）领母亲严命。（老旦）孩儿，学堂看书去。（旦）先生不在，且自消停。（老旦叹介）女孩儿家长成，自有许多情态，且自由他。正是：宛转随儿女，辛勤做老娘。（下）（旦长叹介）（看老旦下介）哎也，天那！今日杜丽娘有些侥幸也。偶到后花园中，百花开遍，睹景伤情。没兴而回，昼眠香阁。忽见一生，年可弱冠，丰姿俊妍。于园中折得柳丝一枝，笑对奴家说："姐姐既淹通书史，何不将柳枝题赏一篇？"那时待要应他一声，心中自忖，素昧平生，不知名姓，何得轻与交言。正如此想间，只见那生向前说了几句伤心话儿，将奴搂抱去牡丹亭畔，芍药栏边，共成云雨之欢。两情和合，真个是千般爱惜，万种温存。欢毕之时，又送我睡眠，几声将息。正待自送那生出门，忽值母亲来到，唤醒将来。我一身冷汗，乃是南柯一梦。忙身参礼母亲，又被母亲絮了许多闲话。奴家口虽无言答应，心内思想梦中之事，何曾放怀？行坐不宁，自觉如有所失。娘呵，你叫我学堂看书，知他看那一种书消闷也？（作掩泪介）（唱）

【绵搭絮】雨香云片，才到梦儿边。无奈高堂，唤醒纱窗睡不便。泼新鲜，冷汗黏煎。闪的俺心悠步亸⑪，意软鬟偏。不争多费尽神情⑫，坐起谁忺则待去眠⑬。

（贴上）晚妆销粉印，春润费香篝。小姐，熏了被窝睡罢。（旦唱）

【尾声】困春心，游赏倦，也不索香熏绣被眠。天呵，有心情那梦儿还去不远。

春望逍遥出画堂，闲梅遮柳不胜芳。
可知刘阮逢人处，回首东风一断肠。
（同下）

①没揣：不意，蓦然。 ②惜花疼煞小金铃：《开元天宝遗事》："天宝初，宁王…… 于后园中纫红丝为绳，密缀金铃，系于花梢之上。每有乌鹊翔集，则令园吏掣铃索以惊之。盖惜花故也。" ③崔徽传：疑为《莺莺传》或《西厢记》之误，《崔徽传》写士子裴敬中与妓女崔徽的爱情故事。 ④则索：只得。 ⑤迁延：时光缓缓流逝。 ⑥隐几：凭靠着几案。 ⑦是答儿：是处，到处。 ⑧"单则是"三句：从花神眼中形容杜丽娘与柳梦梅的梦中幽会。 ⑨"景上缘"三句：佛家说法，喻这姻缘仅是一梦幻。 ⑩鬼门：又称古门，旧戏舞台上演员上下场的门。 ⑪步亸（duǒ）：脚步歪斜。亸，偏斜。 ⑫不争多：差不多，几乎。 ⑬坐起谁忺（xiān）：意指不论坐起，都不适意。忺，惬意。

《惊梦》是《牡丹亭》最具代表性的一出。春日的园林勾起杜丽娘的伤春情怀，情思亦由此而生，因自然涌发的生命冲动而得以与柳梦梅梦中恣一时之欢。语言艳丽而精雅，生动地展示了杜丽娘被压抑的生命渴望。

明王骥德《曲律》："《还魂》'二梦'，如新出小旦，妖冶风流，令人魂消肠断，第未免有误字错步。"

清李渔《闲情偶寄》："即汤若士《还魂》一剧，世以配飨元人，宜也。问其精华所在，则以'惊梦'、'寻梦'二折对。"

邯郸记

第二十五出 召 还

（丑司户官上，唱）

【赵皮鞋】出身原在国儿监，趁食求官口带馋。蛇羹蚌酱饱腌臜，海外的官箴过得碱[①]。

小子崖州司户，真当海外天子。长梦做个高官，忽然半夜起水[②]。好笑，好笑，一个司户官儿，怎能巴到尚书阁老地位？不想天吊下一个卢尚书来此安置，长说他与朝廷相知，还有钦取之日，小子因此再也不难为他。谁想上头没有他的路。昨日接了当朝宇文丞相密旨，说他最恨的是卢尚书，叫我结果了他的性命，许我钦取还朝，不次重用。思想起来，八品官做下这场方便事，付了钦取，有甚不好？今早缺官署印，卢生可来参见也。（生上，唱）

【步蟾宫】吃尽了南州青橄榄，似忠臣苦带余甘。三年憔悴甚江潭，有百十倍的带围清减。

俺卢生有罪，流配此州。州无正官，便是司户官儿署掌，也不免过去见他。（见介）司户先生拜揖，请了。（丑恼介）呀，你是何人？（生）长在此相见的卢生。（丑）你不说是卢生罢，卢生流配之人，目今掌印，便是你收管衙门，不应得你叩头站立伺候？叫我一声司户，就请了去。好打，好打！（生）谁敢？（丑）便叫牢子打哩。（众拖生打介）（生）有何罪过呵？（丑）还不知罪！（唱）

【红衲袄】打你个老头皮不向我门下参，打你个硬骹儿不向我庭下站[③]。打你个蠢流民尽着嘍[④]，打你个暗通番该万斩。（生）宇文融可恨，可恨！（丑）宇文相公甚么样好人，你也骂他，打你个骂当朝一古子的谈。（生）不要哩，朝廷有用我之时。（丑）打你个仗当今一块子的胆。（生笑介）（丑）打的你皮开肉绽还气岩岩也。打了呵，还待火烙你头皮铁寸嵌。（生唱）

【前腔】我分的大朝家辩谄谗[⑤]，怎到你小官司行对勘？则道住的是狗排栏身自耽，谁想过了鬼门关刑较惨？罢了，罢了！既在矮檐下，怎敢不低头？扑着口三千段，朝家事一谜的缄；抢着头十二分，你本官前再不敢。你打的我血淋侵达喇的痛馋馋也，怎再领得起你那十指钻钳泼火燂[⑥]？（铁钳生头、火烙生足介）（使臣带将官捧朝服上，唱）

【缕缕金】将雨露，洒烟岚。皇宣催请急，旧新参。一点三台路，海风吹暗。堂堂天使此停骖，过来的鬼门站。

（内上报介）天使到来，钦取宰相回朝。（丑惊喜介）我的宇文老爷，小官还不曾替你干的事，就蒙你钦取我拜相回朝，领戴，领戴！且把老头儿监候。（作接使臣不跪）（使问介）是甚么官儿，不跪？（丑）天使来取司户回朝拜相，体面不跪。（使）咄！快起去，卢老爷那里？（丑慌取生出介）（使）卢老先生憔悴至此！有钦赐朝服。（生更衣）（丑慌介）（使读诏介）皇帝诏曰：咨尔前征西节度使兵部尚书卢生，以朕一时不明，陷汝三年边障。宇文融今已伏诛，赐汝定西侯爵邑如故。钦取还朝，尊为上相，兼掌兵权。马头所到，先斩后奏。钦哉！谢恩。（使见介）敢问老先生到此多年了！（生唱）

【红芍药】有三年不到朝参，云阳市别了妻男。侥幸煞天恩免囚槛，日南珠满泪盘。沾襂，受尽热和咸，才记起风清河淡。（合）喜重归相府潭潭，有的这青天湛湛。

（丑自绑上，请罪介）那里知朝廷真有用他之时？宇文公，宇文公，弄得我没上没下的，只得前去请死。（见介）司户小人，有眼不识泰山，绑缚阶前，合当万死。（生笑介）起来，此亦世情之常耳。（唱）

【红衫儿】是则是世间人都扯淡。有的闲窥瞰，也着些儿肚子包含。都不计较你了。自羞惭，把你那絮叨叨口业都除忏。（丑）老爷纵饶狗命，狗心不稳，颠倒号令施行了罢[7]。（生笑介）疑惑我后来么？大人家说过了无欺蘸，头直上青天监。

（丑叩头介）天大肚子的老爷，叩头，千岁千千岁！（生）君命召，就此起行了。（黑鬼三人上[8]）黑鬼们来送老爷。（生）劳苦你三年了。（唱）

【会河阳】地折底走过琼、崖、万、儋。谢你鬼门关口来相探。（丑）地方要起老爷生祠，千年万载。（生）要立生祠，立在他狗排栏之上，生受他留我住站。我魂梦游海南，把名字他硐房嵌[9]。司户，我去后好看觑黑鬼，要他黑爷儿稳着那樵歌担；疍夫妻稳着那鱼船缆[10]。

我去也。（行介，唱）

【红绣鞋】皇宣一纸鸾缄，鸾缄；车尘马足趁趯[11]，趁趯。笑奸贪，枉愚滥。把时情憾，皇恩感。乌头蘸，旧朝簪[12]；乌头蘸，旧朝簪。

【尾声】谗痕妒迹无沾嵌，向凤凰池洗净征衫。今后呵，海外山川长则是画屏风边际览。

海外流人去，朝中宰相归。
举头红日近，回首白云低。
（同下）

①碱：《六书故》："刮碱煎炼，其味最下。"这里借指生活的困苦。 ②起水：发迹，粤西一带俗语。 ③骹（qiāo）：胫部近足处较细部分。 ④喽：一作"啉"，痴呆意。 ⑤分：本分。 ⑥燂（xín）：烤烙。 ⑦颠倒：倒不如。 ⑧黑鬼：指海南樵夫。 ⑨硐房：石室，这里指狗排栏。 ⑩ 疍夫妻：疍民夫妻。疍民，水上居民，以船为家。 ⑪趁趯：形容随从的跟车奔跑。 ⑫"乌头蘸"二句：意思是未老就回朝做官。

《邯郸记》围绕卢生梦中一生的遭际，以冷峻的笔调刻画了高层政治的痼疾，士大夫的心态、人情的险恶，也一并暴露无遗。曲文简练纯净，顺畅老辣。此出正是具代表性的一出，入木三分地刻画了一个卑劣的小吏形象。

明吕天成《曲品》："《邯郸梦》：穷士得意，兴尽可仙。先生提醒普天下措大，功德不浅。即梦中苦乐之致，犹令观者神摇，莫能自主。"

袁宏道

满井游记①

燕地寒②，花朝节后③，余寒犹厉。冻风时作④，作则飞沙走砾。局促一室之内⑤，欲出不得。每冒风驰行⑥，未百步辄返。

廿二日天稍和⑦，偕数友出东直⑧，至满井。高柳夹堤，土膏微润⑨，一望空阔，若脱笼之鹄。于时冰皮始解，波色乍明，鳞浪层层⑩，清澈见底，晶晶然如镜之新开而冷光乍出于匣也⑪。山峦为晴雪所洗，娟然如拭⑫，鲜妍明媚，如倩女之靧面而髻鬟之始掠也⑬。柳条将舒未舒，柔梢披风⑭，麦田浅鬣寸许⑮。游人虽未盛，泉而茗者⑯，罍而歌者⑰，红装而蹇者⑱，亦时时有。风力虽尚劲，然徒步则汗出浃背。凡曝沙之鸟⑲，呷浪之鳞⑳，悠然自得，毛羽鳞鬣之间㉑，皆有喜气。始知郊田之外，未始无春㉒，而城居者未之知也。夫能不以游堕事㉓，而潇然于山石草木之间者㉔，惟此官也㉕。而此地适与余近，余之游将自此始，恶能无纪㉖？己亥之二月也㉗。

①选自《袁中郎全集》。满井：地名，在今北京市东北郊。因其地有一古井，井中泉水时常满出而得名。　②燕：古国名，在今河北省北部一带。今北京旧时属燕，故也称燕。　③花朝节：旧俗以农历二月十五日为百花的生日，称为花朝节。　④冻风时作：寒风时起。　⑤局促：狭窄，拘束。这里有困居的意思。　⑥驰行：急走。　⑦天稍和：天气稍好。和，暖和，晴和。　⑧东直：东直门，北京内城东北城门。　⑨土膏：肥沃的土地。　⑩鳞浪：细浪。　⑪晶晶然：明亮的样子。泠（líng）光：清光。匣：指镜匣。　⑫娟然：美好的样子。　⑬倩女：美丽的少女。靧（huì）面：洗脸。掠：用手轻拂。这里指梳理。　⑭柔梢披风：柔嫩的柳梢在风中披散。　⑮浅鬣（liè）：短短的鬃毛。这里喻指低矮的麦苗。　⑯泉而茗者：汲泉水煮茶的人。茗，茶芽，引申为茶的通称。泉、茗在这里均用作动词。　⑰罍（léi）而歌者：边饮酒边唱歌的人。罍，古盛酒器。这里用作动词，意为手中拿着酒杯。　⑱红装而蹇（jiǎn）者：骑驴的盛装女子。蹇，驴。　⑲曝沙：在沙滩上晒太阳。　⑳呷（xiā）浪之鳞：指吞吐水波的鱼。呷，饮吸。　㉑毛羽鳞鬣：鸟的羽毛，鱼的鳞和鳍。　㉒未始：未尝，并非。　㉓堕事：耽误正事。意谓不因事务缠绕而影响游兴。　㉔潇然：悠闲自得，毫无拘束的样子。　㉕此官：作者时任顺天府儒学教授，是个清闲官职。　㉖恶（wū）：何，怎么。纪：通“记”。　㉗己亥：明万历二十七年（1599）。

这是一篇优美的抒情散文。作者从记叙游满井所见的山光水色以及游人的雅兴入手，勾画出一幅情景交融的郊外游春图。笔调明快酣畅，用写意笔法描写风景，于自由洒脱中更见布局之精巧，体现了公安派性情随意流露、不拘俗套的风格。

陆云龙《翠娱阁袁中郎文选》："形容雅倩，顿挫生姿。写景亦如平芜，淡色轻阴，令人意远。"

刘士鏻《增订古今文致》引沈千秋语："满井小小野趣耳，一经中郎描出，水色山光，便似领略不尽。""此先生国学时笔也。蓟门尘土，若为中郎泥去。"

冯梦龙

蒋兴哥重会珍珠衫[1]

仕至千钟非贵，年过七十常稀，浮名身后有谁知？万事空花游戏。休逞少年狂荡，莫贪花酒便宜。脱离烦恼是和非，随分安闲得意。

这首词名为《西江月》，是劝人安分守己，随缘作乐，莫为酒、色、财、气四字，损却精神，亏了行止。求快活时非快活，得便宜处失便宜。说起那四字中，总到不得那“色”字利害。眼是情媒，心为欲种，起手时，牵肠挂肚；过后去，丧魄消魂。假如墙花路柳，偶然适兴，无损于事。若是生心设计，败俗伤风，只图自己一时欢乐，却不顾他人的百年恩义，假如你有娇妻爱妾，别人调戏上了，你心下如何？古人有四句道得好：

人心或可昧，天道不差移。我不淫人妇，人不淫我妻。

看官，则今日我说“珍珠衫”这套词话[2]，可见果报不爽，好教少年子弟做个榜样。

话中单表一人，姓蒋，名德，小字兴哥，乃湖广襄阳府枣阳县人氏。父亲叫做蒋世泽，从小走熟广东，做客买卖。因为丧了妻房罗氏，止遗下这兴哥，年方九岁，别无男女。这蒋世泽割舍不下，又绝不得广东的衣食道路[3]，千思百计，无可奈何，只得带那九岁的孩子同行作伴，就教他学些乖巧。这孩子虽则年小，生得：

眉清目秀，齿白唇红，行步端庄，言辞敏捷。聪明赛过读书家，伶俐不输长大汉。人人唤做粉孩儿，个个羡他无价宝。

蒋世泽怕人妒忌，一路上不说是嫡亲儿子，只说是内侄罗小官人。原来罗家也是走广东的，蒋家只走得一代，罗家到走过三代了。那边客店牙行[4]，都与罗家世代相识，如自己亲眷一般。这蒋世泽做客，起头也还是丈人罗公领他走起的。因罗家近来屡次遭了屈官司，家道消乏，好几年不曾走动。这些客店牙行见了蒋世泽，那一遍不动问罗家消息，好生牵挂。今番见蒋世泽带个孩子到来，问知是罗家小官人，且是生得十分清秀，应对聪明，想着他祖父三辈交情，如今又是第四辈了，那一个不欢喜！

闲话休题。却说蒋兴哥跟随父亲做客，走了几遍，学得伶俐乖巧，生意行中，百般都会，父亲也喜不自胜。何期到一十七岁上，父亲一病身亡，且喜刚在家中，还不做客途之鬼。兴哥哭了一场，免不得揩干泪眼，整理大事。殡殓之外，做些功德超度，自不必说。七七四十九日内，内外宗亲，都来吊孝。本县有个王公，正是兴哥的新岳丈，也来上门祭奠，少不得蒋门亲戚陪侍叙话。中间说起兴哥少年老成，这般大事，亏他独力支持，因话随话间，就有人撺掇道：“王老亲翁，如今令爱也长成了，何不乘凶完配，教他夫妇作伴，也好过日。”王公未肯应承，当日相别去了，众亲戚等安葬事毕，又去撺掇兴哥，兴哥初时也不肯，却被撺掇了几番，自想孤身无伴，只得应允。央原媒人往王家去说，王公只是推辞，说道：“我家也要备些薄薄妆奁，一时如何来得？况且孝未期年，于礼有碍，便要成亲，且待小祥之后再议[5]。”媒人回话，兴哥见他说得正理，也不相强。

光阴如箭，不觉周年已到。兴哥祭过了父亲灵位，换去粗麻衣服，再央媒人王家去说，方才依允。不隔几日，六礼完备，娶了新妇进门。有《西江月》为证：

孝幕翻成红幕，色衣换去麻衣。画楼结彩烛光辉，和卺花筵齐备。那羡妆奁富盛，难求丽色娇妻。今宵云雨足欢娱，来日人称恭喜。

说这新妇是王公最幼之女，小名唤做三大儿，因他是七月七日生的，又唤做三巧儿。王公先前嫁过的两个女儿，都是出色标致的。枣阳县中，人人称羡，造出四句口号，道是：天下妇人多，王家美色寡。有人娶着他，胜似为驸马。常言道：“做买卖不着，只一时；讨老婆不着，是一世。”若干官宦大户人家，单拣门户相当，或是贪他嫁资丰厚，不分皂白，定了亲事。后来娶下一房奇丑的媳妇，十亲九眷面前，出来相见，做公婆的好没意思。又且丈夫心下不喜，未免私房走野[6]。偏是丑妇极会管老公，若是一般见识的，便要反目；若使顾惜体面，让他一两遍，他就做大起来。有此数般不妙，所以蒋世泽闻知王公惯生得好女儿，从小便送过财礼，定下他幼女与儿子为婚。今日娶过门来，果然娇资艳质，说起来，比他两个姐儿加倍标致。正是：

吴宫西子不如，楚国南威难赛[7]。若比水月观音，一样烧香礼拜。

蒋兴哥人才本自齐整，又娶得这房美色的浑家[8]，分明是一对玉人，良工琢就，男欢女爱，比别个夫妻更胜十分。三朝之后，依先换了些浅色衣服，只推制中[9]，不与外事，专在楼上与浑家成双捉对，朝暮取乐。真个行坐不离，梦魂作伴。自古苦日难熬，欢时易过，暑往寒来，早已孝服完满，起灵除孝，不在话下。

兴哥一日间想起父亲存日广东生理，如今担阁三年有余了，那边还放下许多客帐，不曾取得。夜间与浑家商议，欲要去走一遭。浑家初时也答应道该去，后来说到许多路程，恩爱夫妻，何忍分离？不觉两泪交流。兴哥也自割舍不得，两下凄惨一场，又丢开了。如此已非一次。

光阴荏苒，不觉又捱过了二年。那时兴哥决意要行，瞒过了浑家，在外面暗暗收拾行李。拣了个上吉的日期，五日前方对浑家说知，道：“常言‘坐吃山空’，我夫妻两口，也要成家立业，终不然抛了这行衣食道路？如今这二月天气，不寒不暖，不上路更待何时？”浑家料是留他不住了，只得问道：“丈夫此去几时可回？”兴哥道：“我这番出外，甚不得已，好歹一年便回，宁可第二遍多去几时罢了。”浑家指着楼前一棵椿树道：“明年此树发芽，便盼着官人回也。”说罢，泪下如雨。兴哥把衣袖替他揩拭，不觉自己眼泪也挂下来。两下里怨离惜别，分外恩情，一言难尽。

到第五日，夫妇两个啼啼哭哭，说了一夜的说话，索性不睡了。五更时分，兴哥便起身收拾，将祖遗下的珍珠细软，都交付与浑家收管。自己只带得本钱银两、帐目底本及随身衣服、铺陈之类[10]，又有预备下送礼的人事[11]，都装叠得停当。原有两房家人，只带一个后生些的去，留一个老成的在家，听浑家使唤，买办日用。两个婆娘，专管厨下。又有两个丫头，一个叫晴云，一个叫暖雪，专在楼中伏侍，不许远离。分付停当了，对浑家说道："娘子耐心度日。地方轻薄子弟不少，你又生得美貌，莫在门前窥瞰，招风揽火。"浑家道："官人放心，早去早回。"两下掩泪而别。正是：

世上万般哀苦事，无非死别与生离。

兴哥上路，心中只想着浑家，整日的不偢不睬[12]。不一日，到了广东地方，下了客店。这伙旧时相识，都来会面，兴哥送了些人事。排家的治酒接风[13]，一连半月二十日，不得空闲。兴哥在家时，原是淘虚了的身子，一路受些劳碌，到此未免饮食不节，得了个疟疾，一夏不好，秋间转成水痢。每日请医切脉，服药调治，直延到秋尽，方得安痊。把买卖都担阁了，眼见得一年回去不成。正是：只为蝇头微利，抛却鸳被良缘。兴哥虽然想家，到得日久，索性把念头放慢了。

不题兴哥做客之事。且说这里浑家王三巧儿，自从那日丈夫分付了，果然数月之内，目不窥户，足不下楼。光阴似箭，不觉残年将尽，家家户户，闹轰轰的暖火盆[14]，放爆竹，吃合家欢耍子。三巧儿触景伤情，思想丈夫，这一夜好生凄楚！正合古人的四句诗，道是：

腊尽愁难尽，春归人未归。朝来嗔寂寞，不肯试新衣。

明日正月初一日，是个岁朝。晴云、暖雪两个丫头，一力劝主母在前楼去看看街坊景象。原来蒋家住宅前后通连的两带楼房，第一带临着大街，第二带方做卧室，三巧儿闲常只在第二带中坐卧。这一日被丫头们撺掇不过，只得从边厢里走过前楼，分付推开窗子，把帘儿放下，三口儿在帘内观看。这日街坊上好不闹杂！三巧儿道："多少东行西走的人，偏没个卖卦先生在内！若有时，唤他来卜问官人消息也好。"晴云道："今日是岁朝，人人要闲耍的，那个出来卖卦?"暖雪叫道："娘！限在我两个身上，五日内包唤一个来占卦便了。"

到初四日早饭过后，暖雪下楼小解，忽听得街上当当的敲响。响的这件东西，唤做"报君知"，是瞎子卖卦的行头。暖雪等不及解完，慌忙捡了裤腰，跑出门外，叫住了瞎先生。拨转脚头，一口气跑上楼来，报知主母。三巧儿分付，唤在楼下坐启内坐着[15]，讨他课钱，通陈过了[16]，走下楼梯，听他剖断。那瞎先生占成一卦，问是何用。那时厨下两个婆娘，听得热闹，也都跑将来了，替主母传语道："这卦是问行人的。"瞎先生道："可是妻问夫么?"婆娘道："正是。"先生道："青龙治世，财爻发动。若是妻问夫，行人在半途，金帛千箱有，风波一点无。青龙属木，木旺于春，立春前后，已动身了。月尽月初，必然回家，更兼十分财采。"三巧儿叫买办的，把三分银子打发他去，欢天喜地，上楼去了。真所谓"望梅止渴"、"画饼充饥"。

大凡人不做指望，到也不在心上，一做指望，便痴心妄想，时刻难过。三巧儿只为信了卖卦先生之语，一心只想丈夫回来，从此时常走向前楼，在帘内东张西望。

直到二月初旬，椿树抽芽，不见些儿动静。三巧儿思想丈夫临行之约，愈加心慌，一日几遍，向外探望。也是合当有事，遇着这个俊俏后生。正是：有缘千里能相会，无缘对面不相逢。这个俊俏后生是谁？原来不是本地，是徽州新安县人氏，姓陈，名商，小名叫做大喜哥，后来改口呼为大郎。年方二十四岁，且是生得一表人物，虽胜不得宋玉、潘安，也不在两人之下。这大郎也是父母双亡，凑了二三千金本钱，来走襄阳贩籴些米豆之类，每年常走一遍。他下处自在城外，偶然这日进城来，要到大市街汪朝奉典铺中问个家信。那典铺正在蒋家对门，因此经过。你道怎生打扮？头上带一项苏样的百柱鬃帽[17]，身上穿一件鱼肚白的湖纱道袍，又恰好与蒋兴哥平昔穿着相像。三巧儿远远瞧见，只道是他丈夫回了，揭开帘子，定眼而看。陈大郎抬头，望见楼上一个年少的美妇人，目不转睛的，只道心上欢喜了他，也对着楼上丢个眼色。谁知两个都错认了。三巧儿见不是丈夫，羞得两颊通红，忙忙把窗儿拽转，跑在后楼，靠着床沿上坐地，兀自心头突突的跳一个不住。谁知陈大郎的一片精魂，早被妇人眼光儿摄上去了。回到下处，心心念念的放他不下，肚里想道："家中妻子，虽是有些颜色，怎比得妇人一半！欲待通个情款，争奈无门可入。若得谋他一宿，就消花这些本钱[18]，也不枉为人在世。"叹了几口气，忽然想起大市街东巷，有个卖珠子的薛婆，曾与他做过交易。这婆子能言快语，况且日逐串街走巷，那一家不认得，须是与他商议，定有道理。

这一夜番来覆去，勉强过了。次日起个清早，只推有事，讨些凉水梳洗，取了一百两银子，两大锭金子，急急的跑进城来。这叫做：欲求生受用，须下死工夫。陈大郎进城，一径来到大市街东巷，去敲那薛婆的门。薛婆蓬着头，正在天井里拣珠子，听得敲门，一头收过珠包，一头问道："是谁？"才听说出"徽州陈"三字，慌忙开门请进，道："老身未曾梳洗，不敢为礼了。大官人起得好早！有何贵干？"陈大郎道："特特而来，若迟时，怕不相遇。"薛婆道："可是作成老身出脱些珍珠首饰么？"陈大郎道："珠子也要买，还有大买卖作成你。"薛婆道："老身除了这一行货[19]，其余都不熟惯。"陈大郎道："这里可说得话么？"薛婆便把大门关上，请他到小阁儿坐着，问道："大官人有何分付？"大郎见四下无人．便向衣袖里摸出银子，解开布包，摊在桌上，道："这一百两白银，干娘收过了，方才敢说。"婆子不知高低，那里肯受。大郎道："莫非嫌少？"慌忙又取出黄灿灿的两锭金子，也放在桌上，道："这十两金子，一并奉纳。若干娘再不收时，便是故意推调了。今日是我来寻你，非是你来求我。只为这桩大买卖，不是老娘成不得，所以特地相求。便说做不成时，这金银你只管受用。终不然我又来取讨，日后再没相会的时节了？我陈商不是恁般小样的人[20]！"

看官，你说从来做牙婆的那个不贪钱钞[21]？见了这般黄白之物，如何不动火？薛婆当时满脸堆下笑来，便道："大官人休得错怪，老身一生不曾要别人一厘一毫不明不白的钱财。今日既承大官人分付，老身权且留下；若是不能效劳，依旧奉纳。"说罢，将金锭放银包内，一齐包起，叫声："老身大胆了。"拿向卧房中藏过，忙踅出来，道："大官人，老身且不敢称谢，你且说甚么买卖，用着老身之处？"大郎道：

“急切要寻一件救命之宝，是处都无，只大市街上一家人家方有，特央干娘去借借。”婆子笑将起来，道：“又是作怪！老身在这条巷住过二十多年，不曾闻大市街有甚救命之宝。大官人你说，有宝的还是谁家？”大郎道：“敝乡里汪三朝奉典铺对门高楼子内是何人之宅？”婆子想了一回，道：“这是本地蒋兴哥家里，他男子出外做客，一年多了，止有女眷在家。”大郎道：“我这救命之宝，正要问他女眷借借。”便把椅儿掇近了婆子身边，向他诉出心腹，如此如此。婆子听罢，连忙摇首道：“此事大难！蒋兴哥新娶这房娘子，不上四年，夫妻两个如鱼似水，寸步不离。如今没奈何出去了，这小娘子足不下楼，甚是贞节。因兴哥做人有些古怪，容易嗔嫌，老身辈从不曾上他的阶头。连这小娘子面长面短，老身还不认得，如何应承得此事？方才所赐，是老身薄福，受用不成了。”陈大郎听说，慌忙双膝跪下。婆子去扯他时，被他两手拿住衣袖，紧紧按定在椅上，动掸不得。口里说：“我陈商这条性命，都在干娘身上。你是必思量个妙计，作成我入马[22]，救我残生。事成之日，再有白金百两相酬。若是推阻，即今便是个死。”慌得婆子没理会处，连声应道：“是，是！莫要折杀老身，大官人请起，老身有话讲。”陈大郎方才起身，拱手道：“有何妙策，作速见教。”薛婆道：“此事须从容图之，只要成就，莫论岁月。若是限时限日，老身决难奉命。”陈大郎道：“若果然成就，便迟几日何妨。只是计将安出？”薛婆道：“明日不可太早，不可太迟，早饭后，相约在汪三朝奉典铺中相会。大官人可多带银两，只说与老身做买卖，其间自有道理。若是老身这两只脚跨进得蒋家门时，便是大官人的造化。大官人便可急回下处，莫在他门首盘桓，被人识破，误了大事。讨得三分机会，老身自来回复。”陈大郎道：“谨依尊命。”唱了个肥喏[23]，欣然开门而去。正是：未曾灭项兴刘，先见筑坛拜将。

当日无话。到次日，陈大郎穿了一身齐整衣服，取上三四百两银子，放在个大皮匣内，唤小郎背着[24]，跟随到大市街汪家典铺来。瞧见对门楼窗紧闭，料是妇人不在，便与管典的拱了手，讨个木凳儿坐在门前，向东而望。不多时，只见薛婆抱着一个蔑丝箱儿来了。陈大郎唤住，问道：“箱内何物？”薛婆道：“珠宝首饰，大官人可用么？”大郎道：“我正要买。”薛婆进了典铺，与管典的相见了，叫声聒噪，便把箱儿打开。内中有十来包珠子，又有几个小匣儿，都盛着新样簇花点翠的首饰，奇巧动人，光灿夺目。陈大郎拣几吊极粗极白的珠子，和那些簪珥之类，做一堆儿放着，道：“这些我都要了。”婆子便把眼儿瞅着，说道：“大官人要用时尽用，只怕不肯出这样大价钱。”陈大郎已自会意，开了皮匣，把这些银两白华华的，摊做一台，高声的叫道：“有这些银子，难道买你的货不起。”此时邻舍闲汉已自走过七八个人，在铺前站着看了。婆子道：“老身取笑，岂敢小觑大官人。这银两须要仔细，请收过了，只要还得价钱公道便好。”两下一边的讨价多，一边的还钱少，差得天高地远。那讨价的一口不移，这里陈大郎拿着东西，又不放手，又不增添，故意走出屋檐，件件的翻覆认看，言真道假、弹斤估两的在日光中烜耀。惹得一市人都来观看，不住声的有人喝采。婆子乱嚷道：“买便买，不买便罢，只管担阁人则甚！”陈大郎道：“怎么不买？”两个又论了一番价。正是：

只因酬价争钱口，惊动如花似玉人。

王三巧儿听得对门喧嚷，不觉移步前楼，推窗偷看。只见珠光闪烁，宝色辉煌，甚是可爱。又见婆子与客人争价不定，便分付丫鬟去唤那婆子，借他东西看看。晴云领命，走过街去，把薛婆衣袂一扯，道："我家娘请你。"婆子故意问道："是谁家?"晴云道："对门蒋家。"婆子把珍珠之类，劈手夺将过来，忙忙的包了，道："老身没有许多空闲与你歪缠!"陈大郎道："再添些卖了罢。"婆子道："不卖，不卖！像你这样价钱，老身卖去多时了。"一头说，一头放入箱儿里，依先关锁了，抱着便走。晴云道："我替你老人家拿罢。"婆子道："不消。"头也不回，径到对门去了。陈大郎心中暗喜，也收拾银两，别了管典的，自回下处。正是：

眼望捷旌旗，耳听好消息。

晴云引薛婆上楼，与三巧儿相见了。婆子看那妇人，心下想道："真天人也！怪不得陈大郎心迷，若我做男子，也要浑了。"当下说道："老身久闻大娘贤慧，但恨无缘拜识。"三巧儿问道："你老人家尊姓?"婆子道："老身姓薛，只在这里东巷住，与大娘也是个邻里。"三巧儿道："你方才这些东西，如何不卖?"婆子笑道："若不卖时，老身又拿出来怎的? 只笑那下路客人，空自一表人才，不识货物。"说罢便去开了箱儿，取出几件簪珥，递与那妇人看，叫道："大娘，你道这样首饰，便工钱也费多少！他们还得忒不像样，教老身在主人家面前，如何告得许多消乏?"又把几串珠子提将起来，道："这般头号的货，他们还做梦哩。"三巧儿问了他讨价还价，便道："真个亏你些儿。"婆子道："还是大家宝眷，见多识广，比男子汉眼力到胜十倍。"三巧儿唤丫鬟看茶，婆子道："不扰茶了。老身有件要紧的事，欲往西街走走，遇着这个客人，缠了多时，正是：'买卖不成，担误工程。'这箱儿连锁放在这里，权烦大娘收拾。老身暂去，少停就来。"说罢便走。三巧儿叫晴云送他下楼，出门向西去了。

三巧儿心上爱了这几件东西，专等婆子到来酬价，一连五日不至。到第六日午后，忽然下一场大雨。雨声未绝，砰砰的敲门声响。三巧儿唤丫鬟开看，只见薛婆衣衫半湿，提个破伞进来，口儿道："晴干不肯走，直待雨淋头。"把伞儿放在楼梯边，走上楼来万福道："大娘，前晚失信了。"三巧儿慌忙答礼道："这几日在那里去了?"婆子道："小女托赖，新添了个外孙。老身去看看，留住了几日，今早方回。半路上下起雨来，在一个相识人家借得把伞，又是破的，却不是晦气!"三巧儿道："你老人家几个儿女?"婆子道："只一个儿子，完婚过了。女儿到有四个，这是我第四个了，嫁与徽州朱八朝奉做偏房，就在这北门外开盐店的。"三巧儿道："你老人家女儿多，不把来当事了。本乡本土少什么一夫一妇的，怎舍得与异乡人做小?"婆子道："大娘不知，到是异乡人有情怀。虽则偏房，他大娘子只在家里，小女自在店中，呼奴使婢，一般受用。老身每遍去时，他当个尊长看待，更不怠慢。如今养了个儿子，愈加好了。"三巧儿道："也是你老人家造化，嫁得着。"说罢，恰好晴云讨茶上来，两个吃了。婆子道："今日雨天没事，老身大胆，敢求大娘的首饰一看，看些巧样儿在肚里也好。"三巧儿道："也只是平常生活，你老人家莫笑话。"就取一把钥匙，开了箱笼，陆续搬出许多钗、钿、缨络之类。薛婆看了，夸美不尽，道：“大娘有恁般珍异，把老身这几件东西，看不在眼了。”三巧儿道：“好说，我正要与你老人家请个实价。”婆子道：“娘子是识货的，何消老身费嘴？”三巧儿把东西检过，取出薛婆的篾丝箱儿来，放在桌上，将钥匙递与婆子道：“你老人家开了，检看个明白。”婆子道：“大娘忒精细了。”当下开了箱儿，把东西逐件搬出。三巧儿品评价钱，都不甚远。婆子并不争论，欢欢喜喜的道：“恁地，便不枉了人。老身就少赚几贯钱，也是快活的。”三巧儿道：“只是一件，目下凑不起价钱，只好现奉一半。等待我家官人回来，一并清楚，他也只在这几日回了。”婆子道：“便迟几日，也不妨事。只是价钱上相让多了，银水要足纹的。”三巧儿道：“这也小事。”便把心爱的几件首饰及珠子收起，唤晴云取杯见成酒来，与老人家坐坐。婆子道：“造次如何好搅扰？”三巧儿道：“时常清闲，难得你老人家到此作伴扳话。你老人家若不嫌怠慢，时常过来走走。”婆子道：“多谢大娘错爱，老身家里当不过嘈杂，象宅上又忒清闲了。”三巧儿道：“你家儿子做甚生意？”婆子道：“也只是接些珠宝客人，每日的讨酒讨浆，刮的人不耐烦[25]。老身亏杀各宅们走动，在家时少，还好。若只在六尺地上转，怕不燥死了人[26]。”三巧儿道：“我家与你相近，不耐烦时，就过来闲话。”婆子道：“只不敢频频打搅。”三巧儿道：“老人家说那里话。”

只见两个丫鬟轮番的走动，摆了两副杯箸，两碗腊鸡，两碗腊肉，两碗鲜鱼，连果碟素菜，共一十六个碗。婆子道：“如何盛设！”三巧儿道：“见成的，休怪怠慢。”说罢，斟酒递与婆子，婆子将杯回敬，两下对坐而饮。原来三巧儿酒量尽去得，那婆子又是酒壶酒瓮，吃起酒来，一发相投了，只恨会面之晚。那日直吃到傍晚，刚刚雨止，婆子作谢要回。三巧儿又取出大银钟来，劝了几钟。又陪他吃了晚饭。说道：“你老人家再宽坐一时，我将这一半价钱付你去。”婆子道：“天晚了。大娘请自在，不争这一夜儿，明日却来领罢。连这篾丝箱儿，老身也不拿去了，省得路上泥滑滑的不好走。”三巧儿道：“明日专专望你。”婆子作别下楼，取了破伞，出门去了。正是：

世间只有虔婆嘴，哄动多多少少人。

却说陈大郎在下处呆等了几日，并无音信。见这日天雨，料是婆子在家，拖泥带水的进城来问个消息，又不相值。自家在酒肆中吃了三杯，用了些点心，又到薛婆门首打听，只是未回。看看天晚，却待转身，只见婆子一脸春色，脚略斜的走入巷来[27]。陈大郎迎着他，作了揖，问道：“所言如何？”婆子摇手道：“尚早。如今方下种，还没有发芽哩。再隔五六年，开花结果，才到得你口。你莫在此探头探脑，老娘不是管闲事的。”陈大郎见他醉了，只得转去。

次日，婆子买了些时新果子、鲜鸡、鱼、肉之类，唤个厨子安排停当，装做两个盒子，又买一瓮上好的酽酒，央间壁小二挑了，来到蒋家门首。三巧儿这日不见婆子到来，正教晴云开门出来探望，恰好相遇。婆子教小二挑在楼下，先打发他去了。晴云已自报知主母。三巧儿把婆子当个贵客一般，直到楼梯口边迎他上去。婆子千恩万谢的福了一回，便道：“今日老身偶有一杯水酒，将来与大娘消遣。”三巧儿道："到要你老人家赔钞，不当受了。"婆子央两个丫鬟搬将上来，摆做一桌子。三巧儿道："你老人家忒迂阔了，恁般大弄起来[28]。"婆子笑道："小户人家，备不出甚么好东西，只当一茶奉献。"晴云便去取杯箸，暖雪便吹起水火炉来[29]。霎时酒暖，婆子道："今日是老身薄意，还请大娘转坐客位。"三巧儿道："虽然相扰，在寒舍岂有此理？"两下谦让多时，薛婆只得坐了客席。这是第三次相聚，更觉熟分了。饮酒中间，婆子问道："官人出外好多时了，还不回，亏他撇得大娘下。"三巧儿道："便是，说过一年就转，不知怎地担阁了？"婆子道："依老身说，放下了恁般如花似玉的娘子，便博个堆金积玉也不为罕。"婆子又道："大凡走江湖的人，把客当家，把家当客。比如我第四个女婿宋八朝奉，有了小女，朝欢暮乐，那里想家？或三年四年，才回一遍。住不上一两个月，又来了。家中大娘子替他担孤受寡，那晓得他外边之事？"三巧儿道："我家官人到不是这样人。"婆子道："老身只当闲话讲，怎敢将天比地？"当日两个猜谜掷色[30]，吃得酩酊而别。

第三日，同小二来取家火，就领这一半价钱。三巧又留他吃点心。

从此以后，把那一半赊钱为由，只做问兴哥的消息，不时行走，这婆子俐齿伶牙，能言快语，又半痴不颠的惯与丫鬟们打诨，所以上下都欢喜他。三巧儿一日不见他来，便觉寂寞，叫老家人认了薛婆家里，早晚常去请他，所以一发来得勤了。世间有四种人惹他不得，引起了头，再不好绝他。是那四种？游方僧道、乞丐、闲汉[31]、牙婆。上三种人犹可，只有牙婆是穿房入户的，女眷们怕冷静时，十个九个到要扳他来往。今日薛婆本是个不善之人，一般甜言软语，三巧儿遂与他成了至交，时刻少他不得。正是：

画虎画皮难画骨，知人知面不知心。

陈大郎几遍讨个消息，薛婆只回言尚早。其时五月中旬，天渐炎热。婆子在三巧儿面前，偶说起家中蜗窄，又是朝西房子，夏月最不相宜，不比这楼上高厂风凉。三巧儿道："你老人家若撇得家下，到此过夜也好。"婆子道："好是好，只怕官人回来。"三巧儿道："他就回，料道不是半夜三更。"婆子道："大娘不嫌蒿恼，老身惯是掗相知的，只今晚就取铺陈过来，与大娘作伴，何如？"三巧儿道："铺陈尽有，也不须拿得。你老人家回覆家里一声，索性在此过了一夏家去不好？"婆子真个对家里儿子媳妇说了，只带个梳匣儿过来。三巧儿道："你老人家多事，难道我家油梳子也缺了，你又带来怎地？"婆子道："老身一生怕的是同汤洗脸，合具梳头。大娘怕没有精致的梳具，老身如何敢用？其他姐儿们的，老身也怕用得，还是自家带了便当。只是大娘分付在那一门房安歇？"三巧儿指着床前一个小小藤榻儿，道："我预先排下你的卧处了，我两个亲近些，夜间睡不着好讲些闲话。"说罢，检出一项青纱帐来，教婆子自家挂了，又同吃了一会酒，方才歇息。两个丫鬟原在床前打铺相伴，因有了婆子，打发他在间壁房里去睡。

从此为始，婆子日间出去串街做买卖，黑夜便到蒋家歇宿。时常携壶挈榼的殷勤热闹[32]，不一而足。床榻是丁字样铺下的，虽隔着帐子，却象是一头同睡。夜间絮絮叨叨，你问我答，凡街坊秽亵之谈，无所不至。这婆子或时装醉诈风起来，到说起自家少年时偷汉的许多情事，去勾动那妇人的春心。害得那妇人娇滴滴一副嫩脸，红了又白，白了又红。婆子已知妇人心活，只是那话儿不好启齿。

光阴迅速，又到七月初七日了，正是三巧儿的生日。婆子清早备下两盒礼，与他做生。三巧儿称谢了，留他吃面。婆子道："老身今日有些穷忙，晚上来陪大娘，看牛郎织女做亲。"说罢自去了。下得阶头不几步，正遇着陈大郎。路上不好讲话，随到个僻静巷里。陈大郎攒着两眉，埋怨婆子道："干娘，你好慢心肠！春去夏来，如今又立过秋了。你今日也说尚早，明日也说尚早，却不知我度日如年。再延挨几日，他丈夫回来，此事便付东流，却不活活的害死我也！阴司去少不得与你索命。"婆子道："你且莫喉急[33]，老身正要相请，来得恰好。事成不成，只在今晚，须是依我而行。如此如此，这般这般。全要轻轻悄悄，莫带累人。"陈大郎点头道："好计，好计！事成之后，定当厚报。"说罢，欣然而去。正是：

排成窃玉偷香阵，费尽携云握雨心。

却说薛婆约定陈大郎这晚成事。午后细雨微茫，到晚却没有星月。婆子黑暗里引着陈大郎埋伏在左近，自己却去敲门。晴云点个纸灯儿，开门出来。婆子故意把衣袖一摸，说道："失落了一条临清汗巾儿。姐姐，劳你大家寻一寻。"哄得晴云便把灯向街上照去。这里婆子捉个空，招着陈大郎一溜溜进门来，先引他在楼梯背后空处伏着。婆子便叫道："有了，不要寻了。"晴云道："恰好火也没了，我再去点个来照你。"婆子道："走熟的路，不消用火。"两个黑暗里关了门，摸上楼来。三巧儿问道："你没了什么东西？"婆子袖里扯出个小帕儿来，道："就是这个冤家，虽然不值甚钱，是一个北京客人送我的，却不道'礼轻人意重。'"三巧儿取笑道："莫非是你老相交送的表记。"婆子笑道："也差不多。"当夜两个耍笑饮酒。婆子道："酒肴尽多，何不把些赏厨下男女？也教他闹轰轰，象个节夜。"三巧儿真个把四碗菜，两壶酒，分付丫鬟，拿下楼去。那两个婆娘，一个汉子，吃了一回，各去歇息不题。

再说婆子饮酒中间问道："官人如何还不回家？"三巧儿道："便是算来一年半了。"婆子道："牛郎织女，也是一年一会，你比他到多隔了半年。常言道'一品官，二品客'。做客的那一处没有风花雪月？只苦了家中娘子。"三巧儿叹了口气，低头不语。婆子道："是老身多嘴了。今夜牛女佳期，只该饮酒作乐，不该说伤情话儿。"说罢，便斟酒去劝那妇人。约莫半酣，婆子又把酒去劝两个丫鬟，说道："这是牛郎织女的喜酒，劝你多吃几杯，后日嫁个恩爱的老公，寸步不离。"两个丫鬟被缠不过，勉强吃了，各不胜酒力，东倒西歪。三巧儿分付关了楼门，发放他先睡。他两个自在吃酒。

婆子一头吃，口里不住的说啰说皂道："大娘几岁上嫁的？"三巧儿道："十七岁。"婆子道："破得身迟，还不吃亏：我是十三岁上就破了身。"三巧儿道："嫁得恁般早？"婆子道："论起嫁，到是十八岁了。不瞒大娘说，因是在间壁人家学针指，被他家小官人调诱，一时间贪他生得俊俏，就应承与他偷了。初时好不疼痛，两三遍后，就晓得快活。大娘你可也是这般么？"三巧儿只是笑。婆子又道："那话儿到是不晓得滋味的到好，尝过的便丢不下，心坎里时时发痒。日里还好，夜间好难过哩。”三巧儿道：“想你在娘家时阅人多矣，亏你怎生充得黄花女儿嫁去?”婆子道：“我的老娘也晓得些影像，生怕出丑，教我一个童女方，就遮过了。”三巧儿道：“你做女儿时，夜间也少不得独睡。”婆子道：“还记得在娘家时节，哥哥出外，我与嫂嫂一头同睡。”三巧儿道：“两个女人做对，有甚好处?”婆子走过三巧儿那边，挨肩坐了，说道：“大娘，你不知，只要大家知音，一般有趣，也撒得火。”三巧儿举手把婆子肩胛上打一下，说道：“我不信，你说谎。”婆了见他欲心已动，有心去挑拨他，又道：“老身今年五十二岁了，夜间常痴性发作，打熬不过，亏得你少年老成。”三巧儿道：“你老人家打熬不过，终不然还去打汉子[34]?”婆子道：“败花枯柳，如今那个要我了？不瞒大娘说，我也有个自取其乐，救急的法儿。”三巧儿道：“你说谎，又是甚么法儿?”婆子道：“少停到床上睡了，与你细讲。”

说罢，只见一个飞蛾在灯上旋转，婆子便把扇来一扑，故意扑灭了灯，叫声：“阿呀！老身自去点个灯来。”便去开楼门。陈大郎已自走上楼梯，伏在门边多时了。——都是婆子预先设下的圈套。婆子道：“忘带个取灯儿去了[35]。”又走转来，便引着陈大郎到自己榻上伏着。婆子下楼去了一回，复上来道：“夜深了，厨下火种都熄了，怎么处?”三巧儿道：“我点灯睡惯了，黑魆魆地，好不怕人!”婆子道：“老身伴你一床睡何如?”三巧儿正要问他救急的法儿，应道：“甚好。”婆子道：“大娘，你先上床，我关了门就来。”三巧儿先脱了衣服，床上去了，叫道：“你老人家快睡罢。”婆子应道：“就来了。”却在榻上拖陈大郎上来，赤条条的拟在三巧儿床上去。三巧儿摸着身子，道：“你老人家许多年纪，身上恁般光滑!”那人并不回言，钻进被里。那妇人一则多了杯酒，醉眼朦胧；二则被婆子挑拨，春心飘荡，到此不暇致详，凭他轻薄：

> 一个是闺中怀春的少妇，一个是客邸慕色的才郎。一个打熬许久，如文君初遇相如；一个盼望多时，如必正初谐陈女。分明久旱受甘雨，胜过他乡遇故知。

陈大郎是走过风月场的人，颠鸾倒凤，曲尽其趣，弄得妇人魂不附体。云雨毕后，三巧儿方问道：“你是谁?”陈大郎把楼下相逢，如此相慕，如此苦央薛婆用计，细细说了：“今番得遂平生，便死瞑目。”婆子走到床间，说道：“不是老身大胆，一来可怜大娘青春独宿，二来要救陈郎性命。你两个也是宿世姻缘，非干老身之事。”三巧儿道：“事已如此，万一我丈夫知觉，怎么好?”婆子道：“此事你知我知，只买定了晴云、暖雪两个丫头，不许他多嘴，再有谁人漏泄？在老身身上，管成你夜夜欢娱，一些事也没有。只是日后不要忘记了老身。”三巧儿到此，也顾不得许多了，两个又狂荡起来，直到五更鼓绝，天色将明，两个兀自不舍。婆子催促陈大郎起身，送他出门去了。自此无夜不会，或是婆子同来，或是汉子自来。两个丫鬟被婆子甜话儿偎他[36]，又把利害话儿吓他，又教主母赏他几件衣服，汉子到时，不时把些零碎银子赏他们买果儿吃，骗得欢欢喜喜，已自做了一路。夜来明去，一出一入，都是两个丫鬟迎送，全无阻隔。真个是你贪我爱，如胶似漆，胜如夫妇一般。陈大郎有心要结识这妇人，不时的制办好衣服、好首饰送他，又替他还了欠下婆子的一半价钱。又将一百两银子谢了婆子。往来半年有余，这汉子约有千金之费。三巧儿也有三十多两银子东西，送那婆子。婆子只为图这些不义之财，所以肯做牵头[37]。这都不在话下。

古人云："天下无不散的筵席。"

才过十五元宵夜，又是清明三月天。

陈大郎思想蹉跎了多时生意，要得还乡。夜来与妇人说知，两下思深义重，各不相舍。妇人到情愿收拾了些细软，跟随汉子逃走，去做长久夫妻。陈大郎道："使不得。我们相交始末，都在薛婆肚里。就是主人家吕公，见我每夜进城，难道没有些疑惑？况客船上人多，瞒得那个？两个丫鬟又带去不得。你丈夫回来，跟究出情由[38]，怎肯干休？娘子权且耐心，到明年此时，我到此觅个僻静下处，悄悄通个信儿与你，那时两口儿同走，神鬼不觉，却不安稳？"妇人道："万一你明年不来，如何？"陈大郎就设起誓来。妇人道："既然你有真心，奴家也决不相负。你若到了家乡，倘有便人，托他捎个书信到薛婆处，也教奴家放意。"陈大郎道："我自用心，不消分付。"

又过几日，陈大郎雇下船只，装载粮食完备，又来与妇人作别。这一夜倍加眷恋，两下说一会，哭一会，又狂荡一会，整整的一夜不曾合眼。到五更起身，妇人便去开箱，取出一件宝贝，叫做"珍珠衫"，递与陈大郎道："这件衫儿，是蒋门祖传之物，暑天若穿了他，清凉透骨。此去天道渐热，正用得着。奴家把与你做个记念，穿了此衫，就如奴家贴体一般。"陈大郎哭得出声不得，软做一堆。妇人就把衫儿亲手与汉子穿下，叫丫鬟开了门户，亲自送他出门。再三珍重而别。诗曰：

昔年含泪别夫郎，今日悲啼送所欢。
堪恨妇人多水性，招来野鸟胜文鸾。

话分两头。却说陈大郎有了这珍珠衫儿，每日贴体穿着，便夜间脱下，也放在被窝中同睡，寸步不离。一路遇了顺风，不两月行到苏州府枫桥地面。那枫桥是柴米牙行聚处，少不得投个主家脱货，不在话下。

忽一日，赴个同乡人的酒席。席上遇个襄阳客人，生得风流标致。那人非别，正是蒋兴哥。原来兴哥在广东贩了些珍珠、玳瑁、苏木、沉香之类[39]，搭伴起身。那伙同伴商量，都要到苏州发卖。兴哥久闻得"上说天堂，下说苏杭"，好个大马头所在，有心要去走一遍，做这一回买卖，方才回去。还是去年十月中到苏州的。因是隐姓为商，都称为罗小官人，所以陈大郎更不疑惑。他两个萍水相逢，年相若貌相似，谭吐应对之间，彼此敬慕。即席间问了下处，互相拜望，两下遂成知己，不时会面。

兴哥讨完了客帐，欲待起身，走到陈大郎寓所作别，大郎置酒相待，促膝谈心，甚是款洽。此时五月下旬，天气炎热。两个解衣饮酒，陈大郎露出珍珠衫来。兴哥心中骇异，又不好认他的，只夸奖此衫之美。陈大郎恃了相知，便问道："贵县大市街有个蒋兴哥家，罗兄可认得否？"兴哥到也乖巧，回道："在下出外日多，里中虽晓得有这个人，并不相认，陈兄为何问他？"陈大郎道："不瞒兄长说，小弟与他有些瓜葛。”便把三巧儿相好之情，告诉了一遍。扯着衫儿看了，眼泪汪汪道：“此衫是他所赠。兄长此去，小弟有封书信，奉烦一寄，明日侵早送到贵寓。”兴哥口里答应道：“当得，当得。”心下沉吟：“有这等异事！现在珍珠衫为证，不是个虚话了。”当下如针刺肚，推故不饮，急急起身别去。

回到下处，想了又恼，恼了又想，恨不得学个缩地法儿，顷刻到家。连夜收拾，次早便上船要行。只见岸上一个人气吁吁的赶来，却是陈大郎。亲把书信一大包，递与兴哥，叮嘱千万寄去。气得兴哥面如土色，说不得，话不得，死不得，活不得。只等陈大郎去后，把书看时，面上写道：“此书烦寄大市街东巷薛妈妈家。”兴哥性起，一手扯开，却是八尺多长一条桃红绉纱汗巾。又有个纸糊长匣儿，内有羊脂玉凤头簪一根。书上写道：“微物二件，烦干娘转寄心爱娘子三巧儿亲收，聊表记念。相会之期，准在来春。珍重，珍重。”兴哥大怒，把书扯得粉碎，撇在河中；提起玉簪在船板上一掼，折做两段。一念想起道：“我好糊涂！何不留此做个证见也好。”便捡起簪儿和汗巾，做一包收拾，催促开船。

急急的赶到家乡，望见了自家门首，不觉堕下泪来。想起：“当初夫妻何等恩爱，只为我贪着蝇头微利，撇他少年守寡，弄出这场丑来，如今悔之何及！”在路上性急，巴不得赶回。及至到了，心中又苦又恨，行一步，懒一步。进得自家门里，少不得忍住了气，勉强相见。兴哥并无言语，三巧儿自己心虚，觉得满脸惭愧，不敢殷勤上前扳话。兴哥搬完了行李，只说去看看丈人丈母，依旧到船上住了一晚。次早回家，向三巧儿说道：“你的爹娘同时害病，势甚危笃。昨晚我只得住下，看了他一夜。他心中只牵挂着你，欲见一面。我已雇下轿子在门首，你可作速回去，我也随后就来。”三巧儿见丈夫一夜不回，心里正在疑虑；闻说爹娘有病，却认真了，如何不慌？慌忙把箱笼上匙钥递与丈夫，唤个婆娘跟了，上轿而去。兴哥叫住了婆娘，向袖中摸出一封书来，分付他送与王公：“送过书，你便随轿回来。”

却说三巧儿回家，见爹娘双双无恙，吃了一惊。王公见女儿不接而回，也自骇然。在婆子手中接书，拆开看时，却是休书一纸。上写道：“立休书人蒋德，系襄阳府枣阳县人。从幼凭媒聘定王氏为妻。岂期过门之后，本妇多有过失，正合七出之条[40]。因念夫妻之情，不忍明言，情愿退还本宗，听凭改嫁，并无异言，休书是实。成化二年月日，手掌为记。”书中又包着一条桃红汗巾，一技打折的羊脂玉凤头簪。王公看了大惊，叫过女儿问其缘故。三巧儿听说丈夫把他休了，一言不发，啼哭起来。王公气忿忿的一径跟到女婿家来，蒋兴哥连忙上前作揖。王公回礼，便问道：“贤婿，我女儿是清清白白嫁到你家的，如今有何过失，你便把他休了？须还我个明白。”蒋兴哥道：“小婿不好说得，但问令爱便知。”王公道：“他只是啼哭，不肯开口，教我肚里好闷！小女从幼聪慧，料不到得犯了淫盗[41]。若是小小过失，你可也看老汉薄面，恕了他罢。你两个是七八岁上定下的夫妻，完婚后并不曾争论一遍两遍，且是和顺。你如今做客才回，又不曾住过三朝五日，有什么破绽落在你眼里？你直如此狠毒，也被人笑话，说你无情无义。”蒋兴哥道：“丈人在上，小婿也不敢多讲。家下有祖遗下珍珠衫一件，是令爱收藏，只问他如今在否。若在时，半字休题；若不在，只索休怪了。”王公忙转身回家，问女儿道：“你丈夫只问你讨什么珍珠衫，你端的拿与何人去了？”那妇人听得说着了他紧要的关目，羞得满脸通红，开不得口，一发号啕大哭起来，慌得王公没做理会处。王婆劝道：“你不要只管啼哭，实实的说个真情与爹妈知道，也好与你分剖。”妇人那里肯说，悲悲咽咽，哭一个不住。王公只得把休书和汗巾簪子，都付与王婆，教他慢慢的偎着女儿，问他个明白。

王公心中纳闷，走在邻家闲话去了。王婆见女儿哭得两眼赤肿，生怕苦坏了他，安慰了几句言语，走往厨房下去暖酒，要与女儿消愁。三巧儿在房中独坐，想着珍珠衫泄漏的缘故，好生难解！这汗巾簪子，又不知那里来的。沉吟了半晌道：“我晓得了：这折簪是镜破钗分之意，这条汗巾，分明教我悬梁自尽。他念夫妻之情，不忍明言，是要全我的廉耻。可怜四年恩爱，一旦决绝，是我做的不是，负了丈夫恩情。便活在人间，料没有个好日，不如缢死，到得干净。”说罢，又哭了一回，把个坐兀子填高[42]，将汗巾兜在梁上，正欲自缢。也是寿数未绝，不曾关上房门。恰好王婆暖得一壶好酒走进房来，见女儿安排这事，急得他手忙脚乱，不放酒壶，便上前去拖拽。不期一脚踢番坐兀子[43]，娘儿两个跌做一团，酒壶都泼翻了。王婆爬起来，扶起女儿，说道：“你好短见！二十多岁的人，一朵花还没有开足，怎做这没下梢的事[44]？莫说你丈夫还有回心转意的日子，便真个休了，恁般容貌，怕没人要你？少不得别选良姻，图个下半世受用。你且放心过日子去，休得愁闷。”王公回家，知道女儿寻死，也劝了他一番，又嘱付王婆用心提防。过了数日，三巧儿没奈何，也放下了念头。正是：

夫妻本是同林鸟，大限来时各自飞。

再说蒋兴哥把两条索子，将晴云、暖雪捆缚起来，拷问情由。那丫头初时抵赖，吃打不过，只得从头至尾，细细招将出来。已知都是薛婆勾引，不干他人之事。到明朝，兴哥领了一伙人，赶到薛婆家里，打得他雪片相似，只饶他拆了房子。薛婆情知自己不是，躲过一边，并没一人敢出头说话。兴哥见他如此，也出了这口气。回去唤个牙婆，将两个丫头都卖了。楼上细软箱笼，大小共十六只，写三十二条封皮，打叉封了，更不开动。这是甚意儿？只因兴哥夫妇，本是十二分相爱的。虽则一时休了，心中好生痛切。见物思人，何忍开看？

话分两头。却说南京有个吴杰进士，除授广东潮阳县知县。水路上任，打从襄阳经过。不曾带家小，有心要择一美妾。一路看了多少女子，并不中意。闻得枣阳县王公之女，大有颜色，一县闻名。出五十金财礼，央媒议亲。王公到也乐从，只怕前婿有言，亲到蒋家，与兴哥说知。兴哥并不阻当。临嫁之夜，兴哥顾了人夫，将楼上十六个箱笼，原封不动，连匙钥送到吴知县船上，交割与三巧儿，当个赔嫁。妇人心上到过意不去。傍人晓得这事，也有夸兴哥做人忠厚的，也有笑他痴呆的，还有骂他没志气的：正是人心不同。

闲话休题。再说陈大郎在苏州脱货完了，回到新安，一心只想着三巧儿。朝暮看了这件珍珠衫，长吁短叹。老婆平氏心知这衫儿来得跷蹊，等丈夫睡着，悄悄的偷去，藏在天花板上。陈大郎早起要穿时，不见了衫儿，与老婆取讨。平氏那里肯认。急得陈大郎性发，倾箱倒箧的寻个遍，只是不见，便破口骂老婆起来。惹得老婆啼啼哭哭，与他争嚷，闹炒了两三日。陈大郎情怀撩乱，忙忙的收拾银两，带个小郎，再望襄阳旧路而进。将近枣阳，不期遇了一伙大盗，将本钱尽皆劫去，小郎也被他杀了。陈商眼快，走向船梢舵上伏着，幸免残生。思想还乡不得，且到旧寓住下，待会了三巧儿，与他借些东西，再图恢复。叹了一口气，只得离船上岸。

走到枣阳城外主人吕公家，告诉其事，又道如今要央卖珠子的薛婆，与一个相识人家借些本钱营运。吕公道："大郎不知，那婆子为勾引蒋兴哥的浑家，做了些丑事。去年兴哥回来，问浑家讨什么'珍珠衫'。原来浑家赠与情人去了，无言回答。兴哥当时休了浑家回去，如今转嫁与南京吴进士做第二房夫人了。那婆子被蒋家打得个片瓦不留，婆子安身不牢，也搬在隔县去了。"

陈大郎听得这话，好似一桶冷水没头淋下。这一惊非小，当夜发寒发热，害起病来。这病又是郁症，又是相思症，也带些怯症，又有些惊症，床上卧了两个多月，翻翻覆覆只是不愈。连累主人家小厮，伏侍得不耐烦。陈大郎心上不安，打熬起精神，写成家书一封。请主人来商议，要觅个便人捎信在家中，取些盘缠，就要个亲人来看觑同回[45]。这几句正中了主人之意。恰好有个相识的承差[46]，奉上司公文要往徽宁一路。水陆驿递，极是快的。吕公接了陈大郎书札，又替他应出五钱银子，送与承差，央他乘便寄去。果然的"自行由得我，官差急如火"，不勾几日，到了新安县。问着陈商家里，送了家书，那承差飞马去了。正是：

只为千金书信，又成一段姻缘。

话说平氏拆开家信，果是丈夫笔迹，写道："陈商再拜，贤妻平氏见字：别后襄阳遇盗，劫资杀仆。某受惊患病，见卧旧寓吕家，两月不愈。字到可央一的当亲人[47]，多带盘缠，速来看视。伏枕草草"。平氏看了，半信半疑，想道："前番回家，亏折了千金资本。据这件珍珠衫，一定是邪路上来的。今番又推被盗，多讨盘缠，怕是假话。"又想道："他要个的当亲人，速来看视，必然病势利害。这话是真，也未可知。如今央谁人去好？"左思右想，放心不下。与父亲平老朝奉商议。收拾起细软家私，带了陈旺夫妇，就请父亲作伴，雇个船只，亲往襄阳看丈夫去。到得京口，平老朝奉痰火病发，央人送回去了。平氏引着男女，上水前进[48]。不一日，来到枣阳城外，问着了旧主人吕家。原来十日前，陈大郎已故了。吕公赔些钱钞，将就入殓。平氏哭倒在地，良久方醒。慌忙换了孝服，再三向吕公说，欲待开棺一见，另买副好棺材，重新殓过。吕公执意不肯。平氏没奈何，只得买木做个外椁包裹，请僧做法事超度，多焚冥资。吕公已自索了他二十两银子谢仪，随他闹炒，并不言语。

过了一月有余，平氏要选个好日子，扶柩而回。吕公见这妇人年少姿色，料是守寡不终，又且囊中有物。思想儿子吕二，还没有亲事，何不留住了他，完其好事，可不两便？吕公买酒请了陈旺，央他老婆委曲进言，许以厚谢。陈旺的老婆是个蠢货，那晓得什么委曲？不顾高低，一直的对主母说了。平氏大怒，把他骂了一顿，连打几个耳光子，连主人家也数落了几句。吕公一场没趣，敢怒而不敢言。正是：

羊肉馒头没的吃，空教惹得一身骚。

吕公便去撺掇陈旺逃走。陈旺也思量没甚好处了，与老婆商议，教他做脚，里应外合，把银两首饰，偷得罄尽，两口儿连夜走了。吕公明知其情，反埋怨平氏道：不该带这样歹人出来，幸而偷了自家主母的东西，若偷了别家的，可不连累人！又嫌这灵柩碍他生理，教他快些抬去。又道后生寡妇，在此住居不便，催促他起身。平氏被逼不过，只得别赁下一间房子住了。雇人把灵柩移来，安顿在内。这凄凉景象，自不必说。

间壁有个张七嫂，为人甚是活动。听得平氏啼哭，时常走来劝解。平氏又时常央他典卖几件衣服用度，极感其意。不勾几月，衣服都典尽了。从小学得一手好针线，思量要到个大户人家，教习女红度日，再作区处。正与张七嫂商量这话，张七嫂道："老身不好说得，这大户人家，不是你少年人走动的。死的没福自死了，活的还要做人，你后面日子正长哩。终不然做针线娘了得你下半世？况且名声不好，被人看得轻了。还有一件，这个灵柩如何处置，也是你身上一件大事。便出赁房钱，终久是不了之局。"平氏道："奴家也都虑到，只是无计可施了。"张七嫂道："老身到有一策，娘子莫怪我说。你千里离乡，一身孤寡，手中又无半钱，想要搬这灵柩回去，多是虚了。莫说你衣食不周，到底难守：便多守得几时，亦有何益？依老身愚见，莫若趁此青年美貌，寻个好对头，一夫一妇的，随了他去。得些财礼，就买块土来葬了丈夫，你的终身又有所托，可不生死无憾?"平氏见他说得近理，沉吟了一会，叹口气道："罢，罢，奴家卖身葬夫，旁人也笑我不得。"张七嫂道："娘子若定了主意时，老身现有个主儿在此。年纪与娘子相近，人物齐整，又是大富之家。"平氏道："他既是富家，怕不要二婚的。"张七嫂道："他也是续弦了，原对老身说：不拘头婚二婚，只要人才出众。似娘子这般丰姿，怕不中意?"原来张七嫂曾受蒋兴哥之托，央他访一头好亲。因是前妻三巧儿出色标致，所以如今只要访个美貌的。那平氏容貌，虽不及得三巧儿，论起手脚伶俐，胸中泾渭，又胜似他。张七嫂次日就进城，与蒋兴哥说了。兴哥闻得是下路人，愈加欢喜。这里平氏分文财礼不要，只要买块好地殡葬丈夫要紧。张七嫂往来回复了几次，两相依允。

话休烦絮。却说平氏送了丈夫灵柩入土，祭奠毕了，大哭一场，免不得起灵除孝。临期，蒋家送衣饰过来，又将他典下的衣服都赎回了。成亲之夜，一般大吹大擂，洞房花烛。正是：

规矩熟闲虽旧事，恩情美满胜新婚。

蒋兴哥见平氏举止端庄，甚相敬重。一日，从外而来，平氏正在打叠衣箱，内有珍珠衫一件。兴哥认得了，大惊问道："此衫从何而来?"平氏道："这衫儿来得跷蹊。"便把前夫如此张致[49]，夫妻如此争嚷，如此赌气分别，述了一遍。又道："前日艰难时，几番欲把他典卖。只愁来历不明，怕惹出是非，不敢露人眼目。连奴家至今，不知这物事那里来的。"兴哥道："你前夫陈大郎名字，可叫做陈商？可是白净面皮，没有须，左手长指甲的么?"平氏道："正是。"蒋兴哥把舌头一伸，合掌对天道："如此说来，天理昭彰，好怕人也!"平氏问其缘故，蒋兴哥道："这件珍珠衫，原是我家旧物。你丈夫奸骗了我的妻子，得此衫为表记。我在苏州相会，见了此衫，始知其情，回来把王氏休了。谁知你丈夫客死。我今续弦，但闻是徽州陈客之妻，谁知就是陈商！却不是一报还一报！”平氏听罢，毛骨竦然。从此恩情愈笃。这才是“蒋兴哥重会珍珠衫”的正话[50]。诗曰：

天理昭昭不可欺，两妻交易孰便宜？分明欠债偿他利，百岁姻缘暂换时。

再说蒋兴哥有了管家娘子，一年之后，又往广东做买卖。也是合当有事。一日到合浦县贩珠，价都讲定。主人家老儿，只拣一粒绝大的偷过了，再不承认。兴哥不忿，一把扯他袖子要搜。何期去得势重，将老儿拖翻在地，跌下便不做声。忙去扶时，气已断了。儿女亲邻，哭的哭，叫的叫，一阵的簇拥将来，把兴哥捉住。不由分说，痛打一顿，关在空房里。连夜写了状词，只等天明，县主早堂，连人进状。县主准了，因这日有公事，分付把凶身锁押，次日候审。

你道这县主是谁？姓吴名杰，南畿进士[51]，正是三巧儿的晚老公。初选原在潮阳，上司因见他清廉，调在这合浦县采珠的所在来做官。是夜，吴杰在灯下将准过的状词细阅。三巧儿正在旁边闲看，偶见宋福所告人命一词，凶身罗德，枣阳县客人，不是蒋兴哥是谁？想起旧日恩情，不觉痛酸，哭告丈夫道：“这罗德是贱妾的亲哥，出嗣在母舅罗家的。不期客边，犯此大辟。官人可看妾之面，救他一命还乡。”县主道：“且看临审如何。若人命果真，教我也难宽宥。”三巧儿两眼噙泪，跪下苦苦哀求。县主道：“你且莫忙，我自有道理。”明早出堂，三巧儿又扯住县主衣袖哭道：“若哥哥无救，贱妾亦当自尽，不能相见了。”

当日县主升堂，第一就问这起。只见宋福、宋寿弟兄两个，哭啼啼的与父亲执命，禀道：“因争珠怀恨，登时打闷，仆地身死。望爷爷做主。”县主问众干证口词，也有说打倒的，也有说推跌的。蒋兴哥辨道：“他父亲偷了小人的珠子，小人不忿，与他争论。他因年老脚跸[52]，自家跌死，不干小人之事。”县主问宋福道：“你父亲几岁了？”宋福道：“六十七岁了。”县主道：“老年人容易昏绝，未必是打。”宋福、宋寿坚执是打死的。县主道：“有伤无伤，须凭检验。既说打死，将尸发在漏泽园去[53]，俟晚堂听检。”原来宋家也是个大户，有体面的。老儿曾当过里长，儿子怎肯把父亲在尸场剔骨？两个双双叩头道：“父亲死状，众目共见，只求爷爷到小人家里相验，不愿发检。”县主道：“若不见贴骨伤痕，凶身怎肯伏罪？没有尸格[54]，如何申得上司过？”弟兄两个只是求告。县主发怒道：“你既不愿检，我也难问。”慌的他弟兄两个连连叩头道：“但凭爷爷明断。”县主道：“望七之人，死是本等。倘或不因打死，屈害了一个平人[55]，反增死者罪过。就是你做儿子的，巴得父亲到许多年纪，又把个不得善终的恶名与他，心中何忍？但打死是假，推仆是真，若不重罚罗德，也难出你的气。我如今教他披麻戴孝，与亲儿一般行礼，一应殡殓之费，都要他支持。你可服么？”弟兄两个道：“爷爷分付，小人敢不遵依。”兴哥见县主不用刑罚，断得干净，喜出望外。当下原、被告都叩头称谢。县主道：“我也不写审单[56]，着差人押出，待事完回话，把原词与你销讫便了。”正是：

公堂造业真容易，要积阴功亦不难。试看今朝吴大尹，解冤释罪两家欢。

却说三巧儿自丈夫出堂之后，如坐针毡，一闻得退衙，便迎住问个消息。县主道："我如此如此断了，看你之面，一板也不曾责他。"三巧儿千恩万谢，又道："妾与哥哥久别，渴思一会，问取爹娘消息。官人如何做个方便，使妾兄妹相见，此恩不小。"县主道："这也容易。"看官们，你道三巧儿被蒋兴哥休了，恩断义绝，如何恁地用情？他夫妇原是十分恩爱的，因三巧儿做下不是，兴哥不得已而休之，心中兀自不忍，所以改嫁之夜，把十六只箱笼，完完全全的赠他。只这一件，三巧儿的心肠，也不容不软了。今日他身处富贵，见兴哥落难，如何不救？这叫做知恩报恩。

再说蒋兴哥遵了县主所断，着实小心尽礼，更不惜费，宋家弟兄都没话了。丧葬事毕，差人押到县中回复。县主唤进私衙赐坐，说道："尊舅这场官司，若非令妹再三哀恳，下官几乎得罪了。"兴哥不解其故，回答不出。少停茶罢，县主请入内书房，教小夫人出来相见。你道这番意外相逢，不象个梦景么？他两个也不行礼，也不讲话，紧紧的你我相抱，放声大哭。就是哭爹哭娘，从没见这般哀惨，连县主在傍，好生不忍，便道："你两人且莫悲伤，我看你不象哥妹，快说真情，下官有处。"两个哭得半休不休的，那个肯说？却被县主盘问不过，三巧儿只得跪下，说道："贱妾罪当万死，此人乃妾之前夫也。"蒋兴哥料瞒不得，也跪下来，将从前恩爱，及休妻再嫁之事，一一诉知。说罢，两人又哭做一团，连吴知县也堕泪不止，道："你两人如此相恋，下官何忍拆开。幸然在此三年，不曾生育，即刻领去完聚。"两个插烛也似拜谢。

县主即忙讨个小轿，送三巧儿出衙；又唤集人夫，把原来赔嫁的十六个箱笼抬去，都教兴哥收领；又差典吏一员，护送他夫妇出境。此乃吴知县之厚德。正是：

珠还合浦重生采，剑合丰城倍有神。堪羡吴公存厚道，贪财好色竟何人！

此人向来艰子，后行取到吏部[57]，在北京纳宠，连生三子，科第不绝，人都说阴德之报，这是后话。

再说蒋兴哥带了三巧儿回家，与平氏相见。论起初婚，王氏在前；只因休了一番，这平氏到是明媒正娶，又且平氏年长一岁，让平氏为正房，王氏反做偏房，两个姨妹相称。从此一夫二妇，团圆到老。有诗为证：

恩爱夫妻虽到头，妻还作妾亦堪羞。殃祥果报无虚谬，咫尺青天莫远求。

①选自《喻世明言》卷一。 ②词话：元代流行民间的一种讲唱文学，专门演唱小说故事。明清之间，也泛称一般平话小说为词话。 ③道路：此指生意买卖。 ④牙行：充当中介或中间人的行业和商号。 ⑤小祥：人死后一周年的祭祀。 ⑥走野：谓不正当的男女关系。 ⑦南威：即南之威。春秋时美女。 ⑧浑家：指妻子。 ⑨制中：居丧谓制，制中就是在丧中的意思。 ⑩铺陈：被褥，铺盖。 ⑪人事：礼物。 ⑫不瞅不睬：诸事不理，一切都不过问。 ⑬排家：逐家。 ⑭暖火盆：除夕风俗，在庭院中架起松柏树枝，点火焚烧，称"暖火盆"。 ⑮坐启：便厅。 ⑯通陈：祷告，祷祝。 ⑰鬃帽：一种用藤或鬃编成的帽子，样子像一钟状的盔，元明之间很流行。 ⑱消花：用掉。 ⑲行货：货物，东西。 ⑳小样：小器，不大方。 ㉑牙婆：买卖的中间人称"牙人"，牙婆即女牙人，又称"牙嫂"。 ㉒入马：和女人勾搭上。马，对妇女的隐称。 ㉓唱了个肥喏：深深地作一个揖。 ㉔小郎：年纪小的仆役。 ㉕聒：同"聒"，吵闹、喧闹的意思。 ㉖燥：同"躁"，烦恼。 ㉗略斜：形容脚步歪斜。 ㉘大弄：放开手干，铺张。 ㉙水火炉：一种便于移动或携带的铜制小炉。

㉚掷色：掷骰子。 ㉛闲汉：帮闲的人。 ㉜榼（kē）：古时盛酒的一种容器。 ㉝喉急：窘迫而发急。 ㉞打汉子：偷汉子。 ㉟取灯儿：削松木成小薄片，一端涂硫磺，用以引火及代灯烛，略似今天之火柴。 ㊱偎：哄，打动。 ㊲牵头：不正当男女关系的牵线人。 ㊳跟究：查究，追究。 ㊴苏木：一种贵重木材，去皮煎汁，可作红色染料。沉香：又称“沉水香”，一种上等香料，入水即沉，故称“沉香”。 ㊵七出之条：古代休妻的七个条件，即无子、淫佚、不事舅姑、口舌、盗窃、妒忌、恶病。 ㊶不到得：不会，不至于。 ㊷坐兀子：小凳。兀，同“杌”。 ㊸番：同“翻”。 ㊹没下梢：没有下场，结局不好的意思。 ㊺看觑：看望，照顾。 ㊻承差：递送公文的官差。 ㊼的当：妥当，稳当。 ㊽上水：逆水。 ㊾张致：装模作样。 ㊿正话：正题，正文。 51南畿：明代对南京附近地区的称呼。 52脚蹉：脚下疏失。蹉，失误的意思。 53漏泽园：官府开设的专门收埋死尸的场所。 54尸格：验尸单格，又称“验状”。 55平人：此指好人，无罪之人。 56审单：审判书。 57行取：明代制度，推官、知县调任给事中、监察御史等职，称“行取”。

这篇白话短篇小说由冯梦龙根据宋懋澄《九籥集·珍珠衫记》的素材改写而成。通过讲述蒋兴哥因外出经商常年不归，妻子王三巧难耐寂寞有了外遇，被休后再嫁，最后兴哥不仅原谅了妻子的二度失节，而且与其复婚团圆的故事，表现了对人性弱点的理解，反映了与传统节烈观根本对立的新型人生价值观念，体现了新兴市民阶层的生活理想。在巧合的情节中塑造复杂的人物性格，进行逼真的细节和心理描写，充溢着市井生活的气息，是本篇的主要艺术特色。

卖油郎独占花魁①

年少争夸风月，场中波浪偏多。有钱无貌意难和，有貌无钱不可。就是有钱有貌，还须着意揣摩。知情识趣俏哥哥，此道谁人赛我。

这首词名为《西江月》，是风月机关中最要之论②。常言道：“妓爱俏，妈爱钞。”所以子弟行中③，有了潘安般貌④，邓通般钱⑤，自然上和下睦，做得烟花寨内的大王，鸳鸯会上的主盟。然虽如此，还有个两字经儿，叫做帮衬。帮者，如鞋之有帮；衬者，如衣之有衬。但凡做小娘的，有一分所长，得人衬贴，就当十分。若有短处，曲意替他遮护，更兼低声下气，送暖偷寒，逢其所喜，避其所讳，以情度情，岂有不爱之理？这叫做帮衬。风月场中，只有会帮衬的最讨便宜，无貌而有貌，无钱而有钱。假如郑元和在卑田院做了乞儿⑥，此时囊箧俱空，容颜非旧，李亚仙于雪天遇之⑦，便动了一个恻隐之心，将绣襦包裹，美食供养，与他做了夫妻。这岂是爱他之钱，恋他之貌？只为郑元和识趣知情，善于帮衬，所以亚仙心中舍他不得。你只看亚仙病中想马板肠汤吃，郑元和就把个五花马杀了，取肠煮汤奉之。只这一节上，亚仙如何不念其情？后来郑元和中了状元，李亚仙封为汴国夫人。《莲花落》打出万年策，卑田院只做了白玉堂。一床锦被遮盖，风月场中反为美谈。这是：

运退黄金失色，时来铁也生光。

话说大宋自太祖开基，太宗嗣位，历传真、仁、英、神、哲，共是七代帝王，都则偃武修文，民安国泰。到了徽宗道君皇帝⑧，信任蔡京、高俅、杨戬、朱勔之徒，大兴苑囿，专务游乐，不以朝政为事。以致万民嗟怨，金虏乘之而起，把花锦般一个世界，弄得七零八落。直至二帝蒙尘[9]，高宗泥马渡江[10]，偏安一隅，天下分为南北，方得休息。其中数十年，百姓受了多少苦楚。正是：

甲马丛中立命，刀枪队里为家。
杀戮如同戏耍，抢夺便是生涯。

内中单表一人，乃汴梁城外安乐村居住，姓莘名善，浑家阮氏。夫妻两口，开个六陈铺儿[11]。虽则粜米为生，一应麦豆茶酒油盐杂货，无所不备，家道颇颇得过。年过四旬，止生一女，小名叫做瑶琴。自小生得清秀，更且资性聪明。七岁上，送在村学中读书，日诵千言。十岁时，便能吟诗作赋，曾有《闺情》一绝，为人传诵。诗云：

朱帘寂寂下金钩，香鸭沉沉冷画楼[12]。
移枕怕惊鸳并宿，挑灯偏恨蕊双头。

到十二岁，琴棋书画，无所不通。若题起女工一事，飞针走线，出人意表。此乃天生伶俐，非教习之所能也。莘善因为自家无子，要寻个养女婿来家靠老。只因女儿灵巧多能，难乎其配，所以求亲者颇多，都不曾许。不幸遇了金虏猖獗，把汴梁城围困，四方勤王之师虽多，宰相主了和议，不许厮杀，以致虏势愈甚，打破了京城，劫迁了二帝。那时城外百姓，一个个亡魂丧胆，携老扶幼，弃家逃命。

却说莘善领着浑家阮氏和十二岁的女儿，同一般逃难的，背着包裹，结队而走。忙忙如丧家之犬，急急如漏网之鱼。担渴担饥担劳苦，此行谁是家乡？叫天叫地叫祖宗，惟愿不逢鞑虏。正是：

宁为太平犬，莫作乱离人！

正行之间，谁想鞑子到不曾遇见，却逢着一阵败残的官兵。他看见许多逃难的百姓，多背得有包裹，假意呐喊道："鞑子来了！"沿路放起一把火来。此时天色将晚，吓得众百姓落荒乱窜，你我不相顾。他就乘机抢掠。若不肯与他，就杀害了。这是乱中生乱，苦上加苦。却说莘氏瑶琴被乱军冲突，跌了一交，爬起来，不见了爹娘，不敢叫唤，躲在道傍古墓之中过了一夜。到天明，出外看时，但见满目风沙，死尸横路。昨日同时避难之人，都不知所往。瑶琴思念父母，痛哭不已。欲待寻访，又不认得路径，只得望南而行。哭一步，捱一步，约莫走了二里之程。心上又苦，腹中又饥，望见土房一所，想必其中有人，欲待求乞些汤饮。及至向前，却是破败的空屋，人口俱逃难去了。瑶琴坐于土墙之下，哀哀而哭。

自古道："无巧不成话。"恰好有一人从墙下而过。那人姓卜名乔，正是莘善的近邻，平昔是个游手游食、不守本分，惯吃白食、用白钱的主儿，人都称他是卜大郎。也是被官军冲散了同伙，今日独自而行。听得啼哭之声，慌忙来看。瑶琴自小相认，今日患难之际，举目无亲，见了近邻，分明见了亲人一般，即忙收泪，起身相见，问道："卜大叔，可曾见我爹妈么？"卜乔心中暗想："昨日被官军抢去包裹，正没盘缠。天生这碗衣饭，送来与我，正是奇货可居。"便扯个谎，道："你爹和妈，寻你不见，好生痛苦，如今前面去了，分付我道：'倘或见我女儿，千万带了他来，送还了我。'许我厚谢。"瑶琴虽是聪明，正当无可奈何之际，君子可欺以其方[13]，遂全然不疑，随著卜乔便走，正是：

情知不是伴，事急且相随。

卜乔将随身带的干粮，把些与他吃了，分付道："你爹妈连夜走的。若路上不能相遇，直要过江到建康府，方可相会。一路上同行，我权把你当女儿，你权叫我做爹。不然，只道我收留迷失子女，不当稳便。"瑶琴依允。从此陆路同步，水路同舟，爹女相称。到了建康府，路上又闻得金兀术四太子，引兵渡江，眼见得建康不得宁息。又闻得康王即位，已在杭州驻跸[14]，改名临安，遂趁船到润州。过了苏、常、嘉、湖，直到临安地面，暂且饭店中居住，也亏卜乔，自汴京至临安，三千余里，带那莘瑶琴下来，身边藏下些散碎银两，都用尽了，连身上外盖衣服，脱下准了店钱，止剩得莘瑶琴一件活货，欲行出脱。访得西湖上烟花王九妈家要讨养女，遂引九妈到店中，看货还钱。九妈见瑶琴生得标致，讲了财礼五十两。卜乔兑足了银子，将瑶琴送到王家。原来卜乔有智，在王九妈前，只说："瑶琴是我亲生之女，不幸到你门户人家，须是软款的教训，他自然从愿，不要性急。"在瑶琴面前，又说："九妈是我至亲，权时把你寄顿他家，待我从容访知你爹妈下落，再来领你。"以此，瑶琴欣然而去。

可怜绝世聪明女，堕落烟花罗网中。

王九妈新讨了瑶琴，将他浑身衣服，换个新鲜，藏于曲楼深处，终日好茶好饭，去将息他，好言好语，去温暖他。瑶琴既来之，则安之。住了几日，不见卜乔回信，思量爹妈，噙着两行珠泪，问九妈道："卜大叔怎不来看我？"九妈道："那个卜大叔？"瑶琴道："便是引我到你家的那个卜大郎。"九妈道："他说是你的亲爹。"瑶琴道："他姓卜，我姓莘。"遂把汴梁逃难，失散了爹妈，中途遇见了卜乔，引到临安，并卜乔哄他的说话，细述一遍。九妈道："原来恁地，你是个孤身女儿，无脚蟹[15]，我索性与你说明罢：那姓卜的把你卖在我家，得银五十两去了。我们是门户人家[16]，靠着粉头过活。家中虽有三四个养女，并没个出色的。爱你生得齐整，把做个亲女儿相待。待你长成之时，包你穿好吃好，一生受用。"瑶琴听说，方知被卜乔所骗，放声大哭。九妈劝解，良久方止。自此九妈将瑶琴改做王美，一家都称为美娘，教他吹弹歌舞，无不尽善。长成一十四岁，娇艳非常。临安城中，这些富豪公子慕其容貌，都备着厚礼求见。也有爱清标的，闻得他写作俱高，求诗求字的，日不离门。弄出天大的名声出来，不叫他美娘，叫他做花魁娘子。西湖上子弟编出一只《挂枝儿》[17]，单道那花魁娘子的好处：

> 小娘中，谁似得王美儿的标致，又会写，又会画，又会做诗，吹弹歌舞都余事。常把西湖比西子，就是西子比他也还不如。那个有福的汤着他身儿[18]，也情愿一个死。

只因王美有了个盛名，十四岁上，就有人来讲梳弄[19]。一来王美不肯，二来王九妈把女儿做金子看成，见他心中不允，分明奉了一道圣旨，并不敢违拗。又过了一年，王美年方十五。原来门户中梳弄，也有个规矩。十三太早，谓之"试花"。皆因鸨儿爱财，不顾痛苦，那子弟也只博个虚名，不得十分畅快取乐。十四岁谓之“开花”。此时天癸已至，男施女受，也算当时了。到十五谓之“摘花”。在平常人家，还算年小，惟有门户人家，以为过时。王美此时未曾梳弄，西湖上子弟，又编出一只《挂枝儿》来：

王美儿，似木瓜，空好看，十五岁，还不曾与人汤一汤。有名无实成何干。便不是石女，也是二行子的娘。若还有个好好的，羞羞也，如何熬得这些时痒。

王九妈听得这些风声，怕坏了门面，来劝女儿接客。王美执意不肯，说道：“要我会客时，除非见了亲生爹妈。他肯做主时，方才使得。”王九妈心里又恼他，又不舍得难为他。捱了好些时。偶然有个金二员外，大富之家，情愿出三百两银子，梳弄美娘。九妈得了这主大财，心生一计，与金二员外商议：若要他成就，除非如此如此。金二员外意会了。其日八月十五日，只说请王美湖上看潮，请至舟中。三四个帮闲，俱是会中之人，猜拳行令，做好做歉，将美娘灌得烂醉如泥。扶到王九妈家楼中，卧于床上，不省人事。此时天气和暖，又没几层衣服。妈儿亲手伏侍，剥得他赤条条，任凭金二员外行事。

五鼓时，美娘酒醒，已知鸨儿用计，破了身子。自怜红颜命薄，遭此强横，起来解手，穿了衣服，自在床边一个斑竹榻上，朝着里壁睡了，暗暗垂泪。金二员外来亲近他时，被他劈头劈脸，抓有几个血痕。金二员外好生没趣，捱得天明，对妈儿说声：“我去也。”妈儿要留他时，已自出门去了。从来梳弄的子弟，早起时，妈儿进房贺喜，行户中都来称贺，还要吃几日喜酒。那子弟多则住一二月，最少也住半月二十日。只有金二员外侵早出门，是从来未有之事。王九妈连叫诧异，披衣起身上楼，只见美娘卧于榻上，满眼流泪。九妈要哄他上行，连声招许多不是。美娘只不开口。九妈只得下楼去了。美娘哭了一日，茶饭不沾。从此托病，不肯下楼，连客也不肯会面了。

九妈心下焦燥，欲待把他凌虐，又恐他烈性不从，反冷了他的心肠；欲待繇他，本是要他赚钱，若不接客时，就养到一百岁也没用。踌躇数日，无计可施。忽然想起，有个结义妹子，叫做刘四妈，时常往来。他能言快语，与美娘甚说得着，何不接取他来，下个说词。若得他回心转意，大大的烧个利市。当下叫保儿去请刘四妈到前楼坐下，诉以衷情。刘四妈道：“老身是个女随何，雌陆贾[20]，说得罗汉思情，嫦娥想嫁。这件事都在老身身上。”九妈道：“若得如此，做姐的情愿与你磕头。你多吃杯茶去，省得说话时口干。”刘四妈道：“老身天生这副海口，便说到明日，还不干哩。”刘四妈吃了几杯茶，转到后楼，只见楼门紧闭。刘四妈轻轻的叩了一下，叫声：“侄女！”美娘听得是四妈声音，便来开门。两下相见了，四妈靠桌朝下而坐，美娘傍坐相陪。四妈看他桌上铺着一幅细绢，才画得个美人的脸儿，还未曾着色。四妈称赞道：“画得好，真是巧手！九阿姐不知怎生样造化，偏生遇着你这一个伶俐女儿，又好人物，又好技艺，就是堆上几千两黄金，满临安走遍，可寻出个对儿么？”美娘道：“休得见笑！今日甚风吹得姨娘到来？”刘四妈道：“老身时常要来看你，只为家务在身，不得空闲。闻得你恭喜梳弄了，今日偷空而来，特特与九阿姐叫喜。”美儿听得提起“梳弄”二字，满脸通红，低着头不来答应。刘四妈知他害羞，便把椅儿掇上一步，将美娘的手儿牵着，叫声：“我儿，做小娘的，不是个软壳鸡蛋[21]，怎的这般嫩得紧？似你恁地怕羞，如何赚得大主银子？”美娘道：“我要银子做甚？”四妈道：“我儿，你便不要银子，做娘的，看得你长大成人，难道不要出本？自古道，靠山吃山，靠水吃水。九阿姐家有几个粉头，那一个赶得上你的脚跟来？一园瓜，只看得你是个瓜种，九阿姐待你也不比其他。你是聪明伶俐的人，也须识些轻重。闻得你自梳弄之后，一个客也不肯相接。是甚么意儿？都像你的意时，一家人口，似蚕一般，那个把桑叶喂他？做娘的抬举你一分，你也要与他争口气儿，莫要反讨众丫头们批点。”美娘道：“繇他批点，怕怎的！”刘四妈道：“阿呀！批点是个小事，你可晓得门户中的行径么？”美娘道：“行径便怎的？”刘四妈道：“我们门户人家，吃着女儿，用着女儿。侥幸讨得一个像样的，分明是大户人家置了一所良田美产。年纪幼小时，巴不得风吹得大；到得梳弄过后，便是田产成熟，日日指望花利到手受用。前门迎新，后门送旧，张郎送米，李郎送柴，往来热闹，才是个出名的姊妹行家[22]。”美娘道：“羞答答，我不做这样事！”刘四妈掩着口，格的笑了一声，道：“不做这样事，可是繇得你的？一家之中，有妈妈做主。做小娘的若不依他教训，动不动一顿皮鞭，打得你不生不死。那时不怕你不走他的路儿。九阿姐一向不难为你，只可惜你聪明标致，从小娇养的，要惜你的廉耻，存你的体面。方才告诉我许多话，说你不识好歹，放着鹅毛不知轻，顶着磨子不知重，心下好生不悦，教老身来劝你。你若执意不从，惹他性起，一时翻过脸来，骂一顿，打一顿，你待走上天去！凡事只怕个起头，若打破了头时，朝一顿，暮一顿，那时熬这些痛苦不过，只得接客，却不把千金声价弄得低微了？还要被姊妹中笑话。依我说，吊桶已自落在他井里，挣不起了。不如千欢万喜，倒在娘的怀里，落得自己快活。”美娘道：“奴是好人家儿女，误落风尘，倘得姨娘主张从良[23]，胜造九级浮图。若要我倚门献笑[24]，送旧迎新，宁甘一死，决不情愿。”刘四妈道：“我儿，从良是个有志气的事，怎么说道不该！只是从良也有几等不同。”美娘道：“从良有甚不同之处？”刘四妈道：“有个真从良，有个假从良，有个苦从良，有个乐从良，有个趁好的从良，有个没奈何的从良，有个了从良，有个不了的从良。我儿耐心听我分说。如何叫做真从良？大凡才子必须佳人，佳人必须才子，方成佳配。然而好事多磨，往往求之不得。幸然两下相逢，你贪我爱，割舍不下。一个愿讨，一个愿嫁。好像捉对的蚕蛾，死也不放。这个谓之真从良。怎么叫做假从良？有等子弟爱着小娘，小娘却不爱那子弟。本心不愿嫁他，只把个嫁字儿哄他心热，撒漫使钱。比及成交，却又推故不就。又有一等痴心的子弟，晓得小娘心肠不对他，偏要娶他回去。拚着一主大钱，动了妈儿的火，不怕小娘不肯。勉强进门，心中不顺，故意不守家规，小则撒泼放肆，大则公然偷汉。人家容留不得，多则一年，少则半载，依旧放他出来，为娼接客。把从良二字，只当个赚钱的题目。这个谓之假从良。如何叫做苦从良？一般样子弟爱小娘，小娘不爱那子弟，却被他以势凌之。妈儿惧祸，已自许了。做小娘的，身不繇主，含泪而行。一入侯门，如海之深，家法又严，抬头不得。半妾半婢，忍死度日。这个谓之苦从良。如何叫做乐从良？做小娘的，正当择人之际，偶然相交个子弟，见他情性温和，家道富足，又且大娘子乐善，无男无女，指望他日过门，与他生育，就有主母之分。以此嫁他，图个日前安逸，日后出身，这个谓之乐从良。如何叫做趁好的从良？做小娘的，风花雪月，受用已够，趁这盛名之下，求之者众，任我拣择个十分满意的嫁他，急流勇退，及早回头，不致受人怠慢。这个谓之趁好的从良。如何叫做没奈何的从良？做小娘的，原无从良之意，或因官司逼迫，或因强横欺瞒，又或因债负太多，将来赔偿不起，憋口气，不论好歹，得嫁便嫁，买静求安，藏身之法，这谓之没奈何的从良。如何叫做了从良？小娘半老之际，风波历尽，刚好遇个老成的孤老[25]，两下志同道合，收绳卷索[26]，白头到老。这个谓之了从良。如何叫做不了的从良？一般你贪我爱，火热的跟他，却是一时之兴，没有个长算。或者尊长不容，或者大娘妒忌，闹了几场，发回妈家，追取原价；又有个家道凋零，养他不活，苦守不过，依旧出来赶趁[27]，这谓之不了的从良。”

美娘道：“如今奴家要从良，还是怎地好？”刘四妈道：“我儿，老身教你个万全之策。”美娘道：“若蒙教导，死不忘恩。”刘四妈道：“从良一事，入门为净。况且你身子已被人捉弄过了，就是今夜嫁人，叫不得个黄花女儿。千错万错，不该落于此地。这就是你命中所招了。做娘的费了一片心机，若不帮他几年，趁过千把银子，怎肯放你出门？还有一件，你便要从良，也须拣个好主儿。这些臭嘴臭脸的，难道就跟他不成？你如今一个客也不接，晓得那个该从，那个不该从？假如你执意不肯接客，做娘的没奈何，寻个肯出钱的主儿，卖你去做妾，这也叫做从良。那主儿或是年老的，或是貌丑的，或是一字不识的村牛，你却不肮脏了一世！比着把你料在水里，还有扑通的一声响，讨得旁人叫一声可惜。依着老身愚见，还是俯从人愿，凭着做娘的接客。似你恁般才貌，等闲的料也不敢相扳，无非是王孙公子，贵客豪门，也不辱没了你一生。一来风花雪月，趁着年少受用，二来作成妈儿起个家事，三来使自己也积趱些私房，免得日后求人。过了十年五载，遇个知心着意的，说得来，话得着，那时老身与你做媒，好模好样的嫁去，做娘的也放得你下了，可不两得其便？”美娘听说，微笑而不言。刘四妈已知美娘心中活动了，便道：“老身句句是好话，你依着老身的话时，后来还当感激我哩。”说罢起身。王九妈立在楼门之外，一句句都听得的。美娘送刘四妈出房门，劈面撞着了九妈，满面羞惭，缩身进去。王九妈随着刘四妈，再到前楼坐下。刘四妈道：“侄女十分执意，被老身右说左说，一块硬铁看看溶做热汁。你如今快快寻个覆帐的主儿[28]，他必然肯就。那时做妹子的再来贺喜。”王九妈连连称谢。是日备饭相待，尽醉而别。后来西湖上子弟们又有只《挂枝儿》，单说那刘四妈说词一节：

刘四妈，你的嘴舌儿好不利害！便是女随何，雌陆贾，不信有这大才。
说着长，道着短，全没些破败。就是醉梦中，被你说得醒；就是聪明的，
被你说得呆，好个烈性的姑姑，也被你说得他心地改。

再说王美娘才听了刘四妈一席话儿，思之有理。以后有客求见，欣然相接。覆

帐之后，宾客如市。捱三顶五，不得空闲，声价愈重。每一晚白银十两，兀自你争我夺。王九妈赚了若干钱钞，欢喜无限。美娘也留心要拣个知心着意的，急切难得。正是：

易求无价宝，难得有情郎。

话分两头。却说临安城清波门外，有个开油店的朱十老，三年前过继一个小厮，也是汴京逃难来的，姓秦名重，母亲早丧，父亲秦良，十三岁上将他卖了，自己在上天竺去做香火。朱十老因年老无嗣，又新死了妈妈[29]，把秦重做亲子看成，改名朱重，在店中学做卖油生意。初时父子坐店甚好，后因十老得了腰痛的病，十眠九坐，劳碌不得，另招个伙计，叫做邢权，在店相帮。光阴似箭，不觉四年有余。朱重长成一十七岁，生得一表人才。须然已冠，尚未娶妻。那朱十老家有个侍女，叫做兰花，年已二十之外，存心看上了朱小官人，几遍的倒下钩子去勾搭他。谁知朱重是个老实人，又且兰花龌龊丑陋，朱重也看不上眼，以此落花有意，流水无情。那兰花见勾搭朱小官人不上，别寻主顾，就去勾搭那伙计邢权。邢权是望四之人[30]，没有老婆，一拍就上。两个暗地偷情，不止一次，反怪朱小官人碍眼，思量寻事赶他出门。邢权与兰花两个里应外合，使心设计。兰花便在朱十老面前，假意撇清[31]说："小官人几番调戏，好不老实!"朱十老平时与兰花也有一手，未免有拈酸之意。邢权又将店中卖下的银子藏过，在朱十老面前说道："朱小官在外赌博，不长进，柜里银子几次短少，都是他偷去了。"初次朱十老还不信，接连几次，朱十老年老糊涂，没有主意，就唤朱重过来，责骂了一场。朱重是个聪明的孩子，已知邢权与兰花的计较，欲待分辨，惹起是非不小，万一老者不听，枉做恶人。心生一计，对朱十老说道："店中生意淡薄，不消得二人。如今让邢主管坐店，孩儿情愿挑担子出去卖油。卖得多少，每日纳还，可不是两重生意?"朱十老心下也有许可之意，又被邢权说道："他不是要挑担出去，几年上偷银子做私房，身边积趱有余了，又怪你不与他定亲，心下怨怅，不愿在此相帮，要讨个出场，自去娶老婆，做人家去。"朱十老叹口气道："我把他做亲儿看成，他却如此歹意！皇天不祐！罢，罢，不是自身骨血，到底粘连不上，繇他去罢!"遂将三两银子把与朱重，打发出门。寒夏衣服和被窝都教他拿去。这也是朱十老好处。朱重料他不肯收留，拜了四拜，大哭而别。正是：

孝己杀身因谤语[32]，申生丧命为谗言[33]。
亲生儿子犹如此，何怪螟蛉受枉冤[34]。

原来秦良上天竺做香火，不曾对儿子说知。朱重出了朱十老之门，在众安桥下赁了一间小小房儿，放下被窝等件，买巨锁儿锁了门，便往长街短巷，访求父亲。连走几日，全没消息。没奈何，只得放下。在朱十老家四年，赤心忠良，并无一毫私蓄，只有临行时打发这三两银子，不够本钱，做什么生意好？左思右量，只有油行买卖是熟间。这些油坊多曾与他识熟，还去挑个卖油担子，是个稳足的道路。当下置办了油担家火，剩下的银两，都交付与油坊取油。那油坊里认得朱小官是个老实好人，况且小小年纪，当初坐店，今朝挑担上街，都因邢伙计挑拨他出来，心中甚是不平。有心扶持他，只拣窨清的上好净油与他[35]，签子上又明让他些。朱重得了这些便宜，自己转卖与人，也放些宽，所以他的油比别人分外容易出脱。每日所赚的利息，又且俭吃俭用，积下东西来，置办些日用家业，及身上衣服之类，并无妄废。心中只有一件事未了，牵挂着父亲，思想："向来叫做朱重，谁知我是姓秦！倘或父亲来寻访之时，也没有个因由。"遂复姓为秦。说话的，假如上一等人，有前程的，要复本姓，或具札子奏过朝廷，或关白礼部、太学、国学等衙门[36]，将册籍改正，众所共知。一个卖油的，复姓之时，谁人晓得？他有个道理，把盛油的桶儿，一面大大写个"秦"字，一面写"汴梁"二字，将油桶做个标识，使人一览而知。以此临安市上，晓得他本姓，都呼他为秦卖油。

时值二月天气，不暖不寒，秦重闻知昭庆寺僧人，要起个九昼夜功德[37]，用油必多，遂挑了油担来寺中卖油。那些和尚们也闻知秦卖油之名，他的油比别人又好又贱，单单作成他。所以一连这九日，秦重只在昭庆寺走动。正是：

刻薄不赚钱，忠厚不折本。

这一日是第九日了。秦重在寺出脱了油，挑了空担出寺。其日天气晴明，游人如蚁。秦重绕河而行，遥望十景塘桃红柳绿，湖内画船箫鼓，往来游玩，观之不足，玩之有余。走了一回，身子困倦，转到昭庆寺右边，望个宽处，将担子放下，坐在一块石上歇脚。近侧有个人家，面湖而住，金漆篱门，里面朱栏内，一丛细竹。未知堂室何如，先见门庭清整。只见里面三四个戴巾的从内而出，一个女娘后面相送。到了门首，两下把手一拱，说声请了，那女娘竟进去了。秦重定睛观之，此女容颜娇丽，体态轻盈，目所未睹，准准的呆了半晌，身子都酥麻了。他原是个老实小官，不知有烟花行径，心中疑惑，正不知是什么人家。方在疑思之际，只见门内又走出个中年的妈妈，同着一个垂发的丫头，倚门闲看。那妈妈一眼瞧着油担，便道："阿呀！方才我家无油，正好有油担子在这里，何不与他买些？"那丫鬟同那妈妈出来，走到油担子边，叫声："卖油的！"秦重方才听见，回言道："没有油了！妈妈要用油时，明日送来。"那丫鬟也认得几个字，看见油桶上写个"秦"字，就对妈妈道："卖油的姓秦。"妈妈也听得人闲讲，有个秦卖油，做生意甚是忠厚，遂分付秦重道："我家每日要油用，你肯挑来时，与你做个主顾。"秦重道："承妈妈作成，不敢有误。"那妈妈与丫鬟进去了。秦重心中想道："这妈妈不知是那女娘的甚么人？我每日到他家卖油，莫说赚他利息，图个饱看那女娘一回，也是前生福分。"正欲挑担起身，只见两个轿夫，抬着一顶青绢幔的轿子，后边跟着两个小厮，飞也似跑来，到了其家门首，歇下轿子。那小厮走进里面去了。秦重道："却又作怪！看他接甚么人？"少顷之间，只见两个丫鬟，一个捧着猩红的毡包，一个拿着湘妃竹攒花的拜匣，都交付与轿夫，放在轿座之下。那两个小厮手中，一个抱着琴囊，一个捧着几个手卷，腕上挂碧玉箫一枝，跟着起初的女娘出来。女娘上了轿，轿夫抬起望旧路而去，丫鬟小厮，俱随轿步行。秦重又得亲炙一番，心中愈加疑惑，挑了油担子，洋洋的去。

不过几步，只见临河有一个酒馆。秦重每常不吃酒，今日见了这女娘，心下又欢喜，又气闷；将担子放下，走进酒馆，拣个小座头坐下。酒保问道："客人还是请客，还是独酌?”秦重道：“有上好的酒，拿来独饮三杯。时新果子一两碟，不用荤菜。”酒保斟酒时，秦重问道：“那边金漆篱门内是什么人家?”酒保道：“这是齐衙内的花园，如今王九妈住下。”秦重道：“方才看见有个小娘子上轿，是什么人?”酒保道：“这是有名的粉头，叫做王美娘，人都称为花魁娘子。他原是汴京人，流落在此。吹弹歌舞，琴棋书画，件件皆精。来往的都是大头儿，要十两放光[38]，才宿一夜哩，可知小可的也近他不得。当初住在涌金门外，因楼房狭窄，齐舍人与他相厚，半载之前，把这花园借与他住。”秦重听得说是汴京人，触了个乡里之念，心中更有一倍光景。吃了数杯，还了酒钱，挑了担子，一路走，一路的肚中打稿道：“世间有这样美貌的女子，落于娼家，岂不可惜!”又自家暗笑道：“若不落于娼家，我卖油的怎生得见!”又想一回，越发痴起来了，道：“人生一世，草生一秋。若得这等美人搂抱了睡一夜，死也甘心。”又想一回道：“呸！我终日挑这油担子，不过日进分文，怎么想这等非分之事！正是癞虾蟆在阴沟里想着天鹅肉吃，如何到口!”又想一回道：“他相交的，都是公子王孙，我卖油的，纵有了银子，料他也不肯接我。”又想一回道：“我闻得做老鸨的，专要钱钞。就是个乞儿，有了银子，他也就肯接了，何况我做生意的，青青白白之人？若有了银子，怕他不接！只是那里来这几两银子?”一路上胡思乱想，自言自语。你道天地间有这等痴人，一个做小经纪的，本钱只有三两，却要把十两银子去嫖那名妓，可不是个春梦！自古道：“有志者事竟成。”被他千思万想，想出一个计策来。他道：“从明日为始，逐日将本钱扣出，余下的积趱上去。一日积得一分，一年也有三两六钱之数，只消三年，这事便成了；若一日积得二分，只消得年半；若再多得些，一年也差不多了。”想来想去，不觉走到家里，开锁进门。只因一路上想着许多闲事，回来看了自家的睡铺，惨然无欢，连夜饭也不要吃，便上了床。这一夜翻来覆去，牵挂着美人，那里睡得着。

只因月貌花容，引起心猿意马。

捱到天明，爬起来，就装了油担，煮早饭吃了，匆匆挑了油担子，一径走到王妈妈家去。进了门，却不敢直入，舒着头，往里面张望，王妈妈恰才起床，还蓬着头，正分付保儿买饭菜。秦重识得声音，叫声：“王妈妈。”九妈往外一张，见是秦卖油，笑道：“好忠厚人，果然不失信。”便叫他挑担进来，称了一瓶，约有五斤多重。公道还钱，秦重并不争论。王九妈甚是欢喜，道：“这瓶油只勾我家两日用；但隔一日，你便送来，我不往别处去买油。”秦重应诺，挑担而出，只恨不曾遇见花魁娘子。“且喜扳下主顾，少不得一次不见，二次见，二次不见，三次见。只是一件，特为王九妈一家挑这许多路来，不是做生意的勾当。这昭庆寺是顺路，今日寺中虽然不做功德，难道寻常不用油的？我且挑担去问他。若扳得各房头做个主顾，只消走钱塘门这一路，那一担油尽勾出脱了。”秦重挑担到寺内问时，原来各房和尚也正想着秦卖油。来得正好，多少不等，各各买他的油。秦重与各房约定，也是间一日便送油来用。这一日是个双日。自此日为始，但是单日，秦重别街道上做买卖；但是双日，就走钱塘门这一路。一出钱塘门，先到王九妈家里，以卖油为名，去看花魁娘子。有一日会见，也有一日不会见。不见时费了一场思想，便见时也只添了一层思想。正是：

天长地久有时尽，此恨此情无尽期。

再说秦重到了王九妈家多次，家中大大小小，没一个不认得是秦卖油。时光迅速，不觉一年有余。日大日小，只拣足色细丝，或积三分，或积二分，再少也积下一分，凑得几钱，又打做大块包。日积月累，有了一大包银子，零星凑集，连自己也不知多少。其日是单日，又值大雨，秦重不出去做买卖，积了这一大包银子，心中也自喜欢："趁今日空闲，我把他上一上天平，见个数目。"打个油伞，走到对门倾银铺里，借天平兑银。那银匠好不轻薄，想着："卖油的多少银子，要架天平？只把个五两头等子与他，还怕用不着头纽哩。"秦重把银子包解开，都是散碎银两。大凡成锭的见少，散碎的就见多。银匠是小辈，眼孔极浅，见了许多银子，别是一番面目，想道："人不可貌相，海水不可斗量。"慌忙架起天平，搬出若大若小许多法马。秦重尽包而兑，一厘不多，一厘不少，刚刚一十六两之数，上秤便是一斤。秦重心下想道："除去了三两本钱，余下的做一夜花柳之费，还是有余。"又想道："这样散碎银子，怎好出手！拿出来也被人看低了！见成倾银店中方便，何不倾成锭儿，还觉冠冕。"当下兑足十两，倾成一个足色大锭，再把一两八钱，倾成水丝一小锭。剩下四两二钱之数，拈一小块，还了火钱，又将几钱银子，置下镶鞋净袜，新褶了一顶万字头巾。回到家中，把衣服浆洗得干干净净，买几根安息香，薰了又薰。拣个晴明好日，侵早打扮起来。

虽非富贵豪华客，也是风流好后生。

秦重打扮得齐齐整整，取银两藏于袖中，把房门锁了，一径望王九妈家而来。那一时好不高兴。及至到了门首，愧心复萌，想道："时常挑了担子在他家卖油，今日忽地去做嫖客，如何开口？"正在踌躇之际，只听得呀的一声门响，王九妈走将出来，见了秦重，便道："秦小官今日怎的不做生意，打扮得恁般齐楚[39]，往哪里去贵干？"事到其间，秦重只得老着脸，上前作揖。妈妈也不免还礼。秦重道："小可并无别事，专来拜望妈妈。"那鸨儿是老积年[40]，见貌辨色，见秦重恁般装束，又说拜望，"一定是看上了我家那个丫头，要嫖一夜，或是会一个房。虽然不是个大势主菩萨，搭在篮里便是菜，捉在篮里便是蟹，赚他钱把银子买葱菜，也是好的。"便满脸堆下笑来，道："秦小官拜望老身，必有好处。"秦重道："小可有句不识进退的言语，只是不好启齿。"王九妈道："但说何妨，且请到里面客坐里细讲。"秦重为卖油虽曾到王家准百次，这客坐里交椅，还不曾与他屁股做个相识，今日是个会面之始。王九妈到了客坐，不免分宾而坐，向着内里唤茶。少顷，丫鬟托出茶来，看时却是秦卖油。正不知什么缘故，妈妈恁般相待，格格低了头只是笑。王九妈看见，喝道："有甚好笑！对客全没些规矩！"丫鬟止住笑，放了茶杯自去。王九妈方才开言问道："秦小官有甚话，要对老身说？"秦重道："没有别话，要在妈妈宅上请一位姐姐吃一杯酒儿。"九妈道："难道吃寡酒？一定要嫖了。你是个老实人，几时动这风流之兴？"秦重道："小可的积诚，也非止一日。"九妈道："我家这几个姐姐，都是你认得的，不知你中意那一位？"秦重道："别个都不要，单单要与花魁娘子相处一宵。"

九妈只道取笑他，就变了脸道："你出言无度！莫非奚落老娘么？"秦重道："小可是个老实人，岂有虚情？"九妈道："粪桶也有两个耳朵，你岂不晓得我家美儿的身价！倒了你卖油的灶，还不勾半夜歇钱哩，不如将就拣一个适兴罢。"秦重把颈一缩，舌头一伸，道："恁的好卖弄！不敢动问，你家花魁娘子一夜歇钱要几千两？"九妈见他说耍话，却又回嗔作喜，带笑而言道："那要许多！只要得十两敲丝[41]。其他东道杂费，不在其内。"秦重道："原来如此，不为大事。"袖中摸出这秃秃里一大锭放光细丝银子，递与鸨儿道："这一锭十两重，足色足数，请妈妈收着。"又摸出一小锭来，也递与鸨儿，又道："这一小锭，重有二两，相烦备个小东。望妈妈成就小可这件好事，生死不忘，日后再有孝顺。"九妈见了这锭大银，已自不忍释手，又恐怕他一时高兴，日后没了本钱，心中懊悔，也要尽他一句才好。便道："这十两银子，你做经纪的人，积趱不易，还要三思而行。"秦重道："小可主意已定，不要你老人家费心。"

九妈把这两锭银子收于袖中，道："是便是了，还有许多烦难哩。"秦重道："妈妈是一家之主，有甚烦难？"九妈道："我家美儿，往来的都是王孙公子，富室豪家，真个是'谈笑有鸿儒，往来无白丁[42]'。他岂不认得你是做经纪的秦小官，如何肯接你？"秦重道："但凭妈妈怎的委曲宛转，成全其事，大恩不敢有忘！"九妈见他十分坚心，眉头一皱，计上心来，扯开笑口道："老身已替你排下计策，只看你缘法如何。做得成，不要喜；做不成，不要怪。美儿昨日在李学士家陪酒，还未曾回；今日是黄衙内约下游湖；明日是张山人一班清客，邀他做诗社；后日是韩尚书的公子，数日前送下东道在这里。你且到大后日来看。还有句话，这几日你且不要来我家卖油，预先留下个体面。又有句话，你穿着一身的布衣布裳，不像个上等嫖客，再来时，换件绸缎衣服，教这些丫鬟们认不出你是秦小官。老娘也好与你装谎。"秦重道："小可一一理会得。"说罢，作别出门，且歇这三日生理，不去卖油，到典铺里买了一件见成半新半旧的绸衣，穿在身上，到街坊闲走，演习斯文模样。正是：

未识花院行藏，先习孔门规矩。

丢过那三日不题。到第四日，起个清早，便到王九妈家去。去得太早，门还未开，意欲转一转再来。这番装扮希奇，不敢到昭庆寺去，恐怕和尚们批点，且到十景塘散步。良久又踅转去，王九妈家门已开了。那门前却安顿得有轿马，门内有许多仆从，在那里闲坐。秦重虽然老实，心下到也乖巧，且不进门，悄悄的招那马夫问道："这轿马是谁家的？"马夫道："韩府里来接公子的。"秦重已知韩公子夜来留宿，此时还未曾别，重复转身，到一个饭店之中，吃了些见成茶饭，又坐了一回，方才到王家探信。只见门前轿马已自去了。进得门时，王九妈迎着，便道："老身得罪，今日又不得工夫了。恰才韩公子拉去东庄赏早梅。他是个长嫖，老身不好违拗。闻得说来日还要到灵隐寺，访个棋师赌棋哩。齐衙内又来约过两三次了。这是我家房主，又是辞不得的。他来时，或三日五日的住了去，连老身也定不得个日子。秦小官，你真个要嫖，只索耐心再等几日。不然，前日的尊赐，分毫不动，要便奉还。"秦重道："只怕妈妈不作成。若还迟，终无失，就是一万年，小可也情愿等着。”九妈道：“恁地时，老身便好张主!”秦重作别，方欲起身，九妈又道：“秦小官人，老身还有句话。你下次若来讨信，不要早了。约莫申牌时分，有客没客，老身把个实信与你。倒是越晏些越好。这是老身的妙用，你休错怪。”秦重连声道：“不敢，不敢!”这一日秦重不曾做买卖。次日，整理油担，挑往别处去生理，不走钱塘门一路。每日生意做完，傍晚时分就打扮齐整，到王九妈家探信，只是不得功夫。又空走了一月有余。

那一日是十二月十五，大雪方霁，西风过后，积雪成冰，好不寒冷，却喜地下干燥。秦重做了大半日买卖，如前妆扮，又去探信。王九妈笑容可掬，迎着道：“今日你造化，已是九分九厘了。”秦重道：“这一厘是欠着甚么?”九妈道：“这一厘么?正主儿还不在家。”秦重道：“可回来么?”九妈道：“今日是俞太尉家赏雪，筵席就备在湖船之内。俞太尉是七十岁的老人家，风月之事，已是没分。原说过黄昏送来。你且到新人房里，吃杯烫风酒，慢慢的等他。”秦重道：“烦妈妈引路。”王九妈引着秦重，弯弯曲曲，走过许多房头，到一个所在，不是楼房，却是个平屋三间，甚是高爽。左一间是丫鬟的空房，一般有床榻桌椅之类，却是备官铺的；右一间是花魁娘子卧室，锁着在那里。两旁又有耳房。中间客坐上面，挂一幅名人山水，香几上博山古铜炉，烧着龙涎香饼，两旁书桌，摆设些古玩，壁上贴许多诗稿。秦重愧非文人，不敢细看。心下想道：“外房如此整齐，内室铺陈，必然华丽。今夜尽我受用，十两一夜，也不为多。”九妈让秦小官坐于客位，自己主位相陪。少顷之间，丫鬟掌灯过来，抬下一张八仙桌儿，六碗时新果子，一架攒盒佳肴美酝[43]，未曾到口，香气扑人。九妈执盏相劝道：“今日众小女都有客，老身只得自陪，请开怀畅饮几杯。”秦重酒量本不高，况兼正事在心，只吃半杯。吃了一会，便推不饮。九妈道：“秦小官想饿了，且用些饭再吃酒。”丫鬟捧着雪花白米饭，一吃一添，放于秦重面前，就是一盏杂和汤。鸨儿量高，不用饭，以酒相陪。秦重吃了一碗，就放箸。九妈道：“夜长哩，再请些。”秦重又添了半碗。丫鬟提个行灯来，说：“浴汤热了，请客官洗浴。”秦重原是洗过澡来的，不敢推托，只得又到浴堂，肥皂香汤，洗了一遍，重复穿衣入坐。九妈命撤去肴盒，用暖锅下酒。此时黄昏已绝，昭庆寺里的钟都撞过了，美娘尚未回来。

玉人何处贪欢耍？等得情郎望眼穿!

常言道：“等人心急。”秦重不见表子回家，好生气闷。却被鸨儿夹七夹八，说些风话劝酒，不觉又过了一更天气。只听外面热闹闹的，却是花魁娘子回家，丫鬟先来报了。九妈连忙起身出迎，秦重也离坐而立。只见美娘吃得大醉，侍女扶将进来，到于门首，醉眼矇胧。看见房中灯烛辉煌，杯盘狼藉，立住脚问道：“谁在这里吃酒?”九娘道：“我儿，便是我向日与你说的那秦小官人。他心中慕你，多时的送过礼来。因你不得工夫，担阁他一月有余了。你今日幸而得空，做娘的留他在此伴你。”美娘道：“临安郡中，并不闻说起有什么秦小官人，我不去接他。”转身便走。九妈双手托开，即忙拦住道：“他是个至诚好人，娘不误你。”美娘只得转身，才跨进房门，抬头一看那人，有些面善，一时醉了，急切叫不出来，便道：“娘，这个人我认得他的，不是有名称的子弟，接了他，被人笑话。”九妈道：“我儿，这是涌金门内开缎铺的秦小官人。当初我们住在涌金门时，想你也曾会过，故此面善。你莫识认错了。做娘的见他来意志诚，一时许了他，不好失信。你看做娘的面上，胡乱留他一晚。做娘的晓得不是了，明日却与你陪礼。”一头说，一头推着美娘的肩头向前。美娘拗妈妈不过，只得进房相见。正是：

千般难出虔婆口，万般难脱虔婆手。
饶君纵有万千般，不如跟着虔婆走。

这些言语，秦重一句句都听得，佯为不闻。美娘万福过了，坐于侧首，仔细看着秦重，好生疑惑，心里甚是不悦，嘿嘿无言。唤丫鬟将热酒来，斟着大锺。鸨儿只道他敬客，却自家一饮而尽。九妈道：“我儿醉了，少吃些么！”美儿那里依他，答应道：“我不醉！”一连吃上十来杯。这是酒后之酒，醉中之醉，自觉立脚不住。唤丫鬟开了卧房，点上银釭，也不卸头，也不解带，踹脱了绣鞋，和衣上床，倒身而卧。鸨儿见女儿如此做作，甚不过意，对秦重道：“小女平日惯了，他专会使性。今日他心中不知为什么有些不自在，却不干你事，休得见怪！”秦重道：“小可岂敢！”鸨儿又劝了秦重几杯酒，秦重再三告止。鸨儿送入卧房，向耳傍分付道：“那人醉了，放温存些。”又叫道：“我儿起来，脱了衣服，好好的睡。”美娘已在梦中，全不答应。鸨儿只得去了。

丫鬟收拾了杯盘之类，抹了桌子，叫声：“秦小官人，安置罢。”秦重道：“有热茶要一壶。”丫鬟泡了一壶浓茶，送进房里，带转房门，自去耳房中安歇。秦重看美娘时，面对里床，睡得正熟，把锦被压于身下。秦重想酒醉之人，必然怕冷，又不敢惊醒他。忽见栏杆上又放着一床大红纻丝的锦被，轻轻的取下，盖在美娘身上，把银灯挑得亮亮的，取了这壶热茶，脱鞋上床，捱在美娘身边，左手抱着茶壶在怀，右手搭在美娘身上，眼也不敢闭一闭。正是：

未曾握雨携云，也算偎香倚玉。

却说美娘睡到半夜，醒将转来，自觉酒力不胜，胸中似有满溢之状。爬起来，坐在被窝中，垂着头，只管打干哕[44]。秦重慌忙也坐起来，知他要吐，放下茶壶，用手抚摩其背。良久，美娘喉间忍不住了，说时迟，那时快，美娘放开喉咙便吐。秦重怕污了被窝，把自己的道袍袖子张开，罩在他嘴上。美娘不知所以，尽情一呕，呕毕，还闭着眼，讨茶嗽口。秦重下床，将道袍轻轻脱下，放在地平之上，摸茶壶还是暖的，斟上一瓯香喷喷的浓茶，递与美娘。美娘连吃了二碗，胸中虽然略觉豪燥，身子兀自倦怠，仍旧倒下，向里睡去了。秦重脱下道袍，将吐下一袖的腌臜，重重裹着，放于床侧，依然上床，拥抱似初。美娘那一觉直睡到天明方醒，覆身转来，见傍边睡着一人，问道：“你是那个？”秦重答道：“小可姓秦。”美娘想起夜来之事，恍恍惚惚，不甚记得真了，便道：“我夜来好醉！”秦重道：“也不甚醉。”又问：“可曾吐么？”秦重道：“不曾。”美娘道：“这样还好。”又想一想道：“我记得曾吐过的，又记得曾吃过茶来，难道做梦不成？”秦重方才说道：“是曾吐来。小可见小娘子多了杯酒，也防着要吐，把茶壶暖在怀里。小娘子果然吐后讨茶，小可斟上，蒙小娘子不弃，饮了两瓯。”美娘大惊道：“脏巴巴的，吐在那里？”秦重道：“恐怕小娘子污了被褥，是小可把袖子盛了。”美娘道：“如今在那里？”秦重道：“连衣服裹着，藏过在那里。”美娘道：“可惜坏了你一件衣服。”秦重道：“这是小可的衣服，有幸得沾小娘子的馀沥[45]。”美娘听说，心下想道：“有这般识趣的人！”心里已有四五分欢喜了。

此时天色大明，美娘起身，下床小解，看着秦重，猛然想起是秦卖油，遂问道：“你实对我说，是什么样人？为何昨夜在此？”秦重道：“承花魁娘子下问，小子怎敢妄言。小可实是常来宅上卖油的秦重。”遂将初次看见送客，又看见上轿，心下想慕之极，及积攒嫖钱之事，备细述了一遍，“夜来得亲近小娘子一夜，三生有幸，心满意足。”美娘听说，愈加可怜，道：“我昨夜酒醉，不曾招接得你。你干折了多少银子[46]，莫不懊悔？”秦重道：“小娘子天上神仙，小可惟恐伏侍不周，但不见责，已为万幸，况敢有非意之望！”美娘道：“你做经纪的人，积下些银两，何不留下养家？此地不是你来往的。”秦重道：“小可单只一身，并无妻小。”美娘顿了一顿，便道：“你今日去了，他日还来么？”秦重道：“只这昨宵相亲一夜，已慰生平，岂敢又作痴想！”美娘想道：“难得这好人，又忠厚，又老实，又且知情识趣，隐恶扬善，千百中难遇此一人。可惜是市井之辈，若是衣冠子弟，情愿委身事之。”正在沉吟之际，丫鬟捧洗脸水进来，又是两碗姜汤。秦重洗了脸，因夜来未曾脱帻[47]，不用梳头，呷了几口姜汤，便要告别。美娘道：“少住不妨，还有话说。”秦重道：“小可仰慕花魁娘子，在傍多站一刻，也是好的。但为人岂不自揣！夜来在此，实是大胆，惟恐他人知道，有玷芳名，还是早些去了安稳。”美娘点了一点头，打发丫鬟出房，忙忙的开了减妆，取出二十两银子，送与秦重道：“昨夜难为了你，这银两权奉为资本，莫对人说。”秦重那里肯受。美娘道：“我的银子，来路容易。这些须酬你一宵之情，休得固逊。若本钱缺少，异日还有助你之处。那件污秽的衣服，我叫丫鬟湔洗干净了还你罢[48]。”秦重道：“粗衣不烦小娘子费心，小可自会湔洗。只是领赐不当。”美娘道：“说那里话！”将银子挜在秦重袖内[49]，推他转身。秦重料难推却，只得受了，深深作揖，卷了脱下这件龌龊道袍，走出房门，打从鸨儿房前经过，保儿看见，叫声：“妈妈！秦小官去了。”王九妈正在净桶上解手，口中叫道：“秦小官，如何去得恁早？”秦重道：“有些贱事，改日特来称谢。”

不说秦重去了，且说美娘与秦重虽然没点相干，见他一片诚心，去后好不过意。这一日因害酒，辞了客在家将息。千个万个孤老都不想，倒把秦重整整的想一日。有《挂枝儿》为证：

俏冤家，须不是串花家的子弟，你是个做经纪本分人儿，那匡你会温存，能软款，知心知意。料你不是个使性的，料你不是个薄情的。几番待放下思量也，又不觉思量起。

话分两头，再说邢权在朱十老家，与兰花情热，见朱十老病废在床，全无顾忌。十老发作了几场，两个商量出一条计策来，俟夜静更深，将店中资本席卷，双双的逃之夭夭，不知去向。次日天明，十老方知。央及邻里，出了个失单，寻访数日，并无动静，深悔当日不合为邢权所惑，逐了朱重。如今日久见人心，闻知朱重赁居众安桥下，挑担卖油，不如仍旧收拾他回来，老死有靠，只怕他记恨在心。教邻舍好生劝他回家，但记好，莫记恶。秦重一闻此言，即日收拾了家伙，搬回十老家里。相见之间，痛哭了一场。十老将所存囊橐，尽数交付秦重。秦重自家又有二十余两本钱，重整店面，坐柜卖油。因在朱家，仍称朱重，不用秦字。不上一月，十老病重，医治不痊，呜呼哀哉。朱重捶胸大恸，如亲父一般，殡殓成服，七七做了些好事。朱家祖坟在清波门外，朱重举丧安葬，事事成礼。邻里皆称其厚德。事定之后，仍先开店。原来这油铺是个老店，从来生意原好，却被邢权刻剥存私，将主顾弄断了多少。今见朱小官在店，谁家不来作成？所以生理比前越盛。朱重单身独自，急切要寻个老成帮手。有个惯做中人的，叫做金中，忽一日引着一个五十余岁的人来。原来那人正是莘善，在汴梁城外安乐村居住。因那年避乱南奔，被官兵冲散了女儿瑶琴，夫妻两口，凄凄惶惶，东逃西窜，胡乱的过了几年。今日闻临安兴旺，南渡人民，大半安插在彼，诚恐女儿流落此地，特来寻访，又没消息。身边盘缠用尽，欠了饭钱，被饭店中终日赶逐，无可奈何，偶然听见金中说起朱家油铺，要寻个卖油帮手。自己曾开过六陈铺子，卖油之事，都则在行。况朱小官原是汴京人，又是乡里。故此央金中引荐到来。朱重问了备细，乡人见乡人，不觉感伤。“既然没处投奔，你老夫妻两口，只住在我身边，只当个乡亲相处，慢慢的访着令爱消息，再作区处。”当下取两贯钱把与莘善，去还了饭钱，连浑家阮氏也领将来，与朱重相见了，收拾一间空房，安顿他老夫妇在内。两口儿也尽心竭力，内外相帮。朱重甚是欢喜。光阴似箭，不觉一年有余。多有人见朱小官年长未娶，家道又好，做人又志诚，情愿白白把女儿送他为妻。朱重因见了花魁娘子，十分容貌，等闲的不看在眼，立心要访求个出色的女子，方才肯成亲。以此日复一日，担搁下去。正是：

曾观沧海难为水，除却巫山不是云。

再说王美娘在九妈家，盛名之下，朝欢暮乐，真个口厌肥甘，身嫌锦绣。虽然如此，每遇不如意之处，或是子弟们任情使性，吃醋挑槽[50]，或自己病中醉后，半夜三更，没人疼热，就想起秦小官人的好处来，只恨无缘再会。也是他桃花运尽，合当变更，一年之后，生出一段事端来。

却说临安城中，有个吴八公子，父亲吴岳，见为福州太守。这吴八公子，打从父亲任上回来，广有金银，平昔间也喜赌钱吃酒，三瓦两舍走动[51]。闻得花魁娘子之名，未曾识面，屡屡遣人来约，欲要嫖他。王美娘闻他气质不好，不愿相接，托故推辞，非止一次。那吴八公子也曾和着闲汉们亲到王九妈家几番，都不曾会。其时清明节届，家家扫墓，处处踏青，美娘因连日游春困倦，且是积下许多诗画之债，未曾完得，分付家中：“一应客来，都与我辞去。”闭了房门，焚起一炉好香，摆设文房四宝，方欲举笔，只听得外面沸腾，却是吴八公子，领着十余个狠仆，来接美娘游湖。因见鸨儿每次回他，在中堂行凶，打家打伙，直闹到美娘房前，只见房门锁闭。原来妓家有个回客法儿，小娘躲在房内，却把房门反锁，支吾客人，只推不在。那老实的就被他哄过了。吴公子是惯家，这些套子，怎地瞒得？分付家人扭断了锁，把房门一脚踢开。美娘躲身不迭，被公子看见，不由分说，教两个家人，左右牵手，从房内直拖出房外来，口中兀自乱嚷乱骂。王九妈欲待上前陪礼解劝，看见势头不好，只得闪过。家中大小，躲得没半个影儿。吴家狠仆牵著美娘，出了王家大门，不管他弓鞋窄小，望街上飞跑，八公子在后，扬扬得意。直到西湖口，将美娘㧐下了湖船[52]，方才放手。美娘十二岁到王家，锦绣中养成，珍宝般供养，何曾受恁般凌贱。下了船，对着船头，掩面大哭。吴八公子见了，放下面皮，气忿忿的象关云长单刀赴会，一把交椅，朝外而坐，狠仆侍立于傍。一面分付开船，一面数一数二的发作一个不住："小贱人，小娼根，不受人抬举！再哭时，就讨打了！"美娘那里怕他，哭之不已。船至湖心亭，吴八公子吩咐摆盒在亭子内，自己先上去了，却分付家人："叫那小贱人来陪酒。"美娘抱住了栏杆，哪里肯去？只是嚎哭。吴八公子也觉没兴，自己吃了几杯淡酒，收拾下船，自来扯美娘。美娘双脚乱跳，哭声愈高。八公子大怒，教狠仆拔去簪珥。美娘蓬着头，跑到船头上，就要投水，被家童们扶住。公子道："你撒赖便怕你不成！就是死了，也只费得我几两银子，不为大事。只是送你一条性命，也是罪过。你住了啼哭时，我就放你回去，不难为你。"美娘听说放他回去，真个住了哭。八公子分付移船到清波门外僻静之处，将美娘绣鞋脱下，去其裹脚，露出一对金莲，如两条玉笋相似。教狠仆扶他上岸，骂道："小贱人！你有本事，自走回家，我却没人相送。"说罢，一篙子撑开，再向湖中而去。正是：

焚琴煮鹤从来有[53]，惜玉怜香几个知！

美娘赤了脚，寸步难行，思想："自己才貌两全，只为落于风尘，受此轻贱。平昔枉自结识许多王孙贵客，急切用他不着，受了这般凌辱。就是回去，如何做人？到不如一死为高。只是死得没些名目，枉自享个盛名，到此地位，看著村庄妇人，也胜我十二分。这都是刘四妈这个花嘴，哄我落坑堕堑，致有今日！自古红颜薄命，亦未必如我之甚！"越思越苦，放声大哭。事有偶然，却好朱重那日到清波门外朱十老的坟上，祭扫过了，打发祭物下船，自己步回，从此经过。闻得哭声，上前看时，虽然蓬头垢面，那玉貌花容，从来无两，如何不认得！吃了一惊，道："花魁娘子，如何这般模样？"美娘哀哭之际，听得声音厮熟，止啼而看，原来正是知情识趣的秦小官。美娘当此之际，如见亲人，不觉倾心吐胆，告诉他一番。朱重心中十分疼痛，亦为之流泪。袖中带得有白绫汗巾一条，约有五尺多长，取出劈半扯开，奉与美娘裹脚，亲手与他拭泪。又与他挽起青丝，再三把好言宽解。等待美娘哭定，忙去唤个暖轿[54]，请美娘坐了，自己步送，直到王九妈家。

九妈不得女儿消息，在四处打探，慌迫之际，见秦小官送女儿回来，分明送一颗夜明珠还他，如何不喜！况且鸨儿一向不见秦重挑油上门，多曾听得人说，他承受了朱家的店业，手头活动，体面又比前不同，自然刮目相待。又见女儿这等模样，问其缘故，已知女儿吃了大苦，全亏了秦小官。深深拜谢，设酒相待。日已向晚，秦重略饮数杯，起身作别。美娘如何肯放，道；"我一向有心于你，恨不得你见面，今日定然不放你空去。"鸨儿也来扳留。秦重喜出望外。是夜，美娘吹弹歌舞，曲尽生平之技，奉承秦重。秦重如做了一个游仙好梦，喜得魄荡魂消，手舞足蹈。夜深酒阑，二人相挽就寝。美娘道："我有句心腹之言与你说，你休得推托!"秦重道："小娘子若用得着小可时，就赴汤蹈火，亦所不辞，岂有推托之理?"美娘道："我要嫁你。"秦重笑道："小娘子就嫁一万个，也还数不到小可头上，休得取笑，枉自折了小可的食料。"美娘道："这话实是真心，怎说取笑二字！我自十四岁被妈妈灌醉，梳弄过了。此时便要从良，只为未曾相处得人，不辨好歹，恐误了终身大事。以后相处的虽多，都是豪华之辈，酒色之徒。但知买笑追欢的乐意，那有怜香惜玉的真心。看来看去，只有你是个志诚君子，况闻你尚未娶亲。若不嫌我烟花贱质，情愿举案齐眉，白头奉侍。你若不允之时，我就将三尺白罗，死于君前，表白我一片诚心，也强如昨日死于村郎之手，没名没目，惹人笑话。"说罢，呜呜的哭将起来。秦重道："小娘子休得悲伤。小可承小娘子错爱，将天就地，求之不得，岂敢推托？只是小娘子千金声价，小可家贫力薄，如何摆布，也是力不从心了。"美娘道："这却不妨。不瞒你说，我只为从良一事，预先积趱些东西，寄顿在外。赎身之费，一毫不费你心力。"秦重道："就是小娘子自己赎身，平昔住惯了高堂大厦，享用了锦衣玉食，在小可家，如何过活?"美娘道："布衣蔬食，死而无怨。"秦重道："小娘子虽然——只怕妈妈不从。"美娘道："我自有道理。"如此如此，这般这般，两个直说到天明。

原来黄翰林的衙内，韩尚书的公子，齐太尉的舍人，这几个相知的人家，美娘都寄顿得有箱笼。美娘只推要用，陆续取到密地，约下秦重，教他收置在家。然后一乘轿子，抬到刘四妈家，诉以从良之事。刘四妈道："此事老身前日原说过的。只是年纪还早，又不知你要从那一个?"美娘道："姨娘，你莫管是甚人，少不得依着姨娘的言语，是个真从良，乐从良，了从良；不是那不真，不假，不了，不绝的勾当。只要姨娘肯开口时，不愁妈妈不允。做侄女的没别孝顺，只有十两金子，奉与姨娘，胡乱打些钗子；是必在妈妈前做个方便。事成之时，媒礼在外。"刘四妈看见这金子，笑得眼儿没缝，便道："自家儿女，又是美事，如何要你的东西！这金子权时领下，只当与你收藏。此事都在老身身上。只是你的娘，把你当个摇钱之树，等闲也不轻放你出去。怕不要千把银子。那主儿可是肯出手的么？也得老身见他一见，与他讲道方好。"美娘道："姨娘莫管闲事，只当你侄女自家赎身便了。"刘四妈道："妈妈可晓得你到我家来?"美娘道："不晓得。"四妈道："你且在我家便饭，待老身先到你家，与妈妈讲。讲得通时，然后来报你。"

刘四妈雇乘轿子，抬到王九妈家，九妈相迎入内。刘四妈问起吴八公子之事，九妈告诉了一遍。四妈道："我们行户人家，到是养成个半低不高的丫头，尽可赚钱，又且安稳，不论什么客就接了，倒是日日不空的。侄女只为声名大了，好似一块鳖鱼落地[55]，马蚁儿都要钻他。虽然热闹，却也不得自在。说便许多一夜，也只是个虚名。那些王孙公子来一遍，动不动有几个帮闲，连宵达旦，好不费事。跟随的人又不少，个个要奉承得他好。有些不到之处，口里就出粗，哩嗹罗嗹的骂人，还要弄损你家伙，又不好告诉他家主，受了若干闷气。况且山人墨客，诗社棋社，少不得一月之内，又有几时官身[56]。这些富贵子弟，你争我夺，依了张家，违了李家，一边喜，少不得一边怪了。就是吴八公子这一个风波，吓杀人的，万一失差，却不连本送了？官宦人家，和他打官司不成！只索忍气吞声。今日还亏着你家时运高，太平没事，一个霹雳空中过去了。倘然山高水低，悔之无及。妹子闻得吴八公子不怀好意，还要到你家索闹。侄女的性气又不好，不肯奉承人。第一是这件，乃是个惹祸之本。”九妈道：“便是这件，老身常是担忧。就是这八公子，也是有名有称的人，又不是微贱之人。这丫头抵死不肯接他，惹出这场寡气。当初他年纪小时，还听人教训。如今有了个虚名，被这些富贵子弟夸他奖他，惯了他性情，骄了他气质，动不动自作自主。逢着客来，他要接便接，他若不情愿时，便是九牛也休想牵得他转。”刘四妈道：“做小娘的略有些身分，都则如此。”王九妈道：“我如今与你商议：倘若有个肯出钱的，不如卖了他去，到得干净，省得终身担着鬼胎过日。”刘四妈道：“此言甚妙。卖了他一个，就讨得五六个。若凑巧撞得着相应的，十来个也讨得的。这等便宜事，如何不做！”王九妈道：“老身也曾算计过来：那些有势有力的不肯出钱，专要讨人便宜；及至肯出几两银子的，女儿又嫌好道歉，做张做智的不肯[57]。若有好主儿，妹子做媒，作成则个。倘若这丫头不肯时节，还求你撺掇。这丫头做娘的话也不听，只你说得他信，话得他转。”刘四妈呵呵大笑道：“做妹子的此来，正为与侄做媒。你要许多银子便肯放他出门？”九妈道：“妹子，你是明理的人。我们这行户例，只有贱买，哪有贱卖？况且美儿数年盛名满临安，谁不知他是花魁娘子，难道三百四百，就容他走动？少不得要他千金。”刘四妈道：“待妹子去讲。若肯出这个数目，做妹子的便来多口。若合不着时，就不来了。”临行时，又故意问道：“侄女今日在那里？”王九妈道：“不要说起，自从那日吃了吴八公子的亏，怕他还来淘气，终日里抬个轿子，各宅去分诉。前日在齐太尉家，昨日在黄翰林家，今日又不知在那家去了。”刘四妈道：“有了你老人家做主，按定了坐盘星，也不容侄女不肯。万一不肯时，做妹子自会劝他。只是寻得主顾来，你却莫要捉班做势。”九妈道：“一言既出，并无他说。”九妈送至门首。刘四妈叫声聒噪，上轿去了。这才是：

数黑论黄雌陆贾，说长话短女随何。
若还都像虔婆口，尺水能兴万丈波。

刘四妈回到家中，与美娘说道：“我对你妈妈如此说，这般讲，你妈妈已自肯了。只要银子见面，这事立地便成。”美娘道：“银子已曾办下，明日姨娘千万到我家来，玉成其事，不要冷了场，改日又费讲。”四妈道：“既然约定，老身自然到宅。”美娘别了刘四妈，回家一字不题。次日，午牌时分，刘四妈果然来了。王九妈问道：“所事如何！”四妈道：“十有八九，只不曾与侄女说过。”四妈来到美娘房中，两下相叫了，讲了一回说话。四妈道：“你的主儿到了不曾？那话儿在那里[58]？”美娘指着床头道：“在这几只皮箱里。”美娘把五六只皮箱一时都开了，五十两一封，搬出十三四封来，又把些金珠宝玉算价，足勾千金之数。把个刘四妈惊得眼中出火，口内流涎，想道：“小小年纪，这等有肚肠！不知如何设处，积下许多东西？我家这几个粉头，一般接客，赶得着他那里！不要说不会生发[59]，就是有几文钱在荷包里，闲时买瓜子磕，买糖儿吃，两条脚布破了，还要做妈的与他买布哩。偏生九阿姐造化，讨得着，年时赚了若干钱钞，临出门还有这一主大财，又是取诸宫中[60]，不劳余力。”这是心中暗想之语，却不曾说出来。美娘见刘四妈沉吟，只道他作难索谢，慌忙又取出四匹潞绸，两股宝钗，一对凤头玉簪，放在桌上，道：“这几件东西，奉与姨娘为伐柯之敬[61]。”刘四妈欢天喜地对王九妈说道：“侄女情愿自家赎身，一般身价，并不短少分毫。比着孤老卖身更好。省得闲汉们从中说合，费酒费浆，还要加一加二的谢他。”

王九妈听得说女儿皮箱内有许多东西，到有咈然之色[62]。你道却是为何！世间只有鸨儿的狠，做小娘的设法些东西，都送到他手里，才是快活。也有做些私房在箱笼内，鸨儿晓得些风声，专等女儿出门，拱开锁钥[63]，翻箱倒笼取个罄空。只为美娘盛名之下，相交都是大头儿，替做娘的挣得钱钞，又且性格有些古怪，等闲不敢触犯，故此卧房里面，鸨儿的脚也不搠进去。谁知他如此有钱。刘四妈见九妈颜色不善，便猜着了，连忙道：“九阿姐，你休得三心两意。这些东西，就是侄女自家积下的，也不是你本分之钱。他若肯花费时，也花费了。或是他不长进，把来津贴了得意的孤老，你也那里知道！这还是他做家的好处。况且小娘自己手中没有钱钞，临到从良之际，难道赤身赶他出门？少不得头上脚下都要收拾得光鲜，等他好去别人家做人。如今他自家拿得出这些东西，料然一丝一线不费你的心。这一主银子，是你完完全全鳖在腰跨里的。他就赎身出去，怕不是你女儿？倘然他挣得好时，时朝月节，怕他不来孝顺你？就是嫁了人时，他又没有亲爹亲娘，你也还去做得着他的外婆，受用处正有哩。”只这一套话，说得王九妈心中爽然，当下应允。刘四妈就去搬出银子，一封封兑过，交付与九妈，又把这些金珠宝玉，逐件指物作价，对九妈说道：“这都是做妹子的故意估下他些价钱。若换与人，还便宜得几十两银子。”王九妈虽同是个鸨儿，到是个老实头儿，凭刘四妈说话，无有不纳。

刘四妈见王九妈收了这主东西，便叫亡八写了婚书[64]，交付与美儿。美儿道：“趁姨娘在此，奴家就拜别了爹妈出门，借姨娘家住一两日，择吉从良，未知姨娘允否?”刘四妈得了美娘许多谢礼，生怕九妈翻悔，巴不得美娘出了他门，完成一事，说道：“正该如此。”当下美娘收拾了房中自己的梳台拜匣、皮箱铺盖之类。但是鸨儿家中之物，一毫不动。收拾已完，随着四妈出房，拜别了假爹假妈，和那姨娘行中，都相叫了。王九妈一般哭了几声。美娘唤人挑了行李，欣然上轿，同刘四妈到刘家去。四妈出一间幽静的好房，顿下美娘行李。众小娘都来与美娘叫喜。是晚，朱重差莘善到刘四妈家讨信，已知美娘赎身出来。择了吉日，笙箫鼓乐娶亲。刘四妈就做大媒送亲，朱重与花魁娘子花烛洞房，欢喜无限。

虽然旧事风流，不减新婚佳趣。

次日，莘善老夫妇请新人相见，各各相认，吃了一惊。问起根由，至亲三口，抱头而哭。朱重方才认得是丈人丈母。请他上坐，夫妻二人，重新拜见。亲邻闻知，无不骇然。是日，整备筵席，庆贺两重之喜，饮酒尽欢而散。三朝之后，美娘教丈夫备下几副厚礼，分送旧相知各宅，以酬其寄顿箱笼之恩，并报他从良信息。此是美娘有始有终处。王九妈、刘四妈家，各有礼物相送，无不感激。满月之后，美娘将箱笼打开，内中都是黄白之资，吴绫蜀锦，何止百计，共有三千余金，都将匙钥交付丈夫，慢慢的买房置产，整顿家当。油铺生理，都是丈人莘善管理。不上一年，把家业挣得花锦般相似，驱奴使婢，甚有气象。

朱重感谢天地神明保佑之德，发心于各寺庙喜舍合殿香烛一套，供琉璃灯油三个月；斋戒沐浴，亲往拈香礼拜。先从昭庆寺起，其他灵隐、法相、净慈、天竺等寺，以次而行。就中单说天竺寺，是观音大士的香火，有上天竺、中天竺、下天竺，三处香火俱盛，却是山路，不通舟楫。朱重叫从人挑了一担香烛，三担清油，自己乘轿而往。先到上天竺来。寺僧迎接上殿，老香火秦公点烛添香。此时朱重居移气，养移体，仪容魁岸，非复幼时面目，秦公那里认得他是儿子。只因油桶上有个大大的"秦"字，又有"汴梁"二字，心中甚以为奇。也是天然凑巧。刚刚到上天竺，偏用着这两只油桶。朱重拈香已毕，秦公托出茶盘，主僧奉茶。秦公问道："不敢动问施主，这油桶上为何有此三字?"朱重听得问声，带著汴梁人的土音，忙问道："老香火，你问他怎么？莫非也是汴梁人么?"秦公道："正是。"朱重道："你姓甚名谁？为何在此出家？共有几年了?"秦公把自己姓名乡里，细细告诉："某年上避兵来此，因无活计，将十三岁的儿子秦重，过继与朱家。如今有八年之远。一向为年老多病，不曾下山问得信息。"朱重一把抱住，放声大哭道："孩儿便是秦重。向在朱家挑油买卖。正为要访求父亲下落，故此于油桶上，写'汴梁秦'三字，做个标识。谁知此地相逢！真乃天与其便!"众僧见他父子别了八年，今朝重会，各各称奇。朱重这一日，就歇在上天竺，与父亲同宿，各叙情节。

次日，取出中天竺、下天竺两个疏头换过[65]。内中朱重，仍改做秦重，复了本姓。两处烧香礼拜已毕，转到上天竺，要请父亲回家，安乐供养。秦公出家已久，吃素持斋，不愿随儿子回家。秦重道："父亲别了八年，孩儿有缺侍奉。况孩儿新娶媳妇，也得他拜见公公方是。"秦公只得依允。秦重将轿子让与父亲乘坐，自己步行，直到家中。秦重取出一套新衣，与父亲换了，中堂设坐，同妻莘氏双双参拜。亲家莘公、亲母阮氏，齐来见礼。

此日大排筵席。秦公不肯开荤，素酒素食。次日，邻里敛财称贺。一则新婚，二则新娘子家眷团圆，三则父子重逢，四则秦小官归宗复姓，共是四重大喜。一连又吃了几日喜酒。秦公不愿家居，思想上天竺故处清净出家。秦重不敢违亲之志，将银二百两，于上天竺另造净室一所，送父亲到彼居住。其日用供给，按月送去。每十日亲往候问一次。每一季同莘氏往候一次。那秦公活到八十余，端坐而化。遗命葬于本山。此是后话。

却说秦重和莘氏，夫妻偕老，生下两个孩儿，俱读书成名。至今风月中市语[66]，凡夸人善于帮衬，都叫做"秦小官"，又叫"卖油郎"。有诗为证：

春来处处百花新，蜂蝶纷纷竞采春。
堪爱豪家多子弟，风流不及卖油人。

①本篇选自《醒世恒言》第三卷。花魁：在妓院中居首位的名妓。 ②风月机关：冶游的场所。 ③子弟：指嫖客。 ④潘安：字安仁，晋代人，貌美有文才，后代指貌美的年轻男人。 ⑤邓通：汉文帝的宠臣，获赏铜山，并获准自铸钱币，号称“大富”。 ⑥卑田院：谓乞丐收容所。又称“悲田院”。 ⑦李亚仙：妓女。唐传奇《李娃传》中名李娃，宋元时演变为李亚仙。 ⑧道君皇帝：宋徽宗赵佶，崇奉道教，自称教主道君皇帝。 ⑨二帝蒙尘：指宋徽宗、钦宗二帝被金人所掳之事。 ⑩高宗泥马渡江：南宋初年的民间传说，前人笔记中也有记载。如《南渡录》：“宋徽宗九子康王（赵构），质于金人，间道而逃。至崔府君庙，倦极而息。见一马，乘之南驰，日行七百里，渡河而止，盖泥马也。” ⑪六陈铺：即粮店。米、大麦、小麦、大豆、小豆、芝麻等六种粮食均可长久存放，故称“六陈”。 ⑫香鸭：指鸭形的香炉。 ⑬君子可欺以其方：指假话讲得入情入理，正人君子也是会被欺蒙的。方，情理，道理。 ⑭驻跸（bì）：指皇帝出行时止宿的地方。跸，皇帝出行时，开路清道，禁止通行。 ⑮无脚蟹：此指无依无靠的女子。 ⑯门户人家：指娼家。 ⑰挂枝儿：明朝民间流行的一种小曲。 ⑱汤：挨，碰。俗语。 ⑲梳弄：谓娼家妓女头一次接客。也称“梳笼”或“上头”。 ⑳ 随何、陆贾：皆为汉高祖刘邦手下著名的舌辩之士。此为刘四妈自夸。 ㉑软壳鸡蛋：比喻面嫩怕羞的人。 ㉒行家：精于某种技艺、职业的人。 ㉓从良：旧时妓女隶属乐籍，除籍嫁人，称为从良。 ㉔倚门献笑：指妓女卖淫。 ㉕孤老：指和娼妓相好的男人。 ㉖收绳卷索：指收心敛迹，从良嫁人。 ㉗赶趁：指妓女营业。 ㉘覆帐：指妓女接待第二个客人。 ㉙妈妈：指妻子。 ㉚望四：将近四十岁。 ㉛撇清：用巧言掩饰劣迹，假装正经。 ㉜孝己：殷高宗的太子，有孝行。高宗听信后妻的话，将他放逐而死。 ㉝申生：春秋时晋献公太子。献公宠爱骊姬，信其谗言，欲改立其子奚齐为太子，使申生出居曲沃。申生自杀。 ㉞螟蛉：义子，养子。 ㉟窨（yìn）清：在地窖里久藏而清澄。 ㊱关白：禀告。 ㊲功德：指念佛诵经，做佛事。 ㊳放光：指雪白的细丝银两。 ㊴齐楚：整齐，漂亮。 ㊵老积年：经验多、阅历深的人。 ㊶敲丝：指银两。古代的银两都敲印着圆丝纹。 ㊷谈笑二句：见宋周敦颐《爱莲说》。 ㊸攒（cuán）盒：一种分层或分格可装多种食品的盒子。 ㊹哕（yuě）：呕吐。 ㊺余沥：酒的残沥。 ㊻干折：白费。 ㊼帻（zé）：包发的头巾。 ㊽湔（jiān）：洗。 ㊾掗（yà）：把东西硬给人。 ㊿挑槽：妓家术语。指嫖客抛弃旧好，另结新欢。 ⑤①三瓦两舍：指娱乐场所。 ⑤②纵（sǒng）：推。 ⑤③焚琴煮鹤：比喻做煞风景的事。这里形容纨绔子弟的粗暴行为。 ⑤④暖轿：轿的四周用毡帷遮掩，可挡风沙。 ⑤⑤鲞（xiǎng）：剖开晾干的鱼。 ⑤⑥官身：旧时妓女有官妓、私娼之分，供宫廷、官府使用的称官身，这里指与文人墨客应酬。 ⑤⑦作张作智：装模作样。 ⑤⑧那话儿：指银子。 ⑤⑨生发：设法赚钱。 ⑥⓪取诸宫中：即从自己家里拿来。 ⑥①伐柯之敬：致送媒人的礼物。 ⑥②咈然：不愉快。 ⑥③抻（chēn）：拨弄。 ⑥④亡八：也作王八。指在妓院中服务的人。 ⑥⑤疏头：和尚诵经前焚化于佛前的祷文。 ⑥⑥市语：切口，行话，隐语。

本篇叙述了卖油郎秦重和名妓莘瑶琴的爱情故事，是“三言”中最具时代特色的现实主义喜剧。小说以一个挑担卖油的小贩为歌颂对象，反映了重平等、重真情、重现实幸福的市民意识，体现了把相互尊重与关爱作为婚姻基础的具有现代意味的爱情观。小说艺术上最突出的成就是人物形象的塑造。首先是令人信服地写出了女主人公性格的发展；其次是心理描写真实、细腻；最后运用对比手法，使人物性格鲜明，栩栩如生。

凌濛初

转运汉遇巧洞庭红　波斯胡指破鼍龙壳[①]

词云：

日日深杯酒满，朝朝小圃花开。自歌自舞自开怀，且喜无拘无碍。
青史几番春梦，红尘多少奇才。不须计较与安排，领取而今见在。

这首词乃宋朱希真所作[②]，词寄《西江月》。单道着人生功名富贵，总有天数，不如图一个见前快活。试看往古来今，一部十七史中，多少英雄豪杰，该富的不得富，该贵的不得贵。能文的倚马千言[③]，用不着时，几张纸盖不完酱瓿。能武的穿杨百步，用不着时，几竿箭煮不熟饭锅。极至那痴呆懵懂，生来有福分的，随他文学低浅，也会发科发甲，随他武艺庸常，也会大请大受[④]。真所谓时也，运也，命也。俗语有两句道得好："命若穷，掘得黄金化作铜；命若富，拾着白纸变成布。"总来只听掌命司颠之倒之。所以吴彦高又有词云："造化小儿无定据，翻来覆去，倒横直竖，眼见都如许。"僧晦庵亦有词云："谁不愿黄金屋？谁不愿千钟粟？算五行不是这般题目[⑤]。枉使心机闲计较，儿孙自有儿孙福。"苏东坡亦有词云："蜗角虚名，蝇头微利，算来着甚干忙？事皆前定，谁弱又谁强？"这几位名人说来说去，都是一个意思。总不如古语云："万事分已定，浮生空自忙。"

说话的，依你说来，不须能文善武，懒惰的也只消天掉下前程；不须经商立业，败坏的也只消天挣与家缘。却不把人间向上的心都冷了？看官有所不知，假如人家出了懒惰的人，也就是命中该贱；出了败坏的人，也就是命中该穷，此是常理。却又自有转眼贫富出人意外，把眼前事分毫算不得准的哩。

且听说一人，乃宋朝汴京人氏，姓金，双名维厚，乃是经纪行中人。少不得朝晨起早，晚夕眠迟，睡醒来，千思想，万算计，拣有便宜的才做。后来家事挣得从容了，他便思想一个久远方法：手头用来用去的，只是那散碎银子，若是上两块头好银，便存着不动。约得百两，便熔成一大锭，把一综红线结成一绦，系在锭腰，放在枕边。夜来摩弄一番，方才睡下。积了一生，整整熔成八锭，以后也就随来随去，再积不成百两，他也罢了。

金老生有四子。一日，是他七十寿旦，四子置酒上寿。金老见了四子跻跻跄跄[⑥]，心中喜欢。便对四子说道："我靠皇天覆庇，虽则劳碌一生，家事尽可度日。况我平日留心，有熔成八大锭银子，永不动用的，在我枕边，见将绒线做对儿结着。今将拣个好日子分与尔等，每人一对，做个镇家之宝。"四子喜谢，尽欢而散。

是夜金老带些酒意，点灯上床，醉眼模糊，望去八个大锭，白晃晃排在枕边。摸了几摸，哈哈地笑了一声，睡下去了。睡未安稳，只听得床前有人行走脚步响，心疑有贼。又细听着，恰象欲前不前相让一般。床前灯火微明，揭帐一看，只见八个大汉身穿白衣，腰系红带，曲躬而前，曰：“某等兄弟，天数派定，宜在君家听令。今蒙我翁过爱，抬举成人，不烦役使，珍重多年，冥数将满。待翁归天后，再觅去向。今闻我翁目下将以我等分役诸郎君。我等与诸郎君辈原无前缘，故此先来告别，往某县某村王姓某者投托。后缘未尽，还可一面。”语毕，回身便走。金老不知何事，吃了一惊。翻身下床，不及穿鞋，赤脚赶去。远远见八人出了房门。金老赶得性急，绊了房槛，扑的跌倒。飒然惊醒，乃是南柯一梦。急起挑灯明亮，点照枕边，已不见了八个大锭。细思梦中所言，句句是实。叹了一口气，哽咽了一会，道：“不信我苦积一世，却没分与儿子们受用，倒是别人家的。明明说有地方姓名，且慢慢跟寻下落则个。”一夜不睡。

次早起来，与儿子们说知。儿子中也有惊骇的，也有疑惑的。惊骇的道：“不该是我们手里东西，眼见得作怪。”疑惑的道：“老人家欢喜中说话，失许了我们，回想转来，一时间就不割舍得分散了，造此鬼话，也不见得。”金老看见儿子们疑信不等，急急要验个实话。遂访至某县某村，果有王姓某者。叫门进去，只见堂前灯烛荧煌，三牲福物，正在那里献神。金老便开口问道：“宅上有何事如此?”家人报知，请主人出来。主人王老见金老，揖坐了，问其来因。金老道：“老汉有一疑事，特造上宅来问消息。今见上宅正在此献神，必有所谓，敢乞明示。”王老道：“老拙偶因寒荆小恙买卜[7]，先生道移床即好。昨寒荆病中，恍惚见八个白衣大汉，腰系红束，对寒荆道：‘我等本在金家，今在彼缘尽，来投身宅上。’言毕，俱钻入床下。寒荆惊出了一身冷汗，身体爽快了。及至移床，灰尘中得银八大锭，多用红绒系腰，不知是那里来的。此皆神天福佑，故此买福物酬谢。今我丈来问，莫非晓得些来历么?”金老跌跌脚道：“此老汉一生所积，因前日也做了一梦，就不见了。梦中也道出老丈姓名居址的确，故得访寻到此。可见天数已定，老汉也无怨处，但只求取出一看，也完了老汉心事。”王老道：“容易。”笑嘻嘻地走进去，叫安童四人[8]，托出四个盘来。每盘两锭，多是红绒系束，正是金家之物。金老看了，眼睁睁无计所奈，不觉扑簌簌吊下泪来。抚摩一番道：“老汉直如此命薄，消受不得!”王老虽然叫安童仍旧拿了进去，心里见金老如此，老大不忍。另取三两零银封了，送与金老作别。金老道：“自家的东西尚无福，何须尊惠!”再三谦让，必不肯受。王老强纳在金老袖中，金老欲待摸出还了，一时摸个不着，面儿通红。又被王老央不过，只得作揖别了。直至家中，对儿子们一一把前事说了，大家叹息了一回。因言王老好处，临行送银三两。满袖摸遍，并不见有，只说路中掉了。却元来金老推逊时，王老往袖里乱塞，落在着外面一层袖中。袖有断线处，在王老家摸时，已在脱线处落出在门槛边了。客去扫门，仍旧是王老拾得。可见一饮一啄，莫非前定。不该是他的东西，不要说八百两，就是三两也得不去。该是他的东西，不要说八百两，就是三两也推不出。原有的倒无了，原无的倒有了，并不由人计较。

而今说一个人，在实地上行，步步不着，极贫极苦的，却在渺渺茫茫做梦不到的去处，得了一主没头没脑钱财，变成巨富。从来稀有，亘古新闻。有诗为证，诗曰：

分内功名匣里财，不关聪慧不关呆。
果然命是财官格，海外犹能送宝来。

话说国朝成化年间，苏州府长洲县阊门外有一人，姓文名实，字若虚。生来心思慧巧，做着便能，学着便会。琴棋书画，吹弹歌舞，件件粗通。幼年间，曾有人相他有巨万之富。他亦自恃才能，不十分去营求生产，坐吃山空，将祖上遗下千金家事，看看消下来。以后晓得家业有限，看见别人经商图利的，时常获利几倍，便也思量做些生意，却又百做百不着。

一日，见人说北京扇子好卖，他便合了一个伙计，置办扇子起来。上等金面精巧的，先将礼物求了名人诗画，免不得是沈石田、文衡山、祝枝山拓了几笔⑨，便值上两数银子。中等的，自有一样乔人⑩，一只手学写了这几家字画，也就哄得人过，将假当真的买了，他自家也兀自做得来的。下等的无金无字画，将就卖几十钱，也有对合利钱，是看得见的。拣个日子装了箱儿，到了北京。岂知北京那年，自交夏来，日日淋雨不晴，并无一毫暑气，发市甚迟。交秋早凉，虽不见及时，幸喜天色却晴，有妆晃子弟要买把苏做的扇子⑪，袖中笼着摇摆。来买时，开箱一看，只叫得苦。元来北京历沴⑫，却在七八月，更加日前雨湿之气，斗着扇上胶墨之性，弄做了个“合而言之”⑬，揭不开了。用力揭开，东粘一层，西缺一片，但是有字有画值价钱者，一毫无用。只剩下等没字白扇，是不坏的，能值几何？将就卖了做盘费回家，本钱一空。频年做事，大概如此。不但自己折本，但是搭他作伴，连伙计也弄坏了。故此人起他一个混名，叫做“倒运汉”。不数年，把个家事干圆洁净了⑭，连妻子也不曾娶得。终日间靠着些东涂西抹，东挨西撞，也济不得甚事。但只是嘴头子谄得来，会说会笑，朋友家喜欢他有趣，游耍去处少他不得；也只好趁口⑮，不是做家的。况且他是大模大样过来的，帮闲行里，又不十分入得队。有怜他的，要荐他坐馆教学，又有诚实人家嫌他是个杂板令⑯，高不凑，低不就。打从帮闲的、处馆的两项人见了他，也就做鬼脸，把“倒运”两字笑他，不在话下。

一日，有几个走海泛货的邻近，做头的无非是张大、李二、赵甲、钱乙一班人，共四十余人，合了伙将行。他晓得了，自家思忖道：“一身落魄，生计皆无。便附了他们航海，看看海外风光，也不枉人生一世。况且他们定是不却我的，省得在家忧柴忧米，也是快活。”正计较间，恰好张大踱将来。元来这个张大名唤张乘运，专一做海外生意，眼里认得奇珍异宝，又且秉性爽慨，肯扶持好人，所以乡里起他一个混名，叫张识货。文若虚见了，便把此意一一与他说了。张大道：“好，好。我们在海船里头不耐烦寂寞，若得兄去，在船中说说笑笑，有甚难过的日子？我们众兄弟料想多是喜欢的。只是一件，我们多有货物将去，兄并无所有，觉得空了一番往返，也可惜了。待我们大家计较，多少凑些出来助你，将就置些东西去也好。”文若虚便道：“多谢厚情，只怕没人如兄肯周全小弟。”张大道：“且说说看。”一竟自去了。

恰遇一个瞽目先生敲着“报君知”走将来⑰，文若虚伸手顺袋里摸了一个钱，扯他一卦问问财气看。先生道：“此卦非凡，有百十分财气，不是小可。”文若虚自想道："我只要搭去海外耍耍，混过日子罢了，那里是我做得着的生意？要甚么赍助？就赍助得来，能有多少？便直恁地财爻动[18]？这先生也是混帐。"只见张大气忿忿走来，说道："说着钱，便无缘。这些人好笑，说道你去，无不喜欢。说到助银，没一个则声。今我同两个好的弟兄，拼凑得一两银子在此，也办不成甚货，凭你买些果子，船里吃罢。口食之类，是在我们身上。"若虚称谢不尽，接了银子。张大先行，道："快些收拾，就要开船了。"若虚道："我没甚收拾，随后就来。"手中拿了银子，看了又笑，笑了又看，道："置得甚货么？"信步走去，只见满街上筐篮内盛着卖的：

红如喷火，巨若悬星。皮未皱，尚有余酸；霜未降，不可多得。元殊苏井诸家树[19]，亦非李氏千头奴[20]。较广似曰难况[21]，比福亦云具体[22]。

乃是太湖中有一洞庭山，地暖土肥，与闽广无异，所以广橘福橘，播名天下。洞庭有一样橘树绝与他相似，颜色正同，香气亦同。止是初出时，味略少酸，后来熟了，却也甜美。比福橘之价十分之一，名曰"洞庭红"。若虚看见了，便思想道："我一两银子买得百斤有余，在船可以解渴，又可分送一二，答众人助我之意。"买成装上竹篓，雇一闲的，并行李挑了下船。众人都拍手笑道："文先生宝货来也！"文若虚羞惭无地，只得吞声上船，再也不敢提起买橘的事。

开得船来，渐渐出了海口，只见银涛卷雪，雪浪翻银。湍转则日月似惊，浪动则星河如覆。三五日间，随风漂去，也不觉过了多少路程。忽至一个地方，舟中望去，人烟凑聚，城郭巍峨，晓得是到了甚么国都了。舟人把船撑入藏风避浪的小港内，钉了桩橛，下了铁锚，缆好了。船中人多上岸。打一看，元来是来过的所在，名曰吉零国。元来这边中国货物拿到那边，一倍就有三倍价。换了那边货物，带到中国也是如此。一往一回，却不便有八九倍利息，所以人都拚死走这条路。众人多是做过交易的，各有熟识经纪、歇家，通事人等[23]，各自上岸找寻发货去了，只留文若虚在船中看船。路径不熟，也无走处。

正闷坐间，猛可想起道："我那一篓红橘，自从到船中，不曾开看，莫不人气蒸烂了？趁着众人不在，看看则个。"叫那水手在舱板底下翻将起来，打开了篓看时，面上多是好好的。放心不下，索性搬将出来，都摆在船板上面。也是合该发迹，时来福凑。摆得满船红焰焰的，远远望来，就是万点火光，一天星斗。岸上走的人，都拢将来问道："是甚么好东西呵？"文若虚只不答应。看见中间有个把一点头的[24]，拣了出来，掐破就吃。岸上看的一发多了，惊笑道："元来是吃得的！"就中有个好事的，便来问价："多少一个？"文若虚不省得他们说话，船上人却晓得，就扯个谎哄他，竖起一个指头，说："要一钱一颗。"那问的人揭开长衣，露出那兜罗锦红裹肚来，一手摸出银钱一个来，道："买一个尝尝。"文若虚接了银钱，手中等等看，约有两把重。心下想道："不知这些银子，要买多少，也不见秤秤，且先把一个与他看样。"拣个大些的，红得可爱的，递一个上去。只见那个人接上手，颠了一颠道："好东西呵！"扑地就劈开来，香气扑鼻。连旁边闻着的许多人，大家喝一声采。那买的不知好歹，看见船上吃法，也学他去了皮，却不分囊，一块塞在口里，甘水满咽喉，连核都不吐，吞下去了。哈哈大笑道："妙哉！妙哉！"又伸手到裹肚里，摸出十个银钱来，说："我要买十个进奉去。"文若虚喜出望外，拣十个与他去了。那看的人见那人如此买去了，也有买一个的，也有买两个、三个的，都是一般银钱。买了的，都千欢万喜去了。

元来彼国以银为钱，上有文采。有等龙凤文的，最贵重，其次人物，又次禽兽，又次树木，最下通用的，是水草：却都是银铸的，分两不异。适才买橘的，都是一样水草纹的，他道是把下等钱买了好东西去了，所以欢喜。也只是要小便宜肚肠，与中国人一样。须臾之间，三停里卖了二停。有的不带钱在身边的，老大懊悔，急忙取了钱转来。文若虚已此剩不多了，拿一个班道㉕："而今要留着自家用，不卖了。"其人情愿再增一个钱，四个钱买了二颗。口中哓哓说："悔气！来得迟了。"旁边人见他增了价，就埋怨道："我每还要买个，如何把价钱增长了他的？"买的人道："你不听得他方才说，兀自不卖了？"

正在议论间，只见首先买十颗的那一个人，骑了一匹青骢马，飞也似奔到船边，下了马，分开人丛，对船上大喝道："不要零卖！不要零卖！是有的俺多要买。俺家头目要买去进克汗哩。"看的人听见这话，便远远走开，站住了看。文若虚是伶俐的人，看见来势，已此瞧科在眼里㉖，晓得是个好主顾了。连忙把篓里尽数倾出来，止剩五十余颗。数了一数，又拿起班来说道："适间讲过要留着自用，不得卖了。今肯加些价钱，再让几颗去罢。适间已卖出两个钱一颗了。"其人在马背上拖下一大囊，摸出钱来，另是一样树木纹的，说道："如此钱一个罢了。"文若虚道："不情愿，只照前样罢了。"那人笑了一笑，又把手去摸出一个龙凤纹的来道："这样的一个如何？"文若虚又道："不情愿，只要前样的。"那人又笑道："此钱一个抵百个，料也没得与你，只是与你耍。你不要俺这一个，却要那等的，是个傻子！你那东西，肯都与俺了，俺再加你一个那等的，也不打紧。"文若虚数了一数，有五十二颗，准准的要了他一百五十六个水草银钱。那人连竹篓都要了，又丢了一个钱，把篓拴在马上，笑吟吟地一鞭去了。看的人见没得卖了，一哄而散。

文若虚见人散了，到舱里把一个钱秤一秤，有八钱七分多重。秤过数个都是一般。总数一数，共有一千个差不多。把两个赏了船家，其余收拾在包里了。笑一声道："那盲子好灵卦也！"欢喜不尽，只等同船人来对他说笑则个。

说话的，你说错了！那国里银子这样不值钱，如此做买卖，那久惯漂洋的，带去多是绫罗缎匹，何不多卖了些银钱回来，一发百倍了？看官有所不知：那国里见了绫罗等物，都是以货交兑。我这里人也只是要他货物，才有利钱，若是卖他银钱时，他都把龙凤、人物的来交易，作了好价钱，分两也只得如此，反不便宜。如今是买吃口东西，他只认做把低钱交易，我却只管分两，所以得利了。说话的，你又说错了！依你说来，那航海的，何不只买吃口东西，只换他低钱，岂不有利？用着重本钱，置他货物怎地？看官，又不是这话。也是此人偶然有此横财，带去着了手。若是有心第二遭再带去，三五日不遇巧，等得希烂。那文若虚运未通时，卖扇子就是榜样。扇子还是放得起的，尚且如此，何况果品？是这样执一论不得的。

闲话休题。且说众人领了经纪主人到船发货，文若虚把上头事说了一遍。众人都惊喜道："造化！造化！我们同来，到是你没本钱的先得了手也！"张大便拍手道："人都道他倒运，而今想是运转了！"便对文若虚道："你这些银钱此间置货，作价不多。除是转发在伙伴中，回他几百两中国货物，上去打换些土产珍奇，带转去有大利钱，也强如虚藏此银钱在身边，无个用处。"文若虚道："我是倒运的，将本求财，从无一遭不连本送的。今承诸公挈带，做此无本钱生意，偶然侥幸一番，真是天大造化了，如何还要生利钱，妄想甚么？万一如前再做折了，难道再有洞庭红这样好卖不成？"众人多道："我们用得着的是银子，有的是货物。彼此通融，大家有利，有何不可？"文若虚道："一年吃蛇咬，三年怕草索。说到货物，我就没胆气了。只是守了这些银钱回去罢。"众人齐拍手道："放着几倍利钱不取，可惜！可惜！"随同众人一齐上去，到了店家交货明白，彼此兑换。约有半月光景，文若虚眼中看过了若干好东好西，他已自志得意满，下放在心上。

众人事体完了，一齐上船，烧了神福，吃了酒开洋。行了数日，忽然间天变起来。但见：

乌云蔽日，黑浪掀天。蛇龙戏舞起长空，鱼鳌惊惶潜水底。艨艟泛泛，只如栖不定的数点寒鸦；岛屿浮浮，便似没不煞的几双水鹈。舟中是方扬的米簸，舷外是正熟的饭锅。总因风伯大无情，以致篙师多失色。

那船上人见风起了，扯起半帆，不问东西南北，随风势漂去。隐隐望见一岛，便带住篷脚，只看着岛边使来。看看渐近，恰是一个无人的空岛。但见：

树木参天，草莱遍地。荒凉径界，无非些兔迹狐踪：坦迤土壤，料不是龙潭虎窟。混茫内，未识应归何国辖；开辟来，不知曾否有人登。

船上人把船后抛了铁锚，将桩橛泥犁上岸去钉停当了，对舱里道："且安心坐一坐，候风势则个。"那文若虚身边有了银子，恨不得插翅飞到家里，巴不得行路，却如此守风呆坐，心里焦燥。对众人道："我且上岸去岛上望望则个。"众人道："一个荒岛，有何好看？"文若虚道："总是闲着，何碍？"众人都被风颠得头晕，个个是呵欠连天，不肯同去。文若虚便自一个抖擞精神，跳上岸来，只因此一去，有分交：十年败壳精灵显，一介穷神富贵来。若是说话的同年生，并时长，有个未卜先知的法儿，便双脚走不动，也拄个拐儿随他同去一番，也不在的。

却说文若虚见众人不去，偏要发个狠，扳藤附葛，直走到岛上绝顶。那岛也苦不甚高，不费甚大力，只是荒草蔓延，无好路径。到得上边打一看时，四望漫漫，身如一叶，不觉凄然吊下泪来。心里道："想我如此聪明，一生命蹇。家业消亡，剩得只身，直到海外。虽然侥幸有得千来个银钱在囊中，知他命里是我的不是我的？今在绝岛中间，未到实地，性命也还是与海龙王合着的哩！"正在感怆，只见望去远远草丛中一物突高。移步往前一看，却是床大一个败龟壳。大惊道："不信天下有如此大龟！世上人那里曾看见？说也不信的。我自到海外一番，不曾置得一件海外物事，今我带了此物去，也是一件希罕的东西，与人看看，省得空口说着，道是苏州人会调谎。又且一件，锯将开来，一盖一板，各置四足，便是两张床，却不奇怪！"遂脱下两只裹脚接了，穿在龟壳中间，打个扣儿，拖了便走。

走至船边，船上人见他这等模样，都笑道："文先生那里又跎了纤来？"文若虚道："好教列位得知，这就是我海外的货了。"众人抬头一看，却便似一张无柱有底的硬床。吃惊道："好大龟壳！你拖来何干？"文若虚道："也是罕见的，带了他去。"众人笑道："好货不置一件，要此何用？"有的道："也有用处。有甚么天大的疑心事，灼他一卦，只没有这样大龟药。"又有的道："医家要煎龟膏，拿去打碎了煎起来，也当得几百个小龟壳。"文若虚道："不要管有用没用，只是希罕，又不费本钱，便带了回去。"当时叫个船上水手，一抬抬下舱来。初时山下空阔，还只如此：舱中看来，一发大了。若不是海船，也着不得这样狼犺东西㉗。众人大家笑了一回，说道："到家时有人问，只说文先生做了偌大的乌龟买卖来了。"文若虚道："不要笑，我好歹有一个用处，决不是弃物。"随他众人取笑，文若虚只是得意。取些水来内外洗一洗净，抹干了，却把自己钱包行李都塞在龟壳里面，两头把绳一绊，却当了一个大皮箱子。自笑道："兀的不眼前就有用处了？"众人都笑将起来，道："好算计！好算计！文先生到底是个聪明人。"

当夜无词。次日风息了，开船一走。不数日，又到了一个去处，却是福建地方了。才住定了船，就有一伙惯伺候接海客的小经纪牙人㉘，攒将拢来，你说张家好，我说李家好，拉的拉，扯的扯，嚷个不住。船上众人拣一个一向熟识的跟了去，其余的也就住了。

众人到了一个波斯胡大店中坐定。里面主人见说海客到了，连忙先发银子，唤厨户包办酒席几十桌。分付停当，然后踱将出来。这主人是个波斯国里人，姓个古怪姓，是玛瑙的"玛"字，叫名玛宝哈，专一与海客兑换珍宝货物，不知有多少万数本钱。众人走海过的，都是熟主熟客，只有文若虚不曾认得。抬眼看时，元来波斯胡住得在中华久了，衣服言动都与中华不大分别。只是剃眉剪须，深眼高鼻，有些古怪。出来见了众人，行宾主礼，坐定了。两杯茶罢，站起身来，请到一个大厅上。只见酒筵多完备了，且是摆得济楚。元来旧规，海船一到，主人家先折过这一番款待，然后发货讲价的。主人家手执着一副法琅菊花盘盏，拱一拱手道："请列位货单一看，好定坐席。"

看官，你道这是何意？元来波斯胡以利为重，只看货单上有奇珍异宝值得上万者，就送在先席。余者看货轻重，挨次坐去，不论年纪，不论尊卑，一向做下的规矩。船上众人，货物贵的贱的，多的少的，你知我知，各自心照，差不多领了酒杯，各自坐了。单单剩得文若虚一个，呆呆站在那里。主人道："这位老客长不曾会面，想是新出海外的，置货不多了。"众人大家说道："这是我们好朋友，到海外耍去的。身边有银子，却不曾肯置货。今日没奈何，只得屈他在末席坐了。"文若虚满面羞惭，坐了末位。主人坐在横头。饮酒中间，这一个说道我有猫儿眼多少，那一个说我有祖母绿多少，你夸我逞。文若虚一发默默无言，自心里也微微有些懊悔道："我前日该听他们劝，置些货物来的是。今枉有几百银子在囊中，说不得一句说话。"又自叹了口气道："我原是一些本钱没有的，今已大幸，不可不知足。"自思自忖，无心发兴吃酒。众人却猜拳行令，吃得狼藉。主人是个积年㉙，看出文若虚不快活的意思来，不好说破，虚劝了他几杯酒。众人都起身道："酒勾了，天晚了，趁早上船去，明日发货罢。"别了主人去了。

主人撤了酒席，收拾睡了。明日起个清早，先走到海岸船边来拜这伙客人。主人登舟，一眼瞅去，那舱里狼狼犺犺这件东西，早先看见了。吃了一惊道："这是那一位客人的宝货？昨日席上并不曾说起，莫不是不要卖的？"众人都笑指道："此敝友文兄的宝货。"中有一人衬道："又是滞货。"主人看了文若虚一看，满面挣得通红，带了怒色，埋怨众人道："我与诸公相处多年，如何恁地作弄我？教我得罪于新客，把一个末座屈了他，是何道理！"一把扯住文若虚，对众客道："且慢发货，容我上岸谢过罪着。"众人不知其故。有几个与文若虚相知些的，又有几个喜事的，觉得有些古怪，共十余人赶了上来，重到店中，看是如何。只见主人拉了文若虚，把交椅整一整，不管众人好歹，纳他头一位坐下了，道："适间得罪得罪，且请坐一坐。"文若虚也心中镬铎[30]，忖道："不信此物是宝贝，这等造化不成？"

主人走了进去，须臾出来，又拱众人到先前吃酒去处，又早摆下几桌酒，为首一桌，比先更齐整。把盏向文若虚一揖，就对众人道："此公正该坐头一席。你每枉自一船货，也还赶他不来。先前失敬失敬。"众人看见，又好笑，又好怪，半信不信的一带儿坐下了。酒过三杯，主人就开口道："敢问客长，适间此宝可肯卖否？"文若虚是个乖人，趁口答应道："只要有好价钱，为甚不卖？"那主人听得肯卖，不觉喜从天降，笑逐颜开，起身道："果然肯卖，但凭分付价钱，不敢吝惜。"文若虚其实不知值多少，讨少了，怕不在行；讨多了，怕吃笑。忖了一忖，面红耳热，颠倒讨不出价钱来。张大使与文若虚丢个眼色，将手放在椅子背上，竖着三个指头，再把第二个指空中一撇，道："索性讨他这些。"文若虚摇头，竖一指道："这些我还讨不出口在这里。"却被主人看见道："果是多少价钱？"张大捣一个鬼道："依文先生手势，敢象要一万哩！"主人呵呵大笑道："这是不要卖，哄我而已。此等宝物，岂止此价钱！"众人见说，大家目睁口呆，都立起了身来，扯文若虚去商议道："造化！造化！想是值得多哩。我们实实不知如何定价，文先生不如开个大口，凭他还罢。"文若虚终是碍口识羞，待说又止。众人道："不要不老气[31]！"主人又催道："实说说何妨？"文若虚只得讨了五万两。主人还摇头道："罪过，罪过。没有此话。"扯着张大私问他道："老客长们海外往来，不是一番了。人都叫你张识货，岂有不知此物就里的？必是无心卖他，奚落小肆罢了。"张大道："实不瞒你说，这个是我的好朋友，同了海外玩耍的，故此不曾置货。适间此物，乃是避风海岛，偶然得来，不是出价置办的，故此不识得价钱。若果有这五万与他，勾他富贵一生，他也心满意足了。"主人道："如此说，要你做个大大保人，当有重谢，万万不可翻悔！"遂叫店小二拿出文房四宝来，主人家将一张供单绵料纸折了一折，拿笔递与张大道："有烦老客长做主，写个合同文书，好成交易。"张大指着同来一人道："此位客人褚中颖，写得好。"把纸笔让与他。褚客磨得墨浓，展好纸，提起笔来写道：

立合同议单张乘运等，今有苏州客人文实，海外带来大龟壳一个，投

> 至波斯玛宝哈店，愿出银五万两买成。议定立契之后，一家交货，一家交银，各无翻悔。有翻悔者，罚契上加一。合同为照。

一样两纸，后边写了年月日，下写张乘运为头，一连把在坐客人十来个写去。褚中颖因自己执笔，写了落末。年月前边，空行中间，将两纸凑着，写了骑缝一行，两边各半乃是“合同议约”四字。下写“客人文实，主人玛宝哈”，各押了花押。单上有名，从后头写起，写到张乘运，道：“我们押字钱重些，这买卖才弄得成。”主人笑道：“不敢轻，不敢轻。”

写毕，主人进内，先将银一箱抬出来道：“我先交明白了用钱[32]，还有说话。”众人攒将拢来。主人开箱，却是五十两一包，共总二十包，整整一千两。双手交与张乘运道：“凭老客长收明，分与众位罢。”众人初然吃酒。写合同，大家撺哄鸟乱，心下还有些不信的意思，如今见他拿出精晃晃白银来做用钱，方知是实。文若虚恰象梦里醉里，话都说不出来，呆呆地看。张大扯他一把道：“这用钱如何分散，也要文兄主张。”文若虚方说一句道：“且完了正事慢处。”

只见主人笑嘻嘻的对文若虚说道：“有一事要与客长商议：价银现在里面阁儿上，都是向来兑过的，一毫不少，只消请客长一两位进去，将一包过一过目，兑一兑为准，其余多不消兑得。却又一说，此银数不少，搬动也不是一时功夫，况且文客官是个单身，如何好将下船去？又要泛海回还，有许多不便处。”文若虚想了一想道：“见教得极是。而今却待怎样？”主人道：“依着愚见，文客官目下回去未得。小弟此间有一个缎匹铺，有本三千两在内。其前后大小厅屋楼房，共百余间，也是个大所在。价值二千两，离此半里之地。愚见就把本店货物及房屋文契，作了五千两，尽行交与文客官，就留文客官在此住下了，做此生意。其银也做几遭搬了过去，不知不觉。日后文客官要回去，这里可以托心腹伙计看守，便可轻身往来。不然小店交出不难，文客官收贮却难也。愚意如此。”说了一遍，说得文若虚与张大跌足道：“果然是客纲客纪[33]，句句有理。”文若虚道：“我家里原无家小，况且家业已尽了，就带了许多银子回去，没处安顿。依了此说，我就在这里，立起个家缘来，有何不可？此番造化，一缘一会，都是上天作成的，只索随缘做去。便是货物房产价钱，未必有五千，总是落得的。”便对主人说：“适间所言，诚是万全之算，小弟无不从命。”

主人便领文若虚进去阁上看，又叫张、褚二人：“一同去看看。其余列位不必了，请略坐一坐。”他四人进去。众人不进去的，个个伸头缩颈，你三我四说道：“有此异事！有此造化！早知这样，懊悔岛边泊船时节也不去走走，或者还有宝贝，也不见得。”有的道：“这是天大的福气，撞将来的，如何强得？”正欣羡间，文若虚已同张、褚二客出来了。众人都问：“进去如何了？”张大道：“里边高阁，是个土库，放银两的所在，都是桶子盛着。适间进去看了，十个大桶，每桶四千，又五个小匣，每个一千，共是四万五千。已将文兄的封皮记号封好了，只等交了货，就是文兄的了。”主人出来道：“房屋文书、缎匹帐目，俱已在此，凑足五万之数了。且到船上取货去。”一拥都到海船来。

文若虚于路对众人说："船上人多，切勿明言！小弟自有厚报。"众人也只怕船上人知道，要分了用钱去，各各心照。文若虚到了船上，先向龟壳中把自己包裹被囊取出了。手摸一摸壳，口里暗道："侥幸！侥幸！"主人便叫店内后生二人来抬此壳，分付道："好生抬进去，不要放在外边。"船上人见抬了此壳去，便道："这个滞货也脱手了，不知卖了多少？"文若虚只不做声，一手提了包裹，往岸上就走。这起初同上来的几个，又赶到岸上，将龟壳从头到尾细看了一遍，又向壳内张了一张，捽了一捽[34]，面面相觑道："好处在那里？"

主人仍拉了这十来个一同上去。到店里，说道："而今且同文客官看了房屋铺面来。"众人与主人一同走到一处，正是闹市中间，一所好大房子。门前正中是个铺子，傍有一弄，走进转个弯，是两扇大石板门，门内大天井，上面一所大厅，厅上有一匾，题曰"来琛堂"。堂旁有两楹侧屋，屋内三面有橱，橱内都是绫罗各色缎匹。以后内房，楼房甚多。文若虚暗道："得此为住居，王侯之家不过如此矣。况又有缎铺营生，利息无尽，便做了这里客人罢了，还思想家里做甚？"就对主人道："好却好，只是小弟是个孤身，毕竟还要寻几房使唤的人才住得。"主人道："这个不难，都在小店身上。"

文若虚满心欢喜，同众人走归本店来。主人讨茶来吃了，说道："文客官今晚不消船里去，就在铺中住下了。使唤的人铺中现有，逐渐再讨便是。"众客人多道："交易事已成，不必说了。只是我们毕竟有些疑心，此壳有何好处，值价如此？还要主人见教一个明白。"文若虚道："正是，正是。"主人笑道："诸公枉了海上走了多遭，这些也不识得！列位岂不闻说龙有九子乎？内有一种是鼍龙，其皮可以幔鼓，声闻百里，所以谓之鼍鼓。鼍龙万岁，到底蜕下此壳成龙。此壳有二十四肋，按天上二十四气，每肋中间节内有大珠一颗。若是肋未完全时节，成不得龙，蜕不得壳。也有生捉得他来，只好将皮幔鼓，其肋中也未有东西。直待二十四肋肋肋完全，节节珠满，然后蜕了此壳变龙而去。故此是天然蜕下，气候俱到，肋节俱完的，与生擒活捉、寿数未满的不同，所以有如此之大。这个东西，我们肚中虽晓得，知他几时蜕下？又在何处地方守得他着？壳不值钱，其珠皆有夜光，乃无价宝也！今天幸遇巧，得之无心耳。"众人听罢，似信不信。只见主人走将进去了一会，笑嘻嘻的走出来，袖中取出一西洋布的包来，说道："请诸公看看。"解开来，只见一团绵裹着寸许大一颗夜明珠，光彩夺目。讨个黑漆的盘，放在暗处，其珠滚一个不定，闪闪烁烁，约有尺余亮处。众人看了，惊得目睁口呆，伸了舌头收不进来。主人回身转来，对众逐个致谢道："多蒙列位作成了。只这一颗，拿到咱国中，就值方才的价钱了；其余多是尊惠。"众人个个心惊，却是说过的话又不好翻悔得。主人见众人有些变色，取了珠子，急急走到里边，又叫抬出一个缎箱来。除了文若虚，每人送与缎子二端，说道："烦劳了列位，做两件道袍穿穿，也见小肆中薄意。"袖中摸出细珠十数串，每送一串道："轻鲜[35]，轻鲜，备归途一茶罢了。"文若虚处另是粗些的珠子四串，缎子八匹，道是："权且做几件衣服。"文若虚同众人欢喜作谢了。

主人就同众人送了文若虚到缎铺中，叫铺里伙计后生们都来相见，说道："今番是此位主人了。"主人自别了去，道："再到小店中去去来。"只见须臾间数十个脚夫拉了好些杠来，把先前文若虚封记的十桶五匣都发来了。文若虚搬在一个深密谨慎的卧房里头去处，出来对众人道："多承列位挈带，有此一套意外富贵，感谢不尽。"走进去把自家包裹内所卖洞庭红的银钱倒将出来，每人送他十个，止有张大与先前出银助他的两三个，分外又是十个，道："聊表谢意。"

此时文若虚把这些银钱看得不在眼里了。众人却是快活，称谢不尽。文若虚又拿出几十个来，对张大说道："有烦老兄将此分与船上同行的人，每位一个，聊当一茶。小弟住在此间，有了头绪，慢慢到本乡来。此时不得同行，就此为别了。"张大道："还有一千两用钱，未曾分得，却是如何？须得文兄分开，方没得说。"文若虚道："这倒忘了。"就与众人商议，将一百两散与船上众人，余九百两照现在人数，另外添出两股，派了股数，各得一股。张大为头的，褚中颖执笔的，多分一股。众人千欢万喜，没有说话。内中一人道："只是便宜了这回回，文先生还该起个风，要他些不敷才是。"文若虚道："不要不知足，看我一个倒运汉，做着便折本的，造化到来，平空地有此一主财爻。可见人生分定，不必强求。我们若非这主人识货，也只当得废物罢了。还亏他指点晓得，如何还好昧心争论？"众人都道："文先生说得是。存心忠厚，所以该有此富贵。"大家千恩万谢，各各赍了所得东西，自到船上发货。

从此，文若虚做了闽中一个富商，就在那里取了妻小，立起家业。数年之间，才到苏州走一遭，会会旧相识，依旧去了。至今子孙繁衍，家道殷富不绝。正是：

运退黄金失色，时来顽铁生辉。
莫与痴人说梦，思量海外寻龟。

①选自《初刻拍案惊奇》卷一。 ② 朱希真：即朱敦儒，字希真，南宋词人。 ③倚马千言：喻才思敏捷。《世说新语·文学》载，东晋桓温北伐时，其记室袁虎倚着马草拟文稿，片刻而就。 ④大请大受：指俸禄很高。"请受"指旧时官员所领取的生活费用，相当于现在的工资。 ⑤算五行：指算命先生用五行（金、木、水、火、土）以测算吉凶祸福。 ⑥跻跻跄跄：毕恭毕敬的样子。 ⑦老拙：王老自谦。寒荆：对妻子的谦称。 ⑧安童：书童、家童。 ⑨沈石田：沈周，号石田；文衡山：文征明，号衡山；祝枝山：祝允明，号枝山。三人都是明代著名书画家。 ⑩乔人：善于弄巧作假的人。 ⑪妆晃子弟：好摆阔卖弄的富家少年。 ⑫历沴（lì）：梅雨季节，久雨潮湿，人易生病，物易霉变。 ⑬合而言之：古代文人常用语。此处谐称，指都沾连在一起了。 ⑭干圆洁净：一干二净，干干净净。 ⑮趁口：混口饭吃。 ⑯杂板令：原指唱腔曲调节拍杂乱，此喻指无专门学问的人。 ⑰报君知：算命盲人手持的铁片，敲击以使发声。 ⑱财爻：卜卦时，爻象上显示财运。 ⑲苏井诸家树：葛洪《神仙传》载，东汉苏耽奉母至孝，曾种橘凿井，告母亲如遇疾疫，用井水服食橘叶可治，随即飞升而去。后果然应验。 ⑳李氏千头奴：《水经注》载，吴丹阳太守李衡广植甘橘千株，临死时告诉儿子说："吾州里有木奴千头，不责衣食，岁绢千匹。" ㉑较广句：谓与广柑很相似。广，广柑的略称。 ㉒福：即福橘。具体：体味相同。 ㉓通事：翻译。

㉔一点头：快烂的橘子皮上的白点。 ㉕拿一个班：故意做样子。 ㉖瞧科：看明白了。 ㉗狼犺（kàng）：粗大笨重的样子。 ㉘牙人：介绍人，中间人。 ㉙积年：阅历丰富、见多识广的人。 ㉚镬铎：吴地方言，糊涂困惑的意思。 ㉛不老气：不老到。 ㉜用钱：即佣金。 ㉝客纲客纪：谓客商有客商的规矩和处事原则。 ㉞捽：同"捞"。 ㉟轻鲜：犹今言"小意思"。

此篇系根据明代周元玮《泾林续记》所记改编而成。小说通过一系列出人意表的巧合情节，讲述倒运汉文若虚"心存忠厚"，终至暴富的故事，反映了商人渴望发财致富的心理和开拓对外贸易的愿望，特别是其中体现的海外冒险精神和波斯胡奉行的在金钱财富面前人人平等的原则，反映了在明末资本主义萌芽发展过程中，由商品经济的发展而带来的新观念，具有鲜明的时代特色。对商人致富的肯定和艳羡态度，通过大量的对比和衬托手法表现出来，使得小说引人入胜。

张岱

西湖七月半①

西湖七月半，一无可看，止可看看七月半之人。看七月半之人，以五类看之：其一，楼船箫鼓②，峨冠盛筵③，灯火优傒④，声光相乱，名为看月而实不见月者，看之；其一，亦船亦楼，名娃闺秀⑤，携及童娈⑥，笑啼杂之，还坐露台⑦，左右盼望，身在月下而实不看月者，看之；其一，亦船亦声歌，名妓闲僧，浅斟低唱，弱管轻丝，竹肉相发⑧，亦在月下，亦看月而欲人看其看月者，看之；其一，不舟不车，不衫不帻⑨，酒醉饭饱，呼群三五，跻入人丛⑩，昭庆、断桥⑪，嘄呼嘈杂⑫，装假醉，唱无腔曲，月亦看，看月者亦看，不看月者亦看，而实无一看者，看之；其一，小船轻幌⑬，净几暖炉，茶铛旋煮⑭，素瓷静递⑮，好友佳人，邀月同坐，或匿影树下⑯，或逃嚣里湖⑰，看月而人不见其看月之态，亦不作意看月者⑱，看之。

杭人游湖，巳出酉归⑲，避月如仇。是夕好名，逐队争出，多犒门军酒钱，轿夫擎燎⑳，列俟岸上㉑。一入舟，速舟子急放断桥㉒，赶入胜会㉓。以故二鼓以前人声鼓吹㉔，如沸如撼，如魇如呓㉕，如聋如哑。大船小船一齐凑岸，一无所见，止见篙击篙，舟触舟，肩摩肩，面看面而已。少刻兴尽，官府席散，皂隶喝道去㉖。轿夫叫船上人，怖以关门㉗，灯笼火把如列星，一一簇拥而去。岸上人亦逐队赶门，渐稀渐薄，顷刻散尽矣。

吾辈始舣舟近岸㉘，断桥石磴始凉，席其上，呼客纵饮。此时月如镜新磨，山复整妆，湖复颒面㉙，向之浅斟低唱者出㉚，匿影树下者亦出，吾辈往通声气㉛，拉与同坐。韵友来㉜，名妓至，杯箸安㉝，竹肉发。月色苍凉，东方将白，客方散去。吾辈纵舟㉞，酣睡于十里荷花之中，香气拘人㉟，清梦甚惬㊱。

①本文选自《陶庵梦忆》卷七。七月半：农历七月十五，为中元盛会。 ②楼船：饰有楼阁的华贵游船。 ③峨冠：高冠。峨冠博带是古代士大夫的服饰。 ④优傒（xī）：歌妓和仆役。傒，同“奚”，本指囚犯的子女，后借指奴仆。 ⑤名娃：著名的美女。 ⑥童娈（luán）：美貌的侍僮。 ⑦还坐露台：环坐在楼船的平台上。还，同“环”。 ⑧竹肉相发：歌声与箫笛相随。竹，竹制的管乐器。肉，歌喉。 ⑨不衫不帻（zé）：不穿衣衫，不戴头巾。形容衣冠不整，不修边幅。 ⑩跻（jī）：挤入。 ⑪昭庆：寺名，在西湖东北隅岸上。断桥：在西湖白堤上，原名宝祐桥，至唐为断桥。两处均为西湖胜景。 ⑫嘄（xiāo）呼：大叫大嚷。嘄，通“嚣”。 ⑬轻幌：薄薄的帷幔。 ⑭茶铛（chēng）旋煮：一小锅茶不久就煮好了。茶铛，煮茶用的三足小锅。旋，当即。 ⑮素瓷：洁白雅净的瓷杯。 ⑯匿（nì）影：藏身。 ⑰逃嚣：逃避喧闹。里湖：西湖苏堤以内的部分。 ⑱作意：故意做作。 ⑲巳出酉归：巳时出城，酉时返回。巳时约上午九时至十一时，酉时约下午五时至七时。 ⑳擎燎：举着

火把。㉑列俟（sì）岸上：排列在岸上等候。 ㉒速舟子：催促船夫。 ㉓赶入胜会：赶上盛大的集会。㉔二鼓：即二更。 ㉕魇：梦中惊叫。呓：说梦话。 ㉖皂隶：官衙里的差役。 ㉗怖以关门：用城门即将关闭来恐吓游人，促使他们及早返回。 ㉘舣（yǐ）舟：将船向岸边靠拢。 ㉙颒（huǐ）面：洗脸。形容湖面重新呈现出一片明洁。 ㉚向：刚才，方才。㉛通声气：这里指互相招呼。 ㉜韵友：风雅的朋友。 ㉝杯箸（zhù）：安放好杯子和筷子。箸，筷子。㉞纵舟：对船不加控制，放任其自行漂流。 ㉟拘：留。一本作“拍”。 ㊱惬（qiè）：畅快，适意。

这篇游记以细腻的笔触，描绘了明末杭州人七月半游西湖的盛况，重现了当时西湖的风光和世风民情，勾勒出当时游览西湖的各种人物的神情意态。作者擅长寓情于记叙之中，不论是写游湖的场面，还是写高雅之士的游兴，都渗透着鲜明的爱憎。语言活泼，风格清新，颇有创新。

明祁彪佳《西湖梦寻序》：“余友张陶庵，笔具化工，其所记游，有郦道元之博奥，有刘同人之生辣，有袁中郎之清丽，有王季重之诙谐，无所不有。其一种空灵晶映之气，寻其笔墨又一无所有。”

张溥

五人墓碑记

五人者，盖当蓼洲周公之被逮[①]，激于义而死焉者也。至于今，郡之贤士大夫请于当道[②]，即除逆阉废祠之址以葬之[③]，且立石于其墓之门，以旌其所为[④]。呜呼，亦盛矣哉！

夫五人之死，去今之墓而葬焉，其为时止十有一月耳。夫十有一月之中，凡富贵之子，慷慨得志之徒，其疾病而死，死而湮没不足道者[⑤]，亦已众矣，况草野之无闻者欤[⑥]？独五人之皦皦[⑦]，何也？

予犹记周公之被逮，在丁卯三月之望[⑧]。吾社之行为士先者[⑨]，为之声义，敛赀财以送其行[⑩]，哭声震动天地。缇骑按剑而前[⑪]，问："谁为哀者[⑫]？"众不能堪，抶而仆之[⑬]。是时以大中丞抚吴者为魏之私人[⑭]，周公之逮所由使也。吴之民方痛心焉，于是乘其厉声以诃[⑮]，则噪而相逐[⑯]，中丞匿于溷藩以免[⑰]。既而以吴民之乱请于朝，按诛五人[⑱]，曰颜佩韦、杨念如、马杰、沈扬、周文元，即今之傫然在墓者也[⑲]。

然五人之当刑也，意气扬扬，呼中丞之名而詈之[⑳]，谈笑以死，断头置城上，颜色不少变[㉑]。有贤士大夫发五十金买五人之脰而函之[㉒]，卒与尸合。故今之墓中，全乎为五人也。

嗟夫！大阉之乱，缙绅而能不易其志者[㉓]，四海之大，有几人欤！而五人生于编伍之间[㉔]，素不闻诗书之训，激昂大义，蹈死不顾[㉕]，亦曷故哉？且矫诏纷出[㉖]，钩党之捕遍于天下[㉗]，卒以吾郡之发愤一击，不敢复有株治[㉘]。大阉亦逡巡畏义[㉙]，非常之谋难于猝发[㉚]，待圣人之出而投缳道路[㉛]，不可谓非五人之力也。

由是观之，则今之高爵显位，一旦抵罪[㉜]，或脱身以逃，不能容于远近，而又有剪发杜门[㉝]，佯狂不知所之者[㉞]，其辱人贱行[㉟]，视五人之死，轻重固何如哉？是以蓼洲周公，忠义暴于朝廷[㊱]，赠谥美显[㊲]，荣于身后；而五人亦得以加其土封[㊳]，列其姓名于大堤之上。凡四方之士，无有不过而拜且泣者，斯固百世之遇也。不然，令五人者保其首领，以老于户牖之下[㊴]，则尽其天年，人皆得以隶使之[㊵]，安能屈豪杰之流，扼腕墓道[㊶]，发其志士之悲哉？故予与同社诸君子，哀斯墓之徒有其石也[㊷]，而为之记，亦以明死生之大，匹夫之有重于社稷也[㊸]。

贤士大夫者：冏卿因之吴公、太史文起文公、孟长姚公也[㊹]。

①蓼（liǎo）洲周公：即周顺昌，字景文，号蓼洲。明万历进士，曾任福州推官、吏部主事等职，后辞职家居。因触忤魏忠贤被捕下狱，受酷刑死。 ②郡：指吴郡，即今苏州市。

当道：当政的人。 ③除：清理。逆阉废祠：魏忠贤极盛时，有些地方官曾为其建生祠。魏党灭后，生祠即废。此指巡抚毛一鹭在苏州建的生祠普惠祠。旌：表彰。 ④去：距离。墓而葬：修墓安葬。墓，用作动词。 ⑤湮（yān）没：埋没。 ⑥草野：乡野，这里指民间。⑦皦皦（jiǎo）：明亮，显耀。 ⑧丁卯三月之望：明天启七年（1627）三月十五日。⑨吾社：指应社，张溥于天启年间设立。在复社之前。行为士先者：行为可作为读书人表率的人。 ⑩敛赀（zī）财：募集钱财。赀，同“资”。 ⑪缇骑（tí jì）：汉代执金吾（负责京城治安的官）手下的骑士。因他们身着丹黄色（缇）服装，故称。后用以称逮捕犯人的禁卫吏役。 ⑫谁为哀者：为谁而哭。 ⑬抶（chì）而仆之：把他打倒在地。 ⑭以大中丞抚吴者：以大中丞职衔到吴郡任巡抚的人，指毛一鹭。明代称副都御史，佥都御史为中丞，当时毛一鹭以副都御史为应天巡抚（驻苏州府）。 ⑮诃：喝斥，责骂。 ⑯噪而相逐：大声喊叫着追赶。 ⑰溷（hùn）藩：厕所。 ⑱按诛：依法处斩。 ⑲傫（lěi）然：重叠相连的样子。⑳詈（lì）：骂。 ㉑不少变：一点儿都不变。 ㉒脰（dòu）：脖颈，这里指头颅。函之：用匣子装起来。 ㉓缙绅：指士大夫。 ㉔编伍：指平民。古时编制平民户口，以五家为一伍。㉕蹈死：身履死地，即冒着生命危险。 ㉖矫诏：假托皇帝名义发出的诏书。 ㉗钩党之捕：牵引株连为同党。 ㉘株治：株连治罪。 ㉙逡（qūn）巡畏义：因害怕人民的正义斗争而犹豫退缩。逡巡，踌躇不进。 ㉚非常之谋：指魏忠贤篡夺帝位的阴谋。 ㉛圣人之出：指明思宗朱由检即位。投缳（huán）道路：指魏忠贤在被贬凤阳途中畏罪自缢而死。投缳，上吊。㉜抵罪：犯罪受惩。 ㉝剪发：削发为僧。杜门：闭门索居。 ㉞佯狂不知所之：装疯出走而不知下落。 ㉟辱人贱行：使人感到可耻的卑鄙行为。 ㊱暴（pù）：显露。 ㊲赠谥（shì）：追赠谥号。美显：表扬其美名。崇祯年间，朝廷追赠周顺昌“忠介”的谥号。 ㊳加其土封：增加坟上的封土，表示加礼于死者。封，土堆，指坟墓。 ㊴户牖：门窗，指代自家的屋舍。 ㊵隶使之：把他们当奴仆来使唤。 ㊶扼腕：用手握腕，表示悲愤和慨叹的动作。 ㊷徒有其石：空有碑石，没有镌刻碑记。 ㊸有重于社稷：对国家的安危起了重要作用。 ㊹冏（jiǒng）卿：太仆寺卿的别称。因之吴公：吴默，字因之，曾官太仆少卿。太史：翰林的别称。文起文公：文震孟，字文起，曾官翰林院修撰。孟长姚公：姚希孟，字孟长，曾官翰林院检讨。

这篇碑记文记叙和歌颂了苏州市民反抗阉党的正义斗争及历史功绩，赞扬了颜佩韦等五人见义勇为、视死如归的英雄气概，表达了作者对他们的敬仰和悼念之情。通篇采用夹叙夹议的手法，记述五人形象栩栩如生，议论激昂慷慨，语言铿锵有力。作者还通过不同人物之间的对比，反衬出五人之死是重于泰山的。

清林云铭《古文析义》：“拿定激义而死一意，说得有赖于社稷，且有益于人心。何等关系！令一时附阉缙绅，无处生活。文中有原委曲折，有发挥，有收拾。华衮中带出斧钺？真妙篇也。”

清过商侯《详定古文评注全集》：“一句句皆忠义眼泪，读者哪得不感动。”

清吴楚材、吴调侯《古文观止》：“议论随叙事而入，感慨淋漓，激昂尽致。当与史公伯夷、屈原二传并垂不朽。”

崔铣

记王忠肃公翱事①

公一女，嫁为畿辅某官某妻②。公夫人甚爱女，每迎女，婿固不遣③，恚而语女曰④："而翁长铨⑤，迁我京职⑥，则汝朝夕侍母；且迁我如振落叶耳⑦，而固吝者何⑧？"女寄言于母⑨。夫人夕置酒，跪白公⑩。公大怒，取案上器击夫人，出，驾而宿于朝房⑪，旬乃还第⑫。婿竟不调⑬。

公为都御史⑭，与太监某守辽东。某亦守法，与公甚相得也⑮。后公改两广⑯，太监泣别，赠大珠四枚。公固辞⑰。太监泣曰："是非贿得之⑱。昔先皇颁僧保所货西洋珠于侍臣⑲，某得八焉，今以半别公⑳，公固知某不贪也。"公受珠，内所著披袄㉑，纫之。后还朝，求太监后，得二从子㉒。公劳之曰㉓："若翁廉㉔，若辈得无苦贫乎㉕？"皆曰："然。"公曰："如有营㉖，予佐尔贾㉗。"二子心计㉘，公无从办㉙，特示故人意耳。皆阳应曰㉚："诺。"公屡促之，必如约。乃伪为屋券㉛，列贾五百金㉜，告公。公拆袄，出珠授之，封识宛然㉝。

①选自《洹词》。王翱（áo）：字九皋，明河北盐山人。曾任吏部尚书等职，为人刚正廉直，是五朝元老，一代名臣。"忠肃"是其谥号。 ②畿（jī）辅：京城附近的地方。 ③固不遣：坚决不让走。遣，打发走。 ④恚（huì）：怨怒。 ⑤而翁长铨（zhǎng quán）：你的父亲是管理人事的吏部长官。而，同"尔"。长，这里是"为……之长"的意思。铨，选拔，旧时吏部的职责是按照规定任免、考核、选拔官吏。 ⑥迁：调换升降官职。 ⑦振落叶：摇动树枝使叶落，比喻很容易办到。 ⑧固：一定。吝：吝惜 ⑨寄言：托人带话。⑩白：告诉。⑪驾：坐车。朝房：封建时代大臣处其间等待上朝的房子。 ⑫第：府第，王公大臣的住宅。⑬竟：终于。调：调职。 ⑭都御史：都察院的长官，主管监察。 ⑮相得：相处得很好。 ⑯两广：广东和广西两省。当时王翱调任总督两广军务。 ⑰固辞：坚决推辞不受。 ⑱是：指代珠子。⑲先皇：已去世的皇帝。这里指明成祖或宣宗。颁：赏赐。僧保：人名。货：动词，买。⑳别：赠别。 ㉑内：同"纳"，放入。著（zhuó）：同"着"，穿。披袄：穿在外面的上衣。㉒从子：侄子。 ㉓劳：安慰，慰劳。 ㉔若翁廉：你们的老人很廉洁。若，你，你们。㉕得无苦贫乎：能不苦于贫困吗？苦贫，为贫困所苦。 ㉖营：经营，指做生意或买房产等。㉗贾：同"价"。 ㉘心计：心里盘算。 ㉙无从办：无法办到。 ㉚阳：同"佯"，假装。 ㉛屋券：买房子的契约。 ㉜五百金：五百两银子。 金，古代计算货币的单位。 ㉝封识（zhì）宛然：封存的标志依然如旧。识，同"志"，记号。

本文属于"轶事"一类文体，没有详细介绍王翱的生平和政绩，只是从他的生活琐事中选取了最能表现其人物性格的两个小故事，以小见大，从不同侧面表现了王翱清白廉洁、不徇私枉法的高贵品格。行文质朴无华，文字简洁，以人物的言行来烘托其性格，形象生动。

夏完淳

别　云　间[1]

三年羁旅客[2]，今日又南冠[3]。无限河山泪，谁言天地宽[4]？已知泉路近[5]，欲别故乡难。毅魄归来日，灵旗空际看[6]。

①云间：上海松江县的古称。　②三年羁旅客：指作者自从军抗清至兵败流于湘、鄂之间，远离家乡已有三年之久。　③南冠：楚囚。《左传· 成公九年》：“晋侯观于军府，见钟仪，问之曰：‘南冠而縶者谁也?’有司对曰：‘郑人所献楚囚也。’”南冠，即楚冠。后以南冠为囚徒的代称。此处为作者自称。　④谁言天地宽：意谓天地之大竟无容身之处。　⑤泉路：黄泉路，指死亡。　⑥毅魄：坚强不屈的魂魄。灵旗：古战旗之一，因上面画有招摇星而得名。《汉书· 礼乐志》：“招摇灵旗。”此句是说自己死后在空中看着后继者高举战旗，继续抗清。

这首诗是作者被清廷逮捕，解往南京，离别故乡云间时所作。诗中对行将永别的故乡流露出依恋之情，并表达了自己誓死不屈的决心和抗清事业一定后继有人的坚强信念。全诗基调昂扬激越，慷慨悲壮，刚柔相济，忠贞感人。

清沈德潜《明诗别裁集》：“存古十五从军，十七授命，生为才人，死为鬼雄，汪锜不足多也。诗格亦高古罕匹。”

魏学洢

核舟记[1]

明有奇巧人曰王叔远，能以径寸之木为宫室器皿人物，以至鸟兽木石，罔不因势象形[2]，各具情态。尝贻余核舟一，盖大苏泛赤壁云。

舟首尾长约八分有奇，高可二黍许。中轩敞者为舱，箬篷覆之[3]。旁开小窗，左右各四，共八扇。启窗而观，雕栏相望焉。闭之，则右刻“山高月小，水落石出”，左刻“清风徐来，水波不兴”，石青糁之[4]。

船头坐三人：中峨冠而多髯者为东坡，佛印居右[5]，鲁直居左[6]。苏、黄共阅一手卷[7]，东坡右手执卷端，左手抚鲁直背；鲁直左手执卷末，右手指卷，如有所语。东坡现右足，鲁直现左足，各微侧，其两膝相比者，各隐卷底衣褶中。佛印绝类弥勒[8]，袒胸露乳，矫首昂视，神情与苏、黄不属；卧右膝，诎右臂支船[9]，而竖其左膝，左臂挂念珠倚之，珠可历历数也。

舟尾横卧一楫，楫左右舟子各一人：居右者椎髻仰面[10]，左手倚一衡木，右手攀右趾，若啸呼状；居左者右手执蒲葵扇，左手抚炉，炉上有壶，其人视端容寂[11]，若听茶声然。

其船背稍夷，则题名其上，文曰：“天启壬戌秋日[12]，虞山王毅叔远甫刻[13]。”细若蚊足，钩画了了，其色墨。又用篆章一，文曰：“初平山人。”其色丹。

通计一舟，为人五；为窗八；为箬篷、为楫、为炉、为壶、为手卷、为念珠，各一；对联题名并篆文，为字共三十有四；而计其长，曾不盈寸。盖简桃核修狭者为之[14]。

魏子详瞩既毕，诧曰：“嘻！技亦灵怪矣哉！庄、列所载，称惊犹鬼神者良多[15]，然谁有游削于不寸之质[16]，而须麋瞭然者[17]？假有人焉，举我言以复于我，亦必疑其诳，乃今亲睹之。繇斯以观，棘刺之端，未必不可为母猴也[18]。嘻！技亦灵怪矣哉！”

①核舟：用桃核雕刻的小船。魏学洢（约 1596～约 1625 ）：字子敬，江苏嘉善人。父魏大中，因弹劾魏忠贤而被害，他也被阉党威逼而死。著有《茅檐集》。 ②因势象形：根据材料的特征表现事物的情态。 ③箬篷：竹叶做的船篷。 ④石青：青色涂料。糁（sǎn）：溅，此意为涂。 ⑤佛印：苏轼的方外朋友。 ⑥鲁直：诗人黄庭坚，字鲁直。 ⑦手卷：横幅的书画卷子。 ⑧弥勒：佛教五大菩萨之一。其塑像胖大，袒露胸腹，满面笑容。 ⑨诎：同“屈”。 ⑩椎髻：向上的椎形发髻。 ⑪视端容寂：眼睛平视，神情平和。 ⑫天启壬戌：明熹宗天启二年（1622）。 ⑬虞山：在江苏常熟县西北。用以代指常熟。甫：字。 ⑭简：拣，挑选。 ⑮称惊犹鬼神者：说让人惊奇得好像鬼神所造。 ⑯游削：雕刻。

⑰须麋：须眉。《荀子·非相篇》："伊尹之状，面无须麋。" ⑱棘刺句：据《韩非子·外储说左上》载，宋人在燕王面前夸说可以在棘刺之端雕刻一只母猴，被人指出是吹牛。此句意谓在棘刺之端刻一母猴是有可能的。

我国古代工艺品制造居世界先进水平，除存世实物可证外，这类记述文字也能让我们感受到古代艺术家们的卓绝不凡。文章先叙后议，先总后分，先首后尾，顺序井然。字数不多而内容清晰翔实，可见作者驾驭文字的水平。参看清宋起凤《核工记》，可知这种写法是有一定影响的。

清代部分

黄宗羲

原　君[1]

有生之初，人各自私也，人各自利也[2]；天下有公利而莫或兴之[3]，有公害而莫或除之。有人者出[4]，不以一己之利为利，而使天下受其利；不以一己之害为害，而使天下释其害[5]；此其人之勤劳必千万于天下之人。夫以千万倍之勤劳，而己又不享其利，必非天下之人情所欲居也[6]。故古之人君，量而不欲入者[7]，许由、务光是也[8]；入而又去之者，尧、舜是也[9]；初不欲入而不得去者，禹是也[10]。岂古之人有所异哉？好逸恶劳，亦犹夫人之情也[11]。

后之为人君者不然。以为天下利害之权皆出于我，我以天下之利尽归于己，以天下之害尽归于人，亦无不可；使天下之人，不敢自私，不敢自利，以我之大私为天下之大公[12]。始而惭焉，久而安焉[13]。视天下为莫大之产业，传之子孙，受享无穷；汉高帝所谓“某业所就，孰与仲多”者[14]，其逐利之情，不觉溢之于辞矣[15]。此无他，古者以天下为主，君为客[16]，凡君之所毕世而经营者[17]，为天下也。今也以君为主，天下为客，凡天下之无地而得安宁者[18]，为君也。是以其未得之也，屠毒天下之肝脑[19]，离散天下之子女，以博我一人之产业[20]，曾不惨然[21]。曰：“我固为子孙创业也。”其既得之也，敲剥天下之骨髓，离散天下之子女，以奉我一人之淫乐，视为当然。曰：“此我产业之花息也[22]。”然则为天下之大害者，君而已矣，向使无君[23]，人各得自私也，人各得自利也。呜呼！岂设君之道固如是乎[24]？

古者天下之人爱戴其君，比之如父，拟之如天[25]，诚不为过也。今也天下之人，怨恶其君，视之如寇仇[26]，名之为独夫[27]，固其所也[28]。而小儒规规焉以君臣之义无所逃于天地之间[29]，至桀、纣之暴[30]，犹谓汤、武不当诛之[31]，而妄传伯夷、叔齐无稽之事[32]，乃兆人万姓崩溃之血肉[33]，曾不异夫腐鼠[34]。岂天地之大，于兆人万姓之中，独私其一人一姓乎！是故武王圣人也，孟子之言[35]，圣人之言也；后世之君，欲以如父如天之空名，禁人之窥伺者[36]，皆不便于其言[37]，至废孟子而不立[38]，非导源于小儒乎！

虽然，使后之为君者，果能保此产业，传之无穷，亦无怪乎其私之也[39]。既以产业视之，人之欲得产业，谁不如我？摄缄縢，固扃𫔎[40]，一人之智力，不能胜天下欲得之者之众[41]，远者数世，近者及身[42]，其血肉之崩溃在其子孙矣[43]。昔人愿世世无生帝王家[44]，而毅宗之语公主，亦曰：“若何为生我家[45]！”痛哉斯言！回思创业时，其欲得天下之心，有不废然摧沮者乎[46]！

是故明乎为君之职分，则唐、虞之世[47]，人人能让，许由、务光非绝尘也[48]；不明乎为君之职分，则市井之间，人人可欲，许由、务光所以旷后世而不闻也[49]。然君之职分难明，以俄顷淫乐不易无穷之悲[50]，虽愚者亦明之矣。

①原君：推原探究做君主的职分与道理。 ②“有生”三句：意思是自从有人类以来，每个人就都是自私自利的。 ③莫或：没有什么人。或，代词，指人。兴：举办。 ④有人者出：有这样一个人出来。 ⑤释：解除；免除。 ⑥“必非”句：一定不是一般人所愿意做的。居：指处于那种地位。 ⑦量：考虑，思量。入：指就位做人君。 ⑧许由、务光：传说中上古时期的两个高士，二人都拒绝了人君把天下让给他们治理的请求。《庄子·让王》：“尧以天下让许由，许由不受。”又云：“汤又让瞀（同务）光……（瞀光）乃负石自沉于庐水。” ⑨尧、舜：上古时的两位君主。尧在位时，即让舜代治天下；尧去世，由舜即位。舜又预选禹为继承人，舜去世，禹即位，建立夏朝。 ⑩“初不”两句：禹起初也不愿就任人君，而做了人君以后又始终无法离任。去，离开，卸任。 ⑪夫：语气助词，无义。人之情：人之常情。 ⑫“以我”句：（人君）以自己的私利当成天下的公利。 ⑬安：心安理得。⑭“汉高帝”两句：《史记·高祖本纪》载，刘邦登帝位后，曾对其父说：“始大人常以臣无赖，不能治产业，不如仲力，今某之业所就，孰与仲多?”仲，指刘邦的二哥。 ⑮溢之于辞：充分表露在言辞里。 ⑯客：与“主”相对而言，形容“君”在与“天下”的相互关系中居于次要地位。 ⑰毕世：一辈子。 ⑱“无地”句：没一个地方得以安宁。 ⑲“屠毒”句：意思说人君以一己之利使天下人民肝脑涂地。屠，宰割。毒，毒害。 ⑳博：博取；求得。 ㉑曾不惨然：一点也不感到惨痛。 ㉒花息：利息。 ㉓向使：假使。 ㉔“岂设”句：难道设置君主的道理原本是这样的吗？ ㉕拟：比。 ㉖“视之”句：《孟子·离娄下》：“君之视臣如土芥，则臣视君如寇仇。”意思是说君主把臣民看成是轻贱的泥土草芥，那么臣民也就会把君主看成是盗寇仇敌。 ㉗，独夫：也作“一夫”，指众叛亲离、不受拥戴的暴君。 ㉘固其所也：本来就是应得的（下场）。 ㉙“小儒”句：一些目光短浅的书呆子拘泥于儒家教义，以为在天地之间，臣民忠于君主是无法变更、不能逃避的。规规焉，形容循规蹈矩，拘泥死板。 ㉚桀（jié）：夏朝末代君主，残暴无道，被商朝开国君主成汤推翻。纣：商朝末代君主，荒淫残暴，被周武王推翻。 ㉛汤、武：商成汤和周武王。诛：诛杀。㉜“妄传”句：《史记·伯夷列传》云，伯夷、叔齐是殷商孤竹君的两个儿子。周武王伐纣，他们曾在马前极力劝阻，认为臣不可以伐君。商亡以后，二人耻食周粟，饿死在首阳山。因为汉以前没有这种记载，所以作者认为这是后世小儒编造的荒唐故事。无稽，无从考查。㉝兆人万姓：指千千万万的老百姓。 ㉞“曾不”句：竟然把百姓的性命看得如同腐鼠一般轻贱。 ㉟孟子之言：《孟子·梁惠王下》：“齐宣王问曰：‘汤放桀，武王伐纣，有诸?’孟子对曰：‘于传有之。’曰：‘臣弑其君可乎?’曰：‘贼仁者谓之贼，贼义者谓之残，残贼之人，谓之一夫。闻诛一夫纣矣，未闻弑君也。’”孟子认为桀、纣残暴不仁，屠毒百姓，不能算作君主。 ㊱窥伺：窥视王位，伺机夺取。 ㊲“皆不”句：都感到孟子的话对自己不利。㊳“至废”句：明太祖见《孟子·尽心下》有“民为贵、社稷次之，君为轻”之说，曾下诏废除孟子在文庙中的牌位；又于洪武二十三、二十七年两次下诏修订《孟子》，删除其中含有“民贵君轻”思想的章节。 ㊴私之：以天下为私产。 ㊵“摄缄”二句：用绳捆紧，用锁锁牢。《庄子·胠箧》：“将为胠箧探囊发匮之盗，而为守备，则必摄缄縢，固扃鐍，此世俗之所谓知也。然而巨盗至，则负匮揭箧担囊而趋，唯恐缄縢扃鐍之不固也。”摄，收紧。缄，结。縢，绳。扃（jiǒng），关纽。鐍（jué）：锁钥。 ㊶胜：敌过。 ㊷“远者”两句：长远的不过传递几代，短暂的就在自己手里便丢失了君位。 ㊸“血肉”句：子孙还要因此遭受杀身之祸。㊹“昔人”句：《南史·王敬则传》载，宋顺帝被迫退位时“泣而弹指：‘惟愿后身生生世世不复天王作因缘。’宫内尽哭，声彻于外”，愿生生世世永远不要投生在帝王之家。

㊺“毅宗”两句：《明史·公主列传》记载，明思宗朱由检在李自成义军进入北京后，挥剑砍向他的女儿长平公主，说：“汝奈何生我家?”毅宗，即思宗，弘光元年（1645）改谥。㊻废然摧沮：灰心丧气。 ㊼唐：尧的国号。虞：舜的国号。 ㊽绝尘：超凡绝俗。㊾“旷后世”句：后世再也没听到过这样的人。旷，空，绝。 ㊿俄顷：片刻。易：换。

在中国封建伦理观念中，“君权神授”，不可移易，而效忠君主则是臣民天经地义、不容置疑的本分。千百年来这种信条束缚着人们的思想，仰附君主与君权几乎成了民族的集体无意识。清代思想家黄宗羲根据古代传说和历史，从探究人君的职分入手，大胆抨击了“后之人君”（封建帝王）“视天下为莫大之产业，传之子孙”的家天下思想，揭露他们“屠毒天下之肝脑”、“敲剥天下之骨髓”、“离散天下之子女”，以满足一己私欲的罪恶，并从理论上驳斥了小儒盲目忠君的迂腐荒谬。尽管作者未能从社会制度的高度认识产生封建暴君的根源，而只是在肯定君主制的前提下探讨改变独裁的愿望，但是文章敢于向皇权挑战的斗争精神和其中所反映的民本、民主思想，已具有超前的进步意义。

文章以简朴流畅的语言阐述观点，在古今的强烈对比中，自由地征引典籍文献中的古人古事，加以论证，取精用宏，体现出作者学识的渊博和思想的敏锐。尤其是作者用被历代儒者奉为圣明的孟子有关“民贵君轻”的言论作为理论依据来驳斥小儒盲目忠君的谬论，以子之矛，攻子之盾，既简洁明了，又痛快淋漓，是一篇极富论辩力的论说文。

顾炎武

广宋遗民录序①

子曰："有朋自远方来，不亦乐乎②？"古之人学焉而有所得，未尝不求同志之人③，而况当沧海横流④，风雨如晦之日乎⑤？于此之时，其随世以就功名者固不足道⑥，而亦岂无一二少知自好之士，然且改行于中道，而失身于暮年⑦，于是士之求其友也益难。而或一方不可得⑧，则求之数千里之外；今人不可得，则慨想于千载以上之人；苟有一言一行之有合于吾者⑨，从而追慕之⑩，思为之传其姓氏而笔之书⑪。呜呼！其心良亦苦矣！⑫

吴江⑬朱君明德，与仆同郡人⑭，相去不过百余里而未尝一面⑮。今朱君之年六十有二矣，而仆又过之五龄⑯，一在寒江荒草之滨，一在绝障重关之外⑰，而皆患乎无朋⑱。朱君乃采辑旧闻，得程克勤所为《宋遗民录》而广之⑲，至四百余人。以书来问序于余⑳，殆所谓一方不得其人㉑，而求之数千里之外者也。其于宋之遗民，有一言一行或其姓氏之留于一二名人之集者㉒，尽举而笔之书，所谓今人不可得，而慨想于千载以上之人者也。余既尠闻㉓，且耄矣㉔，不能为之订正，然而窃有疑焉㉕。

自生民以来㉖，所尊莫如孔子，而《论语》、《礼记》皆出于孔氏之传㉗，然而互乡之童子，不保其往也㉘；伯高之赴，所知而已㉙；孟懿子、叶公之徒，问答而已㉚；食于少施氏而饱，取其一节而已㉛。今诸系姓氏于一二名人之集者㉜，岂无一日之交而不终其节者乎？或邂逅相遇而道不同者乎㉝？固未必其人之皆可述也。然而朱君犹且眷眷于诸人㉞，而并号之为遗民㉟，夫亦以求友之难而托思于此欤㊱？庄生有言㊲："子不闻越之流人乎㊳？去国数日㊴，见其所知而喜；去国旬月，见所尝见于国中者喜；及期年也㊵，见似人者而喜矣㊶。"余尝游览于山之东西㊷，河之南北二十余年㊸，而其人益以不似㊹。及问之大江以南，昔时所称魁梧丈夫者㊺，亦且改形换骨㊻，学为不似之人。而朱君乃为此书，以存人类于天下㊼，若朱君者㊽，将不得为遗民矣乎？因书以答之。吾老矣，将以训后之人㊾，冀人道之犹未绝也㊿。

①康熙十八年（1679），顾炎武居于陕西华阴，其吴江友人朱明德著《广宋遗民录》一书，来信请他作序，故有此作。 ②"有朋"两句：语出《论语·学而》："学而时习之，不亦说乎？有朋自远方来，不亦乐乎？人不知而不愠，不亦君子乎？" ③"同志"之人：有共同志趣的人。 ④沧海横流：比喻世道混乱。《谷梁传序》："孔子睹沧海之横流，乃喟然而叹。"横流，水从河道溢出，漫无定向地流。 ⑤风雨如晦：语出《诗经·郑风·风雨》："风雨如晦，鸡鸣不已。"原指天色昏暗，这里喻世道黑暗。晦，黄昏，昏暗。 ⑥随世：随波逐流，不能坚持操守。就：成就。 ⑦"然且"两句：指变节投靠清朝者。改行（xíng）：改变平素的行事准则。中道：半路。失身：失节。 ⑧而或：或且，或者。 ⑨苟：如果。

⑩追慕：追念仰慕。　⑪“思为”句：想为他们传播姓名，并且把他们的言行记录成书。⑫良：实在，确实。　⑬吴江：县名，今属江苏省。朱明德，字不远，明末吴江人。少治经义之学，明亡后隐居烂溪之滨，作《广宋遗民录》以见志。　⑭同郡：顾炎武是昆山人，朱明德是吴江人。昆山、吴江二县，明清时同属苏州府管辖。郡，与州、府同级的行政区。⑮相去：相距。面：晤面，会面。　⑯过之五龄：比他大五岁。过，超过。　⑰“绝障”句：指山势险阻的边远地区。当时作者居住在陕西省华阴县友人王宏撰山斋。　⑱患：指为“无朋”而苦恼。　⑲程克勤：名敏政，字克勤，明代河间（今属河北省）人。成化年间进士，官至礼部右侍郎。著有《宋遗民录》十五卷，记录南宋遗民王炎午、谢翱、唐珏等人的事迹和遗文，以及后人追挽他们的诗文，旨在表彰民族志士，策励士气。广之：增广。　⑳“以书”句：写信来请我作序。　㉑殆：大概。　㉒“一言”句：意思说凡是名人的著作中留有他们的言行或姓名的。　㉓尠（xiǎn）：很少。　㉔耄（mào）：年纪很大。《礼记·曲礼》：“八十、九十曰耄。”　㉕窃：私下，表示自谦之词。　㉖“生民”句：从有人类以来。㉗《礼记》：儒家经典著作之一，又名《小戴记》，与《大戴礼记》相对而言，多系孔子弟子及后来学者所记有关古代礼制的一些言语。　㉘“然而”两句：《论语·述而》：“互乡（乡名）难与言，童子见，门人惑。子曰：‘与（容许）其进也，不与其退也，唯何甚？人洁己以进，与其洁也，不保其往（不能保证他过去的行为）也。’”　㉙“伯高”两句：《礼记·檀弓》：“伯高死于卫，赴（讣告）于孔子。孔子曰：‘吾恶乎哭诸（我在什么地方来哭他呢）？兄弟吾哭诸庙；父之友，吾哭诸庙门之外；师，吾哭诸寝；朋友，吾哭诸寝门之外；所知，吾哭诸野。于野则已（过分）疏，于寝则已重。’”孔子难定哭友的地点，是因为与伯高的交往不长，还难以确定相互之间的关系。　㉚孟懿子：春秋时鲁国大夫，姓仲孙，名何忌。曾问孝于孔子。《论语·为政》：“孟懿子问孝，子曰：‘无违！’……樊迟（孔子学生）曰：‘何谓也？’子曰：‘生事之以礼，死葬之以礼，祭之以礼。’”叶（shè）公：楚国叶县尹，字子高。曾向子路打听孔子的为人。《论语·述而》：“叶公问孔子于子路，子路不对。子曰：‘女（汝）奚（何）不曰：其为人也，发愤忘食，乐以忘忧，不知老之将至也云尔！’”　㉛“食于”两句：《礼记·杂记》：“孔子曰：‘吾食于少施氏而饱，少施氏食我以礼。’”作者引用这几个典故，意在说明《论语》、《礼记》所记伯高、孟懿子等人，都不过是因他们与孔子偶有交往而被记录下来，他们的德行不一定值得称道。朱明德《广宋遗民录》中收录的曾留名于“一二名人之集”中的人也可能有与此相类似的情况。　㉜系：挂。　㉝邂逅：不期而遇。　㉞眷眷：同“睠睠”，怀念不已。　㉟并：都。　㊱托：寄托。　㊲庄生有言：庄生，指庄子。引语出《庄子·杂篇·徐无鬼》。　㊳越：春秋时国名，地域在今江苏省南部及浙江省一带。流人：流亡的人。　㊴去国：离开家乡。　㊵期（jī）年：整整一年。　㊶似人者：像自己的同乡人。　㊷山之东西：秦汉时，以峭山或华山为界，后世以太行山为界，其东通称为山东，其西通称为山西。　㊸河：指黄河。　㊹益以不似：更加不像。作者借《庄子》中“似人”之语讥刺那些变节降清的人丧失民族志气，不像炎黄子孙。　㊺魁梧丈夫：男子汉大丈夫。魁梧：这里不形容身材，而是就志气而言。　㊻改形换骨：形容变节。　㊼以存句：意思是说使天下之人知道炎黄子孙并未绝迹，尚有英雄志士在。人类：先人的遗类。　㊽若朱君者：像朱明德这样的人。　㊾训：教训，教诲。　㊿冀：希望，期望。人道：为人之道。指做人应该遵守的道德准则。

明末士大夫面对危亡局面侈谈气节，而当清兵入关建国后，虽有张煌言等一些爱国志士浴血抵抗，矢志恢复，但多数士人屈膝变节，改仕新朝。朱明德编辑《广宋遗民录》，意在通过彰显前代民族志士来策励抗清士气，并鞭挞变节投降的民族败类。顾炎武对此深有会心，为避触时忌，免遭不测，所作序文以“求友之难而托思于此”概括《广宋遗民录》的编纂意图。文章借写书序，意在鞭挞那些贪图富贵、丧失气节、委身事清者，却又不直言斥责，而是运用含蓄曲折的笔法，从“求友难”迂回说起，一方面，委婉地表露对变节事清者的深恶痛绝，表明自己坚持抗清、不随时俯仰的铮铮铁骨；另一方面，也赞赏了朱明德“以存人类于天下”的著书意图，交代了其不远千里写信求序的原因。同时，序文也征引多个典故告诫朱明德，有些人号称志士，然而中道变节，不足为友，而且那些曾留名于“一二名人之集”中的人也未必为有节的志士之人。文章虽然没有正面讨伐屈膝降清者的丑恶面目，但字里行间流露着作者的鄙夷、憎恶之情。虽然要表达的思想情感丰富复杂，使用的表达方式也曲折含蓄，但文章层次清晰，简约明了，深入浅出，含蓄而又明确地表达了作者的作序意图。

今人张兵《顾亭林诗文选》：“文思逐层转换，文意渐渐推进，使作者胸中的愤激之情和深沉之思得到了巧妙的倾诉，也使文章具有异常感人的力量。”

李玉

千钟禄

第十四出 惨睹

（小生扮建文帝上，老生扮程济、挑担各色薄团上）

（老生）大师走吓！（小生）走吓！（唱）

【倾杯玉芙蓉】收拾起大地山河一担装，四大皆空相。历尽了渺渺程途、漠漠平林、垒垒高山、滚滚长江。（小生）我自吴江别了史徒师弟两人，一路登山涉水，夜宿晓行。一天心事，都付浮云；七尺形骸，甘为行脚①。身似闲云野鹤，心同槁木死灰。（接唱）但见那寒云惨雾和愁织，受不尽苦雨凄风带怨长。（小生）程徒！（老生）大师！（小生）前面是哪里了？（老生）是襄阳城了！（小生）啊，是襄阳城了。咳！（接唱）雄城壮，看江山无恙。谁识我一瓢一笠到襄阳。

（内）走吓！（老生）大师，那边许多车辆兵马来了，且躲过一边。（小生）是是是，躲过一边。（下）（众上）（净）走吓！（唱）

【刷子芙蓉】颈血溅干将，尸骸零落，暴露堪伤。又首级纷纷驱驰，枭示他方。（净）咳！想皇上杀了许多大臣，就在京城号令罢了，又听陈御史之言，凡系那一处人的首级，原发在本处号令，把头儿装了数十车辆，着咱们各处分解。这样苦差，好不耐烦！（二车夫）其实苦差！（净）哎！不要说了，起来趱路②！（接唱）凄凉。叹魂魄空飘天际，叹骸骨谁埋土壤。（净）众车夫，打伙而行，不要落在后面！（众）吓！（净）俺想那些众公卿，做什么官，到今日里呵，（接唱）堆车辆，看忠臣榜样，枉铮铮自夸鸣凤在朝阳③。

（净）走吓！（下）（生上）吓，看车儿上，都是我臣子的首级，好不痛心也！（唱）

【锦芙蓉】裂肝肠，痛珠夷盈朝丧亡，郊野血汤汤④。吓哈！好头颅如山车载奔忙。又不是逆朱温清流被祸，早做了暴嬴秦儒类遭殃。（老生）大师，此乃臣子分内之事，不必悲伤，我们趱路要紧！（小生）咳！为我一人，以致连累千万人，是我累及他们了！（接唱）添悲怆，叹忠魂飘扬。羞杀我独存一息泣斜阳。

（内）趱路！（老生）大师，那边许多犯妇过来了，且闪过一边。（小生）是是是，闪过一边。（上）（丑上）趱路！（众上）苦吓！（唱）

【雁芙蓉】苍苍，呼冤震响，流血泪千行万行。家抄命丧，资倾荡，害妻孥徙他乡。（丑）徙他乡，徙他乡，那些夫人小姐，砍的砍，剐的剐，还要发教坊，赏家奴，不知死了千千万万，何在你们这几个么？（众接唱）啊呀苦吓！叹茕茕匹妇，终作沟渠抛丧。（众哭）啊呀！（丑）吓！你们都睡倒了！（众）我们鞋弓袜小，走不动了！（丑）谁教你们当初要趋奉丈夫，把这脚儿裹得这样一兜兜的，你看老娘那双脚，要走一百就是一百，要走二百就是二百，好不爽快。快起来，走！（众）我们实是走不动了！（丑）啊，你们不走，招老娘的打！（众接唱）呵呀天吓！真悲怆。纵偷生肮脏⑤，倒不如钢刀骈首丧云阳⑥。

（丑）趱路！（众）苦吓！（下）（小生上）（小生）好恼吓，好恼！纵然杀戮忠臣，与这些妇人们何干？（唱）

【小桃映芙蓉】惨听着哀号莽，惨睹着俘囚状。裙钗何罪遭一网？连抄十族新刑创。（老生）当初刘文成说[⑦]，尚有三十年杀运未除，这也是天数了。（小生）咳！（接唱）纵然是天灾降，消不得诛屠恁广。咳，恨少个裸衣挝鼓骂渔阳。

（内）走吓！（老生）大师，后面许多犯官来了，且躲过一边！（小生）是是是，躲过一边。（下）（净、众上）（众）走吓！（唱）

【普天芙蓉】为邦家输忠谠[⑧]，尽臣职忤强项。（净）你们要做忠臣，圣上特来奉请。（众）我们久不为官，又来拿解，岂不冤枉！（接唱）山林隐，甘学佯狂。俘囚往，誓死翱翔。（净）你们有话到圣上面前去讲。（众）呀，呸！讲什么？要砍就砍罢了！（外）吓！列位老先生！（众）老先生！（外）总是我们不是，当初无能御敌，直致纵虎入山，悔之晚矣！（众）是吓！（净）好一班不知死活的书呆子！（众接唱）空悲壮，负君恩浩荡。拼得个死为厉鬼学睢阳[⑨]。

（净）走吓！（下）（生上）（小生）罢了吓，罢了！我只道独诛戮朝中臣宰，谁想还捕捉弃职的官员，正人君子，定无噍类矣[⑩]！（唱）

【朱奴插芙蓉】眼见得普天受枉，眼见得忠良尽丧。弥天怨气冲千丈。张毒焰古来无两。（老生）大师，天色已晚，趱路要紧。（小生）我想做个忠臣，到这个地位，那些说书的，还要做什么官？（接唱）我言非戆[⑪]，劝冠裳罢想，到不如躬耕陇亩卧南阳。

（老生）此处湖广要道，来往公干甚多，倘有疏虞，祸生不测。（小生）这便怎么处？（老生）不妨，我们赶到前面，寻一寺院歇宿，明日急急赶到武冈州，夤夜由贵州[⑫]，直至云南，深山居住，才可安身。（小生）走嗻（唱）

【尾声】路迢迢，心怏怏。（老生接唱）何处得稳宿碧梧枝上？（小生）吓！程徒，景阳钟鸣了！（老生）大师，此乃野寺钟鸣，非景阳钟也。（小生）啊！（接唱）咳！错听了野寺钟鸣误景阳。（老生）大师趱路！（小生）咳！咳！咳！（老生）咳！咳！咳！（下）

①行脚：游方和尚。 ②趱：急走赶路。 ③鸣凤在朝阳：凤凰，指有才能的人。朝阳，喻清明的时代，原出《诗经·大雅·卷阿》。 ④汤汤：水大貌，这里指血流得多。 ⑤肮脏：本义为不清洁，这里是不快乐的意思。 ⑥云阳：刑场的代称。 ⑦刘文成：刘基，谥文成。 ⑧谠（dǎng）：正直（的话）。 ⑨睢阳：指唐代安史之乱时死守睢阳的张巡。 ⑩噍（jiào）类：生存之口。 ⑪戆（zhuàng）：愚直。 ⑫夤（yín）夜：深夜。

明燕王朱棣为抢夺帝位，举兵攻陷南京，残暴杀戮，建文帝乔装逃亡。《惨睹》即写他由吴江直奔襄阳，路上所睹的惨象。其中叙英雄穷途之哭、家国倾亡之恸，血泪交流。世事沧桑中，个人命运如萍如芥的人生悲剧，千古共鸣。律稳曲工，苍凉凄楚。

清杨恩寿《词余丛话》：“《千钟禄》演建文帝出亡，虽据野史，究失不经，然词笔甚佳也。《惨睹》一出，发端无限凄凉。帝子飘零，迥异游僧托钵，选词何亲切乃尔！”

清忠谱

第十一折 闹诏

（贴青衣、小帽上）苦差合县有，惟我独充当。自家吴县青带便是[①]。北京校尉来捉周乡宦，该应吴县承值。校尉坐在西察院，本县老爷要拨人去听差。这些大阿哥[②]，都叮嘱了书房里，不开名字进去。竟拿我新着役苦恼子公人，点去承值，关在西察院内，那些校尉动不动叫差人，叫差人要长要短。偶然迟了，轻则靴尖乱踢，重则皮鞭乱打。一个钱也没处赚，倒受了无数的打骂！方才攮了一肚子烧酒[③]，如今在里边吆吆喝喝，又走出来了。不免躲在厢房，听他说些什么。（暗下）（付扮差官，丑、小生扮二校，喝上）

【梨花儿】（付）驾上差来天也塌，推托穷官没钱刮，恼得咱家心性发。嗏！拿到京中活打杀。

李老爷呢？（小生）李老爷睡在那里。（付）快请出来。（校向内介）张老爷请李老爷。（净内应介）来了！（净扮差官上）

【前腔】（净）久惯拿人手段滑，这番差使差了瞎。自家乾儿不设法。嗏！一把松香便决撒[④]。

（付）李老爷，咱们奉了驾帖，差千差万，到处拿人，不知赚了多少银子。如今差到苏州，又拿一个吏部。自古道：上说天堂，下说苏杭。岂不晓得苏州是个富饶的所在？况且吏部是个美官，值不得拿万把银子，送与咱们？开口说是个穷官，一个钱也没有。你道恼也不恼，难道咱们三千七百里路来到这里，白白回去了不成，（净）可笑那毛一鹭，做了咱家的官儿，咱们到来，他也该竭力设法，怎么丢咱们住在冷屋里边，自己来也不来？哥啊，若是周顺昌弄不出，咱们定要倒毛一鹭的包哩！（付）李老爷说的是，差人那里？（连叫介）（丑）差人，差人！（贴走出跪介）老爷有何分付？（付）差你在这里伺候，脸面子也不见，不知躲在那里？（净）连连叫唤，才走出来，要你这里做什么！（付）李老爷不要与他说，只是打便了。（净）拿皮鞭来！（贴磕头介）小的在这里伺候，求老爷饶打。（付）你快去与毛一鹭说：俺老爷们奉了皇爷的圣旨，厂爷的钧旨[⑤]，至此拿人，你做那一家的官儿，不值得在犯官身上弄万把银子送俺们！若有银子，快快抬来；若没有银子，咱们也不要周顺昌了。咱们自上去，教他自己送周顺昌到京便了。快去说！就来回复。（贴）小的是个县差，怎敢去见都老爷？怎敢把许多言语去禀？（净、付大怒介）哇！你这狗头不走么？（贴拜介）小的委实不敢说。（付）要你这狗头何用？（将皮鞭乱打介）（净乱踢介）（贴在地乱滚，叫痛哀求介）（付）这样狗攮的，不中用。（贴爬下）（付向丑介）你照方才的言语，快去与毛一鹭说！俺们立等回话。（内众声喧喊介）（丑望介）呀！门外人山人海，想是来看开读的。这般挨挤，如何走得！（付又与小生说介）你把皮鞭打开了路，送他出去便了。（向净介）咱家到里边喝杯凉酒。少不得毛一鹭定然自来回复。（净）有理。（付）只等飞廉传信去[⑥]，（净）管教贯索就擒来[⑦]。（同下）（小生）咄！百姓们闪开，闪开！咱家奉旨来拿犯官，什么好看！什么好看，（丑）闪开，闪开！让咱走路！（将皮鞭乱打下）（旦、贴扮二皂喝上）（外黑三髯，冠带，扮寇太守上）

【西地锦】（外）民愤雷呼辕下，泪飞血洒尘沙。（内众乱喊介）周吏部第一清廉乡宦，地方仰赖，众百姓专候太老爷做主，鼎言救援哩！（大哭介）（末短胡髯、冠带，扮陈知县急上）（向内摇手介）众百姓休得啼哭！休得啼哭！上司自有公平话。且从容，莫用喧哗。

（内众又喊介）陈老爷是周乡宦第一门生，益发坐视不得的呢！爷爷嘎！（又哭介）（末见外介）老大人，众百姓执香号泣者，塞巷填街，哀声震地，这却怎么处？（外）足见周老先生平日深得人心，所以致此。贵县且去吩咐士民中一二老成的上前讲话。（末）是！（向内介）众百姓听着！寇太爷分付，士民中老成的，止唤一二人上前讲话。（小生、老旦，扮生员上）（作仓惶状介）（小生）生……生……生员王节。（老旦）生……生员刘羽仪。（小生、老旦）老……老……老公祖，老……老……老父母在上。周……周……周诠部居官侃侃[⑧]，居乡表表。如此品行，卓然千古。蓦罹奇冤，实实万姓怨恫。老公祖，老父母，在地方亲炙高风，若无一言主持公道，何以安慰民心？（净急上跪介）青天爷爷阿！周乡宦若果得罪朝廷，小的们情愿入京代死。（丑喊上）不是这样讲，不是这样讲！让我来说。青天爷爷阿！今日若是真正圣旨来拿周乡宦，就冤枉了周乡宦，小的们也不敢说了。今日是魏太监假传圣旨，杀害忠良，众百姓其实不服。就杀尽了满城百姓，再不放周乡宦去的。（大哭介）（内齐声号哭介）（外）众百姓听着！这桩事非府县所能主张。少刻都老爷到了，你们百姓齐声叩求，本府与吴县自然极力周旋。（内齐声应介）太爷是真正青天了。（内敲锣、喝道声介）（净、丑）都老爷来了！列位，大家上前号哭去！（喊介）（小生、老旦）全赖老公祖、老父母鼎力挽回。（外、末）自然，自然！（小生、老下）（外、末在场角伺候，打躬迎接介）（内喊介）（付胡髯、冠带，扮毛抚台，歪带纱帽，脱带撒袍，众百姓乱拥上）（众喊介）求宪天爷爷做主，出疏保留周乡宦呢！（外、末喝退众下介）（付作大怒乱喘，乱喘大叫介）反了，反了！有这等事！皇上拿人，百姓抗拒，地方大变了，大变了！罢了，罢了！做官不成了！（外、末跪介）老大人请息怒。周宦深得民心，也是平日正气所感。或者有一线可生之路，还望大人挽回。（付大怒介）咳！逆党聚众，抗提钦犯，叛逆显然了。有什么挽回？有什么挽回？（作怒状，冷笑介）

【风入松】呼群鼓噪闹官衙，圣旨公然不怕。你府县有地方干系，可晓得官旗是那一家差来的？天家缇骑魂惊唬[⑨]，（作手势介）若抗拒，一齐挌咤[⑩]。（外、末拱介）是！（付低说介）且住了！逆了朝廷，还好弥缝。今日逆了厂公，（皱眉介）咦！比着抗圣旨，题目倍加。头颅上，怎好戴乌纱！

（内众又乱喊介）宪天爷爷，若不题疏力救周乡宦，众百姓情愿一个个死在宪天台下。（外、末又跪介）老大人，卑职不敢多言。民情汹汹如此，还求老大人一言抚慰才是。（付）抚慰些什么来？抚慰些什么来？拿几个进来打罢了！（外、末又跪介）老大人息怒。众百姓呵，

【前腔】（外、末）哭声震地惨嗟呀！卑职呵，不敢施威喝打。倘一言激变难禁架，定弄出祸来天大。（末又跪介）老大人若无一言抚慰，就是周宦在外，卑职也不敢解进辕门。（付）为何？（末）人儿拥，纷乱如麻，就有几皂隶，也难拿。

（付沉思介）嘎！也罢！既如此，快去传谕百姓且散。若要保留周宦，且具一公呈进来，或者另有商量。（外、末起介）是！领命！（即下）（付）哈哈哈！好个骙官儿[⑪]。苦苦要本院保留，这本儿怎么样写？怎么样写？且待犯官进来，再作道理。（向内叫介）张爷那里？李爷那里？（叫下）（小生扮校尉上，扯住付立定介）毛老爷，不要乱叫。我们的心事怎么样了？到京去，还要咱们在厂爷面前讲些好话的哩！（付）知道了！知道了！自然从厚。（携手下）（生青衣、小帽，旦、贴扮皂押上）（生）平生尽忠孝，今日任风波。

（净、丑、末拥上）周老爷且慢。我们众百姓已禀过都爷，出疏保留了。（生拱谢介）列位素昧平生，多蒙过爱。我周顺昌自矢无他，料到京师，决不殒命。列位请回。（净、丑、末）当今魏太监弄权，有天无日，决不放周爷去的。（哭，唱）

【前腔】（净、丑、末）权珰势焰把人挝[12]，到口便成肉鲊。周老爷呵，死生交界应非耍，怎容向鬼门占卦？（老、小生急上）周老先生，好了！好了！晚生辈三学朋友，已具公呈保留，台驾且回尊府。晚辈静候抚公批允便了。（生）多谢诸兄盛情。咳！诸兄，小弟与兄俱读圣书，君命召，驾且不俟。今日奉旨来提，敢不趋赴。顺昌此去，有日还苏，再与诸兄相聚，万分有幸了。（小生、老旦）老先生说出此言，晚生辈愈觉心痛了。（大哭介）（净、丑、末，各抱生哭介）（小生、老旦）老先生，你看被逮诸君，那一个保全的？还是不去的是。投坑阱都成浪花，见那个得还家。（生）列位休得悲哀。我周顺昌呵，

【前腔】（生）打成草稿在唇牙，指佞庭前拚骂[13]。叠成满腹东林话，苦挣着正人声价。诸兄日后将我周顺昌呵，姑苏志休教谬夸。我只是完臣节，死非差。

（外扮中军上）都老爷吩咐开读且缓，传请周爷快进商议。（净、丑、小生、老旦、末）有何商量？（外）列位且具公呈，自然要议妥出本的。（众）出本保留，是士民公事，何消周爷自议？不要听他！（生）列位还是放学生进去的是。（众）不妨，料没后门走了。（外扶生入介）（内）分付掩门。（内付掩门介）（众）奇怪！为何掩起门来？列位，大家守定大门，听着里边声息便是了。（作互相窥听介）（内念诏介）跪听开读。（众惊介）列位，不是了！为何开读起来？（又听介）（内高声喊介）犯官上刑具。（众怒介）益发不是了！列位，拚着性命，大家打进去！（打门介）（付扮差官执械上）咄！砍头的，皇帝也不怕；敢来抢犯人么？叫手下拿几个来，一并解京去砍头！

【前腔】（付）妖民结党起波查[14]，倡乱苏城独霸。抢咱钦犯思逆驾，擒将去千刀万剐。（众）咳！你传假旨，思量吓咱！（拍胸介）我众好汉，怎饶他！

（付）嘎！你这般狗头，这等放肆，都拿来砍！都拿来砍！（作拔刀介）（净）你这狗头，不知死活！可晓得苏州第一个好汉颜佩韦么？（末）可晓得真正杨家将杨念如么？（丑、旦、贴）可晓得十三太保周老男、马杰、沈扬么？（付）真正是一班强盗！杀！杀！杀！（将刀砍介）（净）众兄弟，大家动手！（打倒付介）（付奔进介）（众赶入打介）天花板上还有一个。（众打进打出三次介）（二旦扛一死尸上）打得好快活！这样不经打的，把尸骸抛在城脚下喂狗便了。（下）（外扮寇太守扶生上）（生）老公祖，此番大闹，我周顺昌倒无生路了。怎么处？怎么处？（外）老先生休虑。且到本府衙内，再有商量。（扶生下）（末扮陈知县扶付上）（付）这等放肆。快走！快走！各执事不知那里了，怎么处？（末）执事都在前面。只得步行前去。知县护送老大人。（付）走，走，走！（同末下）（净、丑、旦、贴内大喊。众复上）还有几个狗头，再去打！再去打！（作赶入介）（即出介）一个人也不见了，官府也去了，连周乡宦也不知那里去了。怎么处？快寻，快寻！（各奔介）

【前腔】（合）凶徒打得尽成相[15]，倒地翻天无那。逋逃没影真奇诧，空察院止堪养马。周乡宦，深藏那家？细详察，觅根芽。（共奔下）

①青带：下等衙役，即下文所说的“苦恼子公人”。 ②大阿哥：指上等衙役。 ③攮(nǎng)：拼命吃。 ④“一把松香”句：舞台上烧松香以取得烟火效果。此比喻很快败露。决撒，暴露。 ⑤厂爷：指魏忠贤，明熹宗时掌管东厂。 ⑥飞廉：殷人，善跑。这里喻指差役。 ⑦贯索：原为星名，这里指犯人周顺昌。 ⑧诠部：对吏部官员的尊称。 ⑨缇骑

(tí jì)：对逮捕犯人的禁卫吏役的称呼。 ⑩搭咤（kè chà）：象声词，这里指砍头。 ⑪騃：傻。 ⑫珰（dāng）：汉代宦官充武职者的服饰，后为宦官的代称。 ⑬指佞：草名，相传尧时有指佞草生于庭，见奸臣则屈而指之。这里周顺昌引以自喻。 ⑭波查：波折，风波。 ⑮柤（zhā）：果名，这里用来形容校尉被打后的狼狈相。

《清忠谱》描写明天启六年苏州市民在颜佩韦等五人领导下的一场反魏阉暴动事件，以东林党人周顺昌被捕作为冲突的主要线索。剧作用纪实手法，第一次把群众斗争的场面直接搬上了舞台。《闹诏》一出写逮捕周顺昌的诏书下达后，苏州市民群情愤激大闹都察院的情形。作者在"闹"字上展开了轰轰烈烈的群众斗争场面，前台与后台相配合，文场与武场相穿插，形象鲜明，冲突尖锐，场面阔大，气氛悲壮。组织众多人物事件，有条不紊，流转飞动，轰轰烈烈，富有节奏感。

清吴伟业《清忠谱·序》："事俱按实，其言亦雅驯。虽云填词，目之信史可也。""方公被逮时，宣诏于郡西察院，民随而号泣请救者万人。见公将就桎梏，咸戟手愤詈，因直前击缇骑，几为变。赖郡守寇公、邑令陈公抚之而后定。事闻，诏捕首乱，颜佩韦等五人毅然诣官府自列，赴死无改容。呜呼！公之节义能使人感奋至此，可谓难矣。"

吴伟业

圆圆曲①

鼎湖当日弃人间②，破敌收京下玉关③。恸哭六军俱缟素④，冲冠一怒为红颜。红颜流落非吾恋⑤，逆贼天亡自荒宴⑥。电扫黄巾定黑山⑦，哭罢君亲再相见⑧。相见初经田窦家⑨，侯门歌舞出如花。许将戚里空侯伎⑩，等取将军油壁车⑪。家本姑苏浣花里⑫，圆圆小字娇罗绮。梦向夫差苑里游⑬，宫娥拥入君王起。前身合是采莲人⑭，门前一片横塘水⑮。横塘双桨去如飞，何处豪家强载归⑯？此际岂知非薄命，此时唯有泪沾衣。熏天意气连宫掖，明眸皓齿无人惜⑰。夺归永巷闭良家⑱，教就新声倾坐客⑲。坐客飞觞红日暮，一曲哀弦向谁诉？白皙通侯最少年⑳，拣取花枝屡回顾。早携娇鸟出樊笼㉑，待得银河几时渡㉒？恨杀军书抵死催㉓，苦留后约将人误。相约恩深相见难，一朝蚁贼满长安㉔。可怜思妇楼头柳㉕，认作天边粉絮看㉖。遍索绿珠围内第㉗，强呼绛树出雕阑㉘。若非壮士全师胜，争得蛾眉匹马还。蛾眉马上传呼进㉙，云鬟不整惊魂定。蜡炬迎来在战场，啼妆满面残红印。专征萧鼓向秦川㉚，金牛道上车千乘㉛。斜谷云深起画楼㉜，散关月落开妆镜㉝。传来消息满江乡，乌桕红经十度霜㉞。教曲伎师怜尚在，浣纱女伴忆同行㉟。旧巢共是衔泥燕㊱，飞上枝头变凤凰。长向尊前悲老大，有人夫婿擅侯王。当时只受声名累，贵戚名豪竞延致。一斛珠连万斛愁㊲，关山飘泊腰肢细。错怨狂风扬落花，无边春色来天地。尝闻倾国与倾城㊳，翻使周郎受重名㊴。妻子岂应关大计，英雄无奈是多情。全家白骨成灰土㊵，一代红妆照汗青㊶。君不见，馆娃初起鸳鸯宿㊷，越女如花看不足。香径尘生鸟自啼㊸，屧廊人去苔空绿㊹。换羽移宫万里愁㊺，珠歌翠舞古梁州㊻。为君别唱吴宫曲㊼，汉水东南日夜流㊽。

①圆圆：即陈圆圆，本姓邢，名沅，字畹芬，小字圆圆，明末苏州名妓，吴三桂纳之为妾。李自成攻占北京，陈圆圆被俘。吴三桂怒而降清，引清兵攻陷北京，后封平西王。圆圆后随其入云南，晚年出家为道士。相关记载见钱稚拙《甲申传信录》、陆次云《圆圆传》等。②鼎湖：据《史记·封禅书》载，黄帝曾铸鼎于荆山下，鼎成，有龙垂胡须迎黄帝升天。后世便称此处为鼎湖；这里是借黄帝成仙故事指崇祯皇帝吊死煤山。 ③破敌：指吴三桂引清兵入关，打败李自成。玉关：玉门关，这里借指山海关。 ④六军：泛指朝廷的军队。此指明军。缟素：白色的衣服，指丧服。 ⑤红颜：指陈圆圆。吾：吴三桂自称。以下四句，是吴三桂为自己辩解的话。 ⑥逆贼：对李自成农民起义军的诬称。荒宴：荒淫宴乐。 ⑦黄巾、黑山：即黄巾军和黑山军，都是东汉末年的农民义军。此处借指李自成起义军。 ⑧君亲：君指崇祯皇帝。亲指吴三桂父亲吴襄，因招降吴三桂不成，为义军所杀。 ⑨田窦：即西汉外戚武安侯田蚡和魏其侯窦婴。这里借指思宗妃田氏之父田弘遇，一说指思宗周后之父

周奎。 ⑩戚里：帝王姻亲所居的地方。空侯伎：弹箜篌的艺伎，指陈圆圆。空侯，同“箜篌”，弹拨乐器。 ⑪取：通“娶”。油壁车：用油涂饰车壁的车子。 ⑫姑苏：即苏州。浣花里：唐名妓薛涛所居的地方，此处借指陈圆圆的居所。 ⑬“梦向”二句：谓陈圆圆应成为崇祯帝后妃。夫差苑，春秋吴王夫差的宫苑。 ⑭采莲人：指西施。 ⑮横塘：地名，在今苏州市胥门外。 ⑯豪家：指外戚。一说田弘遇家，一说周奎家。 ⑰“熏天”二句：谓陈圆圆曾被送入宫中，然崇祯帝不纳。 ⑱永巷：皇宫中嫔妃居住的地方。 ⑲倾坐客：使满座客人为之倾倒。坐，同“座”。 ⑳白皙通侯：面色白净的通侯，指吴三桂。通侯，汉爵位名，为列侯中最高一等，后常用作武将美名。 ㉑娇鸟：喻陈圆圆。 ㉒银河：此用牛郎、织女的故事，以渡银河喻婚娶。 ㉓军书：军事命令。底死催：拼命催。 ㉔蚁贼：对李自成起义军的诬称。长安：指代明朝都城北京。 ㉕思妇楼头柳：用唐王昌龄《闺怨》“闺中少妇不知愁”诗意。指陈圆圆已被吴三桂纳为妾。 ㉖天边粉絮：比喻未从良的妓女。 ㉗绿珠：晋石崇的宠姬，借指陈圆圆。 ㉘绛树：汉末著名舞女，借指陈圆圆。 ㉙蛾眉：指陈圆圆。传呼：喝道。 ㉚专征：可自专征伐的军事特权。秦川：陕西关中一带。 ㉛金牛道：从陕西沔县入四川的古栈道。 ㉜斜谷：在今陕西郿县西南褒斜谷东口。 ㉝散关：即大散关，在今陕西宝鸡西南大散岭上，川陕之间要道。 ㉞乌桕：树名，深秋时树叶变为红色。十度霜：十个年头。 ㉟同行（háng）：同伴，指陈圆圆。 ㊱衔泥燕：比喻地位低微的同伴。 ㊲一斛珠：《梅妃传》载，唐玄宗曾以一斛珍珠密赠梅妃。这里指陈圆圆所受的恩宠。 ㊳倾国、倾城：原指绝色女子，这里指陈圆圆美貌无比。 ㊴周郎：三国时东吴名将周瑜，其妻小乔为著名美女。这里借指吴三桂。 ㊵全家句：康熙十二年（1673），吴三桂会同耿清忠、尚之信叛清。乱平后吴三桂全家覆灭。 ㊶汗青：指史书。 ㊷馆娃：宫名，在今苏州市灵岩山上。吴王夫差为西施所建。 ㊸香径：即采香径，在姑苏城外灵岩山下。 ㊹屧（xiè）廊：即响屧廊，在馆娃宫里。传说是吴王为西施构筑的。 ㊺换羽移宫：羽、宫都是五音之一，这里以音调变化喻朝代改换。 ㊻古梁州：包括今陕西汉中与四川，吴三桂曾在汉中建藩王府第。 ㊼吴宫曲：咏唱吴宫盛衰的曲子。 ㊽此句用唐李白《江上吟》“功名富贵若长在，汉水亦应西北流”诗意，暗指吴三桂的覆亡。

《圆圆曲》是“梅村体”的代表作。它以陈圆圆、吴三桂的聚散离合为线索，委婉曲折地讥刺吴三桂为一己之私情叛明降清的可耻行为，并融进了诗人的人生体验和世事沧桑之叹。全诗规模宏大，个人身世和国家命运相交织，人物形象和军政史实相辉映，寓意深刻，耐人寻味。这是一首七言歌行体的叙事诗，极富艺术魅力。全诗运用追叙、夹叙、插叙等结构方式，打破时空限制，上下千年，纵横万里，既开阖自如，又曲折有致；运用顶真修辞手法，注重转韵和平仄韵穿插，具有一种回环流动的音乐美；语言华美晓畅，画龙点睛的议论尤显精警隽永。

清袁枚《语录》：“梅村七古，用元、白叙事之体，拟王、骆用事之法，调即流转，语复奇丽，千古高唱矣。”

近人王文濡《历代诗评注读本》：“不满延陵（吴三桂字），微词寓意，一纵一收，经营惨淡。结处将吴亡影射明亡，故有换羽移宫云云。珠歌翠舞，责延陵之卖国求荣，吴宫就圮，汉水长流，对此江山，不知有愧于中否？均应起居相呼应，非悉心读之，不见其妙。”

李渔

芙蕖

芙蕖与草本诸花，似觉稍异；然有根无树，一岁一生，其性同也。《谱》云："产于水者曰草芙蓉，产于陆者曰旱莲。"则谓非草本不得矣。予夏季以此为命者，非故效颦于茂叔①，而袭成说于前人也；以芙蕖之可人，其事不一而足。请备述之：群葩当令时，只在花开之数日，前此后此皆属过而不问之秋矣②，芙蕖则不然。自荷钱出水之日③，便为点缀绿波，及其劲叶既生，则又日高一日，日是日妍，有风既作飘飖之态，无风亦呈袅娜之姿，是我于花之未开，先享无穷逸致矣。迨至菡萏成花④，娇姿欲滴，后先相继，自夏徂秋，此时在花为分内之事，在人为应得之资者也。及花之既谢，亦可告无罪于主人矣，及复蒂下生蓬，蓬中结实，亭亭独立，犹似未开之花，与翠叶并擎，不至白露为霜，而能事不已。此皆言其可目者也。可鼻则有荷叶之清香，荷花之异馥，避暑而暑为之退，纳凉而凉逐之生。至其可人之口者，则莲实与藕，皆并列盘餐，而互芬齿颊者也。只有霜中败叶，零落难堪，似成弃物矣，乃摘而藏之，又备经年裹物之用。是芙蕖也者，无一时一刻，不适耳目之观；无一物一丝，不备家常之用者也。有五谷之实，而不有其名；兼百花之长，而各去其短。种植之利，有大于此者乎？予四命之中⑤，此命为最。无如酷好一生，竟不得半亩方塘，为安身立命之地；仅凿斗大一池，植数茎以塞责，又时病其漏，望天乞水以救之。殆所谓不善养生，而草菅其命者哉。

①茂叔：宋代理学家周敦颐的字，有传世之文名《爱莲说》。　②过而不问之秋：从旁边经过也无人过问的时候。　③荷钱：新出生的荷叶，形状像铜钱。　④菡萏（hàndàn）：荷花的花苞。　⑤四命：四季中像生命一样重要的花。《笠翁偶集·种植部》"水仙"条中说："予有四命，各司一时。春以水仙、兰花为命，夏以莲为命，秋以秋海棠为命，冬以蜡梅为命。无此四花，是无命也。一季缺予一花，是夺予一季之命也。"

这篇小品不因袭以赞荷花为主的套路，突出展现芙蕖自春至秋的"可人"之处，兼及实用性，最后在"竟不得半亩方塘为安身立命之地"的遗憾中收束。文字清丽洒脱，感情亲切又不失凝重，风格雅洁、晓畅而又活泼。

全祖望

梅花岭记[①]

顺治二年乙酉四月[②]，江都围急[③]。督相史忠烈公知势不可为[④]，集诸将而语之曰："吾誓与城为殉，然仓皇中不可落于敌人之手以死，谁为我临期成此大节者?"副将军史德威慨然任之[⑤]。忠烈喜曰："吾尚未有子，汝当以同姓为吾后。吾上书太夫人[⑥]，谱汝诸孙中[⑦]。"二十五日城陷，忠烈拔刀自裁，诸将固争前抱持之。忠烈大呼德威，德威流涕不能执刃，遂为诸将所拥而行。至小东门，大兵如林而至。马副使鸣騄、任太守民育及诸将刘都督肇基等皆死[⑧]。忠烈乃瞠目曰："我史阁部也[⑨]。"被执至南门，和硕豫亲王以先生呼之[⑩]，劝之降，忠烈大骂而死。初，忠烈遗言："我死，当葬梅花岭上。"至是，德威求公之骨不可得，乃以衣冠葬之。

或曰："城之破也，有亲见忠烈青衣乌帽，乘白马出天宁门投江死者，未尝殒于城中也。"自有是言，大江南北，遂谓忠烈未死。已而英、霍山师大起[⑪]，皆托忠烈之名，仿佛陈涉之称项燕。吴中孙公兆奎[⑫]，以起兵不克，执至白下[⑬]。经略洪承畴与之有旧[⑭]，问曰："先生在兵间，审知故扬州阁部史公果死耶，抑未死耶?"孙公答曰："经略从北来，审知故松山殉难督师洪公果死耶，抑未死耶?"承畴大恚，急呼麾下驱出斩之。

呜呼！神仙诡诞之说，谓颜太师以兵解[⑮]，文少保亦以悟大光明法蝉蜕[⑯]，实未尝死。不知忠义者圣贤家法[⑰]，其气浩然，常留天地之间，何必出世入世之面目[⑱]！神仙之说，所谓为蛇画足。即如忠烈遗骸，不可问矣；百年而后，予登梅花岭上，与客述忠烈遗言，无不泪下如雨，想见当日围城光景。此即忠烈之面目，宛然可遇，是不必问其果解脱否也；而况冒其未死之名者哉！

墓旁有丹徒钱烈女之冢[⑲]，亦以乙酉在扬，凡五死而得绝。时告其父母火之，无留骨秽地[⑳]，扬人葬之于此。江右王猷定、关中黄遵岩、粤东屈大均，为作诗铭哀词。

顾尚有未尽表章者，予闻忠烈兄弟，自翰林可程下[㉑]，尚有数人，其后皆来江都省墓。适英、霍山师败，捕得冒称忠烈者[㉒]，大将发至江都[㉓]，令史氏男女来认之。忠烈第八弟已亡[㉔]，其夫人年少有色[㉕]，守节，亦出视之。大将艳其色，欲强娶之，夫人自裁而死。时以其出于大将之所逼也，莫敢为之表章者。呜呼，忠烈尝恨可程在北，当易姓之间[㉖]，不能仗节，出疏纠之，岂知身后乃有弟妇，以女子而踵兄公之余烈乎！梅花如雪，芳香不染，异日有作忠烈祠者，副使诸公，谅在从祀之烈[㉗]，当另为别室以祀夫人，附以烈女一辈也。

①梅花岭：在扬州广储门外，明朝知府吴秀疏浚运河时积土成丘，并遍植梅树，因而得名。本文选自《鲒埼亭集外编》。全祖望（1705～1755），字绍衣，号榭山，浙江鄞县人。清代文学家、史学家，著有《鲒埼亭集》、《经史问答》等。曾任翰林院庶吉士，后左迁外补知县。辞官后为绍兴蕺山书院、广东端溪书院山长。有学识、重气节，从学者很多。本文及《张公神道碑铭》是他的代表作。 ②顺治二年乙酉：公元 1645 年。 ③江都：扬州。④督相史忠烈公：史可法（1601～1645），字宪之，明末祥符（今河南开封）人。官至南京兵部尚书。清兵入关后，在南京拥立福王朱由崧，任内阁大学士，受马士英排挤，出镇扬州。因以宰相身份督师，所以称“督相”。忠烈，史可法的谥号。 ⑤史德威：史可法部下副将，山西平阳人。 ⑥太夫人：史可法之母尹氏。 ⑦谱：记入家谱中。 ⑧马鸣騄：督理扬州军务的副帅，陕西褒城人。任民育：扬州知府，山东济宁人。刘肇基：都督，辽东人。 ⑨史阁部：明朝称做宰相为入阁，史可法又兼管兵部，所以称“史阁部”。 ⑩和硕豫亲王：努尔哈赤第十五子多铎。清制，亲王、公主前加称“和硕”，意为“旗”。 ⑪英、霍山师：英山和霍山一带的起义军，在安徽省。首领冯弘图等以史可法之名为号，后兵败。 ⑫孙公兆奎：吴江人，和吴日生起兵，号“孙吴军”。 ⑬白下：江宁（今南京）县原有白下城，此指南京。 ⑭洪承畴：字彦演，明崇祯时任总督。松山兵败后降清，但传闻已殉难，崇祯帝设祭吊唁，后知降而未死。洪降后，任七省经略，位高于总督。 ⑮“颜太师”句：颜太师指唐朝颜真卿，曾任平原（今属山东）太守，安史之乱中，起兵抵抗，后官至太子太师，为叛将李希烈所杀。相传其死后 15 年，他的仆人在洛阳同德寺的佛殿上又见到了他。兵解，道教指人在死于兵刃时脱去躯壳升天成仙。 ⑯文少保：指文天祥。他曾任少保之职，起兵抗元，兵败被杀。传说他通晓佛理，在狱中有“谁知真患难，忽遇大光明”的诗句，后人附会说他悟大光明法而像蝉脱壳一样成佛了。大光明：传说释迦牟尼前世曾任“大光明王”，因以头布施而成佛。 ⑰家法：指圣贤所教导的道德准则。 ⑱出世入世：指脱离人世或生活在俗世。面目：指存在的外在形式。 ⑲钱烈女：名淑贤。丹徒即今镇江。扬州沦陷时，钱女 16 岁，自杀五次而死。 ⑳秽地：指清兵占领的地方。 ㉑可程：史可法之弟，任翰林院庶吉士，曾投清，后南归，病故于宜兴。 ㉒冒称忠烈者：应为厉绍伯，容貌身材略似史可法。㉓大将：有关文献称“少宰某”的清兵将领，名讳不可考。 ㉔忠烈第八弟：史可模（一说名可则），早死。 ㉕其夫人：姓李，为史可法夫人之妹。 ㉖易姓：指改朝换代。 ㉗从祀：陪祭。烈：同“列”。

全祖望不是明亡遗民，却心存故国之情。本篇以生动简练的文字，塑造了民族英雄史可法的不朽形象，并用正面描写与侧面衬托的手法，突出主题。叛贼如洪承畴，副将如马鸣騄，义军首领孙兆奎，甚至钱女、弟妇，纵笔写来，更可见民族正气浩然长存，不可磨灭。结尾“梅花如雪，芳香不染”的景物点染，含蓄地歌颂了先烈的品节精神。

林嗣环

口　技[①]

京中有善口技者。会宾客大宴，于厅事之东北角[②]，施八尺屏障[③]，口技人坐屏障中，一桌，一椅，一扇，一抚尺而已[④]。众宾客团坐。少顷，但闻屏障中抚尺一下，满座寂然，无敢哗者。

遥闻深巷中犬吠，便有妇人惊觉欠伸，摇其夫语猥亵事。夫呓语，初不甚应，妇摇之不止，则二人语渐间杂，床又从中戛戛。既而儿醒，大啼。夫令妇抚儿乳，儿含乳啼，妇拍而呜之。夫起溺[⑤]，妇亦抱儿起溺。床上又一大儿醒，狺狺不止[⑥]。当是时，妇手拍儿声，口中呜声，儿含乳啼声，大儿初醒声，床声，夫叱大儿声，溺瓶中声，溺桶中声，一齐奏发，从妙毕备。满座宾客，无不伸颈侧目，微笑默叹，以为妙绝也。

既而夫上床寝。妇又呼大儿溺，毕，都上床寝。小儿亦渐欲睡。夫齁声起[⑦]，妇拍儿亦渐拍渐止。微闻有鼠作作索索，盆器倾侧，妇梦中咳嗽之声。宾客意少舒[⑧]，稍稍正坐。

忽一人大呼“火起”，夫起大呼，妇亦起大呼，两儿齐哭。俄而百千人大呼，百千儿哭，百千犬吠，中间力拉崩倒之声[⑨]，火爆声，呼呼风声，百千齐作；又夹百千求救声，曳屋许许声[⑩]，抢夺声，泼水声。凡所应有，无所不有。虽人有百手，手有百指，不能指其一端；人有百口，口有百舌，不能名其一处也[⑪]。于是宾客无不变色离席，奋袖出臂，两股战战，几欲先走。

而忽然抚尺一下，众响毕绝。撤屏视之，一人、一桌、一椅、一扇、一抚尺而已。

①本文节选自《虞初新志》之《〈秋声诗〉自序》，删其首尾，只保留了记述口技的部分。　②厅事：厅堂，原指官府听事的地方，这里指私人住宅的堂屋。　③施：设置。　④抚尺：即“醒木”，说书艺人表演时所用木块，用以拍案作响，引起听众注意。　⑤溺（niào）：同“尿”。　⑥狺狺（yín）：本指狗叫声，此处指大儿高声、唠叨地说话。　⑦齁（hōu）声：鼻打呼噜的声音。　⑧少舒：稍稍放松。　⑨力拉：象声词。　⑩许许（hǔ）：象声词。　⑪名：说出，说明白。

这是一篇借口技人的“善画声”说明自己的诗歌“善画声”的序言节选，又是一场精彩口技表演的生动再现，有强烈的艺术感染力。首先，文章以生动传神的笔触描摹各种声响，惟妙惟肖。其次，善用衬托，借道具的简单和听众的反应，有力地衬托出了口技人技艺的高超。最后，结构巧妙，剪裁有法，跌宕起伏，扣人心弦。

清张潮《虞初新志》：“绝世奇技，复得此奇文以传之。读竟，辄浮大白。”

陈维崧

醉 落 魄[1]

咏 鹰

寒山几堵，风低削碎中原路[2]，秋空一碧无今古。醉袒貂裘，略记寻呼处[3]。

男儿身手和谁赌？老来猛气还轩举[4]。人间多少闲狐兔[5]，月黑沙黄，此际偏思汝。

①《醉落魄》：又名《一斛珠》、《怨春风》。据宋传奇《梅妃传》，为唐玄宗所制。②“风低”句：风力很猛，吹净路尘。 ③寻呼处：呼鹰逐猎之处。 ④轩举：飞扬，振奋。⑤闲狐兔：比喻邪恶势力。

这首词以咏鹰为中心，化用杜甫“安得尔辈开其群，驱出六合枭鸾分”的诗意，表现了对邪恶势力的不满及为民除害的决心。全词场面阔大，格调苍凉，虽借物抒怀，然形神兼备，体现了阳羡词派的豪放之风。

陈宗石《湖海楼词集序》评陈维崧词：“或驴背清霜，孤篷夜雨；或河梁送别，千里怀人；或酒旗歌板，须髯奋张；或月榭风廊，肝肠掩抑。一切诙谐狂啸，细泣幽吟，无不寓之于词。甚至里语巷谈，一经点化，居然典雅，真有意到笔随，春风化物之妙。”

清陈廷焯《白雨斋词话》：“声色俱厉，较杜陵‘安得尔辈开其群，驱出六合枭鸾分’之句，更为激烈。”

蒲松龄

青　凤

太原耿氏，故大家，第宅宏阔。后凌夷[①]，楼舍连亘，半旷废之，因生怪异，堂门辄自开掩，家人恒中夜骇哗。耿患之，移居别墅，留老翁门焉。由此荒落益甚，或闻笑语歌吹声。

耿有从子去病，狂放不羁，嘱翁有所闻见，奔告之。至夜，见楼上灯光明灭，走报生。生欲入觇其异。止之，不听。门户素所习识，竟拨蒿蓬，曲折而入。登楼，殊无少异。穿楼而过，闻人语切切。潜窥之，见巨烛双烧，其明如昼。一叟儒冠南面坐，一媪相对，俱年四十余。东向一少年，可二十许。右一女郎，裁及笄耳[②]。酒胾满案[③]，团坐笑语。生突入，笑语曰："有不速之客一人来！"群惊奔匿。独叟出叱问："谁何人人闺闼？"生曰："此我家闺闼，君占之，旨酒自饮，不一邀主人，毋乃太吝？"叟审睇曰："非主人也。"生曰："我狂生耿去病，主人之从子耳。"叟致敬曰："久仰山斗[④]。"乃揖生入。便呼家人易馔，生止之。叟乃酌客，生曰："吾辈通家，座客无庸见避，还祈招饮。"叟呼："孝儿！"俄少年自外入。叟曰："此豚儿也[⑤]。"揖而坐。略审门阀，叟自言："义君，姓胡。"生素豪，谈议风生；孝儿亦倜傥；倾吐间，雅相爱悦。生二十一，长孝儿二岁，因弟之。叟曰："闻君祖纂《涂山外传》[⑥]，知之乎？"答："知之。"叟曰："我涂山氏之苗裔也。唐以后，谱系犹能忆之；五代而上无传焉[⑦]。幸公子一垂教也！"生略述涂山女佐禹之功，粉饰多词，妙绪泉涌。叟大喜，谓子曰："今幸得闻所未闻。公子亦非他人，可请阿母及青凤来共听之，亦令知我祖德也。"孝儿入帏中。少时，媪偕女郎出。审顾之，弱态生娇，秋波流慧，人间无其丽也。叟指妇云："此为老荆。"又指女郎："此青凤，鄙人之犹女也。颇惠，所闻见，辄记不忘，故唤令听之。"生谈竟而饮，瞻顾女郎，停睇不转。女觉之，辄俯其首。生隐蹑莲钩[⑧]，女急敛足，亦无愠怒。生神志飞扬，不能自主，拍案曰："得妇如此，南面王不易也[⑨]！"媪见生渐醉，益狂，与女俱起，遽搴帏去。生失望，乃辞叟出，而心萦萦，不能忘情于青凤也。

至夜复往，则兰麝犹芳，而凝待终宵，寂无声欬。归与妻谋，欲携家而居之，冀得一遇。妻不从。生乃自往，读于楼下。夜方凭几，一鬼披发入，面黑如漆，张目视生。生笑，染指研墨自涂，灼灼然相与对视。鬼惭而去。次夜，更既深，灭烛欲寝，闻楼后发扃，辟之麋然。生急起窥觇，则扉半启。俄闻履声细碎，有烛光自房中出。视之，则青凤也。骤见生，骇而却退，遽阖双扉。生长跽而致词曰："小生不避险恶，实以卿故。幸无他人，得一握手为笑，死不憾耳。"女遥语曰："惓惓深情，妾岂不知。但叔闺训严，不敢奉命。"生固哀之云："亦不敢望肌肤之亲，但一见颜色足矣。”女似肯可，启关出，捉之臂而曳之。生狂喜，相将入楼下，拥而加诸膝。女曰：“幸有夙分。过此一夕，即相思无用矣。”问：“何故？”曰：“阿叔畏君狂，故化厉鬼而相吓，而君不动也。今已卜居他所。一家皆移什物赴新居，而妾留守，明日即发。”言已欲去，云：“恐叔归。”生强止之，欲与为欢。方持论间，叟掩入。女羞惧无以自容，俯首倚床，拈带不语。叟怒曰：“贱婢辱吾门户！不速去，鞭挞且从其后！”女低头急去。叟亦出。尾而听之，诃诟万端，闻青凤嘤嘤啜泣。生心意如割，大声曰：“罪在小生，于青凤何与！倘宥凤也，刀锯铁钺[10]，小生愿身受之！”良久寂然，生乃归寝。自此第内绝不复声息矣。

生叔闻而奇之，愿售以居，不较直。生喜，携家口而迁焉。居逾年，甚适，而未尝须臾忘凤也。

会清明上墓归，见小狐二，为犬逼逐。其一投荒窜去；一则皇急道上，望见生，依依哀啼，葺耳辑首[11]，似乞其援。生怜之，启裳衿，提抱以归。闭门，置床上，则青凤也。大喜，慰问。女曰：“适与婢子戏，遘此大厄。脱非郎君，必葬犬腹。望无以非类见憎。”生曰：“日切怀思，系于魂梦。见卿如获异宝，何憎之云！”女曰：“此天数也！不因颠覆，何得相从？然幸矣，婢子必以妾为已死，可与君坚永约耳。”生喜，另舍舍之。

积二年余，生方夜读，孝儿忽入。生辍读，讶诘所来。孝儿伏地，怆然曰：“家君有横难，非君莫拯。将自诣恳，恐不见纳，故以某来。”问：“何事？”曰：“公子识莫三郎否？”曰：“此吾年家子也[12]。”孝儿曰：“明日将过。倘携有猎狐，望君之留之也。”生曰：“楼下之羞，耿耿在念，他事不敢预闻。必欲仆效绵薄，非青凤来不可。”孝儿零涕曰：“凤妹已野死三年矣！”生拂衣曰：“既尔，则恨滋深耳！”执卷高吟，殊不顾瞻。孝儿起，哭失声，掩面而去。生如青凤所，告以故。女失色曰：“果救之否？”曰：“救则救之，适不之诺者，亦聊以报前横耳。”女乃喜曰：“妾少孤，依叔成立。昔虽获罪，乃家范应尔。”生曰：“诚然，但使人不能无介介耳。卿果死，定不相援。”女笑曰：“忍哉！”次日，莫三郎果至，镂膺虎韔[13]，仆从甚赫。生门逆之。见获禽甚多，中一黑狐，血殷毛革；抚之，皮肉犹温。便托裘敝，乞得缀补。莫慨然解赠。生即付青凤，乃与客饮。客既去，女抱狐于怀，三日而苏，展转复化为叟。举目见凤，疑非人间。女历言其情。叟乃下拜，惭谢前愆。喜顾女曰：“我固谓汝不死，今果然矣。”女谓生曰：“君如念妾，还乞以楼宅相假，使妾得以申返哺之私[14]。”生诺之。叟赧然谢别而去。入夜，果举家来。由此如家人父子，无复猜忌矣。生斋居，孝儿时共谈宴。生嫡出子渐长，遂使傅之；盖循循善教，有师范焉[15]。

①凌夷：当作“陵夷”，衰微、没落。 ②裁及笄（jī）耳：才成年。古代女子15岁，就要把头发用簪子簪起来，表示已成年。见《礼记·内则》。笄，女子盘发用的簪子。 ③胾（zì）：切成大块的肉。 ④久仰山斗：表示对人仰慕的客套话。意谓仰望人就像仰望泰山北斗的高一样。语本《新唐书·韩愈传》：“愈以六经之文，为诸儒倡；自愈没后，学者仰之，如泰山北斗。”山，泰山。斗，北斗星。 ⑤豚（tún）儿：对人称自己儿子的谦词。豚，小猪。⑥《涂山外传》：古代神话传说，大禹治水，行至涂山，娶九尾白狐为妻，称涂山氏，见《吴

越春秋·越王无余外传》。 ⑦五代：历史上五代的说法有多种，这里指梁、陈、北齐、北周、隋。 ⑧隐蹑莲钩：暗中踩住（青凤的）小脚。莲钩，旧指女子的小脚。 ⑨南面王：指帝王。我国古代帝王的座位，都是坐北朝南，故称之为南面王。易，交换。 ⑩刀锯铁钺(yuè)：都是古代的武器。这里是刑具的意思。铁，通“斧”。 ⑪搨耳辑首：垂耳缩头，害怕可怜的样子。搨，当作“阘”。辑，一本作“戢”。 ⑫年家子：科举时代，凡某科同一年考中的举人、进士，互称同年。同年的后辈称作年家子。 ⑬镂膺：系在马腹上的镂金饰带。虎韔（chàng）：用虎皮做的或饰以虎纹的弓袋。 ⑭返哺之私：指子女向父母尽孝。传说乌是孝鸟，乌雏长大后能衔着食物回巢喂养老乌，叫做“慈乌返哺”。私，内心，此指孝心。 ⑮有师范焉：很有老师的风范。

本篇选自《聊斋志异》卷一。《青凤》是《聊斋志异》中典型的描写人狐之恋的作品。文中的耿生是一位深情、有胆有识、狂放的豪士。狐女青凤美丽、温柔、多情而略显拘谨，在她身上所体现的完全是封建社会普通的闺阁少女所常有的感情，因而此篇也更具有浓郁平实的人情味。

本文在艺术描写上也颇多传神之笔，人物形象栩栩如生，如对耿生初见青凤时的一段描写，把双方的神态都刻画得惟妙惟肖，既符合耿生的狂放不羁，也符合青凤羞怯的个性。此外，故事情节曲折变幻，叙事层层深入，引人入胜。心理描写也极其细腻。

《会校会注会评本聊斋志异》引何守奇评：“青凤之爱生甚挚，而待之又甚诚，卒脱其死以及其叔，孰谓狂生不可近乎？叟家范綦严，观孝儿可为师，青凤不敢怼可见。何物老狐，乃有此家法。”

婴　宁

王子服，莒之罗店人①。早孤，绝惠，十四入泮②。母最爱之，寻常不令游郊野。聘萧氏，未嫁而夭，故求凰未就也③。

会上元，有舅氏子吴生，邀同眺瞩。方至村外，舅家有仆来，招吴去。生见游女如云，乘兴独遨。有女郎携婢，捻梅花一枝，容华绝代，笑容可掬。生注目不移，竟忘顾忌。女过去数武④，顾婢曰：“个儿郎目灼灼似贼⑤！”遗花地上，笑语自去。生拾花怅然，神魂丧失，怏怏遂返。至家，藏花枕底，垂头而睡，不语亦不食。母忧之。醮禳益剧⑥，肌革锐减。医师诊视，投剂发表⑦，忽忽若迷。母抚问所由，默然不答。适吴生来，嘱密诘之。吴至榻前，生见之泪下。吴就榻慰解，渐致研诘。生具吐其实，且求谋画。吴笑曰：“君意亦复痴，此愿有何难遂？当代访之。徒步于野，必非世家。如其未字，事固谐矣；不然，拚以重赂，计必允遂。但得痊瘳，成事在我。”生闻之，不觉解颐。吴出告母，物色女子居里，而探访既穷，并无踪绪。母大忧，无所为计。然自吴去后，颜顿开，食亦略进。数日，吴复来。生问所谋，吴绐之曰：“已得之矣。我以为谁何人，乃我姑氏女，即君姨妹行，今尚待聘。虽内戚有婚姻之嫌[8]，实告之，无不谐者。”生喜溢眉宇，问：“居何里?”吴诡曰：“西南山中，去此可三十余里。”生又付嘱再四，吴锐身自任而去。

生由此饮食渐加，日就平复。探视枕底，花虽枯，未便凋落，凝思把玩，如见其人。怪吴不至，折柬招之。吴支托不肯赴召。生恚怒，悒悒不欢。母虑其复病，急为议姻。略与商榷，辄摇首不愿。惟日盼吴。吴迄无耗，益怨恨之。转思三十里非遥，何必仰息他人？怀梅袖中，负气自往，而家人不知也。伶仃独步，无可问程，但望南山行去。约三十余里，乱山合沓，空翠爽肌，寂无人行，止有鸟道。遥望谷底，丛花乱树中，隐隐有小里落。下山入村，见舍宇无多，皆茅屋，而意甚修雅。北向一家，门前皆丝柳，墙内桃杏尤繁，间以修竹，野鸟格磔其中。意其园亭，不敢遽入。回顾对户，有巨石滑洁，因据坐少憩。俄闻墙内有女子，长呼：“小荣!”其声娇细。方伫听间，一女郎由东而西，执杏花一朵，俯首自簪；举头见生，遂不复簪，含笑捻花而入。审视之，即上元途中所遇也。心骤喜，但念无以阶进。欲呼姨氏，顾从无还往，惧有讹误。门内无人可问。坐卧徘徊，自朝至于日昃，盈盈望断，并忘饥渴。时见女子露半面来窥，似讶其不去者。忽一老媪扶杖出，顾生曰：“何处郎君，闻自辰刻便来，以至于今，意将何为？得勿饥耶?”生急起揖之，答云：“将以盼亲。”媪聋聩不闻。又大言之。乃问：“贵戚何姓?”生不能答。媪笑曰：“奇哉！姓名尚自不知，何亲可探？我视郎君，亦书痴耳。不如从我来，啖以粗粝，家有短榻可卧。待明朝归，询知姓氏，再来探访，不晚也。”生方腹馁思啖，又从此渐近丽人，大喜，从媪入。见门内白石砌路，夹道红花，片片堕阶上；曲折而西，又启一关，豆棚花架满庭中。肃客入舍，粉壁光明如镜；窗外海棠，枝朵探入室中。裀籍几榻，罔不洁泽。甫坐，即有人自窗外隐约相窥。媪唤：“小荣，可速作黍!”外有婢子噭声而应。坐次，具展宗阀。媪曰：“郎君外祖，莫姓吴否?”曰：“然。”媪惊曰：“是吾甥也。尊堂，我妹子。年来以家窭贫，又无三尺男[9]，遂至音问梗塞。甥长成如许，尚不相识。”生曰：“此来即为姨也，匆遽遂忘姓氏。”媪曰：“老身秦姓，并无诞育；弱息仅存[10]，亦为庶产[11]。渠母改醮，遗我鞠养，颇亦不钝；但少教训，嬉不知愁。少顷，便来拜识。”未几，婢子具饭，雏尾盈握[12]。媪劝餐已，婢来敛具。媪曰：“唤宁姑来。”婢应去。良久，闻户外隐有笑声。媪又唤曰：“婴宁！汝姨兄在此。”户外嗤嗤笑不已。婢推之以入，犹掩其口，笑不可遏。媪瞋目曰：“有客在，咤咤叱叱，是何景象!”女忍笑而立，生揖之。媪曰：“此王郎，汝姨子。一家尚不相识，可笑人也。”生问：“妹子年几何矣?”媪未能解。生又言之。女复笑，不可仰视。媪谓生曰：“我言少教诲，此可见矣。年已十六，呆痴裁如婴儿。”生曰：“小于甥一岁。”曰：“阿甥已十七矣，得非庚午属马者耶[13]?”生首应之。又问：“甥妇阿谁?”答云：“无之。”曰：“如甥才貌，何十七岁犹未聘？婴宁亦无姑家，极相匹敌，惜有内亲之嫌。”生无语，目注婴宁，不遑他瞬。婢向女小语云：“目灼灼，贼腔未改。”女又大笑，顾婢曰：“视碧桃开未?”遽起，以袖掩口，细碎连步而出。至门外，笑声始纵。媪亦起，唤婢襆被，为生安置。曰：“阿甥来不易，宜留三五日，迟迟送汝归。如嫌幽闷，舍后有小园，可供消遣。有书可读。”

次日，至舍后，果有园半亩，细草铺毡，杨花糁径。有草舍三楹，花木四合其所。穿花小步，闻树头苏苏有声，仰视，则婴宁在上。见生来，狂笑欲堕。生曰："勿尔！堕矣！"女且下且笑，不能自止。方将及地，失手而堕，笑乃止。生扶之，阴捘其腕。女笑又作，倚树不能行，良久乃罢。生俟其笑歇，乃出袖中花示之。女接之曰："枯矣，何留之？"曰："此上元妹子所遗，故存之。"问："存之何意？"曰："以示相爱不忘也。自上元相遇，凝思成疾，自分化为异物，不图得见颜色，幸垂怜悯！"女曰："此大细事。至戚何所靳惜？待郎行时，园中花，当唤老奴来，折一巨捆负送之。"生曰："妹子痴耶？""何便是痴？"曰："我非爱花，爱捻花之人耳。"女曰："葭莩之情[14]，爱何待言！"生曰："我所谓爱，非瓜葛之爱，乃夫妻之爱。"女曰："有以异乎？"曰："夜共枕席耳。"女俯思良久，曰："我不惯与生人睡！"语未已，婢潜至，生惶恐遁去。少时，会母所。母问："何往？"女答以园中共话。媪曰："饭熟已久，有何长言，周遮乃尔？"女曰："大哥欲我共寝。"言未已，生大窘，急目瞪之，女微笑而止。幸媪不闻，犹絮絮究诘。生急以他词掩之，因小语责女。女曰："适此语不应说耶？"生曰："此背人语。"女曰："背他人，岂得背老母？且寝处亦常事，何讳之？"生恨其痴，无术可以悟之。食方竟，家中人捉双卫来寻生[15]。先是，母待生久不归，始疑。村中搜觅几遍，竟无综兆。因往寻吴。吴忆曩言，因教于西南山村行觅。凡历数村，始至于此。生出门，适相值。便入告媪，且请偕女同归。媪喜曰："我有志，匪伊朝夕，但残躯不能远涉。得甥携妹子去，识认阿姨，大好！"呼婴宁，宁笑至。媪曰："有何喜，笑辄不辍？若不笑，当为全人。"因怒之以目。乃曰："大哥欲同汝去，可便装束。"又饷家人酒食，始送之出，曰："姨家田产丰裕。能养冗人。到彼且勿归，小学诗礼[16]，亦好事翁姑。即烦阿姨，为汝择一良匹。"二人遂发。至山坳，回顾，犹依稀见媪倚门北望也。

抵家，母睹姝丽，惊问为谁。生以姨女对。母曰："前吴郎与儿言者，诈也。我未有姊，何以得甥？"问女，女曰："我非母出。父为秦氏，没时，儿在褓中，不能记忆。"母曰："我一姊适秦氏，良确。然殂谢已久，那得复存？"因审诘面庞痣赘，一一符合。又疑曰："是矣。然亡已多年，何得复存？"疑虑间，吴生至，女避入室。吴询得故，惘然久之。忽曰："此女名婴宁耶？"生然之。吴亟称怪事。问所自知，吴曰："秦家姑去世后，姑丈鳏居，祟于狐，病瘠死。狐生女名婴宁，绷卧床上，家人皆见之。姑丈殁，狐犹时来。后求天师符粘壁间[17]，狐遂携女去。将勿此耶？"彼此疑参。但闻室中吃吃，皆婴宁笑声。母曰："此女亦太憨生。"吴请面之。母入室，女犹浓笑不顾。母促令出，始极力忍笑，又面壁移时，方出。才一展拜，翻然遽入，放声大笑。满室妇女，为之粲然。吴请往觇其异，就便执柯[18]。寻至村所，庐舍全无，山花零落而已。吴忆姑葬处，仿佛不远，然坟垅湮没，莫可辨识，诧叹而返。母疑其为鬼。入告吴言，女略无骇意；又吊其无家，亦殊无悲意，孜孜憨笑而已。众莫之测。母令与少女同寝止，昧爽即来省问。操女红[19]，精巧绝伦。但善笑，禁之亦不可止。然笑处嫣然，狂而不损其媚，人皆乐之。邻女少妇，争承迎之。母择吉将为合卺[20]，而终恐为鬼物。窃于日中窥之，形影殊无少异。至日，使华妆行新妇礼，女笑极不能俯仰，遂罢。生以其憨痴，恐漏泄房中隐事，而女殊密秘，不肯道一语。每值母忧怒，女至，一笑即解。奴婢小过，恐遭鞭楚，辄求诣母共话；罪婢投见，恒得免。而爱花成癖，物色遍戚党；窃典金钗，购佳种，数月，阶砌藩溷，无非花者。

庭后有木香一架，故临西家。女每攀登其上，摘供簪玩。母时遇见，辄诃之，女卒不改。一日，西人子见之，疑注倾倒，女不避而笑。西人子谓女意已属，心益荡。女指墙底，笑而下。西人子谓示约处，大悦。及昏而往，女果在焉。就而淫之，则阴如锥刺，痛彻于心，大号而踣。细视，非女，则一枯木卧墙边，所接乃水淋窍也。邻父闻声，急奔研问，呻而不言。妻来，始以实告。爇火烛窍，见中有巨蝎，如小蟹然。翁碎木捉杀之。负子至家，半夜寻卒。邻人讼生，讦发婴宁妖异。邑宰素仰生才，稔知其笃行士，谓邻翁讼诬，将杖责之。生为乞免，遂释回家。母谓女曰："憨狂尔尔，早知过喜而伏忧也。邑令神明，幸不牵累；设鹘突官宰，必逮妇女质公堂，我儿何颜见戚里？"女正色，矢不复笑。母曰："人罔不笑，但须有时。"而女由是竟不复笑。虽故逗之，亦终不笑；然竟日未尝有戚容。

一夕，对生零涕。异之。女哽咽曰："囊以相从日浅，言之恐致骇怪；今日察姑及郎，皆过爱无有异心，直告或无妨乎？妾本狐产。母临去，以妾托鬼母，相依十余年，始有今日。妾又无兄弟，所恃者惟君。老母岑寂山阿，无人怜而合厝之，九泉辄为悼恨。君倘不惜烦费，使地下人消此怨恫，庶养女者不忍溺弃。"生诺之；然虑坟冢迷于荒草。女但言："无虑。"刻日，夫妻舆榇而往㉑。女于荒烟错楚中，指示墓处，果得媪尸，肤革犹存。女抚哭哀痛。舁归，寻秦氏墓合葬焉。是夜，生梦媪来称谢，寤而述之。女曰："妾夜见之，嘱勿惊郎君耳。"生恨不邀留，女曰："彼鬼也，生人多，阳气胜，何能久居？"生问小荣，曰："是亦狐，最黠。狐母留以视妾。每摄饵相哺，故德之常不去心。昨问母，云已嫁之。"由是岁值寒食，夫妻登秦墓，拜扫无缺。女逾年生一子，在怀抱中，不畏生人，见人辄笑，亦大有母风云。

异史氏曰："观其孜孜憨笑，似全无心肝者；而墙下恶作剧，其黠孰甚焉！至凄恋鬼母，反笑为哭，我婴宁殆隐于笑者矣。窃闻山中有草，名'笑矣乎'㉒。嗅之，则笑不可止。房中植此一种，则合欢、忘忧㉓，并无颜色矣；若解语花㉔，正嫌其作态耳。"

①莒（jǔ）：县名，今属山东。 ②入泮（pàn）：入泮宫读书。泮宫，本指西周诸侯所设的学校。后泛指地方官办的学校。 ③求凰：求妻。神话传说中的凤凰，雄者为凤，雌者为凰，因称男子求偶为"求凰"。 ④数武：几步。半步为"武"。 ⑤个儿郎：这个小伙子。个，这个。 ⑥醮禳（jiào ráng）：请和尚道士设坛祈祷以消除灾祸的活动。 ⑦发表：中医学术语。谓有些病潜伏在人体内，需服药发散表托出来，叫做"发表"，也称"表散"。⑧内戚有婚姻之嫌：意谓姨表亲戚因血统相近，通婚有所禁忌。内戚，母系的亲戚。下文"内亲"义同。嫌，嫌忌。 ⑨三尺男：三尺高男孩儿。"无三尺男"，即家无一个男子。⑩弱息：幼小子女，对自己子女的谦称，这里指婴宁。息，自己生的。 ⑪庶产：妾生子女。封建时代，正妻称嫡，小妻称庶。 ⑫雏尾盈握：小鸡的尾部已满一把。这里是用来形容作

菜肴的家禽的肥嫩。《礼记·内则》："雏尾不盈握，不食。"雏，小鸡。盈握，满一把，以言其肥。 ⑬庚午属马：庚午年出生的人，属相为马。 ⑭葭莩（jiā fú）：本芦苇内壁的薄膜，比喻疏远的亲戚，亦泛指亲戚。 ⑮捉：这里是牵引的意思。卫，驴的别称。《尔雅翼·释兽》："（驴）一名为卫。或曰，晋卫玠好乘之，故以为名。" ⑯小学诗礼：略学一些诗书、礼仪。这里指封建家庭中教育如何做人的知识和礼节。 ⑰天师：即张天师。东汉张道陵传布道教，并用符水咒法为人治病。其子孙世居江西龙虎山，以炼丹画符、捉鬼拿妖等活动为职业。元朝封张为天师，子孙便沿用这一称号。 ⑱执柯：做媒。语出《诗经·豳风·伐柯》："伐柯如何？匪斧不克；娶妻如何？匪媒不得。"后因称做媒为执柯或伐柯。 ⑲女红（gōng）：指妇女从事的纺织、刺绣等类的针线活。红，通"工"。 ⑳合卺（jǐn）：古代婚仪的一种仪式。卺，将葫芦剖为两半。结婚时，新郎新娘各执一半饮酒漱口，谓之"合卺"。后因以合卺代结婚。 ㉑舆榇（chèn）：用车载着棺材。榇，棺材。 ㉒笑矣乎：据陶谷《清异录》记载，有一种菌蕈，吃了会使人无故发笑，故戏称为"笑矣乎"。 ㉓合欢：花名，俗称夜合花。忘忧，忘忧草，萱草的别名。据说合欢可以使人欢乐，萱草可以使人忘忧。㉔解语花：据王仁裕《开元天宝遗事》载，唐玄宗称杨贵妃为"解语花"。后世文人因以此来比喻善于迎合人意的聪敏的美女。

本篇选自《聊斋志异》卷二。婴宁是聊斋先生最钟爱的人物，也是《聊斋志异》中塑造得最成功的人物之一。作者着意塑造了一个天真烂漫、敢说敢笑的婴宁形象。作品从不同的角度和不同的情态来描写她的笑，很有艺术感染力。这样的婴宁，只能产生在远离现实、没有世俗社会的尔虞我诈，只有赤诚相待的南山之中，故人物与自然环境可谓契合得天衣无缝。灵活飞动的人物语言，给《婴宁》的艺术形象带来神采，以花、以笑写婴宁，以痴语、以庄重缜密之语写婴宁，笔如游龙，穷态极妍。尤可称道的是，《婴宁》是情节淡化的小说，婴宁其人，才是小说最具魅力之所在。

《会校会注会评本聊斋志异》引何守奇评："婴宁憨态，一片天真，过于司花儿远矣。我正以其笑为全人。"

《会校会注会评本聊斋志异》引但明伦评："此篇以笑字立胎，而以花为眼，处处写笑，即处处以花映带之。'捻梅花一枝'数语，已伏全文之脉，故文章全在提掇处得力也。以捻花笑起，以摘花不笑收，写笑层见叠出，无一意冗复，无一笔雷同，不笑后复用反衬，后仍结转笑字，篇法严密乃尔。"

小　谢

渭南姜部郎第①，多鬼魅，常惑人。因徙去。留苍头门之而死，数易皆死。遂废之。里有陶生望三者，夙倜傥，好狎妓，酒阑辄去之。友人故使妓奔就之，亦笑内不拒；而实终夜无所沾染。尝宿部郎家，有婢夜奔，生坚拒不乱，部郎以是契重之。家綦贫，又有鼓盆之戚②，茅屋数椽，溽暑不堪其热；因请部郎，假废第。部郎以其凶故，却之。生因作《续无鬼论》献部郎③，且曰："鬼何能为！"部郎以其请之坚，诺之。生往除厅事。薄暮，置书其中；返取他物，则书已亡。怪之，仰卧榻上，静息以伺其变。食顷，闻步履声，睨之，见二女自房中出，所亡书，送还案上。一约二十，一可十七八，并皆姝丽。逡巡立榻下，相视而笑。生寂不动。长者翘一足踹生腹，少者掩口匿笑。生觉心摇摇若不自持，即急肃然端念，卒不顾。女近以左手捋髭，右手轻批颐颊，作小响。少者益笑。生骤起，叱曰："鬼物敢尔!"二女骇奔而散。生恐夜为所苦，欲移归，又耻其言不掩；乃挑灯读。暗中鬼影憧憧，略不顾瞻。夜将半，烛而寝。始交睫，觉人以细物穿鼻，奇痒，大嚏；但闻暗处隐隐作笑声。生不语，假寐以俟之。俄见少女以纸条捻细股，鹤行鹭伏而至；生骤起诃之，飘窜而去。既寝，又穿其耳。终夜不堪其扰。鸡既鸣，乃寂无声，声始酣眠，终日无所睹闻。日既下，恍惚出现。生遂夜炊，将以达旦。长者渐曲肱几上，观生读。既而掩生卷。生怒捉之，即已飘散；少间，又抚之。生以手按卷读。少者潜于脑后，交两手掩生目，瞥然去，远立以哂。生指骂曰："小鬼头！捉得便都杀却!"女子即又不惧。因戏之曰："房中纵送④，我都不解，缠我无益。"二女微笑，转身向灶，析薪溲米，为生执爨。生顾而奖曰："两卿此为，不胜憨跳耶?"俄顷，粥熟，争以匕、箸、陶碗置几上。生曰："感卿服役，何以报德?"女笑云："饭中溲合砒、鸩矣⑤。"生曰："与卿夙无嫌怨，何至以此相加。"啜已，复盛，争为奔走。生乐之，习以为常。日渐稔，接坐倾语，审其姓名。长者云："妾秋容，乔氏；彼阮家小谢也。"又研问所由来。小谢笑曰："痴郎！尚不敢一呈身，谁要汝问门第，作嫁娶耶?"生正容曰："相对丽质，宁独无情；但阴冥之气，中人必死。不乐与居者，行可耳；乐与居者，安可耳。如不见爱，何必玷两佳人？如果见爱，何必死一狂生?"二女相顾动容，自此不甚虐弄之；然时而探手于怀，捋裤于地，亦置不为怪。一日，录书未卒业而出，返则小谢伏案头，操管代录。见生，掷笔睨笑。近视之，虽劣不成书，而行列疏整。生赞曰："卿雅人也！苟乐此，仆教卿为之。"乃拥诸怀，把腕而教之画。秋容自外入，色乍变，意似妒。小谢笑曰："童时尝从父学书，久不作，遂如梦寐。"秋容不语。生喻其意，伪为不觉者，遂抱而授以笔，曰："我视卿能此否?"作数字而起，曰："秋娘大好笔力!"秋容乃喜。生于是折两纸为范，俾共临摹；生另一灯读。窃喜其各有所事，不相侵扰。仿毕，祗立几前，听生月旦⑥。秋容素不解读，涂鸦不可辨认⑦，花判已⑧，自顾不如小谢，有惭色。生奖慰之，颜始霁。二女由此师事生，坐为抓背，卧为按股，不惟不敢侮，争媚之。逾月，小谢书居然端好，生偶赞之，秋容大惭，粉黛淫淫，泪痕如线；生百端慰解之，乃已。因教之读，颖悟非常，指示一过，无再问者。与生竞读，常至终夜。小谢又引其弟三郎来，拜生门下。年十五六，姿容秀美。以金如意一钩为贽⑨。生令与秋容执一经，满堂咿唔，生于此设鬼帐焉。部郎闻之喜，以时给其薪水。积数月，秋容与三郎皆能诗，时相酬唱。小谢阴嘱勿教秋容，生诺之；秋容阴嘱勿教小谢，生亦诺之。一日，生将赴试，二女涕泪持别。三郎曰："此行可以托疾免；不然，恐履不吉。"生以告疾为辱，遂行。先是，生好以诗词讥切时势，获罪于邑贵介，日思中伤之。阴赂学使⑩，诬以行简，淹禁狱中。资斧绝，乞食于囚人，自分已无生理。忽一人飘忽而入，则秋容也。以馔具馈生。相向悲咽，曰："三郎虑君不吉，今果不谬。三郎与妾同来，赴院申理矣[11]。"数语而出，人不之睹。越日，部院出，三郎遮道声屈，收之。秋容入狱报生，返身往侦之，三日不返。生愁饿无聊，度一日如年岁。忽小谢至，怆惋欲绝，言："秋容归，经由城隍祠，被西廊黑判强摄去，逼充御媵。秋容不屈，今亦幽囚。妾驰百里，奔波颇殆；至北郭，被老棘刺吾足心，痛彻骨髓，恐不能再至矣。"因示之足，血殷凌波焉。出金三两，跛踦而没。部院勘三郎，素非瓜葛，无端代控，将杖之，扑地遂灭。异之。览其状，情词悲恻。提生面鞫，问："三郎何人？"生伪为不知。部院悟其冤，释之。既归，竟夕无一人。更阑，小谢始至。惨然曰："三郎在部院，被廨神押赴冥司；冥王以三郎义，令托身富贵家。秋容久锢，妾以状投城隍，又被按阁，不得入，且复奈何？"生忿曰："黑老魅何敢如此！明日仆其像，践踏为泥，数城隍而责之；案下吏暴横如此，渠在醉梦中耶！"悲愤相对，不觉四漏将残。秋容飘然忽至。两人惊喜，急问。秋容泣下曰："今为郎万苦矣！判日以刀杖相逼，今夕忽放妾归，曰：'我无他，原以爱故；既不愿，固亦不曾污玷。烦告陶秋曹[12]，勿见谴责。'"生闻少欢，欲与同寝，曰："今日愿为卿死。"二女戚然曰："向受开导，颇知义理，何忍以爱君者杀君乎？"执不可；然俯颈倾头，情均伉俪。二女以遭难故，妒念全消。会一道士途遇生，顾谓"身有鬼气"。生以其言异，具告之。道士曰："此鬼大好，不拟负他。"因书二符付生，曰："归授两鬼，任其福命：如闻门外有哭女者，吞符急出，先到者可活。"生拜受，归嘱二女。后月余，果闻有哭女者。二女争奔而去。小谢忙急，忘吞其符。见有丧舆过，秋容直出，入棺而没；小谢不得入，痛哭而返。生出视，则富室郝氏殡其女。共见一女子入棺而去，方共惊疑；俄闻棺中有声，息肩发验，女已顿苏。因暂寄生斋外，罗守之。忽开目问陶生。郝氏研诘之。答云："我非汝女也。"遂以情告。郝未深信，欲舁归；女不从，径入生斋，偃卧不起。郝乃识婿而去。生就视之，面庞虽异，而光艳不减秋容，喜惬过望，殷叙平生。忽闻呜呜鬼泣，则小谢哭于暗陬。心甚怜之，即移灯往，宽譬哀情，而衿袖琳浪，痛不可解。近晓始去。天明，郝以婢媪赍送香奁，居然翁婿矣。暮入帏房，则小谢又哭。如此六七夜，夫妇俱为惨动，不能成合卺之礼。生忧思无策。秋容曰："道士，仙人也。再往求，倘得怜救。"生然之。迹道士所在，叩伏自陈。道士力言"无术"。生哀不已。道士笑曰："痴生好缠人！合与有缘，请竭吾术。"乃从生来，索静室，掩扉坐，戒勿相问。凡十余日，不饮不食。潜窥之，瞑若睡。一日晨兴，有少女搴帘入，明眸皓齿，光艳照人。微笑曰："跋履终夜，惫极矣！被汝纠缠不了，奔驰百里外，始得一好庐舍[13]，道人载与俱来矣。待见其人，便相交付耳。"敛昏，小谢至，女遽起迎抱之，翕然合为一体，仆地而僵。道士自室中出，拱手径去。拜而送之。及返，则女已苏。扶置床上，气体渐舒，但把足呻言趾股酸痛，数日始能起。后生应试得通籍[14]。有蔡子经者，与同谱[15]，以事过生，留数日。小谢自邻舍归，蔡望见之，疾趋相蹑；小谢侧身敛避，心窃怒其轻薄。蔡告生曰："一事深骇物听，可相告否？"诘之，答曰："三年前，少妹夭陨，经两夜而失其尸，至今疑念。适见夫人，何相似之深也？"生笑曰："山荆陋劣，何足以方君妹？然既系同谱，义即至切，何妨一献妻孥。”乃入内，使小谢衣殉装出。蔡大惊曰：“真吾妹也!”因而泣下。生乃具述本末。蔡喜曰：“妹子未死，吾将速归，用慰严慈。”遂去。过数日，举家皆至，后往来如郝焉。

异史氏曰：“绝世佳人，求一而难得，何遽得两哉！事千古而一见，惟不私奔女者能遘之也。道士其仙耶？何术之神也！苟有其术，丑鬼可交耳。”

①渭南：县名，在今陕西省。部郎：指明清中央吏、户、礼、兵、刑、工六部中各部的郎中、员外郎一类的官。其地位仅次于尚书、侍郎。 ②鼓盆之戚：《庄子·至乐》篇记载，庄子的妻子死了，惠子来吊，庄子不仅不悲伤，反而还敲着瓦盆唱歌，以示旷达。后世因把丧妻叫做“鼓盆之戚”。 ③《续无鬼论》：晋朝阮瞻、唐朝林蕴都作过《无鬼论》，故称陶生所作为《续无鬼论》。 ④房中纵送：指男女之间的性行为。 ⑤砒、鸩（zhèn）：都是毒药。砒，是砒霜。鸩，传说中的一种羽毛有毒的鸟。此处指用它的羽毛浸泡而成的毒药。 ⑥月旦：月旦评，本指品评人物。《后汉书·许劭传》载，许劭和其堂兄许靖喜好评论乡里人物，每月一次，称为“月旦评”。此指品评字之好坏。 ⑦涂鸦：唐代卢仝《示添丁》诗：“忽来案上添墨汁，涂抹诗画如老鸦。”后因以“涂鸦”比喻书法、绘画、文字等水平稚劣。 ⑧花判：旧时官吏对案件以骈文写判词，称花判。这里是品评批改的意思。 ⑨金如意：金制的如意。如意，器物名，长三尺左右，供搔背或玩赏等用。贽，晋见礼。 ⑩学使：即学政，提督学政的简称，亦称督学使者，是由皇帝亲自选任，派往各省，按期至所属各府、县考试童生及生员的官员。 ⑪院：指抚院，巡抚的别称。清代因巡抚例兼督察院右副都御使衔，故巡抚又称抚院。下文“部院”亦指巡抚，因巡抚又常兼兵部侍郎，故又称部院。 ⑫秋曹：刑部的别称。这里称陶秋曹，是暗示判官预知陶生后来要做刑部官员，故这样称他。 ⑬庐舍：本是房屋，此处借指人的躯壳。此言人的灵魂与身体的关系，就像人与房屋的关系一样，灵魂住在躯壳里面，既可离开，也可另换。 ⑭通籍：亦作“通藉”，指首次做官，意谓朝廷中已有了名籍。这里是考中了进士的意思。 ⑮同谱：犹“同榜”，即同年考中进士。

封建时代的青年男女，其婚姻命运取决于父母之命、媒妁之言，而本篇却写了一个男女双方经过一段自由接触和了解后，最终成就美满婚姻的故事，真切表达了在封建礼教的桎梏下，广大青年男女对自由爱情的憧憬和向往。作品对双方情感的发展作了生动、具体而又极为细腻的刻画，特别是成功地塑造了小谢和秋容这两个活泼可爱、充满朝气的艺术形象，但结尾对“二女一夫式”的肯定和美化，说明蒲松龄在婚姻和妇女观上存在一定的局限性。

《会校会注会评本聊斋志异》引何守奇评：“借躯而生，古传其事，然亦谓偶然相值者耳。济之以术，远为召至，及其流弊，遂有摄取初死之尸，以役淫昏之鬼，如所云本自佛传，还求佛恕者。吁，可惧哉?”

《会校会注会评本聊斋志异》引但明伦评：“目中有妓，心中无妓，此何等学术，何等胸襟！必能坚拒私奔人，乃可作无鬼之论；并可以与鬼同居，不为所扰，而且有以感之化之。夫鬼也而至于感且化，则又何尝有鬼哉?”

镜　　听

益都郑氏兄弟①，皆文学士。大郑早知名，父母尝过爱之，又因子并及其妇；二郑落拓，不甚为父母所欢，遂恶次妇，至不齿礼；冷暖相形，颇存芥蒂。次妇每谓二郑："等男子耳，何遂不能为妻子争气?"遂摈弗与同宿。于是二郑感愤，勤心锐思，亦遂知名。父母稍稍优顾之，然终杀于兄②。次妇望夫綦切，是岁大比，窃于除夜以镜听卜③。有二人初起，相推为戏，云："汝也凉凉去!"妇归，凶吉不可解，亦置之。闱后，兄弟皆归。时暑气犹盛，两妇在厨下炊饭饷耕，其热正苦。忽有报骑登门④，报大郑捷。母入厨唤大妇曰："大男中式矣！汝可凉凉去。"次妇忿恻，泣且炊。俄又有报二郑捷者。次妇力掷饼杖而起，曰："侬也凉凉去!"此时中情所激，不觉出之于口；既而思之，始知镜听之验也。

异史氏曰："贫穷则父母不子，有以也哉！庭帏之中，固非愤激之地；然二郑妇激发男儿，亦与怨望无赖者殊不同科。投杖而起，真千古之快事也!"

①益都：县名，在今山东省东部。　②杀于兄：比哥哥差一等。杀，等差。　③镜听：古代一种占卜的方法。在除夕或岁首，双手捧镜，念七遍咒语，镜中便有人说话，以此确定吉凶。见元代伊世珍《嫏嬛记》。　④报骑（jì）：科举放榜后，官府里专门向被录取的新举人、进士骑马报喜并借以取得赏金的人。

本篇选自《聊斋志异》卷七。这篇三百余字的小小说，写得短小隽永，幽默有趣。文中有情有景，有对白，有独白，有描述，要言不烦，简练至极，寥寥数语便暴露了"贫穷则父母不子"的家庭关系中虚伪的情感和整个社会的炎凉世态，从而艺术地揭露了科举制度的弊端。

《会校会注会评本聊斋志异》引王金范评："贫穷则父母不子，固矣。今有人下一转语曰：'富贵则父母不子。'噫！人之得有其子亦难矣。"

《会校会注会评本聊斋志异》引何守奇评："闺情如见。"

黄　　英

马子才，顺天人①。世好菊，至才尤甚。闻有佳种，必购之，千里不惮。一日，有金陵客寓其家，自言其中表亲有一二种②，为北方所无。马欣动，即刻治装，从客至金陵。客多方为之营求，得两芽，裹藏如宝。归至中途，遇一少年，跨蹇从油碧车③，丰姿洒落。渐近与语。少年自言："陶姓。"谈言骚雅，因问马所自来，实告之。少年曰："种无不佳，培溉在人。"因与论艺菊之法，马大悦，问："将何往?"答云："姊厌金陵，欲卜居于河朔耳④。"马欣然曰："仆虽固贫，茅庐可以寄榻。不嫌荒陋，无烦他适。"陶趋车前，向姊咨禀。车中人推帘语，乃二十许绝世美人也。

顾弟言："屋不厌卑，而院宜得广。"马代诺之，遂与俱归。

第南有荒圃，仅小室三四椽，陶喜，居之。日过北院，为马治菊。菊已枯，拔根再植之，无不活。然家清贫，陶日与马共食饮，而察其家似不举火。马妻吕，亦爱陶姊，不时以升斗馈恤之。陶姊小字黄英，雅善谈，辄过吕所，与共纫绩。

陶一日谓马曰："君家固不丰，仆日以口腹累知交，胡可为常。为今计，卖菊亦足谋生。"马素介，闻陶言，甚鄙之，曰："仆以君风流高士，当能安贫；今作是论，则以东篱为市井[⑤]，有辱黄花矣。"陶笑曰："自食其力不为贪，贩花为业不为俗。人固不可苟求富，然亦不必务求贫也。"马不语，陶起而出。自是，马所弃残枝劣种，陶悉掇拾而去。由此不复就马寝食，招之始一至。

未几，菊将开，闻其门嚣喧如市。怪之，过而窥焉，见市人买花者，车载肩负，道相属也。其花皆异种，目所未睹。心厌其贪，欲与绝，而又恨其私秘佳本，遂款其扉，将就诮让。陶出，握手曳入。见荒庭半亩皆菊畦，数椽之外无旷土。劚去者[⑥]，则折别枝插补之；其蓓蕾在畦者，罔不佳妙；而细认之，皆向所拔弃也。陶入屋，出酒馔，设席畦侧，曰："仆贫不能守清戒，连朝幸得微资，颇足供醉。"少间，房中呼"三郎"，陶诺而去。俄献佳肴，烹饪良精。因问："贵姊胡以不字？"答云："时未至。"问："何时？"曰："四十三月。"又诘："何说？"但笑不言。尽欢始散。过宿，又诣之，新插者已盈尺矣。大奇之，苦求其术。陶曰："此固非可言传；且君不以谋生，焉用此？"

又数日，门庭略寂，陶乃以蒲席包菊，捆载数车而去。逾岁，春将半，始载南中异卉而归[⑦]，于都中设花肆，十日尽售，复归艺菊，问之去年买花者，留其根，次年尽变而劣，乃复购于陶。陶由此日富：一年增舍。二年起夏屋。兴作从心，更不谋诸主人。渐而旧日花畦，尽为廊舍。更于墙外买田一区，筑墉四周，悉种菊。至秋，载花去，春尽不归。而马妻病卒。意属黄英，微使人风示之。黄英微笑，意似允许，惟专候陶归而已。年余，陶竟不至。黄英课仆种菊，一如陶。得金益合商贾，村外治膏田二十顷，甲第益壮。忽有客自东粤来，寄陶生函信，发之，则嘱姊归马。考其寄书之日，即妻死之时；回忆园中之饮，适四十三月也，大奇之。以书示英，请问"致聘何所"。英辞不受采。又以故居陋，欲使就南第居，若赘焉。马不可，择日行亲迎礼。

黄英既适马，于间壁开扉通南第，日过课其仆。马耻以妻富，恒嘱黄英作南北籍，以防淆乱。而家所须，黄英辄取诸南第。不半岁，家中触类皆陶家物。马立遣人一一赍还之，戒勿复取。未浃旬[⑧]，又杂之。凡数更，马不胜烦。黄英笑曰："陈仲子毋乃劳乎[⑨]？"马惭，不复稽，一切听诸黄英。鸠工庀料[⑩]，土木大作，马不能禁。经数月，楼舍连亘，两第竟合为一，不分疆界矣。然遵马教，闭门不复业菊，而享用过于世家。马不自安，曰："仆三十年清德，为卿所累。今视息人间，徒依裙带而食，真无一毫丈夫气矣。人皆祝富，我但祝穷耳！"黄英曰："妾非贪鄙，但不少致丰盈，遂令千载下人，谓渊明贫贱骨，百世不能发迹，故聊为我家彭泽解嘲耳[⑪]。然贫者愿富，为难；富者求贫，固亦甚易。床头金任君挥去之，妾不靳也。"

马曰："捐他人之金，抑亦良丑。"黄英曰："君不愿富，妾亦不能贫也。无已，析君居；清者自清，浊者自浊，何害。"乃于园中筑茅茨，择美婢往侍马。马安之。然过数日，苦念黄英。招之，不肯至；不得已，反就之。隔宿辄至，以为常。黄英笑曰："东食西宿[12]，廉者当不如是。"马亦自笑，无以对，遂复合居如初。

会马以事客金陵，适逢菊秋。早过花肆，见肆中盆列甚烦，款朵佳胜，心动，疑类陶制。少间，主人出，果陶也。喜极，具道契阔，遂止宿焉。要之归。陶曰："金陵，吾故土，将婚于是。积有薄资，烦寄吾姊。我岁杪当暂去。"马不听，请之益苦。且曰："家幸充盈，但可坐享，无须复贾。"坐肆中，使仆代论价，廉其直，数日尽售。逼促囊装，赁舟遂北。入门，则姊已除舍，床榻茵褥皆设，若预知弟也归者。陶自归，解装课役，大修亭园，惟日与马共棋酒，更不复结一客。为之择婚，辞不愿。姊遣两婢侍其寝处，居三四年，生一女。陶饮素豪，从不见其沉醉。有友人曾生，量亦无对。适过马，马使与陶相较饮。二人纵饮甚欢，相得恨晚。自辰以讫四漏，计各尽百壶。曾烂醉如泥，沉睡座间。陶起归寝，出门践菊畦，玉山倾倒[13]，委衣于侧，即地化为菊，高如人；花十余朵，皆大于拳。马骇绝，告黄英。英急往，拔置地上，曰："胡醉至此！"覆以衣，要马俱去，戒勿视。既明而往，则陶卧畦边。马乃悟姊弟菊精也，益爱敬之。而陶自露迹，饮益放，恒自折柬招曾，因与莫逆。值花朝[14]，曾来造访，以两仆舁药浸白酒一坛，约与共尽。坛将竭，二人犹未甚醉。马潜以一瓻续入之，二人又尽之。曾醉已惫，诸仆负之以去。陶卧地，又化为菊。马见惯不惊，如法拔之，守其旁以观其变。久之，叶益憔悴。大惧，始告黄英。英闻骇曰："杀吾弟矣！"奔视之，根株已枯。痛绝，掐其梗，埋盆中，携入闺中，日灌溉之。马悔恨欲绝，甚怨曾。越数日，闻曾已醉死矣。

盆中花渐萌，九月既开，短干粉朵，嗅之有酒香，名之"醉陶"，浇以酒则茂。后女长成，嫁于世家。黄英终老，亦无他异。

异史氏曰："青山白云人[15]，遂以醉死，世尽惜之，而未必不自以为快也。植此种于庭中，如见良友，如对丽人，不可不物色之也。"

①顺天：今北京大兴。 ②中表亲：父亲的姐妹或母亲的兄弟姐妹的儿女，都叫中表亲。 ③蹇（jiǎn）：跛足。这里指驴子。油碧车：华贵有帷幕的车子。一说是"油壁车"之误，车壁上用油涂饰的车子。 ④河朔：指黄河以北地区。 ⑤"以东篱为市井"二句：意思是如果把菊花视为商品买卖，是对菊花的侮辱。晋诗人陶潜爱好菊花，有"采菊东篱下"句，后世因以东篱代指菊圃。黄花，即菊花，旧时文人视为高洁的象征。 ⑥劚（zhú）：同"斸"，大锄，此指深挖。 ⑦南中：泛指南方。 ⑧浃（jiá）旬：即一旬。古人以干支纪日，称自甲至癸一周十日为浃日或浃旬。 ⑨陈仲子：战国时齐国人，其兄陈戴是齐国的大贵族，据说他因耻食兄禄，避居于陵。一次误吃了人家送给他哥哥的鹅肉，知道后又吐了出来。孟子曾认为的他这种行为是矫揉造作。这是黄英拿陈仲子比马生，含有讽刺的意味。 ⑩鸠工庀（pǐ）料：召集工匠，储备材料。鸠，聚集。庀，备具。 ⑪彭泽：晋诗人陶渊明。因他曾作过彭泽县令，故称。 ⑫东食西宿：《艺文类聚》卷四十引《风俗通》，齐国有两个男子同时向一个女子求婚，东家男子富而丑，西家男子美而贫。女子的父母不能决，问女儿愿嫁哪一家。女子说："嫁两家，在东家吃饭，西家住宿。"黄英借用这则寓言故事，嘲笑马生既要

“廉洁”之名，又贪“享受”之实。 ⑬玉山倾倒：《世说新语·容止》说嵇康醉时“傀俄若玉山之将崩”，后世遂以“玉山倾倒”形容醉倒。 ⑭花朝：古代风俗，以农历二月十二日（一说十五日）为百花生日，叫做“花朝”。 ⑮“青山白云人”二句：《旧唐书·傅奕传》载，傅奕曾自为墓铭说：“傅奕，青山白云人也，因酒醉死。”这里是赞叹陶生的旷达。

本篇选自《聊斋志异》卷十一。作品中的菊精，实际是花农花贩的化身，作者赞颂他们“自食其力不为贪，贩花为业不为俗”，赋予他们以高洁良好的品质。同时，又通过马生的形象，批判了封建文人的扭捏作态和自命清高的虚伪。文中黄英姐弟的形象，既有菊花的习性，又有花农的特点，特别是对陶生醉后化菊的描写，生动、形象、情趣横生，显示了作者丰富的想象力。

《会校会注会评本聊斋志异》引何守奇评：“菊堪偕隐，计亦诚良。但必以列花成肆，甲第连云者为俗，则几于固矣。陶弟托命寒香，寄情麴糵，彭泽二致，兼而有之。乃至顺化委形，犹存酒气，是菊是人，几不可辨，名曰‘醉陶’，风斯远矣。”

《会校会注会评本聊斋志异》引但明伦评：“自食其力，是自餐其英；采之东篱，只供骚人清赏，即取其直，亦当与白衣送酒同观。鄙之、辱之，至等诸五斗折腰，亦已甚矣。易此荒畦，俱成夏屋，聊为彭泽解嘲，使知隐逸者非贫贱骨耳。”

书　痴

彭城郎玉柱①，其先世官至太守，居官廉，得俸不治生产，积书盈屋。至玉柱，尤痴：家苦贫，无物不鬻，惟父藏书，一卷不忍置。父在时，曾书《劝学篇》黏其座右②，郎日讽诵；又幛以素纱，惟恐磨灭。非为干禄，实信书中真有金粟。昼夜研读，无间寒暑。年二十余，不求婚配，冀卷中丽人自至。见宾亲，不知温凉，三数语后，则诵声大作，客逡巡自去。每文宗临试③，辄首拔之，而苦不得售。一日，方读，忽大风飘卷去。急逐之，踏地陷足；探之，穴有腐草；掘之，乃古人窖粟，朽败已成粪土。虽不可食，而益信“千钟”之说不妄，读益力。一日，梯登高架，于乱卷中得金辇径尺，大喜，以为“金屋”之验。出以示人，则镀金而非真金。心窃怨古人之诳已也。居无何，有父同年，观察是道④，性好佛。或劝郎献辇为佛龛。观察大悦，赠金三百、马二匹。郎喜，以为金屋、车马皆有验，因益刻苦。然行年已三十矣。或劝其娶，曰：“‘书中自有颜如玉’，我何忧无美妻乎？”又读二三年，迄无效；人咸揶揄之。时民间讹言：天上织女私逃。或戏郎：“天孙窃奔，盖为君也。”郎知其戏，置不辨。一夕，读《汉书》至八卷，卷将半，见纱翦美人夹藏其中。骇曰：“书中颜如玉，其以此应之耶？”心怅然自失。而细视美人，眉目如生；背隐隐有细字云：“织女。”大异之。日置卷上，反复瞻玩，至忘食寝。一日，方注目间，美人忽折腰起，坐卷上微笑。郎惊绝，伏拜案下。既起，已盈尺矣。益骇，又叩之。下几亭亭，宛然绝代之姝。拜问：“何神？”美人笑曰：“妾颜氏，字如玉，君固相知已久。日垂青盼，脱不一至，恐千载下无复有笃信古人者。”郎喜，遂与寝处。然枕席间亲爱倍至，而不知为人⑤。每读，必使女坐其侧。女戒勿读，不听。女曰："君所以不能腾达者，徒以读耳。试观春秋榜上⑥，读如君者几人？若不听，妾行去矣。"郎暂从之。少顷，忘其教，吟诵复起。逾刻，索女，不知所在。神志丧失，嘱而祷之，殊无影迹。忽忆女所隐处，取《汉书》细检之，直至旧所，果得之。呼之不动，伏以哀祝。女乃下曰："君再不听，当相永绝！"因使治棋枰、樗蒲之具⑦，日与遨戏。而郎意殊不属。觑女不在，则窃卷流览。恐为女觉，阴取《汉书》第八卷，杂溷他所以迷之。一日，读酣，女至，竟不之觉；忽睹之，急掩卷，而女已亡矣。大惧，冥搜诸卷，渺不可得；既，仍于《汉书》八卷中得之，叶数不爽。因再拜祝，矢不复读。女乃下，与之弈，曰："三日不工，当复去。"至三日，忽一局赢女二子。女乃喜，授以弦索，限五日工一曲。郎手营目注，无暇他及；久之，随指应节，不觉鼓舞。女乃日与饮博，郎遂乐而忘读。女又纵之出门，使结客，由此倜傥之名暴著。女曰："子可以出而试矣。"郎一夜谓女曰："凡人男女同居则生子，今与卿居久，何不然也？"女笑曰："君日读书，妾固谓无益。今即夫妇一章，尚未了悟，枕席二字有工夫。"郎惊问："何工夫？"女笑不言。少间，潜迎就之。郎乐极，曰："我不意夫妇之乐，有不可言传者。"于是逢人辄道，无有不掩口者。女知而责之。郎曰："钻穴逾隙者⑧，始不可以告人；天伦之乐，人所皆有，何讳焉。"过八九月，女果举一男，买媪抚字之。一日，谓郎曰："妾从君二年，业生子，可以别矣。久恐为君祸，悔之已晚。"郎闻言，泣下，伏不起，曰："卿不念呱呱者耶？"女亦凄然。良久曰："必欲妾留，当举架上书尽散之。"郎曰："此卿故乡，乃仆性命，何出此言！"女不之强，曰："妾亦知其有数，不得不预告耳。"先是，亲族或窥见女，无不骇绝，而又未闻其缔姻何家，共诘之。郎不能作伪语，但默不言。人益疑，邮传几遍，闻于邑宰史公。史，闽人，少年进士。闻声倾动，窃欲一睹丽容，因而拘郎及女。女闻之，遁匿无迹。宰怒，收郎，斥革衣衿，梏械备加，务得女所自往。郎垂死，无一言。械其婢，略能道其仿佛。宰以为妖，命驾亲临其家。见书卷盈屋，多不胜搜，乃焚之；庭中烟结不散，暝若阴霾。郎既释，远求父门人书，得从辨复。是年秋捷，次年举进士。而衔恨切于骨髓。为颜如玉之位，朝夕而祝曰："卿如有灵，当佑我官于闽。"后果以直指巡闽。居三月，访史恶款，籍其家。时有中表为司理，逼纳爱妾，托言买婢寄署中。案既结，郎即日自劾，取妾而归。

异史氏曰："天下之物，积则招妒，好则生魔：女之妖，书之魔也。事近怪诞，治之未为不可；而祖龙之虐⑨，不已惨乎！其存心之私，更宜得怨毒之报也。呜呼！何怪哉！"

①彭城：郡名，汉置，治所在今江苏徐州。 ②《劝学篇》：相传为宋真宗赵恒所编写，主旨是规劝人们勤奋读书。篇中说："富家不用买良田，书中自有千钟粟；居家不用架高堂，书中自有黄金屋；娶妻莫恨无良媒，书中有女颜如玉；出门莫恨无人随，书中车马多如簇……" ③文宗：犹如说"宗师"，对考官的尊称。 ④观察是道：意谓到彭城道任观察使。观察，即观察使，是一道的最高行政长官。道，行政区划之一。 ⑤不知为人：指不知道男女间的性行为。 ⑥春秋榜：科举时代，进士考试在春天，举人考试在秋天，故人们把录取

进士、举人的榜示叫“春秋榜”。 ⑦樗蒱（chū pú）：亦作“樗蒲”。古代的一种博戏，后世常用作赌博的代称。 ⑧钻穴逾隙：亦作“钻穴逾墙”，谓男女偷情。语本《孟子·滕文公下》：“不待父母之命，媒妁之言，钻穴隙相窥，逾墙相从，则父母国人皆贱之。” ⑨祖龙之虐：祖龙，代指秦始皇。祖，始。龙，封建时代象征皇帝。这里是借历史上秦始皇焚书坑儒的事，来比喻邑宰的捕人烧书。

本篇选自《聊斋志异》卷十一。篇中的主人公郎玉柱爱书成癖，他深信书中自有“黄金屋、千钟粟、颜如玉”，古代士子要想实现这种愿望，唯一的道路就是读书中举。郎玉柱不关世事，除了读书，一无所能，最终他从书中得到了他想得到的一切，但读书在给他带来“美女、高官”的同时，也给他带来了灾难，从中可以看出作者对科举制度的态度。

郎玉柱爱书成痴，演绎出一个不可思议的故事，其超常之情、超常之状已超越了单纯的褒贬，上升为艺术的审美对象，极富游心娱目的情趣，这种独特的艺术特点，使《聊斋志异》带有了诗的品格特征。

《会校会注会评本聊斋志异》引何守奇评：“合千钟粟、黄金屋、颜如玉三语，苦于书中求之，乌得不痴？即枕席功夫尚未晓，知其于书有所不通也。使非教之辍读，乌能中乡选、捷南宫哉？故知不汲汲于读，乃为真能善读书者。”

《会校会注会评本聊斋志异》引但明伦评：“写书痴可云穷形尽态矣。而痴亦有本，痴亦有说，痴亦有趣，乃至痴亦各有验，痴亦何负于人哉？然痴于书则可，痴于他事则不可。且即所可者而论，亦有未见其可者。于金粟则信之，于车马则信之，于美人则又信之，所贵乎笃信好学者，岂谓是欤？积好成痴，积痴成魔，至美人果得，已行年三十余矣，而男女夫妇之道，尚未了悟，吾不知其所学居何等也？……若郎守父藏书，视同性命，本分之外，无所营求。其言钻穴逾墙，不可告人，天伦之乐，可不必讳，是天真烂漫，机械不存于胸中。史以俨然进士而邑侯者，以不可告人之隐，拘其人，火其书，虽曰数不可逃，而梏械至于垂死，虐已甚矣。如玉有灵，仇家籍没，怨毒之于人甚矣哉！此亦可见吾人之居心处世，其黠也不如其痴也。”

洪昇

长 生 殿

第二十五出 埋 玉

【南吕过曲】【金钱花】（末扮陈元礼引军士上）拥旄仗钺前驱，前驱；羽林拥卫銮舆，銮舆。匆匆避贼就征途。人跋涉，路崎岖。知何日，到成都。

下官右龙武将军陈元礼是也。因禄山造反，破了潼关，圣上避兵幸蜀，命俺统领禁军扈驾。行了一程，早到马嵬驿了。（内鼓噪介）（末）众军为何呐喊？（内）禄山造反，圣驾播迁，都是杨国忠弄权，激成变乱。若不斩此臣，我等死不扈驾。（末）众军不必鼓噪，暂且安营。待我奏过圣上，自有定夺。（内应介）（末引军重唱“人跋涉”四句下）（生同旦骑马，引老旦、贴、丑行上）

【中吕过曲】【粉孩儿】匆匆的弃宫闱珠泪洒，叹清清冷冷半张銮驾，望成都直在天一涯。渐行来渐远京华，五六搭剩水残山，两三间空舍崩瓦。

（丑）来此已是马嵬驿了，请万岁爷暂住銮驾。（生、旦下马，作进坐介）（生）寡人不道，误宠逆臣，致此播迁，悔之无及。妃子，只是累你劳顿，如之奈何！（旦）臣妾自应随驾，焉敢辞劳。只愿早早破贼，大驾还都便好。（内又喊介）杨国忠专权误国，今又交通吐蕃，我等誓不与此贼俱生。要杀杨国忠的，快随我等前去。（杂扮四军提刀赶副净上，绕场奔介）（军作杀副净，呐喊下）（生惊介）高力士，外面为何喧嚷？快宣陈元礼进来。（丑）领旨。（宣介）（末上见介）臣陈元礼见驾。（生）众军为何呐喊？（末）臣启陛下：杨国忠专权召乱，又与吐蕃私通。激怒六军，竟将国忠杀死了。（生作惊介）呀，有这等事！（旦作背掩泪介）（生沉吟介）这也罢了，传旨起驾。（末出传旨介）圣旨道来，赦汝等擅杀之罪。作速起行！（内又喊介）国忠虽诛，贵妃尚在。不杀贵妃，誓不扈驾。（末见生介）众军道，国忠虽诛，贵妃尚在，不肯起行。望陛下割恩正法。（生作大惊介）哎呀，这话如何说起！（旦慌牵生衣介）（生）将军，

【红芍药】国忠纵有罪当加，现如今已被劫杀。妃子在深宫自随驾，有何干六军疑讶。（末）圣谕极明，只是军心已变，如之奈何！（生）卿家，作速晓谕他，恁狂言没些高下。（内又喊介）（末）陛下呵，听军中恁地喧哗，教微臣怎生弹压！

（旦哭介）陛下呵，

【耍孩儿】事出非常堪惊诧。已痛兄遭戮，奈臣妾又受波查[①]。是前生事已定，薄命应折罚。望吾皇急切抛奴罢，只一句伤心话……

（生）妃子且自消停[②]。（内又喊介）不杀贵妃，死不扈驾。（末）臣启陛下：贵妃虽则无罪，国忠实其亲兄，今在陛下左右，军心不安。若军心安，则陛下安矣。愿乞三思。（生沉吟介）

【会河阳】无语沉吟，意如乱麻。（旦牵生衣哭介）痛生生怎地舍官家！（合）可怜

一对鸳鸯，风吹浪打，直恁的遭强霸！（内又喊介）（旦哭介）众军逼得我心惊唬，（生作呆想，忽抱旦哭介）贵妃，好教我难禁架③！

（众军呐喊上，绕场、围驿下）（丑）万岁爷，外厢军士已把驿亭围了。若再迟延，恐有他变，怎么处？（生）陈元礼，你快去安抚三军，朕自有道理！（末）领旨。（下）（生、旦抱哭介）（旦）

【缕缕金】魂飞颤，泪交加。（生）堂堂天子贵，不及莫愁家。（合哭介）难道把恩和义，霎时抛下！（旦跪介）臣妾受皇上深恩，杀身难报。今事势危急，望赐自尽，以定军心。陛下得安稳至蜀，妾虽死犹生也。算将来无计解军哗，残生愿甘罢，残生愿甘罢！

（哭倒生怀介）（生）妃子说那里话！你若捐生，朕虽有九重之尊，四海之富，要他则甚！宁可国破家亡，决不肯抛舍你也！

【摊破地锦花】任灌哗，我一谜妆聋哑，总是朕差，现放着一朵娇花，怎忍见风雨摧残，断送天涯。若是再禁加④，拼代你陨黄沙。

（旦）陛下虽则恩深，但事已至此，无路求生。若再留恋，倘玉石俱焚，益增妾罪。望陛下舍妾之身，以保宗社。（丑作掩泪，跪介）娘娘既慷慨捐生，望万岁爷以社稷为重，勉强割恩罢。（内有喊介）（生顿足哭介）罢，罢！妃子既执意如此，朕也做不得主了。高力士，只得但、但凭娘娘罢！（作哽咽、掩面哭下）（旦朝上拜介）万岁！（作哭倒介）（丑向内介）众军听着，万岁爷已有旨，赐杨娘娘自尽了。（众内呼介）万岁，万岁，万万岁！（丑扶旦起介）娘娘，请到后边去。（扶旦行介）（旦哭介）

【哭相思】百年离别在须臾，一代红颜为君尽！

（转作到介）（丑）这里有座佛堂在此。（旦作进介）且住，待我礼拜佛爷。（拜介）佛爷，佛爷！念杨玉环呵，

【越恁好】罪孽深重，罪孽深重，望我佛度脱咱。（丑拜介）愿娘娘好处生天。（旦起哭介）（丑起哭介）（丑跪哭介）娘娘，有甚话儿，分付奴婢几句。（旦）高力士，圣上春秋已高，我死之后，只有你是旧人，能体圣意，须索小心奉侍。再为我转奏圣上，今后休要念我了。（丑哭应介）奴婢晓得。（旦）高力士，我还有一言。（作除钗、出盒介）这金钗一对，钿盒一枚，是圣上定情所赐。你可将来与我殉葬，万万不可遗忘。（丑接钗盒介）奴婢晓得。（旦哭介）断肠痛杀，说不尽恨如麻。（末领军拥上）杨妃既奉旨赐死，何得停留，稽迟圣驾。（军呐喊介）（丑向前拦介）众军士不得近前，杨娘娘即刻归天了。（旦）唉，陈元礼，陈元礼，你兵威不向逆寇加，逼奴自杀。（军又喊介）（丑）不好了，军士每拥进来了。（旦看介）唉，罢、罢，这一株梨树，是我杨玉环结果之处了。（作腰间解出白练，拜介）臣杨玉环，叩谢圣恩。从今再不得相见了。（丑泣介）（旦作哭缢介）我那圣上呵，我一命儿便死在黄泉下，一灵儿只傍着黄旗下⑤。

（做缢死下）（末）杨妃已死，众军速退。（众应同下）（丑哭介）我那娘娘呵！（下）（生上）“六军不发无奈何，宛转蛾眉马前死。”（丑持白练上，见生介）启万岁爷，杨娘娘归天了。（生作呆不应介）（丑又启介）杨娘娘归天了。自缢的白练在此。（生看大哭介）哎哟，妃子，妃子，兀的不痛杀寡人也！（倒介）（丑扶介）（生哭介）

【红绣鞋】当年貌比桃花，桃花；（丑）今朝命绝梨花，梨花。（出钗盒介）这金钗、钿盒，是娘娘分付殉葬的。（生看钗盒哭介）这钗和盒，是祸根芽。长生殿，恁欢洽，马嵬驿，恁收煞！

（丑）仓卒之间，怎生整备棺椁？（生）也罢，权将锦褥包裹。须要埋好记明，以待日后

改葬。这钗盒就系娘娘衣上罢。（丑）领旨。（下）（生哭介）

【尾声】温香艳玉须臾化，今世今生怎见他！（末上跪介）请陛下起驾。（生顿足恨介）咳，我便不去西川也值什么！（内呐喊、掌号，众军上）

【仙吕入双调过曲】【朝元令】（丑暗上，引生上马行介）（合）长空雾粘，旌旆寒风飐。长征路淹，队仗黄尘染。谁料君臣，共尝危险。恨贼寇横兴逆焰，烽火相兼，何时得将豺虎歼。遥望蜀山尖，回将凤阙瞻，浮云数点，咫尺把长安遮掩，长安遮掩。

翠华西拂蜀云飞，章碣
天地尘昏九鼎危。吴融
蝉鬓不埋鸾驾去，高骈
空惊鸳鸯忽相随。钱起

①波查：波折。 ②消停：安心。 ③禁架：支持。 ④禁加：支持。 ⑤“一灵儿”句：谓灵魂追随着皇帝。

本出以李隆基、杨玉环生离死别的悲剧，构成了整剧的一个突转。在军哗、死别、埋玉、悲叹等一系列情节发展中，李、杨的帝、妃身份逐步淡化，而爱情主题则被大加渲染。作者对人物的处理视角比较新颖，对李、杨的情感描写细腻生动，从而使杨玉环的悲剧形象更加突出。

长 生 殿

第三十八出 弹 词

（末白须、旧衣帽抱琵琶上）“一从鼙鼓起渔阳，宫禁俄看蔓草荒。留得白头遗老在，谱将残恨说兴亡。”老汉李龟年，昔为内苑伶工，供奉梨园，蒙万岁爷十分恩宠。自从朝元阁教演《霓裳》，曲成奏上，龙颜大悦，与贵妃娘娘，各赐缠头，不下数万。谁想禄山造反，破了长安，圣驾西巡，万民逃窜。俺每梨园部中，也都七零八落，各自奔逃。老汉来到江南地方，盘缠都使尽了。只得抱着这面琵琶，唱个曲儿糊口。今日乃青溪鹫峰寺大会，游人甚多，不免到彼卖唱。（叹科）哎，想起当日天上清歌，今日沿门鼓板，好不颓气人也。（行科）

【南吕一枝花】不提防余年值乱离，逼拶得歧路遭穷败[1]。受奔波风尘颜面黑，叹衰残霜雪鬓须白。今日个流落天涯，只留得琵琶在。揣羞脸，上长街，又过短街。那里是高渐离击筑悲歌，倒做了伍子胥吹箫也那乞丐。

【梁州第七】想当日奏清歌趋承金殿，度新声供应瑶阶。说不尽九重天上恩如海：幸温泉骊山雪霁，泛仙舟兴庆莲开，玩婵娟华清宫殿，赏芳菲花萼楼台。正担承雨露深泽，蓦遭逢天地奇灾。剑门关尘蒙了凤辇鸾舆[2]，马嵬坡血污了天姿国色，江南路哭杀了瘦骨穷骸[3]。可哀落魄，只得把《霓裳》御谱沿门卖，有谁人喝声采！空对着六代园陵草树埋，满目兴衰。

（虚下）（小生巾服上）"花动游人眼，春伤故国心。《霓裳》人去后，无复有知音。"小生李謩，向在西京留滞，乱后方回。自从宫墙之处，偷按《霓裳》数叠，未能得其全谱。昨闻有一老者，抱着琵琶卖唱。人人都说手法不同，像个梨园旧人。今日鹫峰寺大会，想他必在那里，不免前去寻访一番。一路行来，你看游人好不盛也。（外巾服，副净衣帽，净长帽、帕子包首，扮山西客，携丑扮妓上）（外）"闲步寻芳惜好春"，（副净）"且看盛会逐游人"。（净）大姐，咱和你"及时行乐休空过"，（丑）客官，"好听琶琶一曲新"。（小生向副净科）老兄请了。动问这位大姐，说什么"琵琶一曲新"？（副净）老兄不知，这里新到一个老者，弹得一手好琵琶。今日在鹫峰寺赶会，因此大家同去一听。（小生）小生正要去寻他，同行如何？（众）如此极好。（同行科）行行去去，去去行行，已到鹫峰寺了。就此进去。（同进科）（副净）那边一个圈子，四围板凳，想必是波。我每一齐捱进去，坐下听者。（众作坐科）（末上见科）列位请了，想都是听曲的。请坐了，待在下唱来请教波。（众）正要领教。（末弹琵琶唱科）

【转调货郎儿】唱不尽兴亡梦幻，弹不尽悲伤感叹，大古里凄凉满眼对江山④。我只待拨繁弦传幽怨，翻别调写愁烦，慢慢的把天宝当年遗事弹。

（外）《天宝遗事》，好题目波。（净）大姐，他唱的是什么曲儿，可就是咱家的西调么⑤？（丑）也差不多儿。（小生）老丈，天宝年间遗事，一时那里唱得尽者。请先把杨贵妃娘娘，当时怎生进宫，唱来听波。（末弹唱科）

【二转】想当初庆皇唐太平天下，访丽色把蛾眉选刷。有佳人生长在弘农杨氏家，深闺内端的玉无瑕。那君王一见了欢无那⑥，把钿盒金钗亲纳，评跋做昭阳第一花。

（丑）那贵妃娘娘，怎生模样波？（净）可有咱家大姐这样标致么？（副净）且听唱出来者。（末弹唱科）

【三转】那娘娘生得来仙姿佚貌，说不尽幽闲窈窕，真个是花输双颊柳输腰。比昭君增妍丽，较西子倍风标，似观音飞来海峤，恍嫦娥偷离碧霄。更春情韵饶，春酣态娇，春眠梦悄。总有好丹青，那百样娉婷难画描。

（副净笑科）听这老翁说的杨娘娘标致，恁般活现，倒像是亲眼见的，敢则谎也。（净）只要唱得好听，管他谎不谎。那时皇帝怎么样看待她来，快唱下去者。（末弹唱科）

【四转】那君王看承得似明珠没两⑦，镇日里高擎在掌，赛过那汉宫飞燕倚新妆。可正是玉楼中巢翡翠，金殿上锁着鸳鸯。宵偎昼傍，直弄得个伶俐的官家颠不剌、懵不剌⑧，撇不下心儿上。弛了朝纲，占了情场，百支支写不了风流帐⑨。行厮并，坐厮当⑩。双，赤紧的倚了御床，博得个月夜花朝同受享。

（净倒科）哎呀，好快活，听的咱似雪狮子向火哩。（丑扶科）怎么说？（净）化了。（众笑科）（小生）当日宫中有《霓裳羽衣》一曲，闻说出自御制，又说是贵妃娘娘所作，老丈可知其详？请唱与小生听咱。（末弹唱科）

【五转】当日呵，那娘娘在荷庭把宫商细按，谱新声将《霓裳》调翻。昼长时亲自教双鬟。舒素手，拍香檀，一字字都吐自朱唇皓齿间。恰便似一串骊珠⑪，声和韵闲，恰便似莺与燕弄关关，恰便似鸣泉花底流溪涧，恰便似明月下泠泠清梵，恰便似缑岭上鹤唳高寒，恰便似步虚仙珮夜珊珊。传集了梨园部、教坊班，向翠盘中高簇拥着个娘娘，引得那君王带笑看。

（小生）一派仙音，宛然在耳，好形容波。（外叹科）哎，只可惜当日天子宠爱了贵妃，朝欢暮乐，致使渔阳兵起。说起来令人痛心也！（小生）老丈，休只埋怨贵妃娘娘。当日只为误任边将，委政权奸，以致庙谟颠倒，四海动摇。若使姚、宋犹存，那见得有此。（外）这也说的是波。（末）嗨，若说起渔阳兵起一事，真是天翻地覆，惨目伤心。列位不嫌絮烦，待老汉再慢慢弹唱出来者。（众）愿闻。（末弹唱科）

【六转】恰正好呕呕哑哑《霓裳》歌舞，不提防扑扑突突渔阳战鼓，划地里出出律律纷纷攘攘奏边书，急得个上上下下都无措。早则是喧喧嗾嗾、惊惊遽遽、仓仓卒卒、挨挨拶拶出延秋西路，鸾舆后携着个娇娇滴滴贵妃同去。又只见密密匝匝的兵，恶恶狠狠的语，闹闹炒炒、轰轰剨剨四下喳呼[12]，生逼散恩恩爱爱、疼疼热热帝王夫妇。霎时间画就了这一幅惨惨凄凄绝代佳人绝命图。

（外、副净同叹科）（小生泪科）哎，天生丽质，遭此惨毒。真可怜也！（净笑科）这是说唱，老兄怎么认真掉下泪来！（丑）那贵妃娘娘死后，葬在何处？（末弹唱科）

【七转】破不剌马嵬驿舍，冷清清佛堂倒斜。一代红颜为君绝，千秋遗恨滴罗巾血。半棵树是薄命碑碣，一抔土是断肠墓穴。再无人过荒凉野，莽天涯谁吊梨花谢！可怜那抱幽怨的孤魂，只伴着呜咽咽的望帝悲声啼夜月。

（外）长安兵火之后，不知光景如何？（末）哎呀，列位，好端端一座锦绣长安，自被禄山破陷，光景十分不堪了。听我再弹波。（弹唱科）

【八转】自銮舆西巡蜀道，长安内兵戈肆扰。千官无复紫宸朝[13]，把繁华顿消，顿消。六宫中朱户挂蟏蛸[14]，御榻傍白日狐狸啸。叫鸱鸮也么哥，长蓬蒿也么哥。野鹿儿乱跑，苑柳宫花一半儿凋。有谁人去扫，去扫！玳瑁空梁燕泥儿抛，只留得缺月黄昏照。叹萧条也么哥，染腥臊也么哥！染腥臊，玉砌空堆马粪高。

（净）呸，听了半日，饿得慌了。大姐，咱和你喝烧刀子[15]，吃蒜包儿去。（做腰边解钱与末，同丑诨下）（外）天色将晚，我每也去罢。（送银科）酒资在此。（末）多谢了。（外）无端唱出兴亡恨，（副净）引得傍人也泪流。（同外下）（小生）老丈，我听你这琵琶，非同凡手。得自何人传授？乞道其详。（末）

【九转】这琵琶曾供奉开元皇帝，重提起心伤泪滴。（小生）这等说起来，定是梨园部内人了。（末）我也曾在梨园籍上姓名题，亲向那沉香亭花里去承值，华清宫宴上去追随。（小生）莫不是贺老？（末）俺不是贺家的怀智[16]。（小生）敢是黄旛绰？（末）黄旛绰同咱皆老辈。（小生）这等想必是雷海青？（末）我虽是弄琵琶却不姓雷。他呵，骂逆贼久已身死名垂。（小生）这等，想必是马仙期了。（末）我也不是擅场方响马仙期[17]，那些旧相识都休话起。（小生）因何来到这里？（末）我只为家亡国破兵戈沸，因此上孤身流落在江南地。（小生）毕竟老丈是谁波？（末）您官人絮叨叨苦问俺为谁，则俺老伶工名唤做龟年身姓李。

（小生揖科）呀，原来却是李教师。失瞻了[18]。（末）官人尊姓大名，为何知道老汉？（小生）小生姓李，名謩。（末）莫不是吹铁笛的李官人么？（小生）然也。（末）幸会，幸会。（揖科）（小生）请问老丈，那《霓裳》全谱可还记得波？（末）也还记得，官人为何问他？（小生）不瞒老丈说，小生性好音律，向客西京。老丈在朝元阁演习《霓裳》之时，小生曾傍着宫墙，细细窃听，已将铁笛偷写数段。只是未得全谱，各处访求，无有知者。今日幸遇老丈，不识肯赐教否？（末）既遇知音，何惜末技。（小生）如此多感，请问尊寓何处？（末）穷途流落，尚乏居停。（小生）屈到舍下暂住，细细请教何如？（末）如此甚好。

【煞尾】俺一似惊乌绕树向空枝外，谁承望做旧燕寻巢入画栋来。今日个知音喜遇知音在，这相逢，异哉！恁相投，快哉！李官人呵，待我慢慢的传与你这一曲《霓裳》播千载。

（末）桃蹊柳陌好经过，张籍
（小生）聊复回车访薜萝。白居易
（末）今日知音一留听，刘禹锡
（小生）江南无处不闻歌。顾况

①逼拶（zā）：逼迫。 ②尘蒙：指皇帝逃难。 ③瘦骨穷骸：李龟年自指。 ④大古里：总是。 ⑤西调：西北甘肃一带的地方曲调。 ⑥欢无那：高兴得很。 ⑦没两：独一无二，指很珍视。 ⑧颠不剌、懵不剌：颠倒糊涂。 ⑨百支支：形容话多。 ⑩厮当：相对。 ⑪骊珠：黑龙颔下的珠。形容歌声圆润。 ⑫轰轰剨剨（huō）：指大声喧闹。 ⑬紫宸：唐宫殿名，为皇帝听政之所。 ⑭蟏蛸（xiāo shāo）：一种蜘蛛。 ⑮烧刀子：烧酒。 ⑯贺家的怀智：贺怀智和下文的黄旛绰、马仙期、雷海青等，都是唐明皇时梨园乐工。 ⑰方响：铜制乐器。 ⑱失瞻：旧时客套话，失于瞻仰拜候的意思。

本出以宫廷乐师李龟年的一套《九转货郎儿》，从一位历史兴亡的经历者和见证者的视角，唱出了从旖旎豪华的皇宫生活到国破家亡、颠沛流离的凄惨经历。它不仅弹奏出了当时社会一种普遍的兴亡之感，同时也能引发不同时代的观众产生人生沧桑与遗憾的心理共鸣。此曲与李玉《千钟禄》中的《惨睹》一出的《倾杯玉芙蓉》曲一时流布甚广，有“家家‘收拾起’，户户‘不提防’”的俗谚。

清梁廷楠《曲话》：“读《弹词》至六、七、八、九转，铁拨铜琶，悲凉慷慨，字字倾珠落玉而出，虽铁石人不能不为之断肠，为之下泪，笔墨之妙，其感人一至于此，真观止矣！”

清李调元《雨村曲话》：“其《弹词》为一篇之警策，所谓‘白头遗老在，闲坐说玄宗’。”

孔尚任

桃 花 扇

第七出 却 奁

癸未三月

（杂扮保儿掇马桶上）龟尿龟尿，撒出小龟；鳖血鳖血，变成小鳖。龟尿鳖血，看不分别；鳖血龟尿，说不清白。看不分别，混了亲爹；说不清白，混了亲伯。（笑介）胡闹，胡闹！昨日香姐上头[①]，乱了半夜；今日早起，又要刷马桶，倒溺壶，忙个不了。那些孤老[②]、表子还不知搂到几时哩[③]。（刷马桶介）

【夜行船】（末）人宿平康深柳巷[④]，惊好梦门外花郎。绣户未开，帘钩才响，春阻十层纱帐。

下官杨文骢，早来与侯兄道喜。你看院门深闭，侍婢无声，想是高眠未起。（唤介）保儿，你到新人窗外，说我早来道喜。（杂）昨夜睡迟了，今日未必起来哩。老爷请回，明日再来罢。（末笑介）胡说！快快去问。（小旦内问介[⑤]）保儿！来的是那一个？（杂）是杨老爷道喜来了。（小旦忙上）倚枕春宵短，敲门好事多。（见介）多谢老爷，成了孩儿一世姻缘。（末）好说。（问介）新人起来不曾？（小旦）昨晚睡迟，都还未起哩。（让坐介）老爷请坐，待我去催他。（末）不必，不必。（小旦下）

【步步娇】（末）儿女浓情如花酿，美满无他想，黑甜共一乡[⑥]。可也亏了俺帮衬，珠翠辉煌，罗绮飘荡，件件助新妆，悬出风流榜。

（小旦上）好笑，好笑！两个在那里交扣丁香[⑦]，并照菱花，梳洗才完，穿戴未毕。请老爷同到洞房，唤他出来，好饮扶头卯酒[⑧]。（末）惊却好梦，得罪不浅。（同下）（生、旦艳妆上）

【沉醉东风】（生、旦）这云情接着雨况，刚搔了心窝奇痒，谁搅起睡鸳鸯。被翻红浪，喜匆匆满怀欢畅。枕上余香，帕上余香，消魂滋味，才从梦里尝。

（末、小旦上）（末）果然起来了，恭喜，恭喜！（一揖，坐介）（末）昨晚催妆拙句[⑨]，可还说的入情么。（生揖介）多谢！（笑介）妙是妙极了，只有一件。（末）那一件？（生）香君虽小，还该藏之金屋。（看袖介）小生衫袖，如何着得下？（俱笑介）（末）夜来定情，必有佳作。（生）草草塞责，不敢请教。（末）诗在那里？（旦）诗在扇头。（旦向袖中取出扇介）（末接看介）是一柄白纱宫扇。（嗅介）香的有趣。（吟诗介）妙，妙！只有香君不愧此诗。（付旦介）还收好了。（旦收扇介）

【园林好】（末）正芬芳桃香李香，都题在宫纱扇上；怕遇着狂风吹荡，须紧紧袖中藏，须紧紧袖中藏。

（末看旦介）你看香君上头之后，更觉艳丽了。（向生介）世兄有福，消此尤物。（生）香君天姿国色，今日插了几朵珠翠，穿了一套绮罗，十分花貌，又添二分，果然可爱。（小旦）这都亏了杨老爷帮衬哩。

【江儿水】送到缠头锦，百宝箱，珠围翠绕流苏帐，银烛笼纱通宵亮，金杯劝酒合席唱。今日又早早来看，恰似亲生自养，赔了妆奁，又早敲门来望。

（旦）俺看杨老爷，虽是马督抚至亲[10]，却也拮据作客，为何轻掷金钱，来填烟花之窟？在奴家受之有愧，在老爷施之无名；今日问个明白，以便图报。（生）香君问得有理，小弟与杨兄萍水相交，昨日承情太厚，也觉不安。（末）既蒙问及，小弟只得实告了。这些妆奁酒席，约费二百余金，皆出怀宁之手。（生）那个怀宁？（末）曾做过光禄的阮圆海。（生）是那皖人阮大铖么？（末）正是。（生）他为何这样周旋？（末）不过欲纳交足下之意。

【五供养】（末）羡你风流雅望，东洛才名[11]，西汉文章。逢迎随处有，争看坐车郎[12]。秦淮妙处，暂寻个佳人相傍，也要些鸳鸯被、芙蓉妆；你道是谁的，是那南邻大阮[13]，嫁衣全忙。

（生）阮圆老原是敝年伯，小弟鄙其为人，绝之已久。他今日无故用情，令人不解。（末）圆老有一段苦衷，欲见白于足下。（生）请教。（末）圆老当日曾游赵梦白之门，原是吾辈。后来结交魏党，只为救护东林，不料魏党一败，东林反与之水火。近日复社诸生，倡论攻击，大肆殴辱，岂非操同室之戈乎？圆老故交虽多，因其形迹可疑，亦无人代为分辩。每日向天大哭，说道："同类相残，伤心惨目，非河南侯君，不能救我。"所以今日谆谆纳交。（生）原来如此，俺看圆海情辞迫切，亦觉可怜。就便真是魏党，悔过来归，亦不可绝之太甚，况罪有可原乎。定生、次尾，皆我至交，明日相见，即为分解。（末）果然如此，吾党之幸也。（旦怒介）官人是何说话，阮大铖趋附权奸，廉耻丧尽；妇人女子，无不唾骂。他人攻之，官人救之，官人自处于何等也？

【川拨棹】不思想，把话儿轻易讲。要与他消释灾殃，要与他消释灾殃，也提防旁人短长。官人之意，不过因他助俺妆奁，便要徇私废公；那知道这几件钗钏衣裙，原放不到我香君眼里。（拔簪脱衣介）脱裙衫，穷不妨；布荆人，名自香。

（末）阿呀！香君气性，忒也刚烈。（小旦）把好好东西，都丢一地，可惜，可惜！（拾介）（生）好，好，好！这等见识，我倒不如，真乃侯生畏友也。（向末介）老兄休怪，弟非不领教，但恐为女子所笑耳。

【前腔】（生）平康巷，他能将名节讲；偏是咱学校朝堂，偏是咱学校朝堂，混奸贤不问青黄。那些社友平日重俺侯生者，也只为这点义气；我若依附奸邪，那时群起来攻，自救不暇，焉能救人乎？节和名，非泛常；重和轻，须审详。

（末）圆老一段好意，也还不可激烈。（生）我虽至愚，亦不肯从井救人[14]。（末）既然如此，小弟告辞了。（生）这些箱笼，原是阮家之物，香君不用，留之无益，还求取去罢。（末）正是：多情反被无情恼，乘兴而来兴尽还。（下）（旦恼介）（生看旦介）俺看香君天姿国色，摘了几朵珠翠，脱去一套绮罗，十分容貌，又添十分，更觉可爱。（小旦）虽如此说，舍了许多东西，到底可惜。

【尾声】金珠到手轻轻放，惯成了娇痴模样，辜负俺辛勤做老娘。

（生）些须东西，何足挂念，小生照样赔来。（小旦）这等才好。

（小旦）花钱粉钞费商量，（旦）裙布钗荆也不妨；

（生）只有湘君能解佩[15]，（旦）风标不学世时妆。

①上头：指结婚。古代女子出嫁时要加笄（簪子），故称。 ②孤老：妓院里长期固定的客人。 ③表子：指妓女。 ④平康深柳巷：平康柳巷均是妓院代称。 ⑤小旦：扮香君假母李贞丽，李曾为秦淮名妓。 ⑥黑甜：指酣睡。 ⑦丁香：以丁香花蕾指代衣服的纽扣。⑧扶头卯酒：卯时前后饮的酒。扶头，提神振奋之意。 ⑨催妆拙句：指第六出《眠香》中杨龙友贺香君出嫁所作的诗。⑩马督抚：马士英，时任凤阳总督。 ⑪东洛才名：喻侯方域才高。旧时东都洛阳以出才子而闻名。 ⑫争看坐车郎：喻侯方域风流俊美。相传晋潘岳貌美，每次坐车出游，总引得妇女争相观看。 ⑬南邻大阮：晋代阮籍、阮咸叔侄，人称大小阮。此指阮大铖。 ⑭从（zòng）井救人：跳入井中救人。比喻救不了别人，反而害了自己。从，同“纵”。 ⑮湘君解佩：《楚辞·九歌·湘君》：“遗余佩兮澧浦。”此处用以形容香君却奁。

本出通过描写香君毅然抛弃华丽的妆奁而换得自己政治立场清白的行为，把一位具有卓识远见、不因利废义的女性形象展示给我们。反衬手法的运用使香君的形象更加鲜明可敬。

兰雪堂本《桃花扇》第七出总批：“秀才之打也，公子之骂也，皆于此折结穴。侯郎之去也，香君之守也，皆于此折生隙。五官成凑，百节不松，文章关捩也。”

桃　花　扇

续四十出　余　韵

戊子九月

【西江月】（净扮樵子挑担上）放目苍崖万丈，拂头红树千枝；云深猛虎出无时，也避人间弓矢。建业城啼夜鬼，维扬井贮秋尸[①]；樵夫剩得命如丝，满肚南朝野史。

在下苏昆生，自从乙酉年同香君到山，一住三载，俺就不曾回家，往来牛首、栖霞，采樵度日。谁想柳敬亭与俺同志，买只小船，也在此捕鱼为业。且喜山深树老，江阔人稀；每日相逢，便把斧头敲着船头，浩浩落落，尽俺歌唱，好不快活。今日柴担早歇，专等他来促膝闲话，怎的还不见到。（歇担盹睡介）（丑扮渔翁摇船上）年年垂钓鬓如银，爱此江山胜富春；歌舞丛中征战里，渔翁都是过来人。俺柳敬亭送侯朝宗修道之后，就在这龙潭江畔，捕鱼三载，把些兴亡旧事，付之风月闲谈。今值秋雨新晴，江光似练，正好寻苏昆生饮酒谈心。（指介）你看他早已醉倒在地，待我上岸，唤他醒来。（作上岸介）（呼介）苏昆生。（净醒介）大哥果然来了。（丑拱介）贤弟偏杯呀[②]！（净）柴不曾卖，那得酒来。（丑）愚兄也没卖鱼，都是空囊，怎么处？（净）有了，有了，你输水，我输柴，大家煮茗清谈罢。（副末扮老赞礼，提弦携壶上）江山江山，一忙一闲，谁赢谁输，两翼皆斑。（见介）原来是柳、苏两位老哥。（净、丑拱介）老相公怎得到此？（副末）老夫住在燕子矶边，今乃戊子年九月十七日，是福德星君降生之辰[③]。我同些山中社友，到福德神祠祭赛已毕，路过此间。（净）为何挟着弦子，提着酒壶？（副末）见笑见笑！老夫编了几句神弦歌，名曰《问苍天》。今日弹唱乐神，社散之时，分得这瓶福酒。恰好遇着二位，就同饮三杯罢。（丑）怎好取扰。（副末）这叫做“有福同享”。（净、丑）好，好！（同坐饮介）（净）何不把神弦歌领略一回？（副末）使得！老夫的心事，正要请教二位哩。（弹弦唱巫腔）（净、丑拍手衬介）

【问苍天】新历数，顺治朝，岁在戊子；九月秋，十七日，嘉会良时。击神鼓，扬灵旗，乡邻赛社；老逸民，剃白发，也到丛祠。椒作栋，桂为楣，唐修晋建；碧和金，丹间粉，画壁精奇。貌赫赫，气扬扬，福德名位；山之珍，海之宝，总掌无遗。超祖祢[4]，迈君师，千人上寿；焚郁兰，奠清醑，夺户争墀。草笠底，有一人，掀须长叹：贫者贫，富者富，造命奚为？我与尔，较生辰，同月同日；囊无钱，灶断火，不啻乞儿。六十岁，花甲周，桑榆暮矣；乱离人，太平犬，未有亨期。称玉斝，坐琼筵，尔餐我看；谁为灵，谁为蠢，贵贱失宜。臣稽首，叫九阍，开聋启聩；宣命司[5]，检禄籍[6]，何故差池。金阙远，紫宸高，苍天梦梦；迎神来，送神去，舆马风驰。歌舞罢，鸡豚收，须臾社散；倚枯槐，对斜日，独自凝思。浊享富，清享名，或分两例；内才多，外财少，应不同规。热似火，福德君，庸人父母；冷如冰，文昌帝，秀士宗师。神有短，圣有亏，谁能足愿；地难填，天难补，造化如斯。释尽了，胸中愁，欣欣微笑；江自流，云自卷，我又何疑。

（唱完放弦介）出丑之极。（净）妙绝！逼真《离骚》、《九歌》了。（丑）失敬，失敬！不知老相公竟是财神一转哩。（副末让介）请干此酒。（净咂舌介）这寡酒好难吃也[7]。（丑）愚兄倒有些下酒之物。（净）是什么东西？（丑）请猜一猜。（净）你的东西，不过是些鱼鳖虾蟹。（丑摇头介）猜不着，猜不着。（净）还有什么异味？（丑指口介）是我的舌头。（副末）你的舌头，你自下酒，如何让客。（丑笑介）你不晓得，古人以《汉书》下酒；这舌头会说《汉书》，岂非下酒之物？（净取酒斟介）我替老哥斟酒，老哥就把《汉书》说来。（副末）妙妙！只恐菜多酒少了。（丑）既然《汉书》太长，有我新编的一首弹词，叫做《秣陵秋》，唱来下酒罢。（副末）就是俺南京的近事么？（丑）便是！（净）这都是俺们耳闻眼见的，你若说差了，我要罚的。（丑）包管你不差。（丑弹弦介）六代兴亡，几点清弹千古慨；半生湖海，一声高唱万山惊。（照盲女弹词唱介）

【秣陵秋】陈隋烟月恨茫茫，井带胭脂土带香[8]；骀荡柳绵沾客鬓，叮咛莺舌恼人肠。中兴朝市繁华续，遗孽儿孙气焰张；只劝楼台追后主，不愁弓矢下残唐。蛾眉越女才承选，燕子吴歈早擅场[9]，力士签名搜笛步[10]，龟年协律奉椒房。西昆词赋新温李，乌巷冠裳旧谢王；院院宫妆金翠镜，朝朝楚梦雨云床。五侯阃外空狼燧，二水洲边自雀舫；指马谁攻秦相诈，入林都畏阮生狂。春灯已错从头认，社党重钩无缝藏；借手杀仇长乐老[11]，胁肩媚贵半闲堂[12]。龙钟阁部啼梅岭[13]，跋扈将军噪武昌。九曲河流晴唤渡，千寻江岸夜移防。琼花劫到雕栏损[14]，玉树歌终画殿凉；沧海迷家龙寂寞，风尘失伴凤彷徨。青衣衔璧何年返[15]，碧血溅沙此地亡；南内汤池仍蔓草[16]，东陵辇路又斜阳。全开锁钥淮扬泗，难整乾坤左史黄。建帝飘零烈帝惨，英宗困顿武宗荒；那知还有福王一，临去秋波泪数行。

（净）妙妙！果然一些不差。（副末）虽是几句弹词，竟似吴梅村一首长歌。（净）老哥学问大进，该敬一杯。（斟酒介）（丑）倒叫我吃寡酒了。（净）愚弟也有些须下酒之物。（丑）你的东西，一定是山肴野蔌了。（净）不是，不是。昨日南京卖柴，特地带来的。（丑）取来共享罢。（净指口介）也是舌头。（副末）怎的也是舌头？（净）不瞒二位说，我三年没到南京，忽然高兴，进城卖柴。路过孝陵，见那宝城享殿，成了刍牧之场。（丑）呵呀呀！那皇城如何？（净）那皇城墙倒宫塌，满地蒿莱了。（副末掩泪介）不料光景至此。（净）俺又一直走到秦淮，立了半晌，竟没一个人影儿。（丑）那长桥旧院，是咱们熟游之地，你也该去瞧瞧。（净）怎的没瞧，长桥已无片板，旧院剩了一堆瓦砾。（丑搥胸介）咳！恸死俺也。（净）那时疾忙回首，一路伤心；编成一套北曲，名为《哀江南》。待我唱来！（敲板唱弋阳腔介）俺樵夫呵！

【哀江南】【北新水令】山松野草带花挑，猛抬头秣陵重到。残军留废垒，瘦马卧空壕；村郭萧条，城对着夕阳道。

【驻马听】野火频烧，护墓长楸多半焦。山羊群跑，守陵阿监几时逃。鸽翎蝠粪满堂抛，枯枝败叶当阶罩；谁祭扫，牧儿打碎龙碑帽。

【沉醉东风】横白玉八根柱倒，堕红泥半堵墙高，碎琉璃瓦片多，烂翡翠窗棂少，舞丹墀燕雀常朝，直入宫门一路蒿，住几个乞儿饿殍。

【折桂令】问秦淮旧日窗寮，破纸迎风，坏槛当潮，目断魂消。当年粉黛，何处笙箫。罢灯船端阳不闹，收酒旗重九无聊。白鸟飘飘，绿水滔滔，嫩黄花有些蝶飞，新红叶无个人瞧。

【沽美酒】你记得跨青溪半里桥，旧红板没一条。秋水长天人过少，冷清清的落照，剩一树柳弯腰。

【太平令】行到那旧院门，何用轻敲，也不怕小犬哰哰[17]。无非是枯井颓巢，不过些砖苔砌草。手种的花条柳梢，尽意儿采樵；这黑灰是谁家厨灶？

【离亭宴带歇指煞】俺曾见金陵玉殿莺啼晓，秦淮水榭花开早，谁知道容易冰消。眼看他起朱楼，眼看他宴宾客，眼看他楼塌了。这青苔碧瓦堆，俺曾睡风流觉，将五十年兴亡看饱。那乌衣巷不姓王，莫愁湖鬼夜哭，凤凰台栖枭鸟。残山梦最真，旧景丢难掉，不信这舆图换稿。诌一套《哀江南》，放悲声唱到老。

（副末掩泪介）妙是绝妙，惹出我多少眼泪。（丑）这酒也不忍入唇了，大家谈谈罢。（副净时服[18]，扮皂隶暗上）朝陪天子辇，暮把县官门；皂隶原无种，通侯岂有根。自家魏国公嫡亲公子徐青君的便是，生来富贵，享尽繁华。不料国破家亡，剩了区区一口。没奈何在上元县当了一名皂隶，将就度日。今奉本官签票，访拿山林隐逸，只得下乡走走。（望介）那江岸之上，有几个老儿闲坐，不免上前讨火，就便访问。正是：开国元勋留狗尾[19]，换朝逸老缩龟头。（前行见介）老哥们有火借一个？（丑）请坐！（副净坐介）（副末问介）看你打扮，象一位公差大哥。（副净）便是！（净问介）要火吃烟么，小弟带有高烟，取出奉敬罢。（敲火取烟奉副净介）（副净吃烟介）好高烟，好高烟！（作晕醉卧倒介）（净扶介）（副净）不要拉我，让我歇一歇，就好了。（闭目卧介）（丑问副末介）记得三年之前，老相公捧着史阁部衣冠，要葬在梅花岭下，后来怎样？（副末）后来约了许多忠义之士，齐集梅花岭，招魂埋葬，倒也算千秋盛事，但不曾立得碑碣。（净）好事，好事，只可惜黄将军刎颈报主，抛尸路旁，竟无人埋葬。（副末）如今好了，也是我老汉同些村中父老，检骨殡殓，起了一座大大的坟茔，好不体面。（丑）你这两件功德，却也不小哩。（净）二位不知，那左宁南气死战船时，亲朋尽散，却是我老苏殡殓了他。（副末）难得，难得。闻他儿子左梦庚袭了前程，昨日扶柩回去了。（丑掩泪介）左宁南是我老柳知己。我曾托蓝田叔画他一幅影像，又求钱牧斋题赞了几句；逢时遇节，展开祭拜，也尽俺一点报答之意。（副净醒，作悄语介）听他说话，像几个山林隐逸。（起身问介）

三位是山林隐逸么？（众起拱介）不敢，不敢，为何问及山林隐逸。（副净）三位不知么，现今礼部上本，搜寻山林隐逸。抚按大老爷张挂告示，布政司行文已经月余，并不见一人报名。府县着忙，差俺们各处访拿，三位一定是了，快快跟我回话去。（副末）老哥差矣，山林隐逸乃文人名士，不肯出山的。老夫原是假斯文的一个老赞礼，那里去得。（丑、净）我两个是说书唱曲的朋友，而今做了渔翁樵子，益发不中了。（副净）你们不晓得，那些文人名士，都是识时务的俊杰，从三年前俱已出山了。目下正要访拿你辈哩。（副末）啐，征求隐逸，乃朝廷盛典，公祖父母俱当以礼相聘[20]，怎么要拿起来。定是你这衙役们奉行不善。（副净）不干我事，有本县签票在此，取出你看。（取看签票欲拿介）（净）果有此事哩。（丑）我们竟走开如何？（副末）有理，避祸今何晚，入山昔未深。（各分走下）（副净赶不上介）你看他登崖涉涧，竟各逃走无踪。

【清江引】大泽深山随处找，预备官家要。抽出绿头签[21]，取开红圈票[22]，把几个白衣山人吓走了。

（立听介）远远闻得吟诗之声，不在水边，定在林下，待我信步找去便了。（急下）（内吟诗曰）

渔樵同话旧繁华，短梦寥寥记不差；
曾恨红笺衔燕子，偏怜素扇染桃花。
笙歌西第留何客？烟雨南朝换几家？
传得伤心临去语，年年寒食哭天涯。

①“建业城”二句：写清兵南下时南京、扬州被屠的惨况。 ②偏杯：背着客人独自饮酒。 ③福德星君：传说中的财神。 ④祢（nǐ）：父亲死后在宗庙中立主称祢。 ⑤命司：掌管命运之神。 ⑥禄籍：传说中认为注定人们命运的籍册。 ⑦寡酒：指饮酒时缺下酒物。 ⑧井带胭脂：南京城中胭脂井。陈后主曾携张丽华等妃躲于此中被捕，故称。又称辱井。 ⑨燕子吴歈：指阮大铖所作《燕子笺》传奇，用昆曲演唱。歈，歌。 ⑩笛步：南京教坊所在地。 ⑪长乐老：五代宰相冯道，历仕唐、晋、汉、周四朝而不自耻，反自号长乐老。 ⑫半闲堂：南宋奸相贾似道建于西湖的别墅名，此句与上句合起来借指阮大铖谄事马士英。 ⑬龙钟：悲泣的样子。 ⑭“琼花”句：古扬州以琼花闻名天下，此句指代扬州被攻破后百姓遭屠杀的情形。 ⑮青衣：晋怀帝被匈奴掳去，被迫穿着青衣斟酒；衔璧：古代国君兵败投降时，要背绑双手，口衔玉璧，去见敌人。 ⑯南内：南京的明故宫。 ⑰哰哰：犬吠声。 ⑱时服：指清朝衣服。 ⑲狗尾：徐青君是明开国元勋徐达的后代，现为清朝皂隶，故以狗尾自嘲。 ⑳公祖父母：明清时对地方官的敬称。 ㉑绿头签：以绿色漆头的签，官府捕人时用。 ㉒红圈票：官府捕人的文据，其上用朱笔圈画被捕者的姓名。

本出与开场的“试一出先声”遥相呼应，以老赞礼、柳敬亭、苏昆生三人的三大段唱词来收结南明的兴亡史。

作为全剧的结尾，此出在渔樵悲歌、风月闲话之中，将苍凉之感弥漫于山林江河，让《桃花扇》留下无限的“余韵”。

清梁廷枏《曲话》：“曲终人杳，江上峰青，留有余不尽之意于烟波缥缈间，脱尽团圆俗套。”

兰雪堂本《桃花扇》第四十出眉批："大笑三声，乾坤寂然矣！而秋波再转，余韵铿锵。从古传奇有此结场否？后之传奇者若效此为之，又一钱不值矣！"

同上，总批："水外有水，山外有山，《桃花扇》曲完矣，《桃花扇》意不尽也。思其意者，一日以至千万年，不能仿佛其妙。曲云曲云，笙歌云乎哉，科白云乎哉！"

吴梅《顾曲麈谈·制曲》："末后《余韵》一折，更觉苍凉悲壮，试问今古传奇，有此场面乎？是特破生旦团圆之成格，东塘所独创也。"

纳兰性德

蝶恋花

辛苦最怜天上月，一昔如环[①]，昔昔都成玦[②]。若似月轮终皎洁，不辞冰雪为卿热[③]。　无那尘缘容易绝，燕子依然，软踏帘钩说。唱罢秋坟愁未歇，春丛认取双栖蝶[④]。

①一昔：一夜；环：圆形玉璧，意指月圆。　②玦：一种环形而有缺口的玉佩，指月缺。③冰雪：意谓月轮中很冷。　④双栖蝶：传说梁山伯与祝英台生前不能相爱，死后化蝶相聚。

这是一首悼亡词。作者在《沁园春》一词的小序中曾写道："丁巳重阳前三日，梦亡妇澹妆素服，执手哽咽，语多不复能记。但临别有云：'衔恨愿为天上月，年年犹得向郎圆。'"此词即先从"天上月"写起，以"天上月"比拟亡妻，通过圆少缺多的明月，抒写爱情难久的悲哀，表达了对亡妻的真挚爱恋。下片以双燕的帘间呢喃，反衬自己的孤单忧愁，并化用梁祝故事，抒写他对亡妻生死不渝的爱情。这首词不矫饰，不做作，尽情表露作者对亡妻的悲悼之情，缠绵凄切，感人至深。

清谭献《箧中词》："势纵语咽，凄澹无聊，延巳、六一以后，仅见湘真。"

今人钱仲联《清词三百首》："秋坟鬼唱，化蝶双栖，斑骓无寻，梦成今古，暗香飘尽，惜花人去等，都是死别之词。缠绵悱恻，哀怨凄厉，诚如杨芳灿所云'思幽近鬼'（《引水词序》）者。"

顾贞观

金 缕 曲

寄吴汉槎宁古塔[①]，以词代书。丙辰冬寓京师千佛寺冰雪中作[②]。

季子平安否[③]？便归来、平生万事，那堪回首？行路悠悠谁慰藉，母老家贫子幼。记不起、从前杯酒。魑魅搏人应见惯[④]，总输他覆雨翻云手。冰与雪，周旋久。 泪痕莫滴牛衣透[⑤]，数天涯、依然骨肉，几家能够[⑥]？比似红颜多命薄，更不如今还有。只绝塞苦寒难受。廿载包胥承一诺[⑦]，盼乌头马角终相救[⑧]。置此札，君怀袖。

我亦飘零久。十年来、深恩负尽，死生师友。宿昔齐名非忝窃[⑨]，只看杜陵穷瘦[⑩]，曾不减、夜郎僝僽[⑪]。薄命长辞知己别，问人生到此凄凉否？千万恨，为兄剖。 兄生辛未吾丁丑[⑫]，共些时、冰霜摧折，早衰蒲柳[⑬]。词赋从今须少作，留取心魂相守。但愿得、河清人寿。归日急缗行成稿[⑭]，把空名料理传身后。言不尽，观顿首[⑮]。

①吴汉槎：名兆骞，字汉槎，清初词人。于顺治十四年（1657）参加江南乡试中举，因主考官舞弊案，无辜遭牵连，家产籍没入官，举家被流放黑龙江宁古塔，刑期23年。 ②丙辰：康熙十五年（1676）。千佛寺：即北京马鞍山的戒坛寺。 ③季子：春秋时吴国公子季札称“延陵季子”，因吴兆骞排行最小，亦为江南人，故用之代称。 ④魑魅搏人：指小人陷害。杜甫《天末怀李白》：“文章憎命达，魑魅喜人过。” ⑤牛衣：为牛御寒的覆盖物，用草或麻编制。汉人王章贫穷，曾与妻子卧牛衣中对泣。见《汉书·王章传》。 ⑥“数天涯”二句：意为吴氏虽然流放天涯，但仍能全家团聚。 ⑦包胥：春秋时楚国大夫申包胥，与伍子胥友善。子胥受楚王迫害，曾对包胥说：“我必覆楚。”包胥则说：“我必存之。”后子胥助吴攻楚，包胥赴秦求救，在秦庭痛哭七日夜，秦国方发兵救援（见《左传·定公四年》）。 ⑧乌头马角：乌鸦白头，马头生角，比喻不可能的事情。《史记·刺客列传》司马贞索引：“（燕）丹求归，秦王曰：乌头白，马生角，乃许耳。” ⑨宿昔：从前。此句意为从前你我齐名，并非虚言。 ⑩杜陵：杜甫。 ⑪夜郎：指李白。僝僽（chán zhòu）：愁苦。李白曾被流放夜郎，这里用以类比吴兆骞被流放宁古塔的遭遇。 ⑫辛未：指明崇祯四年（1631）。丁丑：指明崇祯十年（1637）。 ⑬蒲柳：两种早凋植物，比喻人未老先衰。 ⑭缗：同“翻”。行成稿：流放中写成的诗作。 ⑮顿首：古代礼节的一种，用于下对上或同辈间的敬礼。常用于书信的开头或结尾。

这两首词是作者写给被流放远方的朋友的一封信，以词代书，前所未有。其一从问候对方入手，抒写对挚友不幸遭遇的深切同情和不平，表达誓死相救的决心；

其二诉说自己的落魄早衰，与挚友同病相怜，给对方以慰藉劝勉。二词表达了真挚的友谊，直抒胸臆，血泪交并，一一流自肺腑，掷地作金石之声。

清陈廷焯《白雨斋词话》："华峰《贺新郎》两阕，只如家常说话，而痛快琳漓，宛转反复，两人心迹，一一如见，虽非正声，亦千秋绝调也！""二词纯以性情结撰而成，悲之深，慰之至，叮咛告诫，无一字不从肺腑流出，可以泣鬼神矣。"

《词苑萃编》引黄序堂语："顾梁汾寄吴汉槎宁古塔以词代书《金缕曲》二阕，激昂悲壮，即置之稼轩集中，亦称高唱。"

清邹弢《三借庐笔谈》："惟集中寄吴汉槎《金缕曲》二解，知己情深，读之令人泪下。"

方苞

左忠毅公逸事

先君子尝言[①]：乡先辈左忠毅公视学京畿[②]，一日，风雪严寒，从数骑出，微行入古寺，庑下一生伏案卧[③]，文方成草。公阅毕，即解貂覆生，为掩户。叩之寺僧，则史公可法也[④]。及试，吏呼名至史公，公瞿然注视[⑤]，呈卷，即面署第一。召入，使拜夫人，曰："吾诸儿碌碌，他日继吾志者，惟此生耳。"

及左公下厂狱[⑥]，史朝夕狱门外。逆阉防伺甚严[⑦]，虽家仆不得近。久之，闻左公被炮烙[⑧]，旦夕且死。持五十金，涕泣谋于禁卒，卒感焉。一日，使史更敝衣草屦，背筐，手长镵[⑨]，为除不洁者，引入，微指左公处[⑩]，则席地倚墙而坐，面额焦烂不可辨，左膝以下，筋骨尽脱矣。史前跪，抱公膝而呜咽。公辨其声而目不可开，乃奋臂以指拨眦[⑪]，目光如炬，怒曰："庸奴，此何地也？而汝来前！国家之事，糜烂至此，老夫已矣，汝复轻身而昧大义，天下事谁可支拄者！不速去，无俟奸人构陷，吾今即扑杀汝！"因摸地上刑械，作投击势。史噤不敢发声，趋而出。后常流涕述其事以语人，曰："吾师肺肝，皆铁石所铸造也！"

崇祯末，流贼张献忠出没蕲、黄、潜、桐间[⑫]，史公以凤庐道奉檄守御[⑬]。每有警，辄数月不就寝，使壮士更休，而自坐幄幕外。择健卒十人，令二人蹲踞而背倚之，漏鼓移，则番代[⑭]。每寒夜起立，振衣裳，甲上冰霜迸落，铿然有声。或劝以少休，公曰："吾上恐负朝廷，下恐愧吾师也。"

史公治兵，往来桐城，必躬造左公第[⑮]，候太公、太母起居，拜夫人于堂上。余宗老涂山[⑯]，左公甥也[⑰]，与先君子善，谓狱中语，乃亲得之于史公云。

①先君子：指已死的父亲方仲舒。　②左忠毅公：指左光斗（1575～1625），字遗直，号浮丘，明朝桐城人。曾任大理少卿，左佥都御史。因上疏弹劾魏忠贤，被诬陷下狱而死。弘光时，追谥忠毅。京畿：都城及附近的地区。　③庑：正房对面或两侧的屋子。　④史公可法：史可法，字宪之。南明福王时任内阁大学士，后在扬州抗清之战中被俘，不屈而死。⑤瞿然：吃惊注视的样子。　⑥厂狱：明成祖时设立的由宦官掌管的监狱，位于东安门外，亦称东厂。　⑦逆阉：指魏忠贤的党羽。　⑧炮烙：一种用烧红的铁器烙炙犯人的刑罚。⑨手长镵（chán）：手里拿着铲子。　⑩微指：暗中指引。　⑪眦（zì）：眼眶。　⑫张献忠（1606～1646）：明末起义军领袖，从陕西起兵，1644年在成都建立大西国，称帝。后兵败战死。蕲：今湖北蕲春县。黄：今湖北黄冈县。潜：今安徽潜山县。桐：今安徽桐城县。⑬凤庐道：主管凤阳府和庐州府的官员。在明朝为省下一级的行政机构。　⑭番代：轮班替换。　⑮躬造：亲自去拜访。　⑯宗老涂山：同宗的长辈号涂山的。涂山，方苞的同族祖父方文。　⑰甥：此指女婿。

本文只选取了左光斗爱才、用才、护才的三件小事，却表现了他刚毅正直、公而忘私的品格。在写法上特点鲜明：一是以史可法忠于职守，不忘师恩为陪衬；二是精于剪裁，前后衔接十分紧密；三是描述简洁而生动，细节刻画尤其突出。

狱中杂记

康熙五十一年三月[1]，余在刑部狱，见死而由窦出者日四三人[2]。有洪洞令杜君者[3]，作而言曰[4]："此疫作也。今天时顺正，死者尚希，往岁时多至日十数人。"余叩所以。杜君曰："是疾易传染，遘者虽戚属[5]，不敢同卧起。而狱中为老监者四，监五室[6]，禁卒居中央，牖其前以通明，屋极有窗以达气[7]。旁四室则无之，而系囚常二百余。每薄暮下管键[8]，矢溺皆闭其中，与饮食之气相薄。又隆冬，贫者席地而卧，春气动，鲜不疫矣。狱中成法，质明启钥。方夜中，生人与死者并踵顶而卧[9]，无可旋避。此所以染者众也。又可怪者，大盗积贼，杀人重囚，气杰旺[10]，染此者十不一二，或随有瘳[11]。其骈死[12]，皆轻系及牵连佐证法所不及者。"

余曰："京师有京兆狱[13]，有五城御史司坊[14]，何故刑部系囚之多至此？"杜君曰："迩年狱讼，情稍重，京兆、五城即不敢专决；又九门提督所访缉纠诘[15]，皆归刑部；而十四司正副郎好事者[16]，及书吏、狱官、禁卒，皆利系者之多，少有连，必多方钩致[17]。苟入狱，不问罪之有无，必械手足，置老监，俾困苦不可忍。然后导以取保，出居于外，量其家之所以为剂，而官与吏剖分焉。中家以上皆竭资取保。其次求脱械居监外板屋，费亦数十金。惟极贫无依，则械系不稍宽，为标准以警其余。或同系，情罪重者反出在外，而轻者、无罪者罹其毒。积忧愤，寝食违节，及病，又无医药，故往往至死。"余伏见圣上好生之德，同于往圣。每质狱辞[18]，必于死中求其生，而无辜者乃至此。傥仁人君子为上昌言，除死刑及发塞外重犯，其轻系及牵连未结正者，则置一所以羁之，手足毋械。所全活可数计哉？或曰：狱旧有五室，名曰现监，讼而未结正者居之。傥举旧典，可小补也。杜君曰："上推恩，凡职官居板屋。今贫者转系老监，而大盗有居板屋者。此中可细诘哉？不若别置一所，为拔本塞源之道也。"余同系朱翁、余生及在狱同官僧某[19]，遘疫死，皆不应重罚。又某氏以不孝讼某子，左右邻械系入老监，号呼达旦。余感焉，以杜君言泛讯之，众言同，于是乎书。

凡死刑狱上[20]，行刑者先俟于门外，使其党入索财物，名曰："斯罗"。富者就其戚属，贫则面语之。其极刑，曰："顺我即先刺心，否则四支解尽，心犹不死。"其绞缢，曰："顺我，始缢即气绝；否则三缢加别械，然后得死。"惟大辟无可要，然犹质其首。富者赂数十百金，贫亦罄衣装，绝无有者则治之如所言。主缚者亦然[21]，不如所欲，缚时即先折筋骨。每岁大决[22]，勾者十四三[23]，留者十六七，皆缚至西市待命。其伤于缚者，即幸留，病数月乃瘳，或竟成痼疾。

余尝就老胥而问焉[24]："彼于刑者、缚者，非相仇也，期有得耳；果无有，终亦稍宽之，非仁术乎？”曰：“是立法以警其余，且惩后也；不如此则人有幸心。”主梏扑者亦然[25]。余同逮以木讯者三人[26]：一人予二十金，骨微伤，病间月；一人倍之，伤肤，兼旬愈；一人六倍，即夕行步如平常。或叩之曰：“罪人有无不均，即各有得，何必更以多寡为差？”曰：“无差，谁为多与者？”孟子曰：“术不可不慎[27]。”信夫！

部中老胥，家藏伪章，交书下行直省[28]，多潜易之，增减要语，奉行者莫辨也。其上闻及移关诸部[29]，犹未敢然。功令[30]：大盗未杀人，及他犯同谋多人者，止主谋一二人立决；余经秋审，皆减等发配。狱辞上，中有立决者，行刑人先俟于门外，命下，遂缚以出，不羁晷刻。有某姓兄弟，以把持公仓，法应立决，狱具矣[31]，胥某谓曰：“予我千金，吾生若。”叩其术，曰：“是无难，别具本章，狱辞无易，取案末独身无亲戚者二人易汝名，俟封奏时潜易之而已。”其同事者曰：“是可欺死者，而不能欺主谳者[32]；倘复请之，吾辈无生理矣。”胥某笑曰：“复请之，吾辈无生理，而主谳者亦各罢去，彼不能以二人之命易其官，则吾辈终无死道也。”竟行之，案末二人立决。主者口呿舌挢[33]，终不敢诘。余在狱，犹见某姓，狱中人群指曰：“是以某某易其首者。”胥某一夕暴卒，众皆以为冥谪云[34]。

凡杀人，狱词无谋、故者[35]，经秋审入矜疑[36]，即免死，吏因以巧法。有郭四者，凡四杀人，复以矜疑减等，随遇赦，将出，日与其徒置酒酣歌达曙。或叩以往事，一一详述之，意色扬扬，若自矜诩。噫！渫恶吏忍于鬻狱[37]，无责也；而道之不明，良吏亦多以脱人于死为功，而不求其情，其枉民也亦甚矣哉！

奸民久于狱，与胥卒表里，颇有奇羡[38]。山阴李姓以杀人系狱，每岁致数百金。康熙四十八年以赦出，居数月，漠然无所事，其乡人有杀人者，因代承之。盖以律非故杀，必久系，终无死法也。五十一年，复援赦减等谪戍，叹曰：“吾不得复入此矣！”故例，谪戍者移顺天府羁候[39]，时方冬停遣，李具状求在狱候春发遣，至再三，不得所请，怅然而出。

①康熙五十一年：即1712年。 ②窦：指牢房墙边开的小洞。 ③洪洞（tóng）：县名，在今山西省。 ④作：起来。 ⑤遘者：被传染上疾病的人。遘，遭受。 ⑥监五室：每老监分为五间屋子。⑦屋极：房顶。 ⑧下管键：锁上门。 ⑨并踵顶：头挨头，脚挨脚。 ⑩气杰旺：精力特别旺盛。 ⑪瘳（chōu）：病愈。 ⑫骈死：因传染相继死去。 ⑬京师：指当时的顺天府。 ⑭五城御史司坊：五城（京师分东西南北中五个地区）御史衙门、五城兵马司和所属十坊（坊类似于现在的区，当时京城分为十坊）。 ⑮九门提督：城门守卫统领，负责京城巡察守卫。当时的京城（即今北京）有正阳、崇文、宣武、安定、德胜、东直、西直、朝阳、阜成九座城门。 ⑯十四司正副郎：清初刑部下设十四个司，司级主管称郎中，副职称员外郎，统称郎官。 ⑰钩致：指抓来。 ⑱质狱词：写判决书。 ⑲朱翁、余生：皆因戴名世案牵连入狱。朱翁名不详；余生，名湛，字石民，戴名世的学生。同官：县名，即今陕西省铜川市。 ⑳上：呈上（等待执行）。 ㉑主缚者：主管捆绑的人。 ㉒大决：清朝按惯例在秋季集中处决死刑犯，称大决。 ㉓勾者：皇帝在呈报的死刑犯中用朱笔打上钩的。就立即执行、剩余的暂不处死。 ㉔老胥：资深的狱吏。 ㉕主梏扑者：负责上刑具和用刑的狱吏。 ㉖木讯：用木制的刑具（板、棍等）提审的。 ㉗术：指谋生的手段。㉘下

行直省：下发到直属各省。 ㉙移关：平时机关往来的公文。 ㉚功令：法律条文。 ㉛狱具：已定案。 ㉜主谳者：负责审理的官员。 ㉝呿（qū）：张口；挢（jiǎo）：举。以张着嘴、伸着舌头形容主谳者惊恐的样子。 ㉞冥谪：阴间鬼魂的处罚。 ㉟谋、故：蓄谋杀人和故意杀人。 ㊱矜疑：其情可怜，其罪可疑的。审案时按情况分为情实、缓决、矜疑等类上奏。㊲渫（xiè）恶：行为丑恶，有污点；鬻狱：受贿枉法。 ㊳奇（jī）羡：盈余的钱物。㊴羁候：关押待遣。

作者在康熙五十年（1711）因戴名世案入狱二年，此文是狱中见闻的记录。文章以叙为主，由表及里，把刑狱的层层黑幕掀开，让读者洞悉了清代法制的腐败。文笔平易而精湛，符合“雅洁”的要求，在“言之有物”、“言之有序”两方面堪称桐城散文的典范。

吴敬梓

周学道校士拔真才　胡屠户行凶闹捷报[①]

话说周进在省城要看贡院[②]，金有余见他真切，只得用几个小钱同他去看。不想才到天字号[③]，就撞死在地下。众人多慌了，只道一时中了恶。行主人道："想是这贡院里久没有人到，阴气重了。故此周客人中了恶。"金有余道："贤东！我扶着他，你且去到做工的那里借口开水来灌他一灌。"行主人应诺，取了水来，三四个客人一齐扶着，灌了下去。喉咙里咯咯的响了一声，吐出一口稠涎来。众人道："好了。"扶着立了起来。周进看着号板，又是一头撞将去；这回不死了，放声大哭起来。众人劝着不住。金有余道："你看，这不是疯了么？好好到贡院来耍，你家又不死了人，为甚么这号淘痛哭是的？"周进也不听见，只管伏着号板，哭个不住；一号哭过，又哭到二号、三号，满地打滚，哭了又哭，哭的众人心里都凄惨起来。金有余见不是事，同行主人一左一右架着他的膀子。他那里肯起来，哭了一阵，又是一阵，直哭到口里吐出鲜血来。

众人七手八脚将他扛抬了出来，贡院前一个茶棚子里坐下，劝他吃了一碗茶；犹自索鼻涕，弹眼泪，伤心不止。内中一个客人道："周客人有甚心事，为甚到了这里这等大哭起来？却是哭得厉害。"金有余道："列位老客有所不知，我这舍舅本来原不是生意人。因他苦读了几十年的书，秀才也不曾做得一个，今日看这贡院，就不觉伤心起来。"只因这一句话道着周进的真心事，于是不顾众人，又放声大哭起来。又一个客人道："论这事，只该怪我们金老客；周相公既是斯文人，为甚么带他出来做这样的事？"金有余道："也只为赤贫之士，又无馆做，没奈何上了这一条路。"又一个客人道："看令舅这个光景，毕竟胸中才学是好的；因没有人识得他，所以受屈到此田地。"金有余道："他才学是有的，怎奈时运不济！"那客人道："监生也可以进场[④]。周相公既有才学，何不捐他一个监进场？中了，也不枉了今日这一番心事。"金有余道："我也是这般想，只是那里有这一注钱子？"此时周进哭的住了。那客人道："这也不难，现放着我这几个兄弟在此，每人拿出几十两银子，借与周相公纳监进场；若中了官，那在我们这几两银子？就是周相公不还，我们走江湖的人，那里不破掉了几两银子？何况这是好事，你众位意下如何？"众人一齐道："'君子成人之美'。"又道："'见义不为，是为无勇。'俺们有甚么不肯？只不知周相公可肯俯就？"周进道："若得如此，便是重生父母，我周进变驴变马，也要报效！"爬到地下，就磕了几个头；众人还下礼去。金有余也称谢了众人，又吃了几碗茶。周进再不哭了，同众人说说笑笑，回到行里。

次日，四位客人果然备了二百两银子，交与金有余；一切多的使费，都是金有余包办。周进又谢了众人和金有余，行主人替周进备一席酒，请了众位。金有余将着银子[5]，上了藩库[6]，讨出库收来[7]。正值宗师来省录遗[8]，周进就录了个贡监首卷。到了八月初八日进头场，见了自己哭的所在，不觉喜出望外。自古道："人逢喜事精神爽。"那七篇文字，做的花团锦簇一般；出了场，仍旧住在行里。金有余同那几个客人还不曾买完了货。直到放榜那日，巍然中了。众人各各欢喜，一齐回到汶上县拜县父母、学师。典史拿晚生帖子上门来贺[9]。汶上县的人，不是亲的也来认亲；不相与的也来认相与。忙了个把月，申祥甫听见这事，在薛家集敛了分子，买了四只鸡、五十个蛋和些炒米欢团之类[10]，亲自上门来贺喜。周进留他吃了酒饭去。荀老爷贺礼是不消说了。看看上京会试，盘费衣服都是金有余替他设处。到京会试，又中了进士，殿在三甲[11]，授了部属[12]。荏苒三年，升了御史[13]，钦点广东学道[14]。

这周学道虽也请了几个看文章的相公，却自心里想道："我在这里面吃苦久了，如今自己当权，须要把卷子都要细细看过，不可听着幕客[15]，屈了真才。"主意定了，到广州上了任。次日，行香挂牌[16]，先考了两场生员。第三场是南海、番禺两县童生。周学道坐在堂上，见那些童生纷纷进来，也有小的，也有老的，仪表端正的，獐头鼠目的，衣冠齐楚的，蓝缕破烂的。最后点进一个童生来，面黄肌瘦，花白胡须，头上戴一顶破毡帽。广东虽是地气温暖，这时已是十二月上旬；那童生还穿着麻布直裰，冻得乞乞缩缩，接了卷子，下来归号。周学道看在心里，封门进去。出来放头牌的时节[17]，坐在上面，只见那穿麻布的童生上来交卷，那衣服因是朽烂了，在号里又扯破了几块。周学道看看自己身上，绯袍金带，何等辉煌？因翻一翻点名册，问那童生道："你就是范进？"范进跪下道："童生就是"。学道道："你今年多少年纪了？"范进道："童生册上写的是三十岁，童生实年五十四岁。"学道道："你考过多少回数了？"范进道："童生二十岁应考，到今考过二十余次。"学道道："如何总不进学？"范进道："只因童生文字荒谬，所以各位大老爷不曾赏取。"周学道道："这也未必尽然。你且出去，卷子待本道细细看。"范进磕头下去了。

那时天色尚早，并无童生交卷，周学道将范进卷子用心用意看了一遍。心里不喜，道："这样的文字，都说的是些甚么话！怪不得不进学。"丢过一边不看了。又坐了一会，还不见一个人来交卷，心里又想道："何不把范进的卷子再看一遍？倘有一线之明，也可怜他苦志。"从头至尾，又看了一遍，觉得有些意思；正要再看看，却有一个童生来交卷。那童生跪下道："求大老爷面试。"学道和颜道："你文字已在这里了，又面试些甚么？"那童生道："童生诗词歌赋都会，求大老爷出题面试。"学道变了脸道："当今天子重文章，足下何须讲汉唐？像你做童生的人，只该用心做文章；那些杂览[18]，学他做甚么？况且本道奉旨到此衡文，难道是来此同你谈杂学的么？看你这样务名而不务实，那正务自然荒废，都是些粗心浮气的说话，看不得了！左右的，赶了出去！"一声吩咐过了，两旁走过几个如狼似虎的公人，把那童生叉着膊子，一路跟头，叉到大门外。

周学道虽然赶他出去，却也把卷子取来看。那童生叫做魏好古，文字也还清通。学道道："把他低低的进了学罢。"因取过笔来，在卷子尾上点了一点，做个记认。

又取过范进卷子来看，看罢，不觉叹息道："这样文字，连我看一两遍也不能解，直到三遍之后，才晓得是天地间之至文，真乃一字一珠！可见世上糊涂试官，不知屈煞了多少英才！"忙取笔细细圈点，卷面上加了三圈，即填了第一名；又把魏好古的卷子取过来，填了第二十名。将各卷汇齐，带了进去。发出案来，范进是第一。谒见那日，著实赞扬了一回。点到二十名，魏好古上去，又勉励了几句"用心举业，休学杂览"的话，鼓吹送了出去。

次日起马，范进独自送在三十里之外，轿前打恭。周学道又叫到跟前，说道："龙头属老成[19]。本道看你的文字，火候到了；即在此科，一定发达。我复命之后，在京专候。"范进又磕头谢了，起来立着。学道轿子一拥而去。范进立着，直望见门枪影子抹过前山[20]，看不见了，方才回到下处，谢了房主人。他家离城还有四十五里路，连夜回来，拜见母亲。家里住着一间草屋，一厦披子。门外是个茅草棚。正屋是母亲住着，妻子住在披房里。他妻子乃是集上胡屠户的女儿。

范进进学回家，母亲妻子俱各欢喜；正待烧锅做饭，只见他丈人胡屠户，手里拿着一副大肠和一瓶酒，走了进来。范进向他作揖，坐下。胡屠户道："我自倒运，把个女儿嫁与你这现世宝穷鬼，历年以来，不知累了我多少；如今不知因我积了甚么德，带挈你中了个相公，我所以带个酒来贺你。"范进唯唯连声，叫浑家把肠子煮了，烫起酒来，在茅棚下坐着。母亲自和媳妇在厨下做饭。胡屠户又吩咐女婿道："你如今既中了相公，凡事要立起个体统来。比如我这行事里[21]，都是些正经有脸面的人，又是你的长亲，你怎敢在我们面前妆大？若是家门口这些做田的、扒粪的，不过是平头百姓，你若同他拱手作揖，平起平坐，这就是坏了学校规矩，连我脸上都无光了。你是个烂忠厚没用的人，所以这些话我不得不教导你，免得惹人笑话。"范进道："岳父见教的是。"胡屠户又道："亲家母也来这里坐着吃饭。老人家每日小菜饭想也难过。我女孩儿也吃些；自从进了你家门，这十几年，不知猪油可曾吃过两三回哩？可怜！可怜！"说罢，婆媳两个都来坐着吃了饭。吃到日西时分，胡屠户吃的醺醺的，这里母子两个，千恩万谢。屠户横披了衣服，腆着肚子去了。

次日，范进少不得拜拜乡邻。魏好古又约了一班同案的朋友，彼此来往。因是乡试年，做了几个文会[22]。不觉到了六月尽间，这些同案的人约范进去乡试。范进因没有盘费，走去同丈人商议，被胡屠户一口啐在脸上，骂了一个狗血喷头，道："不要失了你的时了！你自己只觉得中了一个相公，就'癞虾蟆想吃起天鹅肉'来！我听见人说，就是中相公时，也不是你的文章，还是宗师看见你老，不过意，舍给你的，如今痴心就想中起老爷来！这些中老爷的，都是天上的文曲星；你不看见城里张府上那些老爷，都有万贯家私，一个个方面大耳。像你这尖嘴猴腮，也该撒泡尿自己照照；不三不四，就想天鹅屁吃！趁早收了这心，明年在我们行事里替你寻一个馆，每年寻几两银子，养活你那老不死的老娘和你老婆是正经！你问我借盘缠，我一天杀一个猪还赚不到钱把银子，都把与你去丢在水里，叫我一家老小嗑西北风？"一顿夹七夹八，骂得范进摸门不着。辞了丈人回来，自心里想："宗师说我火候已到。自古无场外的举人，如不进去考他一考，如何甘心？"因向几个同案商议，瞒着丈人，到城里乡试。出了场，即便回家。家里已是饿了两三天；被胡屠户知道，又骂了一顿。

到出榜那日，家里没有早饭米，母亲吩咐范进道："我有一只生蛋的母鸡，你快拿集上去卖了，买几升米来煮餐粥吃。我已是饿的两眼都看不见了！"范进慌忙抱了鸡，走出门去。才去不到两个时候[23]，只听得一片声的锣响，三匹马闯将来；那三个人下了马，把马拴在茅草棚上，一片声叫道："快请范老爷出来，恭喜高中了！"母亲不知是甚事，吓得躲在屋里；听见中了，方敢伸出头来说道："诸位请坐，小儿方才出去了。"那些报录人道："原来是老太太。"大家簇拥着要喜钱。正在吵闹，又是几匹马，二报、三报到了，挤了一屋的人，茅草棚地下都坐满了。邻居都来了，挤着看。老太太没奈何，只得央及一个邻居去寻他儿子。那邻居飞奔到集上，一地里寻不见；直寻到集东头，见范进抱着鸡，手里插个草标，一步一踱的，东张西望，在那里寻人买。邻居道："范相公快些回去！你恭喜中了举人，报喜人挤了一屋哩。"范进道是哄他，只装不听见，低着头往前走。邻居见他不理，走上来就要夺他手里的鸡。范进道："你夺我的鸡怎的？你又不买。"邻居道："你中了举了，叫你家去打发报子哩。"范进道："高邻，你晓得我今日没有米，要卖这鸡去救命，为甚么拿这话来混我？我又不同你顽，你自回去罢，莫误了我卖鸡。"邻居见他不信，劈手把鸡夺了，掼在地下，一把拉了回来。报录人见了道："好了，新贵人回来了！"正要拥着他说话，范进三两步进屋里来，见中间报帖已经升挂起来，上写道："捷报贵府老爷范讳进高中广东乡试第七名亚元[24]，京报连登黄甲[25]。"

范进不看便罢，看了一遍，又念一遍，自己把两手拍了一下，笑了一声道："噫！好了！我中了！"说着，往后一交跌倒，牙关咬紧，不省人事。老太太慌了，忙将几口开水灌了过去；他爬将起来，又怕着手大笑道："噫！好！我中了！"笑着，不由分说，就往门外飞跑，把报录人和邻居都吓了一跳。走出大门不多路，一脚踹在塘里，挣起来，头发都跌散了，两手黄泥，淋淋漓漓一身的水，众人拉他不住。拍着笑着，一直走到集上去了。众人大眼望小眼，一齐道："原来新贵人欢喜疯了。"老太太哭道："怎生这样苦命的事！中了一个甚么'举人'就得了这个拙病！这一疯了，几时才得好！"娘子胡氏道："早上好好出去，怎的就得了这样的病，却是如何是好？"众邻居劝道："老太太不要心慌，我们而今且派两个人跟定了范老爷。这里众人家里拿些鸡蛋酒米，且管待了报子上的老爹们，再为商酌。"当下众邻居有拿鸡蛋来的，有拿白酒来的，也有背了斗米来的，也有捉两只鸡来的。娘子哭哭啼啼，在厨下收拾齐了，拿在草棚下。邻居又搬些桌凳，请报录的坐着吃酒，商议："他这疯了，如何是好？"报录的内中有一个人道："在下倒有一个主意，不知可以行得行不得？"众人问："如何主意？"那人道："范老爷平日可有最怕的人？他只因欢喜很了，痰涌上来，迷了心窍；如今只消他怕的这个人来打他一个嘴巴，说：'这报录的话都是哄你，你并不曾中。'他吃这一惊，把痰吐了出来，就明白了。"众邻都拍手道："这个主意好得紧！妙得紧！范老爷怕的，莫过于肉案子上胡老爹。好了！快寻胡老爹来！他想是还不知道，在集上卖肉哩。"又一个人道："在集上卖肉，他倒好知道了。他从五更鼓就往东头集上迎猪，还不曾回来，快些迎着去寻他！”

一个人飞奔去迎，走到半路，遇着胡屠户来；后面跟着一个烧汤的二汉[26]，提着七八斤肉，四五千钱，正来贺喜。进门见了老太太，老太太哭着告诉了一番。胡屠户诧异道：“难道这等没福！”外边人一片声：“请胡老爹说话。”胡屠户把肉和钱交与女儿，走了出来，众人如此这般，同他商议。胡屠户作难道：“虽然是我女婿，如今却做了老爷，就是天上的星宿；天上的星宿是打不得的。我听得斋公们说[27]：‘打了天上的星宿，阎王就要拿去打一百铁棍，发在十八层地狱，永不得翻身。’我却是不敢做这样的事。”邻居内一个尖酸人说道：“罢么！胡老爹！你每日杀猪的营生，白刀子进去，红刀子出来，阎王也不知叫判官在簿子上记了你几千条铁棍，就是添上这一百棍，也打什么要紧？只恐把铁棍子打完了，也算不到这笔帐上来！或者你救好了女婿的病，阎王叙功，从地狱里把你提上第十七层来，也不可知！”报录的人道：“不要只管讲笑话。胡老爹，这个事须这这般，你没奈何，权变一权变？”屠户被众人局不过，只得连斟两碗酒喝了，壮一壮胆，把方才这些小心收起，将平日的凶恶样子拿出来，卷一卷那油晃晃的衣袖，走上集去，众邻居五六个都跟着走。老太太赶出来叫道：“亲家，你只可吓他一吓，却不要把他打伤了！”众邻居道：“这自然，何消吩咐？”说着，一直去了。

来到集上，见范进正在一个庙门口站着，散着头发，满脸污泥，鞋都跑掉了一只，兀自拍着掌，口里叫道：“中了！中了！”胡屠户凶神一般走到跟前，说道：“该死的畜生！你中了甚么？”一个嘴巴打将去，众人和邻居见这模样，忍不住的笑。不想胡屠户虽然大着胆子打了一下，心里到底还是怕的，那手早颤起来，不敢打到第二下。范进因这一个嘴巴，却也打晕了，昏倒于地，众邻居一齐上前，替他抹胸口，捶背心。舞了半日，渐渐喘息过来，眼睛明亮，不疯了。众人扶起，借庙门口一个外科郎中跳驼子的板凳上坐着，胡屠户站在一边，不觉那只手隐隐的疼将起来。自己看时，把个巴掌仰着，再也弯不过来；自己心里懊恼道：“果然天上文曲星是打不得的，而今菩萨计较起来了！”想一想，更疼得狠了，连忙问郎中讨了个膏药贴着。

范进看了众人，说道：“我怎么坐在这里？”又道：“我这半日昏昏沉沉，如在梦里一般。”范进说道：“老爷，恭喜高中了！适才欢喜的有些引动了痰，方才吐出几口痰来，好了。快请回家去打发报录人。”范进说道：“是了。我也记得是中的第七名。”范进一面自绾了头发，一面问郎中借了一盆水洗洗脸。一个邻居早把那一只鞋寻了来，替他穿上。见丈人在跟前，恐怕又要来骂。胡屠户上前道：“贤婿老爷！方才不是我敢大胆，是你老太太的主意，央我来劝你的。”邻居内一个人道：“胡老爷方才这个嘴巴打的亲切，少顷范老爷洗脸，还要洗下半盆猪油来！”又一个道：“老爹，你这手明日杀不得猪了。”胡屠户道：“我那里还杀猪！有我这贤婿，还怕后半世靠不着也怎的？我每常说：我的这个贤婿，才学又高，品貌又好；就是城里头那张府周府这些老爷，也没有我女婿这样一个体面的相貌。你们不知道，得罪你们说，我小老这一双眼睛，却是认得人的！想着先年我小女在家里长到三十多岁，多少有钱的富户要和我结亲，我自己觉得女儿像有些福气的，毕竟要嫁与个老爷。今日果然不错!”说罢，哈哈大笑。众人都笑起来，看着范进洗了脸，郎中又拿茶来吃了，一同回家。范举人先走，屠户和邻居跟在后面；屠户见女婿衣裳后襟滚皱了许多，一路低着头替他扯了几十回。到了家门，屠户高声叫道：“老爷回府了!”老太太迎著出来，见儿子不疯，喜从天降。众人问报录的，已是家里把屠户送来的几千钱打发他们去了。范进拜了母亲，也拜谢丈人。胡屠户再三不安道：“些须几个钱，不够让你赏人!”范进又谢了邻居，正待坐下，早看见一个体面的管家，手里拿着一个大红全帖[28]，飞跑了进来道：“张老爷来拜新中的范老爷。”说毕，轿子已是到了门口。胡屠户忙躲进女儿房里，不敢出来，邻居各自散了。

范进迎了出去，只见那张乡绅下了轿进来，头戴纱帽，身穿葵花色圆领，金带皂靴。他是举人出生，做过一任知县的，别号静斋。同范进让了进来，到堂屋内平磕了头，分宾主坐下。张乡绅先攀谈道：“世先生同在桑梓，一向有失亲近。”范进道：“晚生久仰老先生，只是无缘，不曾拜会。”张乡绅道：“适才看见题名录[29]，贵房师高要县汤公，就是先祖的门生；我和你是亲切的世兄弟。”范进道：“晚生侥幸，实是有愧；却幸得出老先生门下，可为欣喜。”张乡绅四面将眼睛望了一望，说道：“世先生果是清贫。”随在跟的家人手里拿过一封银子来，说道：“小弟也无以为敬，谨具贺仪五十两，世先生权且收着。这华居其实住不得，将来当事拜往，俱不甚便；弟有空房一所，就在东门大街上，三进三间，虽不轩敞，也还干净，就送与世先生，搬到那里去住，早晚也好请教些。”范进再三推辞，张乡绅急了道：“你我年谊世好，就如至亲骨肉一般；若要如此，就是见外了!”范进方才把银子收下，作揖谢了。又说了一会，打躬作别。

胡屠户直等他上了轿，才敢走出堂屋来。范进即将银子交给浑家打开看，一封一封雪白的细丝锭子；顺便包了两锭，叫胡屠户进来，递与他道：“方才费老爹的心，拿了五千钱来，这六两多银子，老爹拿了去。”屠户把银子攥在手里紧紧的，把拳头舒过来，道：“这个，你且收着；我原是贺你的，怎好又拿了回去?”范进道：“眼见得我这里还有这几两银子；若用完了，再来问老爹讨来用。”屠户连忙把拳头缩了回去，往腰里揣。口里说道：“也罢，你而今相与了这个张老爷，何愁没有银子用？他家里的银子，说起来比皇帝家还多哩！他家就是我卖肉的主顾，一年就是无事，肉也要用四五千斤，银子何足为奇。”又转回头来望着女儿说道：“我早上拿了钱来，你那该死行瘟的兄弟还不肯。我说：‘姑老爷今非昔比，少不得有人把银子送上门来给他用，只怕姑老爷还不希罕。今日果不其然！如今拿了银子家去，骂这死砍头短命的奴才!’”说了一会，千恩万谢，低着头笑眯眯的去了。

自此以后，果然有许多人来奉承他；有送田产的，有送店房的，还有那些破落户，两口子来投身为仆图荫庇的。到两三个月，范进家奴仆丫鬟都有了，钱米是不消说了。张乡绅家又来催着搬家。搬到新房子里，唱戏、摆酒、请客，一连三日。到第四日上，老太太起来吃过点心，走到第三进房子内，见范进的娘子胡氏，家常戴着银丝䯼髻[30]——此时是十月中旬，天气尚暖——穿着天青缎套，官绿的缎裙；督率着家人、媳妇、丫鬟，洗碗盏杯箸。老太太看了，说道：“你们嫂嫂姑娘们要仔细些，这都是别人家的东西，不要弄坏了。”家人媳妇道：“老太太，那里是别人的，都是你老人家的。”老太太笑道：“我家怎的有这些东西？”丫鬟和媳妇一齐都说道：“怎么不是？岂但这个东西是，连我们这些人和这房子都是你老太太家的！”老太太听了，把细磁碗盏和银镶的杯盘逐件看了一遍，哈哈大笑道：“这都是我的了！”大笑一声，往后便跌倒；忽然痰涌上来，不省人事。只因这一番，有分教：会试举人，为作秋风之客㉛；多事贡生，长为兴讼之人。不知老太太性命如何？且听下回分解。

①本文为《儒林外史》第三回。 ②贡院：明清时期考生乡试、会试的场所。 ③天字号：贡院里考生应试时隔离考生的窄小单间，以《千字文》为序编号，其首句为“天地玄黄”，故“天字号”即一号。 ④监生：明、清最高学府名“国子监”，在监肄业的叫“监生”。 ⑤将着：拿着，带着。 ⑥藩库：明清时期各省布政使衙门收付银钱的库房。 ⑦库收：藩库收具银钱的收据。 ⑧录遗：各地科考完毕后集中在省城举行一次补考。 ⑨典史：知县的辅佐官。 ⑩欢团：也叫做“欢喜团”，用炒熟的糯米和糖搓成球形的一种食物。 ⑪殿在三甲：就是殿试取在三甲的意思。 ⑫部属：在六部里各司署任职的官员。 ⑬御史：明清时期设在都察院里行使纠察弹劾职责的官职。 ⑭钦点：皇帝亲自委派。 ⑮幕客：一般指的是受地方官私人聘请，帮助办理公事的人。 ⑯行香挂牌：古时科举考试前到文庙（孔庙）去拈香叫“行香”。公布考试时间、地点及有关规定叫“挂牌”。 ⑰放头牌：考场中每过几个时辰，把已交卷的学生做一批放出，叫“放牌”或“放排”，放出第一批叫“放头牌”。 ⑱杂览：意同“杂学”，指举业以外的诗词歌赋。 ⑲龙头属老成：大器晚成之意。 ⑳门枪：就是“旗枪”，高级官员出行仪仗中的一种。 ㉑行事：行业。 ㉒文会：秀才们为了准备应乡试而自由组合的研习文章的组织。 ㉓两个时候：这里指两个时辰。 ㉔亚元：报录人对第一名以下的举人的敬称。 ㉕京报连登黄甲：是科举时代专写在中试喜报上的一句祝贺的话，表示会试、殿试连捷的意思。殿试等第分三甲，榜是用黄纸书写的，所以叫做“黄甲”，一般也称为“金榜”。 ㉖二汉：佣工。 ㉗斋工：在家吃长斋、念经、会作简单佛事的佛教徒。庙里打杂的人也叫“斋公”。 ㉘全帖：拜客或互通礼仪用的红纸名柬，单幅的为“单帖”，横阔十倍于单帖而折为十面的为“全帖”。用全帖拜客，是最恭敬的表示。 ㉙题名录：指同届中举的举人名册。名册前载有主考、房师等的姓名。 ㉚鬏髻：假发髻。 ㉛秋风：一作“抽丰”，意同分肥。利用某种身份或关系，和人交际联络以取得赠与，俗称“打秋风”。

第三回通过周进、范进中举前后的悲喜剧，揭露了科举制度对读书人心灵的摧残和毒害，把封建末世的世道人心穷形尽相地表现出来。本回在艺术上颇有特色：一是运用鲜明的对比手法，具有强烈的讽刺效果；二是细节描写真实生动，具体形象，而又不觉其繁，符合故事情节安排及人物刻画的需要；三是纯以客观叙述来构筑故事框架，逐步揭示人物性格。

无名氏《卧闲草堂本儒林外史》回评：“周进之为人本无足取，胸中大概除墨卷之外了无所有，阅文如此之钝拙则作文之钝拙可知。空中白描出晚遇之故，文笔心细如发。”“轻轻点出一胡屠户，其人其事之妙一至于此，真令阅者叹赏叫绝。余友云：慎毋读《儒林外史》，读竟乃觉日用酬酢之间，无往而非《儒林外史》，此如铸鼎象物，魑魅魍魉，毛发毕现。”“范进进学，大肠瓶酒是胡老爹自携来。临去是披着衣服腆着肚子。范进中举，七八斤肉四五千钱是二汉送来，临去是低着头，笑迷迷的，前后映带，文章谨严之至。”“周府、张府妙在都从胡老爹口中一一带出，真是蛛丝马迹之妙。”

鲁迅《中国小说史略》：“迨吴敬梓《儒林外史》出，乃秉持公心，指擿时弊，机锋所向，尤在士林；其文又慼而能谐，婉而多讽：于是说部中乃始有足称讽刺之书。”

曹雪芹

惑奸谗抄检大观园　矢孤介杜绝宁国府①

话说平儿听迎春说了正自好笑，忽见宝玉也来了。原来管厨房柳家媳妇之妹，也因放头开赌得了不是。这园中有素与柳家不睦的，便又告出柳家来，说他和他妹子是伙计，虽然他妹子出名，其实赚了钱两个人平分。因此凤姐要治柳家之罪。那柳家的因得此信，便慌了手脚，因思素与怡红院人最为深厚，故走来悄悄的央求晴雯金星玻璃等人。金星玻璃告诉了宝玉。宝玉因思内中迎春之乳母也现有此罪，不若来约同迎春讨情，比自己独去单为柳家说情又更妥当，故此前来。忽见许多人在此，见他来时，都问："你的病可好了？跑来作什么？"宝玉不便说出讨情一事，只说："来看二姐姐。"当下众人也不在意，且说些闲话。平儿便出去办累丝金凤一事。那王住儿媳妇紧跟在后，口内百般央求，只说："姑娘好歹口内超生，我横竖去赎了来。"平儿笑道："你迟也赎，早也赎，既有今日，何必当初。你的意思得过去就过去了。既是这样，我也不好意思告人，趁早去赎了来交与我送去，我一字不提。"王住儿媳妇听说，方放下心来，就拜谢，又说："姑娘自去贵干，我赶晚拿了来，先回了姑娘，再送去，如何？"平儿道："赶晚不来，可别怨我。"说毕，二人方分路各自散了。

平儿到房，凤姐问他："三姑娘叫你作什么？"平儿笑道："三姑娘怕奶奶生气，叫我劝着奶奶些，问奶奶这两天可吃些什么。"凤姐笑道："倒是他还记挂着我。刚才又出来了一件事：有人来告柳二媳妇和他妹子通同开局，凡妹子所为，都是他作主。我想，你素日肯劝我'多一事不如省一事'，就可闲一时心，自己保养保养也是好的。我因听不进去，果然应了些，先把太太得罪了，而且自己反赚了一场病。如今我也看破了，随他们闹去罢，横竖还有许多人呢。我白操一会子心，倒惹的万人咒骂。我且养病要紧，便是好了，我也作个好好先生，得乐且乐，得笑且笑，一概是非都凭他们去罢。所以我只答应着知道了，白不在我心上。"平儿笑道："奶奶果然如此，便是我们的造化。"

一语未了，只见贾琏进来，拍手叹气道："好好的又生事！前儿我和鸳鸯借当，那边太太怎么知道了。才刚太太叫过我去，叫我不管那里先迁挪二百银子，做八月十五日节间使用。我回没处迁挪。太太就说：'你没有钱就有地方迁挪，我白和你商量，你就搪塞我，你就说没地方。前儿一千银子的当是那里的？连老太太的东西你都有神通弄出来，这会子二百银子，你就这样。幸亏我没和别人说去。'我想太太分明不短，何苦来要寻事奈何人。"凤姐儿道："那日并没一个外人，谁走了这个消息。"平儿听了，也细想那日有谁在此，想了半日，笑道："是了。那日说话时没一个外人，但晚上送东西来的时节，老太太那边傻大姐的娘也可巧来送浆洗衣服。他在下房里坐了一会子，见一大箱子东西，自然要问，必是小丫头们不知道，说了出来，也未可知。”因此便唤了几个小丫头来问，那日谁告诉呆大姐的娘。众小丫头慌了，都跪下赌咒发誓，说：“自来也不敢多说一句话。有人凡问什么，都答应不知道。这事如何敢多说。”凤姐详情说[②]：“他们必不敢，倒别委屈了他们。如今且把这事靠后，且把太太打发了去要紧。宁可咱们短些，又别讨没意思。”因叫平儿：“把我的金项圈拿来，且去暂押二百银子来送去完事。”贾琏道：“越性多押二百，咱们也要使呢。”凤姐道：“很不必，我没处使钱。这一去还不知指那一项赎呢。”平儿拿去，吩咐一个人唤了旺儿媳妇来领去，不一时拿了银子来。贾琏亲自送去，不在话下。

这里凤姐和平儿猜疑，终是谁人走的风声，竟拟不出人来。凤姐儿又道：“知道这事还是小事，怕的是小人趁便又造非言，生出别的事来。当紧那边正和鸳鸯结下仇了，如今听得他私自借给琏二爷东西，那起小人眼馋肚饱，连没缝儿的鸡蛋还要下蛆呢，如今有了这个因由，恐怕又造出些没天理的话来也定不得。在你琏二爷还无妨，只是鸳鸯正经女儿，带累了他受屈，岂不是咱们的过失。”平儿笑道：“这也无妨。鸳鸯借东西看的是奶奶，并不为的是二爷。一则鸳鸯虽应名是他私情，其实他是回过老太太的。老太太因怕孙男弟女多，这个也借，那个也要，到跟前撒个娇儿，和谁要去，因此只装不知道。纵闹了出来，究竟那也无碍。”凤姐儿道：“理固如此。只是你我是知道的，那不知道的，焉得不生疑呢。”

一语未了，人报：“太太来了。”凤姐听了诧异，不知为何事亲来，与平儿等忙迎出来。只见王夫人气色更变，只带一个贴己的小丫头走来，一语不发，走至里间坐下。凤姐忙奉茶，因陪笑问道：“太太今日高兴，到这里逛逛。”王夫人喝命：“平儿出去！”平儿见了这般，着慌不知怎么样了，忙应了一声，带着众小丫头一齐出去，在房门外站住，越性将房门掩了，自己坐在台矶上，所有的人，一个不许进去。凤姐也着了慌，不知有何等事。只见王夫人含着泪，从袖内掷出一个香袋子来，说：“你瞧。”凤姐忙拾起一看，见是十锦春意香袋，也吓了一跳，忙问：“太太从那里得来？”王夫人见问，越发泪如雨下，颤声说道：“我从那里得来！我天天坐在井里，拿你当个细心人，所以我才偷个空儿。谁知你也和我一样。这样的东西大天白日明摆在园里山石上，被老太太的丫头拾着，不亏你婆婆遇见，早已送到老太太跟前去了。我且问你，这个东西如何遗在那里来？”凤姐听得，也更了颜色，忙问：“太太怎知是我的？”王夫人又哭又叹说道：“你反问我！你想，一家子除了你们小夫小妻，余者老婆子们，要这个何用？再女孩子们是从那里得来？自然是那琏儿不长进下流种子那里弄来。你们又和气。当作一件顽意儿，年轻人儿女闺房私意是有的，你还和我赖！幸而园内上下人还不解事，尚未拣得。倘或丫头们拣着，你姊妹看见，这还了得。不然有那小丫头们拣着，出去说是园内拣着的，外人知道，这性命脸面要也不要？”凤姐听说，又急又愧，登时紫涨了面皮，便依炕沿双膝跪下，也含泪诉道：“太太说的固然有理，我也不敢辩我并无这样的东西。但其中还要求太太细详其理：那香袋是外头雇工仿着内工绣的，带子穗子一概是市卖货。我便年轻不尊重些，也不要这劳什子，自然都是好的，此其一。二者这东西也不是常带着的，我纵有，也只好在家里，焉肯带在身上各处去？况且又在园里去，个个姊妹我们都肯拉拉扯扯，倘或露出来，不但在姊妹前，就是奴才看见，我有什么意思？我虽年轻不尊重，亦不能糊涂至此。三则论主子内我是年轻媳妇，算起奴才来，比我更年轻的又不止一个人了。况且他们也常进园，晚间各人家去，焉知不是他们身上的？四则除我常在园里之外，还有那边太太常带过几个小姨娘来，如嫣红翠云等人，皆系年轻侍妾，他们更该有这个了。还有那边珍大嫂子，他不算甚老外，他也常带过佩凤等人来，焉知又不是他们的？五则园内丫头太多，保的住个个都是正经的不成？也有年纪大些的知道了人事，或者一时半刻人查问不到偷着出去，或借着因由同二门上小幺儿们打牙犯嘴，外头得了来的，也未可知。如今不但我没此事，就连平儿我也可以下保的。太太请细想。”王夫人听了这一席话大近情理，因叹道：“你起来。我也知道你是大家小姐出身，焉得轻薄至此，不过我气急了，拿了话激你。但如今却怎么处？你婆婆才打发人封了这个给我瞧，说是前日从傻大姐手里得的，把我气了个死。”凤姐道：“太太快别生气。若被众人觉察了，保不定老太太不知道。且平心静气暗暗访察，才得确实，纵然访不着，外人也不能知道。这叫作‘胳膊折在袖内’。如今惟有趁着赌钱的因由革了许多的人这空儿，把周瑞媳妇旺儿媳妇等四五个贴近不能走话的人安插在园里，以查赌为由。再如今他们的丫头也太多了，保不住人大心大，生事作耗，等闹出事来，反悔之不及。如今若无故裁革，不但姑娘们委屈烦恼，就连太太和我也过不去。不如趁此机会，以后凡年纪大些的，或有些咬牙难缠的，拿个错儿撵出去配了人。一则保得住没有别的事，二则也可省些用度。太太想我这话如何？”王夫人叹道：“你说的何尝不是，但从公细想，你这几个姊妹也甚可怜了。也不用远比，只说如今你林妹妹的母亲，未出阁时，是何等的娇生惯养，是何等的金尊玉贵，那才象个千金小姐的体统。如今这几个姊妹，不过比人家的丫头略强些罢了。通共每人只有两三个丫头象个人样，余者纵有四五个小丫头子，竟是庙里的小鬼。如今还要裁革了去，不但于我心不忍，只怕老太太未必就依。虽然艰难，难不至此。我虽没受过大荣华富贵，比你们是强的。如今我宁可省些，别委屈了他们。以后要省俭先从我来倒使的。如今且叫人传了周瑞家的等人进来，就吩咐他们快快暗地访拿这事要紧。”凤姐听了，即唤平儿进来吩咐出去。

一时，周瑞家的与吴兴家的、郑华家的、来旺家的、来喜家的现在五家陪房进来，余者皆在南方各有执事。王夫人正嫌人少不能勘察，忽见邢夫人的陪房王善保家的走来，方才正是他送香囊来的。王夫人向来看视邢夫人之得力心腹人等原无二意，今见他来打听此事，十分关切，便向他说：“你去回了太太，也进园内照管照管，不比别人又强些。”这王善保家正因素日进园去那些丫鬟们不大趋奉他，他心里大不自在，要寻他们的故事又寻不着，恰好生出这事来，以为得了把柄。又听王夫人委托，正撞在心坎上，说：“这个容易。不是奴才多话，论理这事该早严紧的。太太也不大往园里去，这些女孩子们一个个倒象受了封诰似的。他们就成了千金小姐了。闹下天来，谁敢哼一声儿。不然，就调唆姑娘的丫头们，说欺负了姑娘们了，谁还耽得起。”王夫人道：“这也有的常情，跟姑娘的丫头原比别的娇贵些。你们该劝他们。连主子们的姑娘不教导尚且不堪，何况他们。”王善保家的道：“别的都还罢了。太太不知道，一个宝玉屋里的晴雯，那丫头仗着他生的模样儿比别人标致些，又生了一张巧嘴，天天打扮的象个西施的样子，在人跟前能说惯道，掐尖要强。一句话不投机，他就立起两个骚眼睛来骂人，妖妖趫趫[③]，大不成个体统。”王夫人听了这话，猛然触动往事，便问凤姐道：“上次我们跟了老太太进园逛去，有一个水蛇腰，削肩膀，眉眼又有些象你林妹妹的，正在那里骂小丫头。我的心里很看不上那狂样子，因同老太太走，我不曾说得。后来要问是谁，又偏忘了。今日对了坎儿，这丫头想必就是他了。”凤姐道：“若论这些丫头们，共总比起来，都没晴雯生得好。论举止言语，他原有些轻薄。方才太太说的倒很象他，我也忘了那日的事，不敢乱说。”王善保家的便道：“不用这样，此刻不难叫了他来太太瞧瞧。”王夫人道：“宝玉房里常见我的只有袭人麝月，这两个笨笨的倒好。若有这个，他自不敢来见我的。我一生最嫌这样人，况且又出来这个事。好好的宝玉，倘或叫这蹄子勾引坏了，那还了得。”因叫自己的丫头来，吩咐他到园里去，“只说我说有话问他们，留下袭人麝月伏侍宝玉不必来，有一个晴雯最伶俐，叫他即刻快来。你不许和他说什么。”

小丫头子答应了，走入怡红院，正值晴雯身上不自在，睡中觉才起来，正发闷，听如此说，只得随了他来。素日这些丫鬟皆知王夫人最嫌趫妆艳饰语薄言轻者，故晴雯不敢出头。今因连日不自在，并没十分妆饰，自为无碍。及到了凤姐房中，王夫人一见他钗亸鬓松[④]，衫垂带褪，有春睡捧心之遗风[⑤]，而且形容面貌恰是上月的那人，不觉勾起方才的火来。王夫人原是天真烂漫之人，喜怒出于心臆，不比那些饰词掩意之人，今既真怒攻心，又勾起往事，便冷笑道：“好个美人！真象个病西施了。你天天作这轻狂样儿给谁看？你干的事，打量我不知道呢！我且放着你，自然明儿揭你的皮！宝玉今日可好些？”晴雯一听如此说，心内大异，便知有人暗算了他。虽然着恼，只不敢作声。他本是个聪敏过顶的人，见问宝玉可好些，他便不肯以实话对，只说：“我不大到宝玉房里去，又不常和宝玉在一处，好歹我不能知道，只问袭人麝月两个。”王夫人道：“这就该打嘴！你难道是死人，要你们作什么！”晴雯道：“我原是跟老太太的人。因老太太说园里空大人少，宝玉害怕，所以拨了我去外间屋里上夜，不过看屋子。我原回过我笨，不能伏侍。老太太骂了我，说‘又不叫你管他的事，要伶俐的作什么’。我听了这话才去的。不过十天半个月之内，宝玉闷了大家顽一会子就散了。至于宝玉饮食起坐，上一层有老奶奶老妈妈们，下一层又有袭人麝月秋纹几个人。我闲着还要作老太太屋里的针线，所以宝玉的事竟不曾留心。太太既怪，从此后我留心就是了。”王夫人信以为实了，忙说：“阿弥陀佛！你不近宝玉是我的造化，竟不劳你费心。既是老太太给宝玉的，我明儿回了老太太，再撵你。”因向王善保家的道：“你们进去，好生防他几日，不许他在宝玉房里睡觉。等我回过老太太，再处治他。”喝声“去！站在这里，我看不上这浪样儿！谁许你这样花红柳绿的妆扮！”晴雯只得出来，这气非同小可，一出门便拿手帕子握着脸，一头走，一头哭，直哭到园门内去。

这里王夫人向凤姐等自怨道："这几年我越发精神短了，照顾不到。这样妖精似的东西竟没看见。只怕这样的还有，明日倒得查查。"凤姐见王夫人盛怒之际，又因王善保家的是邢夫人的耳目，常调唆着邢夫人生事，纵有千百样言词，此刻也不敢说，只低头答应着。王善保家的道："太太请养息身体要紧，这些小事只交与奴才。如今要查这个主儿也极容易，等到晚上园门关了的时节，内外不通风，我们竟给他们个猛不防，带着人到各处丫头们房里搜寻。想来谁有这个，断不单只有这个，自然还有别的东西。那时翻出别的来，自然这个也是他的。"王夫人道："这话倒是。若不如此，断不能清的清白的白。"因问凤姐如何。凤姐只得答应说："太太说的是，就行罢了。"王夫人道："这主意很是，不然一年也查不出来。"于是大家商议已定。

至晚饭后，待贾母安寝了，宝钗等入园时，王善保家的便请了凤姐一并入园，喝命将角门皆上锁，便从上夜的婆子处抄检起，不过抄检出些多余攒下蜡烛灯油等物。王善保家的道："这也是赃，不许动，等明儿回过太太再动。"于是先就到怡红院中，喝命关门。当下宝玉正因晴雯不自在，忽见这一干人来，不知为何直扑了丫头们的房门去，因迎出凤姐来，问是何故。凤姐道："丢了一件要紧的东西，因大家混赖，恐怕有丫头们偷了，所以大家都查一查去疑。"一面说，一面坐下吃茶。王善保家的等搜了一回，又细问这几个箱子是谁的，都叫本人来亲自打开。袭人因见晴雯这样，知道必有异事，又见这番抄检，只得自己先出来打开了箱子并匣子，任其搜检一番，不过是平常动用之物。随放下又搜别人的，挨次都一一搜过。到了晴雯的箱子，因问："是谁的，怎不开了让搜？"袭人等方欲代晴雯开时，只见晴雯挽着头发闯进来，豁一声将箱子掀开，两手捉着底子，朝天往地下尽情一倒，将所有之物尽都倒出。王善保家的也觉没趣，看了一看，也无甚私弊之物。回了凤姐，要往别处去。凤姐儿道："你们可细细的查，若这一番查不出来，难回话的。"众人都道："都细翻看了，没什么差错东西。虽有几样男人物件，都是小孩子的东西，想是宝玉的旧物件，没甚关系的。"凤姐听了，笑道："既如此咱们就走，再瞧别处去。"

说着，一径出来，因向王善保家的道："我有一句话，不知是不是。要抄检只抄检咱们家的人，薛大姑娘屋里，断乎检抄不得的。"王善保家的笑道："这个自然。岂有抄起亲戚家来。"凤姐点头道："我也这样说呢。"一头说，一头到了潇湘馆内。黛玉已睡了，忽报这些人来，也不知为甚事。才要起来，只见凤姐已走进来，忙按住他不许起来，只说："睡罢，我们就走。"这边且说些闲话。那个王善保家的带了众人到丫鬟房中，也一一开箱倒笼抄检了一番。因从紫鹃房中抄出两副宝玉常换下来的寄名符儿，一副束带上的披带，两个荷包并扇套，套内有扇子。打开看时皆是宝玉往年往日手内曾拿过的。王善保家的自为得了意，遂忙请凤姐过来验视，又说："这些东西从那里来的？"凤姐笑道："宝玉和他们从小儿在一处混了几年，这自然是宝玉的旧东西。这也不算什么罕事，撂下再往别处去是正经。"紫鹃笑道："直到如今，我们两下里的东西也算不清。要问这一个，连我也忘了是那年月日有的了。"王善保家的听凤姐如此说，也只得罢了。

又到探春院内，谁知早有人报与探春了。探春也就猜着必有原故，所以引出这等丑态来，遂命众丫鬟秉烛开门而待。众人来了。探春故问何事。凤姐笑道："因丢了一件东西，连日访察不出人来，恐怕旁人赖这些女孩子们，所以越性大家搜一搜，使人去疑，倒是洗净他们的好法子。"探春冷笑道："我们的丫头自然都是些贼，我就是头一个窝主。既如此，先来搜我的箱柜，他们所有偷了来的都交给我藏着呢。"说着便命丫头们把箱柜一齐打开，将镜奁，妆盒，衾袱，衣包若大若小之物一齐打开，请凤姐去抄阅。凤姐陪笑道："我不过是奉太太的命来，妹妹别错怪我。何必生气。"因命丫鬟们快快关上。平儿丰儿等忙着替待书等关的关，收的收。探春道："我的东西倒许你们搜阅，要想搜我的丫头，这却不能。我原比众人歹毒，凡丫头所有的东西我都知道，都在我这里间收着，一针一线他们也没的收藏，要搜所以只来搜我。你们不依，只管去回太太，只说我违背了太太，该怎么处治，我去自领。你们别忙，自然连你们抄的日子有呢！你们今日早起不曾议论甄家，自己家里好好的抄家，果然今日真抄了。咱们也渐渐的来了。可知这样大族人家，若从外头杀来，一时是杀不死的，这是古人曾说的'百足之虫，死而不僵'，必须先从家里自杀自灭起来，才能一败涂地！"说着，不觉流下泪来。凤姐只看着众媳妇们。周瑞家的便道："既是女孩子的东西全在这里，奶奶且请到别处去罢，也让姑娘好安寝。"凤姐便起身告辞。探春道："可细细的搜明白了？若明日再来，我就不依了。"凤姐笑道："既然丫头们的东西都在这里，就不必搜了。"探春冷笑道："你果然倒乖。连我的包袱都打开了，还说没翻。明日敢说我护着丫头们，不许你们翻了。你趁早说明，若还要翻，不妨再翻一遍。"凤姐知道探春素日与众不同的，只得陪笑道："我已经连你的东西都搜查明白了。"探春又问众人："你们也都搜明白了不曾？"周瑞家的等都陪笑说："都翻明白了。"那王善保家的本是个心内没成算的人，素日虽闻探春的名，那是为众人没眼力没胆量罢了，那里一个姑娘家就这样起来；况且又是庶出，他敢怎么。他自恃是邢夫人陪房，连王夫人尚另眼相看，何况别个。今见探春如此，他只当是探春认真单恼凤姐，与他们无干。他便要趁势作脸献好，因越众向前拉起探春的衣襟，故意一掀，嘻嘻笑道："连姑娘身上我都翻了，果然没有什么。"凤姐见他这样，忙说："妈妈走罢，别疯疯颠颠的。"一语未了，只听"拍"的一声，王家的脸上早着了探春一掌。探春登时大怒，指着王家的问道："你是什么东西，敢来拉扯我的衣裳！我不过看着太太的面上，你又有年纪，叫你一声妈妈，你就狗仗人势，天天作耗，专管生事。如今越性了不得了。你打谅我是同你们姑娘那样好性儿，由着你们欺负他，就错了主意！你搜检东西我不恼，你不该拿我取笑。"说着，便亲自解衣卸裙，拉着凤姐儿细细的翻。又说："省得叫奴才来翻我身上。"凤姐平儿等忙与探春束裙整袂，口内喝着王善保家的说："妈妈吃两口酒就疯疯颠颠起来。前儿把太太也冲撞了。快出去，不要提起了。"又劝探春休得生气。探春冷笑道："我但凡有气性，早一头碰死了！不然岂许奴才来我身上翻贼赃了。明儿一早，我先回过老太太太太，然后过去给大娘陪礼，该怎么，我就领。"那王善保家的讨了个没意思，在窗外只说："罢了，罢了，这也是头一遭挨打。我明儿回了太太，仍回老娘家去罢。这个老命还要他做什么!”探春喝命丫鬟道：“你们听他说的这话，还等我和他对嘴去不成。”侍书等听说，便出去说道：“你果然回老娘家去，倒是我们的造化了。只怕舍不得去。”凤姐笑道：“好丫头，真是有其主必有其仆。”探春冷笑道：“我们作贼的人，嘴里都有三言两语的。这还算笨的，背地里就只不会调唆主子。”平儿忙也陪笑解劝，一面又拉了侍书进来。周瑞家的等人劝了一番。凤姐直待伏侍探春睡下，方带着人往对过暖香坞来。

彼时李纨犹病在床上，他与惜春是紧邻，又与探春相近，故顺路先到这两处。因李纨才吃了药睡着，不好惊动，只到丫鬟们房中一一的搜了一遍，也没有什么东西，遂到惜春房中来。因惜春年少，尚未识事，吓的不知当有什么事，故凤姐也少不得安慰他。谁知竟在入画箱中寻出一大包金银锞子来，约共三四十个，又有一副玉带板子并一包男人的靴袜等物[6]。入画也黄了脸。因问是那里来的，入画只得跪下哭诉真情，说：“这是珍大爷赏我哥哥的。因我们老子娘都在南方，如今只跟着叔叔过日子。我叔叔婶子只要吃酒赌钱，我哥哥怕交给他们又花了，所以每常得了，悄悄的烦了老妈妈带进来叫我收着的。”惜春胆小，见了这个也害怕，说：“我竟不知道。这还了得！二嫂子，你要打他，好歹带他出去打罢，我听不惯的。”凤姐笑道：“这话若果真呢，也倒可恕，只是不该私自传送进来。这个可以传递，什么不可以传递。这倒是传递人的不是了。若这话不真，倘是偷来的，你可就别想活了。”入画跪着哭道：“我不敢扯谎。奶奶只管明日问我们奶奶和大爷去，若说不是赏的，就拿我和我哥哥一同打死无怨。”凤姐道：“这个自然要问的，只是真赏的也有不是。谁许你私自传送东西的！你且说是谁作接应，我便饶你。下次万万不可。”惜春道：“嫂子别饶他这次方可。这里人多，若不拿一个人作法，那些大的听见了，又不知怎样呢。嫂子若饶他，我也不依。”凤姐道：“素日我看他还好。谁没一个错，只这一次。二次犯下，二罪俱罚。但不知传递是谁。”惜春道：“若说传递，再无别个，必是后门上的张妈。他常肯和这些丫头们鬼鬼祟祟的，这些丫头们也都肯照顾他。”凤姐听说，便命人记下，将东西且交给周瑞家的暂拿着，等明日对明再议。于是别了惜春，方往迎春房内来。

迎春已经睡着了，丫鬟们也才要睡，众人叩门半日才开。凤姐吩咐：“不必惊动小姐。”遂往丫鬟们房里来。因司棋是王善保的外孙女儿，凤姐倒要看看王家的可藏私不藏，遂留神看他搜检。先从别人箱子搜起，皆无别物。及到了司棋箱子中搜了一回，王善保家的说：“也没有什么东西。”才要盖箱时，周瑞家的道：“且住，这是什么?”说着，便伸手掣出一双男子的锦带袜并一双缎鞋来。又有一个小包袱，打开看时，里面有一个同心如意并一个字帖儿。一总递与凤姐。凤姐因当家理事，每每看开帖并帐目，也颇识得几个字了。便看那帖子是大红双喜笺帖，上面写道：“上月你来家后，父母已觉察你我之意。但姑娘未出阁，尚不能完你我之心愿。若园内可以相见，你可托张妈给一信息。若得在园内一见，倒比来家得说话。千万，千万。再所赐香袋二个，今已查收外，特寄香珠一串，略表我心。千万收好。表弟潘又安拜具。”凤姐看罢，不怒而反乐。别人并不识字。王家的素日并不知道他姑表姊弟有这一节风流故事，见了这鞋袜，心内已是有些毛病，又见有一红帖，凤姐又看着笑，他便说道："必是他们胡写的帐目，不成个字，所以奶奶见笑。"凤姐笑道："正是这个帐竟算不过来。你是司棋的老娘[7]，他的表弟也该姓王，怎么又姓潘呢?"王善保家的见问的奇怪，只得勉强告道："司棋的姑妈给了潘家，所以他姑表兄弟姓潘。上次逃走了的潘又安就是他表弟。"凤姐笑道："这就是了。"因道："我念给你听听。"说着从头念了一遍，大家都唬了一跳。这王家的一心只要拿人的错儿，不想反拿住了他外孙女儿，又气又臊。周瑞家的四人又都问着他："你老可听见了？明明白白，再没的话说了。如今据你老人家，该怎么样?"这王家的只恨没地缝儿钻进去。凤姐只瞅着他嘻嘻的笑，向周瑞家的笑道："这倒也好。不用你们作老娘的操一点儿心，他鸦雀不闻的给你们弄了一个好女婿来，大家倒省心。"周瑞家的也笑着凑趣儿。王家的气无处泄，便自己回手打着自己的脸，骂道："老不死的娼妇，怎么造下孽了！说嘴打嘴，现世现报在人眼里。"众人见这般，俱笑个不住，又半劝半讽的。凤姐见司棋低头不语，也并无畏惧惭愧之意，倒觉可异。料此时夜深，且不必盘问，只怕他夜间自愧去寻拙志[8]，遂唤两个婆子监守起他来。带了人，拿了赃证回来，且自安歇，等待明日料理。谁知到夜里又连起来几次，下面淋血不止。

至次日，便觉身体十分软弱，起来发晕，遂撑不住。请太医来，诊脉毕，遂立药案云："看得少奶奶系心气不足，虚火乘脾，皆由忧劳所伤，以致嗜卧好眠，胃虚土弱，不思饮食。今聊用升阳养荣之剂。"写毕，遂开了几样药名，不过是人参，当归，黄芪等类之剂。一时退去，有老嬷嬷们拿了方子回过王夫人，不免又添一番愁闷，遂将司棋等事暂未理。

可巧这日尤氏来看凤姐，坐了一回，到园中去又看过李纨。才要望候众姊妹们去，忽见惜春遣人来请，尤氏遂到了他房中来。惜春便将昨晚之事细细告诉与尤氏，又命将入画的东西一概要来与尤氏过目。尤氏道："实是你哥哥赏他哥哥的，只不该私自传送，如今官盐竟成了私盐了。"因骂入画"糊涂脂油蒙了心的"。惜春道："你们管教不严，反骂丫头。这些姊妹，独我的丫头这样没脸，我如何去见人。昨儿我立逼着凤姐姐带了他去，他只不肯。我想，他原是那边的人，凤姐姐不带他去，也原有理。我今日正要送过去，嫂子来的恰好，快带了他去。或打，或杀，或卖，我一概不管。"入画听说，又跪下哭求，说："再不敢了。只求姑娘看从小儿的情常，好歹生死在一处罢。"尤氏和奶娘等人也都十分分解，说他"不过一时糊涂了，下次再不敢的。他从小儿伏侍你一场，到底留着他为是"。谁知惜春虽然年幼，却天生成一种百折不回的廉介孤独僻性，任人怎说，他只以为丢了他的体面，咬定牙断乎不肯。更又说的好："不但不要入画，如今我也大了，连我也不便往你们那边去了。况且近日我每每风闻得有人背地里议论什么多少不堪的闲话，我若再去，连我也编派上了。"尤氏道："谁议论什么？又有什么可议论的！姑娘是谁，我们是谁。姑娘既听见人议论我们，就该问着他才是。"惜春冷笑道："你这话问着我倒好。我一个姑娘家，只有躲是非的，我反去寻是非，成个什么人了！还有一句话，我不怕你恼：好歹自有公论，又何必去问人。古人说得好，'善恶生死，父子不能有所勖助'[9]，何况你我二人之间。我只知道保得住我就够了，不管你们。从此以后，你们有事别累我。”尤氏听了，又气又好笑，因向地下众人道：“怪道人人都说这四丫头年轻糊涂，我只不信。你们听才一篇话，无原无故，又不知好歹，又没个轻重。虽然是小孩子的话，却又能寒人的心。”众嬷嬷笑道：“姑娘年轻，奶奶自然要吃些亏的。”惜春冷笑道：“我虽年轻，这话却不年轻。你们不看书不识几个字，所以都是些呆子，看着明白人，倒说我年轻糊涂。”尤氏道：“你是状元榜眼探花，古今第一个才子。我们是糊涂人，不如你明白，何如?”惜春道：“状元榜眼难道就没有糊涂的不成。可知他们也有不能了悟的。”尤氏笑道：“你倒好。才是才子，这会子又作大和尚了，又讲起了悟来了。”惜春道：“我不了悟，我也舍不得入画了。”尤氏道：“可知你是个心冷口冷心狠意狠的人。”惜春道：“古人曾也说的，‘不作狠心人，难得自了汉’。我清清白白的一个人，为什么教你们带累坏了我!”尤氏心内原有病，怕说这些话。听说有人议论，已是心中羞恼激射，只是在惜春分上不好发作，忍耐了大半。今见惜春又说这句，因按捺不住，因问惜春道：“怎么就带累了你了？你的丫头的不是，无故说我，我倒忍了这半日，你倒越发得了意，只管说这些话。你是千金万金的小姐，我们以后就不亲近，仔细带累了小姐的美名。即刻就叫人将入画带了过去!”说着，便赌气起身去了。惜春道：“若果然不来，倒也省了口舌是非，大家倒还清净。”尤氏也不答话，一径往前边去了。不知后事如何——

①本文为《红楼梦》第七十四回。矢孤介：誓守孤介之志。孤介，孤高耿介，不喜与世人交往。　②详情：审明情理。　③妖妖趫趫（qiáo）：妖冶轻佻的样子。　④亸（duǒ）：下垂。　⑤春睡：指杨贵妃醉态；捧心：指西施皱眉捧心之美。　⑥玉带板子：男子腰带上的玉质带头。　⑦老娘：北方方言。指外祖母。　⑧寻拙志：寻死自杀。　⑨勖（xù）助：勉励帮助。

本回写贾府内讧：王熙凤带领一帮奴才对大观园进行搜检。这是贾府由盛转衰的重要回目。抄检虽由绣春囊而起，但却是贾府各种矛盾斗争的结果，最终落得两败俱伤。主子方面：贾府并未因赶走几个丫头而使经济上得到改善，反而显出下世的光景；王熙凤不想得罪人，但也得罪了探春等人，之后一病不起。奴才方面：王善保家的本想借机整人，却抄出外孙女司棋与潘又安的信物，真乃现世现报。可见贾府环境的严峻、人际关系的复杂。

本回在艺术方面也有很有特色。七个抄检场景，多个小姐丫头，写得“犯而不犯”，层次丰富，形象丰满。

脂砚斋：“司棋一事，在七十一回叙明，暗用山石伏线；七十三回用绣春囊在山石一逗便住；至此回可直叙去，又用无数曲折，渐渐逼来，及至司棋，忽然顿住，结到入画。文气如黄河出昆仑，横流数万里，九曲至龙门，又有孟门、吕梁峡束，不得入海，是何等奇险怪特文字，令我拜服。”（戚序本回前总批）

袁枚

黄生借书说[①]

黄生允修借书，随园主人授以书而告之曰[②]：书非借不能读也。子不闻藏书者乎？七略、四库[③]，天子之书，然天子读书者有几？汗牛塞屋[④]，富贵家之书，然富贵人读书者有几？其他祖父积、子孙弃者无论焉[⑤]。非独书为然，天下物皆然。非夫人之物而强假焉[⑥]，必虑人逼取，而惴惴焉摩玩之不已[⑦]，曰："今日存，明日去，吾不得而见之矣。"若业为吾所有[⑧]，必高束焉，庋藏焉[⑨]，曰"姑俟异日观"云尔。

余幼好书，家贫难致。有张氏藏书甚富，往借不与，归而形诸梦，其切如是。故有所览，辄省记[⑩]。通籍后[⑪]，俸去书来，落落大满[⑫]，素蟫灰丝[⑬]，时蒙卷轴[⑭]，然后叹借者之用心专，而少时之岁月为可惜也。

今黄生贫类予[⑮]，其借书亦类予，惟予之公书与张氏之吝书[⑯]，若不相类。然则予固不幸而遇张乎？生固幸而遇予乎？知幸与不幸，则其读书也必专，而其归书也必速。为一说，使与书俱。

①本文选自《小仓山房文集》卷二十二。　②随园主人：作者自称。随园是作者建于南京小仓山的别墅。　③七略：原为书名。汉成帝命刘向校录群书。向死后，子刘歆继父业，总括群篇，撮其指要，著为《七略》。分为辑略、艺略、诸子略、诗赋略、兵书略、术数略、方技略七类。四库：指经、史、子、集四部内府藏书。　④汗牛塞屋：一说"汗牛充栋"。形容书籍极多。　⑤祖父：祖辈与父辈；无论：不消说，不必说。　⑥强假：勉强借来。　⑦惴惴（zhuì）：忧惧的样子；摩玩：抚摩，赏玩。　⑧业：已经。　⑨庋（guǐ）藏：收藏，存放。庋，放置，保存。　⑩省（xǐng）记：了解，记忆。省，明了。　⑪通籍：指做官。籍，是二尺长的竹片，上写姓名、年龄、身份等，挂在宫门口，以便查对。通籍是说已记名于竹片上，可以出入宫门。后用以指初做官。　⑫落落：重叠的样子，喻其多。　⑬素蟫（yín）：即白色的蠹虫，喜蛀蚀衣服、书籍等室内物品。　⑭卷轴：指图书。古代文籍常装轴卷藏，故称。　⑮类：类似。　⑯公书：把书公开，指肯借书与人。

本文体裁非常新颖别致，虽名为"说"，又不同于一般的说体，在内容和写法上更近于古代的"赠序"体，是融"说"与"赠序"于一炉的创新文体。文章内容着重说明借书与读书的关系，阐明"非借书不能读"与"读书也必专"的道理。意思虽不深奥，但随手写来，任情说出，明白轻快，意真情深。且娓娓而谈，层层对比，颇具谋篇运思的匠心，读来令人信服。

祭妹文

乾隆丁亥冬[1]，葬三妹素文于上元之羊山[2]，而奠以文曰：

呜呼！汝生于浙而葬于斯，离吾乡七百里矣。当时虽觭梦幻想[3]，宁知此为归骨所耶？

汝以一念之贞[4]，遇人仳离[5]，致孤危托落[6]。虽命之所存[7]，天实为之；然而累汝至此者，未尝非予之过也。予幼从先生授经[8]，汝差肩而坐[9]，爱听古人节义事；一旦长成，遽躬蹈之[10]。呜呼？使汝不识诗书，或未必坚贞若是。

予捉蟋蟀，汝奋臂出其间[11]，岁寒虫僵，同临其穴[12]。今予殓汝葬汝，而当日之情形，憬然赴目[13]。予九岁憩书斋，汝梳双髻，披单缣来[14]，温《缁衣》一章[15]。适先生奓户入[16]，闻两童子音琅琅然，不觉莞尔[17]，连呼则则[18]，此七月望日事也[19]。汝在九原[20]，当分明记之。予弱冠粤行[21]，汝掎裳悲恸[22]。逾三年，予披宫锦还家[23]，汝从东厢扶案出，一家瞠视而笑[24]，不记语从何起，大概说长安登科[25]，函使报信迟早云尔[26]。凡事琐琐，虽为陈迹，然我一日未死，则一日不能忘。旧事填膺[27]，思之凄梗[28]，如影历历，逼取便逝[29]。悔当时不将婴婗情状[30]，罗缕纪存[31]；然而汝已不在人间，则虽年光倒流，儿时可再，而亦无与为证印者矣。

汝之义绝高氏而归也[32]，堂上阿奶[33]，仗汝扶持；家中文墨，眣汝办治[34]。尝谓女流中最少明经义、谙雅故者[35]；汝嫂非不婉嫕[36]，而于此微缺然。故自汝归后，虽为汝悲，实为予喜。予又长汝四岁，或人间长者先亡，可将身后托汝，而不谓汝之先予以去也！前年予病，汝终宵刺探[37]，减一分则喜，增一分则忧。后虽小差[38]，犹尚殗殜[39]，无所娱遣。汝来床前，为说稗官野史可喜可愕之事，聊资一欢。呜呼！今而后，吾将再病，教从何处呼汝耶？

汝之疾也，予信医言无害，远吊扬州。汝又虑戚吾心，阻人走报，及至绵惙已极[40]，阿奶问："望兄归否？"强应曰："诺！"已予先一日梦汝来诀[41]，心知不祥，飞舟渡江，果予以未时还家[42]，而汝以辰时气绝。四支犹温[43]，一目未瞑，盖犹忍死待予也。呜呼痛哉！早知诀汝，则予岂肯远游？即游，亦尚有几许心中言，要汝知闻，共汝筹画也。而今已矣！除吾死外，当无见期。吾又不知何日死，可以见汝；而死后之有知无知，与得见不得见，又卒难明也[44]。然则抱此无涯之憾，天乎，人乎！而竟已乎[45]！

汝之诗，吾已付梓[46]；汝之女，吾已代嫁；汝之生平，吾已作传[47]；惟汝之窀穸[48]，尚未谋耳。先茔在杭[49]，江广河深，势难归葬，故请母命而宁汝于斯[50]，便祭扫也。其旁葬汝女阿印[51]，其下两冢，一为阿爷侍者朱氏[52]，一为阿兄侍者陶氏[53]。羊山旷渺[54]，南望原隰[55]，西望栖霞[56]，风雨晨昏，羁魂有伴，当不孤寂。所怜者，吾自戊寅年读汝哭侄诗后[57]，至今无男[58]，两女牙牙[59]，生汝死后，才周晬耳[60]。予虽亲在，未敢言老[61]，而齿危发秃[62]，暗里自知，知在人间，尚复几日！阿品远官河南[63]，亦无子女，九族无可继者[64]。汝死我葬，我死谁埋？汝倘有灵，可能告我？

呜呼！身前既不可想，身后又不可知；哭汝即不闻汝言，奠汝又不见汝食。纸灰飞扬，朔风野大，阿兄归矣，犹屡屡回头望汝也。呜呼哀哉！呜呼哀哉！

①乾隆丁亥：即乾隆三十二年（1767）。 ②素文：名机，字素文，别号青琳居士。据袁枚《女弟素文传》，袁机“乾隆二十四年（1759）十一月死，年四十”。上元：旧县名，在今南京市。羊山：在今南京市东。 ③觭（jī）梦：做梦，梦中所得。 ④一念之贞：一个信守贞操的念头。据《女弟素文传》，袁机不满周岁即许给如皋高氏之子。十余年后，高氏因子不肖，曾提出解除婚约，但袁机却囿于“从一而终”的封建礼教，守约成婚，而造成终身不幸。⑤遇人：嫁人，是“遇人不淑”的省略，即嫁了不好的人；仳（pǐ）离：女子被遗弃而离去，本文指不合。 ⑥孤危：孤独忧伤；托落：同“落拓”，寂寞，冷落。 ⑦命之所存：命中注定。 ⑧授经：讲授经书。 ⑨差（cī）肩：比肩，并肩；差，次第。 ⑩遽：竟然；躬蹈：亲身实践。 ⑪奋臂：挥舞手臂，兴致勃勃的样子。 ⑫临其穴：指到埋葬蟋蟀处凭吊。⑬憬然赴目：清楚地呈现在眼前；憬然，醒悟的样子。 ⑭缣（jiān）：细密的绢。 ⑮《缁衣》：《诗经·郑风》中的篇名。 ⑯爹（zhà）户：开门。 ⑰莞尔：微笑。 ⑱则则：即“啧啧”，赞叹声。 ⑲望日：农历每月十五日。 ⑳九原：原为春秋晋国卿大夫的墓地名，后泛指墓地。这里指地下。 ㉑弱冠粤行：指袁枚于乾隆元年二十一岁时，到广西探望叔父袁鸿。弱冠，古代男子二十岁行冠礼，表示已成年。 ㉒掎（jǐ）裳：拉着衣裳。 ㉓披宫锦：指中进士。唐代进士及第后，披宫袍以示荣耀，后人就称中进士为“披宫锦”。 ㉔瞠视：瞪着眼睛看，直视。 ㉕长安：借指清朝都城北京；登科：科举时代指考中进士为登科，也称“登第”。 ㉖函使：指报信人。 ㉗填膺：充满心胸。 ㉘凄梗：悲伤得心头阻塞。 ㉙逼取便逝：将要接近它，把握它，可是它却消逝了。 ㉚婴娓（yī ní）：婴儿。这里指幼小时。㉛罗缕：详细罗列。 ㉜义绝：断绝关系。据《女弟素文传》，素文嫁高氏子后，屡遭毒打，甚至要被丈夫卖掉抵赌债，乃逃回娘家，与丈夫离婚。 ㉝堂上：指父母或祖父母。阿奶：指作者的母亲章氏。 ㉞眣（shùn）：以目示意，这里指期望。 ㉟雅故：指对古书的规范的解释。 ㊱婉嫕（yì）：柔顺娴静。 ㊲刺探：探视，问候。 ㊳小差（chài）：病情稍有好转。差，同“瘥”，病愈。 ㊴殗殜（yè dié）：半卧半起，微病的样子。 ㊵绵惙（chuò）：病情危急，气息微弱。 ㊶已：忽然。 ㊷未时：相当于下午一点到三点。下文“辰时”即上午七点到九点。 ㊸支：同“肢”。 ㊹卒：终于。 ㊺而竟已乎：终于这样完了吗？㊻付梓：付印。梓，刻字的木板。袁枚将袁机的诗刻印，名《素文女子遗稿》。 ㊼作传：指袁枚所作《女弟素文传》。 ㊽窀穸（zhūn xī）：墓穴。㊾先茔：祖坟。 ㊿宁：此指安葬。[51]阿印：素文有两女，一名阿印，早死。另一女由袁枚代嫁。 [52]阿爷侍者：指袁枚父亲的侍妾。 [53]阿兄侍者：指袁枚的侍妾。 [54]旷渺：广远渺茫。 [55]原隰（xí）：平原低洼之地。[56]栖霞：山名，在今南京市东北。 [57]戊寅年：乾隆二十三年（1758）。哭侄诗：袁枚丧子，素文作诗《阿兄得子不举》以悼之。 [58]至今无男：指写此文时尚无儿子。两年后妾钟氏生子名阿迟。 [59]两女：指作者的双生女儿，钟氏所生；牙牙：婴儿说话声。[60]周晬（zuì）：周岁。 [61]亲在未敢言老：指母亲健在自己不敢称老。《礼记·曲礼上》：“夫为人子者，出必告，反必面，所游必有常，所习必有业。恒言不称老。” [62]齿危：牙齿摇动。 [63]阿品：袁

枚的堂弟袁树，小名阿品。时任河南正阳县令。 ㊹九族：本身以上的父、祖、曾祖、高祖和本身以下的子、孙、曾孙、玄孙，连同本身在内，合称九族。这里泛指亲族。

本文是作者在亡妹逝世八年后安葬时写的一篇祭文，采用第二人称的叙事角度，似与亡妹对坐倾诉，手足情深，哀婉动人。作者以极细腻的笔触选取典型细节，寓情于事，于平凡琐事的回忆中，刻画出三妹情深义重的形象和悲剧命运，传达出作者的凄恻哀情。本文既是祭文中脍炙人口的名篇，又是从肺腑中流出的独抒性灵之文。

近人王文濡《清文评注读本·哀祭类》："缕叙家常事，琐琐屑屑，不嫌其冗，唯一恐其尽者，文情并茂故也。""纯从至性至情中流出。先生之文，亦性灵之文也。""一句一泪，一字一泪，沉痛之语，惨不忍读。""昌黎《祭十二郎文》、欧阳《泷冈阡表》，皆古今有数文字。得此乃鼎足而三。"

钱大昕

弈　　喻

予观弈于友人所[①]，一客数败。嗤其失算，辄欲易置之[②]，以为不逮己也。顷之，客请与予对局，予颇易之[③]。甫下数子[④]，客已得先手[⑤]。局将半，予思益苦，而客之智尚有余。竟局数之[⑥]，客胜余十三子。予赧甚[⑦]，不能出一言。后有招予观弈者，终日默坐而已。

今之学者读古人书，多訾古人之失[⑧]。与今人居，亦乐称人失。人固不能无失，然试易地以处[⑨]，平心度之，吾果无一失乎？吾能知人之失，而不能见吾之失；吾能指人之小失，而不能见吾之大失。吾求吾失且不暇，何暇论人哉！

弈之优劣有定也，一著之失[⑩]，人皆见之，虽护前者不能讳也[⑪]。理之所在，各是其所是，各非其所非。世无孔子，谁能定是非之真？然则人之失者，未必非得也[⑫]；吾之无失者，未必非大失也。而彼此相嗤，无有已时，曾观弈者之不若已[⑬]！

①弈：下围棋。　②辄欲易置之：意思是对人家所投下的棋子，总认为不合适，而主张改投另一处。　③易之：轻视他。　④甫：刚才。　⑤先手：围棋术语。指行棋次序的主动权。　⑥竟局：终局，一局棋走完。　⑦赧：因羞愧而脸红。　⑧訾：非议，诋毁。　⑨易地以处：调换位置，犹言设身处地。　⑩一著之失：一着棋失误。著，同“着”。围棋落一子为一着。　⑪护前：回护发生过的过错，意同护短。　⑫未必非得：不一定不能得到好处。此处所言，与成语“塞翁失马，安知非福”意同。　⑬曾：竟然。此句意谓竟连观棋的人都不如。

这篇小品文以观棋和对局的不同为喻，生动地说明了一个生活哲理，即察他人之失易，见自己之失难，从而对文人相轻、彼此相嗤的通病痛下针砭。全篇由小及大，从富有喜剧性的一个生活片断中引申出为人与为学之道，言简意赅而寓意深远。

近人王文濡《清文评注读本》：“凡人易犯此病，读之当以为戒。”

洪亮吉

治平篇

人未有不乐为治平之民者也①，人未有不乐为治平既久之民者也。治平至百余年，可谓久矣。然言其户口②，则视三十年以前增五倍焉③，视六十年以前增十倍焉，视百年、百数十年以前不啻增二十倍焉④。

试以一家计之：高、曾之时⑤，有屋十间，有田一顷，身一人，娶妇后不过二人。以二人居屋十间，食田一顷，宽然有余矣。以一人生三计之，至子之世而父子四人，各娶妇即有八人，八人即不能无佣作之助⑥，是不下十人矣。以十人而居屋十间，食田一顷，吾知其居仅仅足，食亦仅仅足也。子又生孙，孙又娶妇，其间衰老者或有代谢⑦，然已不下二十余人。以二十余人而居屋十间，食田一顷，即量腹而食，度足而居⑧，吾以知其必不敷矣。又自此而曾焉⑨，自此而元焉⑩，视高、曾时口已不下五六十倍，是高、曾时为一户者，至曾、元时不分至十户不止。其间有户口消落之家⑪，即有丁男繁衍之族，势亦足以相敌⑫。

或者曰："高、曾之时，隙地未尽辟⑬，闲廛未尽居也⑭。"然亦不过增一倍而止矣，或增三倍五倍而止矣，而户口则增至十倍二十倍。是田与屋之数常处其不足，而户与口之数常处其有余也。又况有兼并之家，一人居百人之屋，一户占百户之田，何怪乎遭风雨霜露饥寒颠踣而死者比比乎⑮？

曰：天地有法乎？曰：水旱疾疫，即天地调剂之法也。然民之遭水旱疾疫而不幸者，不过十之一二矣。曰：君、相有法乎？曰：使野无闲田，民无剩力，疆土之新辟者⑯，移种民以居之⑰；赋税之繁重者，酌今昔而减之。禁其浮靡，抑其兼并，遇有水旱疾疫，则开仓廪，悉府库以赈之，如是而已，是亦君、相调剂之法也。

要之，治平之久，天地不能不生人，而天地之所以养人者，原不过此数也；治平之久，君、相亦不能使人不生，而君、相之所以为民计者，亦不过前此数法也。然一家之中有子弟十人，其不率教者常有一二⑱，又况天下之广，其游惰不事者何能一一遵上之约束乎？一人之居以供十人已不足，何况供百人乎？一人之食以供十人已不足，何况从百人乎？此吾所以为治平之民虑也。

①治平：政治清明，社会安定。 ②户口：住户和人口。 ③视：比。 ④不啻：不止，不仅。 ⑤高、曾：指高祖、曾祖。 ⑥佣作：雇工。 ⑦代谢：新旧更替，这里指死亡。 ⑧度足：计算人的身体。足，代指身体。 ⑨曾：曾孙。⑩元：玄孙。避康熙帝玄烨之讳，"玄"作"元"。 ⑪消落：减少。 ⑫相敌：相当，相抵。 ⑬隙地：空地，荒地。 ⑭闲

廛（chán）：空闲的屋子。廛，古代指一户平民所住的房屋。 ⑮颠踣（bó）：倒地。 ⑯疆土之新辟者：定语后置，即新辟之疆土。 ⑰种民：租田种的人，即佃农。 ⑱率：顺从，遵循。

这是我国最早的阐述人口问题的文章，作于乾隆五十八年，早于英国经济学家马尔萨斯的《人口论》（1798）五年。作者敏锐地觉察到“康乾盛世”中潜伏着严重的人口问题，指出人口的过快增长与经济发展之间的矛盾，以及由此可能引起的严重社会危机，有深刻的社会意义。文章立论鲜明，布局严谨，论述缜密。以一家为例，以小见大，采用问答、对话的方式，笔调灵活。语言平易凝重，自然顺畅。

赵翼

论 诗

其 二

李杜诗篇万口传[1]，至今已觉不新鲜。江山代有才人出[2]，各领风骚数百年[3]。

①李杜：指李白与杜甫。 ②才人：才子诗人。 ③风骚：本指《诗经》中的《国风》与楚辞中的《离骚》，后用以泛称诗歌。

唐诗是中国诗史上一个难以超越的高峰，李杜则是这座高峰的巅顶。元明以降的诗坛虽有“生新”的呼声，但被一波未平一波又起的宗唐宗宋、宗李宗杜的复古主义浪潮所淹没。此诗一反习见，打破偶像，指出一个时代必有自己的诗歌代表，后人应当树立超越前人的信心，而无须匍匐在古人脚下，充分体现了作者的历史发展眼光和勇于创新的精神。

姚鼐

登泰山记①

泰山之阳，汶水西流②；其阴，济水东流③。阳谷皆入汶④，阴谷皆入济，当其南北分者，古长城也⑤。最高日观峰⑥，在长城南十五里。

余以乾隆三十九年十二月，自京师乘风雪⑦，历齐河、长清⑧，穿泰山西北谷，越长城之限，至于泰安⑨。是月丁未⑩，与知府朱孝纯子颖由南麓登⑪。四十五里，道皆砌石为磴，其级七千有余。泰山正南面有三谷，中谷绕泰安城下，郦道元所谓环水也⑫。余始循以入，道少半，越中岭，复循西谷，遂至其巅。古时登山，循东谷入，道有天门⑬。东谷者，古谓之天门溪水，余所不至也。今所经中岭及山巅崖限当道者⑭，世皆谓之天门云。道中迷雾冰滑，磴几不可登。及既上，苍山负雪，明烛天南⑮，望晚日照城郭、汶水、徂徕如画⑯，而半山居雾若带然⑰。

戊申晦⑱，五鼓，与子颖坐日观亭待日出。大风扬积雪击面。亭东自足下皆云漫。稍见云中白若樗蒲数十立者⑲，山也。极天云一线异色，须臾成五采，日上，正赤如丹，下有红光，动摇承之。或曰：此东海也。回视日观以西峰，或得日⑳，或否，绛皜驳色㉑，而皆若偻㉒。

亭西有岱祠㉓，又有碧霞元君祠㉔。皇帝行宫在碧霞元君祠东㉕。是日，观道中石刻，自唐显庆以来㉖，其远古刻尽漫失㉗。僻不当道者，皆不及往。

山多石，少土。石苍黑色，多平方，少圆。少杂树，多松，生石罅㉘，皆平顶。冰雪，无瀑水，无鸟兽音迹。至日观数里内无树，而雪与人膝齐。

桐城姚鼐记。

①本文选自《惜抱轩诗文集》卷十四。泰山：又名岱岳、岱宗，为五岳中之东岳，在今山东省泰安市城北。 ②汶水：即大汶河，发源于山东省莱芜县东北的原山，向西南流经泰安县。 ③济水：发源于河南济源县西的王屋山，向东流入山东，河道屡有变迁。 ④阳谷：泰山南面山谷中的水流。 ⑤古长城：指春秋战国时齐国所筑的长城。 ⑥日观峰：泰山顶峰之一，为观日出之处。 ⑦京师：指清朝都城北京。 ⑧齐河、长清：县名，今均属山东。⑨泰安：今属山东，清代为泰安府治。 ⑩是月丁未：当月二十八日。 ⑪朱孝纯：字子颖，号海愚，山东历城人。乾隆年间进士，时任泰安知府，姚鼐好友。 ⑫郦道元：字善长，范阳（今河北涿州）人，北魏地理学家，撰有《水经注》四十卷；环水：见《水经注·汶水》："《山海经》曰：'环水出泰山，东流注于汶。'即此水也。" ⑬天门：泰山峰名。 ⑭崖限：山崖对峙，有如门户；限，门槛。 ⑮烛：照耀，用作动词。 ⑯徂（cú）徕：山名，在泰安城东南。 ⑰居雾：停留的雾。 ⑱戊申：农历十二月二十九日。晦：农历每月的最后一天。当年十二月小，故说"戊申晦"。五鼓：五更，黎明时分。 ⑲樗蒲（chū pú）：亦作"樗

蒱”，古代赌具，共有五子，以木制成，故又叫“五木”，为长形，两头尖锐，中间广平，上黑下白，竖立时似山峰。 ⑳或得日：有的山峰得到阳光照耀。 ㉑绛皜（hào）驳色：红、白两色相错杂。绛，大红色，指日光照到的山峰。皜，白色，指日光未照到的雪峰。㉒若偻（lǚ）：好像俯身曲背。 ㉓岱祠：即东岳祠，一名岱庙，祭祀泰山之神东岳大帝的庙宇。㉔碧霞元君：传说为东岳大帝之女。 ㉕皇帝行宫：皇帝外出巡游时的住所。这里指乾隆在泰山祭祀时住过的宫室。 ㉖显庆：唐高宗李治年号（656～661）。 ㉗漫失：磨灭缺失。㉘罅（xià）：缝隙，裂缝。

这篇游记简要介绍了泰山的地理形势、登山路径和山上的建筑古迹，重点描绘了泰山寒冬的奇异景象和日出时的瑰丽图景，并融进了作者的独特感受。虽篇幅不长，却内容丰富。文章以自己的游踪为线索，章法严明，脉络清晰，详略得当，且显示出严谨的考据功夫。语言简洁凝练，生动形象，格调清新高雅，体现了桐城派古文家义理、考据、辞章并重的特点。

清黎庶昌《续古文辞类纂》卷二十五·杂记类：“典要凝括。余以同治五年，从曾文正公登岱，观日出。读此益服其状物之妙。”

徐斯异等《批评笺注王氏续古文辞类纂》引俞樾语：“写泰山形胜，真有云烟杳霭、倏忽万变之妙。”

同上，引林纾语：“首尾无一懈笔，殆神来之候也。”

彭端淑

为　学[①]

天下事有难易乎？为之则难者亦易矣，不为则易者亦难矣。人之为学，有难易乎？学之，则难者亦易矣；不学，则易者亦难矣。

吾资之昏不逮人也[②]，吾材之庸不逮人也；旦旦而学之[③]，久而不怠焉，迄乎成，而亦不知其昏与庸也。吾资之聪倍人也[④]，吾材之敏倍人也；屏弃而不用，其与昏与庸无以异也。圣人之道，卒于鲁也传之[⑤]。然则昏庸聪敏之用，岂有常哉[⑥]？

蜀之鄙有二僧[⑦]，其一贫，其一富。贫者语于富者曰："吾欲之南海[⑧]，何如?"富者曰："子何恃而往?"曰："吾一瓶一钵足矣。"富者曰："吾数年来欲买舟而下，犹未能也。子何恃而往?"越明年[⑨]，贫者自南海还，以告富者，富者有惭色。西蜀之去南海，不知几千里也，僧之富者不能至，而贫者至焉。人之立志，顾不如蜀鄙之僧哉！

是故聪与敏，可恃而不可恃也；自恃其聪与敏而不学者，自败者也。昏与庸，可限而不可限也；不自限其昏与庸而力学不倦者，自力者也。

①为学：学习，做学问。此文题目全称是《为学一首示子侄》。　②资之昏：资性愚暗；逮：及。　③旦旦：天天。　④倍：超过。　⑤"圣人之道"二句：孔子的学说最终是由天资不高的曾参传下来的。相传孔子之道传给了曾参，曾参传给子思，再由子思传给孟子。《论语·先进》："参也鲁。"孔子见曾参能通孝道，故授之业。鲁，迟钝。卒，最终。　⑥常：固定不变。　⑦鄙：边境。　⑧南海：指浙江定海县海中的普陀山，为我国佛教胜地之一。　⑨越：及、到。

这是作者写给其子侄的劝学信，运用通俗的文言，引喻取譬，极为透彻地说明了为学的道理：努力与否是学业有成或失败的重要因素。文章采取对比和叙议结合的手法，大大增强了说服力。

《国朝文录·白鹤堂文录》引李祖陶评："最足醒人，妙不词费。"行中批："子贡之聪，不如曾子之鲁，即此意。"

沈复

闲情记趣[1]

余忆童稚时，能张目对日，明察秋毫，见藐小微物，必细察其纹理，故时有物外之趣。夏蚊成雷，私拟作群鹤舞空。心之所向，则或千百果然鹤也。昂首观之，项为之强。又留蚊于素帐中，徐喷以烟，使其冲烟飞鸣，作青云白鹤观，果如鹤唳云端，怡然称快。于土墙凹凸处，花台小草丛杂处，常蹲其身，使与台齐；定神细视，以丛草为林，以虫蚁为兽，以土砾凸者为丘，凹者为壑，神游其中，怡然自得。一日见二虫斗草间，观之正浓，忽有庞然大物拔山倒树而来，盖一癞虾蟆也，舌一吐而二虫尽为所吞。余年幼方分神，不觉呀然惊恐。神定，捉虾蟆，鞭数十，驱之别院。年长思之，二虫之斗，盖图奸不从也。古语云："奸近杀。"虫亦然耶？贪此生涯，卵为蚯蚓所哈（吴俗呼阳曰卵）[2]，肿不能便。捉鸭开口哈之，婢妪偶释手，鸭颠其颈作吞噬状，惊而大哭，传为语柄。此皆幼时闲情也。

余扫墓山中，检有峦纹可观之石，归与芸商曰[3]："用油灰叠宣州石于白石盆，取色匀也，本山黄石虽古朴，亦用油灰，则黄白相间，凿痕毕露，将奈何?"芸曰："择石之顽劣者捣末，于灰痕中乘湿糁之，干或色同也。"乃如其言，用宜兴窑长方盆，叠起一峰，偏于左而凸于右，背作横方纹，如云林石法[4]，巉岩凹凸[5]，若临江石矶状。虚一角，用河泥种千瓣白萍。石上植茑萝[6]，俗呼云松。经营数日乃成。至深秋，茑萝蔓延满山，如藤萝之悬石壁，花开正红色。白萍亦透水大放，红白相间，神游其中，如登蓬岛[7]。置之檐下，与芸品题：此处宜设水阁，此处宜立茅亭，此处宜凿立字曰"落花流水之间"；此可以居，此可以钓，此可以眺，胸中邱壑，若将移居者然。一夕，猫奴争食，自檐而堕，连盆与架顷刻碎之。余叹曰："即此小经营，尚干造物忌耶[8]！"两人不禁泪落。

友人鲁半航，名璋，字春山，善写松柏或梅菊，工隶书，兼工铁笔[9]。余寄居其家之萧爽楼，一年有半。楼共五椽，东向，余居其三。晦明风雨，可以远眺。庭中木犀一株，清香撩人。有廊有厢，地极幽静。移居时，有一仆一妪，并挈其小女来。仆能成衣，妪能纺绩。于是芸绣，妪绩，仆则成衣，以供薪水。余素爱客，小酌必行令[10]，芸善有不费之烹庖[11]。瓜疏鱼虾，一经芸手，便有意外味。同人知余贫，每出杖头钱[12]，作竟日叙。余又好洁，地无纤尘，且无拘束，不嫌放纵，诸君子如梁上之燕自去自来。芸则拔钗沽酒[13]，不动声色。良辰美景，不放轻过。

萧爽楼有四忌：谈官宦升迁，公廨时事[14]，八股时文，看牌掷色[15]。有犯必罚酒五斤。有四取：慷慨豪爽，风流蕴藉，落拓不羁，澄静缄默。长夏无事，考对为会[16]。每会八人，每人各携青蚨二百[17]。先拈阄，得第一者为主考，关防别座[18]。第二者为誊录，亦就座。余作举子，各于誊录处取纸一条，盖用印章。主考出五七言各一句，刻香为限[19]，行立构思，不准交头私语。对就后投入一匣，方许就座。各人交卷毕，誊录启匣，并录一册，转呈主考，以杜狗私[20]。十六对中取七言三联，五言三联。六联中取第一者即为后任主考，第二者为誊录。每人有两联不取者罚钱二十文，取一联者免罚十文，过限者倍罚[21]。一场，主考得香钱百文，一日可十场，积钱千文，酒资大畅矣。惟芸议为官卷[22]，准坐而构思。

杨补凡为余夫妇写载花小影[23]，神情确肖。是夜月色颇佳，兰影上粉墙，别有幽致。星澜醉后兴发曰[24]："补凡能为君写真，我能为花图影。"余笑曰："花影能如人影否？"星澜取素纸铺于墙[25]，即就兰影，用墨浓淡图之，日间取视，虽不成画，而花叶萧疏，自有月下之趣。芸甚宝之，各有题咏。

苏城有南园、北园二处，菜花黄时，苦无酒家小饮；携盒而往，对花冷饮，殊无意味。或议就近觅饮者，或议看花归饮者，终不如对花热饮为快。众议未定。芸笑曰："明日但各出杖头钱，我自担炉火来。"众笑曰："诺。"众去，余问曰："卿果自往乎？"芸曰："非也。妾见市中专卖馄饨者，其担锅灶无不备，盍雇之而往[26]。妾先烹调端整，到彼处再一下锅，茶酒两便。"余曰："酒菜固便矣，茶乏烹具。"芸曰："携一砂罐去，以铁叉串罐柄，去其锅，悬于行灶中，加柴火煎茶，不亦便乎？"余鼓掌称善。街头有鲍姓者，卖馄饨为业，以百钱雇其担，约以明日午后，鲍欣然允议。明日看花者至，余告以故，众咸叹服。饭后同往，并带席垫。至南园，择柳阴下团坐。先烹茗，饮毕，然后暖酒烹肴。是时风和日丽，遍地黄金，青衫红袖，越阡度陌[27]，蝶蜂乱飞，令人不饮自醉。既而酒肴俱熟，坐地大嚼。担者颇不俗，拉与同饮。游人见之莫不羡为奇想。杯盘狼藉，各已陶然，或坐或卧，或歌或啸。红日将颓，余思粥，担者即买米煮之，果腹而归。芸问曰："今日之游乐乎？"众曰："非夫人之力不及此。"大笑而散。

①本文选自《浮生六记》。《浮生六记》是自传体笔记式散文，记叙夫妇的家居生活和坎坷遭遇。现存四记，首二记是自叙夫妇闺房、闲情之乐趣的。第一篇是《闺房记乐》，这里节录的是第二篇。 ②哈：吹气。苏州俗语。 ③芸：陈芸，字淑珍，沈复的妻子，与复同龄，大十个月。《闺房记乐》描写她"削肩长项，瘦不露骨，眉弯目秀，顾盼神飞"。 ④云林：倪瓒，字元镇，号云林，元代著名画家。其画多取材太湖一带景色，意境清远萧疏。 ⑤巉岩：高而险的山势。 ⑥茑（niǎo）萝：一年生的蔓草，开小红花。 ⑦蓬岛：蓬莱，神话传说中的仙人之岛，在东海。 ⑧造物：指天，创造万物的意思。 ⑨铁笔：刻图章。 ⑩行令：饮酒时的酒令。 ⑪不费：不多的花费。 ⑫杖头钱：打酒的钱。晋朝名士阮修，常在杖头挂上百文钱，一个人到酒店去畅饮。即便家里没米下锅，他也不管。 ⑬拔钗沽酒：拔下头上的金钗买酒招待客人，形容主妇的待客之诚。典出唐朝诗人元稹《遣悲怀三首》其一："泥他沽酒拔金钗。" ⑭公廨（xiè）：官府。 ⑮看牌掷色：打纸牌，掷骰子。 ⑯考对：对对子。 ⑰青蚨（fú）：传说中的虫名，借指铜钱。 ⑱关防：监督。 ⑲刻香为限：在一支香上刻上长短记号，作为时间的限制。 ⑳狗：同"徇"。 ㉑过限：超过时限。 ㉒官卷：公卷。 ㉓杨补凡：据本篇节去之文，补凡名昌绪，擅人物写真。 ㉔星澜：姓王，名岩，工花鸟画。 ㉕素纸：白纸。 ㉖盍：何不。 ㉗越阡度陌：越过田野。

这是一篇写闲情逸趣的自传体散文。文中用白描的手法，借日常家庭生活的琐事，写出了夫妇间的和谐与关爱，写出了他们在贫困境遇中对生活乐趣的觅求与赏爱，表现出这对夫妇不凡的胸襟和高洁的志趣。这在对夫妇爱情生活讳莫如深的时代，是让人耳目一新的。文章意兴所至，信笔写去，朴素自然，不加雕饰。感情真挚动人，纯净细腻，读来令人心醉神驰。

清王韬《浮生六记跋》："笔墨间缠绵哀感，一往情深，于伉俪尤敦笃。"

俞平伯《重刊浮生六记序》："此记所录所载，妙肖不足奇，奇在全不着力而得妙肖；韶秀不足异，异在韶秀以外竟似无物。俨如一块纯美的水晶，只见明莹，不见衬露明莹的颜色；只见精微，不见制作精微的痕迹。"

陈寅恪《元白诗笺证稿》："吾国文学，自来以礼法顾忌之故，不敢多言男女间关系，而于正式男女关系如夫妇者，尤少涉及。盖闺房燕昵之情意，家庭米盐之琐屑，大抵不列载于篇章，惟以笼统之间，概括言之而已。此后来沈三白《浮生六记》之《闺房记乐》所以为例外创作。"

刘开

问说

君子之学必好问。问与学，相辅而行者也。非学无以致疑[①]，非问无以广识。好学而不勤问，非真能好学者也。理明矣，而或不达于事[②]；识其大矣，而或不知其细，舍问其奚决焉？

贤于己者问焉，以破其疑，所谓"就有道而正也[③]"；不如己者问焉，以求一得，所谓"以能问于不能，以多问于寡"也[④]；等于己者问焉，以资切磋，所谓交相问难，审问而明辨之也[⑤]。《书》不云乎[⑥]："好问则裕[⑦]。"孟子论求放心[⑧]，而并称曰"学问之道"。"学"即继于问也。子思言"尊德性"[⑨]，而归于"道问学"。"问"且先于"学"也。古之人虚中乐善，不择事而问焉，不择人而问焉，取其有益于身而已。是故狂夫之言，圣人择之[⑩]；刍荛之微，先民询之[⑪]。舜以天子而询于匹夫，以大知而察及迩言[⑫]，非苟为谦[⑬]，诚取善之宏也。

三代而下[⑭]，有学而无问。朋友之交，至于劝善规过足矣。其以义理相咨访，孜孜焉唯进修是急，未之多见也，况流俗乎。是己而非人，俗之同病。学有未达，强以为知，理有未安，妄以臆度。如是，则终身几无可问之事。贤于己者忌之，而不愿问焉；不如己者轻之，而不屑问焉；等于己者狎之[⑮]，而不甘问焉。如是，则天下几无可问之人。人不足服矣，事无可疑矣，此唯师心自用耳[⑯]。夫自用其小者也，自知其陋而谨护其失[⑰]，宁使学终不进，不欲虚以下人，此为害于心术者大[⑱]，而蹈之者十之八九。不然，则所问非所学焉，询天下之异文鄙事以快言论[⑲]；甚且心之所已明者，问之人以试其能；事之至难解者，问之人以穷其短。而非是者，虽有切于身心性命之事，可以收取善之益，求一屈己焉，而不可得也。嗟乎！学之所以不能几于古者[⑳]，非此之由乎？

且夫不好问者，由心不能虚也。心之不虚，由好学之不诚也。亦非不潜心专力之故，其学非古人之学，其好亦非古人之好也，不能问，宜也[㉑]。智者千虑，必有一失。圣人所不知，未必不为愚人之所知也；愚人之所能，未必非圣人所不能也。理无专在[㉒]，而学无止境也。然则，问可少耶？《周礼》："外朝以询万民[㉓]。"国之政事尚问及庶人，是故贵可以问贱，贤可以问不肖[㉔]，而老可以问幼，唯道之所成而已矣。孔文子不耻下问[㉕]，夫子贤之。古人以问为美德，而并不见其有可耻也，后之君子反争以问为耻。然则古人所深耻者，后世且行之，而不以为耻者多矣，悲夫！

①致疑：发现疑难，提出问题。　②不达于事：不能把书本知识用于实际。　③"就有道"句：语出《论语·学而》，意谓向有修养的人学习、看齐。　④"以能问于不能"二句：

语出《论语·泰伯》，意谓应该虚心地向那些本事不如自己和知识比自己贫乏的人学习、请教，即不耻下问之意。 ⑤审问而明辨：详尽追问，把问题弄明白。语出《礼记·中庸》："博学之，审问之，慎思之，明辨之。" ⑥《书》：《书经》，即《尚书》。 ⑦好问则裕：意谓好问方能使自己知识丰富。见《尚书·仲虺之诰》。 ⑧求放心：寻求迷失了的善心，使人的本性得以复归。见《孟子·告子上》。 ⑨子思：孔子之孙，名伋；尊德性：与下句"道问学"相连，意谓君子重视道德品性，必须通过勤学好问来达到。语出《礼记·中庸》，旧传此篇为子思所作。 ⑩"狂夫之言"二句：《论语·微子》载，楚国狂士接舆唱歌讽刺孔子入世，孔子听了认为有可取之处，就下车打算与他交谈。 ⑪"刍荛"二句：《诗经·大雅·板》："先民有言，询于刍荛。"先民，指古圣先王。刍荛，指割草打柴的小民。 ⑫"舜以天子"二句，语出《礼记·中庸》："子曰：'舜其大知也与！舜好问而好察迩言。'"匹夫，平民百姓。知，同"智"。迩言，浅近的话。⑬非苟为谦：意谓并不是为了显示谦虚而放弃原则。⑭三代：指夏、商、周。 ⑮狎：轻慢，不尊重。 ⑯师心自用：自以为是，一意孤行的意思。 ⑰谨护其失：千方百计掩饰自己的缺失。 ⑱心术：指思想品质。 ⑲"询天下"句：打听那些卑鄙庸俗的奇闻异事来闲聊取乐。 ⑳几：接近，达到。 ㉑宜：应该，当然。㉒理无专在：犹言真理并不能被某些人垄断。 ㉓外朝以询万民：意谓连皇帝也要到朝廷之外去询问老百姓。 ㉔不肖：没有本事的人。 ㉕孔文子：春秋时卫国大夫，名圉，死后谥"文"。《论语·公冶长》："子曰：'敏而好学，不耻下问，是以谓之文也。'"

这是一篇谈论请教问学的论说文。文章针对知识界傲慢无知、狂妄自大、自以为是的鄙陋不正学风，以"问"字立说，详论虚心好问对于学习的重要性，立论新奇，见人所未见，言人所未言。通篇采用正反两面相结合的论证方法，及穷尽式分类法结构句式，使论述显得十分周全严密，同时达到文思流贯、语气通畅的效果。

部分

近代

龚自珍

咏　史

金粉东南十五州①，万重恩怨属名流②。牢盆狎客操全算③，团扇才人踞上游④。避席畏闻文字狱⑤，著书都为稻粱谋⑥。田横五百今安在⑦，难道归来尽列侯⑧？

①金粉：古时妇女化妆用的铅粉。这里用来形容繁华绮丽的生活；东南十五州：泛指江南地区。　②名流：知名人士。这里是反语，指当时社会上沽名钓誉的头面人物。以上两句意思是说，东南名士皆醉心声色，沉溺于儿女恩怨之中，忘怀国事，只为个人打算。　③牢盆：煮盐的器具。《本草》："煮盐之器，汉谓之牢盆。"这里指代把持盐政的官僚政客；狎客：陪伴帝王、权贵游乐，善于奉承拍马并深得信任的幸臣或门客。牢盆狎客，指趋附盐官的帮闲门客；操全算：操纵整个计划，掌握经济大权。　④团扇：一种圆形扇。东晋豪门世族王导的孙子王珉，喜欢手执白团扇，二十多岁当了中书令，但对政务一窍不通；才人：才子。此处以团扇才人泛指出身显贵、流连声色的文人；踞上游：占据着官府的高位。　⑤避席：古人席地而坐，离开座位称避席；文字狱：封建统治者蓄意从文章中摘取只言片语，罗织罪名。　⑥稻粱谋：意为混饭吃。　⑦田横：秦末狄人。楚汉相争时，自立为齐王，后为汉军所破。刘邦称帝后，田横率其部属五百余人入海岛。刘邦"召之曰：'田横来，大者王，小者乃侯耳！不来，且举兵加诛焉'"。田横耻于事刘，不受劝降封爵，自己及其所属兵士皆自刎而死。事见《史记·田儋列传》。　⑧列侯：汉朝时人爵位，王子封侯称为诸侯，异姓有功封侯的称列侯。

诗人于道光五年（1826）在昆山作此诗，以"咏史"为题，却直接取材于现实生活，揭露了当时的政治黑暗，并对东南地区一批流连声色、醉心于功名利禄的所谓名流人物加以讽劝。尾联以田横抗汉事反激上文，表达了作者对坚持气节者的赞赏。此诗采用"清议"即政治、社会批评的形式，层次清晰，语言辛辣，笔锋犀利，用典贴切，具有强烈的批判性。

季镇淮《龚自珍简论》："题目是《咏史》，实际反映的是现实政治社会问题"，"是清代史论或政论的概括。"

己亥杂诗[①]

浩荡离愁白日斜[②]，吟鞭东指即天涯[③]。 落红不是无情物[④]，化作春泥更护花。

①己亥：清宣宗道光十九年（1839），岁次己亥。这年四月，龚自珍辞官南归。九月又北上迎取家小。在南北往返途中，写成了短诗315首，总题为《己亥杂诗》。 ②浩荡：水势汹涌壮阔的样子。这里形容愁绪深广无边；白日斜：夕阳西坠。 ③吟鞭东指：说的是离开京师，向东走去。吟鞭，抽响马鞭。龚自珍于是岁农历四月二十三日，从北京东面的广渠门出城。此句意谓，踏出北京城门，从此便与朝廷隔别，也就等于到了天涯海角。 ④落红：落花。

本诗原为《己亥杂诗》第五首，是诗人初离京城时所写。诗人用“浩荡”修饰“离愁”，以“天涯”映衬“离愁”，形象地宣泄出辞官南归时的愁怨情怀。后两句从落花、春泥展开联想，移情于物，从愁思中摆脱出来，表现了诗人不畏挫折、不甘沉沦的坚强性格和献身精神。全诗构思巧妙，形象贴切，寓意深刻。

季镇淮《龚自珍简论》：“落红不是无情物，化作春泥更护花”“则从衰败中看出新生”。

病梅馆记

江宁之龙蟠[①]，苏州之邓尉[②]，杭州之西溪[③]，皆产梅。或曰：“梅以曲为美，直则无姿；以欹为美[④]，正则无景；以疏为美，密则无态。”固也[⑤]。此文人画士，心知其意，未可明诏大号[⑥]以绳天下之梅也；又不可以使天下之民，斫直、删密、锄正[⑦]，以殀梅、病梅为业以求钱也[⑧]。梅之欹、之疏、之曲，又非蠢蠢求钱之民，能以其智力为也。有以文人画士孤癖之隐，明告鬻梅者：斫其正，养其旁条；删其密，夭其稚枝[⑨]；锄其直，遏其生气[⑩]，以求重价，而江、浙之梅皆病。文人画士之祸之烈至此哉！

予购三百盆，皆病者，无一完者。既泣之三日，乃誓疗之，纵之，顺之。毁其盆，悉埋于地，解其棕缚[⑪]。以五年为期，必复之、全之。予本非文人画士，甘受垢厉[⑫]。辟病梅之馆以贮之。呜呼，安得使予多暇日，又多闲田以广贮江宁、杭州、苏州之病梅，穷余生之光阴以疗梅也哉！

①江宁：今南京市。龙蟠：即龙蟠里，在今南京市清凉山下。 ②邓尉：山名，在今苏州市西南。汉时邓尉曾隐居于此，故名。邓尉山多梅树，每到花开时，一望如雪，号称“香雪梅”。 ③西溪：地名，在今杭州市灵隐山西北。 ④欹（qī）：歪斜，不正。 ⑤固也：向来如此。 ⑥明诏：公开宣传。大号：大力提倡，大力号召。 ⑦斫直：把本来直的梅树砍成曲形。删密：把本来密的梅树芟成疏形。锄正：把本来正的梅树锄成斜形： ⑧殀梅：使

梅早死。殀（yāo），同“夭”。病梅：使梅呈病态。 ⑨穉枝：嫩枝。 ⑩遏其生气：阻抑它的生机。 ⑪棕缚：捆绑梅枝的棕绳： ⑫诟厉：辱骂，憎恨。

这是一篇寓言体散文，写于1839年作者辞官南归之后，又题作《疗梅说》。文中借梅喻人，托物言志，揭露了封建传统思想和病态、畸形的社会对人的束缚与迫害，体现了作者憎恶当时黑暗的社会环境，追求个性自由和解放的民主精神。本文语言简洁，形象生动，构思新颖，立意深远，融叙述、议论、抒情于一炉，具有很强的感召力。

曾朴《译龚自珍〈病梅馆记〉题解》：“全力改革文学，无论是教导诗文词，都能自成一家，思想亦奇警可喜，实是新文学的先驱者。”

刘鹗

历山山下古帝遗踪　明湖湖边美人绝调[①]

话说老残在渔船上被众人砸得沉下海去，自知万无生理，只好闭着眼睛，听他怎样。觉得身体如落叶一般，飘飘荡荡，顷刻工夫沉了底了。只听耳边有人叫道："先生，起来罢！先生，起来罢！天已黑了，饭厅上饭已摆好多时了。"老残慌忙睁开眼睛，楞了一楞道："呀！原来是一梦！"

自从那日起，又过了几天，老残向管事的道："现在天气渐寒，贵居停的病也不会再发，明年如有委用之处，再来效劳。目下鄙人要往济南府去看看大明湖的风景。"管事的再三挽留不住，只好当晚设酒饯行；封了一千两银子奉给老残，算是医生的酬劳。老残略道一声"谢谢"，也就收入箱笼，告辞动身上车去了。

一路秋山红叶，老圃黄花，颇不寂寞。到了济南府，进得城来，家家泉水，户户垂杨，比那江南风景，觉得更为有趣。到了小布政司街，觅了一家客店，名叫高陞店[②]，将行李卸下，开发了车价酒钱，胡乱吃点晚饭，也就睡了。

次日清晨起来，吃点儿点心，便摇着串铃满街蜇了一趟[③]，虚应一应故事。午后便步行至鹊华桥边，雇了一只小船，荡起双桨，朝北不远，便到历下亭前。止船进去，入了大门，便是一个亭子，油漆已大半剥蚀。亭子上悬了一副对联，写的是："历下此亭古，济南名士多"，上写着"杜工部句"，下写着"道州何绍基书"[④]。亭子旁边虽有几间房屋，也没有甚么意思。复行下船，向西荡去，不甚远，又到了铁公祠畔。你道铁公是谁？就是明初与燕王为难的那个铁铉[⑤]。后人敬他的忠义，所以至今春秋时节，土人尚不断的来此进香。

到了铁公祠前，朝南一望，只见对面千佛山上，梵宇僧楼[⑥]，与那苍松翠柏，高下相间，红的火红，白的雪白，青的靛青，绿的碧绿，更有那一株半株的丹枫夹在里面，仿佛宋人赵千里的一幅大画[⑦]，做了一架数十里长的屏风。正在叹赏不绝，忽听一声渔唱，低头看去，谁知那明湖业已澄净的同镜子一般。那千佛山的倒影映在湖里，显得明明白白，那楼台树木，格外光彩，觉得比上头的一个千佛山还要好看，还要清楚。这湖的南岸，上去便是街市，却有一层芦苇，密密遮住。现在正是开花的时候，一片白花映着带水气的斜阳，好似一条粉红绒毯，做了上下两个山的垫子，实在奇绝。

老残心里想道："如此佳景，为何没有甚么游人？"看了一会儿，回转身来，看那大门里面楹柱上有副对联[⑧]，写的是"四面荷花三面柳，一城山色半城湖"，暗暗点头道："真正不错！"进了大门，正面便是铁公享堂，朝东便是一个荷池。绕着曲折的回廊，到了荷池东面，就是个圆门。圆门东边有三间旧房，有个破匾，上题

"古水仙祠"四个字。祠前一副破旧对联，写的是"一盏寒泉荐秋菊，三更画船穿藕花"。过了水仙祠，仍旧上了船，荡到历下亭的后面。两边荷叶荷花将船夹住，那荷叶初枯，擦的船嗤嗤价响；那水鸟被人惊起，格格价飞；那已老的莲蓬，不断的绷到船窗里面来。老残随手摘了几个莲蓬，一面吃着，一面船已到了鹊华桥畔了。

到了鹊华桥，才觉得人烟稠密，也有挑担子的，也有推小车子的，也有坐二人抬小蓝呢轿子的。轿子后面，一个跟班的戴个红缨帽子，膀子底下夹个护书[9]，拚命价奔，一面用手巾擦汗，一面低着头跑。街上五六岁的孩子不知避人，被那轿夫无意踢倒一个，他便哇哇的哭起。他的母亲赶忙跑来问："谁碰倒你的？谁碰倒你的？"那个孩子只是哇哇的哭，并不说话。问了半天，才带哭说了一句道："抬轿子的！"他母亲抬头看时，轿子早已跑的有二里多远了。那妇人牵了孩子，嘴里不住咭咭咕咕的骂着，就回去了。

老残从鹊华桥往南，缓缓向小布政司街走去。一抬头，见那墙上贴了一张黄纸，有一尺长七八寸宽的光景，居中写着"说鼓书"三个大字；旁边一行小字是"二十四日明湖居"。那纸还未十分干，心知是方才贴的，只不知道这是甚么事情，别处也没有见过这样招子。一路走着，一路盘算，只听得耳边有两个挑担子的说道："明儿白妞说书，我们可以不必做生意，来听书罢。"又走到街上，听铺子里柜台上有人说道："前次白妞说书是你告假的，明儿的书，应该我告假了。"一路行来，街谈巷议，大半都是这话，心里诧异道："白妞是何许人？说的是何等样书，为甚一纸招贴，便举国若狂如此？"信步走来，不知不觉已到高陞升店口。

进得店去，茶房便来回道："客人，用什么夜膳？"老残一一说过，就顺便问道："你们此地说鼓书是个甚么顽意儿，何以惊动这么许多的人？"茶房说："客人，你不知道。这说鼓书本是山东乡下的土调，用一面鼓，两片梨花简，名叫'梨花大鼓'，演说些前人的故事，本也没甚稀奇。自从王家出了这个白妞、黑妞姊妹两个，这白妞名字叫做王小玉，此人是天生的怪物！他十二三岁时就学会了这说书的本事。他却嫌这乡下的调儿没甚么出奇，他就常到戏园里看戏，所有甚么西皮、二簧、梆子腔等唱，一听就会；甚么余三胜、程长庚、张二奎等人的调子[10]，他一听也就会唱。仗着他的喉咙，要多高有多高；他的中气，要多长有多长。他又把那南方的什么昆腔、小曲，种种的腔调，他都拿来装在这大鼓书的调儿里面。不过二三年工夫，创出这个调儿，竟至无论南北高下的人，听了他唱书，无不神魂颠倒。现在已有招子，明儿就唱。你不信，去听一听就知道了。只是要听还要早去，他虽是一点钟开唱，若到十点钟去，便没有坐位的。"老残听了，也不甚相信。

次日六点钟起，先到南门内看了舜井。又出南门，到历山脚下，看看相传大舜昔日耕田的地方。及至回店，已有九点钟的光景，赶忙吃了饭，走到明湖居，才不过十点钟时候。那明湖居本是个大戏园子，戏台前有一百多张桌子。那知进了园门，园子里面已经坐的满满的了，只有中间七八张桌子还无人坐，桌子却都贴着"抚院定"[11]"学院定"等类红纸条儿。老残看了半天，无处落脚，只好袖子里送了看坐儿的二百个钱，才弄了一张短板凳，在人缝里坐下。看那戏台上，只摆了一张半桌，桌子上放了一面板鼓，鼓上放了两个铁片儿，心里知道这就是所谓梨花简了，旁边放了一个三弦子，半桌后面放了两张椅子，并无一个人在台上。偌大的个戏台，空空洞洞，别无他物，看了不觉有些好笑。园子里面，顶着篮子卖烧饼油条的有一二十个，都是为那不吃饭来的人买了充饥的。

到了十一点钟，只见门口轿子渐渐拥挤，许多官员都着了便衣，带着家人，陆续进来。不到十二点钟，前面几张空桌俱已满了，不断还有人来，看坐儿的也只是搬张短凳，在夹缝中安插。这一群人来了，彼此招呼，有打千儿的[12]，有作揖的，大半打千儿的多。高谈阔论，说笑自如。这十几张桌子外，看来都是做生意的人；又有些象是本地读书人的样子：大家都嘁嘁喳喳的在那里说闲话。因为人太多了，所以说的什么话都听不清楚，也不去管他。

到了十二点半钟，看那台上，从后台帘子里面，出来一个男人：穿了一件蓝布长衫，长长的脸儿，一脸疙瘩[13]，仿佛风干福橘皮似的，甚为丑陋，但觉得那人气味到还沉静。出得台来，并无一语，就往半桌后面左手一张椅子上坐下。慢慢的将三弦子取来，随便和了和弦，弹了一两个小调，人也不甚留神去听。后来弹了一枝大调，也不知道叫什么牌子。只是到后来，全用轮指，那抑扬顿挫，入耳动心，恍若有几十根弦，几百个指头，在那里弹似的。这时台下叫好的声音不绝于耳，却也压不下那弦子去，这曲弹罢，就歇了手，旁边有人送上茶来。

停了数分钟时，帘子里面出来一个姑娘，约有十六七岁，长长鸭蛋脸儿，梳了一个抓髻，戴了一副银耳环，穿了一件蓝布外褂儿，一条蓝布裤子，都是黑布镶滚的。虽是粗布衣裳，到十分洁净。来到半桌后面右手椅子上坐下。那弹弦子的便取了弦子，铮铮鏦鏦弹起。这姑娘便立起身来，左手取了梨花简，夹在指头缝里，便丁丁当当的敲，与那弦子声音相应；右手持了鼓捶子，凝神听那弦子的节奏。忽羯鼓一声[14]，歌喉遽发，字字清脆，声声宛转，如新莺出谷，乳燕归巢，每句七字，每段数十句，或缓或急，忽高忽低；其中转腔换调之处，百变不穷，觉一切歌曲腔调俱出其下，以为观止矣。

旁坐有两人，其一人低声问那人道："此想必是白妞了罢？"其一人道："不是。这人叫黑妞，是白妞的妹子。他的调门儿都是白妞教的，若比白妞，还不晓得差多远呢！他的好处人说得出，白妞的好处人说不出；他的好处人学的到，白妞的好处人学不到。你想，这几年来，好顽耍的谁不学他们的调儿呢？就是窑子里的姑娘，也人人都学，只是顶多有一两句到黑妞的地步。若白妞的好处，从没有一个人能及他十分里的一分的。"说着的时候，黑妞早唱完，后面去了。这时满园子里的人，谈心的谈心，说笑的说笑。卖瓜子、落花生、山里红、核桃仁的，高声喊叫着卖，满园子里听来都是人声。

正在热闹哄哄的时节，只见那后台里，又出来了一位姑娘，年纪约十八九岁，装束与前一个毫无分别，瓜子脸儿，白净面皮，相貌不过中人以上之姿，只觉得秀而不媚，清而不寒，半低着头出来，立在半桌后面，把梨花简丁当了几声，煞是奇怪：只是两片顽铁，到他手里，便有了五音十二律似的。又将鼓捶子轻轻的点了两下，方抬起头来，向台下一盼。那双眼睛，如秋水，如寒星，如宝珠，如白水银里头养着两丸黑水银，左右一顾一看，连那坐在远远墙角子里的人，都觉得王小玉看见我了，那坐得近的，更不必说。就这一眼，满园子里便鸦雀无声，比皇帝出来还要静悄得多呢，连一根针吊在地下都听得见响！

王小玉便启朱唇，发皓齿，唱了几句书儿。声音初不甚大，只觉入耳有说不出来的妙境：五脏六腑里，象熨斗熨过，无一处不伏贴；三万六千个毛孔，象吃了人参果，无一个毛孔不畅快。唱了十数句之后，渐渐的越唱越高，忽然拔了一个尖儿，象一线钢丝抛入天际，不禁暗暗叫绝。那知他于那极高的地方，尚能回环转折。几啭之后，又高一层，接连有三四叠，节节高起。恍如由傲来峰西面攀登泰山的景象：初看傲来峰削壁千仞，以为上与天通；及至翻到傲来峰顶，才见扇子崖更在傲来峰上；及至翻到扇子崖，又见南天门更在扇子崖上：愈翻愈险，愈险愈奇。

那王小玉唱到极高的三四叠后，陡然一落，又极力骋其千回百折的精神，如一条飞蛇在黄山三十六峰半中腰里盘旋穿插。顷刻之间，周匝数遍。从此以后，愈唱愈低，愈低愈细，那声音渐渐的就听不见了。满园子的人都屏气凝神，不敢少动。约有两三分钟之久，仿佛有一点声音从地底下发出。这一出之后，忽又扬起，象放那东洋烟火，一个弹子上天，随化作千百道五色火光，纵横散乱。这一声飞起，即有无限声音俱来并发。那弹弦子的亦全用轮指，忽大忽小，同他那声音相和相合，有如花坞春晓，好鸟乱鸣。耳朵忙不过来，不晓得听那一声的为是。正在撩乱之际，忽听霍然一声，人弦俱寂。这时台下叫好之声，轰然雷动。

停了一会，闹声稍定，只听那台下正座上，有一个少年人，不到三十岁光景，是湖南口音，说道："当年读书，见古人形容歌声的好处，有那'余音绕梁，三日不绝'的话，我总不懂。空中设想，余音怎样会得绕梁呢？又怎会三日不绝呢？及至听了小玉先生说书，才知古人措辞之妙。每次听他说书之后，总有好几天耳朵里无非都是他的书，无论做什么事，总不入神，反觉得'三日不绝'，这'三日'二字下得太少，还是孔子'三月不知肉味'，'三月'二字形容得透彻些！"旁边人都说道："梦湘先生论得透辟极了！[15]'于我心有戚戚焉'！[16]"

说着，那黑妞又上来说了一段，底下便又是白妞上场。这一段，闻旁边人说，叫做"黑驴段"。听了去，不过是一个士子见一个美人骑了一个黑驴走过去的故事。将形容那美人，先形容那黑驴怎样怎样好法，待铺叙到美人的好处，不过数语，这段书也就完了。其音节全是快板，越说越快。白香山诗云[17]："大珠小珠落玉盘。"可以尽之。其妙处，在说得极快的时候，听的人仿佛都赶不上听，他却字字清楚，无一字不送到人耳轮深处。这是他的独到，然比着前一段却未免逊一筹了。

这时不过五点钟光景，算计王小玉应该还有一段。不知那一段又是怎样好法，究竟如何，且听下回分解。

①本文为《老残游记》第二回。 ②陞（shēng）：同"升"。 ③踅（xué）：来回走。 ④何绍基：字子贞，道州（今湖南道县）人，清代著名书法家。 ⑤铁铉：字鼎石，明河南邓州人。惠帝时任山东参政。燕王（即明成祖）起兵时他守济南，屡破燕王兵，升兵部尚书。

燕王即帝位后受酷刑而死。 ⑥梵宇：佛寺。 ⑦赵千里：赵伯驹，字千里。南宋画家。 ⑧楹柱：堂屋前部的柱子。 ⑨护书：旧时官场中用来存放文书、拜帖等物便于出行时携带的多层夹袋。类似于现在的公文包。 ⑩余三胜、程长庚、张二奎：都是清末扮演老生的京剧名艺人。 ⑪抚院：清朝的巡抚总揽一省政务，是省级政府的最高长官，俗称"抚院"或"抚台"。这里指巡抚衙门。 ⑫打千儿：旧时满族男子向人请安时所通行的礼节。 ⑬肐胑：同"疙瘩"。 ⑭羯（jié）鼓：我国古代的一种鼓，两面蒙皮，腰部细。据说来源于羯族。 ⑮梦湘：王以慜，字梦湘，湖南武陵人，清末诗人。少年时曾客居济南，对黑妞、白妞的说唱艺术有特殊爱好。 ⑯于我心有戚戚焉：语出《孟子·梁惠王上》。戚戚，心动，受到影响、启发，因而产生同感。 ⑰白香山：即唐代诗人白居易，他晚年自号"香山居士"，故称白香山。

《老残游记》共20回，作品通过一个摇串铃的江湖医生"老残"在山东行医时的所见所闻，暴露了封建酷吏残民的罪恶，反映了晚清社会的残败景象，表现了作者补救残局的愿望。此回写老残在济南大明湖见到的如画的风景和欣赏说书艺人王小玉的绝妙技艺，赞扬了人民群众喜闻乐见的中国说书艺术。作者用散文的笔法写小说，以生动细腻的笔触描绘济南府历下亭大明湖湖面的澄净，尤其是运用烘托、比喻、夸张、移情、通感等多种艺术手法，把王小玉的说书艺术写得绘声绘色，给人以如闻其声、如见其人、如临其境的强烈感受。

鲁迅《中国小说史略》："其书即借铁英号老残者之游行，而历记其言论闻见，叙景状物，时有可观，作者信仰，并见于内，而攻击官吏之处亦多。"

谭嗣同

狱中题壁

望门投止思张俭[1]，忍死须臾待杜根[2]。我自横刀向天笑，去留肝胆两昆仑[3]。

①望门投止：逃亡中，见有人家就去投宿，以求隐匿。据《后汉书·张俭传》载，“俭得亡命，因迫遁走，望门休止”。张俭：东汉高平人，因上书弹劾宦官侯览图谋不轨，反被侯诬为结党营私，被迫逃亡。人们尊重他的正义行为，都冒死接纳他。诗人借此联想到康有为、梁启超出逃也一定会受到人们的欢迎和接纳。 ②杜根：东汉安帝时郎中，曾上书要求临朝听政的邓太后还政于皇帝，触怒邓太后，下令把他装进口袋里摔死。行刑者敬慕他的为人，手下留情。太后疑心，派人去察看，他装死三天，目中生蛆。后隐身酒店。太后被诛后，杜根复官为侍御史。诗人借此劝导维新党人，要忍辱负重，以期继续作战。 ③“去留”句：去，指出逃的康、梁等人。留，指自己。政变发生时，诗人就作了牺牲的准备，他对梁启超说：“不有行者，无以图将来；不有死者，无以酬圣主。”随即被捕。肝胆两昆仑，比喻去者、留者均光明磊落，肝胆相照，像昆仑山一样高大。

光绪二十四年（1898），戊戌变法失败，谭嗣同被捕。这是他题于监狱墙壁上的绝命之作。诗人引用汉代两个历史人物张俭、杜根来勉励活着的战友仿效他们继续战斗，表达了对变法维新的坚定信念、愿为实现理想英勇献身的英雄气概，以及视死如归的乐观主义精神。全诗感情奔放、慷慨激昂。用典贴切，形象鲜明。

陈丹晨《略论谭嗣同诗》：“粗犷雄浑、狂飙式的……悲壮而苍凉，具有特别激动人心的艺术力量。”

吴趼人

劝堕节翁姑齐屈膝　谐好事媒妁得甜头①

当下苟才一面叫船上人剪好烟灯，通好烟枪，和芬臣两个对躺下来，先说些别样闲话。苟才的谈锋，本来没有一定。碰了他心事不宁的时候，就是和他相对终日，他也只默默无言；若是遇了他高兴头上，那就滔滔汩汩，词源不竭的了。他盘算了一天一夜，得了一个妙计，以为非但得差，就是得缺升官，也就是在此一举的了。今天邀了芬臣来，就是要商量一个行这妙法的线索。大凡一个人心里想到得意之处，虽是未曾成事，他那心中一定打算这件事情一成之后，便当如何布置，如何享用，如何酬恩，如何报怨……越想越远，就忘了这件事未曾成功，好象已经成了功的一般。世上痴人，每每如此，也不必细细表他。

单表苟才原是痴人一流，他的心中，此时已经无限得意，因此对着芬臣，东拉西扯，无话不谈。芬臣见他说了半天，仍然不曾说到正题上去，忍耐不住，因问道："大人今天约到此地，想是有甚正事赐教？"苟才道："正是。我是有一件事要和阁下商量，务乞助我一臂之力，将来一定重重的酬谢！"芬臣道："大人委办的事，倘是卑职办得到的，无有不尽力报效。此刻事情还没办，又何必先说酬谢呢。先请示是一件甚么事情？"苟才便附到他耳边去，如此这般的说了一遍。芬臣听了，心中暗暗佩服他的法子想得到。这件事如果办成了功，不到两三年，说不定也陈臬开藩的了②。因说道："事情是一件好事，不知大人可曾预备了人？"苟才道："不预备了，怎好冒昧奉托。"又附着耳，悄悄的说了几句。又道："咱们是骨肉至亲，所以直说了，千万不要告诉外人！"芬臣道："卑职自当效力。但恐怕卑职一个人办不过来，不免还要走内线。"苟才道："只求事情成功，但凭大才调度就是了。"芬臣见他不省，只得直说道："走了内线，恐怕不免要多少点缀些。虽然用不着也说不定，但卑职不能不声明在前。"苟才道："这个自然是不可少的，从来说欲成大事者，不惜小费啊。"两个谈完了这一段正事，苟才便叫把酒菜拿上来，两个人一面对酌，一面谈天，倒是一个静局。等饮到兴尽，已是四点多钟，两个又叫船户，仍放到问柳登岸。苟才再三叮嘱，务乞鼎力，一有好消息，望即刻给我个信。芬臣一一答应。方才各自上轿分路而别。

苟才回到公馆，心中上下打算。一会儿又想发作，一会儿又想到万一芬臣办不到，我这里冒冒失失的发作了，将来难以为情，不如且忍耐一两天再说。从这天起，他便如油锅上蚂蚁一般，行坐不安。一连两天，不见芬臣消息，便以上辕为由，去找芬臣探问。芬臣让他到巡捕处坐下，悄悄说道："卑职再三想过，我们倒底说不上去；无奈去找了小跟班祁福，祁福是天天在身边的，说起来希冀容易点。谁知那小子不受抬举，他说是包可以成功，但是他要三千银子，方才肯说。”苟才听了，不觉一棱[③]。慢慢的说道：“少点呢，未尝不可以答应他；太多了，我如何拿得出！就是七拼八凑给了他，我的日子又怎生过呢！不如就费老哥的心，简直的说上去罢。”芬臣道：“大人的事，卑职那有个不尽心之理。并且事成之后，大人步步高升，扶摇直上，还望大人栽培呢。但是我们说上去，得成功最好。万一碰了，连弯都没得转，岂不是弄僵了么。还是他们帮忙容易点，就是一下子碰了，他们意有所图，不消大人吩咐，他们自会想法子再说上去。卑职这两天所以不给大人回信的缘故，就因和那小子商量少点，无奈他丝毫不肯退让。到底怎样办法？请大人的示。在卑职愚见，是不可惜这个小费，恐怕反误了大事。”苟才听了，默默寻思了一会道：“既如此，就答应了他罢。但必要事情成了，赏收了，才能给他呢。”芬臣道：“这个自然。”苟才便辞了回去。

又等了两天，接到芬臣一封密信，说“事情已妥，帅座已经首肯。惟事不宜迟，因帅意急欲得人，以慰岑寂也”云云。苟才得信大喜，便匆匆回了个信，略谓“此等事亦当择一黄道吉日。况置办奁具等，亦略须时日，当于十天之内办妥”云云。打发去后，便到上房来，径到卧室里去，招呼苟太太也到屋子里，悄悄的说道：“外头是弄妥了，此刻赶紧要说破了。但是一层：必要依我的办法，方才妥当，万万不能用强的。你可千万牢记了我的说话，不要又动起火来，那就僵了。”苟太太道：“这个我知道。”便叫小鸦头去请少奶奶来[④]。一会儿，少奶奶来了，照常请安侍立。苟太太无中生有的找些闲话来说两句，一面支使开小鸦头。再说不到几句话，自己也走出房外去了。房中只剩了翁媳二人，苟才忽然间立起来，对着少奶奶双膝跪下。这一下子，把个少奶奶吓的昏了！不知是何事故，自己跪下也不是，站着又不是，走开又不是，当了面又不是，背转身又不是，又说不出一句话来。苟才更磕下头去道：“贤媳，求你救我一命！”少奶奶见此情形，猛然想起莫非他不怀好意，要学那“新台故事”[⑤]。想到这里，心中十分着急。要想走出去，怎奈他跪在当路，在他身边走过时，万一被他缠住，岂不是更不成事体。急到无可如何，便颤声叫了一声婆婆。苟太太本在门外，并未远去，听得叫，便一步跨了进去。大少奶奶正要说话，谁知他进得门来，翻身把门关上，走到苟才身边，也对着少奶奶扑咚一声双膝跪下。少奶奶又是一惊，这才忙忙对跪下来道：“公公婆婆有甚么事，快请起来说。”苟太太道：“没有甚么话，只求贤媳救我两个的命！”少奶奶道：“公公婆婆有甚差事，只管吩咐。快请起来！这总不成个样子！”苟才道：“求贤媳先答应了，肯救我一家性命，我两个才敢起来。”少奶奶道：“公公婆婆的命令，媳妇怎敢不遵！”苟才夫妇两个，方才站了起来。苟太太一面搀起了少奶奶，捺他坐下，苟才也凑近一步坐下，倒弄得少奶奶跼蹐不安起来。[⑥]

苟才道：“自从你男人得病之后，迁延了半年，医药之费，化了几千。得他好了倒也罢，无奈又死了。唉！难为贤媳青年守寡！但得我差使好呢，倒也不必说他了，无端的又把差使弄掉了。我有差使的时候，已是寅支卯粮的了；此刻没了差使才得几个月，已经弄得百孔千疮，背了一身亏累。家中亲丁虽然不多，然而穷苦亲戚弄了一大窝子，这是贤媳知道的。你说再没差使，叫我以后的日子怎生得过！所以求贤媳救我一救！”少奶奶当是一件甚么事，苟才说话时，便拉长了耳朵去听。听他说头一段自己丈夫病死的话，不觉扑簌簌的泪落不止。听他说到诉穷一段，觉得莫名其妙，自己一家人，何以忽然诉起穷来！听到末后一段，心里觉得奇怪，莫不是要我代他谋差使！这件事我如何会办呢。听完了便道："媳妇一个弱女子，能办得了甚么事！就是办得到的，也要公公说出个办法来，媳妇才可以照办。”

苟才向婆子丢个眼色，苟太太会意，走近少奶奶身边，猝然把少奶奶捺住，苟才正对了少奶奶，又跪下去。吓得少奶奶要起身时，却早被苟太太捺住了。况且苟太太也顺势跪下，两只手抱住了少奶奶双膝。苟才却摘下帽子，放在地下，然后过蓬的蓬的，碰了三个响头。原来本朝制度，见了皇帝，是要免冠叩首的，所以在旗的仕宦人家，遇了元旦祭祖，也免冠叩首，以表敬意。除此之外，随便对了甚么人，也没有行这个大礼的。所以当下少奶奶一见如此，自己又动弹不得，便颤声道："公公这是甚么事？可不要折死儿媳啊！”苟才道："我此刻明告诉了媳妇，望媳妇大发慈悲，救我一救！这件事除了媳妇，没有第二个可做的。”少奶奶急道："你两位老人家怎样啊？那怕要媳妇死，媳妇也去死，媳妇就遵命去死就是了！总得要起来好好的说啊。”苟才仍是跪着不动道："这里的大帅，前个月没了个姨太太，心中十分不乐，常对人说，怎生再得一个佳人，方才快活。我想媳妇生就的沉鱼落雁之容，闭月羞花之貌，大帅见了，一定欢喜的，所以我前两天托人对大帅说定，将媳妇送去给他做了姨太太，大帅已经答应下来。务乞媳妇屈节顺从，这便是救我一家性命了。”少奶奶听了这几句话，犹如天雷击顶一般，头上轰的响了一声，两眼顿时漆黑，身子冷了半截，四肢登时麻木起来；歇了半晌方定，不觉抽抽咽咽的哭起来。苟才还只在地下磕头。少奶奶起先见两老对他下跪，心中着实惊慌不安，及至听了这话，倒不以为意了。苟才只管磕头，少奶奶只管哭，犹如没有看见一般。苟太太扶着少奶奶的双膝劝道："媳妇不要伤心。求你看我死儿子的脸，委屈点救我们一家，便是我那死儿子，在地底下也感激你的大恩啊！”少奶奶听到这里，索性放声大哭起来。一面哭，一面说："天啊，我的命好苦啊！爸爸啊，你撇得我好苦啊！”苟才听了，在地下又蓬的蓬的碰起头来，双眼垂泪道："媳妇啊！这件事办的原是我的不是；但是此刻已经说了上去，万难挽回的了，无论怎样，总求媳妇委屈点，将就下去。”

此时少奶奶哭诉之声，早被门外的鸦头老妈子听见，推了推房门，是关着的，只得都伏在窗外偷听。有个寻着窗缝往里张的，看见少奶奶坐着，老爷、太太都跪着，不觉好笑，暗暗招手，叫别个来看。内中有个有年纪的老妈子，恐怕是闹了甚么事，便到后头去请姨妈出来解劝。姨妈听说，也莫名其妙，只得跟到前面来，叩了叩门道："妹妹开门！甚么事啊？”苟太太听得是姨妈声音，便起来开门。苟才也只得站了起来。少奶奶兀自哭个不止。姨妈跨进来便问道："你们这是唱的甚么戏啊？”苟太太一面仍关上门，一面请姨妈坐下，一面如此这般，这般如此的告诉了一遍。又道："这都是天杀的在外头干下来的事，我一点也不晓得；我要是早点知道，那里肯由得他去干！此刻事已如此，只有委屈我的媳妇就是了。”姨妈沉吟道：“这件事怕不是我们做官人家所做的罢。”苟才道：“我岂不知道！但是一时糊涂，已经做了出去，如果媳妇一定不答应，那就不好说了。大人先生的事情，岂可以和他取笑！答应了他，送不出人来，万一他动了气，说我拿他开心，做上司的要抓我们的错处容易得很，不难栽上一个罪名，拿来参了，那才糟糕到底呢！”说着，叹了一口气。姨妈看见房门关着，便道：“你们真干的好事！大白天的把个房门关上，好看呢！”苟太太听说，便开了房门。当下四个人相对，默默无言。鸦头们便进来伺候，装烟舀茶。少奶奶看见开了门，站起来只向姨妈告辞了一声，便扬长的去了。

苟太太对苟才道：“干他不下来，这便怎样？”苟才道：“还得请姨妈去劝劝他，他向来听姨妈说话的。”说罢，向姨妈请了一个安道：“诸事拜托了。”姨妈道：“你们干得好事，却要我去劝！这是各人的志向，如果他立志不肯，又怎样呢？我可不耽这个干系。”苟才道：“这件事，他如果一定不肯，认真于我功名有碍的。还得姨妈费心。我此刻出去，还有别的事呢。”说罢，便叫预备轿子，一面又央及了姨妈几句。姨妈只得答应了。苟才便出来上轿，吩咐到票号里去。

且说这票号生意，专代人家汇划银钱及寄顿银钱的。凡是这些票号，都是西帮所开。[7]这里头的人最是势利，只要你有二钱银子存在他那里，他见了你时，便老爷咧、大人咧，叫得应天响；你若是欠上他一厘银子，他向你讨起来，你没得还他，看他那副面目，就是你反叫他老爷、大人，他也不理你呢。当时苟才虽说是撤了差穷了，然而还有几百两银子存在一家票号里。这天前去，本是要和他别有商量的。票号里的当手姓多，叫多祝三，见苟才到了，便亲自迎了出来，让到客座里请坐。一面招呼烟茶，一面说：“大人好几天没请过来了，公事忙？”苟才道：“差也撤了，还忙甚么！穷忙罢咧。”多祝三道：“这是那里的话！看你老人家的气色，红光满面，还怕不马上就有差使，不定还放缺呢。小号这里总得求大人照应照应。”苟才道：“咱们不说闲话。我今日来要和你商量，借一万两银子；利息呢，一分也罢，八厘也罢，左右我半年之内，就要还的。”多祝三道：“小号的钱，大人要用，只管拿去好了，还甚么利不利；但是上前天才把今年派着的外国赔款，垫解到上海，今天又承解了一笔京款，藩台那边的存款，又提了好些去，一时之间，恐怕调动不转呢。”苟才道：“你是知道我的，向来不肯乱花钱。头回存在宝号的几万，不是为这个功名，甚么查办不查办，我也不至于尽情提了去，只剩得几百零头，今天也不必和你商量了。因为我的一个鸦头，要送给大帅做姨太太，由文巡厅解芬臣解大老爷做的媒人[8]，一切都说妥了。你想给大帅的，与给别人的又自不同，咱们老实的话，我也望他进去之后，和我做一个内线，所以这一分妆奁，是万不能不从丰的。我打算赔个二万，无奈自己只有一万，才来和你商量。宝号既然不便，我到别处张罗就是了。”苟才说这番话时，祝三已拉长了耳朵去听。听完了，忙道：“不，因为这两天，东家派了一个伙计来查帐。大人的明见，做晚的虽然在这里当手，然而他是东家特派来的人，既在这里，做晚的凡事不能不和他商量商量。他此刻出去了，等他回来，做晚的和他说一声，先尽了我的道理，想来总可以办得到的；办到了，给大人送来。”

苟才道："那么，行不行你给我一个回信，好待我到别处去张罗。"祝三一连答应了无数的"是"字，苟才自上轿回去。

那多祝三送过苟才之后，也坐了轿子，飞忙到解芬臣公馆里来。原来那解芬臣自受了苟才所托之后，不过没有机会进言，何尝托甚么小跟班。不过遇了他来讨回信，顺口把这句话搪塞他，也就顺便诈他几文用用罢了。在芬臣当日，不过诈得着最好，诈不着也就罢了。谁知苟才那厮，心急如焚，一诈就着。芬臣越发上紧，因为办成了，可以捞他三千；又是小跟班扛的名气，自己又还送了个交情，所以日夕在那里体察动静。那天他正到签押房里要回公事，才揭起门帘，只见大帅拿一张纸片往桌子上一丢，重重的叹了一口气。芬臣回公事时，便偷眼去瞧那纸片，原来不是别的，正是那死了的五姨太太的照片儿。芬臣心中暗喜。回过了公事，仍旧垂手站立。大帅道："还有甚么事？"芬臣道："苟道苟某人，他听说五姨太太过了，很代大帅伤心。因为大帅不叫外人知道，所以不敢说起。"大帅拿眼睛看了芬臣一眼，道："那也值得一回。"芬臣道："苟道还说已经替大帅物色着一个人，因为未曾请示，不敢冒昧送进来。"大帅道："这倒费他的心。但不知生得怎样？"芬臣道："倘不是绝色的，苟道未必在心。"这位大帅，本是个色中饿鬼，上房里的大鸦头，凡是稍为生得干净点的，他总有点不干不净的事干下去，此刻听得是个绝色，如何不欢喜？便道："那么你和他说，叫他送进来就是了。"芬臣应了两个"是"字，退了出去，便给信与苟才。此时正在盘算那三千头，可以稳到手了。正在出神之际，忽然家人报说票号里的多老办来了⑨，芬臣便出去会他。先说了几句照例的套话，祝三便说道："听说解老爷代大帅做了个好媒人。这媒人做得好，将来姨太太对了大帅的劲儿，媒人也要有好处的呢。我看谢媒的礼，少不了一个缺。应得先给解老爷道个喜。"说罢，连连作揖。芬臣听了，吃了一惊。一面还礼不迭，一面暗想，这件事除了我和大帅及苟观察之外，再没有第四个人知道。我回这话时，并且旁边的家人也没有一个，他却从何得知呢。因问道："你在那里听来的？好快的消息！"祝三道："姨太太还是苟大人那边的人呢，如何瞒得了我！"芬臣是个极机警的人，一闻此语，早已了然胸中。因说道："我是媒人，尚且可望得缺，苟大人应该怎样呢？你和苟大人道了喜没有？"祝三道："没有呢。因为解老爷这边顺路，所以先到这边来。"芬臣正色道："苟大人这回只怕官运通了，前回的参案参他不动，此刻又遇了这么个机会。那女子长得实在好，大帅一定得意的。"祝三听了，敷衍了几句，辞了出来，坐上轿子，飞也似的回到号里，打了一张一万两的票子，亲自送给苟才。正是：奸刁市侩眼一孔，势利人情纸半张。未知祝三送了银票与苟才之后，还有何事，且待下回再记。

①本文为《二十年目睹之怪现状》第八十八回。 ②陈臬开藩：做臬台和做藩台。③一棱：一愣，一惊。 ④鸦头：丫头。 ⑤新台故事：春秋时，卫宣公为儿子伋娶齐女为妻，后来听说齐女长得很美，就在河边筑一新台，等齐女来时，竟占为己有。 ⑥跼蹐：为难、拘束的样子。 ⑦西帮：当时开设票号的，绝大多数是山西人，所以称为西帮。 ⑧文巡厅：对文巡捕的敬称。 ⑨老办：老板。

《二十年目睹之怪现状》共108回，作者站在改良派的立场上，重在暴露当时的社会黑暗。小说通过主人公“九死一生”在20年中耳闻目睹的无数怪现状，反映了晚清官场、商场、洋场以及三教九流各方面的黑暗现象。本回重点描写了苟观察（苟才）为了当官谋差，竟无耻到逼迫守寡的儿媳妇去做制台的姨太太，甚至跪在地上哀求儿媳妇，同时也揭露了巡捕解芬臣敲诈勒索的丑恶行径以及票号中人的势利。作者为我们展示了一幅官僚阶层行止龌龊的群丑图。小说语言通俗流畅，描写细腻，尤其苟才夫妻给儿媳妇下跪一段，使人物的卑污心理毕现无遗。

鲁迅《中国小说史略》：“作者经历较多，故所叙之族类亦较夥，官师士商，皆著于录，搜罗当时传说而外，亦贩旧作（如《钟馗捉鬼传》之类），以为新闻。……相传吴沃尧性强毅，不欲下于人，遂坎坷没世，故其言殊慨然。”

梁启超

少年中国说

日本人之称我中国也，一则曰：老大帝国，再则曰：老大帝国。是语也，盖袭译欧西人之言也。呜呼！我中国其果老大矣乎？梁启超曰：恶[①]！是何言！是何言！吾心目中有一少年中国在。

欲言国之老少，请先言人之老少。老年人常思既往，少年人常思将来。惟思既往也，故生留恋心；惟思将来也，故生希望心。惟留恋也故保守，惟希望也故进取。惟保守也故永旧，惟进取也故日新。惟思既往也，事事皆其所已经者，故惟知照例；惟思将来也，事事皆其所未经者，故常敢破格。老年人常多忧虑，少年人常好行乐。惟多忧也，故灰心；惟行乐也，故盛气。惟灰心也，故怯懦；惟盛气也，故豪壮。惟怯懦也，故苟且；惟豪壮也，故冒险。惟苟且也，故能灭世界；惟冒险也，故能造世界。老年人常厌事，少年人常喜事。惟厌事也，故常觉一切事无可为者；惟好事也，故常觉一切事无不可为者。老年人如夕照，少年人如朝阳。老年人如瘠牛，少年人如乳虎。老年人如僧，少年人如侠。老年人如字典，少年人如戏文。老年人如鸦片烟，少年人如泼兰地酒。老年人如别行星之陨石，少年人如大洋海之珊瑚岛。老年人如埃及沙漠之金字塔，少年人如西伯利亚之铁路。老年人如秋后之柳，少年人如春前之草。老年人如死海之潴为泽[②]，少年人如长江之初发源。此老年与少年性格不同之大略也。梁启超曰：人固有之，国亦宜然。

梁启超曰：伤哉老大也。浔阳江头琵琶妇，当明月绕船，枫叶瑟瑟，衾寒于铁，似梦非梦之时，追想洛阳尘中春花秋月之佳趣[③]。西宫南内，白发宫娥，一灯如穗，三五对坐，谈开元、天宝间遗事，谱霓裳羽衣曲[④]。青门种瓜人[⑤]，左对孺人，顾弄孺子[⑥]，忆侯门似海，珠履杂遝之盛事[⑦]。拿破仑之流于厄蔑[⑧]，阿剌飞之幽于锡兰，与三两监守吏或过访之好事者，道当年短刀匹马，驰骋中原，席卷欧洲，血战海楼[⑨]，一声叱咤，万国震恐之丰功伟烈，初而拍案，继而抚髀[⑩]，终而揽镜。呜呼，面皴齿尽，白发盈把，颓然老矣！若是者，舍幽郁之外无心事，舍悲惨之外无天地，舍颓唐之外无日月，舍叹息之外无音声，舍待死之外无事业。美人豪杰且然，而况于寻常碌碌者耶？生平亲友，皆在墟墓，起居饮食，待命于人，今日且过，遑知他日？今年且过，遑恤明年[⑪]？普天下灰心短气之事，未有甚于老大者。于此人也，而欲望以拿云之手段[⑫]，回天之事功，挟山超海之意气，能乎不能？

呜呼，我中国其果老大矣乎？立乎今日以指畴昔[⑬]，唐虞三代[⑭]，若何之郅治[⑮]；秦皇汉武，若何之雄杰；汉唐来之文学，若何之隆盛；康乾间之武功。若何之烜赫[⑯]！历史家所铺叙，词章家所讴歌，何一非我国民少年时代良辰美景、赏心乐事之陈迹哉！而今颓然老矣，昨日割五城，明日割十城；处处雀鼠尽，夜夜鸡犬惊；十八省之土地财产[17]，已为人怀中之肉；四百兆之父兄子弟[18]，已为人注籍之奴。岂所谓“老大嫁作商人妇”者耶[19]？呜呼！“凭君莫话当年事，憔悴韶光不忍看。”楚囚相对[20]，岌岌顾影[21]；人命危浅，朝不虑夕。国为待死之国，一国之民为待死之民，万事付之奈何，一切凭人作弄，亦何足怪！

梁启超曰：我中国其果老大矣乎？是今日全地球之一大问题也。如其老大也，则是中国为过去之国，即地球上昔本有此国，而今渐澌灭[22]，他日之命运殆将尽也。如其非老大也，则是中国为未来之国，即地球上昔未现此国，而今渐发达，他日之前程且方长也。欲断今日之中国为老大耶，为少年耶？则不可不先明国字之意义。夫国也者何物也？有土地，有人民，以居于其土地之人民而治其所居土地之事，自制法律而自守之；有主权，有服从，人人皆主权者，人人皆服从者，夫如是，斯谓之完全成立之国。地球上之有完全成立之国也，自百年以来也。完全成立者，壮年之事也。未能完全成立而渐进于完全成立者，少年之事也。故吾得一言以断之曰：欧洲列邦在今日为壮年国，而我中国在今日为少年国……

龚自珍氏之集有诗一章，题曰《能令公少年行》[23]。吾尝爱读之，而有味乎其用意之所存。我国民而自谓其国之老大也，斯果老大矣；我国民而自知其国之少年也，斯乃少年矣。西谚有之曰：“有三岁之翁，有百岁之童。”然则国之老少，又无定形，而实随国民之心力以为消长者也。吾见乎玛志尼之能令国少年也[24]，吾又见乎我国之官吏士民能令国老大也。吾为此惧！夫以如此壮丽浓郁翩翩绝世之少年中国，而使欧西日本人谓我为老大者，何也？则以握国权者，皆老朽之人也。非哦几十年八股[25]，非写几十年白摺，非当几十年差，非捱几十年俸，非递几十年手本，非唱几十年喏[26]，非磕几十年头，非请几十年安，则必不能得一官，进一职。其内任卿贰以上[27]，外任监司以上者[28]，百人之中，其五官不备者，殆九十六七人也。非眼盲，则耳聋，非手颤，则足跛，否则半身不遂也。彼其一身，饮食步履视听言语，尚且不能自了[29]，须三四人在左右扶之捉之，乃能度日，于此而乃欲责之以国事，是何异立无数木偶而使之治天下也！且彼辈者，自其少壮之时，既已不知亚细欧罗为何处地方[30]，汉祖唐宗是那朝皇帝，犹嫌其顽钝腐败之未臻其极，又必搓磨之，陶冶之，待其脑髓已涸，血管已塞，气息奄奄，与鬼为邻之时，然后将我二万里山河，四万万人命，一举而畀于其手[31]。呜呼！老大帝国，诚哉其老大也！而彼辈者，积其数十年之八股、白摺、当差、捱俸、手本、唱喏、磕头、请安，千辛万苦，千苦万辛，乃始得此红顶花翎之服色，中堂大人之名号，乃出其全副精神，竭其毕生力量，以保持之。如彼乞儿拾金一锭，虽轰雷盘旋其顶上，而两手犹紧抱其荷包，他事非所顾也，非所知也，非所闻也。于此而告之以亡国也，瓜分也，彼乌从而听之[32]，乌从而信之。即使果亡矣，果分矣，而吾今年既七十矣，八十矣，但求其一两年内，洋人不来，强盗不起，我已快活过了一世矣。若不得已，则割三头两省之土地，奉申贺敬，以换我几个衙门，卖三几百万之人民作仆为奴，以赎我一条老命，有何不可？有何难办？呜呼！今以所谓老后、老臣、老将、老吏，其修身齐家治国平天下之手段，皆具于是矣。“西风一夜催人老，凋尽朱颜白尽头。”使走无常当医生[33]，携催命符以祝寿。嗟乎痛哉！以此为国，是安得不老且死，且吾恐其未及岁而殇也[34]。

梁启超曰：造成今日之老大中国者，则中国老朽之冤业也[35]，制出将来之少年中国者，则中国少年之责任也。彼老朽者何足道，彼与此世界作别之日不远矣，而我少年乃新来而与世界为缘。如僦屋者然[36]，彼明日将迁居他方，而我今日始入此室处。将迁居者，不爱护其窗栊，不洁治其庭庑，俗人恒情[37]，亦何足怪。若我少年者，前程浩浩，后顾茫茫。中国而为牛为马为奴为隶，则烹脔鞭箠之惨酷[38]，惟我少年当之；中国如称霸宇内，主盟地球，则指挥顾盼之尊荣，惟我少年享之；于彼气息奄奄，与鬼为邻者何与焉[39]。彼而漠然置之，犹可言也；我而漠然置之，不可言也。使举国之少年而果为少年也，则吾中国为未来之国，其进步未可量也。使举国之少年而亦为老大也，则吾中国为过去之国，其澌亡可翘足而待也[40]。故今日之责任，不在他人，而全在我少年。少年智则国智，少年富则国富，少年强则国强，少年独立则国独立，少年自由则国自由，少年进步则国进步，少年胜于欧洲，则国胜于欧洲，少年雄于地球，则国雄于地球。红日初升，其道大光。河出伏流，一泻汪洋。潜龙腾渊，鳞爪飞扬。乳虎啸谷，百兽震惶。鹰隼试翼，风尘吸张。奇花初胎，矞矞皇皇[41]。干将发硎[42]，有作其芒[43]。天戴其苍，地履其黄。纵有千古，横有八荒[44]。前途似海，来日方长。美哉我少年中国，与天不老！壮哉我中国少年，与国无疆！

①恶：犹“唉”，驳斥声。　②渚（zhū）：水停聚的地方。　③“浔阳”六句：化用白居易《琵琶行》诗句。　④“西宫”六句：化用白居易《长恨歌》、元稹《行宫》诗句。　⑤青门种瓜人：指汉人邵平。他本是秦朝东陵侯，秦亡后在长安青门外种瓜。　⑥“左对”二句：出自江淹的《别赋》。孺人，妻子。孺子，儿童。　⑦珠履：缀有明珠的鞋。杂遝（tà）：众多杂乱貌。　⑧厄蔑：在地中海上，1814 年法国皇帝拿破仑曾被放逐于此。　⑨海楼：海船。⑩抚髀（bì）：抚股。髀，股部，大腿。　⑪遑：怎么。恤：忧虑。　⑫拿云：李贺《致酒行》：“少年心事当拏云。”比喻雄心壮志。　⑬畴昔：往昔。　⑭唐虞：陶唐氏尧和有虞氏舜。三代：指夏、商、周。　⑮郅治：治理得极好。　⑯煊赫：显赫。　⑰十八省：代指全国。　⑱兆：百万为一兆。　⑲老大嫁作商人妇：出自白居易《琵琶行》。　⑳楚囚：本指楚之被囚之人，后泛指处境窘迫的人。　㉑岌岌：很危险的样子。　㉒澌灭：尽灭。㉓《能令公少年行》：大意为一个人不要因为老而自馁，只要放开心胸，便能永葆青春。㉔玛志尼：意大利人，曾统一了意大利。　㉕哦：吟诵。　㉖唱喏：旧时男子所行的一种礼节，给人作揖同时出声问候。　㉗卿贰：指尚书、侍郎。　㉘监司：监察州县的地方长官的简称。清代是布政使、按察使、各道道员的通称。　㉙自了：自理。　㉚亚细欧罗：亚洲和欧洲。　㉛畀（bì）：给予。　㉜乌：怎么。　㉝走无常：迷信说法。阴间若官吏不够，则勾摄人的灵魂做鬼役。　㉞殇：未成年而死。　㉟冤业：罪孽。　㊱僦（jiù）屋：租赁房屋。㊲恒情：常情。　㊳脔（luán）：切成块的肉。鞭箠（chuí）：鞭打。　㊴何与：与何相关。㊵翘足：形容时间短暂。　㊶矞（yù）矞皇皇：明盛貌，美善貌。　㊷干将：春秋时期有名的造剑工匠。后为剑名。硎：磨刀石。　㊸有作其芒：发出光芒。　㊹八荒：八方荒远之地。

清朝吏治腐败，国运衰微，民不聊生，被侵略者讥为“老大帝国”。作者以高度的爱国热情，对此痛加批驳，并把建设少年中国的重任寄托于德才兼备之少年，对未来充满信心和希望。当然，文中“称霸宇内，主盟地球”的思想略显狭隘偏颇，不足效之。

文章有很强的感染力和冲击力，原因有二：一是处处洋溢着燃烧的热情。其愿之迫切，其情之热烈，读之令人荡气回肠；二是文章条理清晰，韵散结合，纵笔所至，汪洋恣肆，酣畅淋漓。这是梁启超所倡导的自由解放的“新文体”的典型特点。

李伯元

洋务能员但求形式　外交老手别具肺肠①

话说老和尚把徐大军机送出大门登车之后，他便踱到西书房来。原来洋人已走，只剩得尹子崇郎舅两个。他小舅爷正在那里高谈阔论，夸说自己的好主意，神不知，鬼不觉，就把安徽全省矿产轻轻卖掉。外国人签字不过是写个名字，如今这卖矿的合同，连老头子亦都签了名字在上头，还怕他本省巡抚说什么话吗。就是洋人一面，当面瞧见老头子签字，自然更无话说了。原来，这事当初是尹子崇弄得一无法想，求教到他小舅爷。小舅爷勾通了洋人的翻译，方有这篇文章。所有朝中大老的小照，那翻译都预先弄了出来给洋人看熟，所以刚才一见面，他就认得是徐大军机，并无丝毫疑意。合同例须两分，都是预先写好的。明欺徐大军机不认得洋字，所以当面请他自己写名字；因系两分，所以叫他写了又写。至于和尚一面，前回书内早已交代，无庸多叙。当时他们几个人同到了西书房，翻译便叫洋人把那两分合同取了出来，叫他自己亦签了字，交代给尹子崇一分，约明付银子日期，方才握手告别。尹子崇见大事告成，少不得把弄来的昧心钱除酬谢和尚、通事二人外，一定又须分赠各位舅爷若干，好堵住他们的嘴。

闲文少叙。且说尹子崇自从做了这一番偷天换日的大事业，等到银子到手，便把原有的股东一齐写信去招呼，说是“公司生意不好，吃本太重，再弄下去，实实有点撑不住了。不得已，方才由敝岳作主，将此矿产卖给洋人，共得价银若干。”除垫还他经手若干外，所剩无几，一齐打三折归还人家的本钱，以作了事。股东当中有几个素来仰仗徐大军机的，自然听了无甚说得，就是明晓得吃亏，亦所甘愿。有两个稍些强硬点的，听了外头的说话，自然也不肯干休。常言说得好：“若要人不知，除非己莫为。”尹子崇既做了这种事情，所有同乡京官里面，有些正派的，因为事关大局，自然都派尹子崇的不是；有些小意见的，还说他一个人得了如许钱财，别人一点光没有沾着，他要一个人安稳享用，有点气他不过，便亦撺掇了大众出来同他说话。专为此事，同乡当中特地开了一回会馆，尹子崇却吓得没敢到场。后来又听听外头风声不好，不是同乡要递公呈到都察院里去告他，就是都老爷要参他。他一想不妙，京城里有点站不住脚，便去催逼洋人，等把银子收清，立刻卷卷行李，叩别丈人，一溜烟逃到上海。恰巧他到上海，京城的事也发作了，竟有四位御史一连四个折子参他，奉旨交安徽巡抚查办。信息传到上海，有两家报馆里统通把他的事情写在报上，拿他骂了个狗血喷头。他一想，上海也存不得身，而且出门已久，亦很动归家之念，不得已，掩旗息鼓，径回本籍。他自己一人忖道：“这番赚来的钱也尽够我下半世过活的。既然人家同我不对，我亦乐得与世无争，回家享用。”

于是在家一过过了两个多月，居然无人找他。他自己又自宽自慰，说道："我到底有'泰山'之靠，他们就是要拿我怎样，总不能不顾老丈的面子。况且合同上还有老丈的名字，就是有起事情来，自然先找到老丈，我还退后一层，真正可以无须虑得。"一个人正在那里盘算，忽然管家传进一张名片，说是县里来拜。他听了这话，不禁心上一怔，说道："我自从回家，一直还没有拜过客，他是怎么晓得的?"既然来了，只得请见。这里执帖的管家还没出去，门上又有人来说："县里大老爷已经下轿，坐在厅上，专候老爷出去说话。"尹子崇听了，分外生疑。想要不出去见他，他已经坐在那里等候，不见是不成功的，转念一想道："横竖我有好靠山，他敢拿我怎样!"于是硬硬头皮，出来相见。谁料走到大厅，尚未同知县相见，只见门外廊下以及天井里站了无数若干的差人。尹子崇这一吓非同小可!

此时知县大老爷早已望见了他了，提着嗓子，叫了一声"尹子翁，兄弟在这儿。"尹子崇只得过来同他见面。知县是个老猾吏，笑嘻嘻的，一面作揖，一面竭力寒暄道："兄弟直到今日才晓得子翁回府，一直没有过来请安，抱歉之至!"尹子崇虽然也同他周旋，毕竟是贼人胆虚，终不免失魂落魄，张皇无措。作揖之后，理应让客人炕上上首坐的，不料一个不留心，竟自己坐了上面。后来管家上来递茶给他。叫他送茶，方才觉得。脸上急得红了一阵，只得换座过来，越发不得主意了。知县见此样子，心上好笑，便亦不肯多耽时刻，说道："兄弟现在奉到上头一件公事，所以不得不亲自过来一趟。"说罢，便在靴筒子当中抽出一角公文来。尹子崇接在手中一看，乃是南洋通商大臣的札子，心上又是一呆，及至抽出细瞧，不为别件，正为他卖矿一事，果然被四位都老爷联名参了四本，奉旨交本省巡抚查办。本省巡抚本不以他为然的，自然是不肯帮他说话。不料事为两江总督所知，以案关交涉，正是通商大臣的责任，顿时又电奏一本，说他擅卖矿产，胆大妄为，请旨拿交刑部治罪。上头准奏。电谕一到，两江总督便饬藩司遴选委员前往提人[②]。谁知这藩司正受过徐大军机栽培的，便把他私人、候补知县毛维新保举了上去。这毛维新同尹府上也有点渊源，为的派了他去，一路可以照料尹子崇的意思。等到到了那里，知县接着。毛维新因为自己同尹子崇是熟人，所以让知县一个人去的。及至尹子崇拿制台的公事看得一大半，已有将他拿办的说话，早已吓呆在那里，两只手拿着札子放不下来。

后来知县等得长久了，便说道："派来的毛委员现在兄弟衙门里。好在子翁同他是熟人，一路上倒有照应。轿子兄弟已经替子翁预备好了，就请同过去罢。"几句话说完，直把个尹子崇急得满身大汗，两只眼睛睁得如铜铃一般，吱吱了半天，才挣得一句道："这件事乃是家岳签的字，与兄弟并不相干。有什么事，只要问家岳就是了。"知县道："这里头的委曲，兄弟并不知道。兄弟不过是奉了上头的公事，叫兄弟如此做，所以兄弟不能不来。如果子翁有什么冤枉，到了南京，见了制台尽可分辩的，再不然，还有京里。况且里头有了令岳大人的照应，谅来子翁虽然暂时受点委曲，不久就可明白的。现在时候已经不早了，毛某人明天一早就要动身的，我们一块去罢。"尹子崇气的无话可说，只得支吾道："兄弟须得到家母跟前禀告一声，还有些家事须得料理料理。准今天晚上一准过去。"知县道："太太跟前，等兄弟派人进去替你说到了就是了。至于府上的事，好在上头还有老太太，况且子翁不久就要回来的，也可以不必费心了。”

尹子崇还要说别的，知县已经仰着头，眼睛望着天，不理他；又拖着嗓子叫：“来啊！”跟来的管家齐齐答应一声“者”。知县道：“轿夫可伺候好了？我同尹大人此刻就回衙门去。”底下又一齐答应一声，回称：“轿夫早已伺候好了。”知县立刻起身，让尹子崇前头，他自己在后头，陪着他一块儿上轿。这一走，他自己还好，早听得屏门背后他一班家眷，本已得到他不好的消息，如今看他被县里拉了出去，赛如绑赴菜市口一般，早已哭成一片了。尹子崇听着也是伤心，无奈知县毫不容情，只得硬硬心肠跟了就走。

霎时到得县里，与毛委员相见。知县仍旧让他厅上坐，无非多派几个家丁、勇役轮流拿他看守。至于茶饭一切相待，自然与毛委员一样。毕竟他是徐大军机的女婿，地方官总有三分情面，加以毛委员受了江宁藩台的嘱托，公义私情，二者兼尽，所以这尹子崇甚是自在。当天在县衙一宵，仍是自己家里派了管家前来伺候。第二天跟着一同由水路起身。在路晓行夜宿，非止一日，已到南京。毛委员上去请示，奉饬交江宁府经厅看管，另行委员押解进京。搁下不表。

且说毛维新在南京候补，一直是在洋务局当差，本要算得洋务中出色能员。当他未曾奉差之前，他自己常常对人说道：“现在吃洋务饭的，有几个能够把一部各国通商条约肚皮里记得滚瓜烂熟呢？但是我们于这种时候出来做官，少不得把本省的事情温习温习，省得办起事情来一无依傍。”于是单检了道光二十二年“江宁条约”抄了一遍，总共不过四五张书，就此埋头用起功来，一念念了好几天，居然可以背诵得出。他就到处向人夸口，说他念熟这个，将来办交涉是不怕的了。后来有位在行朋友拿他考了一考，晓得他能耐不过如此，便驳他道：“道光二十二年定的条约是老条约了，单念会了这个是不中用的。”他说：“我们在江宁做官，正应该晓得江宁的条约。至于什么‘天津条约’、‘烟台条约’，且等我兄弟将来改省到那里，或是咨调过去，再去留心不迟。”那位在行朋友晓得他是误会，虽然有心要想告诉他，无奈见他拘墟不化，说了亦未必明白，不如让他糊涂一辈子罢。因此一笑而散。

却不料这毛维新反于此大享其名，竟有两位道台在制台前很替他吹嘘说③：“毛令不但熟悉洋务，连着各国通商条约都背得出的，实为牧令中不可多得之员④。”制台道：“我办交涉也办得多了，洋务人员在我手里提拔出来的也不计其数，办起事情来，一齐都是现查书。不但他们做官的是如此，连着我们老夫子也是如此。所以我气起来，总朝着他们说：‘我老头子记性差了，是不中用的了。你们年轻人很应该拿这些要紧的书念两部在肚子里。’一天念熟一页，一年便是三百六十页，化上三年工夫，那里还有他的对手。无奈我嘴虽说破，他们总是不肯听。宁可空了打麻雀，逛窑子，等到有起事情来，仍然要现翻书起来，真正气人！今天你二位所说的毛令既然肯在这上头用功，很好，就叫他明天来见我。”原来，此时做江南制台的，姓文，名明，虽是在旗，却是个酷慕维新的。只是一样：可惜少年少读了几句书，胸中一点学问没有。这遭总算毛维新官运亨通，第二天上去，制台问了几句话，亏他东扯西拉，居然没有露出马脚，就此委了洋务局的差使。

这番派他到安徽去提人，禀辞的时候，他便回道："现在安徽那边，听说风气亦很开通了。卑职此番前去，经过的地方，一齐都要留心考察考察。"制台听了，甚以为然。等到回来，把公事交代明白，上院禀见。制台问他考察的如何，他说："现在安徽官场上很晓得维新了。"制台道："何以见得?"他说："听说省城里开了一爿大菜馆，三大宪都在那里请过客。"制台道："但是吃吃大菜，也算不得开通。"毛维新面孔一板，道："回大人的话，卑职听他们安徽官场上谈起那边中丞的意思说，凡百事情总是上行下效，将来总要做到叫这安徽全省的百姓，无论大家小户，统通都为吃了大菜才好。"制台道："吃顿大菜，你晓得要几个钱? 还要什么香槟酒、皮酒去配他。还有些酒的名字，我亦说不上来。贫民小户可吃得起吗。"制台的话说到这里，齐巧有个初到省的知县，同毛维新一块进来的，只因初到省，不大懂得官场规矩，因见制台只同毛维新说话，不理他，他坐在一旁难过，便插嘴道："卑职这回出京，路过天津、上海，很吃过几顿大菜，光吃菜不吃酒亦可以的。"他这话原是帮毛维新的。制台听了，心上老大不高兴，眼睛往上一楞，说："我问到你再说。上海洋务局、省里洋务局，我请洋人吃饭也请过不止一次了，那回不是好几千块钱! 你晓得!"回头又对毛维新说道："我兄弟虽亦是富贵出身，然而并非纨绔一流，所谓稼穑之艰难，尚还略知一二。"毛维新连忙恭维道："这正是大帅关心民瘼⑤，才能想得如此周到。"

文制台道："你所考察的，还有别的没有?"毛维新又回道："那边安庆府知府饶守的儿子同着那里抚标参将的儿子，一齐都剪了辫子到外洋去游学。恰巧卑职赶到那里，正是他们剃辫子的那一天。首府饶守晓得卑职是洋务人员，所以特地下帖邀了卑职去同观盛典。这天官场绅士一共请了三百多位客。预先叫阴阳生挑选吉时。阴阳生开了一张单子，挑的是未时剃辫大吉。所请的客，一齐都是午前穿了吉服去的，朝主人道过喜，先开席坐席。等到席散，已经到了吉时了。只见饶守穿着蟒袍补褂，带领着这位游学的儿子，亦穿着靴帽袍套，望空设了祖先的牌位，点了香烛，他父子二人前后拜过，禀告祖先。然后叫家人拿着红毡，领着少爷到客人面前，一一行礼，有的磕头，有的作揖。等到一齐让过了，这才由两个家人在大厅正中摆一把圈身椅，让饶守坐了，再领少爷过来，跪在他父亲面前，听他父亲教训。大帅不晓得：这饶守原本只有这一个儿子；因为上头提倡游学，所以他自告奋勇，情愿自备资斧，叫儿子出洋。所以这天抚宪同藩、臬两司以及首道，一齐委了委员前来贺喜。只可怜他这个儿子今年只有十八岁，上年腊月才做亲，至今未及半年，就送他到外洋去。莫说他小夫妇两口子拆不开，就是饶守自己想想，已经望六之人了，膝下只有一个儿子，怎么舍得他出洋呢。所以一见儿子跪下请训，老头子止不住两泪交流，要想教训两句，也说不出话了。后来众亲友齐说：'吉时已到，不可错过，世兄改装也是时候了。'只见两个管家上来，把少爷的官衣脱去，除去大帽，只穿着一身便衣，又端过一张椅子，请少爷坐了。方传剃头的上来，拿盆热水，揿住了头，洗了半天，然后举起刀子来剃。谁知这一剃，剃出笑话来了。只见剃头的拿起刀来，磨了几磨，哗擦擦两声响，从辫子后头一刀下去，早已一大片雪白的露出来了。幸亏卑职看得清切，立刻摆手，叫他不要再往下剃，赶上前去同他说：‘再照你这样剃法，不成了个和尚头吗？外国人虽然是没有辫子，何尝是个和尚头呢?’当时在场的众亲朋以及他父亲听卑职这一说，都明白过来，一齐骂剃头的，说他不在行，不会剃，剃头的跪在地下，索索的抖，说：‘小的自小吃的这碗饭，实在没有瞧见过剃辫子是应该怎么样剃的。小的总以为既然不要辫子，自然连着头发一块儿不要，所以才敢下手的。现在既然错了，求求大老爷的示，该怎么样，指教指教小的。’卑职此时早已走到饶守的儿子跟前，拿手撩起他的辫子来一看，幸亏剃去的是前刘海，还不打紧，便叫他们拿过一把剪刀来，由卑职亲自动手，先把他辫子拆开，分作几股，一股一股的替他剪了去，底下还替他留了约摸一寸多光景，再拿刨花水前后刷光，居然也同外国人一样了。大帅请想：他们内地真正可怜，连着出洋游学想要去掉辫子这些小事情，都没有一个在行的。幸亏卑职到那里教给他们，以后只好用剪刀剪，不好用刀子剃，这才大家明白过来，说卑职的法子不错。当天把个安庆省城都传遍。听说参将的儿子就是照着卑职的话用剪刀的。第二天卑职上院见了那边中丞，很蒙奖励，说：‘到底你们江南无辫子游学的人多，这都是制宪的提倡，我们这里还差着远哩。’”文制台听了别人说他提倡学务，心上非凡高兴。当时只因谈的时候长久了，制台要紧吃饭，便道：“过天空了我们再谈罢。”说完，端茶送客，毛维新只得退出，赶着又上别的司、道衙门，一处处去卖弄他的本领。不在话下。

且说这位制台本是个有脾气的，无论见了什么人，只要官比他小一级，是他管得到的，不论你是实缺藩台⑥，他见了面，一言不合，就拿顶子给人碰，也不管人家脸上过得去过不去。藩台尚且如此，道、府是不消说了，州、县以下更不用说了，至于在他手下当差的人甚多，巡捕、戈什⑦，喝了去，骂了来，轻则脚踢，重则马捧，越发不必问的了。

且说有天为了一件什么公事，藩台开了一个手折拿上来给他看。他接过手折，顺手往桌上一撩，说道：“我兄弟一个人管了这三省事情，那里还有工夫看这些东西呢！你有什么事情，直截痛快的说两句罢。”藩台无法，只得捺定性子，按照手折上的情节约略择要陈说一遍。无如头绪太多，断非几句话所能了事，制台听到一半，又听得不耐烦了，发狠说道：“你这人真正麻烦！兄弟虽然是三省之主，大小事情都照你这样子要我兄弟管起来，我就是三头六臂也来不及!”说着，掉过头去同别位道台说话，藩台再要分辩两句他也不听了。藩台下来，气的要告病，幸亏被朋友们劝住的。

后来不多两日，又有淮安府知府上省禀见。这位淮安府乃是翰林出身，放过一任学台，后来又考取御史，补授御史，京察一等放出来的。到任还不到一年，齐巧地方上出了两件交涉案件，特地上省见制台请示。恐怕说的不能详细，亦就写了两个节略，预备面递。等到见了面，同制台谈过两句，便将开的手折恭恭敬敬递了上去。制台一看是手折，上面写的都是黄豆大的小字，便觉心上几个不高兴，又明欺他的官不过是个四品职分，比起藩台差远了，索性把手折往地下一摔，说道：“你们晓得我年纪大，眼睛花，故意写了这小字来蒙我!”那淮安府知府受了他这个瘪子，一声也不响。等他把话说完，不慌不忙，从从容容的从地下把那个手折拾了起来。一头拾，一头嘴里说：“卑府自从殿试、朝考以及考差⑧、考御史，一直是恪遵功令，写的是小字，皇上取的亦就是这个小字。如今做了外官，倒不晓得大帅是同皇上相反，一个个是要看大字的，这个只好等卑府慢慢学起来。但是今时这两件事情都是刻不可缓的，所以卑府才赶到省里来面回大帅，若等卑府把大字学好了，那可来不及了。”

制台一听这话，便问：“是两件什么公事！你先说个大概。”淮安府回道：“一件为了地方上的坏人卖了块地基给洋人，开什么玻璃公司。一桩是一个包讨债的洋人到乡下去恐吓百姓，现在闹出人命来了。”制台一听，大惊失色道：“这两桩都是个关系洋人的，你为什么不早说呢？快把节略拿来我看!”淮安府只得又把手折呈上。制台把老花眼镜带上，看了一遍。淮安府又说道：“卑职因为其中头绪繁多，恐怕说不清楚，所以写好了节略来的。况且洋人在内地开设行栈，有背约章；就是包讨帐，亦是不应该的，况且还有人命在里头。所以卑府特地上来请大帅的示，总得禁阻他来才好。”制台不等他说完，便把手折一放，说：“老哥，你还不晓得外国人的事情是不好弄的么？地方上百姓不拿地卖给他，请问他的公司到那里去开呢？就是包讨帐，他要的钱，并非要的是命。他自己寻死，与洋人何干呢？你老兄做知府，既然晓得地方有这些坏人，就该预先禁止他们，拿地不准卖给外国人才是。至于那个欠帐的，他那张借纸怎么会到外国人手里？其中必定有个缘故。外国人顶讲情理，决不会凭空诈人的。而且欠钱还债，本是分内之事，难道不是外国人来讨，他就赖着不还不成？既然如此，也不是什么好百姓了。现在凡百事情，总是我们自己的官同百姓都不好，所以才会被人家欺负，等到事情闹糟了，然后往我身上一推，你们算没有事了。好主意!”

原来这制台的意思是：“洋人开公司，等他来开；洋人来讨帐，随他来讨。总之：在我手里，决计不肯为了这些小事同他失和的。你们既做我的属员，说不得都要就我范围，断断乎不准多事。”所以他看了淮安府的手折，一直只怪地方官同百姓不好，决不肯批评洋人一个字的。淮安府见他如此，就是再要分辨两句，也气得开不出口了。制台把手折看完，仍旧摔还给他。淮安府拾了，禀辞出去，一肚皮没好气。

正走出来，忽见巡捕拿了一张大字的片子，远望上去，还疑心是位新科的翰林。只听那巡捕嘴里叽哩咕噜的说道：“我的爷！早不来，晚不来，偏偏这时候他老人家吃着饭他来了。到底上去回的好，还是不上去回的好？”旁边一个号房道：“淮安府才见了下来，只怕还在签押房里换衣服，没有进去也论不定。你要回，赶紧上去还来得及。别的客你好叫他在外头等，这个客是怠慢不得的!”那巡捕听了，拿了片子，飞跑的进去了。这时淮安府自回公馆不题。

且说那巡捕赶到签押房，跟班的说：“大人没有换衣服就往上房去了。”巡捕连连跺脚道：“糟了！糟了!”立刻拿了片子又赶到上房。才走到廊下，只见打杂的正端了饭菜上来。屋里正是文制台一迭连声的骂人，问为什么不开饭。巡捕一听这个声口，只得在廊檐底下站住。心上想回，因为文制台一到任，就有过吩咐的，凡是吃饭的时候，无论什么客人来拜，或是下属禀见，统通不准巡捕上来回，总要等到吃过饭，擦过脸再说；无奈这位客人既非过路官员，亦非本省属员，平时制台见了他还要让他三分，如今叫他在外面老等起来，决计不是道理。但是违了制台的号令，倘若老头子一翻脸，又不是玩的，因此拿了名帖，只在廊下盘旋，要进又不敢进，要退又不敢退。

正在为难的时候，文制台早已瞧见了，忙问一声："什么事?"巡捕见问，立刻趋前一步，说了声"回大帅的话，有客来拜。"话言未了，只见拍的一声响，那巡捕脸上早被大帅打了一个耳刮子。接着听制台骂道："混帐忘八蛋！我当初怎么吩咐的！凡是我吃着饭，无论什么客来，不准上来回。你没有耳朵，没有听见！"说着，举起腿来又是一脚。那巡捕挨了这顿打骂，索性泼出胆子来，说道："因为这个客是要紧的，与别的客不同。"制台道："他要紧，我不要紧！你说他与别的客不同，随你是谁，总不能盖过我！"巡捕道："回大帅：来的不是别人，是洋人。"那制台一听"洋人"二字，不知为何，顿时气焰矮了大半截，怔在那里半天。后首想了一想，蓦地起来，拍挞一声响，举起手来又打了巡捕一个耳刮子，接着骂道："混帐忘八蛋！我当是谁！原来是洋人！洋人来了，为什么不早回，叫他在外头等了这半天?"巡捕道："原本赶着上来回的，因见大帅吃饭，所以在廊下等了一回。"制台听完，举起腿来又是一脚，说道："别的客不准回，洋人来，是有外国公事的，怎么好叫他在外头老等？糊涂混帐！还不快请进来！"

那巡捕得了这句话，立刻三步并做二步，急忙跑了出来。走到外头，拿帽子探了下来，往桌子上一摔，道："回又不好，不回又不好！不说人头，谁亦没有他大，只要听见'洋人'两个字，一样吓的六神无主了！但是我们何苦来呢？掉过去，一个巴掌！翻过来，又是一个巴掌！东边一条腿，西边一条腿！老老实实不干了！"正说着，忽然里头又有人赶出来一迭连声的叫唤，说："怎么还不请进来！……"那巡捕至此方才回醒过来，不由的仍旧拿大帽子合在头上，拿了片子，把洋人引进大厅。此时制台早已穿好衣帽，站在滴水檐前预备迎接了。

原来来拜的洋人非是别人，乃是那一国的领事。你道这领事来拜制台为的什么事？原来制台新近正法了一名亲兵小队。制台杀名兵丁，本不算得大不了的事情，况且那亲兵亦必有可杀之道，所以制台才拿他如此的严办。谁知这一杀，杀的地方不对：既不是在校场上杀的，亦不是在辕门外杀的，偏偏走到这位领事公馆旁边就拿他宰了。所以领事大不答应，前来问罪。当下见了面，领事气愤愤的把前言述了一遍，问制台为什么在他公馆旁边杀人，是个什么缘故。幸亏制台年纪虽老，阅历却很深，颇有随机应变的本领。当下想了一想，说道："贵领事不是来问我兄弟杀的那个亲兵？他本不是个好人，他原是'拳匪'一党[9]。那年北京'拳匪'闹乱子，同贵国及各国为难，他都有分的。兄弟如今拿他查实在了，所以才拿他正法的。"领事道："他既然通'拳匪'，拿他正法亦不冤枉。但是何必一定要杀在我的公馆旁边呢?”制台想了一想，道：“有个原故，不如此，不足以震服人心。贵领事不晓得这‘拳匪’乃是扶清灭洋的，将来闹出点子事情来，一定先同各国人及贵国人为难，就是于贵领事亦有所不利。所以兄弟特地想出一条计来，拿这人杀在贵衙署旁边，好教他们同党瞧着或者有些怕惧。俗语说得好，叫做‘杀鸡骇猴’，拿鸡子宰了，那猴儿自然害怕。兄弟虽然只杀得一名亲兵，然而所有的‘拳匪’见了这个榜样，一定解散，将来自不敢再与贵领及贵国人为难了。”领事听他如此一番说话，不由得哈哈大笑，奖他有经济，办得好，随又闲谈了几句，告辞而去。

制台送客回来，连要了几把手巾，把脸上、身上擦了好几把，说道：“我可被他骇得我一身大汗了!”坐定之后，又把巡捕、号房统通叫上来，吩咐道：“我吃着饭，不准你们来打岔，原说的是中国人。至于外国人，无论什么时候，就是半夜里我睡了觉，亦得喊醒了我，我决计不怪你们的。你们没瞧见刚才领事进来的神气，赛如马上就要同我翻脸的，若不是我这老手三言两语拿他降伏住，还不晓得闹点什么事情出来哩。还搁得住你们再替我得罪人吗！以后凡是洋人来拜，随到随请！记着!”巡捕、号房统通应了一声“是”。

制台正要进去，只见淮安府又拿着手本来禀见，说有要紧公事面回，并有刚刚接到淮安来的电报，须得当面呈看。制台想了想，肚皮里说道：“一定仍旧是那两件事。但不知这个电报来，又出了点什么岔子?”本来是懒怠见他的，不过因内中牵涉了洋人，实在委决不下，只得吩咐说“请”。

霎时淮安府进来，制台气吁吁的问道：“你老哥又来见我做什么？你说有什么电报，一定是那班不肖地方官又闹了点什么乱子，可是不是?”淮安府道：“回大帅的话：这个电报却是个喜信?”制台一听“喜信”二字，立刻气色舒展许多，忙问道：“什么喜信?”淮安府道：“卑府刚才蒙大人教训，卑府下去回到寓处，原想照着大人的吩咐，马上打个电报给清河县黄令，谁知他倒先有一个电报给卑府，说玻璃公司一事，外国人虽有此议，但是一时股分不齐，不会成功。现在那洋人接到外洋的电报，想先回本国一走，等到回来再议。”制台道：“很好！他这一去，至少一年半载。我们现在的事情，过一天是一天，但愿他一直耽误下去，不要在我手里他出难题目给我做，我就感激他了。那一桩呢?”

淮安府道：“那一桩原是洋人的不是，不合到内地来包讨帐。”制合一听他说：“洋人不是”，口虽不言，心下却老大不以为然，说：“你有多大能耐，就敢排揎起洋人来[10]!”于是又听他往下讲道：“地方上百姓动了公愤，一哄而起，究竟洋人势孤……”制台听到这里，急的把桌子一拍道：“糟了！一定是把外国人打死了！中国人死了一百个也不要紧；如今打死了外国人，这个处分谁耽得起！前年为了‘拳匪’杀了多少官，你们还不害怕吗?”

淮安府道：“回大帅的话；卑府的话还未说完。”制台道：“你快说!”淮安府道：“百姓虽然起了一个哄，并没有动手，那洋人自己就软下来了。”制台皱着眉头，又把头摇了两摇，说道：“你们欺负他单身人，他怕吃眼前亏，暂时服软，回去告诉了领事，或者进京告诉了公使，将来仍旧要找咱们倒蛋的。不妥！不妥!”淮安府道：

“实实在在是他自己晓得自己的错处，所以才肯服软的。”制台道：“何以见得?”淮安府道：“因为本地有两个出过洋的学生，是他俩听了不服，哄动了许多人，同洋人讲理，洋人说他不过，所以才服软的。”制台又摇头道：“更不妥！这些出洋回来的学生真不安分！于他毫不相干，就出来多事。地方官是昏蛋！难道就随他们吗?”淮安府道：“他俩不过找着洋人讲理，并没有滋事。虽然哄动了许多人跟着去看，并非他二人招来的。”制台道：“你老哥真不愧为民之父母！你总帮好了百姓，把自己百姓竟看得没有一个不好的，都是他们洋人不好。我生平最恨的就是这班刁民！动不动聚众滋事，挟制官长！如今同洋人也是这样。若不趁早整顿整顿，将来有得缠不清楚哩！你且说那洋人服软之后怎么样?”淮安府道：“洋人被那两个学生一顿批驳，说他不该包讨帐，于条约大有违背。如今又逼死了人命，我们一定要到贵国领事那里去告的。”制台听了，点了点头道：“驳虽驳得有理，难道洋人怕他们告吗? 就是告了，外国领事岂有不帮自己人的道理。”淮安府道：“谁知就此三言两语，那洋人竟其顿口无言，反倒托他通事同那苦主讲说，欠的帐也不要了，还肯拿出几百银子来抚恤死者的家属，叫他们不要告罢。”制台道：“咦！这也奇了！我只晓得中国人出钱给外国人是出惯的，那里见过外国人出钱给中国人。这话恐怕不确罢?”淮安府道：“卑府不但接着电报是如此说，并有详信亦是刚才到的。”制台道：“奇怪！奇怪！他们肯服软认错，已经是难得了；如今还肯抚恤银子，尤其难得。真正意想不到之事！我看很应该就此同他了结。你马上打个电报回去，叫他们赶紧收篷，千万不可再同他争论别的。所谓‘得风便转’。他们既肯陪话，又肯化钱，已是莫大的面子。我办交涉也办老了，从没有办到这个样子。如今虽然被他们争回这个脸来，然而我心上倒反害起怕来。我总恐怕地方上的百姓不知进退，再有什么话说，弄恼了那洋人，那可万万使不得！俗语说得好，叫做‘得意不可再往’。这个事可得责成你老哥身上。你老哥省里也不必耽搁了，赶紧连夜回去，第一弹压住百姓，还有那什么出洋回来的学生，千万不可再生事端。二则洋人走的时候，仍是好好的护送他出境。他一时为理所屈，不能拿我们怎样，终究是记恨在心的。拿他周旋好了，或者可以解释解释。我说的乃是金玉之言，外交秘诀。老哥，你千万不要当做耳旁风！你可晓得你们在那里得意，我正在这里提心吊胆呢!”淮安府只得连连答应了几声“是”。然后端茶送客，要知后事如何，且听下回分解。

①本文为《官场现形记》第五十三回。 ②饬（chì）：命令。 ③制台：总督的别称。 ④牧令：指地方长官。 ⑤民瘼（mò）：百姓疾苦。 ⑥实缺藩台：现任的布政使。 ⑦戈什：即戈什哈。清代高级官员的侍从武士，简称戈什。满语是护卫的意思。 ⑧考差：清代制度。翰林和进士出身的各部官员，具有乡试主考官资格的，必须经过一次考试，叫做考差。 ⑨拳匪：对义和团的蔑称。 ⑩排揎：埋怨，斥责。

《官场现形记》是一部暴露官场黑暗的谴责小说。第五十三回正是文制台的“现形”记。作者运用漫画式手法，进行夸张对比描写：他对待藩台、知府等威风凛凛，粗暴蛮横；对于洋人则闻之色变，见之更是胆战心惊，其奴颜媚骨令人作呕。本文活画出这位清廷大员为保官而不惜丧失民族气节的丑恶内心世界，同时从侧面也反映出官场的昏聩。

另外，细节描写亦很有特色，诸如巡捕见制台遭打、文制台摔府台的折子、听到百姓反洋人而气急败坏地拍桌子等，都入木三分，有极强的讽刺效果。

林觉民

与妻书[①]

意映卿卿如晤[②]：吾今以此书与汝永别矣！吾作此书时，尚是世中一人；汝看此书时，吾已成为阴间一鬼。吾作此书，泪珠和笔墨齐下，不能竟书，而欲搁笔，又恐汝不察吾衷，谓吾忍舍汝而死，谓吾不知汝之不欲吾死也，故遂忍悲为汝言之。

吾至爱汝，即此爱汝一念，使吾勇于就死也。吾自遇汝以来，常愿天下有情人都成眷属；然遍地腥云，满街狼犬，称心快意，几家能够？司马春衫[③]，吾不能学太上之忘情也。语云：仁者“老吾老以及人之老，幼吾幼以及人之幼”[④]。吾充吾爱汝之心，助天下人爱其所爱，所以敢先汝而死，不顾汝也。汝体吾此心，于啼泣之余，亦以天下人为念，当亦乐牺牲吾身与汝身之福利，为天下人谋永福也。汝其勿悲！

汝忆否？四五年前某夕，吾尝语曰：“与使吾先死也，无宁汝先吾而死。”汝初闻言而怒，后经吾婉解，虽不谓吾言为是，而亦无词相答。吾之意盖谓以汝之弱，必不能禁失吾之悲，吾先死留苦与汝，吾心不忍，故宁请汝先死，吾担悲也。嗟夫！谁知吾卒先汝而死乎？吾真真不能忘汝也！回忆后街之屋，入门穿廊，过前后厅，又三四折，有小厅，厅旁一屋，为吾与汝双栖之所。初婚三四个月，适冬之望日前后[⑤]，窗外疏梅筛月影，依稀掩映；吾与汝并肩携手，低低切切，何事不语？何情不诉？及今思之，空余泪痕。又回忆六七年前，吾之逃家复归也，汝泣告我：“望今后有远行，必以告妾，妾愿随君行。”吾亦既许汝矣。前十余日回家，即欲乘便以此行之事语汝，及与汝相对，又不能启口，且以汝之有身也[⑥]，更恐不胜悲，故惟日日呼酒买醉。嗟夫！当时余心之悲，盖不能以寸管形容之。

吾诚愿与汝相守以死，第以今日事势观之，天灾可以死，盗贼可以死，瓜分之日可以死，奸官污吏虐民可以死，吾辈处今日之中国，国中无地无时不可以死，到那时使吾眼睁睁看汝死，或使汝眼睁睁看我死，吾能之乎？抑汝能之乎？即可不死，而离散不相见，徒使两地眼成穿而骨化石，试问古来几曾见破镜能重圆？则较死为苦也，将奈之何？今日吾与汝幸双健。天下人之不当死而死与不愿离而离者，不可数计，钟情如我辈者，能忍之乎？此吾所以敢率性就死不顾汝也。吾今死无余憾，国事成不成自有同志者在。依新已五岁[⑦]，转眼成人，汝其善抚之，使之肖我。汝腹中之物，吾疑其女也，女必像汝，吾心甚慰。或又是男，则亦教其以父志为志，则我死后尚有二意洞在也。甚幸，甚幸！吾家后日当甚贫，贫无所苦，清静过日而已。

吾今与汝无言矣。吾居九泉之下遥闻汝哭声，当哭相和也。吾平日不信有鬼，今则又望其真有。今人又言心电感应有道[⑧]，吾亦望其言是实，则吾之死，吾灵尚依依旁汝也，汝不必以勿侣悲！

吾生平未尝以吾所志语汝，是吾不是处；然语之，又恐汝日日为吾担忧。吾牺牲百死而不辞，而使汝担忧，的的非吾所忍[9]。吾爱汝至，所以为汝谋者惟恐未尽。汝幸而偶我，又何不幸而生今日之中国！吾幸而得汝，又何不幸而生今日之中国！卒不忍独善其身。嗟夫！巾短情长，所未尽者，尚有万千，汝可以模拟得之。吾今不能见汝矣！汝不能舍吾，其时时于梦中得我乎！一恸！辛未三月念六夜四鼓[10]，意洞手书。

家中诸母皆通文[11]，有不解处，望请其指教，当尽吾意为幸。

①《与妻书》：选自《广州三月二十九日革命史》。林觉民，字意洞，号抖飞，又号天外生，福建闽侯县人，是黄花岗七十二烈士之一。 ②意映：作者的妻子，姓陈名意映。卿卿：旧时夫妻之间的爱称。如晤：像当面见到一样。 ③司马春衫："春衫"，应为"青衫"，出自白居易《琵琶行》，后世常用司马青衫比喻极度悲伤的心情。 ④"老吾老"二句：出自《孟子·梁惠王上》。 ⑤望日：阴历每月十五。 ⑥有身：怀孕。 ⑦依新：作者长子。 ⑧心电感应有道：近代一些唯心主义者认为，人死后心灵还有知觉，能和生人的精神、心灵相感应。这是一种荒诞的说法。 ⑨的的：的确，确实。 ⑩辛未：应为"辛亥"，当是作者笔误。念六：廿六，二十六日。 ⑪诸母：指伯母、叔母等。

林觉民是一位为挽救国家危亡而不惜英勇赴死的爱国志士。这篇文章是他在广州起义前夕写给妻子的一封诀别书，述说他"率性就死"的原因，并对后事作了安排。其情殷殷，其言切切，虽儿女情长，更有英雄气壮。读之令人不禁潸然泪下。

有情人生的最高境界当是"爱"字。全篇正是围绕"爱"来写的。他回忆了与妻子的温馨生活，但正因"爱汝"而"爱天下人"，要为"天下人谋永福也"；正因"爱汝"而更"爱国"，故在"爱汝"与"爱国"间作了艰难而又义无反顾的选择。让读者深深体味到一颗博大而深沉的爱国之心。

[illegible]